高等教育国家级一流本科专业·金融学教学用书
全国普通高等学校优秀教材
上海普通高校优秀教材
国家级精品课程
国家教学名师作品

货币金融学

第5版

戴国强　柳永明　主　编

上海财经大学出版社

图书在版编目(CIP)数据

货币金融学 / 戴国强,柳永明主编. —5 版. —上海：上海财经大学出版社，2023.1
高等教育国家级一流本科专业·金融学教学用书
ISBN 978-7-5642-4042-4/F.4042

Ⅰ. ①货… Ⅱ. ①戴…②柳… Ⅲ. ①货币和银行经济学-高等学校-教学参考资料 Ⅳ. ①F820

中国版本图书馆 CIP 数据核字(2022)第 159028 号

□ 责任编辑　王　芳
□ 封面设计　张克瑶

货币金融学

(第五版)

戴国强　柳永明　主编

上海财经大学出版社出版发行
(上海市中山北一路 369 号　邮编 200083)
网　　址:http://www.sufep.com
电子邮箱:webmaster @ sufep.com
全国新华书店经销
上海新文印刷厂有限公司印刷装订
2023 年 1 月第 5 版　2024 年 6 月第 2 次印刷

787mm×1092mm　1/16　33.75 印张(插页:2)　821 千字
印数:252 001－257 000　定价:68.00 元

第五版前言

FOREWORD

本书第四版自2017年出版以来，已经过去五年了。这期间全球经济格局发生了巨大变化。自2018年起中美关系发生了重大转折，叠加2020年发生的“新冠”疫情和2022年发生的俄乌冲突，迄今为止都对我国经济和金融的发展产生了巨大影响。在以习近平同志为核心的党中央的坚强领导下，我国的经济和金融改革向纵深发展。2018年，监管部门推出资管新规，加强了对金融机构的规范化管理；2019年在上海证券交易所新设科创板；2021年建立了北京证券交易所，推动了多层次资本市场发展，有利于做大、做强我国高新技术产业；我国金融机构在数字化转型方面也取得了重要进展；以手机银行业务等为代表的非接触性金融业务更加普及；中国人民银行的数字人民币正在试点推广。我国经济与金融改革中出现的这些新变化，也对传统的货币与金融理论提出了挑战。国内外经济与金融发展的这些重大变化应该及时在教材中得到体现。

基于此，我们对本教材第四版进行了修订，对有关资料进行了更新。由于原参编人员中的施兵超教授因病去世，赵晓菊教授因工作繁忙提出不再继续参与本教材编写工作，因此本教材编写人员也做了一些调整。本教材第五版的编写分工安排如下：戴国强编写第一、三、九章，胡乃红编写第二、四章，刘冲编写第五章，陈选娟编写第六章，邹平编写第七、十二章，陈利平编写第八、十三、十六章，叶伟春编写第十、十一章，柳永明编写第十四、十五章，曹啸编写第十七、十八章，奚君羊编写第十九、二十、二十一章，冯玲编写第二十二章。全书最后由戴国强和柳永明负责总纂。

本教材是集体劳动的结晶，赵晓菊教授对本教材的组织与编写做出了重要贡献，不仅认真地撰写本教材前四版第五、六章，还为本教材的体系编排和内容取舍提出了很好的建议。陆世敏教授参与了本教材前三版第二、四章的编写。骆玉鼎教授参与了本教材前三版第十、十一章的编写。施兵超教授生前撰写本教材前四版的第十四、十七、十八章。本教材受到广大教师与学生的欢迎，离不开他们的智慧贡献和辛勤付出，在此，我们参与本教材第五版编写的全体人员对上述各位老师表示由衷的感谢与敬意。

需要特别说明的是，依据国家教材委员会办公室《关于做好党的二十大精神进教材工作的通知》(国教材办〔2022〕3号)的要求，推动党的二十大精神进教材、进课堂、进头脑，除了本教材中已经体现的二十大精神内容外，为了与时俱进地增补与本教材相关的思政案例与二十大精神内容,及时修改在教学过程中发现的本书错误之处,我们与出版社共同建设新媒体动态服务窗口,使用本教材的教师可以通过手机微信扫以下二维码,获取相关最新内容。

持续更新窗口

我们力求将当前货币金融最新的实践结果反映在这一版教材中。但由于经济和金融实践的发展迅速,变化较大,难免挂一漏万,本教材存在的不足之处,恳请读者不吝赐教。

编　者

2022 年 11 月于上海

目录
CONTENTS

第一篇
导　论

1 第一章
金融与经济

全章提要

教学目的和要求

- 初步了解货币、银行、金融市场在经济中的作用。
- 正确把握金融与经济的辩证关系，认识金融在现代经济中的核心地位。
- 明确学习本课程的指导思想，掌握正确的学习方法。

人类社会的经济活动已有数千年历史，人们与货币、银行、金融市场的关系从来也没有像今天这样密切，可以说，人们在生活中几乎处处都会与货币、银行及金融市场打交道。然而，人们对这些范畴还知之甚少。我们要建设有中国特色的社会主义市场经济，就必须对货币、银行和金融市场做深入的研究，因为金融是现代经济的核心。

第一节 货币、银行、金融市场与经济

对货币、银行和金融市场的了解应当从研究这些范畴与经济的关系开始。

一、货币与经济的联系

在今天的经济活动中，人们须臾离不开货币。

（一）货币、财产、收入、财富

货币是一般等价物，可以购买任何商品，因此，人们往往又将货币和财产混为一谈。然而，当我们仔细研究这两个概念后，就会发现，这是两个不同的概念。

财产是货币、财物及民事权利的总和。虽然它们都可以在一定时点上测得，但它们所包含的内容是不同的。尽管人们的财产可以用货币来计量，但货币只是财产的一小部分。

收入是经济主体通过交换或其他规定（如税法）获得财产的重要渠道。人们可以用货币来计量收入水平，但人们绝不会认为经济主体的收入就只是其所得到的货币。尽管人类社会已经进入货币经济时代，但人们的收入中还会有一些是以非货币的实物资产形式给付的，如人们所得到的实物奖品。

中文“富”是指“多”，“财富”表示财产多。在社会科学中，财富的概念更广泛，人们的财富不仅包括自然资源层面和物质层面的内容，而且包括非物质的、精神层面的内容，如健康强壮的体魄、乐观开朗的性格、百折不挠的毅力等。这些都不是仅用货币就能换得的，也不是用货币所能计量的。

正确地对货币、财产、收入、财富加以区分和理解，有助于我们认识经济周期。

（二）货币流通速度与经济周期

在货币数量不变的情况下，同一个经济体内的经济活动状况会有不同的表现，有时繁荣,有时萧条。不同经济周期阶段往往与货币流通速度的变化相伴随。通常,在经济高涨和繁荣时,货币的流通速度会加快;而在经济衰退和萧条时,货币的流通速度会减慢。因此,人们也可以从货币流通速度变化的趋势来预测经济走势,还可以根据货币流通速度的变化来预测物价的变动。

(三) 货币量与通货膨胀、通货紧缩

当货币流通速度加快时,货币流量就会增大,从而使购买力增加。当总产出或有效总供给不变或者供给增长跟不上需求增加时,会导致物价上升,甚至产生通货膨胀。而当货币流通速度减慢时,会引起货币流量缩小,如果没有及时注入足够的购买力,就会引起总需求下降,导致物价下跌,甚至引起通货紧缩。尽管引起通货膨胀和通货紧缩的原因是多种多样的,但货币因素总是最主要的原因之一。

(四) 货币与利率

利率是用来反映使用资金的价格的变量。利率变动受多种因素制约,其中包括货币供求。一般情况下,当货币供给量增加超过货币需求时,利率水平就会下降;反之,当货币供给赶不上货币需求时,利率就会上升。

(五) 货币政策

如前所述,货币对经济有着重要的影响。为了能更好地发挥货币对经济的推动作用,并将货币对经济的负面作用降到最低限度,人们可以通过中央银行制定货币政策,使用一定的货币政策工具来调节货币供给量或利率水平等,进而改变经济主体的预期和行为,达到稳定经济和促进经济增长的目的。

二、银行的功能

银行是人们在日常生活中打交道最多的金融机构之一。银行是经营货币和信用业务的机构。银行通过其业务活动,在现有的国民经济活动中发挥着不可替代的作用。对银行的这些作用和功能,我们将在本书的稍后部分做深入研究,这里只做简单介绍。

(一) 中介功能

中介功能是银行的基本功能。银行发挥的中介功能有两个方面:一是信用中介,即银行主要用吸收存款和借款等方式集聚资金,用贷款和投资的方式运用资金,实现调剂社会资金余缺,同时为客户提供财富管理服务;二是支付中介,即银行用吸收活期存款的方式为客户办理转账、支付等业务,以达到节约现金流通的目的。能够充当支付中介是银行区别于其他金融机构的一个重要特点,银行也借此帮助客户提高财富管理的效率。

(二) 货币供给

在现代经济活动中,一切货币供给都是通过银行体系实现的,中央银行发行现金,商业银行提供存款货币。在一定的条件下,银行还可利用其贷款和投资业务衍生出更大规模的存款货币,从而为社会提供足够的支付手段,满足经济发展的需要。银行的这种能提供更多存款货币的功能被称为信用创造功能,这是银行所具有的一种特殊功能。

(三) 其他功能

银行除了具有中介功能和信用创造功能外,还有其他一些重要功能,如变消费基金为生产基金、促进金融创新等。这些功能使银行至今仍在一国金融体系中居于主导地位。

三、金融市场

金融市场是实现资金融通的场所,它已成为现代经济活动中最具有吸引力,也最能使人大喜大悲的地方。在这一充满活力的市场中,多少人流连忘返,即使倾家荡产,仍对其眷恋不舍,它的神奇魅力自何而来,值得思考。但有一点是可以肯定的,那就是金融市场不仅与个人的财产增长有关,而且与整个国民经济发展状况有着密切的联系。

金融市场有不同的分类方法,大多数人习惯于按交易标的将金融市场划分为证券市场、信贷市场、外汇市场、黄金市场、金融衍生品交易市场等。这些不同的市场在国民经济活动中究竟发挥着什么作用,有哪些经济主体在市场中起主导作用,对宏观经济政策有什么影响等问题,是我们应当去研究和把握的。就目前而言,银行还是金融市场中重要的主体,各种交易还是要借助货币的功能来进行。由于金融市场的发展,特别是多种金融衍生品交易方式的出现,金融市场交易活动变得更加丰富多彩,而以银行贷款为代表的间接融资比重有所下降,投资银行、保险公司、信托公司、各种基金管理公司、养老基金等机构快速发展,为人们提供更多的金融业务,提供更好的金融产品,提供更有效的理财服务渠道。此外,养老基金已经成为资本市场重要的参与者,并且成为资本市场重要的资金来源,是推动资本市场发展的重要力量。资本市场的发展一方面更好地发挥了支持实体经济发展的作用,另一方面也给投资者带来更好的投资回报。金融市场不仅有利于提高资金使用的效率,促进国民经济发展,而且为社会公众提供了更多的财产性收入。随着人们财富的增多,人们的可支配收入增加,整体消费能力也随之提高,进而推动经济内循环良性发展。与此同时,值得我们探讨的金融课题也就更丰富了。

随着金融市场的发展和演变,传统的货币银行学也发生了变化,由原来以货币银行为主要内容的学科发展成为今天包括货币、银行、金融市场等在内的货币金融学。

第二节 金融是现代经济的核心

金融是现代经济的核心。金融稳,经济稳;金融活,经济活。金融搞好了,一着棋活,全盘皆活。为此,我们要正确把握金融与经济的辩证关系,认识金融在现代经济中的地位。

一、金融与经济的辩证关系

(一)金融是现代经济发展的结果

金融是资金融通的简称,是人们所从事的与资金借贷、货币管理、财富管理以及与之相关的经济活动。狭义的金融通常是指金融市场及金融交易活动,广义的金融还包括金融机构体系和金融监管等。

金融是商品货币关系发展的必然产物。人类社会由以实物交换为特征的自然经济发展到以货币交换为特征的商品经济,再由简单的商品经济发展到以大工业和银行为基础的货币经济,经历了几千年的发展,目前又处于传统的货币经济向金融经济转化的过程中。其间,人类金融经济活动的每一次变化都是由经济的发展和经济活动方式的变动引起的:从物物交换中发展出货币形式，用于解决物物交换的供求不一致，即交换双方在时间或空间上要求不一致的矛盾，促进了商品交换；又从货币兑换业务中派生出货币保管业务，然后从货币保管业务的发展中产生了银行，以解决商品经济活动中对资金供求不一致的矛盾；随着资金融通规模的不断扩大，资金融通方式的日益多样化，金融机构种类与数量的不断增加，金融市场不断壮大，金融产品不断丰富，金融经济的轮廓也不断清晰。

（二）金融促进经济发展

在金融经济发展过程中，每一次演进都对经济的发展起着重要的推动作用。最早的金融活动就是货币充当交换媒介，充当一般等价物，促进商品经济的发展。在封建社会后期，由于商品生产和商品流通规模扩大，借贷、支付和汇兑业务相继发展，金融活动范围随之扩大，从而促进了资本主义生产方式的诞生。在自由资本主义时期，以信用为中心的金融活动迅速扩大，以银行为主体的金融机构纷纷建立，从而加速了资本积累和生产集中，使资本主义从自由竞争时代进入垄断资本主义阶段。在垄断资本主义阶段，随着银行垄断资本与工业垄断资本的相互渗透和密切结合，产生了金融资本。金融资本一经形成便控制了资本主义经济的命脉，成为资本主义经济生活的中心。随着各国之间经济贸易往来不断扩大，特别是随着资本输出规模的扩大及跨国公司的大量增加，国际金融市场和国际金融体系日臻完善。国际金融的发展使各国经济活动的联系更加紧密，推动了经济与金融的全球化，对世界经济的格局产生了极其重要的影响，有力地推动了各国经济的发展。

我国的社会主义金融事业起源于中国共产党领导的革命根据地。从 20 世纪 30 年代起，在各革命根据地陆续开拓了货币发行、存贷与汇兑等金融事业，并逐步发展壮大。中华人民共和国成立后，国家利用银行吸收存款，发放贷款，并利用国债筹措资金，促进国民经济发展，调节货币流通，保持货币供求基本平衡。改革开放以来，我国的金融改革取得显著成就，通过大力发展金融市场和金融机构，鼓励金融创新，规范金融活动，提高了动员、积聚和分配社会资金的效率，促进了我国金融体系不断壮大，也促进了国民经济协调、稳定和持续发展。

无论是从国际还是国内的经济发展的历史与现状来看，经济发展都离不开金融，金融发展水平和金融深化程度已成为衡量一国经济发展水平的重要标志，金融在促进经济发展中起着越来越重要的、不可替代的作用。

二、金融在现代经济中的地位

随着金融业的不断发展和深化，金融已成为现代经济的核心。金融在现代经济中的核心地位可以从以下六个方面反映出来：

（一）经济货币化程度加深

经济货币化是当代经济发展的趋势。从测量经济货币化的三个常用指标来看，各国实际金融资产存量/国内生产总值、广义货币总量/GDP 总量以及人均实际广义货币量（人均实际 M2）都比 20 世纪 70 年代以前大大提高了。以我国为例，2020 年末我国金融机构金融资产存量（353.19 万亿元）/GDP（101.59 万亿元），广义货币总量（218.68 万亿元）/GDP，当年我国人均储蓄超过 6.7 万元。从全球看，金融资产交易已成为社会经济活动的热点，金融交易的规模已远远超过商品交易总额，据国际清算银行报道，2019 年 9 月全球日均外汇交易量达到 6.6 万亿美元，而 2019 年全球商品贸易的全年总量为 19 万亿美元。金融活动不仅能满足商品交易规模扩大的需要,而且成为推动社会经济发展的重要力量。

(二) 以银行为主体的多元化金融体系已经形成

在现代经济活动中,银行依然保持着信贷中心、结算中心和现金出纳中心的地位,据此,银行已经成为社会分配中心、经济信息中心和资金调剂中心。同时,一个以银行、证券、保险为主体的多元化金融体系也在不断完善。在这个金融体系中,中央银行的职能不断健全,其调控手段不断完善。其他金融机构,如商业银行、投资银行、合作金融机构、保险公司、信托公司、证券公司、金融公司、金融租赁公司、各种投资基金等,都在不断增加和壮大,它们都成了金融市场中的重要成员,在资金融通与信用活动中发挥着巨大的作用。

(三) 金融创新方兴未艾,货币形式正在发生变化

20 世纪 60 年代兴起的金融创新浪潮至今仍在以强劲的势头向前推进,新的金融工具不断出现,可转让支付命令账户(Negotiable Order of Withdrawal Accounts, NOWs)、超级可转让支付凭证账户(Super NOWs, S-NOWs)、大额可转让定期存单(Large-denomination Negotiable Certificates of Deposit, CDs)、货币市场存款账户(Money Market Deposit Accounts, MMDAs)以及金融期货、期权、互换等各种金融衍生工具及其组合得到广泛应用。据统计,金融商品已数以千计,许多金融工具已经进入寻常百姓家。随着互联网技术的发展,新的金融工具不断出现,货币形式也发生变化,电子货币已经得到广泛使用,网上支付和信用卡等支付手段正在逐渐取代传统现金货币,这些新型的货币以其便利和支付准确而受到人们的欢迎。截至 2020 年 12 月,我国网上支付用户达到 8.53 亿,比 2015 年增长 264.8%,其中移动支付用户达 8.05 亿。[①] 支付手段的变化加速了社会资金的周转,减少了货币流通费用,有利于经济发展。

(四) 经济主体的持币动机发生转移

在现代经济中,由于货币形式发生了变化以及金融市场的不断完善,经济主体持有货币的动机早已不只是为了交换商品或预防未来不确定支出的需要,而是更注重持有货币的机会成本和持币本身所带来的收益。货币已成为一种真正的资产,而不仅仅是交换媒介。借助于发达的金融工具,经济主体在追求实物资产增加的同时,可以比较方便地谋求金融资产的增值。经济主体持币动机的转移是现代金融与经济增长相结合的产物,现代经济因此获得了更多增长点。

(五) 金融调控已成为主要的宏观调控方式

在传统的货币经济中,货币作为交换媒介只是消极地推动着生产的发展;而在金融经济中,信贷、利率等经济杠杆引导着货币在经济活动中流转,使货币作为第一推动力和持续推动力引导着生产要素的转移。经济主体对利率水平的变化更加敏感,利率成为调节国民经济活动的重要手段。正是因为有了这一变化,以实行货币政策为主要方式的金融调控显得更为重要,并且成为现代经济中主要的宏观调控方式。

(六) 金融深化已成为现代经济发展的典型特征

金融深化是发展一国经济的必经之路。所谓"金融深化",就是放松对金融市场和金融

---

① 中国互联网络信息中心第 39 次《中国互联网络发展状况统计报告》,2017 年 2 月。

体系的过度干预，使利率与汇率能充分反映资金和外汇的实际供求情况，提高资金配置效率。由于在经济活动中，金融与经济发展息息相关，因此，金融深化有助于更好地发挥市场在资源配置中的作用，促进经济增长。金融深化的实质是改革和完善金融体制，以便更好地发挥金融在现代经济中的核心作用，因此，金融改革不仅在发展中国家得到广泛而深入的发展，发达国家也在不断地推动金融改革。

三、金融改革与经济发展

大量的历史和现实经验告诉我们，要推动经济发展，必须搞好金融改革与金融发展。这是因为，金融业发展水平的高低在很大程度上制约着经济发展的快慢和稳定与否。

20 世纪 50 年代初期，面对国民党统治时期遗留下来的严重通货膨胀，中华人民共和国政府及时制定了“三统一平”方针，即统一财政收支、统一现金收支、统一物资调拨，达到财政收支、现金收支和物资供求综合平衡。由于集中力量加强了金融调控，通货膨胀很快被制止，物价得以稳定，为我国的经济建设创造了良好的金融环境，促进了经济发展，取得了令人瞩目的成就。

改革开放以来，我国在经济建设中充分重视金融改革先行，在 20 世纪 80 年代初建立了中央银行体制，并逐渐形成了包括商业银行、证券、保险、信托、基金等多种金融机构在内的比较完整的金融体系。与此同时，我国加大了金融市场建设力度，建立了包括股票市场、债券市场、同业拆借市场、贴现与再贴现市场、回购市场、保险市场、外汇市场、黄金市场和期货市场在内的金融市场体系，在发挥以银行贷款为主的间接融资功能的同时，以有价证券形式筹资的直接融资也取得了较快发展。金融改革的成果对推动我国国民经济持续快速发展起到了极为重要的作用。

如果一国的金融改革滞后或金融业发展不适应经济发展的需要，就会对国民经济带来负面影响。1997 年暴发的东南亚金融危机给许多国家带来严重损失。那次危机暴发的原因之一就是一些东南亚国家的金融改革失误。泰国等国家在 20 世纪 80 年代确立的与美元的联系汇率制或盯住汇率制曾给这些国家的经济发展带来积极的作用。但在国际金融环境发生变化后，泰国等国家过快地开放了本国资本市场，使大量国际游资涌入，在美国经济持续增长、美元汇率持续上升的情况下，未能及时改革本国货币的汇率形成机制，结果在国际游资大进大出的冲击下，国民经济结构中的缺陷充分暴露，经济活动中原已积累的一些深层次问题一并暴发，导致金融危机的发生。这一教训充分说明，金融本身的状况对经济有着极为重要的影响，即使像美国这样的经济强国，当其金融发生问题时，其经济也会遭到严重损害。2007 年发生的“次贷”危机不仅使美国经济衰退、失业增加、债台高筑，其所引发的 2008 年全球金融危机还使全球经济受到严重影响。那场危机使人们再一次认识到金融创新过度对金融和经济也会带来严重的伤害，从而进一步说明金融对现代经济发展的影响力是巨大的。

大量事实充分说明，人们对金融包括对货币、银行、信用、金融市场这些范畴及其变动规律的认识还远远不够，需要我们花大力气去学习和研究。

四、如何学好货币金融学

（一）明确学习的指导思想

在我国，要学好货币金融学，就应当以马克思主义为指导。

马克思主义坚持以实事求是的科学精神对待人类优秀文化。货币金融学自问世以来，经过许多经济学家的努力，已经成为一门重要的社会科学。货币金融学是人们通过长期的金融活动积淀下来的知识体系，是人们通过长期深入的研究而形成的一门有着严密而科学体系的学科。它涉及的内容广泛，包括货币、信用、银行、金融市场等范畴。它提供的理论深邃，许多理论如货币供给理论、货币需求理论、利率理论、银行(信用媒介)理论、金融市场理论等，都有相当的深度，许多理论随着时代的变迁和环境的变化仍在不断发展和深化。我们应当以实事求是的科学态度对待这一学科给我们提供的理论知识。

要坚持马克思主义实事求是的科学精神，还必须坚持历史唯物主义和辩证唯物主义。只有坚持历史唯物主义，才能使我们最广泛地接受代表人类先进文化的一切科学知识；只有坚持辩证唯物主义，才能使我们准确地理解和掌握代表人类先进文化的一切科学知识，使我们能从历史和发展的角度更好地把握这一学科的发展趋势。

(二) 掌握正确的学习方法

首先，我们要广泛阅读相关文献，包括古今中外的重要文献，并开展讨论，充分借鉴优秀的研究成果，为深化我国金融改革所用。只有这样，才能使我们更扎实地掌握基本理论，拓宽我们的知识面，为学习后续课程打好坚实的基础。

其次，我们要做到理论联系实际。货币金融学是一门社会科学，它是在人们的金融活动实践中形成和发展起来的，有很强的应用性。今天，我们学习货币金融学是为了更好地服务于新时代有中国特色的社会主义事业，是为了推动我国金融改革和金融市场建设。我国的社会主义市场体制正处在不断发展和完善的过程中，与发达国家的市场经济相比，有特点，也有差距。在这一经济架构中的金融活动既有其后发优势，也有其明显的不足，需要我们认真学习相关原理，并运用相应的理论来加以指导，更需要我们了解我国的金融实践及其存在的问题，结合我国金融改革的需要，做到把学习基本原理与解决实际问题结合起来。

最后，我们要实事求是，勇于创新。我们正在从事的金融改革是在社会主义市场经济体制下进行的，是一项前无古人的崭新事业。虽然人们在金融活动中所遵循的法则有许多共同之处，但我国社会主义市场经济条件下的金融活动仍有一些特殊性，需要我们从理论与实践相结合的角度进行积极的思考和探索，寻找符合我国社会主义市场经济发展的金融发展模式和金融管理理论，提高我们的学习效率。

四 本章小结

货币是与财产、收入、财富不同的概念。货币是一般等价物。货币对经济有着重要的影响。银行在当代国民经济中发挥着不可替代的作用。金融市场是人们从事经济活动的主要场所。金融市场的发展促进了经济的发展，也促进了货币金融学的发展。

金融与经济的辩证关系表现为：金融既是经济发展的结果，又促进了经济的发展。金融在现代经济中的核心地位表现在：经济货币化程度加深，多元化金融体系已经形成，金融创新不断发展，经济主体的持币动机发生转移，金融调控已成为主要的宏观调控方式，金融深化已成为现代经济发展的典型特征。

推动经济发展必须搞好金融改革。要搞好金融改革，就应当学习和研究货币、银行、金融市场的变动规律，明确学习货币金融学的指导思想，坚持理论联系实际的学风和实事求是、勇于创新的科学态度。

参考书目

1. 龚浩成等：《金融是现代经济的核心》，上海人民出版社 1997 年版。
2. 黄达：《货币金融学》，中国人民大学出版社 2003 年版。

思考题

1. 货币、财产、收入、财富之间有何联系与区别？
2. 金融市场发展对经济有何影响？
3. 为什么说金融是现代经济的核心？
4. 如何理解金融与经济的辩证关系？
5. 怎样才能学好货币金融学？

2 第二章 货币与货币制度

全章提要

教学目的和要求

- 理解货币的起源与货币形态的演化进程，分析足值货币、表征货币、信用货币、电子货币和数字货币等各种货币形态的基本特征。
- 掌握马克思主义关于货币职能的理论，比较足值货币和现代信用货币在贮藏职能上的差别。
- 能具体分析马克思的货币本质理论与西方经济学中货币定义的区别和联系。
- 掌握现代信用货币计量的基本原理。
- 掌握货币制度的构成要素和货币制度的演变历史。
- 掌握纸币本位制的特征，了解数字货币及其理论与实践发展趋势。

自货币诞生以来的几千年岁月中，货币形态和货币制度经历着由低级向高级不断演变的过程；货币基本职能的发挥，对社会经济的正常运行和促进经济发展的作用也越来越大。本章首先阐述货币形态的演进与货币职能；接着重点介绍马克思主义的货币定义及现代信用货币的计量；最后对货币制度和其构成要素以及货币制度的演进展开较全面、具体的论述。

第一节 货币演进与货币职能

一、货币形态的演进与发展

在商品经济社会，货币的存在形式是一个重要问题，不仅关系到一个国家的货币制度，在现代信用货币制度下，更关系到各国货币当局或中央银行控制货币供应的能力与方法的重要方面。从货币发展的历史来看，货币可以分为足值货币、表征货币、信用货币和电子货币等不同类型。

(一) 足值货币

1. 足值货币的形态发展

足值货币(Fullbodied Money)是货币发展的早期形态，此时，货币的额定价值同它作为特殊商品的内在价值是一致的，所以，又可称之为商品货币或实物货币。在世界范围内，最早充当货币实物形态的商品有牲畜、贝壳、粮食、布匹、金属等。据青铜器的铭文、考古挖掘和古籍记载：中国最早的货币是贝，因此，汉语中与财富有关的很多字如贫、贱、贵、财、贷、货等，其偏旁都有“贝”。在日本、东印度群岛以及美洲、非洲的一些地方，也有用贝作货币的历史。在古代欧洲的雅利安民族,在古波斯、印度、意大利等地,都有用牛羊作货币的记载,如拉丁文的"Pecunia"(意为金钱)来源于"Pecus"(意为牲畜);印度现代的货币名称"Rupee"(卢比)则来源于"牲畜"的古文"Rupye"。此外,如古代埃塞俄比亚曾用盐作货币;在美洲,曾经充当古老货币的有烟草、可可豆等。

足值货币能以其自身所包含的内在价值同其他商品相交换。但是,早期的实物形态货币绝大多数受其本身实用价值的限制,运用范围不大,不便于保存和携带,而且难以分割,不可能有质地均匀的、统一的价值表现标准。因此,随着商品交换的发展和扩大,实物形态的商品货币就逐渐由内在价值稳定、质地均匀、便于携带的金属货币所替代。

世界各国货币发展的历史证明,随着商品交换的发展,作为货币材料的铜、铁等贱金属逐步让位于金、银等贵金属,这是一个普遍的规律,因为金属所具有的天然属性最适宜于充当货币商品。贵金属质地均匀,其表现价值的尺度很容易统一;贵金属可按不同比例任意分割,分割后还可冶炼还原,最适合充当交换媒介;贵金属体积小、价值高、耐腐蚀、便于携带,也符合越来越发展的商品、劳务交易的需要。而在足值货币时代,贵金属还不是生产过程所必需的原材料,充当货币商品也不影响经济的发展。因此,马克思说:"金银天然不是货币,但货币天然是金银。"贵金属货币作为典型的足值货币,在相当长的一段历史时期中,在世界大部分范围内固定地充当货币商品,成为一种独立发展的货币形态阶段。

金属货币最初是以块状流通的,这带来诸多不便。因为每笔交易都需要称重量、鉴定成色,还要按交易额的大小把金属块进行分割等。随着商品生产和交换的发展,一些富裕的、有名望的商人在货币金属块上打上印记,标明重量和成色,以便于流通。当商品交换进一步发展并突破地方市场的局限后,对于金属块的重量和成色,要求更具有权威的证明,而最具有权威的当然就是国家。

铸币是由国家的印记证明其重量和成色的金属块。国家的印记包括形状、图文、文字等。最初,各国的铸币有各种各样的形状,但是,后来都逐步过渡到圆形,因为圆形最便于携带,并且不易磨损。

2. 足值货币的基本特征

(1) 足值货币本身是具有十足内在价值的实用商品。足值货币的内在价值被充分地表现在其外在的使用价值上,如粮食可以充饥、布麻可以御寒等。足值货币既可以作为一般商品消费,也可以作为货币进行流通。它作为普通商品的价值,与充当货币的价值是相等的。

(2) 足值货币是以其自身所包含的实际价值同商品世界的一切商品相交换的。足值货币与其他商品的交换是一种内在价值的等量交换;也就是说,以其各自内在价值的大小来决定交换的比例。

(3) 足值货币本身内含着否定自身的基因。足值货币作为一种独立的货币形态,在世界货币史中占有相当长的一段历史时期,因为它基本适应当时的社会生产力水平。随着社会生产力的发展,商品生产和商品流通不断扩大,足值货币形态越来越难以适应社会经济发展的需要,从而决定其必然要向高一级货币形态转化。

金属货币作为足值货币的典型形态,在长期流通过程中不断磨损,但其作为流通手段一瞬即逝的特点,使磨损了的铸币仍然能够流通。由此,不足值的货币也就流通起来,金属货币的形态开始扬弃其实体商品形态,货币的名义价值与实际价值逐渐分离,货币形态也就由足值货币转化为表征货币。

（二）表征货币

表征货币（Representative Money）是指由足值货币的代表物，包括银行券、辅币等执行货币基本职能的货币形态。表征货币作为足值货币的价值符号，其本身的内在价值虽然低于额定价值，但由于它可以同足值货币等价交换，并以此维持其代表地位，因此仍可按足值货币的额定价值流通。

表征货币是由足值货币向现代信用货币发展的一种中介性、过渡性的货币形态。一方面，它完全建立在足值货币的基础上，代表足值货币行使货币的基本职能，并能等价兑换成足值货币，因而明显具有足值货币的烙印；另一方面，它作为不具有十足价值的价格符号，之所以能像足值货币一样发挥货币的职能，显然体现了一定的信用关系，具有信用货币的特征。国内的教科书大多把表征货币简单地划为信用货币，这虽然不无道理，但在科学性和精确性方面还值得商榷。

典型的表征货币是银行券。银行券是随着资本主义银行的发展而首先在欧洲出现的表征货币，其主要特征如下：

（1）银行券是由银行发行的可以随时兑现的表征货币，它是作为代替贵金属货币流通与支付的信用工具。

（2）银行券的发行必须具有发行保证，一般分为黄金保证和信用保证。黄金保证体现为银行的金准备，信用保证则体现发行银行保证兑现的信用度。历史上由于发行准备的内涵不同，银行券发行制度曾经有过三种，即发行额直接限制制度、发行额间接限制制度、最高发行额直接限制制度。由于早期的银行券有严格的发行准备规定，保证随时兑现，因此，具有较好的稳定性。

（3）早期银行券的发行是分散的，各家商业银行都可凭自己的信誉和能力发行银行券，其前提是必须保证随时可按面额兑付金币、银币。后来，由于市场经济发展统一性的要求和国家宏观调控货币的需要，逐渐固定在一国之内几家大银行发行。自中央银行诞生以后，商业银行便失去了发行权，银行券集中由中央银行发行，成为中央银行的基本职能之一。

19世纪末、20世纪初，在银行券广泛流通的同时，贵金属货币的流通数量日益减少，显现出现代信用货币终将取代足值货币流通的趋势。第一次世界大战前，只是在战时或经济动荡的非常时期，一些国家才会停止银行券的兑现。第一次世界大战中，世界各国的银行券普遍停止兑现。第一次世界大战后，有的国家曾一度实行有条件兑换金块或兑换外汇的制度。到20世纪20年代末和30年代初，世界主要国家的银行券完全成为不兑现的，现代信用货币终于取代表征货币而成为世界货币舞台上的主角。

（三）信用货币

1. 信用货币的产生

信用货币（Credit Money）是以信用作为保证、通过一定信用程序发行、充当流通手段和支付手段的货币形态，是货币发展中的现代形态。信用货币实际上是一种信用工具或债权债务凭证，除了纸张和印制费用外，它本身没有内在价值，也不能与足值货币按某种平价相兑换。信用货币之所以可以流通和被接受为价值尺度，是因为各社会经济行为主体对它拥有普遍的信任。这种信任一方面来自表征货币的长期信用，是公众在兑换停止之后依然保持对价值符号的货币幻觉；另一方面来自国家对这一价值符号的收付承诺，不但国家在征税时按面值接受,而且法定禁止任何债权人在索偿时拒收该信用凭证,从而使其成为法偿货币。

在商业信用活动中,基于建立在企业彼此信任基础上的赊销、赊购行为,产生了体现债权、债务关系的商业票据,如期票、汇票等。这些票据是债权、债务的信用凭证,同时可作为购买手段和支付手段进入流通。这种以出票人信誉为基础,表现商业信用中债权、债务关系的信用凭证,可称之为商业信用货币。

在相当长的一段历史时期内,国家政权为了弥补财政赤字,直接发行并强制流通纸制的价值符号,如英国财政部发行过的纸钞、美国政府发行过的绿背钞票、日本政府发行过的纸钞等。这些都是国家纸币,但从性质上讲,也是一种凭国家信用流通的信用货币。

在当代中央银行体制下,银行信用创造的现金货币、存款货币,由各国政府法定为本国的通货,在最广泛的领域作为流通手段和支付手段,发挥着货币职能。这就是现代经济中的信用货币,也是本书的研究对象。目前,国家已不直接发行货币,而是由中央银行依据经济发展的需要代表国家行使信用货币的发行权。即使财政出现赤字,也要间接地通过银行信用来解决。因此,现代经济中信用货币的发行主体是银行,其发行程序是银行信贷程序,由国家赋予无限法偿能力,并强制流通。

2. 信用货币的形式

在现代经济中,信用货币存在的形式主要是现金和存款。

现金货币是指流通中的现钞通货,一般用于日用消费品、零星商品及劳务交易,主要流转于银行体系之外。现金形式的货币能立即形成购买力,用于支付清算,流通性极强,因此,对市场的冲击力也很大。现金形式的货币本身没有收益性,还会因物价上涨而贬值,所以,经济主体对持有现金的数量、时间、运用都是十分注重的。

存款货币是信用货币的另一种主要形式,它体现为各单位、个人在银行账户上的存款。存款货币中的活期存款可以直接用于转账结算,发挥货币流通手段和支付手段的职能,因此,活期存款和现金一样,都是社会经济中的现实购买力,其流动性略次于现金。存款货币中的定期存款是一种潜在购买力,因为它只有转化成活期存款或被提取成现金后才成为现实的购买力,故又被称为“潜在货币”,其流动性明显要小于活期存款。存款货币既来源于现金的存入,还来源于银行贷款的派生机制。除流动性区别外,存款货币不同于现金货币的另一个特点是存款货币具有收益性,可依据数量、时间的不同获得不同的利息收入。存款货币由银行经营和管理,是国家宏观调控管理的重要内容。

国家发行的短期债券、银行签发的承兑汇票,以及其他特殊种类的短期证券,如大面额存单等,可在货币市场上随时通过转让、贴现、抵押等多种形式变现,转化成现实的购买手段和支付手段。我们将它们称为“准货币”,是目前发展中的信用货币形式之一。

3. 信用货币的基本特征

(1) 由中央银行发行的信用货币是由中央银行代表国家发行的纸制本位货币,它是一种价值符号,不具有十足的内在价值,黄金基础也已经消失。

(2) 信用货币是债务货币。现代经济中的现金和存款是银行的负债,而信用货币则主要由现金和存款组成,所以,信用货币实际上是银行的债务凭证,信用货币流通也就是银行债务的转移。

(3) 信用货币具有强制性的特征。首先,通过法律手段确定其为法定货币。其次,银行可以通过发行货币,强制社会向它提供信用。一旦发行货币过多,就会通过货币贬值而使货币持有者丧失部分价值所有权；如果发行货币过少，则会因通货紧缩而影响社会经济的正常发展。

(4) 国家可以通过银行来控制和管理信用货币流通，把货币政策作为实现国家宏观经济目标的重要手段。当国家因财政赤字而迫使银行超经济需要发行货币时，信用货币贬值，那么，这部分信用货币的性质实际上已蜕化成为国家发行的纸币。

(四) 电子货币、数字货币和央行数字货币

在历史上的绝大部分时间里，货币形态的演变相对缓慢，但近几十年信息技术把我们带入了一个新的时代，电子货币、数字货币、法定数字货币等新的货币概念和货币形态不断涌现。

1. 电子货币

电子货币(Electronic Money)是信用货币与电脑、现代通信技术相结合的一种最新货币形态，它通过电子计算机运用电磁信号对信用货币实施贮存、转账、购买和支付，明显比纸币、钞票更快速、方便、安全、节约。美国经济学界把电子货币称为继金属铸币、纸币以后的"第三代货币"，而实质上，电子货币并未改变货币的本质，是一种高科技的信用货币。作为新型的信用货币形式，电子货币依托金融电子化网络为基础，以电子计算机技术和通信技术为手段，以商用电子化机具和各类交易卡为媒介，以电子数据形式存储在银行的计算机系统中，通过计算机网络系统传输电子信息方式实现支付和存储功能的货币，银行卡就是我们常见的电子货币的载体之一。网上支付和银行卡支付已成为目前电子支付的主流。

与纸质信用货币相比，采用电子支付更加方便、高效、快捷，几乎所有的支付都可以用电子支付方式完成，人们甚至构想：未来是否会过渡到一个无现金社会。由于电子支付方式自身的安全性和保密性方面存在一定问题，而且电子货币作为转移支付手段，大多数电子货币不能脱离现金和存款，因而只是用电子化方式传递、转移债权债务，实现清偿和结算。

2. 数字货币

最早的数字货币理论由 David Chaum 于 1982 年提出，这种名为 E－Cash 的电子货币系统基于传统的"银行-个人-商家"三方模式，具备匿名性、不可追踪性。2008 年，中本聪提出"比特币"的概念，即一种通过点对点技术实现的电子现金系统，可以让交易双方在第三方(如中央银行)不知情的情况下直接转账。中本聪创造比特币之后的十余年时间，市场上雨后春笋般地出现了数千种加密数字资产，数字货币、加密货币、稳定币、密码代币、通证、空气币、传销币等开始出现。更重要的是，在这一系列新发明的基础上，2019 年，一种叫作"Libra"(天秤座)的加密货币高调推出，宣称要建立一套简单的全球货币和金融基础设施，为数十亿人服务。横空出世的 Libra 震动了全世界，被很多人视为对现有金融和货币体系的颠覆性力量，由此引发了世界各国央行的关注与讨论。全球央行开始密集释放研发数字货币的信号，一场新的货币革命已然成形。截至 2021 年 7 月，有影响力的加密货币已有 1 万余种，总市值超 1.3 万亿美元。① 国际清算银行最新调查报告显示，65 个国家或经济体的中央银行中约 86％已开展数字货币研究，中国、美国、英国、法国、加拿大、瑞典、日本、俄罗斯、韩国、新加坡等国央行及欧洲央行近年来以各种形式公布了关于央行数字货币的考虑及计划，有的已开始甚至完成了初步测试。

数字货币(Digital Currency)，国际货币基金组织称之为"价值的数字表达"，可以定义为

① 数据来源：Coin Market Cap 网站。

以数字形式存在并基于网络记录价值归属和实现价值转移的货币。[①] 目前,国际上数字货币的概念范畴十分宽泛,几乎可以涵盖目前我们所知道的各类电子货币、加密货币和法定数字货币。数字货币可以分为两大类：一是各个国家央行正在积极参与研究的央行数字货币(CBDC),二是加密数字货币(数字资产)。数字货币与比特币等加密货币两者不是简单的等同关系,不能混为一谈。从概念范畴上来讲,加密货币包含于数字货币的概念之中。加密货币是基于区块链加密技术而创建发行的货币。目前币圈中常见的比特币、以太坊、EOS 等币种都是加密货币。同样容易混淆的概念还包括虚拟货币和密码货币。加密货币出现之前,随着网络社区兴起,逐渐出现了一类主要用于社区内各种虚拟商品交易的虚拟货币,如网络积分、游戏币等,最广为人知的莫过于 Q 币、抖币等。欧洲央行将虚拟货币定义为"被某一特定虚拟社区成员使用并接受的数字货币"。也就是说,虚拟货币可以被视为数字货币的一种。在我国监管部门的相关文件中,一般提到虚拟货币通常特指以比特币、以太坊等为代表的不受监管的加密货币。对于我国而言,加密货币由于不具有与货币等同的法律地位,不能且不应作为货币在市场上流通使用,只作为资产而存在,从性质上看是一种特定的虚拟商品。

目前数字货币的发展影响主要体现在以下几个方面：一是货币发行和使用的技术影响,它解决了过去不依赖第三方就解决不了的信任问题;二是货币的经济影响,可以用来改造生产力关系,改造产业结构等;三是货币的政治影响,也就是货币的去中心化的理念和货币主权的重新排序。

随着网络技术和数字经济蓬勃发展,社会公众对零售支付便捷性、安全性、普惠性、隐私性等方面的需求日益提高。不少国家和地区的中央银行或货币当局紧密跟踪金融科技发展成果,积极探索法定货币的数字化形态,法定数字货币正从理论走向现实。

3. 央行数字货币

央行数字货币(亦称法定数字货币),是指由央行发行、国家信用支撑,与法定纸币和硬币完全等价、完全法偿的数字货币,是法币的数字化形式。央行数字货币的概念最早由英格兰银行副行长本·布劳德本特于 2016 年提出,目前大多数主流国家央行均已采用此称谓。

国际清算银行在关于中央银行数字货币的报告中,将法定数字货币定义为中央银行货币的数字形式。需要注意的是,央行数字货币不一定基于区块链发行,也可以基于传统中央银行集中式账户体系发行。央行数字货币发行模式主要有三种可能性：一是中央银行直接面向社会公众发行数字货币的一元发行模式;二是遵循传统的"中央银行—商业银行"二元发行模式;三是"中央银行—发行代理行—商业银行"三元发行模式。我国人民银行发行的数字货币,采用的是二元发行模式。

央行数字货币与支付宝、微信、PayPal 等移动支付不同,央行数字货币是法定货币在数字世界的延伸和表现,是一种新的货币形态。而支付宝、微信支付等电子支付工具都与银行账户紧密耦合,是法币的一种数字化使用方式。

国际清算银行在报告中区分了三种形式的 CBDC,两种基于代币体系,一种基于账户体系。在两种基于代币的版本中,一种被设计为广泛使用的支付工具,主要针对零售交易,但也可用于更广泛的应用;另一种则是用于金融市场定向支付和结算交易的受限制访问的数字结算凭证。

---

① 钟伟等:《数字货币：金融科技与货币重构》,中信出版社 2018 年版,第 57 页。

从贵金属到纸币替代贵金属充当货币，再到未来的数字化货币，是经济和科技发展到一定阶段的必然产物；而随着网络通信技术日益发达、社会交易活动日益频繁与活跃，加上民众购物消费习惯的变化及对货币流通安全性的考虑，人们越来越趋向于使用电子银行、电子支付而不愿携带纸币，数字货币（Digital Currency）正逐渐变成一种新的需求。"数字货币"的探索契合当下日新月异的支付方式，方便与"互联网＋"更有效直接的对接，同时，也可降低传统纸币发行、流通的成本。需要明确的是，电子货币、数字货币都只是新型的信用货币，无现金社会不等于完全没有货币的社会，无论是花花绿绿的纸币、存款账户上的阿拉伯数字，还是互联网上的数字化信号，都是信用货币的不同存在形态。电子货币、数字货币的发展，短期内并不能导致纸币体系的消亡。在可预见的将来，纸币、电子支付和数字人民币将共存。

因此，由央行提供比纸币更快捷、低成本的数字化货币媒介工具，是顺应时代发展之必需。

二、货币的职能

货币的职能是货币本身所固有的功能，它是在商品经济的发展中逐渐形成的。马克思按照货币职能产生、形成的历史顺序，先后阐述了货币的五个职能。

（一）价值尺度

价值尺度是货币衡量和表现商品价值大小的职能。因为货币本身是商品（金银），它与其他所有商品一样都是人类劳动的结晶，具有相同的质即价值，所以，它可以作为衡量、表现一切商品价值的材料。

商品的价值大小各不相同，其所表现的货币数量也就有多有少。为了比较不同的货币量，就需要确定货币本身的计算单位，也就是在技术上确定每一货币单位的含金量。这种每一货币单位所内含的、用于测定一切商品价值的含金量，就是价格标准。最初，金属货币的价格标准是与其重量相一致的；后来，由于社会财富的增长、币材的改变、外国货币的输入及国家铸造重量不足的货币，价格标准与重量标准就逐渐分离了。

用一定量的货币单位来衡量和表现商品的价值，就形成价格，因此，价格是商品价值的货币体现，也可解释为对商品和服务所应支付的货币金额。商品价格与商品价值的大小成正比例关系，与单位货币即价格标准的含金量成反比例关系。在实际运行过程中，由于供求关系的影响，商品价格完全符合价值的情况是比较偶然的。

货币执行价值尺度职能时具有观念性的特点，因为货币表现商品的价值只是给商品标价，这时并不需要实在的货币，只要观念上的或想象中的货币就可以了。

（二）流通手段

流通手段是货币在商品流通中充当交换媒介的职能。商品生产者首先用自己的商品换成货币，并用货币去换回自己所需的商品，形成"商品—货币—商品"的循环过程。在这里，货币仅充当商品交换的媒介，由此产生了货币流通手段。

执行货币流通手段职能的货币必须是现实的货币，即不能以观念上的货币来媒介商品流通，必须要有现实货币作为购买手段进行商品交换。价值尺度表现了商品价值，流通手段则是通过货币媒介来实现商品的价值。

以货币为媒介的商品交换是连续不断的过程，是货币在买者和卖者之间不停地转手运动，形成了货币流通。那么，流通中究竟需要多少货币来作为流通手段呢？本书第十三章

“货币需求”将回答这一问题。

货币在商品交换中起媒介作用是转瞬即逝的，是交换的手段，而不是交换的目的。人们卖出商品、换回货币，关心的不是流通手段本身有无价值，而是能否换回自己需要的与卖出的商品同等价值的物品。因此，作为流通手段的货币可以是不足值的，也可以是无内在价值的价值符号。从这个意义上说，是流通手段产生了纸币和现代意义的电子货币。

(三) 贮藏手段

马克思所指出的典型意义上的贮藏手段，是金属货币条件下的金银原始条块的贮藏。金银货币具有十足的价值，它作为社会财富在退出流通后贮藏起来，具有永久性和保值性的特点。金属货币的贮藏手段职能，使它能够自由地、完全地退出流通或进入流通，自发地调节流通中的货币量。

现代经济中的信用货币是纸制的价值符号，本身没有内在的价值，也不能兑现金银，因此，它不具有典型意义上的贮藏手段职能。当强制流通的纸币投入流通后，就滞留在流通中，不能完全退出流通。货币所有者把现钞暂时沉淀在手中，是潜在的购买手段或待实现的购买力；把现钞存在银行，则又通过银行的信贷活动投入生产和流通。在纸币币值稳定的前提下，货币所有者无论是手持沉淀现钞，还是把它存入银行变成存款，都发挥了积累或储蓄手段的作用。

(四) 支付手段

当货币作为价值运动的独立形式进行单方面转移时，就执行着支付手段的职能。在商品赊销和延期支付的情况下，买卖行为完成后要经过若干时间，购买者才向销售者支付货币。在这之前，卖者成了债权人，买者成了债务人，货币则作为独立的价值形式进行单方面的转移支付，以清偿债务，结束信用交易行为。因此，货币作为支付手段时，等值的商品和货币在交换过程中的两极不再同时出现，货币不再是交换的媒介，而是作为补充交换行为的一个环节，作为交换价值的绝对存在，独立地结束商品交换的整个过程。

随着经济的不断发展，货币作为支付手段，不仅在商品赊销、预付货款、清偿债务方面，而且还在银行信贷、财政收支、工薪租金、消费信用、国际收支等领域，发挥着越来越大的作用。支付手段的形式也越来越多样化，有现金、存款、各类票据、各种结算凭证以及信用卡、电子货币等。可以认为，作为信用经济的现代经济，就建立在支付手段的基础之上。

发挥支付手段职能的货币同发挥流通手段职能的货币一样，都是处于流通过程中的现实货币。流通中的每一枚货币，往往是交替地发挥这两种职能，即曾发挥过流通手段职能的货币可用作支付手段，而经过一次或几次支付后，又可再作为流通手段用于购买，等等。因此，所谓“流通中的货币”，就是发挥支付手段职能的货币和发挥流通手段职能的货币的总和。

(五) 世界货币

商品流通一旦越出国界，货币的价值尺度、流通手段和支付手段职能也就延伸到国外，执行着世界货币的职能。典型意义上的世界货币是原始的金银条块，其价格标准、铸币名称、价值符号等国家的、民族的“服装”都必须脱去。世界货币的作用主要是作为国际间的支付手段，以平衡国际贸易差额；作为国际间的购买手段，用于购买外国商品；作为国际间资本和一般财富转移的手段，用于投资、对外援助、战争赔款等。

在黄金退出历史舞台后，一些经济发达国家的货币由于可自由兑换、币值较稳定，在国际经济交往中又被广泛接受，就替代黄金来执行世界货币的职能。同时，国际货币基金组织分配的特别提款权、在国际货币基金组织的储备头寸，以及外汇凭证如票据、银行存款凭证、国际信用卡等，作为国际间可接受的流动资产，在不同范围和不同条件下，也执行着世界货币的职能。

（六）货币职能的相互关系

价值尺度和流通手段是货币的两个最基本的职能。“一种商品变成货币，首先是作为价值尺度和流通手段的统一，换句话说，价值尺度和流通手段的统一是货币。”[①]只有当一种商品转化成为货币后，它才成为价值的独立体现物，进而发挥贮藏手段的职能。支付手段的出现又是以价值尺度、流通手段和贮藏手段为前提，因为货币在支付前必须首先对商品标价；商品的信用交易形式则完全建立在以货币为媒介的商品买卖交易形式发展的基础之上；同样，货币贮藏产生于买卖链条的中断，进而才导致债权、债务关系的发展。自然，货币只有在各国国内已发挥了价值尺度、流通手段、贮藏手段和支付手段的职能之后，才能突破国界，成为国际间的一般支付手段、一般购买手段和财富的一般转移手段，发挥世界货币的职能。

第二节　货币本质与货币计量

一、货币的本质

马克思在对价值形态发展的历史长河的研究中揭示了货币的本质，把货币定义为：货币是从商品世界中分离出来的、固定充当一般等价物的商品，并能反映一定的生产关系。

（一）货币是商品

货币是商品，它与商品世界的其他商品一样，都是人类劳动的产物，是价值和使用价值的统一体。正因为货币和其他一切商品具有共同的特性，即都是用于交换的人类劳动产品，它才能在交换、发展的长期过程中被逐渐分离出来，成为不同于一般商品的特殊商品，即货币。

（二）货币是一般等价物

货币是商品，但不是普通的、一般的商品，它是从商品世界中分离出来的、与其他一切商品相对立的特殊商品。货币商品不同于其他商品的特殊性，就在于它具有一般等价物的特性，发挥着一般等价物的作用。货币商品作为一般等价物的特性，具体表现在以下两个方面：(1) 它是表现和衡量一切商品价值的材料；(2) 它具有与其他一切商品直接相交换的能力，成为一般的交换手段。

货币商品不同于一般商品，还在于其使用价值的两重性特点：一方面，货币商品与其他商品一样，按其自然属性而具有特殊的使用价值，如金可作为饰物的材料等；另一方面，更重要的是，货币商品还具有其他商品所没有的一般使用价值，这就是发挥一般等价物的作用。

（三）货币是固定充当一般等价物的特殊商品

人类社会价值形态自发发展的历史长河，包括由简单的、偶然的价值形态到总和的、扩

---

① 中共中央马克思恩格斯列宁斯大林著作编译局：《马克思恩格斯全集》(第13卷)，人民出版社1998年版，第113页。

大的价值形态,再到一般价值形态。在一般价值形态充当一般等价物的商品很多,但它们不是货币,因为它们只是在局部范围内临时性地发挥一般等价物的作用;货币则是固定充当一般等价物的商品,是在一个国家或民族市场范围内长期发挥一般等价物作用的商品。

(四) 货币是生产关系的反映

固定充当一般等价物的货币是商品经济社会中生产关系的体现,即反映产品由不同所有者所生产、所占有,并通过等价交换实现人与人之间社会联系的生产关系。

由于商品经济存在于迄今为止社会历史发展的不同阶段,货币也就成为不同社会形态下商品经济共有的经济范畴。不能把特定社会形态中货币职能的发挥视同货币的本质,如不能因货币转化为资本而把货币本质定格为资本家剥削工人阶级的工具,因为毕竟货币不是资本。商品经济的基本原则是等价交换,不论是什么样的人,持有什么样的商品,在价值面前一律平等,都要按同等的价值量相交换。同样的货币,不管在什么样的社会形态中,也不论是存在于谁的手中,都是作为价值的独立体现者,具备着转化为任何商品的能力。

学习马克思主义关于货币定义的主要启示如下:(1) 货币是一个历史的经济范畴,它必然在历史发展的长河中趋于消亡;(2) 货币是不以人们意志为转移的自发产物,也不是任何人为的主观力量所能消除的,它只能自然消亡;(3) 货币是一个世界性的经济范畴,它不能在一国范围内人为地废除;(4) 货币是商品经济社会中社会劳动和私人劳动的矛盾的产物,只要这一矛盾没有消除,货币就不会退出历史舞台。

二、西方经济学中有关货币的观点

(一) 货币金属论

货币金属论把货币等同于贵金属,认为货币是商品,它必须有实质价值,货币的价值是由金属的价值决定的,金银天然就是货币,只有金银才是一国的真正财富等。货币金属论兴起于十六七世纪的重商主义时代,其主要代表早期有重商主义者斯塔德福、英国经济学家亚当·斯密等人。20 世纪 70 年代,西方经济受到通货膨胀的冲击,于是就有人重新提出货币金属论。货币金属论虽然强调了货币是一种商品,但它忽视了货币商品和一般商品的本质区别;它只看到货币的价值尺度、贮藏手段和世界货币职能,忽略了货币的流通手段和支付手段职能。

(二) 货币名目论

货币名目论与货币金属论相反,它否认货币的商品性和货币的实质价值,认为货币只是一种便于交换的技术工具,是换取财富的价值符号,是一种观念的计算单位,是一种票券。货币名目论的早期代表人物主要有巴本、贝克泰等人。当代西方还有一批经济学者,如德国的克纳普,也认为货币本质上就是“票券的支付手段”。货币名目论否定货币的商品性显然缺乏科学根据,而它只依据流通手段和支付手段职能给货币下定义,也明显是片面的。

(三) 货币国定论

货币国定论又称货币法定论,是一种具体化了的货币名目论,即认为货币是由国家创造的。早期,英国经济学家巴本曾提出,货币的价值不是货币本身所具有的,而是由国家权威所规定的。后来,德国新历史学派经济学家克纳普著书《货币国定论》,再次从法律的角度去分析货币的本质,认为货币是法制的创作物;货币不过是一种支付手段,与创造货币的材料无关;只要有国家法律的权威,就可以自由选定货币支付手段;等等。货币国定论除了犯有货币名目论同样的错误外，还将货币这一经济范畴偷换成法律范畴；而各国通货膨胀或通货紧缩的实践，也证明了这一货币定义是站不住脚的。

（四）货币数量论

货币数量论是用货币数量来解释货币属性、货币价值与商品价格的学说。货币数量论否认货币本身所具有的商品属性和内在价值，认为货币价值是由货币供给的数量所决定的。现代货币数量论的代表人物弗里德曼就认为货币不过是“购买力的暂栖所”，货币数量的变动可以使收入、就业、物价也变动，货币便成为一种重要的力量。现代货币数量论把货币视为国家调控和管理经济的重要工具，具有十分积极的意义，但其对货币本质的理解明显犯有与货币名目论同样的错误。

总之，西方经济学中关于货币起源和货币本质的学说五花八门、层出不穷，但大多或失之偏颇，或缺乏科学根据。只有马克思以历史和逻辑相结合的严密论证第一次科学地揭示了货币起源和货币本质，即货币是商品生产和商品交换发展的必然产物，是商品经济内在矛盾发展的必然结果，是价值形态发展的结晶，是固定充当一般等价物的商品。

关于货币本质观的认识是定义货币以及看待有关货币问题的根本出发点。近年来，诞生于互联网世界的虚拟货币受到了广泛关注。尤其是 2009 年出现的比特币(Bitcoin)发展最为迅速，影响也最为广泛，其使用范围已从互联网渗透到现实世界。比特币的出现引发了人们对虚拟货币是不是真正意义上的货币的思考。

三、现代信用货币的计量

古代足值货币的计量，一般运用货币商品使用价值的自然单位，如贝壳以“朋”计算，一朋十贝；牲畜按“头”计算；绢帛则以“匹”计算；金属是以重量计算；等等。后来，随着金属货币的流行和铸币的出现，货币计量单位与其自然单位逐渐分离，如唐代的“开元通宝”以“文”计量、20 世纪 30 年代中期以前中国流通的银币则以“元”计量等，但不管是“元”“文”，还是英镑、法郎，都内含着一定的金属重量；而不兑现的信用货币则已失去其金属重量的直接价值基础，货币名称本身就成为现实的计量单位。

现代信用货币最初都是由银行发行的，是银行的债务凭证。随着市场经济的发展，尤其是 20 世纪 60 年代以来，随着金融创新浪潮的兴起，许多新的金融工具不同程度地带有“货币性”，有的能直接作为货币发挥作用，有的略加转化就能发挥流通手段和支付手段职能，使货币流通的范围不断扩大，流通中货币的形式也多种多样，从而使信用货币的计量面临需要解决的新问题。

目前，世界各国普遍以金融资产流动性的强弱作为划分货币层次的主要依据。所谓“流动性”，是指金融资产能及时转变为现实购买力并不蒙受损失的能力。流动性越强的金融资产，现实购买力也越强。流动性程度不同的金融资产在流通中周转的便利程度不同，从而对商品流通和各种经济活动的影响程度也就不同。因此，按流动性强弱对不同形式、不同特性的货币划分不同的层次，有利于科学地分析货币流通状况，正确地制定、实施货币政策，及时有效地进行宏观调控。

按照国际货币基金组织的口径，货币层次一般可做如下划分：

1. M0(现钞)

M0 不包括商业银行的库存现金，而是指流通于银行体系以外的现钞，包括居民手中的现金和企业单位的备用金。这部分货币可随时作为流通手段和支付手段,因而具有最强的购买力。

2. M1(狭义货币)

M1 由 M0 加上商业银行的活期存款构成。由于活期存款随时可以签发支票而成为直接的支付手段,因此,它同现金一样是最具流动性的货币。M1 作为现实的购买力,对社会经济有着最广泛而直接的影响,因而是各国货币政策调控的主要对象。

3. M2(广义货币)

M2 由 M1 加准货币(Quasi-money)构成。准货币一般由定期存款、储蓄存款、外币存款以及各种短期信用工具如银行承兑汇票、短期国库券等构成。准货币本身是潜在的货币而非现实的货币,但由于它们在经过一定手续后,能够较容易地转化为现实的货币,进而加大流通中的货币量,故称之为亚货币或近似货币(Near Money)。由于 M2 包括了一切可能成为现实购买力的货币形式,因此,对研究货币流通的整体状况具有重要意义,尤其是对货币供应量的计量以及对货币流通未来趋势的预测,均具有独特的作用。近年来,一些发达国家货币供应量调控的重点,就出现了由 M1 向 M2 转移的趋势。

国际货币基金组织(IMF)1996 年制定并颁布了《货币与金融统计手册》,并于 1997 年、2000 年进行了两次修订。尽管 IMF 为各国的货币统计提供了基本原则,但各国经济发展、金融市场结构以及金融工具和衍生产品应用差别较大,在国际货币基金组织的口径下,目前各国主要从本国实际出发,定义各层次货币构成,并随着本国经济和金融市场的变化进行相应的调整。例如,从 1971 年 4 月至 1986 年 3 月,美国约先后 8 次改变了货币层次划分的内容,可谓调整频繁。

我国对货币层次的研究起步较晚,但发展迅速,2001—2011 年中国人民银行四次修订了货币层次。按照国际货币基金组织的口径,现阶段我国货币计量划分为以下层次:

1. M0=流通中现金

2. M1=M0+企业活期存款+农村存款+机关团体部分存款+个人持有的信用卡类存款

3. M2=M1+企业存款中具有定期性质的存款+城乡居民储蓄存款+信托类存款+其他存款

4. M3=M2+金融债券+商业票据+大额可转让存单

其中,M1 是通常所说的狭义货币量;M2 是广义货币量,M2 与 M1 的差额是准货币;M3 是考虑到金融创新而设立的,暂未测算。

第三节 货币制度及其构成要素

一、货币制度的概念及其形成

(一) 货币制度的概念

货币制度又称“币制”或“货币本位制”,是指一个国家或地区以法律形式确定的货币流通结构及其组织形式。

一个国家或地区为了保持其货币流通的正常和稳定,通常要制定、颁布一系列的法律和规定。这些法律和规定强制性地把有关货币流通的各个方面、各个要素联系起来，并在实践进程中不断地修正、补充，从而形成一个有机整体，这就是一个国家或地区的货币制度。

（二）货币制度的形成

货币制度最早是伴随着国家统一铸造铸币开始的。但是，在前资本主义社会，由于生产力水平低下，铸币币材主要是铜、银等价值较贱的金属；由于封建统治和经济的割据，使铸币的铸造和流通又具有分散性和地方性的特点；由于当时的铸造技术较差，导致铸币的轻重不一和成色差异等。尤其是在没落王朝的非常时期，封建统治者为了解决财政困难、豢养军队和维持奢侈生活，通过操纵货币制度，大规模铸造劣质铸币，导致铸币不断变质等，使前资本主义社会的铸币流通长期处于分散和紊乱的状态。

随着资本主义生产的发展和商品流通的扩大，分散和紊乱的货币流通越来越成为资本主义经济和信用发展的障碍。新兴的资产阶级要求有统一的货币来刺激商品交换的扩大；要求有稳定的货币，正确计算成本、价格和利润，促进资本主义生产的增长；要求有既统一又稳定的货币，以促进资本主义信用事业的发展；等等。因此，当资产阶级在各国取得政权，并建立起统一的民族国家后，就着手清理货币流通中的分散与混乱情况，先后颁布了许多有关币制改革的法令，通过这些法规的实施，最终形成了统一的、定型的资本主义货币制度。

二、货币制度的构成要素

（一）货币材料的确定

规定货币材料是货币制度最基本的内容。在金属货币流通条件下，货币金属是整个货币制度的基础。货币制度规定以何种金属铸造本位货币，就称之为什么本位币制度，如金本位制、银本位制、金银复本位制等。货币材料虽然是由国家规定的，但国家不能随心所欲地任意指定某种金属为货币材料，它是由客观经济发展的进程所决定的，国家规定只是对流通中已经形成的客观现实进行法律上的肯定。在不兑现的信用货币流通的条件下，国家不规定单位货币的金属含量，纸币成为流通中商品价值的符号，纸币币值以流通中商品的价值为基础，这就是目前世界各国所普遍实行的纸币本位制，如我国的人民币制度就属于纸币本位制。

（二）货币名称、货币单位和价格标准

货币制度要规定本位币的名称，货币名称通常是以习惯形成的。例如，英国的货币名称是“英镑”，美国为“美元”，印度为“卢比”，我国为“人民币”等。

货币制度要明确货币的单位及其划分。例如，英国的本位币单位为“镑”，镑以下为“便士”“先令”等；我国人民币的单位为“元”，元以下为“角”“分”等。

在金属货币流通条件下，价格标准是铸造单位货币的法定含金量。例如，根据美国1934年1月的法令，1美元的含金量为0.888 671克；按照1870年英国的铸币条例，1英镑的含金量合7.97克；旧中国1914年的《国币条例》规定，每一枚银圆含纯银23.977克，1933年“废两改元”，又规定每枚银圆含纯银23.493克。可见，在金属本位制度下，货币单位与货币的价格标准是密切相关又各不相同的两个概念。但是，在当代纸币本位制下，货币不再规定含金量，货币单位与其价格标准逐渐融为一体，货币的价格标准即货币的单位及其划分的等份，如元、角、分。

(三) 本位币、辅币及其偿付能力

1. 本位币和辅币

本位币(Standard Currency)亦称主币,是一个国家的基本通货和法定的计价结算货币。在金属货币流通条件下,本位币是指用货币金属按国家规定的货币单位和价格标准铸造的铸币,其名义价值(面值)与实际价值(市场金属价值)一致,为足值货币。在表征货币流通条件下,本位币依附于其发行基础——金属货币,表征货币只是金属本位币的符号。在当代纸币本位制度下,纸币已经成为独立的本位币,由该国货币制度所确定,是流通中商品价值的符号。

辅币(Fractional Currency)是本位币以下的小额货币,主要供小额零星交易和找零之用。在金属货币流通条件下,辅币以贱金属制造,其实际价值低于名义价值,为不足值货币。法律规定,辅币可按固定比例与本位币自由兑换,以确保辅币可以按名义价值流通。在当代纸币本位制度下,辅币即是本位币单位以下的小额零星货币。

2. 本位币的铸造及其偿付能力

在金属货币流通条件下,为保证本位币正常铸造、发行和流通,货币制度主要有以下规定:

第一,本位币自由铸造和熔毁的规定。无论是国家还是私人,都可以将其持有的货币金属送铸币厂,按照国家规定的货币名称、单位和价格标准铸造成本位币;也可以将持有的金属本位币送铸币厂熔为金属条块,铸币厂仅收取少量的铸造或熔化费用。

金属本位币的自由铸造和熔毁具有重要经济意义:一方面,使本位币可以自发调节货币流通,满足流通中对货币的需要量;另一方面,又可以保证本位币的名义价值与实际价值一致。

第二,本位币"无限法偿"(Unlimited Legal)的规定。所谓"无限法偿",是指无限的法定支付能力,即法律规定不管是用本位币偿还债务或其他支付,也不管每次支付的本位币的数额大小,债权人和受款人都不得拒绝接受,否则视为违法。

第三,本位币磨损公差(Limits Tolerance)的规定。所谓"磨损公差",即法律规定流通中本位币的实际重量与法定重量之间一个可允许的最大差额。本位币可能由于铸造技术或自然磨损等原因,使其实际重量与法定重量不符,为了保证本位币的名义价值与实际价值相一致,从而保证本位币的无限法偿能力,各国货币制度中通常都规定本位币的实际重量与国家规定的标准重量相比可能允许的最大差距,也就是磨损的最大限度。例如,1870 年英国的铸币条例规定,1 英镑金币的标准重量是 123.274 47 格令,磨损后的铸币重量不得低于 122.5 格令,如果低于这一重量,就可以请求政府兑换新币。

在当代纸币流通条件下,纸币是由国家垄断发行、强制流通的价值符号。除中央银行外,任何单位和个人都不得自行印制、变造和故意损毁货币,否则视为非法行为,并按国家有关法规的规定予以惩处。纸币本位币同样具有无限法偿能力。

3. 辅币的铸造及其偿付能力

在金属货币流通条件下,辅币主要有以下规定:

第一,辅币限制铸造的规定。辅币只能由国家铸造,不准公民铸造。这是因为金属辅币是不足值货币,铸造辅币可获得额外收益,国家垄断辅币铸造权,可使这部分收益归国家所有。如果允许公民自由铸造,就会造成公民为获得"额外收益"而用贱金属大量铸造不足值的辅币,使辅币充斥市场,影响到货币流通的正常和稳定。

第二,辅币"有限法偿"(Limited Legal Tender)的规定。所谓"有限法偿",即每次支付

辅币的数量不能超过规定的额度，否则债权人或受款人有权拒收。但是，用辅币缴税、向政府兑换本位币的数额不受此限。

第三，自由兑换的规定。规定辅币与本位币之间按固定的比例进行自由兑换，目的在于保证名义价值高于实际价值的辅币能正常流通。

在纸币本位制条件下，各国对辅币法偿能力的规定不完全相同，有的规定为有限法偿，如美国；有的则没有做明确规定，如我国。

（四）发行保证制度

发行保证制度也称发行准备（或储备）制度，是指通过银行发行的信用货币作为价值符号依靠什么来保证其币值稳定的制度。在表征货币形态下，发行银行券和辅币的银行必须建立金属储备制度，以保证银行券和辅币能随时兑换成金属本位币或本位币金属。凭金属准备发行的银行券，可以通过自由兑换调节流通中的货币量，使之与货币需要量相一致，以有效保持货币流通的稳定。

随着商品流通和货币流通的发展，货币发行的商业信用保证和国家信用保证也随之发展起来。银行通过商业票据贴现向流通中投放信用货币为商业信用保证，由于投放到流通中的信用货币有相应的商品作保证，可保证货币购买力和商品供应量的基本平衡，因而能使货币流通基本保持稳定。国家信用保证一般是指银行通过买入政府债券向流通中投放信用货币，由于这些投放的货币无金属储备可供兑现，又无相应商品可满足其购买力的需求，因此，凭国家信用发行的信用货币并不具有稳定货币流通的保证作用。

自 20 世纪 30 年代以来，世界各国在先后放弃金本位货币制度的同时，也不再规定发行保证制度。发行信用货币的中央银行虽然集中有大量的黄金外汇储备，但既不规定信用货币的含金量，一般也不建立黄金外汇与信用货币发行之间的比例关系，因此，并不属于信用货币的发行保证制度。少数国家和地区由于特殊的背景和历史原因，也有用发达国家的国际通用货币（外汇）作为本国或本地区的货币发行保证。例如，我国的人民币只规定有经济发行（商业银行）原则，而无发行保证制度；我国香港特别行政区则以美元作为港币的发行保证。

第四节　货币制度的演变

一、银本位制和金银复本位制

（一）银本位制

银本位制是以白银作为本位币材的货币制度，有银两本位和银币本位之分。银两本位是不铸造银币，而以银两为单位，以银块形式流通的货币制度；银币本位是以白银为币材，铸造银圆流通的货币制度。在银本位制下，银本位币可以自由铸造、自由熔毁、自由输出入国境，本位币无限法偿，银行券可以自由兑换银圆或白银。银本位制是与封建社会经济发展相适应的货币制度。随着封建社会向资本主义过渡，商品交易不断扩大，大额交易越来越多，白银的价值则随着劳动生产率的提高不断下降，银本位制已不能适应经济发展的需要，黄金开始加入流通，金银复本位制也因此而产生。旧中国经济比较落后，1910 年 4 月，清政府颁布《币制则列》,开始实行银本位制;1935 年,国民党政府实行法币政策时,放弃了银本位货币制度。

(二) 金银复本位制

金银复本位制是资本主义发展初期(16—18 世纪)典型的货币制度,它是以金和银两种金属作为币材,同时铸造金和银两种本位币,并在同一市场共同流通的货币制度。在金银复本位制下,金、银两种本位币可自由铸造、自由熔毁、无限法偿;金、银两种铸币及金、银两种金属均可自由输出入国境;金、银两种铸币可以自由地相互兑换。金银复本位制主要有以下两种类型:

1. 平行本位制

平行本位制是金铸币和银铸币各按其所含金银重量的市场比价进行流通,国家不规定这两种铸币的兑换比率。于是,市场上各种商品同时存在着两种价格,即金价格和银价格。由于金、银的市场价格随劳动生产率的变化和供求关系的变化而不断发生波动,从而造成市场物价及债务关系的紊乱,决定其必然向双本位制演进。

2. 双本位制

双本位制是典型的金银复本位制,是指国家和法律规定金、银两种铸币的固定比价,两种铸币按国家比价流通,而不随金、银市场比价的变动而变动。双本位制虽然克服了平行本位制的缺陷,但又产生了新的矛盾,即出现了“劣币”驱逐“良币”的现象。所谓“劣币”,是指国家法定价值高于市场价值的货币;所谓“良币”,是指国家法定价值低于市场价值的货币。由于两种铸币的法定比价不变,而金、银的市场价值随着劳动生产率和供求关系的变动而变动,从而导致两种铸币的法定比价和两种金属的实际比价的背离。这样,当两种铸币在同一市场上流通时,实际价值高于法定价值的“良币”会被驱逐出流通,即被熔化或输出国外,导致实际价值低于法定价值的“劣币”充斥市场的现象。“劣币”驱逐“良币”规律是 16 世纪英国理财家格雷欣发现的,所以,也将其称为“格雷欣法则”。

金银复本位制是一种不稳定的货币制度,因为它与货币作为一般等价物而具有的排他性、独占性的本质特性相冲突,所以,随着资本主义经济的进一步发展,金银复本位制让位于金本位制,乃是历史的必然。

二、金本位货币制度

(一) 金币本位制

金币本位制是以黄金为币材,铸造金币流通的货币制度。金币本位制的主要特征有:(1) 铸造金币,有金币流动,金铸币无限法偿;(2) 金铸币可自由铸造、自由熔化为金块(条);(3) 银行券和辅币作为价值符号,能自由兑换金铸币或黄金;(4) 黄金可以自由输出入国境;(5) 建立金准备制度,保证价值符号(表征货币)的可兑换性。

金币本位制是一种相对稳定的货币制度,对资本主义经济的发展曾起过积极的作用。首先,由于币制相对稳定,不会发生通货膨胀,从而为促进商品生产的发展和商品流通的扩大提供了良好条件;其次,在稳定的货币制度下,信用关系不受币值波动的影响,因而促进了信用事业的发展;再次,在金币本位制下,各国都以黄金作为币材,各国货币含金量的比率相对稳定,而外汇行市的稳定显然有利于国际贸易的进行,同时,对外贷款和投资的安全性也有了保障。

自 1816 年英国最早宣布实行金本位制开始，到 1914 年各国金币本位制崩溃，这种货币制度盛行了将近一百年的时间。第一次世界大战开始后，由于各参战国纷纷把黄金集中于国库，用于向国外购买军火，签发大量的不兑换黄金的纸币以弥补军费支出，使银行券失去了兑现黄金的可能性，各参战国陆续停止了银行券兑现制度，宣告了金币本位制的崩溃。

(二) 金块本位制和金汇兑本位制

1924—1928 年，资本主义国家的经济进入相对稳定时期，各国开始酝酿恢复金本位制度。但是，由于各国经济发展不平衡，黄金分布极不平衡，加上黄金产量的增长远远落后于商品生产和流通的扩大，典型的金币本位制已无法恢复，只能建立两种被称为“残缺不全”的金本位制——金块本位制和金汇兑本位制。

1. 金块本位制

金块本位制也叫生金本位制，其主要特点是：不铸造金币，没有金币流通，实际流通的是纸币——银行券；银行券规定含金量，但不能自由兑换黄金，只能在规定的数额以上兑换金块(如 1925 年，英国规定银行券 1 700 英镑以上才能兑换金块)；黄金集中由政府保管，作为银行券流通的保证金。

2. 金汇兑本位制

金汇兑本位制也称虚金本位制，其主要特点是：不铸造金币，没有金币流通，实际流通的是纸币——银行券；中央银行将黄金和外汇存入另一个实行金本位制国家的中央银行，并规定本国货币与该国货币的兑换比率；银行券规定含金量，但不能直接兑换黄金，只能兑换外汇；政府或中央银行通过按固定比价买卖外汇的办法来稳定本国币值和汇率。

金块本位制和金汇兑本位制是两种不稳定的货币制度。第一，这两种货币制度都没有铸币流通，黄金失去了流通手段的职能，从而也失去了自发调节货币流通的可能性；第二，由于银行券不能自由兑换黄金，因此，一旦过多就会贬值；第三，在金汇兑本位制下，本国货币制度依附于外国货币制度，一旦外国货币制度发生动摇，本国货币制度就必然随之动摇。

三、纸币本位制

(一) 纸币本位制的形成

1929—1933 年资本主义世界性的经济危机，使金块本位制和金汇兑本位制这两种不稳定的货币制度趋于崩溃。1933 年，德国、英国、美国先后放弃了金本位制；1933—1936 年，法国、意大利、比利时、荷兰、瑞士也相继放弃了金本位制，各国国内普遍实行了不兑换黄金的纸币本位制。

第二次世界大战后，1944 年 7 月，在美国布雷顿森林公园召开了联合国联盟国家的国际货币金融会议，通过了《国际货币黄金协定》，建立了以美元为中心的资本主义国际货币体系。根据布雷顿森林体系的规定，美元与黄金保持联系(1 盎司黄金＝35 美元)，各国货币与美元挂钩，各国中央银行可按规定官价用美元向美国中央银行兑换黄金，逐渐形成了以美元为中心的国际金汇兑本位货币制度。20 世纪 70 年代后，世界经济动荡不安，金价大涨，各国纷纷以美元向美国中央银行兑换黄金，使美国黄金大量外流，黄金储备下降。为了制止黄金继续外流，美国实行了新经济政策，停止各国用美元兑换黄金，从而宣告国际金汇兑货币制度的崩溃,在世界范围内最后割断了货币和黄金的联系。

(二) 纸币本位制的特点

所谓"纸币本位制",是指由中央银行代表国家发行以纸币为代表的国家信用货币,由政府赋予无限法偿能力并强制流通的货币制度。纸币本位制的主要特点如下:

(1) 纸币本位币是以国家信用为基础的信用货币,无论是现金还是存款,都是国家对货币持有者的一种债务关系。存款货币是银行代表国家对存款人的负债;流通中的现金是中央银行信贷资金的来源,是中央银行代表国家对持有者的负债。

(2) 纸币本位制不规定含金量,不能兑换黄金,不建立金准备制度,它只是流通中商品价值的符号。

(3) 纸币本位制通过银行信贷程序中的发行和回笼,即纸币本位币通过银行贷款、票据贴现,买入黄金、外汇和有价证券,投放到流通中去;通过收回贷款,收回贴现票款,卖出金银、外汇和有价证券,使流通中的货币向银行回笼。

(4) 纸币本位币是没有内在价值的价值符号,不能自发适应经济运行的需要。纸币本位制的稳定性取决于国家的货币政策,中央银行必须按经济原则发行货币,并以其作为调控国民经济的重要工具,既控制通货膨胀,又防范通货紧缩。

(5) 从世界范围看,纸币本位制下的存款货币、电子货币流通广泛发展,而现金货币流通则呈现出日渐缩小的趋势。

四、地区货币制度和跨国货币制度

(一) "一国两制"下的地区货币制度

1997 年、1999 年香港、澳门相继回归祖国后,出现了人民币、港币、澳元"一国三币"的特有历史现象。

货币作为一般等价物的独占性、排他性规律,在金银复本位制下表现为价值体系的紊乱和"劣币驱逐良币"的格雷欣法则。在纸币本位制下,如果在同一市场上出现两种以上纸币流通,而当这两种纸币的法定比价和实际比价发生背离时,同样会产生货币的排他和独占现象。不过,由于纸币本身只是一种价值符号,其排他和独占现象与金属本位货币恰好相反,不再是实际价值低的货币排斥实际价值高的货币,而会出现实际价值高的货币排斥实际价值低的货币的"良币驱逐劣币"现象。而"一国三币"是特定历史条件下中国人民的智慧创造,它不是三种货币在同一个市场上流通,所以,不会产生"良币驱逐劣币"现象。

根据《中华人民共和国人民银行法》第三章第十五条的规定和 2000 年 2 月颁布的《中华人民共和国人民币管理条例》第三条的规定,中华人民共和国的法定货币是人民币。以人民币支付中华人民共和国境内的一切公共和私人的债务,任何单位和个人不得拒收。香港、澳门虽然已经回归祖国,但是,根据《中华人民共和国香港特别行政区基本法》和《中华人民共和国澳门特别行政区基本法》,港币和澳元分别是香港特别行政区和澳门特别行政区的法定货币。人民币和港币、澳元的关系,是在一个国家的不同社会经济制度区域内流通的三种货币,它们所隶属的货币管理当局各按自己的货币管理方法发行和管理货币。

(二) 跨国货币制度和欧元

在前面的讨论中,各种货币制度都与国家主权不可分割地结合在一起。从货币制度诞生之日起，货币发行和货币政策权利就被视为国家主权的核心之一，并且货币统一被看作国家统一的标志。“一个国家，一种货币”这一货币主权的象征意义成为当代货币制度认识的思维定式。然而，随着人类社会进入20世纪末、21世纪初，在经济和金融全球一体化发展的推动下，市场获得了极大的扩展和深化，市场的扩展与深化对整个货币制度环境形成需求，主权货币制度在市场一体化情况下必然面临新的制度竞争。有什么样的市场，就有什么样的货币制度，目前已成为共识。超国家主权的跨国货币制度开始诞生，“一个市场，一种货币”的市场与货币制度的新框架开始建立，欧元是其典型代表。

1999年1月1日，欧元启用，欧元成为欧共体十二国唯一的法定货币，各缔约国家原有的本国货币可继续流通到2002年6月30日。欧元由各成员国中央银行组成的超国家欧洲中央银行统一发行，制定和执行统一的货币政策和汇率政策，并依据《稳定和增长条约》对各成员国的金融管理进行监管。

欧元的启用可以结束欧盟内部货币动荡的局面，创造一个稳定的货币环境；可以降低投资风险，减少交易成本，扩大资本市场的融资能力；同时，也可促进各成员国的财政健康稳定，带动经济增长。但是，欧元作为人类历史上跨国货币制度的创新，在单一货币和新汇率制度运行、跨国中央银行的运作等方面，还存在着不少困难和障碍，有待于在实践进程中逐步加以克服。

在欧元的启示下，世界各大洲都出现了建立跨国货币制度的动向。在美洲，秘鲁和厄瓜多尔试图实行以美元为基础的经济；被誉为“欧元之父”的罗伯特·蒙代尔在2000年4—5月的巡回演讲中，大力倡导巴西、阿根廷、乌拉圭和巴拉圭建立南美共同货币；在非洲，西非经济共同体六国领导人于2000年4月21日签署协议，规定在今后三年内建立统一货币；经历1997年亚洲金融危机后，为了稳定亚洲的货币环境，一些国家和地区也提出了建立“亚元”的构想；2000年5月，东盟“10＋3”财政部长在泰国清迈就开展东亚金融合作的具体内容及形式进行了商议，签订了著名的《清迈协议》，该协议将东盟之间原有的货币互换安排扩展到东盟所有成员国，资金规模已扩大到10亿美元，同时扩大货币互换安排的范围，在东盟成员、中、日、韩之间签订一系列双边货币互换协议。总体而言，《清迈协议》围绕东亚货币合作做文章，表现出各国携手共同处理突发性金融危机的决心。

诺贝尔经济学奖得主蒙代尔预测，在未来20年内，将形成美元区、欧元区和亚洲货币联盟三足鼎立的局面。但是，跨国货币制度必须建立在各国经济、政治制度接近，生产力发展水平相近，各国货币政策、经济政策和价值观念趋同的基础之上，因此，需要一个较长的发展和磨合过程。可以预见的是：一个主权国家内部的货币制度发展成为跨国的货币制度，地区性的跨国货币制度发展成为全球性的跨国货币制度，将是货币制度发展的必然历史趋势。一旦在全球范围内建立了单一的货币制度（也许要几百年后），人类的共产主义社会也就具备了实现的经济前提。

专栏1

数字人民币

随着网络技术和数字经济蓬勃发展，社会公众对零售支付便捷性、安全性、普惠性、隐私性等方面的需求日益提高。不少国家和地区的中央银行或货币当局紧密跟踪金融科技发展成果，积极探索法定货币的数字化形态，法定数字货币正从理论走向现实。

中国人民银行(以下简称人民银行)高度重视法定数字货币的研究开发。早在2014年,中国人民银行就已经开始研究法定数字货币。2016年,成立数字货币研究所,完成法定数字货币第一代原型系统搭建。2017年末,经国务院批准,人民银行开始组织商业机构共同开展法定数字货币(以下简称数字人民币,字母缩写按照国际使用惯例暂定为"e-CNY")研发试验。2019年底数字人民币试点和测试相继在深圳、苏州、雄安、成都四地及北京冬奥会场启动。2020年10月增加了上海、海南、长沙、西安、青岛、大连六个试点测试地区。截至2021年8月底,数字人民币App中能为数字人民币钱包充值的银行达35家。目前数字人民币已在小额、高频的零售等场景,实现商业零售、旅游、公共、民生服务、公交、高速公路、医疗等线下和线上场景应用,在大连商品交易所的期货市场和京东企业采购领域实现首批数字人民币试点。后续数字人民币或将逐步向其他投资、理财、金融交易及跨境交易等更广阔的场景领域推广。

(一) 数字人民币的定义

数字人民币(DCEP, Digital Currency Electronic Payment,数字货币电子支付的缩写),是人民银行发行的数字形式的法定货币,由指定运营机构参与运营,以广义账户体系为基础,支持银行账户松耦合功能,与实物人民币等价,具有价值特征和法偿性。DC指的是数字货币,EP指的是电子支付,即数字货币和电子支付工具。其主要含义如下:

第一,数字人民币是央行发行的法定货币。一是数字人民币具备货币的价值尺度、交易媒介、价值贮藏等基本功能,与实物人民币一样是法定货币。二是数字人民币是法定货币的数字形式。数字人民币发行、流通管理机制与实物人民币一致,但以数字形式实现价值转移。三是数字人民币是央行对公众的负债,以国家信用为支撑,具有法偿性。

第二,数字人民币采取中心化管理、双层运营。数字人民币的发行权属于国家,人民银行在数字人民币运营体系中处于中心地位,负责向作为指定运营机构的商业银行发行数字人民币并进行全生命周期管理,指定运营机构及相关商业机构负责向社会公众提供数字人民币兑换和流通服务。

第三,数字人民币主要定位于现金类支付凭证(M0),将与实物人民币长期并存。数字人民币与实物人民币都是央行对公众的负债,具有同等法律地位和经济价值。数字人民币将与实物人民币并行发行,人民银行会对二者共同统计、协同分析、统筹管理。

第四,数字人民币是一种零售型央行数字货币,主要用于满足国内零售支付需求。央行数字货币根据用户和用途不同可分为两类:一种是批发型央行数字货币,主要面向商业银行等机构类主体发行,多用于大额结算;另一种是零售型央行数字货币,面向公众发行并用于日常交易。数字人民币是一种面向社会公众发行的零售型央行数字货币,其推出将立足国内支付系统的现代化,充分满足公众日常支付需要,进一步提高零售支付系统效能,降低全社会零售支付成本。

第五,在未来的数字化零售支付体系中,数字人民币和指定运营机构的电子账户资金具有通用性,共同构成现金类支付工具。商业银行和持牌非银行支付机构在全面持续遵守合规(包括反洗钱、反恐怖融资)及风险监管要求,且获央行认可支持的情况下,可以参与数字人民币支付服务体系,并充分发挥现有支付等基础设施作用,为客户提供数字化零售支付服务。

（二）目标和愿景

中国研发数字人民币体系，旨在创建一种以满足数字经济条件下公众现金需求为目的、数字形式的新型人民币，配以支持零售支付领域可靠稳健、快速高效、持续创新、开放竞争的金融基础设施，支撑中国数字经济发展，提升普惠金融发展水平，提高货币及支付体系运行效率。

（三）数字人民币运营体系的设计

根据中央银行承担的不同职责，法定数字货币运营模式有两种选择：一是单层运营，即由中央银行直接面对全社会提供法定数字货币的发行、流通、维护服务；二是双层运营，即由中央银行向指定运营机构发行法定数字货币，指定运营机构负责兑换和流通交易。

数字人民币采用的是双层运营模式。具体来说，指定运营机构在人民银行的额度管理下，根据客户身份识别强度为其开立不同类别的数字人民币钱包，进行数字人民币兑出兑回服务；同时，指定运营机构与相关商业机构一起，承担数字人民币的流通服务并负责零售环节管理，实现数字人民币安全高效运行，包括支付产品设计创新、系统开发、场景拓展、市场推广、业务处理及运维等服务。

（四）数字人民币钱包的设计

数字人民币钱包是数字人民币的载体和触达用户的媒介。(1) 按照客户身份识别强度分为不同等级的钱包。(2) 按照开立主体分为个人钱包和对公钱包。(3) 按照载体分为软钱包和硬钱包。(4) 按照权限归属分为母钱包和子钱包。(5) 人民银行和指定运营机构及社会各相关机构一起按照共建、共有、共享原则建设数字人民币钱包生态平台。

（五）数字人民币试点

2019 年末以来，人民银行遵循稳步、安全、可控、创新、实用原则，在深圳、苏州、雄安、成都及 2022 北京冬奥会场景开展数字人民币试点测试，以检验理论可靠性、系统稳定性、功能可用性、流程便捷性、场景适用性和风险可控性。自 2020 年 11 月开始，增加上海、海南、长沙、西安、青岛、大连 6 个新的试点地区。数字人民币研发试点地区的选择综合考虑了国家重大发展战略、区域协调发展战略以及各地产业和经济特点等因素，目前的试点省市基本涵盖长三角、珠三角、京津冀、中部、西部、东北、西北等不同地区，有利于试验评估数字人民币在我国不同区域的应用前景。

截至 2021 年 6 月 30 日，数字人民币试点场景已超 132 万个，覆盖生活缴费、餐饮服务、交通出行、购物消费、政务服务等领域；开立个人钱包超过 2 087 万个、对公钱包超过 351 万个，累计交易笔数超过 7 075 万笔、金额约 345 亿元。在地方政府的积极参与支持下，在一些地区开展了数字人民币红包活动，实现了不同场景的真实用户试点测试和分批次大规模集中测试，验证了数字人民币业务技术设计及系统稳定性、产品易用性和场景适用性，增进了社会公众对数字人民币设计理念的理解。

试点期间，数字人民币注重持续探索应用模式创新。利用智能合约技术，赋予数字人民币可编程特性，提升扩展能力，促进与应用场景的深度融合。与相关手机制造商合作，研究提供包括双离线交易等功能在内的移动支付新体验。基于智能可视卡测试脱离手机的硬钱包支付模式,为弥合"数字鸿沟"提供可能。在北京冬奥组委园区内,立足科技冬奥、智慧冬奥建设,试点部署无人售货车、自助售货机、无人超市等创新应用场景,并推出支付手套、支付徽章、冬奥支付服装等可穿戴设备。试点用户普遍认为数字人民币有利于进一步提高支付效率,降低支付成本,社会公众、小微商户、企业切实感受到便利和普惠。

研发及试点期间,人民银行积极参与金融稳定理事会(FSB)、国际清算银行(BIS)、国际货币基金组织(IMF)、世界银行(WB)等国际组织多边交流,同各司法管辖区货币和财政监管部门、跨国金融机构及世界顶尖院校交流研讨法定数字货币前沿议题,并在国际组织框架下积极参与法定数字货币标准制定,共同构建国际标准体系。人民银行数字货币研究所已与香港金管局签署合作备忘录,同时加入国际清算银行创新中心(BISIH)牵头的多币种法定数字货币桥(m-CBDC-Bridge)项目,与香港特别行政区、新加坡等BIS创新分中心以及各央行共同探索法定数字货币相关实践。

资料来源:中国人民银行数字人民币研发工作组,《中国数字人民币的研发进展白皮书》,2021年7月。

本章小结

本章第一节首先介绍由足值货币、表征货币到信用货币的演进,重点剖析了信用货币及信用货币与现代电子货币、数字货币的关系,同时简要介绍了马克思主义关于货币职能的论述,其中对信用货币是否有贮藏职能提出了相应看法。第二节重点分析了马克思主义关于货币是固定充当一般等价物的商品的定义,并揭示了货币所反映的生产关系的特定内涵,介绍了信用货币按流动性强弱分层次计量的方法。第三节从简要介绍货币制度的概念及其形成着手,重点介绍了货币材料、货币名称、货币单位等货币制度的构成要素。第四节系统介绍了从银本位制、金银复本位制、金本位制到现代纸币本位制的历史演进,并对目前我国"一国三币"的特殊现象和以欧元为代表的跨国货币提出了相应见解,对数字人民币的现状和发展做了专栏分析。

参考书目

1. 中共中央马克思恩格斯列宁斯大林著作编译局:《马克思恩格斯全集》(第13卷),人民出版社1998年版。

2. 陈观烈:《货币、金融、世界经济》,复旦大学出版社2000年版。

3. 弗雷德里克·S.米什金:《货币金融学》(第十二版),王芳译,中国人民大学出版社2021年版。

4.《中华人民共和国人民币管理条例》。

5. 中国人民银行数字人民币研发工作组:《中国数字人民币的研发进展白皮书》,2021年7月。

6. 零壹财经·零壹智库，数字资产研究院：《中国央行数字货币：运行框架与技术解析》，2019 年 10 月。

思考题

1. 简述足值货币、表征货币和信用货币的含义与特征。
2. 你认为我国人民币是否有贮藏手段职能？
3. 什么是货币？简述马克思主义货币定义与西方经济学有关货币定义的区别。
4. 简述现代信用货币计量的基本原理。
5. 为什么说金本位制是相对稳定的货币制度，金银复本位制是不稳定的货币制度？
6. 什么是纸币本位制？其有何特点？应如何正确理解目前我国的“一国三币”制度？
7. 什么是数字货币？分析数字货币与虚拟货币、加密货币的本质区别。
8. 如何定义央行数字货币？如何理解中国央行数字货币的本质？

3

第三章 信用、利息与利息率

全章提要

教学目的和要求

- 理解信用及其本质，了解各种信用形式及其在社会经济活动中的作用和地位。
- 初步掌握各种信用工具的特征和功能。
- 明确利息的本质和利息率水平的决定因素。
- 掌握利率理论的主要内容。
- 了解我国利率管理体制改革的现状和发展趋势。

货币出现以后，不仅使商品交易的效率提高了，而且借助于货币的支付手段职能，信用这种经济活动方式也进入了更高级阶段。信用是借贷活动的总称，当信用从商品借贷发展到货币借贷时，利息与利息率的概念就随之产生了。

第一节 信　用

一、信用与信用的产生

西方经济学中的“信用”一词源于拉丁语“Credo”，其意为“信任”“声誉”等；英语中的“Credit”，其意除“信任”外，也解释为“赊账”“信贷”等。汉语中的“信用”，原意为能履行承诺而取信于人。近代中国在学习西方文明的过程中扩大了“信用”一词的内涵，引进了“借贷”等内容。因此，汉语中的“信用”主要有两种解释：一是社会学解释，信用被用作评价人的一个标准。例如，说某人很讲信用，意即此人是可以信赖的。二是经济学解释，信用是一种体现特定经济关系的借贷行为。这种行为可以有两种表现方式：或是以收回为前提条件的付出，即贷出；或是以保证归还为义务的获得，即借入。一般来说，贷者有权取得利息，借者必须支付利息。因此，借贷行为有两个基本特性：一是以偿还为前提条件，到期必须偿付；二是偿还时带有一个增加额——利息。现实经济活动中也有不支付利息的情况，那是贷方出于某种目的而给予借方优惠，但这种优惠终究还是要通过其他方式获得补偿的。

借款活动既可以采取商品形式，也可以采取货币形式。不管采取何种形式，信用都可以被看作一种价值运动形式。

信用具有到期归还和支付利息两个特征，这就使得信用这种价值运动形式与一般商品交换有了区别。一般商品交换是等价交换，商品的所有权通过交换而发生转移，买卖双方都保留价值，货币在其中执行的是流通手段职能。借贷行为则不然，贷出时，价值作单方面转移，由贷出者让渡价值，但保留所有权；归还时，价值也是作单方面转移，只是借者除了归还本金外，还要支付利息，货币在其中执行的是支付手段职能。

由此可见,信用是商品货币经济发展到一定阶段的产物。当商品交换出现延期支付、货币执行支付手段职能时,信用就产生了。

一方面,信用是在商品经济有了一定发展的基础上产生的,随着商品的生产和交换而发展。在商品流通过程中会产生一些时间和空间上的矛盾,如商品生产过程有长短之分、销售市场有远近之别,这些都给商品价值的实现带来了困难,造成商品生产者出售商品时,买者因为自己的商品尚未卖出而无钱购买。为了使社会再生产能持续进行,在销售商品时就不能再坚持现金交易,而需要实行赊销,即延期支付,于是,商品的让渡和它的价值实现在时间上分离了。这样,买卖双方除了商品交换关系外,又形成了一种债权债务关系,即信用关系。

另一方面,信用只有在货币的支付手段职能存在的条件下才能发生。当赊销到期,买方支付货款时,货币不是充当流通手段而是充当支付手段,这种支付是价值的单方面转移。由于货币拥有支付手段职能,因此,它能在商品让渡之后独立地完成商品价值的实现,否则,赊销就不可能出现。

二、信用的形式

(一)高利贷信用

1. 高利贷信用的产生和发展

高利贷信用是高利贷资本的运动形式,以贷款利息率畸高为特征。高利贷信用出现于原始公社末期。第一次社会大分工促进了生产力的迅速提高和商品经济的发展,并使原始公社内部出现了私有制和贫富之分。穷人缺乏必要的生产资料和生活资料,不得不向富人借贷,并被迫接受支付高额利息的要求,这样就产生了高利贷。高利贷最初是部分地以实物形式出现的,随着商品货币关系的发展,货币借贷才逐渐成为高利贷的主要形式,并出现了专门从事货币借贷的高利贷者。

高利贷在奴隶社会和封建社会得到广泛的发展,是前资本主义社会主要的信用形式。这是因为,高利贷资本作为生息资本的特殊形式,是与小生产者即自耕农和小手工业主占优势的生产方式相适应的。小生产者拥有少量财产作为借款的保证,他们的经济基础十分薄弱、极不稳定,遇到天灾人祸就无法维持生计。为了获得购买手段以换取必需的生产资料和生活资料,他们不得不求助于高利贷。所以,小生产者的广泛存在是高利贷信用存在和发展的经济基础。1949年以前,中国的高利贷十分活跃、名目繁多,华北盛行"驴打滚",江浙一带有"印子钱",广东则有"九扣十三归"。

除了小生产者外,高利贷的需求者还包括一些奴隶主和封建主。奴隶主和封建主求贷是为了满足其穷奢极欲的生活需要,如购买昂贵的装饰品、建造豪华的宫殿等,有时他们还出于政治上的需要,如豢养军队、发动战争等。这些巨额的货币支出往往无法通过租税收入得到满足,于是不得不向高利贷者求贷,这也促进了前资本主义社会高利贷信用的发展。

2. 高利贷信用的本质

高利贷者大多是商人,特别是掌握着大量货币的货币经营者。封建地主和富农也向贫苦农民发放高利贷。此外,各种宗教机构,如寺院、庙宇、教堂和修道院等也往往积聚着大量的货币资财,其主要来源是善男信女的布施和富有者委托保管的财产,有些宗教机构也会发放高利贷敛财。

高利贷的年利息率一般在30%以上,100%~200%的年利息率也是常见的。高利贷的利息率如此之高，原因有两个：一是借款人的借款大多不是用于追加资本、获取利润，而是为了取得一般的、必需的购买手段和支付手段。如果是用于追加资本，借款者考虑到高额利息会使其无利可图，就不愿意借了。二是在自然经济占统治地位、商品经济不发达的情况下，人们不容易获得货币，而人们对货币的需求又很迫切，这就为高利贷的形成创造了条件。

高利贷者获取的高额利息来源于小生产者、奴隶和农奴的剩余劳动。当高利贷者直接贷款给小生产者时，他们就通过获取高额利息无偿占有小生产者的全部剩余劳动，甚至包括一部分必要劳动。高利贷者贷款给奴隶主和封建主后，奴隶主和封建主支付的高额利息主要来自他们无偿占有的奴隶和农奴的一部分劳动。所以，在前资本主义社会，高利贷信用反映了高利贷者无偿占有小生产者劳动的剥削关系，也反映了高利贷者和奴隶主、封建主共同瓜分奴隶或农奴所生产的剩余产品的剥削关系。在现代市场经济中存在的高利贷信用同样反映了高利贷者剥削小生产者的剩余劳动，或反映了高利贷者和其他资本所有者共同瓜分雇佣劳动提供的剩余价值的剥削关系。

3. 高利贷信用的作用

高利贷信用在前资本主义社会有以下两个方面的作用：

第一，在前资本主义社会中，高利贷信用是促使自然经济解体和商品货币关系发展的因素之一。小生产者借高利贷往往以破产告终，从而使小农经济受到极大的破坏，加速了自然经济的解体。由于高利贷主要采取货币借贷形式，无论奴隶主、封建主还是小生产者，为了按期支付利息和清偿债务，都不得不努力发展商品生产，并通过出售商品换回货币，这样又促进了商品货币关系的发展。

第二，高利贷信用的高利盘剥破坏和阻碍了生产力的发展。自然经济中的小生产者本来就只能勉强维持简单再生产，高利贷使其在艰难的条件下难以有足够的能力维持简单再生产。奴隶主、封建主为了清偿债务而更加残酷地压榨奴隶和农奴，使生产条件日益恶化，甚至造成生产规模逐渐萎缩。

在封建社会瓦解并向资本主义社会过渡的时期，高利贷也具有双重作用。资本主义生产方式的产生须具备两个前提条件：一是要有大量有着人身自由的无产者，二是要有大量为组织资本主义生产所必需的货币资本。在高利贷的压榨下，大批农民和手工业者因破产而加入了劳动后备军。而高利贷者在长期的贷款活动中积累了大量货币资本，这些货币资本与商人资本一样转化为产业资本。所以，高利贷对资本主义生产方式前提条件的形成起了一定的促进作用。

与此同时，高利贷又具有保守作用。因为小生产占优势的前资本主义生产方式是最适宜高利贷活动的经济基础，高利贷者当然不愿意让这种生产方式覆灭，所以，高利贷者必然会想方设法维持这种旧的生产方式。高利贷的高利息率还妨碍了产业资本的发展，因为按资本主义生产方式的要求，需要信用的发展和扩大，这时厂商的借贷是为生产做准备或直接用于生产的，高利息率则可能使生产变得无利可图，使产业资本的扩张受到制约，因而新兴的资产阶级坚决反对高利贷。

资产阶级反对高利贷，但并不是一般地反对生息资本，而是要使这种生息资本服从于资本主义生产方式的要求，其中心问题是利息率。新兴的资产阶级要把高利贷的利息率压低到平均利润率以下，使之适合资本主义的需要。资产阶级取得政权后便利用国家机器，通过制定法律规定最高利率，限制高利贷。例如，英国在 1545 年的法案中规定最高利息率为

10%,1624年定为8%,1657年定为6%。但是,在信用事业被高利贷垄断的情况下,这种降低利息率的法令并没有取得预期的效果,从而促使资产阶级建立和发展适合资本主义经济发展的信用制度——资本主义信用制度。通过创办银行,集中大量闲置资金,为厂商提供所需的货币资本。例如,1694年在英国建立的英格兰银行,一开始就把贴现率定为4.5%~6%,打破了高利贷者对信用的垄断;同时,银行发挥信用创造的功能,打破了高利贷者对货币的垄断,使资本主义信用在反对高利贷的斗争中产生和发展起来。随着资本主义信用关系的建立与发展,信用形式也日益多样化,除了传统的商业信用外,还产生了银行信用、国家信用、消费信用和国际信用。这些现代信用形式在推动资本主义经济发展的过程中发挥着巨大的作用,它们同样可以为社会主义市场经济服务。

(二)商业信用

1. 商业信用的产生和发展

商业信用是在厂商进行商品销售时,以延期付款即赊销形式所提供的信用,是现代信用制度的基础。

当商品交换发生延期支付、货币执行支付手段职能时,就产生了信用。由于这种延期支付的形式所提供的信用是在商品买卖过程中发生的,因此被称为商业信用。在资本主义社会,商业信用会得到比较充分的发展。因为社会化大生产使各生产部门和各企业之间存在密切的联系,而它们在生产时间和流通时间上往往不匹配,经常产生有些企业的商品积压待售,而需要这些商品的买主却因自己的商品尚未生产出来或者尚未售出而暂时缺乏现金的矛盾。为了克服这种矛盾,就出现了卖方把商品赊销给买方的行为,买方可用延期付款或分期付款的方法提前取得商品。厂商之间经常相互提供赊销是商业信用迅速发展的主要原因。此外,由于商业资本与产业资本相分离,如果要求所有商业企业都用自己的资本金购买全部商品,则会发生商业资本短缺的困难,因为商家不可能拥有那么多资本。因此,厂家向商家提供商业信用,既有利于商家减少资本持有量,也有利于加快其商品价值的实现,提高商品流通速度,从而促进社会经济的发展。所以,在现代市场经济中,商业信用获得充分发展,并成为现代信用制度的基础。

2. 商业信用的特点

(1) 商业信用的主体是厂商。商业信用是厂商之间相互提供的信用,债权人和债务人都是厂商。

(2) 商业信用的客体是商品资本。商业信用提供的不是暂时闲置的货币资本,而是处于再生产过程中的商品资本。所以,这里作为贷出资本出现的总是那种处在再生产过程中一定阶段的商品资本,其通过买卖,从一个人手里转移到另一个人手里,其代价要到日后才按约定的时间由买者支付。

(3) 商业信用与产业资本的动态一致。由于商业信用是与处于再生产过程中的商品资本的运动结合在一起的,因此,它在资本主义再生产周期的各个阶段与产业资本的动态是一致的。在繁荣阶段,商业信用会随着生产和流通的发展及产业资本的扩大而扩张;在衰退阶段,商业信用又会随着生产和流通的削减及产业资本的收缩而萎缩。

3. 商业信用的局限性

由于商业信用是直接以商品生产和流通为基础,并为商品生产和流通服务的,因此,商业信用对加速资本的循环和周转、最大限度地利用产业资本和节约商业资本、促进资本主义生产和流通的发展具有重要的推动作用。但受其本身特点的影响，商业信用又具有一定的局限性，主要表现在以下两个方面：

(1) 商业信用的规模受厂商资本数量的限制。因为商业信用是厂商之间相互提供的，所以其规模只能局限于提供这种商业信用的厂商所拥有的资本额。并且，厂商不是按其全部资本额，而是仅按其商品资本额来决定其所能提供的商业信用规模，所以，商业信用在量上是有限的。

(2) 商业信用受商品流转方向的限制。由于商业信用的客体是商品资本，而商品都有特定的使用价值，因此，提供商业信用是有条件的，它只能向需要该种商品的厂商提供，而不能倒过来向生产该种商品的厂商提供。例如，造纸厂在购买造纸机械时，可以从机器制造商那里获得商业信用，但机器制造商无法反过来从造纸厂那里获得商业信用，因为造纸厂生产的商品——纸张，不能成为机器制造商所需的生产资料。

由于商业信用存在上述局限性，因此，商业信用不能完全适应现代经济发展的需要。于是，在经济发展过程中又出现了另一种信用形式——银行信用。

(三) 银行信用

银行信用是由银行、货币资本所有者和其他专门的信用机构以贷款的形式提供给借款人的信用。

1. 银行信用的特点

(1) 银行信用的主体与商业信用不同。银行信用不是厂商之间相互提供的信用。银行信用的债务人是厂商、政府、家庭和其他机构，而债权人是银行和货币资本所有者及其他专门的信用机构。

(2) 银行信用的客体是单一形态的货币资本。这一特点使银行信用能较好地克服商业信用的局限性。一方面，银行信用能有效地集聚从社会再生产过程中游离出来的暂时闲置的货币资本，包括：① 固定资产折旧；② 由于产品销售与购买再生产所需要的原材料、燃料等在时间上不一致而形成的暂时闲置的货币资本；③ 由于产品销售与工资支付在时间上不一致所形成的暂时闲置的货币资本；④ 尚未积累到一定数量，不足以作为新的投资加以运用的部分剩余价值所形成的暂时闲置的货币资本。此外，银行还可以集聚货币所有者的货币资本，并可以把社会各阶层的货币储蓄也转化成资本，形成巨额借贷资本，从而克服了商业信用在数量上的局限性。另一方面，银行信用是以单一的货币资本形态提供的。由于货币是一般等价物，可以与任何商品相交换，因此，银行信用可以不受商品流转方向的限制，向任何企业、机构或个人提供，从而克服了商业信用在提供方向上的局限性。

(3) 银行信用与产业资本的动态不完全一致。银行信用是一种独立的借贷资本运动，它有可能与产业资本的动态不一致。例如，当经济衰退时，会有大批产业资本不能用于生产而转化为借贷资本，造成借贷资本大量增加。

(4) 在产业周期的各个阶段，对银行信用和商业信用的需求不同。在繁荣时期，对商业信用的需求增加，对银行信用的需求也增加；在危机时期，由于商品生产过剩，对商业信用的需求会减少，但对银行信用的需求却有可能增加，此时，企业为了偿付债务、避免破产，有可能加大对银行信用的需求。

2. 银行信用的发展

由于银行信用克服了商业信用的局限性，大大扩充了信用的范围、数量和期限，可以在更大程度上满足经济发展的需要,因此,银行信用成为现代信用的主要形式。20 世纪以来,银行信用有了巨大的发展和变化,主要表现在越来越多的借贷资本集中在少数大银行手中;银行规模越来越大;贷款数额增加,贷款期限延长;银行资本与产业资本的结合日益紧密;银行信用提供的范围不断扩大。

尽管银行信用是现代信用的主要形式,但商业信用依然是现代信用制度的基础。这是因为商业信用能直接服务于产业资本的周转,服务于商品从生产领域到消费领域的运动。所以,凡是在商业信用能够解决问题的范围内,厂商总是首先利用商业信用。而且从银行信用本身来看,也有大量的业务如票据贴现和票据抵押放款等仍然是以商业信用为基础的。目前,商业信用的作用有进一步发展的趋势,商业信用与银行信用相互交织。许多跨国公司的内部资本运作以商品供应和放款两种形式进行。不少机构还通过发行相互推销的商业证券来动员他们所需借入的资本,用来向其分支机构提供贷款,而银行在这一过程中为跨国公司提供经济信息咨询等服务,使商业信用和银行信用相互补充、相互利用。

(四) 国家信用

国家信用是以国家和地方政府为债务人的一种信用形式,主要方式是通过金融机构发行公债,在金融市场上借入资金,公债的持有人有权按照规定的期限和利率取得公债利息。

国家信用包括国内信用和国外信用两种。国内信用是国家以债务人身份向国内居民、企业和社会团体取得的信用,形成一国的内债。国外信用是国家以债务人身份向国外居民、企业、社会团体和政府取得的信用,形成一国的外债。

国家信用的产生与国家财政直接有关。现代经济的特点之一是国家债务不断增长,这主要是由于国家为了发展经济和维持国家机器运转,在预算有赤字时,为了弥补赤字,就需要发行公债,公债因此成了国家信用的一种主要形式。国家公债(以下简称国债)的推销对象主要是银行、股份公司及个人,也可通过银行向各类投资基金和其他金融机构销售。

国家信用所筹集的资金主要用于政府各项支出,如政府投资及各种行政支出,包括教育支出、社会福利支出和军费支出等。国债的还本付息主要依靠税收,因此,利用国家信用必须注意防止三个问题的发生:一是防止造成收入再分配的不公平。在国家信用中,能够大量购买国债的投资者便可获得较多的国债利息收入,他们可得到收入再分配;未能购买国债的纳税人则得不到这部分收入再分配。有些资本主义国家发行的国债面额很大,这会剥夺广大中小投资者获得收入再分配的机会,从而造成收入再分配的不公平。二是防止出现赤字货币化。所谓"赤字货币化",是指政府发行国债弥补赤字,如果向中央银行推销国债,而中央银行又无足够的资金承购,此时,中央银行就有可能通过发行货币来承购国债,导致货币投放过度,有可能引发通货膨胀。三是防止国债收入使用不当,造成财政更加困难,陷入循环发债的不利局面。

(五) 消费信用

消费信用是对消费者个人提供的信用。在前资本主义社会,商人向消费者个人用赊销方式出售商品时,就已产生了消费信用。但直到 20 世纪 40 年代,消费信用的规模依然不大。

从 20 世纪 40 年代后半期起,消费信用开始发展。20 世纪 60 年代是消费信用快速发展的时期,原因有以下两个:一是凯恩斯(John Maynard Keynes)的需求管理思想得到认同,各国积极鼓励消费信用,以消费促进生产;二是第二次世界大战后经济增长快速且稳定,人们的收入有较大幅度提高，对消费信用的需求有很大增长。人们收入水平的提高使厂商和金融机构减少了对消费信用风险的顾虑，敢于积极提供消费信用，从而使消费信用有了长足的发展。

消费信用主要有以下两种方式：

1. 赊销

赊销是商业信用在消费领域的表现，可通过分期付款和信用卡进行。

分期付款是商家向消费者提供的信用，具体做法是由顾客与商店签订分期付款合同，然后由商店先交货物，再由顾客在规定的时间内根据合同要求分期偿付货款。

信用卡是银行（或信用卡公司）对具有一定信用的顾客发行的一种证书，顾客可向银行申请信用卡，然后凭信用卡向承接该卡的各个商业服务部门赊购商品和其他劳务，再由银行定期对顾客和商店进行结算。

2. 消费贷款

消费贷款是银行向消费者提供的信用，包括信用贷款和抵押贷款。信用贷款无须抵押品，而抵押贷款通常需要由消费者将其所购买的商品或其他商品作为担保品，如汽车贷款以消费者所购买的汽车作为取得贷款的担保品、住房贷款以消费者所购买的房屋作为取得贷款的担保品等。

消费信用是一种刺激消费需求的方式，也是一种促进生产发展的手段。赊销商品的价格大多比较昂贵，消费贷款的利息率也比较高，如果消费者到期不能偿付款项，商品往往会被收回，已付的贷款也往往被没收。但在一国经济发展到一定水平后，发展消费信用一方面可扩大商品销售、减少商品积压、促进社会再生产；另一方面可为大量银行资金找到出路，提高资金的使用效率，改善社会消费结构。

（六）国际信用

国际信用是各国间的借贷行为，包括以赊销商品形式提供的国际商业信用、以银行贷款形式提供的国际银行信用以及政府间相互提供的信用。

从形式上看，国际信用是适应商品经济发展和国际贸易扩大而产生并发展起来的一种借贷关系；从本质上看，国际信用是资本输出的一种形式。

1. 国际商业信用

国际商业信用是由出口商用商品形式提供的信用，有来料加工和补偿贸易等方式。

来料加工是指由出口国企业提供原材料、设备零部件或部分设备，在进口国企业加工，成品归出口国企业所有，进口国企业从原料和设备中扣留一部分作为加工费。

补偿贸易是指由出口国企业向进口国企业提供机器设备、技术力量、专利和各种人员培训等，联合发展生产和科研项目，待项目完成或竣工投产后，进口国企业可用该项目的产品或双方商定的其他办法偿还出口国企业的投资。

2. 国际银行信用

国际银行信用是进出口双方银行所提供的信用，可分为出口信贷和进口信贷。

出口信贷是出口方银行提供贷款，以满足卖方资金周转的需要。进出口贸易的交易规模比较大，买方经常会没有足够的资金偿付出口商的货款，此时，如果卖方以赊销方式提供商品而没能及时收到货款，便会使出口商的资金周转发生困难。为了鼓励本国出口商扩大出口，出口方银行便向出口方或进口方提供贷款。出口信贷又可分为卖方信贷和买方信贷。卖方信贷是出口方银行向出口商提供贷款。买方信贷是出口方银行直接向进口商或进口方银行提供贷款。这种贷款是有指定用途的,即必须用于购买本国出口商的货物。如果是直接向进口商提供贷款,则通常需要有进口国的一流银行提供担保。

进口信贷是进口方银行提供贷款以满足买方资金周转的需要,支持本国进口商购买所需的商品或技术等,有时也指本国进口商向国外银行申请贷款,如果进口商是中小企业,则往往还要通过进口方银行出面取得这种贷款。

不管是出口信贷还是进口信贷,其提供的金额一般只占该项进出口贸易总额的85%,这是因为,在国际贸易中,一般要求进口商预付15%的定金,所以,银行只需按项目金额的85%提供贷款资金。

3. 政府间信用

政府间信用通常是指由财政部出面借款的行为。其特点是金额不大,利率较低,期限较长,通常用于非生产性支出。

三、信用工具

(一) 信用工具概述

随着信用的发展,为多种信用形式服务的信用工具也逐渐被创造出来。

早期的信用是利用口头承诺方式进行的。口头承诺是仅凭双方当事人的相互信任建立起来的,一般是无形的,对双方都无约束,有较大的道德风险,经常发生毁约失信情况。于是,人们为了制约双方当事人信守合约,便将信用工具从口头承诺形式发展到挂账信用形式,即将债权债务关系用记账的方式反映在账簿上。挂账信用是一种有形的信用工具,比原始的口头承诺前进了一步。但由于挂账信用不规范,难以受到监督和有效的制约,并且挂账信用无法流通,使用范围有限,因此,人们便创造出完善的书面信用工具。这种书面信用工具可将借贷双方的权利和义务反映在具有一定格式的书面凭证上。由于这种书面凭证具有一定的格式,能准确记载借贷双方的权利和义务,明确偿还日期和偿还金额,又经过一定的法定程序,能有效约束双方的行为,因此具有法律效力,可以偿还、转让、贴现。这种具有一定格式并可用于证明债权债务关系的书面凭证,称为票据。

随着商品货币关系的发展和信用制度的建立,人们逐步将与货币作用相似的各种票据作为信用工具。票据的种类很多,按其能否转让流通,可分成流通票据和非流通票据。非流通票据经过一定的程序可转变为流通票据。要使票据可以流通,必须符合以下条件:(1) 票据的转让流通必须经过背书。背书又称"里书",是票据所注明的收款人或持票人转让票据时在票据背面签署的行为,表明背书人具有票据偿付的连带责任,若付款人到期不付款,票据持有人有权向背书人要求付款。(2) 付出一定代价而取得票据的人即可获得对票据的完整的所有权,包括有权以本人的名义就该票据提出诉讼。

最常见的流通票据是汇票、本票和支票。

汇票,是出票人要求受票人在一定期间向收款人支付一定金额的支付命令书,须经付款人承兑后方为有效票据。

本票,是由出票人对收款人发出的在一定期间支付一定金额的债务凭证,尽管有许多本票在票据上印有"不得转让"(Not Negotiable)字样,已丧失了流通票据的部分性质,但人们仍将其列为流通票据。

支票,是活期存款人向银行发出的要求无条件从其银行账户中支付一定金额的支付命令书。出票人可在支票上签发一定金额，要求银行于见票时或支票上指定日期支付一定金额给指定收款人或持票人。

除汇票、本票和支票外，还有可转让流通的其他信用工具，这些信用工具有期限长短之分。

(二) 短期信用工具

短期信用工具一般是指期限在1年以内的商业票据、银行票据、支票、信用证、旅行支票和信用卡等。

1. 商业票据

商业票据是一种商业信用工具，是在信用买卖商品时证明债权债务关系的书面凭证。商业票据有商业本票和商业汇票两种。

商业本票又称期票，是由债务人向债权人发出的、承诺在一定期限内支付一定款项的债务凭证。它有两个当事人：一是出票人(债务人)，二是收款人(债权人)。

商业汇票是由债权人发给债务人，命令其在一定期限内向指定收款人或持票人支付一定款项的支付命令书。它有三个当事人：一是出票人(债权人)，二是受票人或付款人(债务人)，三是收款人或持票人(债权人或债权人的债权人)。由于商业汇票是由债权人发出的，因此，必须经过票据的承兑手续才具有法律效力。承兑是指在票据到期前，由付款人在票据上做出表示承诺付款的文字记载及签名的一种手续。承兑后，付款人就成了承兑人，在法律上具有到期付款的义务，同时，该汇票即为承兑汇票。在信用买卖中，由购货人(债务人)承兑的汇票称为商业承兑汇票，由银行接受购货人委托承兑的汇票称为银行承兑汇票。

票据通常具有三个特点：(1) 具有抽象性，票据上必须载明偿还金额和偿还期，但不写明票据发生的原因。(2) 具有流通性，票据经过背书以后可转让流通。(3) 具有有效性，期票和经过承兑以后的汇票都具有法律效力。

随着金融业的发展，在商业本票和商业汇票外，还产生了一种融通票据，又称“金融票据”或“空票据”，它不是以商品交易为基础发生的票据，而是专门为了融通资金签发的一种特殊票据。融通票据是当事人双方达成协议后产生的，一方(通常为资金需求者)作为债权人签发票据，另一方作为债务人给予承兑，出票人则于票据到期前将款项送达付款人(承兑人)，以备清偿。融通票据有由商人出票、商人承兑的，也有由商人出票、银行承兑的，还有由银行出票、银行承兑的。其不反映真实的商品周转，只是为套取资金而签发，常被投机者所利用。当融通票据进入银行，成为发行银行券的依据时，就可能使银行券的流通状况恶化。

商业票据经过背书可以转让流通，经过背书的票据可充当流通手段和支付手段，用来购买商品、劳务或偿还债务。票据转让后，新的持有者就成为债权人，有权在票据到期日前向债务人兑取现款。

商业票据的持有人还可以用未到期的票据向银行办理贴现。贴现是银行办理放款业务的一种方式。当商业票据的持有人需要现金时，可将未到期的票据卖给银行，银行则按市场贴现利息率扣除自贴现日至票据到期日的利息后，将票面余额支付给持票人。票据到期后，由银行向债务人或背书人兑取现款。

需要指出的是，商业票据的流通是有一定范围的，通常在彼此有经常往来而且互相信任的人之间流通。

2. 银行票据

银行票据有银行本票和银行汇票两种。

银行本票是由银行签发、付款的票据,可以代替现金流通。银行本票按是否记载收款人姓名分为记名本票和不记名本票,按票面有无到期日分为定期本票和即期本票。除银行本票外,还有由邮局、公司和合作组织等签发的本票。1949年以前中国钱庄签发的本票,称为“庄票”。

银行汇票是银行开出的汇款凭证,由银行发出,交汇款人自带或由银行寄给异地收款人,凭以向指定银行兑取款项。

3. 支票

支票是银行的活期存款人向银行签发的,要求从其存款账户中支付一定金额给持票人或指定人的书面凭证。支票种类繁多,按支付期限可划分为即期支票和定期支票,按是否记载收款人姓名可划分为记名支票(又称抬头支票)和不记名支票(又称来人支票),按是否支付现金可划分为现金支票和转账支票(又称划线支票)。此外,还有银行在支票上记载“保付”字样的保证付款支票,称为保付支票;存款人开出的票面金额超过存款金额或透支限额而不生效的支票,称为空头支票。空头支票一旦被发现,便会遭拒绝。

除了划线支票的流通性较差些,其余支票的流通都很广。随着信用制度的发展,支票作为信用流通工具在市场上通行起来。由于支票是在银行信用的基础上产生的,其付款人是银行,和商业票据相比,有更好的信用保证,因此,其流通范围广泛。在支票流通的条件下,商品交易和债务清偿大多用支票进行支付。取得支票的人往往不到银行提取现金,而是把它存入自己在银行的活期存款账户。这样,在支票流通的基础上就产生了非现金结算,即转账结算,这样可以减少现金流通量,节约流通费用。

4. 信用证

信用证有商业信用证、旅行信用证和备用信用证等。

商业信用证是商业银行受客户委托开出的证明客户有支付能力并保证支付的信用凭证。客户申请开立信用证时,必须预先向开证银行缴纳一定的保证金。商业信用证既可用于国内商业活动,也可用于国际贸易。在国内商业活动中,购货商申请银行开出商业信用证后递交卖方,卖方可按信用证写明的条款向银行开出汇票,收取货款。在国际贸易中,商业信用证是银行保证本国进口商有支付能力的凭证,是国际贸易中的一种主要支付方式。进口商要求银行开出商业信用证须预交货款的一部分或全部作为保证金。开证行可以直接把商业信用证寄给出口商,允许其在一定期间和一定金额的限度内向进口商开出汇票,银行则保证其承兑并到期付款;也可以由出口商直接向开证行或其联行、代理行开出汇票,由银行自己承兑和付款。

旅行信用证又称货币信用证,是银行发给客户据以支取现款的一种凭证。由于这种信用证是专门为便利旅行者出国旅行时支付款项所发行的,因此,国际上一般称之为旅行信用证。旅行者在出国前将款项交存银行,由银行开给旅行信用证。在开证时,旅行者须在信用证上留下自己的印鉴或签字,当旅途中发生支付需求时,旅行者可凭信用证向指定的所在地银行取款。旅行者取款时所出具的收据上的印鉴和签字必须与信用证上留下的一致。

备用信用证又称担保信用证、履约信用证,它是开证行根据申请人的请求,对受益人开立的承诺承担某项义务的凭证。通常是为投标人中标后签约、借款人还款及履约保证金等提供担保的书面保证文件。备用信用证属于银行信用,开证行保证在开证申请人不履行其义务时,即由开证行付款。

5. 旅行支票

旅行支票是由银行或旅行社为方便旅行者而签发的一种定额支票,票面额一般比较小,主要供旅行者在旅途中兑取零星现金。旅行者在向银行或旅行社购买旅行支票时，须当面在支票上签字(称为初鉴)，在异地向当地银行兑取票款时，仍须当面在支票上签字(称为复鉴)，两次签字经核对相符，方可兑取现金，所以比较安全。旅行支票一般不规定流通期限，发行机构可以无偿使用此项资金，还可以收取手续费，所以，西方国家的银行、旅行社都竞相发行旅行支票，以吸揽资金，获得资金运用的利润。由于旅行支票比旅行信用证更方便，因此其广泛流行，我国银行也发行旅行支票以方便旅行者。

(三) 长期信用工具

长期信用工具包括股票和各种债券，它们一般被称为公共有价证券。公共有价证券是具有一定的票面金额，代表财产所有权或债权，并能定期取得一定收入的凭证。

公共有价证券自身没有价值，它们只是代表资本投资并借以取得收益的要求权，是资金需求者筹集货币资本的一种工具。由于公共有价证券能定期取得收入，因此，它一般能买卖转让，充当信用流通工具。

(四) 不定期信用工具

不定期信用工具是指银行券，是银行发行的一种信用货币。由于商业票据本身的局限性，持有票据者在一定情况下需要通过贴现把它转变为现款。但随着资本主义生产的发展和信用需求的扩大，银行所吸收的存款已不能满足贴现业务的需要，这就需要银行发行银行券来代替这些票据流通。银行券是不定期的债务凭证，但由于是由银行发行的，比厂商所发出的商业票据有更好的信用，因此，对收款人来讲，银行券几乎与现金一样。

银行券也是纸制的信用货币。其特点是：(1) 没有固定的支付日期；(2) 票面额是固定的整数，便于流通；(3) 信用基础较稳固，可以在银行信用所及的广大地区内流通。由于早期的银行券是在商业票据流通的基础上产生的，因此，其数量是按商品交易的需要调节的，并可以兑现。

银行券和纸币都是信用货币，但它们之间过去存在着以下区别：(1) 它们产生的基础不同。银行券是从货币作为支付手段的职能中产生的，是由银行通过票据贴现等信用方式发行的；而纸币是从货币作为流通手段的职能中产生的，是由国家强制发行的。(2) 它们得以发行的目的不同。银行券是为了代替流通中的商业票据，满足商品交易的需要而发行的；而纸币是为了弥补财政赤字发行的。(3) 典型的银行券可以自由地与黄金或金币兑换，而纸币不能自由兑换。

这种区别随着商品货币经济和信用货币制度的发展而逐渐淡化。现代信用货币都是以银行券的形式出现的，由各国、各地区专门的货币发行机构发行。现在的银行券已经不能自由兑换黄金。

银行券的产生是信用流通工具发展史上的一个重大成果。它一方面使银行能够超过其实有的资本量和原始存款规模而扩大信用业务，另一方面也满足了经济发展对货币的追加需求，从而对经济发展起着促进作用。

四、信用在现代经济中的作用

(一) 促进资金再分配，提高资金使用效率

信用是促进资金再分配最灵活的方式。借助于信用，可以把闲置的货币资金以及社会

各阶层的货币储蓄集中起来,转化为借贷资本,用于满足各种临时性需要,使闲置资金得到充分利用;同时,在信用活动中,价值规律的作用能得到充分发挥。那些具有发展和增长潜力的产业,或者是国家优先发展的部门和企业,往往容易获得信用支持。信用还会使资金从利润率较低的部门向利润率较高的部门转移,通过竞争机制,在促进各部门实现利润平均化的过程中提高整体经济效率。

(二) 加速资金周转,节约流通费用

信用能使各种闲置资金集中起来并投放出去,促使大量原本处于相对静止状态的资金运动起来,这对于加速整个社会的资金周转无疑有巨大作用;而且,利用各种信用形式,还能节约大量流通费用,增加生产资金投入。这是因为:第一,利用信用工具代替现金可节约对现金的需要,节省与现金流通有关的费用;第二,在发达的信用制度下,资金集中于银行和其他金融机构,可以减少整个社会的现金保管、现金出纳以及簿记登录等流通费用;第三,信用能加速商品价值的实现,有助于减少商品保管费用的支出。此外,各种债权债务关系还可以利用非现金结算方式相互抵消,不仅节约流通费用,而且缩短流通时间,有助于加快货币流通和资金周转的速度,增加资金在生产领域中发挥作用的时间,有利于扩大生产和增加利润。

(三) 加快资本集中,推动经济增长

信用是促使资金集中的有力杠杆。借助信用,可以加速资本集中和积累,因为信用可使零星资本合并为规模庞大的资本,也可使个别资本通过合并其他资本来扩大资本规模。在现代兼并收购活动中,很多是利用信用方式来进行并完成这种资本集中的。资本集中与积累有利于大工业和生产社会化程度的提高,也有利于推动一国的经济增长。

(四) 调节经济结构

随着经济的发展,信用在调节经济结构方面的积极作用变得越来越重要。信用调节经济的职能主要表现为国家利用货币和信用制度来制定各项重要政策和金融法规,利用各种管理杠杆来改变信用的规模及其运动趋势。国家借助信用的调节职能既能抑制通货膨胀,也能防止经济衰退和通货紧缩,刺激有效需求,调节资本流向的变化与资本转移,以实现经济结构调整,使国民经济结构更合理,维护经济发展的可持续性。

当然,信用也有其两面性。如果国家对信用活动管理不当,导致信用膨胀或信用萎缩,信用就会对经济发展产生负面影响。信用膨胀往往会引起通货膨胀,信用萎缩则会加速通货紧缩。在近几十年的国内外经济活动中,与信用紧缩相比,信用膨胀发生的概率更大一些,需要给予更多关注。

第二节 利息与利息率

一、利息的含义及其来源

(一) 利息的含义

什么是利息?关于这个问题有多种说法。第一种观点认为,利息是资本所有者“节约”或“节欲”,抑制当前消费欲望而推迟消费的报酬,这种观点被称为“节欲论”。第二种观点认为，人们对现有财货的评价要高于对未来财货的评价，同样价值的财货，现在使用的效用要大于未来使用的效用，若现在放弃使用财货，推迟到未来使用，就会有时差损失，而利息就是对这种时差损失的贴水，这种观点被称为“时差利息论”。第三种观点认为，人们都偏爱流动性高的货币，若要人们暂时放弃这种高流动性的货币而等待将来使用，就必须向放弃流动性偏好者支付报酬，即利息，这种观点被称为“流动性偏好论”。这些观点实际上都是从 17 世纪英国古典政治经济学创始人威廉·配第（William Petty）关于利息的解释中引申出来的。威廉·配第认为，货币持有者贷出货币就会减少用这笔货币购置土地而能获得的地租，为此，他必须获得相应的补偿才会出借货币，这种补偿即利息。在西方经济学家看来，利息是对放弃使用货币的机会成本的补偿。

马克思经过对货币借贷过程及其结果进行科学考察后指出，利息是使用借贷资金的报酬，是货币资金所有者凭借对货币资金的所有权向这部分资金的使用者索取的报酬。

（二）利息的来源

马克思认为，利息来源于剩余产品或利润的一部分，是剩余价值的特殊转化形式。这说明，利息是由劳动者创造的价值的一部分。利息与利润之间有一定的量的关系，由于利息是利润的一部分，因此利润就成了利率的最高界限。由于利息与利润之间存在量的关系，因此利息就成为反映使用借贷资金投资效率高低和货币资金使用是否合理的一个标志。

二、利息率及其计算

利息率（简称“利率”）是利息对本金的比率。一般情况下，利率的最高界限为平均利润率，最低界限为零。利率的计算公式为：

$$\text{利率} = \frac{\text{利息额}}{\text{借贷资金额}} \times 100\%$$

按照计算利息的时间，可将利率分为年利率、月利率和日利率。在我国，年利率又称年息几厘，一般用本金的百分比表示；月利率又称月息几厘，一般用本金的千分比表示；日利率又称日息几厘，一般用本金的万分比表示。此外，还可以用“分”作为利率单位。由于分是厘的 10 倍，因此，年息 5 分表示年利率为 50%，月息 5 分表示月利率为 5%。年利率与月利率及日利率之间的换算公式如下：

$$\text{年利率} = \text{月利率} \times 12 = \text{日利率} \times 360$$

计算利息额有两种方法：一为单利法，二为复利法。

按单利法计算利息时，不论借贷期限长短，仅按本金计算利息，上期本金的新生利息不作为计算下期利息的依据。单利法的计算公式为：

$$I = P \cdot r \cdot n$$

$$S = P \cdot (1 + n \cdot r)$$

其中：I 为利息额，P 为本金，r 为利息率，n 为借贷期限，S 为本金与利息之和（简称“本利和”）。

按复利法计算利息时，可将上一期本金所生利息计入本金一并计算下一期利息，即如果本金与利息都不提现，则每期都是按上年本利和来计息。复利法的计算公式为：

$$S = P \cdot (1+r)^n$$

$$I = S - P$$

例如，一笔期限为 3 年、年利率为 6%的 100 万元贷款。

按单利法计算，利息总额和本利和分别为：

$I = 1\ 000\ 000 \times 6\% \times 3 = 180\ 000$(元)

$S = 1\ 000\ 000 \times (1 + 3 \times 6\%) = 1\ 180\ 000$(元)

按复利法计算，本利和及利息总额分别为：

$S = 1\ 000\ 000 \times (1 + 6\%)^3 = 1\ 191\ 016$(元)

$I = 1\ 191\ 016 - 1\ 000\ 000 = 191\ 016$(元)

从上述结果可见，在利率水平相同的情况下，按复利计息可多得利息 11 016 元(191 016－180 000)。

三、决定利率水平的因素

利率是计算使用借贷资金报酬的依据。利率水平的高低直接影响借款者的成本和贷出者的收益。决定利率水平的因素多种多样，主要有以下五种：

(一) 平均利润率

由于利息是利润的一部分，因此，利润率是决定利率的首要因素。根据市场法则，等额资本要获得等量利润。通过竞争和资源的流动，一个经济社会在一定时期内会形成一个平均利润率。这一平均利润率是确定各种利率的主要依据，是利率的最高界限。一般情况下，利率不会低于零。如果利率低于零，就不会有人出借资金了。所以，利率通常在平均利润率和零之间波动。

(二) 借贷资金的供求关系

虽然从理论上讲，利率既不会高于平均利润率，也不会低于零，但实际上，决定某一时期某一市场上利率水平高低的是借贷资金的供求关系，即利率是由借贷资金供求双方按市场供求状况协商确定的。当借贷资金供大于求时，利率水平就会下降；当借贷资金供不应求时，利率水平就会提高，甚至高于平均利润率。

(三) 预期通货膨胀率

在信用货币流通的条件下，特别是在纸币制度下，通货膨胀是一种常见现象。通货膨胀使借贷资金本金贬值，会给借贷资金所有者带来损失。为了弥补这种损失，债权人往往会在一定的预期通货膨胀率基础上确定利率，以保证其本金和实际利息额不受损失。当预期通货膨胀率提高时，债权人会要求提高贷款利率；当预期通货膨胀率下降时，利率一般也会相应下调。

(四) 中央银行货币政策

自 20 世纪 30 年代凯恩斯主义问世以来，各国政府都加强了对宏观经济的干预。政府干预经济最常用的手段是中央银行的货币政策。中央银行采用紧缩政策时，往往会提高再贴现率或其他由中央银行所控制的基准利率(如美国的联邦基金利率)；而当中央银行实行扩张政策时，往往会降低再贴现率或其他基准利率，从而引起借贷资金市场利率跟着作相应调整，进而影响整个市场的利率水平。

（五）国际收支状况

一国的国际收支状况对该国的利率水平也有重要的决定性作用。当一国国际收支平衡时，一般不会变动利率。当一国国际收支出现持续大量逆差时，为了弥补国际收支逆差，需要利用资本项目大量引进外资，此时，金融管理当局就会提高利率；而当一国国际收支出现持续大量顺差时，为了控制顺差、减少通货膨胀压力，金融管理当局可能会降低利率，减少资本项目的外汇流入，同时也会使本国借贷资金的利率水平发生变化。

除了以上五种因素外，决定一国一定时期内利率水平的因素还有很多。在经济高涨时期，管理当局大多会提高利率；而在经济衰退时期，又大多会降低利率。一国的利率水平还与该国货币的汇率有关，当本币贬值时，往往会导致国内利率上升。此外，借贷期限的长短、借贷风险的大小、国际金融市场利率水平的高低、一国经济的开放程度等都会对一国国内利率产生重要影响。因此，对利率水平的变动必须综合各种因素进行分析，才能找出利率水平变动的主要原因。

四、利率的种类

金融资产的收益与利率水平有关。由于金融资产种类繁多，利率的决定因素也复杂多样，因此，金融市场中的利率也有多种形式。

（一）市场利率、官方利率与公定利率

市场利率、官方利率与公定利率是按利率的决定主体不同来划分的。

市场利率是指由资金供求关系和风险收益等因素决定的利率。一般来说，当资金供给大于需求时，市场利率会下降；当资金供给小于需求时，市场利率会上升。当资金运用的收益较高，资金运用的风险也较大时，市场利率也会上升；反之则反是。因此，市场利率能较真实地反映市场资金供求与运用的状况。

官方利率是指由货币管理当局确定的利率，利率水平由货币管理当局根据宏观经济运行状况、国际收支状况及其他状况决定，可用作调节宏观经济的手段。官方利率在利率体系中发挥指导性作用。

公定利率是指由金融机构或行业公会、协会（如银行公会、银行业协会等）按协商的办法确定的利率。这种利率只对参加该公会或协会的金融机构有约束作用，对其他金融机构则没有约束作用。一般情况下，公定利率对市场利率有重要影响。

（二）固定利率与浮动利率

固定利率与浮动利率是按资金借贷关系存续期内利率水平是否变动来划分的。

固定利率是指在整个借贷期限内，利率水平保持不变的利率。在物价稳定的条件下，固定利率具有简便易行、便于借贷双方进行成本收益核算的优点，固定利率适合于短期资金借贷关系。因为未来是不确定的，如果借贷期限较长，市场变化又难以预测，使用固定利率就可能使借款人或贷款人承担利率变化的风险：当未来利率上升时，贷款人要承担利息损失的风险；而当未来利率下降时，借款人要承担利息成本较高的风险。

浮动利率是指在借贷关系存续期内，利率水平可随市场变化而定期变动的利率。浮动利率水平变动的依据和变动的时间长短都由借贷双方在建立借贷关系时议定。在国际金融市

场上,多数浮动利率以伦敦银行间同业拆借利率(London Inter-bank Offered Rate, LIBOR)为参照指标,规定其上下浮动的幅度。这种浮动幅度按若干个基点(1 个基点即 0.01%)计算,通常每隔 3 个月或 6 个月调整一次。在实行浮动利率的条件下,借贷双方计算成本、收益的难度都要大一些,并且对借贷双方利率管理技术的要求也比较高。但是,实行浮动利率的借贷双方所承担的利率风险比较小。浮动利率适合于在市场变动较大而借贷期限又较长的融资活动中实行。

(三) 名义利率与实际利率

名义利率与实际利率是按利率水平是否剔除通货膨胀因素来划分的。

名义利率是指没有剔除通货膨胀因素的利率,实际利率是指剔除通货膨胀因素的利率。所以,实际利率又可理解为物价不变、货币购买力也不变条件下的利率。

如果以 r 代表实际利率,i 代表名义利率,$\dot{p}$ 代表通货膨胀率,则实际利率的计算方式如下:

$$r=\frac{1+i}{1+\dot{p}}-1$$

或

$$r=i-\dot{p}$$

前一种计算方式比较精确,多用于核算实际成本和实际收益;后一种计算方式比较直观,多用于估算成本、收益及理论阐述。运用这两种计算方式的结果有一定差异。例如,某银行发放一笔为期 1 年的贷款,利率为 9%,当年的国内通货膨胀率为 4%。按前一种方式计算,r 为 4.808%,而按后一种方式计算,r 为 5%,两者相差 0.192%(5%−4.808%)。若贷款金额较大,则按两种方式计算的实际成本与实际收益就有较大差异:如果该贷款金额为 1 000 万元,则差额为 1.92 万元(0.192%×1 000)。

(四) 一般利率与优惠利率

一般利率与优惠利率是按金融机构对同类存贷款利率制定不同标准来划分的,后者的贷款利率往往低于前者,后者的存款利率往往高于前者。贷款优惠利率的授予对象多为国家政策扶持项目,如重点发展的行业、部门及对落后地区的开发项目等。在国际借贷市场上,低于伦敦银行间同业拆借利率的贷款利率被称为优惠利率。存款优惠利率多用于争取目标资金来源,如我国曾经实行的侨汇外币存款利率就高于普通居民外币存款利率。此外,各银行为争取大额、稳定的资金来源,也会给某些特定存款户高于市场一般水平的利率。

(五) 长期利率与短期利率

长期利率与短期利率是按借贷期限长短来划分的,通常以 1 年为标准。凡是借贷期限满 1 年的利率为长期利率,不满 1 年的为短期利率。

五、利率变动对经济的影响

(一) 利率变动对资金供求的影响

在市场经济中,利率是一个重要的经济杠杆,其杠杆作用首先表现在对资金供求的影响上。

在商品经济运行过程中,资金短缺是一种常见现象,是制约一国经济发展的重要因素。然而,在经济活动中,由于生产的季节性变化和收入、支出的非同步性等原因,又总是有一部分资金处于暂时闲置状态,即出现资金盈余。这部分处于闲置状态的资金是不能增值的,这对资金所有者来说是一种损失,对整个社会而言则是资源浪费。利息的产生能较好地吸引资金盈余者将处于暂时闲置状态的资金让渡出去,以解决资金短缺者的需求。

利率水平的变动对资金盈余者的让渡行为有重要影响,对资金盈余者持有资金的机会成本大小起决定性作用。当利率提高时,意味着人们持有资金的机会成本增大,资金盈余者贷出资金的动力也增大。利率水平变动对资金短缺者的求贷行为也有重要影响。当利率提高时,意味着人们借款的成本增加,资金短缺者借款的负担变重,他们的借款需求就会受到制约;而当利率下降时,借款人的借款需求会增加,但资金盈余者的资金供给会受到抑制。

(二) 利率变动对宏观经济的影响

从微观角度看,利率变动会影响资金盈余者的贷出行为和资金短缺者的借入行为。

从宏观角度看,居民的全部收入可分为消费和储蓄两个部分。储蓄形成社会资金供给,储蓄=收入-消费。在收入水平一定的情况下,储蓄的多少取决于消费倾向。若居民消费倾向高,则收入中用于消费的部分就多,储蓄就少;若居民消费倾向低,则收入中用于消费的部分就少,储蓄就多。居民的消费倾向除了与目前的收入水平、未来的收入预期、物价水平及消费观念等有关外,还受利率水平的影响。利率下降有利于刺激消费,使人们的消费倾向提高;而利率上升会抑制人们的消费欲望。可见,利率变动会影响全社会的消费水平,进而影响全社会的储蓄即资金供给。

利率水平能直接影响厂商的投资成本,降低利率可使厂商的投资成本下降,提高利率则使厂商的投资成本增加,因此,利率变动可影响全社会的投资即资金需求。当利率水平下降时,一方面会减少资金供给,进而引起社会总产出的减少;但另一方面又会扩大投资需求,进而增加社会总产出。当利率水平提高时,一方面会减少消费、增加储蓄,使社会资金供给增多,从而有可能使社会产出扩大;另一方面又可能使投资受到抑制,从而使社会产出减少。

所以,不论从哪个方面看,利率变动对宏观经济都有着重要的影响,但不能简单地认为变动利率一定会促进经济增长或一定会使经济增长受到制约。尽管利率是非常重要的作用变量,但它不是全部作用变量。经济最终是否增长还要看影响经济的各种因素综合作用的结果,其中,经济主体的预期也是非常重要的因素,当利率变动能改变经济主体的预期时,则有可能引起经济的变化。

(三) 利率变动对国际收支有重要影响

如前所述,当一国国际收支出现严重不平衡时,即出现大量持续逆差或大量持续顺差时,一国金融管理当局就有可能通过变动利率来调节国际收支,特别是当国际收支不平衡的原因主要在于资本项目时,中央银行通过调整利率水平能取得明显的效果。当发生严重逆差时,可将本国利率提高,以吸引外国资本流入,减少或消除逆差;而当发生严重顺差时,可将本国利率水平调低,以限制外国资本流入,减少或消除顺差。

由于国际收支出现严重不平衡会给一国经济带来不利影响,如长期巨额逆差会使一国货币贬值,从而削弱一国对外国商品、劳务和技术等的购买力,进而影响国内经济的发展,而长期巨额顺差则会使本国面临较大的通货膨胀压力,甚至外交压力,因此,不管是发达国家还是发展中国家,当面对国际收支巨额不平衡时,都会采取措施予以缓解,在一定的条件下,变动利率是一个有效手段。

六、利率变动影响经济的渠道

从前面的分析可以看出,利率对经济的影响是通过利率水平变化来引起投资和储蓄等经济变量的变化,进而影响整个国民经济活动的水平。因此,中央银行可根据宏观经济运行状况及其货币政策目标,采取一些措施影响利率水平,影响经济主体的预期,进而使人们的投资行为和储蓄行为发生变化,以实现货币政策目标的要求。

中央银行常用的方法或采取的措施有:调整再贴现率,进行公开市场业务操作或直接调整由中央银行控制的其他基准利率。

中央银行可主动调高或降低再贴现率等,以此来影响商业银行和其他金融机构向中央银行取得再贷款的成本。中央银行提高再贴现率会使商业银行和其他金融机构的再贷款成本上升,金融机构为了实现其既定的利润目标,就会相应提高贷款利率,从而使市场利率水平上升;反之则反是。此外,商业银行和其他金融机构还可根据中央银行变动再贴现率这一举措来预测市场资金供给状况和中央银行的货币政策趋向。一般来说,中央银行提高再贴现率表明中央银行要实行紧缩政策或市场资金供应比较紧张,商业银行就会收缩信贷,减少贷款供给,这又会导致市场利率进一步提高,从而进一步抑制投资需求、刺激储蓄增长;而当中央银行降低再贴现率时,商业银行和其他金融机构则会增加贷款。

中央银行也可通过公开市场业务操作来影响利率水平。当中央银行持续大量买进有价证券时,一方面会导致市场上对有价证券需求的增加,从而使有价证券价格上升;另一方面又会使商业银行的超额准备金增加,导致贷款扩大,从而使利率水平下降。当中央银行持续大量卖出有价证券时,一方面会导致有价证券价格下降,另一方面会引起利率水平上升。

第三节 利率理论

利率理论主要研究利率水平的决定机制,探讨利率变动的原因及利率差异形成的原因。这里选择其中比较重要并且在现实经济活动中可以应用的几种理论予以介绍。

一、可贷资金利率理论

可贷资金利率理论是1939年由丹尼斯·霍尔姆·罗伯逊(Dennis H. Robertson)提出的,是一种认为利率是由可贷资金的供给与需求所决定的理论。这一理论提出后,得到瑞典学派戈特哈德·贝蒂·俄林(B. Ohlin)等人的支持,成为一种有较大影响力的理论。

可贷资金利率理论是在综合古典学派利率理论和凯恩斯利率理论的基础上建立起来的。

古典学派认为,利率是由投资和储蓄两个因素决定的。投资代表对资金的需求,储蓄则代表资金供给。在古典学派看来,市场经济会自动达到均衡。投资取决于资本边际生产力,其需求变化较小;而储蓄则取决于人们的意愿,人们的储蓄意愿又受其“时间偏好”的影响。所谓“时间偏好”,是指人们总是偏爱即时消费,并认为同样的财货,其现在的价值要大于未来的价值。因此,要让人们推迟消费,进行储蓄,就必须给予一定的补偿,这种补偿即利息。利率的高低与人们的“时间偏好”程度有关,“时间偏好”强烈就需要较高的利率以吸引人们储蓄。

凯恩斯认为，古典学派的理论前提即市场经济会自动达到均衡是不现实的，市场经济中更多的情况是需求不足。他认为，利率是由人们的“流动性偏好”即货币需求与货币供给共同决定的。由于中央银行的货币供给是相对确定的，因此，人们的“流动性偏好”就成了决定利率高低的主要因素。在凯恩斯看来，利息是对人们放弃货币、牺牲流动性的补偿。人们需要货币，偏爱流动性，主要是为了满足三种愿望，也称货币需求的三个动机，即交易动机、预防动机和投机动机。人们的货币需求动机多样化将导致货币需求的不稳定。因此，在货币供给相对确定的情况下，利率在很大程度上受货币需求的影响。当利率下降到一定水平（通常为人们根据以往经验所认定的利率底限）时，货币需求弹性将会变得无限大，即形成“流动性陷阱”。

人们对于古典学派和凯恩斯分别提出的利率决定理论褒贬不一。在可贷资金利率理论的支持者看来，上述两种理论都失之偏颇。利率不是简单地由投资和储蓄或货币供给与货币需求决定的，而是由可贷资金的供给与需求决定的。可贷资金的供给既来自中央银行，也来自人们的储蓄、货币反窖藏以及商业银行的信用创造。可贷资金的需求则来自投资和人们的货币窖藏。若考虑到投资和窖藏是利率的递减函数，而储蓄、商业银行的信用创造以及人们的货币反窖藏是利率的递增函数，则可以发现，利率的决定是一个非常复杂的过程。

以 $I(i)$代表投资是利率的反函数，$\Delta H(i)$代表窖藏是利率的反函数，$S(i)$代表储蓄是利率的增函数，$\Delta M(i)$代表信用创造或货币发行是利率的增函数，$DH(i)$代表反窖藏是利率的增函数，L_S代表可贷资金供给，L_D代表可贷资金需求，则：

$$L_S = S(i) + \Delta M(i) + DH(i)$$

$$L_D = I(i) + \Delta H(i)$$

如图 3－1 所示，可贷资金利率理论认为，利率取决于可贷资金供给与需求的均衡点。当可贷资金的供给与需求达到均衡时，则有：

$$S(i) + \Delta M(i) + DH(i) = I(i) + \Delta H(i)$$

从可贷资金利率理论所提出的决定利率水平的主要因素来看，这一理论综合了古典利率理论和凯恩斯利率理论。古典学派重视的投资和储蓄、凯恩斯重视的货币供给与货币需求在可贷资金利率理论的模型中都得到反映。在可贷资金利率理论中，用 $\Delta H(i)$表示货币需求，用 $\Delta M(i)+DH(i)$表示货币供给。

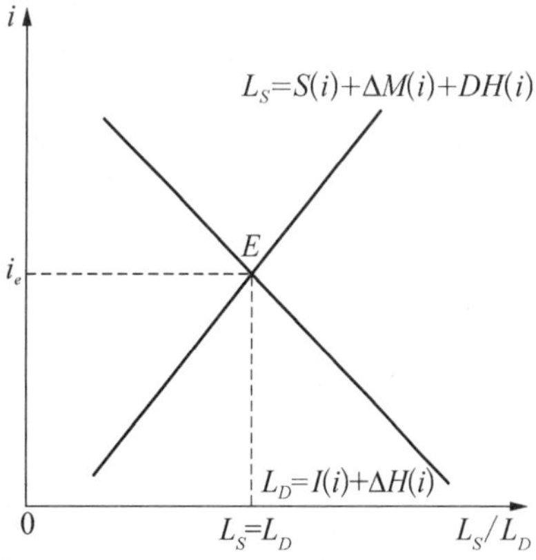

图 3－1　可贷资金利率理论

二、IS－LM 分析的利率理论

可贷资金利率理论批判地继承了前人的研究成果，使利率决定理论的研究取得较大发展。但该理论存在一个明显的缺陷，就是没有考虑收入因素对利率的作用。在实际经济活动中，收入状况对利率的决定有着重要的作用，这种作用通过对储蓄和货币需求的影响来实现。

由英国经济学家约翰·希克斯（John Richard Hicks）首先提出、美国经济学家阿尔文·汉森（Alvin Hansen）加以发展而成的 IS－LM 分析模型充分考虑了收入在利率决定中的作用,从而促进了利率理论的发展。

IS-LM分析模型是从整个市场全面均衡来讨论利率的决定机制的。该模型的理论基础有以下几点:

第一,整个社会的经济活动可分为两个领域:实际领域和货币领域。在实际领域要研究的主要对象是投资(I)和储蓄(S),在货币领域要研究的主要对象是货币需求(L)和货币供给(M)。此处的货币需求即流动性需求。

第二,实际领域均衡的条件是 $I=S$,货币领域均衡的条件是 $L=M$,整个社会的经济均衡必须在实际领域和货币领域同时达到均衡时才能实现。

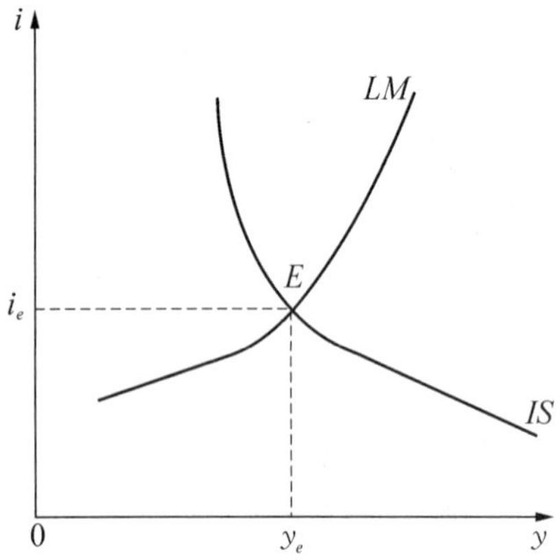

图 3-2 IS-LM分析模型

第三,投资是利率的反函数,即 $I(i)$;储蓄是收入的增函数,即 $S(y)$。货币需求可按不同的需求动机分为两个组成部分,即 $L=L_1+L_2$。L_1是满足交易动机的货币需求,是收入的增函数,即 $L_1(y)$;L_2是满足投机动机的货币需求,是利率的反函数,即 $L_2(i)$。

根据以上条件,在实际领域要找出 I 和 S 相等的点的轨迹,即 IS 曲线;在货币领域要找出 L 和 M 相等的点的轨迹,即 LM 曲线。然后,由这两条曲线所代表的两个领域同时达到均衡的点来决定利率和收入水平,此即 IS-LM 分析模型(如图 3-2 所示)。

其中,IS 曲线的形成如图 3-3 所示,LM 曲线的形成如图 3-4 所示。

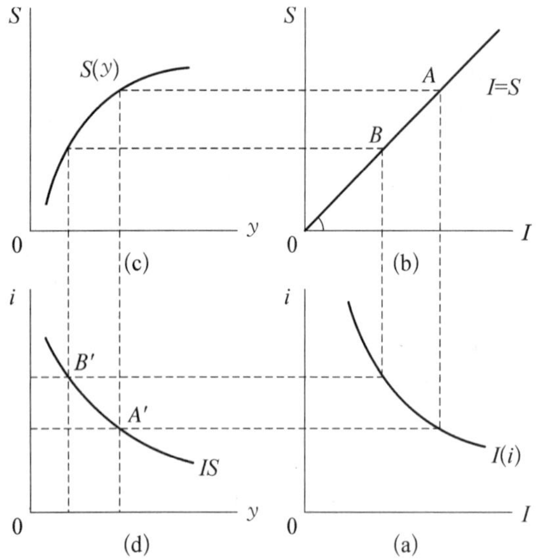

图 3-3 *IS* 曲线的形成

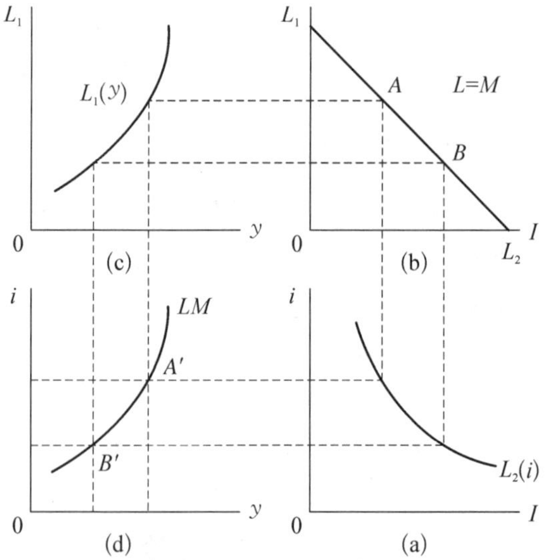

图 3-4 *LM* 曲线的形成

在图 3-3 和图 3-4 中,(a)、(b)、(c)、(d)分别代表坐标系中的四个象限。其中,(b)是各个领域的均衡条件。在 $I=S$ 曲线和 $L=M$ 曲线上任取两点 A、B,通过水平或垂直移动,分别在(d)中得到两个折射点 A'、B',再分别做出 IS 曲线和 LM 曲线。IS 曲线表示在一定收入水平和一定利率水平上,投资与储蓄均衡的点的轨迹;LM 曲线则表示在一定收入水平和一定利率水平上，货币需求与货币供给均衡的点的轨迹。整个社会经济活动的均衡点在 *IS* 曲线和 *LM* 曲线的交点处获得，由这一均衡点决定的收入是均衡收入 y_e，由这一均衡点决定的利率是均衡利率 i_e(见图 3－2)。

三、利率的期限结构理论

前述两种理论是有关均衡利率水平如何决定的理论。现在我们来探讨有关不同期限利率差异的理论，即利率的期限结构理论。

利率的期限结构是指不同期限的利率之间的关系，这可用债券的回报率曲线来表示。这种债券的回报率曲线是指把期限不同，但风险、流动性和其他条件相同的债券回报率连成一条曲线。这种曲线有多种可能的状态，如图 3－5 所示。

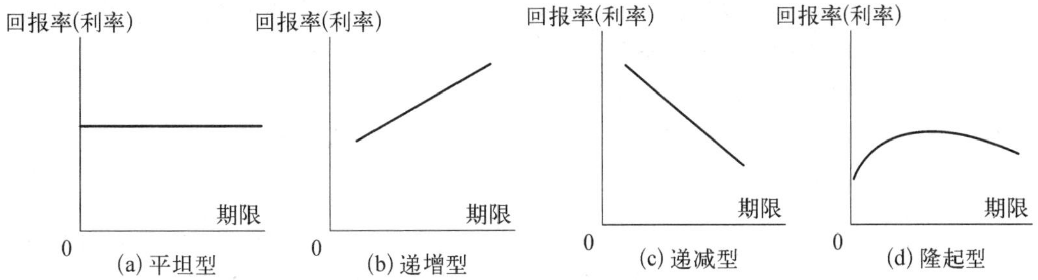

图 3－5　债券回报率曲线的四种可能状态

在图 3－5 中，(a)是平坦型，表明长期利率与短期利率水平相同，这种情形很罕见；(b)是递增型，表明利率水平与期限同增，期限越长，利率水平越高，这种情形最常见；(c)是递减型，表明期限越长，利率水平越低，这种情形较少见；(d)是隆起型，表明一种利率起初随期限延长而逐步上升，但在一定期限后又随期限延长而缓缓下降，这种情形较多见。

为什么会出现长短期利率的这种不同结构的情形呢？经济学家在解释这种差异的时候，形成了不同的理论。

(一) 预期假说

这种理论认为，利率期限结构差异是由人们对未来利率的预期差异造成的。在证券市场上，各种期限的证券可相互替代，即证券购买者并不会固定持有某种期限的证券，当某种证券的预期回报率低于期限不同的另一种证券时，人们就会换购另一种证券。例如，当人们预测未来短期利率将上升时，就会放弃持有的长期证券而购入短期证券，以便抓住获得更高收益的机会。这导致对证券的需求从长期市场转向短期市场，使短期证券需求增加、长期证券需求减少。而证券供给者即借款人为了能在利率上升之前以低成本借入长期资金，就会减少短期证券的发行而增加长期证券的发行。结果，短期证券需求增加，供给减少，价格上升，利率下降；而长期证券由于需求减少，借款人不得不提高发行利率，导致长期证券利率上升。在这种情况下，短期利率低于长期利率。而当人们预测未来短期利率会下降时，则会导致长期利率下降，甚至有可能出现长期利率低于短期利率的情况。

因此，债券回报率即债券收益率曲线的形状是由人们对未来短期利率的预期决定的。如果人们预测未来短期利率不变，则曲线呈平坦状；如果人们预测未来短期利率上升，则曲线呈递增状；如果人们预测未来短期利率下降，则曲线有可能呈隆起状。

预期假说解释了利率的期限结构差异,但未能说明在大多数情况下,长期利率高于短期利率的原因。

(二) 市场分隔理论

市场分隔理论认为,各种期限的证券市场是彼此分隔、相互独立的,并不像预期假说认为的那样,各种期限的证券市场是统一的,资金可在各种期限市场上自由流动,各种期限的证券之间可相互替代。投资者和筹资者的目标不同,并且有各自相对独立的经营领域,如商业银行注重流动性,大多从事短期资金运用项目,就会以购买短期证券为主,而保险公司、养老金基金等注重未来收入的稳定性,大多以购买长期证券为主;此外,由于筹资者的目标不同,他们会相对固定地活动在某一市场之中,如房地产经营商一般需要借入长期资金,所以以发行长期证券为主,而零售商则需要筹集短期资金,主要活动于短期资金市场,这样便使各种不同期限的证券市场形成彼此独立、相互分割的局面,长期利率和短期利率由各市场供求关系决定,因而对短期利率的预测并不能决定长期利率的变化。

一般来说,投资者大多偏好期限较短、利率风险较小的债券,对长期债券的需求相对较少,因此,长期债券价格较低、利率较高,从而其回报率曲线多呈递增状。

(三) 流动性报酬理论

流动性报酬理论认为,长期债券比短期债券有更大的市场风险,即价格波动幅度更大、流动性更差,这使得长期债券的利率由两个部分构成:一是当期短期债券利率和长期债券到期前预测的短期利率平均值,二是长期债券供求变化所产生的长期债券流动性报酬。流动性报酬是对长期债券持有者承担了较高的市场风险所给予的补偿,它构成长期债券收益的一部分。

从金融市场的现实情况来看,不同期限的债券虽然不能完全替代,但一种债券的预期回报率对其他债券的预期回报率会产生影响。投资者在做投资决策时,往往首先选择他们所偏好的某种期限的债券,而要吸引他们投资于另一种非偏好期限的债券,就必须向其支付正值的流动性报酬,使他们获得更高的预期回报率。

第四节 我国的利率体制改革

一、我国的利率体制

一国的利率体制即一国利率管理制度的总和,包括利率政策、利率决定机制及对利率变动幅度的有关规定。

利率管理制度是否适当,直接关系到利率的杠杆作用能否得以充分发挥。一国采取什么样的利率体制,与该国的经济发展状况及历史有关。

目前,世界各国采取的利率体制主要有两种类型:一是利率管制,二是利率市场化。我国目前正处在利率市场化改革的进程中。

我国利率体制变化的进程可分为三个阶段:第一阶段是 1949—1982 年,实行高度集中的利率管制;第二阶段是 1982—1993 年,实行的利率管制有所松动;第三阶段是自 1993 年以来进行的利率市场化改革。

中华人民共和国成立以后，我国实行的是高度集中的利率管理制度，这与我国当时实行的高度集中的计划经济体制是相适应的，资金由国家严格按照计划调度，全国实际上只有一家银行，即中国人民银行；所有利率均由国家计划制定，由国务院直接决定利率水平，由中国人民银行统一管理利率的操作与运用；所有存贷款业务都严格按颁布的利率操作，任何部门、单位或个人不得擅自变更利率水平。

实行这种没有弹性的严格的利率管制是在当时特殊历史条件下的一种选择。中华人民共和国成立初期，我国面临的是国民党旧政权遗留下来的严重通货膨胀和猖獗的高利贷及投机倒把活动。政府不得不采取严格的管理措施，特别是实行严格的利率管制，以防投机分子扰乱金融。为了稳定金融，我国首先对金融业进行社会主义改造，并于 1952 年完成了银行业所有制改造。为了巩固金融业实现社会主义改造的成果，也需要实行统一的利率管制。事实上，正是在严格的利率管制下，我国当时的通货膨胀和混乱的金融局面才得以迅速扭转。

1956 年，我国基本完成了生产资料所有制社会主义改造以后，全国实行高度集中的计划经济体制，中华人民共和国成立初期建立的利率管制体制不仅没有被削弱，反而被进一步强化。尤其是面对大规模经济发展的要求，我国的资金非常匮乏，因此，实行利率管制的做法是必要的。

1978 年，党的十一届三中全会确立了改革开放的基本路线和方针。根据这一路线和方针，我国开始实行有计划的商品经济。

随着我国经济体制改革的不断深入，市场机制的作用日渐明显，利率在调节资金供求和经济结构上的杠杆作用也日益受到重视。1982 年，为了推动我国金融业的发展，提高中国人民银行、中国农业银行、中国银行和中国人民建设银行(后改为中国建设银行)在融资活动中的地位，规定这四大银行在办理某些特定对象的存贷款业务时，可以按规定的利率进行有限的上下浮动。这标志着我国原来实行的无弹性的利率管理制度有所放松。

1983 年，为了进一步加快我国金融体制改革，将中国人民银行原来承担的商业银行业务划归新组建的中国工商银行，中国人民银行被确定为中央银行，专事货币发行和金融管理职能，统一对外宣布利率水平及实行利率管理，并且确定不同银行的利率浮动幅度。

二、利率市场化改革

在管制利率体制下，利率水平往往容易被人为压低而不能真实地反映市场资金供求状况，还会导致资金配置低效，造成资源浪费。自 20 世纪 70 年代起，很多国家开始尝试利率市场化改革。

从各国的利率市场化过程来看，可分为三个阶段：第一阶段的目标是将利率维持在接近市场均衡状态的水平，保持经济、金融运行稳定；第二阶段的目标是通过扩大利率浮动范围，放松利率浮动权，以完善利率浮动机制；第三阶段的目标是通过增加金融交易品种，扩大交易规模，形成金融资产多样化，先在非存贷款金融交易中实现利率市场化，然后通过这些金融交易与银行存贷款业务的竞争，促使银行先放开贷款利率，再放开存款利率，最终实现利率市场化。

借鉴国外实行利率市场化改革的成功经验，我国自 1993 年起确定了利率市场化改革的基本设想。1996 年 6 月，中国人民银行放开了银行间同业拆借利率；1997 年 6 月以后，又放开了银行间债券回购利率。中国人民银行还提出了我国利率市场化改革的次序,那就是先外币、后本币,先农村、后城镇,先贷款、后存款,先大额、后小额,循序渐进。二十多年来,我国的利率市场化改革也正是按照这一思路不断推进的。

1998 年,中国人民银行先在贷款领域推进利率市场化,放松了银行贴现与转贴现利率管制。1999 年,我国开始进行存款利率改革,允许中资商业银行对中资保险公司试办双方协商确定利率的大额(3 000 万元以上)长期(5 年以上)定期存款;2003 年,允许商业银行、农村信用社开办邮政储蓄协议利率存款(起存金额 3 000 万元,期限 3 年以上)。自 2000 年起,我国放开外币贷款利率和 300 万美元以上的存款利率;自 2003 年起,放开了英镑、瑞士法郎、加拿大元、美元、日元、港元、欧元等外币小额存款利率;自 2004 年起,放开了金融机构人民币贷款利率上限;自 2006 年起,我国不断扩大商业银行的住房贷款利率浮动范围。

自 2012 年起,我国加快了利率市场化改革的步伐。2012 年,我国中央银行扩大了人民币存款利率浮动区间;2013 年 7 月 20 日取消金融机构贷款利率下浮限制,全面放开金融机构贷款利率和贴现利率管制,由金融机构根据商业原则自主决定贷款和贴现的利率水平。2013 年 10 月 25 日起,我国中央银行建立了贷款市场报价利率(LPR)机制;2019 年 8 月起,在报价原则、形成方式、期限品种、报价行、报价频率和运用要求六个方面对 LPR 进行改革,使 LPR 成为我国贷款市场中最重要的指导性利率。经过两年多不断放松存款利率浮动管制的实践,2015 年 10 月 24 日我国中央银行宣布对商业银行和农村合作金融机构不再设定存款利率上浮限制。至此,我国的利率市场化取得突破性进展。

回顾我国利率市场化的进程,可以清楚地看到,我国的利率市场化是按照先银行间拆借利率和债券利率市场化,后贷款利率和贴现利率市场化,再存款利率市场化三个阶段稳步推进的。与其他大多数发展中国家相比,我国迄今为止的利率市场化进程是比较稳健的,没有发生大的利率波动,也没有对我国宏观经济产生不利影响,我国国民经济保持了比较稳定的发展趋势。

接下来我国将进一步推动利率市场化的深入进行,其改革目标是在逐渐形成合理的利率期限结构的基础上,按照市场供求关系,确定合理的基础利率水平,以引导市场利率的变化与走向,充分发挥利率在调节市场以及引导经济主体预期方面的作用,以实现资源的合理配置。而要形成合理的利率期限结构,就需要大力推进我国资本市场改革,建设多层次资本市场,提供不同期限的资本市场融资工具,以及多种金融衍生工具,形成充分公平的竞争性市场,使资金供给者和需求者在公平的竞争性市场中有充分的选择权,即让市场参与者在充分考虑收益与风险的基础上做出理性的价格选择。这样既有助于形成比较合理的利率期限结构和债券收益率曲线,又能更好地发挥市场的价格发现功能,在市场有效配置资源的过程中合理地确定利率的均衡水平。

四 本章小结

信用是以偿还为前提条件的借贷行为,是在商品货币经济发展到一定阶段,在货币的支付手段职能形成后才出现的资金运动方式。

信用的古老形式是高利贷。高利贷不适应资本主义生产发展的需要,在资本主义制度建立后,被现代信用形式所取代。现代信用形式主要有商业信用、银行信用、国家信用、消费信用和国际信用。商业信用是现代信用的基础，银行信用是现代信用的主要形式。

商业信用的工具有商业票据。商业本票(期票)和商业汇票有三个区别。银行信用的工具有银行票据。银行本票、支票和汇票是银行信用最常用的工具。

信用对经济发展有巨大的推动作用：提高资金使用效率，节约现金流通，加快资本集中，调节经济结构。信用膨胀和信用紧缩不利于经济发展。

利息是使用借贷资金的报酬，来源于剩余产品或利润的一部分，是剩余价值的特殊转化形式。

决定利率水平的因素主要有平均利润率、借贷资金的供求关系、预期通货膨胀率、货币政策和国际收支状况。利率水平变动对资金供求有重要影响，进而影响一国宏观经济状况及国际收支。利率变动主要通过影响人们的投资、储蓄和消费来影响整体经济活动水平。当代主要的利率理论有：可贷资金利率理论、IS-LM分析的利率理论和利率的期限结构理论。我国利率市场化改革的次序是：先外币、后本币，先农村、后城市，先贷款、后存款，先大额、后小额。

参考书目

1. 弗雷德里克·S.米什金：《货币金融学》(第十二版)，王芳译，中国人民大学出版社2021年版。

2. 劳埃德·B. 托马斯：《货币、银行与金融市场》，马晓萍等译，机械工业出版社1999年版。

3. 刘絜敖：《国外货币金融学说》，中国展望出版社1989年版。

4. 戴国强：《我国商业银行利率风险管理》，上海财经大学出版社2005年版。

5. 盛松成等：《现代货币经济学》，中国金融出版社2003年版。

思考题

1. 为什么高利贷信用的利息率会特别高？
2. 商业本票与商业汇票有何区别？
3. 为什么银行信用会取代商业信用而成为现代信用的主要形式？
4. 信用对一国经济活动有什么作用？
5. 简述可贷资金利率理论的主要内容。
6. 为什么说IS-LM分析的利率理论是一种一般均衡的利率理论？
7. 简述利率期限结构理论的主要内容。
8. 我国目前实行的利率制度有何缺陷？我国的利率制度改革应当如何进行？
9. 什么是LPR？它对我国贷款利率市场化有什么意义？

4 第四章 金融体系与金融改革

全章提要

教学目的和要求

- 了解金融体系的内涵、分类、结构与职能。
- 了解金融改革的过程、现状以及存在的不足。
- 正确认识金融体系在现代经济中的作用，并了解我国金融改革的未来趋势。

金融体系一般是指一个经济体中有关资金集中、流动、分配和再分配的基本框架，是由资金的供给方和需求方，通过金融中介机构和金融市场，以及对这一系统进行必要管理的监管机构共同构成的综合体。习近平总书记在党的十九大报告中提出了“建设现代化经济体系”的目标战略，作为现代经济体系的重要且核心组成部分，金融体系的现代化转型不仅关系到我国未来金融业的发展，更是经济健康发展的一个关键。本章就何为现代金融体系，为何要建立现代金融体系，以及我国现代金融体系建立、发展及未来展望做系统梳理。

第一节 金融体系

随着经济全球化的快速发展，金融财富或资产在全球财富和资产中的比重越来越大，现代金融正以前所未有的力量影响甚至塑造着世界政治经济格局。正如邓小平指出的那样：“金融很重要，是现代经济的核心。”有效的金融体系可以促进经济的发展，对中国这样一个经济发展潜力巨大的国家来说，构建现代化的金融体系，提升金融的国际竞争力，无疑是一项紧迫而又意义重大的任务。

一、金融体系的内涵

金融体系一般是指一个经济体中有关资金集中、流动、分配和再分配的基本框架，是由资金的供给方和需求方，通过金融机构、金融市场、金融工具以及对这一系统进行必要管理的监管机构共同构成的综合体。金融体系是一个复杂的系统，是涵盖金融交易活动中的一系列金融工具、金融机构、金融市场等金融要素，在金融监管机构监督下利用金融工具实现资金融通的系统。金融体系产生于经济体系，又相对独立发展，它能影响经济体系的发展及其结构。对于一个经济系统而言，金融体系必须是一个能自我平衡的体系，否则将会引发金融危机、经济危机乃至政治危机。虽然世界各国金融体系的形成过程千差万别，但主要功能就是资金融通和资金的跨期配置。

纵观历史，在金融体系的发展过程中，每一次演进都对经济的发展起着重要的促进和推动作用。20 世纪 90 年代以来，银行、保险和证券业正在逐渐重新融合，传统的银行业务正遭受来自证券业、保险和基金组织的侵蚀，要求进一步修改《格拉斯-斯蒂格尔法》、制定放开混业经营限制的法规的呼声日高。有些国家在提供的金融服务中，已经打破了以前的限制，允许银行、保险公司和证券公司成为联营企业，允许三种金融业务混业经营。在机构的名称上，有的改称为金融服务公司，以涵盖银行业和非银行业的金融活动。从 18 世纪到 21 世纪的 300 年，尤其是新千年以来的互联网、大数据、云计算、区块链等信息科技的突飞猛进，银行作为各国金融体系的信贷中心、结算中心和现金出纳中心的地位虽然还保持着，但是，这个体系越来越显得多元化、网络化、数字化、智能化。投资银行、合作金融机构、保险公司、投资信托公司、证券公司、财务公司、租赁公司、各种投资基金以及各种金融资讯中介机构无不面临着金融科技的严峻挑战。

在世界范围内，欧美一些国家在国际金融体系改革中反复争论关于 IMF 及世界银行的功能与作用，其实质是对国际金融领导权及国际经济与金融利益的争夺。大国争夺国际金融体系的主导权；小国则努力在这个体系中依附大国金融，以稳定自己的国内金融体系。

二、金融体系的分类

按照不同的标准，金融体系可以有不同的分类，具体如下：

1. 按照国内和国际范围，分为国内金融体系、区域金融体系和国际金融体系

国内金融体系是一国的金融公司包括国外投资机构在国内的分支机构，在一国金融管理机制下的金融体系。区域金融体系是多个国家或地区的金融体系的有机结合，金融机构和监管协调组织互相交叉或共有，资本相互融通，金融有关的司法相似。当各国经济发展协调一致的时候，区域金融体系的作用会很突出，甚至会出现共同货币。国际金融体系是由世界所有相互有金融联系的国家组成的系统，是多个区域金融体系的有机结合，在现代通信网络和国际协议的支持下，24 小时全天候运转，为世界各国企业、投资和投机家、各国政府和组织提供各种金融服务，每一个指标的些许变动都会牵动世界经济的走向。

2. 按照供求关系，分为供求均衡性金融体系和供求非均衡性金融体系

金融体系的均衡是指使人们对既定体系安排和体系结构的一种满足状态或满意状态。金融体系的非均衡是指人们对现行金融体系的一种不满意状态，或不适应现行金融体系的发展，欲改变这一状况的状态。金融体系的非均衡是一种常态，正是这种非均衡性导致了金融体系的不断创新、不断发展和进步。

3. 按照金融体制的不同，分为市场经济体制下的金融体系和计划经济体制下的金融体系

市场经济体制下的金融体系是商品经济高度发展的产物。这种体系一般包括商业银行、非银行金融机构、金融市场和中央银行等部分。在市场化程度较高的国家中，金融体系的设计更多是为了让市场机制在金融运行调节中发挥更大的作用，其目的就是主要通过市场机制来调节资金的融通和配置。

计划经济体制下的金融体系是与计划经济体制相适应的，这种金融体系的最大特点就是在资金的融通和配置中发挥主要作用的是计划而不是市场。因此，计划经济体制下的金融体系是一国政府对金融领域实行直接干预的具体体现。在这种金融体系下，金融处于经济的从属地位。在计划经济体制下的金融体系中，是计划而不是市场机制在资金的融通和配置中起最主要的作用。

三、现代金融体系的构成

（一）金融机构体系

金融机构又称信用机构，是专门从事货币流通和信用业务活动的机构，或者说充当信用中介、媒介以及从事种种金融服务的组织。现代市场经济国家的金融机构体系通常是由众多银行与非银行金融机构并存的格局，其基本特点是以中央银行为核心，银行机构据支配地位。银行金融机构主要包括中央银行、商业银行和各类专业银行等。非银行金融机构较为庞杂，包括银行以外的各类金融机构，如保险公司、投资公司、证券交易所、租赁公司、基金组织等。

（二）金融市场体系

金融的核心内容是资金融通机制，金融市场则是所有金融交易关系的总和，是资金融通机制的主要载体之一。金融市场也是一个庞大的系统，包括资本市场、货币市场、外汇市场、保险市场、衍生性金融工具市场等。通过参与金融市场活动，各个经济主体实现调剂资金余缺的目的，同时也使资金配置趋于合理化。

（三）金融工具体系

金融工具又称金融资产，是指信用关系的书面凭证、债权债务的契约文书等，是金融机构中和金融市场上交易的对象。金融工具一般应具有流动性、风险性和收益性等基本特征。金融工具种类很多，在货币市场上，主要的金融工具有商业票据、短期国债、回购协议、可转让定期存单等；资本市场的主要金融工具有股票、债券、抵押贷款等。这些金融工具一般又对应称为原生金融工具。

衍生金融资产也叫金融衍生工具、金融衍生产品，是指一种基于基础金融工具的金融合约，其价值取决于一种或多种基础资产或指数，是以杠杆和信用交易为特征的金融工具。金融衍生产品是与金融相关的派生物，通常是指从原生金融资产派生出来的金融工具。目前，最基本的衍生金融工具主要包括远期合约、期货合约、期权合约和互换合约等。这种合约可以是标准化的，也可以是非标准化的。

（四）金融调控和监管体系

金融调控是宏观经济调控的重要组成部分，是国家对经济实施宏观调控的基本手段。在现代经济生活中，金融调控职能主要由中央银行来履行。中央银行通过货币政策制定和实施，调整货币供应量指标、市场利率水平，保持货币供求总量和结构的平衡来促进社会总需求与总供给的均衡。金融调控关系是指国家及其授权的金融主管机关以稳定币值、促进经济增长为目的，对有关金融变量实施调节和控制的关系。

金融调控体系包括国家宏观调控体系和金融宏观调控机制，既涉及货币政策与财政政策的配合、保持币值稳定和总量平衡、健全传导机制、提高调控水平等，也包括利率形成机制、汇率形成机制、支付清算系统等。

金融监管主要是指国家金融主管机关对各类金融机构的业务活动制定基本规则并监督实施中形成的关系。金融监管有狭义和广义之分。狭义的金融监管是指中央银行或其他金融监管当局依据国家法律规定对整个金融业（包括金融机构和金融业务）实施的监督管理。广义的金融监管在上述含义之外，还包括了金融机构的内部控制和稽核、同业自律性组织的监管、社会中介组织的监管等内容。由于金融行业高风险特性，为避免风险和分散风险，保护存款人利益,保障金融机构稳健经营,维护金融业的稳定,促进一国经济的持续协调发展,各国政府都高度重视金融监管工作,一般都通过国家立法来保障金融监管当局行使职权。

金融监管的目的主要有以下几个方面:(1) 维护金融体系的安全与稳定。(2) 保证金融机构竞争的公平与有效。(3) 维护存款人和投资者的利益。(4) 保证中央银行货币政策的顺利实施。从金融监管的主要内容或范围看,可分为市场准入监管、市场运作监管和市场退出监管三个方面。

金融监管体系是一个国家或地区具有金融监管职能的职能机构组成的有机整体,一般包括金融监管机构、金融监管法律、金融监管内容和方法等。其中,金融监管机构是金融监管体系的主要方面。金融监管机构,除了中央银行或其他金融监管当局(如我国目前的中国人民银行、银保监会、证监会,即"一行两会")外,还包括各金融机构内部稽核审计部门、金融同业自律组织 (如行业协会)以及社会中介组织(如会计师事务所)。其中,中央银行或其他金融监管当局通常在一个国家或地区的金融监管组织机构中居于核心位置。世界各国的金融监管体系呈现出多样化的特征,它的形成与本国法律的规定和历史文化传统有着密切的关系。国际上主要的金融监管体制可分为双线多头监管体制、一线多头监管体制和单一监管体制。金融监管体制是各国历史和国情的产物。从发展趋势看,各国金融监管机构的设置在朝着比较独立和超脱的方向变化。

金融体系的基本框架如图 4-1 所示。

金融体系			
金融机构体系	**金融市场体系**	**金融工具体系**	**金融调控和监管体系**
银行机构	货币市场	货币市场工具	监管机构
非银行机构	资本市场	资本市场工具	监管法律
	其他市场	衍生金融工具	行业自律

图 4-1 金融体系的基本框架

四、金融体系的主要功能

由于社会经济发展过程中的各种复杂因素,各国金融体系千差万别,并且在发生持续变化,但金融体系的基本功能是不变的,就是资金跨期配置功能。依据默顿(Merton,1995)等人的金融功能观,金融体系的功能进一步细分为以下六种:

(一) 清算和支付结算的功能

金融体系能提供完成商品、服务和资产交易的清算和支付结算的方法。传统的支付体系可以提供这种服务,各种金融创新包括一些衍生工具也具有清算、支付和结算的功能。一种新创的外汇衍生工具,可以减少或消除传统的外汇交易与结算中含有的信用风险。而且,不同的金融工具在功能上可以互相替代,运作这些金融工具的可以是不同的金融机构。

(二) 聚集和分配资源的功能

金融体系能为企业或家庭聚集或筹集资金,也能为企业或家庭重新有效分配资源。聚集或筹集资金可以有两种方式:一是通过完善的金融市场直接筹集,二是通过金融中介间接筹集。通过金融中介筹集资金的好处是便于对融资全过程进行监控，可以改善信息不对称情况。

（三）在不同时间和不同空间之间转移资源的功能

通过金融机构在各地的代理机构，可以满足不同地区和不同经济主体对资金的不同需求，提高资金使用效率。

（四）管理风险的功能

金融体系既可以提供管理和配置风险的方法，又是管理和配置风险的核心。有效的风险管理和配置会增加企业和家庭的福利，当利率、汇率和商品价格的波幅较大时，会相应提高风险管理和配置的潜在收益；计算机和金融技术方面的进步既有利于降低交易成本，使更大范围的风险管理和配置成为可能，也使各国中央银行的调控能力增强，调控范围逐渐扩大，有利于促进金融稳定。

（五）提供信息的功能

必要的信息是协调各个经济部门分散决策的重要条件，金融体系本身就是一个重要的信息来源。企业与家庭可以根据在金融市场上观察到的利率和资产价格，进行资产配置和消费、储蓄的决策。利率和资产价格也是企业选择投资项目和融资的重要依据。资产收益的波动率是现代金融理论中量化风险的基本指标，也是风险管理和战略性融资与投资决策的主要信息。总体而言，金融市场上交易的金融工具越完善而多样，可以从它们的价格行为中获取的信息就越多。信息越丰富，就越有利于资源配置的决策。

（六）改善激励的功能

激励问题实际上是股份制公司的委托代理问题，通过金融创新可以有效地改善激励问题。例如，可转换债券和股票期权激励能有效地提高经理人的工作效率。

金融体系的这六种功能并不是彼此独立的，实际上，金融体系中任何一家金融机构所从事的金融业务都是在行使这些功能。

第二节　我国的金融体系发展与金融改革历程

1949 年以来，我国金融体系经历了从单一银行体系发展到建立以中央银行为领导、专业银行为主体的体系，再发展到开放金融市场、银行商业化改革、各种金融机构并立的多元金融体系这一不平凡的过程。我国的金融体系发展与金融改革可以分为以下五个阶段：

一、“大一统”金融时期（1948—1979 年）

1948 年 12 月 1 日，在合并解放区的华北银行、北海银行和西北农民银行的基础上，建立了中国人民银行，并于 1948 年 12 月 7 日发行人民币，这标志着新中国金融体制的诞生。

中华人民共和国成立后，以苏联金融模式为改革方向，接管官僚资本银行，改造民族资本金融业，取缔外国在华银行的特权，对私营民族资本采取赎买政策，并逐步通过国家资本主义形式对其进行社会主义改造。1952 年 12 月全国统一的公私合营银行成立，并随即全部纳入中国人民银行体系。

从1953年到1979年,我国基本上实行由中国人民银行统揽一切金融业务的"大一统"金融体制。在这种体制下,中国人民银行既行使中央银行职能,又办理所有具体银行业务;既是金融行政管理机关,又是经营金融业务的经济实体。这一阶段被称为我国单一银行体系阶段。

二、金融改革的起步阶段(1979—1993年)

1979年,我国进入金融体系结构的调整阶段。在此之前,我国实行的是高度集中的计划经济体制。在这种体制下,国内的金融市场处于一种封闭状态;市场上的利率既不能真实反映资金的价格,也不能反映资金的供求状况;中国人民银行是国内唯一的金融机构,它囊括了从中央银行到商业银行和其他金融机构的所有金融职能。在金融体系变迁的起步阶段中,金融体系结构发生的变化主要表现在以下几个方面:

(一) 实行了金融机构的多元化

这一阶段打破了传统高度集中的计划经济体制下的"大一统"组织结构,建立了二级银行体系的框架。设立了具有经济实体性质的独立经营的四大国有专业银行,即中国工商银行、中国农业银行、中国银行和中国人民建设银行。1986年,经国务院批准,重新组建了综合性、股份制的交通银行,以后相继成立了中信实业银行、招商银行、中国光大银行、广东发展银行、深圳发展银行、福建兴业银行、华夏银行、上海浦东发展银行等一批全国性或区域性的商业银行。

1979年10月,由国务院组建的综合经营金融贸易技术服务的中国国际信托投资公司成立,之后成立了中国光大国际信托投资公司、中国民族国际投资信托公司等;同期设立了中国人民保险公司,以后又成立了中国平安保险公司、中国太平洋保险公司等。1987年,新中国第一家证券公司——深圳特区证券公司成立,以后陆续成立了上海申银证券公司、万国证券公司、海通证券公司、华夏证券公司等多家证券公司,为1990年12月上海证券交易所成立、1991年4月深圳证券交易所正式开业奠定了基础。

这一时期初步形成了以中国人民银行为领导、四大国有专业银行为主体、其他银行和非银行金融机构并存和分工协作的多形式、多功能、多层次而又颇具中国特色的金融机构体系。

(二) 逐步开放搞活金融市场

1979年后以开放搞活为目标的金融改革,必然意味着金融市场的孕育和发展。

1. 货币市场

1986—1988年,我国各地相继成立了有形的同业拆借资金市场,以商业票据代替挂账信用,大力推行商业票据信用,我国的票据贴现市场也随之而形成。此外,自1983年后,企业全部流动资金改由银行贷款供给,由于信贷规模控制难以满足企业短期资金的需求,进而导致企业短期融资券市场的产生。

2. 证券市场

1980年后,随着改革开放和现代化建设的全面铺开,我国恢复国债发行,发行量逐年增长。1988年4月,国家允许1985年、1986年发行的国库券正式上市,从根本上改变了国债市场"有行无市"的局面;同期,自1981年起,我国一部分企业开始采用以发行股票的方式筹集资金;1984年末和1985年初,我国企业的股份制改革开始起步;1987年后,企业股份制试点范围逐步扩大，股票市场也逐步得到发展；上海、深圳两家证券交易所成立以及证券登记公司等中介服务公司的建立，使较规范的二级市场在20世纪90年代初最终形成。此外，自1987年上海石化总厂发行3年期债券开始，我国企业中长期债券市场也开始逐步形成。

3. 外汇市场

1980年10月，我国开始办理外汇调剂业务，标志着外汇市场的雏形显现。1986年，外汇调剂业务由中国银行移交给国家外汇管理局，开办了外商投资企业间的外汇调剂业务和国内企业留成外汇的额度调剂业务。1988年后，各省市都设立了外汇调剂中心，进一步扩大了外汇调剂范围。

（三）建立宏观金融调控体系

1979年后，伴随着金融机构体系的改革，在金融领域中如何协调、疏导、管理等问题日益突出，国务院于1983年9月决定由中国人民银行专门行使中央银行职能。1986年1月，国务院颁布了《中华人民共和国银行管理暂行条例》，确定中国人民银行是国务院领导和管理全国金融事业的国家机关。作为国家中央银行，中国人民银行积极探索运用多种手段，不断健全金融宏观调控体系。

值得注意的是，1985年到1988年是我国建立市场金融体系的摸索阶段。该时期金融改革的典型特征是金融管制放松，金融深化速度加快。在这四年中，我国金融体系进行了一系列的创新安排，主要表现为：

（1）实现了金融体系创新，确定了中央银行体系的法定地位。

（2）进行组织体系变迁，大力发展多元化金融组织机构。

（3）金融管理体系向市场化迈进。

（4）建立和发展金融市场体系。

由于国内经济发展对资金需求的不断增加、金融机构的多元化发展以及资金在金融机构和区域间的分布不均衡，这些都需要中国金融市场能够发挥资金配置的作用，因此，同业拆借市场、票据市场开始建立并全面启动。中国在这一阶段的金融改革中，取得了卓有成效的探索成果，为市场金融体系的发展奠定了基础。

1988—1993年，由于原来的计划金融体系自我强化的缘故，市场化改革步伐放缓。在这个时期，我国经济运行中出现了两次发展过热的现象，由于缺乏有效的运行机制，金融秩序混乱无序，导致宏观经济和金融发展被迫进行治理整顿。但与此同时，金融市场的发展却是卓有成效的，1990年12月和1991年4月分别成立了深圳证券交易所和上海证券交易所，为今后的金融市场发展以及经济的快速发展奠定了基础。

三、金融改革调整与充实阶段（1993—1999年）

1992年治理整顿结束后，我国金融改革力度不断加大，宏观经济发生了新的变化，从传统的短缺经济变为总量相对过剩、总需求相对不足的经济，因此，我国金融体系改革进入调整和充实阶段，实行了以调整和发展为主要内容的金融改革。

1992年邓小平南方谈话后，同年10月，中国共产党"十四大"确定把建立社会主义市场经济作为我国经济体制改革的目标。1993年12月，国务院发布了《关于金融体制改革的决定》，拉开了新一轮金融改革的帷幕。这一轮改革的主要内容有：

(一) 中央银行职能的转变

《关于金融体制改革的决定》确定我国货币政策的最终目标为“保持货币稳定,并以此促进经济增长”,这是对中国人民银行多年来实行的“稳定货币,发展经济”的双重政策目标的重大战略性突破。同时,中央银行货币政策的中介目标由控制信贷规模转向控制货币供应量和社会信用总量。1995 年通过的《中国人民银行法》,用法律形式确定的货币政策工具主要是存款准备金、中央银行基准利率、再贴现、中央银行贷款、公开市场业务五种。自 1998 年底开始,中国人民银行按经济区划在全国设置九大跨省市的分行,彻底改变了我国几十年来按行政区划设置分支机构的框架,这对减少行政干预、推进区域经济和金融发展具有积极意义。

(二) 国有银行的商业化改革

以现代商业银行作为国有独资银行的改革方向,是新一轮银行改革的主要内容。1994 年,国家开发银行、中国进出口银行、中国农业发展银行三大政策性银行先后建立,它们既是国家政策合理配置资金和资源的强有力的工具,也是国有独资银行剥离政策性业务、专门从事商业性经营以有效配置资金和资源所需要的。政策性银行的建立,为国有银行的商业化改革创造了必要的条件。

1995 年《商业银行法》颁布,在此前后,《担保法》《票据法》《贷款通则》《支付结算办法》等一系列法规条例的颁布实施,为国有银行的商业化改革提供了日趋完善的法律环境。

(三) 外汇体制改革

从 1994 年 4 月 1 日起,我国外汇管理体制进行了重大改革,取消外汇留成制、外汇上缴制和用汇计划审批,实行外汇指定银行对国内企业的强制结售汇制。取消各省市外汇调剂中心,建立全国统一的银行间外汇交易市场,官方汇率和调剂市场汇率并轨,实现有管理的浮动汇率制。1996 年 1 月,实行新的国际收支申报体系。同年 6 月,对外商投资企业实行意愿结售汇,外资银行同时成为外汇指定银行;同年 12 月,还实现了人民币经常项目的可兑换。对外资银行的引进和开放采取税收优惠和业务限制的双重政策,1997 年先后在上海浦东新区、深圳特区批准少数外资银行试营人民币业务。1998 年,增加试营人民币业务的外资银行数量,业务规模限制也由原来的 3 000 万元扩大到 1 亿元。1999 年,取消外资银行在国内增设分支机构的地域限制。沪、深两地经营人民币业务的外资银行继续增多,业务规模也进一步扩大。2005 年 7 月 21 日,中央银行公布人民币汇率体制改革方案,其核心是人民币从过去的钉住单一美元而改为选择若干种主要货币,赋予相应的权重,组成一个货币篮子,以市场供求为基础,参考一篮子货币计算人民币多边汇率指数的变化,对人民币汇率进行管理和调节,维护人民币汇率在合理均衡水平上的基本稳定。

(四) 全国银行间同业拆借市场建立

1996 年 1 月,全国银行同业拆借交易系统在上海正式联网,并按“自主自愿、平等互利、恪守信用、短期融通”的原则运行;拆借会员不断增多,除各商业银行总行、城市商业银行总行外,还包括四大国有银行的分行、试行人民币业务的外资银行等,1999 年还允许证券公司等非银行金融机构进入全国一级拆借网络进行头寸拆借。

(五)《证券法》颁布

1999 年《证券法》的施行,为所有市场参与者创造了一个可靠的法律基础,并使投资者的利益得到有效保护，有利于证券市场健康、规范发展。

（六）建立地方性商业银行

为了适应中小企业、民营经济在整个国民经济中比重迅速上升的趋势，1995年7月国务院颁布《关于组建城市合作银行的通知》，1998年城市合作银行更名为地方性的商业银行。

（七）推动利率市场化改革

自1996年我国利率市场化进程正式启动以来，经过7年的发展，利率市场化改革稳步推进，1996年至1999年，我国银行间市场基本实现了利率市场化。

四、金融改革加速阶段(2001—2015年)

2001年12月11日，中国正式加入世界贸易组织（WTO），成为其第143个成员。随着国际金融服务贸易协定的全面实行，我国扩大金融领域对外开放，国际金融自由化、一体化程度日益加深，其影响主要表现为：

（一）中国的金融体系进一步对外开放，金融法律体系逐步与国际接轨

2002年12月，中国实行合格境外机构投资者制度，迈出了资本市场融入全球化的第一步。2003年，开放外资银行在中国的人民币业务，并加快推动国有银行产权改革。2004年2月香港特别行政区正式开展人民币业务，2006年全面开放了居民业务。2007年，允许外资银行在国内设立法人机构。中国四大国有商业银行从2001年的资不抵债，实现了到2009年的全面上市。

随着加入WTO，国际金融服务贸易协定的全面实行，我国扩大金融领域对外开放，国际金融自由化、一体化程度日益加深。在这种新形势下，要提高金融监管水平，尤其是要提高本国的金融监管效果和效率，加强国际金融监管的使用与交流是大势所趋。2001年12月，国务院对《中华人民共和国外资金融机构管理条例》进行修订；2002年6月，中国人民银行发布了《外资金融机构驻华代表机构管理办法》，对外资金融机构行为加以规范；2004年7月，银监会对外公布了《外资金融机构管理条例实施细则》，标志着中国证券市场的中外合资、合作进入实质性阶段。加入WTO使中国金融体系在面临巨大挑战的同时，也带来了机遇，我国金融行业应尽快步入国际社会，主动迎接挑战，加速国内经济体制改革，增强中国在国际金融市场上的竞争能力。

（二）利率市场化基本实现，人民币国际化稳步推进

20世纪80年代，我国金融改革的主要内容以引进市场经济金融体系的基本结构为主。90年代上半期和中期，以建立符合市场经济需要的金融机构和金融市场基本框架为主。2002—2008年，进入以健康化、规范化和专业化为特征的金融改革与发展新时期。我国金融改革进入市场化、国际化和多元化的阶段。2004年10月，我国实现了“贷款利率管下限、存款利率管上限”的阶段性改革目标。之后人民银行着力引导金融机构加强定价机制建设，2007年1月人民银行开始建立并大力培育银行间同业拆借利率（SHIBOR），不断改善利率市场化的基础条件。随着银行理财、信托和互联网金融等金融创新和金融脱媒的迅猛发展，顺应市场发展的内在要求，2012年后人民银行进一步推进存贷款利率市场改革，2013年7月起人民银行全面放开金融机构贷款利率限制，2015年10月24日放开银行存款利率，仅对活期存款和1年期以内（含1年）定期存款利率保留基准利率1.5倍的上限管理，至此，利

率管制基本取消。需要强调的是,利率市场化是一项复杂的系统工程,存贷款利率放开并不意味着利率市场化改革的最终完成。

自 2005 年 7 月 21 日起,中国开始实行以市场供求为基础、参考一篮子货币进行调节、有管理的浮动汇率制度。2011 年 6 月底,中国外汇储备达 3.2 万亿美元,位居世界第一。

(三) 金融体制改革的步伐加快,促进了金融市场的发展

2003 年 3 月 10 日中国银监会成立,标志着"一行三会"金融监管格局最终形成。2000 年底,中国股票市场流通市值仅有 1.6 万亿元人民币,到 2011 年 8 月,中国股票市场流通市值急剧增长到了 20 万亿元人民币,债券市场市值达到 20.48 万亿元人民币,股票与债券市场流通市值占 GDP 的比重已经接近 100%,在支持企业融资和国民经济发展方面发挥着越来越重要的作用,中国金融业取得了巨大的成就。

2006 年 9 月 8 日中国金融期货交易所(以下简称"中金所")在上海正式挂牌成立,对于深化金融市场改革,完善金融市场体系,发挥金融市场功能,适应经济新常态,具有重要的战略意义。目前中金所已开发股指期货、国债期货、股指期权三类,沪深 300 指数期货、中证 500 指数期货、上证 30 股指期货、沪深 300 指数期权、2 年期国债期货、5 年期国债期货、10 年期国债期货七个品种。

2002 年 10 月,上海黄金交易所(以下简称"上金所")正式运行,实现了中国黄金生产、消费、流通体制的市场化,是中国黄金市场开放的重要标志。2014 年 9 月上金所启动国际板,成为中国黄金市场对外开放的重要窗口。

2015 年 2 月国务院发布《存款保险条例》,建立和规范存款保险制度,依法保护存款人的合法权益,及时防范和化解金融风险,维护金融秩序稳定。

五、深化金融供给侧结构性改革的新阶段(2015 年至今)

2015 年 11 月习近平总书记主持召开中央财经领导小组第十一次会议,研究经济结构性改革和城市工作,2016 年 1 月 26 日中央财经领导小组第十二次会议上习近平强调供给侧结构性改革的根本目的是提高社会生产力水平,落实好以人民为中心的发展思想。至此,我国开启供给侧结构性改革的新阶段。

所谓"供给侧改革",就是在适度扩大总需求的同时,着力加强供给侧结构性改革,着力提高供给体系质量和效率,增强经济持续增长活力。其实质就是改革政府公共政策的供给方式,更好地与市场导向相协调,充分发挥市场在配置资源中的决定性作用。根本目的在于提高社会生产力水平,建设现代化经济体系,把发展经济的着力点放在实体经济上,把提高供给体系质量作为主攻方向,真正落实好以人民为中心的发展思想,显著增强我国经济质量优势。

我国的供给侧结构性改革分为三个阶段:阶段一是实体经济领域落后产能的供给侧结构性改革,阶段二为实体经济+金融业去杠杆,接下来金融业供给侧改革才是第三阶段。持续深化金融供给侧结构性改革,核心在于紧紧围绕金融服务实体经济、防控金融风险、深化金融改革三项任务,不断改善金融管理和服务,为促进经济高质量发展创造良好的货币金融环境。

(一) 防范金融风险,维护金融安全

2017 年十八届中共中央政治局第四十次集体学习会议上,习近平总书记强调"金融是现代经济的核心""金融活,经济活;金融稳,经济稳",并明确提出"切实把维护金融安全作为

治国理政的一件大事”。这是中央第一次将金融安全提到如此的高度。同年的全国金融工作会议上，习近平总书记再次强调，“金融是国家重要的核心竞争力，金融安全是国家安全的重要组成部分，金融制度是经济社会发展中重要的基础性制度”。2017 年召开的全国金融工作会议，确立了未来一段时期金融改革发展和维护金融稳定的大政方针和顶层架构。2017 年底国务院金融稳定发展委员会成立，重点关注四方面问题，分别是影子银行、资产管理行业、互联网金融、金融控股公司。

2018 年监管体制也做了调整，中国银行保险监督管理委员会组建，这是金融体制的顶层设计，也是逐步建立现代金融监管框架的必由之路。在新的架构下，金融监管协调机制切实加强，货币政策、财政政策、监管政策、产业政策之间的协调机制更加有效，以中央银行为核心的宏观审慎管理理念和框架逐步确立，系统性风险防范机制进一步强化。同时，审慎管理的基本制度逐步改进，2018 年中国人民银行、中国银行保险监督管理委员会、中国证券监督管理委员会、国家外汇管理局联合颁布《关于规范金融机构资产管理业务的指导意见》（银发〔2018〕106 号，以下简称“资管新规”），正式拉开了整治资产管理业务乱象的帷幕。以治理影子银行为导向出台资产管理新规，以治理金融控股集团野蛮成长为导向出台非金融企业投资金融机构监管指导意见，启动金融控股公司模拟监管，加快制定金融控股公司监管办法，补齐监管制度短板；持续开展互联网金融风险专项整治；建立金融市场外部冲击风险应对机制，保持股市、汇市、债市、房市的基本稳定，保持人民币汇率在合理均衡水平上的基本稳定；金融改革开放加快推进。此外，系统性风险监测评估不断加强，央行金融机构评级体系初步建立，跨境融资和资本流动宏观审慎政策不断完善。

2018 年还发布系统重要性金融机构监管相关指引文件，研究制定金融控股公司监督管理试行办法，完善金融监管制度。坚持全面依法依规，果断对包商银行实施接管，最大限度地保护存款人和其他客户合法权益，并坚决打破刚性兑付，强化市场纪律。果断实施接管发挥了及时“止血”作用，避免了风险进一步恶化，接管托管工作进展顺利，未出现客户挤兑等群体性事件。

2020 年 1 月国务院印发实施《国务院金融稳定发展委员会办公室关于建立地方协调机制的意见》，建立金融委办公室地方协调机制，加强中央和地方金融协作。2020 年 12 月中国人民银行、中国银行保险监督管理委员会发布《系统重要性银行评估办法》。2021 年 10 月，中国人民银行会同中国银行保险监督管理委员会正式发布《系统重要性银行附加监管规定（试行）》，借鉴了国际金融监管的实践经验，充分考虑我国银行业实际情况，补齐系统重要性银行监管制度短板，健全我国宏观审慎政策框架，维护金融体系稳定。

党的十九大作出深化金融体制改革、健全金融监管体系的部署。第五次全国金融工作会议明确了中央地方监管的职责边界，并提出构建现代金融监管框架，加强金融监管协调，补齐监管短板。经过多年改革发展，我国逐步形成了适合和适应中国国情的金融机构组织体系，大型、中型、小型、微型金融机构分工协作，共同服务经济社会发展。我国金融管理主要是中央事权，同时也赋予地方必要的金融管理职责，充分调动中央和地方两个积极性。

（二）推进普惠金融，服务实体经济

服务实体经济永远是金融业最根本的任务。2015 年以来，习近平总书记在多个重大场合重申金融服务实体经济的天职和宗旨，明确要深化对国际、国内金融形势的认识，正确把握金融本质，深化金融供给侧结构性改革，要为实体经济发展创造良好金融环境，疏通金融

进入实体经济的渠道,增强金融服务实体经济能力,坚决打好防范化解包括金融风险在内的重大风险攻坚战,推动我国金融业健康发展。在 2019 年召开的全国金融工作会议上,习近平总书记就做好金融工作提出三项任务,"服务实体经济"被摆在第一位,道破金融的出发点和归宿。值得肯定的是,金融为实体经济"输血""造血"的功能不断凸显,尤其是银行发挥着社会和企业融资的主渠道作用。

党的十八届三中全会明确提出发展普惠金融。2015 年《政府工作报告》提出,要大力发展普惠金融,让所有市场主体都能分享金融服务的雨露甘霖。普惠金融是指立足机会平等要求和商业可持续原则,以可负担的成本为有金融服务需求的社会各阶层和群体提供适当、有效的金融服务。小微企业、农民、城镇低收入人群、贫困人群和残疾人、老年人等特殊群体是当前我国普惠金融的重点服务对象。大力发展普惠金融,是我国全面建成小康社会的必然要求,有利于促进金融业可持续均衡发展,推动大众创业、万众创新,助推经济发展方式转型升级,增进社会公平和社会和谐。

(三) 扩大金融业对外开放,提高国际市场参与度和话语权

2020 年习近平总书记在全国金融工作会议上明确"要积极稳妥推动金融业对外开放,合理安排开放顺序……"向世界宣示中国扩大金融对外开放的决心。在随后的中央财经领导小组会议、博鳌亚洲论坛等重大会议上,习近平总书记多次提到金融开放,"扩大金融业对外开放"被定性为"我国对外开放的重要方面",并进一步描绘了一幅金融开放路线图。

供给侧改革新阶段以来,我国释放出了金融业开放的强烈信号,金融业正以更开放的姿态拥抱世界。2016 年 10 月 1 日 IMF 终于批准人民币进入特别提款权(SDR)。SDR 货币篮子的币种和权重相应进行了调整,正式扩大至美元、欧元、人民币、日元、英镑 5 种货币,权重分别为 41.73%、30.93%、10.92%、8.33%和 8.09%,对应的货币数量分别为 0.582 52、0.386 71、1.017 4、11.900、0.085 946。同时,SDR 汇率和利率也进行了相应调整,人民币汇率和 3 个月国债利率分别进入 SDR 汇率和利率的计算。

2016 年 4 月发布全球首个以人民币计价的黄金基准价格"上海金",有效提升了我国黄金市场的定价影响力;2018 年 9 月正式挂牌中国熊猫金币,打通了我国黄金市场与金币市场的产品通道;2019 年 10 月正式挂牌"上海银"集中定价合约,为国内市场提供白银基准价。

人民币原油期货(INE)于 2018 年 3 月 26 日上市,至今已历经 4 年。人民币原油期货自上市以来便引起了全球投资者的广泛关注,上市首月,其交易量和持仓量便超过阿曼原油期货,交易活跃度稳居世界第三、亚洲第一。

2021 年 10 月 29 日,富时罗素世界政府债券指数(WGBI)正式纳入中国国债,将推动万亿规模的增量资金流入在岸市场。迄今为止,全球三大主流固收基准指数和主要股指均已纳入中国证券,并逐步提高中国权重。2021 年 11 月中方正式提出申请加入《数字经济伙伴关系协定》(DEPA),这一申请符合中国进一步深化国内改革和扩大高水平对外开放的方向,有助于中国在新发展格局下与各成员加强数字经济领域合作、促进创新和可持续发展。

服务实体经济、防控金融风险、深化金融改革,这些并不是孤立的,而是有机统一的。中国金融业必将在深化改革开放中提升效率,营造一个竞争更加充分的市场环境,实现健康发展,更好服务实体经济。正如习近平总书记所言,"我相信,经过努力,中国金融业竞争力将明显提升,资本市场将持续健康发展……"这是期望,也是要求,给处于关键时期的中国金融业指明了方向,一个更加稳健、更具活力的金融市场值得期待。

第三节 我国金融改革的成就[①]与展望

党的十八届三中全会以来，我国金融体制改革进一步深化，在多个领域取得了突破性进展，金融组织更加健全、金融市场更加完善、金融调控和监管体系更加科学，金融服务实体经济和防范风险的能力明显提升。在中美经贸摩擦加剧和“新冠”肺炎疫情突发的情况下，金融体系运行总体保持稳定并为经济发展提供了有力支撑。进入新发展阶段以来，发展的基础、条件和任务等因素均发生了新的变化，特别是在“十四五”时期，国内外发展形势更加复杂严峻，金融体制改革要以全面建设社会主义现代化国家的要求为牵引，紧紧围绕近中期经济社会发展的重点，以围绕服务实体经济和防范金融风险为主线，提升金融改革的及时性、适应性。

一、我国金融改革的成就

2013 年 11 月，党的十八届三中全会发布《中共中央关于全面深化改革若干重大问题的决定》(以下简称《决定》)，提出了 15 个领域的 60 项改革任务，“完善金融市场体系”是“加快完善现代市场体系”领域中的一项重要改革任务。2017 年 7 月召开的第五次全国金融工作会议，进一步细化和充实了党的十八届三中全会关于金融改革的相关内容。2020 年 5 月，中共中央国务院发布《关于新时代加快完善社会主义市场经济体制的意见》(以下简称《意见》)进一步部署在更高起点、更高层次和更高目标上推进经济体制改革，其中涉及大量金融体制改革内容。自 2013 年以来，经过多年持续推进，我国金融体制改革取得突破性进展。

(一) 深化金融供给侧结构性改革，完善市场基础制度

国有金融资本统一管理框架加快构建。国有金融资本是推进国家现代化、维护国家金融安全的重要保障。2018 年 6 月，《中共中央国务院关于完善国有金融资本管理的指导意见》对完善国有金融资本管理做出顶层设计和重大部署，提出总体要求、基本原则和主要目标。《国有金融资本管理条例(征求意见稿)》《国有金融资本出资人职责暂行规定》等一系列重要文件出台，理顺了国有金融资本管理的体制机制，逐步建立统一的国有金融资本出资人制度，推动国有资本管理从“管企业”向“管资本”为主转变。

政策性、开发性金融机构改革取得突破性进展。2014 年 12 月、2015 年 3 月，中国农业发展银行、中国进出口银行和国家开发银行改革方案分别获国务院批准同意。2015 年 7 月 15 日、7 月 20 日，国家外汇储备分别向国家开发银行、中国进出口银行注资 480 亿美元、450 亿美元，顺利完成改革方案要求的资本金补充工作。建设“一带一路”、京津冀协同发展等重要战略，均需要巨大的基础设施投资，而开发性金融和政策性金融是其中的支撑力量。

民营银行“从无到有”取得实质性突破，开发性、政策性金融机构资本约束机制基本建立。明确民营银行设立基本原则和监管制度框架，2014 年 3 月启动试点至今，共 19 家纯民间资本发起设立的民营银行开业运营。明确国家开发银行定位为开发性金融机构，中国进出口银行和中国农业发展银行定位为政策性银行，开发性、政策性金融机构基本建立以资本

① 吴振宇、张丽平等：《金融体制改革的新进展及新发展阶段的推进思路》，中国智库，2021 年 7 月 22 日；Wind 数据库以及媒体报道综合整理。

充足率为核心指标的资本约束机制。

普惠金融政策体系不断完善。普惠金融政策工具箱不断丰富,人民银行开展普惠金融定向降准,宏观审慎评估(MPA)增设小微企业和民营企业融资专项指标,创设普惠小微企业贷款延期支持工具和普惠小微企业信用贷款支持计划。2020 年 7 月,银保监会发布《商业银行小微企业金融服务监管评价方法(试行)》,商业银行小微企业服务监管评价指标体系初步建立并不断完善。

(二) 积极推进国有商业银行股改上市

随着世界经济的迅速发展与市场的日益成熟与完善,银行上市是极为普遍的现象。从数量和结构上看,在欧美及许多发展中国家的股票市场中,银行股均占有较大比重。但在我国,上市公司已逾千家,银行股却十分稀缺。这与我国银行业在国民经济中的地位难以相称。商业银行发展的滞后性已经成为制约中国经济发展的"瓶颈"之一。尤其是加入世贸组织后,银行业迫切需要通过上市来提高自身的经营规模与业绩,提高自身的竞争能力。

股份有限公司是现代企业制度变迁与发展的重要成果。自 1987 年交通银行恢复设立并成为中国第一家股份制金融机构以来,我国大力推进了金融机构的股份制建设和改造工作,并推动符合条件的股份制金融机构上市。

股份制改造不仅理顺了金融机构的产权关系、充实了金融机构资本,而且为金融机构建立现代公司治理结构提供了现实的基础。截至 2021 年 10 月,已有 122 家金融机构上市,其中银行 46 家、证券公司 51 家、保险公司 7 家、信托等其他金融机构 18 家。

(三) 金融市场体系逐步健全,多层次资本市场体系初步形成

以沪、深证券交易所为代表的主板市场不断完善,中小板、创业板、新三板、区域性股权交易市场、科创板、北京证券交易所相继设立,多层次的资本市场结构初步形成。

2003 年,十六届三中全会首次提出"建立多层次资本市场体系,完善资本市场结构",多层次资本市场的建设之路由此启程。从 2005 年开始,困扰我国资本市场多年的"股权分置"问题开始逐步解决,一级市场也实施了新股发行询价制度;2004 年,深圳证券交易所推出中小企业板块,"三板"市场和各地产权交易市场也初步确立了其市场地位。经过近三十年的发展,我国已经逐步形成了由区域性股权市场、新三板、创业板、科创板、沪深交易所组成的多层次市场体系架构,在促进融资便利化、降低实体经济成本、提高资源配置效率等方面发挥了重要作用。2021 年 9 月北京证券交易所正式成立,形成新三板基础层、创新层与北京证券交易所精选层"层层递进"的市场结构,其市场运行、投资者结构、主要基础制度安排等都有中小企业特色,与沪深交易所差异明显,将有利于完善和丰富我国资本市场的制度。

随着北京证券交易所在不断完善关于中小企业的融资、交易、产权界定、流转、信用采集等方面的规则,形成中小企业参与高标准市场体系的机制,将有利于形成更具普惠性的多层次资本市场体系和更具包容性和精准性的制度体系,中国资本市场将焕发更大的活力。金融市场功能不断增强服务实体经济水平提高。

证券市场双向开放有序扩大。2014 年 11 月正式开通"沪港通",证券市场双向开放有序扩大,境内资本市场开放水平进一步提高。"沪港通"为人民币在岸与离岸市场之间的互通开通了新渠道,进一步巩固了中国香港作为全球离岸人民币业务中心的地位。

货币市场各子市场不断完善。就银行间市场而言,商业银行之间的本外币拆借、债券即

期和远期交易、外汇即期和远期交易、黄金交易等子市场不断完善，影响力巨大。2013 年 8 月为规范同业存单业务，拓展银行业存款类金融机构的融资渠道，促进货币市场发展，中国人民银行制定了《同业存单管理暂行办法》。2015 年 6 月 2 日中国人民银行制定了《大额存单管理暂行办法》，规范大额存单业务发展，拓宽存款类金融机构负债产品市场化定价范围，有序推进利率市场化改革。

资本市场市场化和法制化改革迈上新台阶。《证券法》修订并生效，新增投资者保护制度专章、强化信息披露要求、全面推行注册制、大幅提高违法成本。注册制改革加速推进，公司债、企业债发行由核准制改为注册制。设立科创板并试点注册制，开展上市企业包容性、交易制度、信息披露等一系列制度创新。截至 2021 年 4 月，科创板共有 263 家企业，总市值约 3.6 万亿元，极大地支持了科创企业的发展。注册制改革从科创板稳步推广至存量市场，2020 年 8 月，创业板启动改革并试点注册制。债券市场有序、渐进打破刚性兑付，高风险企业风险逐步释放。交易所债券市场扩容至非上市公司。银行间与交易所债券市场基础设施启动互联互通，市场间协调明显增强，破除债券市场分割迈出关键一步。

（四）利率汇率市场化机制日益深化

利率市场化改革加快推进。存款利率上限放开，建立市场利率定价自律机制。在逐步放开利率管制的同时，持续健全市场利率形成机制。改革完善贷款市场报价利率（LPR）形成机制，LPR 取代贷款基准利率，存量浮动利率贷款定价基准已转向 LPR，LPR 嵌入商业银行内部转移定价（FTP），有效打破贷款利率隐性下限。持续培育以债券回购利率（DR）为代表的金融市场基准利率体系。完整的国债收益率曲线形成，定价基准作用得到更好发挥。

人民币汇率形成机制更加市场化。2015 年 8 月，人民币汇率改革增强了人民币兑美元中间价市场化程度和基准性，包括上日收盘价、一篮子货币汇率变化和逆周期因子在内的人民币汇率中间价形成机制确立。人民币兑美元中间价和人民币兑一篮子货币指数两大汇率调节工具，推动中间价形成机制更加市场化和透明化。人民银行退出常态化干预，人民币汇率弹性明显增强。央行沟通是提高货币政策透明度、引导经济主体预期的重要途径。人民银行更加注重预期管理和引导，与市场沟通能力大幅提高，有效稳定市场预期。

（五）金融自主开放进入加速期

金融业对外开放不断提速。金融业准入负面清单已清零。银行、证券、保险业外资持股比例和业务范围大幅度放开。已有多家外商控股券商成立，首家外资独资的人身保险公司、保险资管公司和期货公司均已落地。评级、支付等领域允许外资进入。标普全球和惠誉评级两家外资评级机构获准进入中国评级市场，Paypal 成为首家进入中国的外资支付机构。

资本市场互联互通渠道确立并不断扩大。沪港通、深港通、债券通、沪伦通、中日 ETF 等先后开通。沪港通、深港通取消总额度限制，大幅提高每日交易限额，成为外资投资中国的重要渠道。A 股先后被纳入富时罗素、标普、道琼斯等多个重要国际指数，纳入明晟（MSCI）指数股比例从 5%提升至 20%。以人民币计价的中国国债被纳入彭博巴克莱全球综合指数（BBGA）、摩根大通全球新兴市场多元化指数（GBI－EM）和富时世界国债指数（WGBI），将推动万亿规模的增量资金流入在岸市场。迄今为止，全球三大主流固收基准指数和主要股指均已纳入中国证券，并逐步提高中国权重。

上海自贸试验区业务创新加快。2014 年 9 月 18 日，上海黄金交易所国际板（以下简称

“黄金国际板”)在上海自贸区正式启动推出。就衍生产品市场而言,新的交易品种不断涌现,金融衍生品交易所即将建立,国内外市场之间的互动关系已经基本形成。

境外投资者持有人民币金融资产大幅提升。截至2020年底,境外机构和个人持有境内人民币股票和债券分别达3.4万亿、3.3万亿元,相当于2013年底的9.9倍、8.4倍。

人民币资本项目可兑换程度稳步提升。QFII和RQFII投资额度限制、相关资金汇出比例限制、本金锁定期要求相继取消。自由贸易账户、跨境双向人民币资金池等制度建立并完善。

人民币国际化取得重大进展。2016年人民币正式纳入特别提款权(SDR)货币篮子,权重(10.92%)仅次于美元和欧元、高于日元。人民币占全球官方外汇储备份额突破2%。人民币大宗商品计价结算实现突破。全球最大的三家铁矿石企业(巴西淡水河谷、澳大利亚必和必拓集团和力拓集团)均在对我国铁矿石贸易中尝试用人民币结算,境外矿山和贸易商开始利用大连商品交易所铁矿石期货价格为基准与中国企业签订基差贸易合同。人民币加入SDR货币篮子对国际货币体系的演进意义重大,有助于促进国际货币体系的多元化,使SDR货币篮子的构成更能代表国际交易的主要货币,增强SDR本身的代表性和吸引力。同时,人民币正式“入篮”进一步促进了企业和个人在跨境贸易和投资中使用人民币,增强了市场对人民币的信心,有助于改善外汇市场供求,促进人民币汇率保持稳定。

(六)金融调控和监管体系更加完善

健全货币政策和宏观审慎政策双支柱调控框架。强化人民银行宏观审慎管理职能,陆续构建房地产金融宏观审慎政策、跨境资本宏观审慎政策等政策工具。逐步统一资产管理业务监管标准。完善系统重要性金融机构监管框架,建立系统重要性银行评估与识别机制,从附加资本、杠杆率、大额风险暴露等方面附加监管要求。出台金融控股公司监管办法,将非金融企业投资形成的金融控股公司整体纳入监管,从制度上隔离实业板块与金融板块。建立存款保险制度,成立存款保险基金。支付、清算结算、征信等金融基础设施框架体系基本成型,统筹监管加快推进。

顺应金融风险管理的要求,建立新的风险管理框架。在经过二十多年的努力后,我国金融体系目前已初步建立起以市场化为主导的金融体系。基本框架是以中央银行为领导,以商业银行为主体,包括政策性银行、非银行金融机构在内的金融组织体系;由货币市场、资本市场、黄金市场、外汇市场等组成的较规范的金融市场体系;成立国务院金融稳定发展委员会,统筹协调金融监管政策间、部门间,以及金融与其他政策的配合。应对综合化经营趋势,分离发展和监管职能,合并组建银保监会。初步确立中央垂直监管和地方属地监管并行的双层金融监管模式。省级地方金融监管局由挂靠其他委办局升格为省政府直属机构,并加挂金融工作办公室牌子。在各省(区、市)建立金融委办公室地方协调机制,加强中央和地方在金融监管、风险处置、信息共享和消费者权益保护等方面的协作。

高风险金融机构风险得到有序处置。对包商银行、恒丰银行、锦州银行等分类施策,有序化解了重大风险,强化市场纪律。企业债务违约风险得到妥善应对。推动银行业金融机构持续加大不良贷款处置力度,不断完善债券违约处置机制。互联网金融和非法集资等风险得到全面治理。P2P网贷机构全部停业,非法集资、跨境赌博及地下钱庄等违法违规金融活动得到有力遏制,私募基金、金融资产类交易场所等风险化解取得积极进展,大型金融科技公司监管得到加强。防范化解金融风险制度建设有力推进。出台资管新规相关配套细则并推动平稳实施,影子银行无序发展得到有效治理。初步建立系统重要性金融机构、金融控股公司、金融基础设施等统筹监管框架。经过治理，中国金融体系重点领域的增量风险得到有效控制，存量风险得到逐步化解，金融风险总体可控，守住了不发生系统性金融风险的底线。

优化货币政策目标体系。在继续关注货币供应量这一传统中间目标的同时，将社会融资规模作为监测指标，关注包括贷款、债券、票据等在内的社会整体融资状况，并增强对货币市场利率等价格型指标的监测分析和调控。价格稳定在目标体系中权重最高，同时关注金融稳定和金融改革，注意对发展、改革提供配合与支持，统筹协调好物价、国际收支以及就业、增长等目标之间的关系。

丰富和补充货币政策工具，灵活运用各种工具组合，提高货币政策调控的有效性。根据调控需要和市场环境变化，创设了短期流动性调节工具（SLO）、常备借贷便利（SLF）、中期借贷便利（MLF）等新工具，与公开市场操作相搭配，有效应对多种因素引起的流动性波动，保持了流动性的合理适度。通过抵押补充贷款工具（PSL）为开发性金融支持棚户区改造提供长期稳定、成本较低的资金来源。

2014 年，中国人民银行启动数字货币研究。2020 年 8 月 14 日，商务部官网发布《关于印发全面深化服务贸易创新发展试点总体方案的通知》，公布了数字人民币试点地区。目前数字人民币体系已基本完成顶层设计、标准制定、功能研发、联调测试等工作，正在遵循稳步、安全、可控、创新、实用原则，先行在深圳、苏州、雄安、成都、上海、海南、长沙、西安、青岛、大连及冬奥场景进行内部封闭试点测试。

二、我国金融体系存在的问题

在肯定成绩的同时，我们也清醒地看到面临的困难和问题。国际方面，当前世界经济仍处在国际金融危机后的深度调整期，长期矛盾和短期问题相互交织，结构性因素和周期性因素相互作用，经济问题和政治问题相互关联，加之境外疫情形势依然严峻、部分国家保护主义和单边主义盛行等不利因素影响，中国不得不在一个更加不稳定、不确定的世界中谋求发展。国内方面，我国正处在转变发展方式、优化经济结构、转换增长动力的攻关期，结构性、体制性、周期性问题相互交织，实现高质量发展还有一些短板弱项，加之受到疫情的冲击，部分企业债务违约风险加大，可能传导至金融体系，金融领域面临的困难和风险增多。仅从体系供给的角度看，我国金融体系框架在一定程度上具备了市场金融体系的“外壳”，但是，从体系运行效率的角度分析，现行的金融体系对其内在矛盾问题不能很好地解决。例如，金融机构规模迅速扩张和金融风险不断加大，直接融资和间接融资比例失衡，金融资源配置中计划机制与市场机制功能错位等。因此，不能向社会提供足够多的金融工具，以满足储蓄者和投资者的金融需求，宏观上不能有效实现资源优化配置。中国现行金融体系的问题主要有以下几个方面：

（一）金融机构体系结构不平衡

罗伯特·默顿（Robert Merton，1997 年诺贝尔经济学奖获得者）与兹维·博迪（Zvi Bodie）提出，只有机构不断创新和竞争，才能使金融体系具有更强的功能和更高的效率。

从金融资产的分布结构看，我国绝大部分金融资产为银行所有，其中大型银行占比较高，金融机构规模迅速扩张和金融风险不断加大，仍处于商业银行垄断的金融机构体系格局和特色。

从金融机构体系的业务范围来看，它们的业务范围、业务运行方式仍以传统金融为主，真正体现现代金融水平的科技化、信息化、数字化的金融机构发展有限。推动企业资产重组、收购和兼并的现代投资银行规模和实力尚不足,也缺少规范的体制外信用监督机构,规模和信用评级等市场中介机构无论在数量、实力还是应有作用方面都很欠缺。如果银行体系遭受重大冲击或者体系瓦解,整个金融体系将面临危险。

(二) 现行市场结构不平衡

1. 市场结构不平衡

我国目前只是初步建立了金融市场体系,包括存贷款市场、同业拆借市场、股票市场、票据贴现和再贴现市场、外汇市场、债券市场、证券市场、黄金市场和保险市场,金融衍生工具交易市场也有了较快的发展,但市场规模、作用机制和国际化程度尚处于初级阶段,还不能发挥出应有的作用。

2. 融资结构不平衡

2017—2021 年 9 月,新增人民币贷款占当月社会融资规模平均达 63%。2021 年 7 月份新增人民币贷款 6 999 亿元,占当月社会融资规模 8 088 亿元的 86.5%,创年内新高。间接融资再次在社会融资规模中一枝独秀,成为全社会资金的主要供给者。见图 4-2。

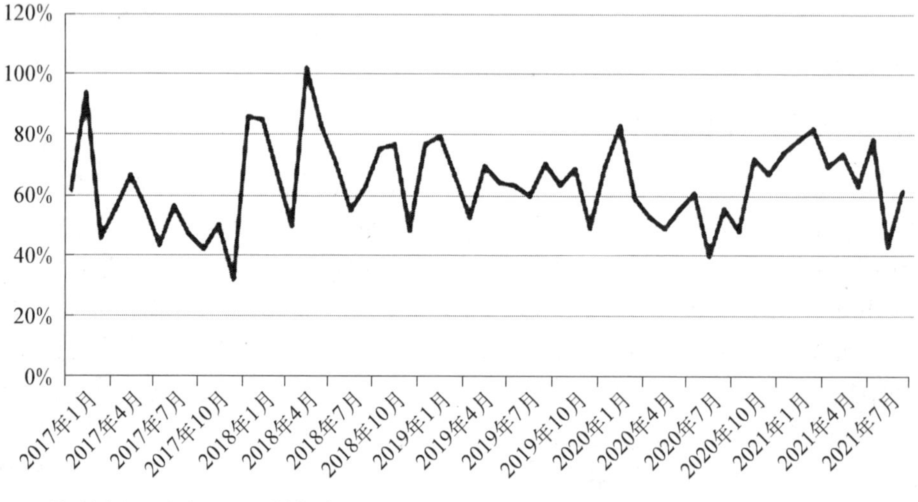

资料来源:根据 Wind 数据库整理。

图 4-2　2017—2021 年 9 月新增人民币贷款/社会融资规模

(三) 金融创新不足

金融创新不足,市场客体缺乏造成市场流动性不足,投资品种匮乏,严重抑制了金融市场在金融资源配置中的效率。

(四) 金融风险分布出现新变化

首先,原来是工商企业等其他领域的风险向银行等金融行业集中,现在则是从金融行业向中央和地方分散。其次,金融风险从隐性风险向显性风险转化。最后,金融风险向中央集中的趋势已经可以比较明显地看出来了。

此外,金融风险开始转移到地方政府的趋势同样不容忽视:金融机构内部的治理结构和风险管理体系是否能到位,这是所有风险防范体系的基础;外部金融监管是否能到位,即监管机构能否有足够的能力和动力来实现金融机构的风险监管;外部援助措施系统是否能建立,在银行方面表现为存款保险体系,在证券公司则表现为证券救助基金以及投资者保护基金;等等。这些都是目前我们还有待完善的体系安排,在保障环节的终端才是中央银行的最后贷款人角色。

(五) 金融监管效率不高

对内部控制缺乏有效的制约机制,尚未建立起有效的风险内控体系,特别是国有金融机构,缺乏人格化的所有者和现实利益的看管着,使得在经营中谁也不必对国有资产负真正的责任。内部人的决策失误也与个人利益无关,这样,内部决策者选择时考虑更多的可能是现实利益或个人升迁的机会,而忽视或低估风险成本,从而加大了金融机构的内在风险。

金融监管的技术落后,人员素质相对较低,从而使金融监管的有效性无法与发达国家的金融监管相比拟。以中央银行为例,中国人民银行监管人员多达 18 万人,美联储却仅占其约 1/18,不论是监管效率还是监管绩效,两者都无法相提并论。

(六) 社会诚信体系建设尚处于创新探索阶段

现代市场经济是信用经济,尤其对于金融业而言更是如此。信用是其生存和发展的基础和灵魂。通过体系安排来规范和约束信用活动,是维护经济和金融秩序、防范信用风险的重要保证。我国目前在信用体系建设方面还处于创新探索阶段,具体表现为诚信原则的法律法规不严密,缺乏健全的信用登记体系、信用评估体系、信用风险的预警和管理体系、失信的制裁和公开体系等。信用体系的不健全,导致了金融机构在市场化经营中无法全面了解失信人的资信状况,增加了授信风险。由于现行法律体系对失信者和失信行为缺乏有效的惩治,失信成本很小,因此,在急功近利的利益驱使下,许多人会做出失信、违约行为。

(七) 金融法律体系不完善

金融法律法规与金融风险控制之间存在密不可分的联系,体系缺失往往是风险失控的主要原因。改革开放至今,我国的金融法律建设取得了许多成果,但与金融发展状况相比,尚存在明显不足。对于金融市场各类违法者的法律责任界定不明确,特别是过于宽松的弹性惩治体系,致使利益受损害者得不到合理的赔偿,违法者的违法成本过低,达不到应有的惩治效果。

三、我国金融改革的发展趋势

2021 年 3 月 13 日,《中华人民共和国国民经济和社会发展第十四个五年规划和 2035 年远景目标纲要》(简称《纲要》)正式公布,对中国未来 5 年经济社会发展作出全面部署,并对 2035 年远景目标进行展望。其中在第六篇从我国社会主义制度特点出发,从我国经济金融体制的特殊性出发,坚持党的领导,着眼于解决实际问题,从金融体系结构、现代中央银行制度、数字货币、利率市场化、资本市场改革、金融监管与风险防范体系等方面部署了未来金融工作的具体任务。

(一) 深化金融改革,优化金融体系结构

深入推进金融机构改革,优化金融供给,健全具有高度适应性、竞争力、普惠性的现代金融体系。深化国有商业银行改革,坚持以强化公司治理为核心,深化大型商业银行改革,建立中国特色现代金融企业制度。引导大型银行服务重心下沉,提高效率,更好服务小微企

业、民营企业。加快完善中小银行和农村信用社治理结构，促进中小银行和农村信用社聚焦主责主业，回归当地、回归本源，建立有效的治理制衡机制。规范发展非银行金融机构，增强金融普惠性。改革优化政策性金融，强化服务国家战略和规划能力。深化保险公司改革，提高商业保险保障能力。改革优化开发性、政策性金融，实行业务分类核算，提升支持国家战略的能力。通过改革促进各类主体公平竞争，构建多层次、广覆盖、有差异的银行体系。

(二) 建设现代中央银行制度，完善现代化国家治理体系

党的十九届四中全会提出“建设现代中央银行制度”，党的十九届五中全会将其写入“十四五”规划《纲要》，充分体现了党中央对这项工作的高度重视。从外延来看，现代中央银行制度是现代货币政策制度、金融基础设施服务体系、系统性金融风险防控体系和国际金融协调合作治理机制的总和。从内涵来看，我国要建设的现代中央银行制度，是具有中国特色的社会主义中央银行制度，一方面要坚持现代中央银行的精髓和基本原则，另一方面要符合中国实际、体现中国特色。完善货币供应调控机制，是建设现代中央银行制度的重要举措。完善货币供应调控机制，就是要以币值稳定为首要目标，更加重视就业目标，完善相关长效机制，保持货币供应量和社会融资规模增速与反映潜在产出的名义 GDP 增速基本匹配。

(三) 稳妥推进数字货币研发，为数字货币工作定向定调

《纲要》为数字人民币工作定向定调，明确未来央行“稳妥推进数字货币研发”目标任务。这是推进国家治理体系和治理能力现代化的重大任务。作为央行发行的数字形态的法定货币，数字货币由指定的运营机构参与运营并向公众兑换，与纸钞和硬币等价，能够自由兑换，可视为现金的数字化形态，具有价值特征和法偿性，未来将逐步取代纸钞和硬币。目前数字人民币体系已基本完成顶层设计、标准制定、功能研发、联调测试等工作。自 2019 年起，数字人民币试点、测试相继在深圳、苏州、雄安、成都、上海、海南、长沙、西安、青岛、大连十地及北京冬奥会场启动。截至 2021 年 8 月底，数字人民币 App 中能为数字人民币钱包充值的银行达 35 家。目前数字人民币已在小额、高频的零售等场景，实现商业零售、旅游、公共、民生服务、公交、高速公路、医疗等线下和线上场景应用，在大连商品交易所的期货市场和京东企业采购领域实现首批数字人民币试点。后续数字人民币或将逐步向其他投资、理财、金融交易及跨境交易等更广场景领域推广。

(四) 健全市场化利率形成和传导机制，完善央行政策利率体系

完善以公开市场操作利率为短期政策利率、以中期借贷便利(MLF)利率为中期政策利率的中央银行政策利率体系，健全利率走廊机制，促使市场利率围绕作为中枢的中央银行政策利率波动，深化贷款市场报价利率(LPR)改革，带动存款利率逐步走向市场化，使央行政策利率向贷款利率和存款利率顺畅传导，并发挥调节金融资源配置的重要作用。

(五) 推进资本市场改革发展，提高直接融资比重

完善资本市场基础制度，健全多层次资本市场体系，大力发展机构投资者，提高直接融资特别是股权融资比重。全面实行股票发行注册制，建立常态化退市机制，提高上市公司质量。深化新三板改革。完善市场化债券发行机制，稳步扩大债券市场规模，丰富债券品种，发行长期国债和基础设施长期债券。完善投资者保护制度和存款保险制度。全面实行股票发行注册制是拓宽市场入口，建立常态化退市机制是畅通市场出口，从入口和出口两端发力，能够有效畅通直接融资渠道，强化资本市场功能，更好服务实体经济发展。

（六）发挥绿色金融“加速器”作用，推动实现碳达峰、碳中和目标

研究应对气候变化对金融稳定的影响，探索在对金融机构的压力测试中系统性地考虑气候变化因素，并逐步将气候变化相关风险纳入宏观审慎政策框架，鼓励金融机构评估和管理其环境和气候风险。动员公共和私人部门资金支持绿色经济活动，加强气候相关信息披露，完善并统筹绿色金融分类标准，创设碳减排支持工具以提供低成本资金支持，通过商业信用评级、存款保险费率、公开市场操作抵押品框架等渠道加大对绿色金融的支持力度。配合建立全国性碳排放权交易市场，发挥好碳市场的价格发现作用。同时，加强与国际组织和相关经济体在绿色金融方面的国际合作，为全球环境治理贡献力量。

（七）完善现代金融监管体系，构建防范化解金融风险长效机制

坚持底线思维，加强金融风险全方位扫描预警。全力做好存量风险化解工作，坚决遏制各类风险反弹回潮。进一步明确和压实各方责任，形成风险处置合力。以“在线修复”为主稳妥化解中小金融机构风险，持续推动中小金融机构改革化险。化解重点区域金融风险，维护地方良好金融生态环境。加大银行体系不良资产核销力度，分类施策补充中小银行资本。强化平台企业金融活动监管，打击比特币挖矿和交易行为。抓紧补齐监管制度短板，加快完善现代金融监管体系，加强监管协调。健全金融风险问责机制，对重大金融风险严肃追责问责，有效防范道德风险。有效发挥存款保险制度的作用，聚焦早期纠正，进一步完善存款保险专业化、市场化风险处置机制。严密防范外部风险冲击，加强预期管理，做好应对预案和政策储备。提升金融风险防控的前瞻性、全局性和主动性，守住不发生系统性金融风险的底线。完善现代金融监管和风险防范体系建立，对保障金融稳定和国家安全、推进国家治理体系和治理能力现代化、实现经济社会高质量发展具有十分重要的意义。

本章小结

金融体系一般是指一个经济体中有关资金集中、流动、分配和再分配的基本框架，是由资金的供给方和需求方，通过金融机构、金融市场、金融工具、监管机构以及对这一系统进行必要管理的监管机构共同构成的综合体。金融体系产生于经济体系，又相对独立发展，它能影响经济体系的发展及其结构。

金融体系按照不同的标准可以有不同的分类。金融体系最重要的组成部分是金融机构体系，主要包括存款型金融机构、契约型储蓄机构和投资型金融机构等。

我国金融体系经历了从单一银行体系发展到建立以中央银行为领导、专业银行为主体的体系，再发展到开放金融市场、银行商业化改革、各种金融机构并立的多元金融体系这一过程。近年来，我国金融改革的步伐明显加快，取得了显著的成绩，为金融机构提升竞争力、实现在竞争中发展创造了条件。我国金融改革取得的成绩和积累的经验，为进一步推动金融市场的深入发展提供了有利条件。

参考书目

1. 龚浩成等：《金融是现代经济的核心》，上海人民出版社 1997 年版。

2. 中国人民银行发布的2017—2021年《中国金融稳定报告》。

3.《中华人民共和国国民经济和社会发展第十四个五年规划和2035年远景目标纲要》，2021年3月13日。

4. 埃德温·H.尼夫：《金融体系：原理和组织》，曲昭光等译，中国人民大学出版社2005年版。

5. 兹维·博迪、罗伯特·C.莫顿：《金融学》，伊志宏译，中国人民大学出版社2000年版。

6. 吴振宇、张丽平等：《金融体制改革的新进展及新发展阶段的推进思路》，中国智库，2021年7月22日。

7. 欧阳卫民：《深化金融供给侧结构性改革》，中国网china.cong.cn/china.org.cn，2021年3月19日。

8. 林辉：《现代金融制度分析》，厦门大学出版社2003年版。

9. 中国人民银行、银保监会、证监会、官方公开媒体报道及Wind数据库。

思考题

1. 金融体系的内涵、分类、结构与职能是什么？

2. 除了本章所列金融体系的职能外，金融体系还有哪些职能？

3. 我国金融改革经历了哪些阶段？取得了哪些成就？

4. 根据我国金融改革的发展与现状，简述我国金融体系中存在的主要问题以及应该如何改革。

5. 如何理解我国供给侧结构性改革？我国深化供给侧金融改革的主要任务有哪些？请对深化金融供给侧改革的三阶段谈谈您的看法。

第二篇

金融机构

5

第五章 商业银行

全章提要

教学目的和要求

- 了解银行的起源、商业银行形成的途径及发展趋势。
- 掌握商业银行的性质、职能和作用。
- 掌握商业银行的业务框架、每一类业务的构成及主要内容。
- 了解互联网金融给商业银行带来的机遇与挑战。
- 掌握商业银行的"三性"原则和商业银行资产负债管理的基本内容。
- 了解《巴塞尔协议》和银行资本监管的内容及变化趋势。

在金融服务业中，商业银行是历史最悠久、业务范围最广泛的金融组织。商业银行在商品交换和市场经济的发展中孕育、演变并不断发展。经过几百年的演进，现代商业银行已成为各国经济活动中最主要的资金配置机构和金融服务机构，并成为各国金融体系中最重要的组成部分。

第一节 商业银行的起源与发展

一、商业银行的产生

语言学和词源学描述了一个有关银行起源的有趣故事。拉丁语"Banco"、古法语"Banque"和意大利语"Banca"在一个世纪前被用来描述"板凳"或"货币兑换商的桌子"，历史学家认为这些描述与两千多年前早期的银行家有关。

早在公元前2000年的古巴比伦以及古代的希腊和罗马，就有了银钱业主和货币兑换商。这些早期的金融活动家通常聚集在寺庙、集市或港口的周围，为各地的朝拜者、经商者兑换当地的货币，或者替他们保管货币。除了货币的兑换和保管之外，他们还为往来的客商提供异地支付服务。

银钱业主和货币兑换商通过从事货币的兑换、保管及异地支付业务，集聚了大量货币。由于所有存款人不会同时提取他们所托管的货币，因此，银钱业主只需将所收存款的一部分留在自己手中以备日常的提款需要，其余的则可以贷放出去，收取利息。为了获得更多资金，发放更多贷款，货币兑换商便从原来被动接受客户委托保管货币转而变为积极主动地揽取货币保管业务，并降低保管费甚至不收保管费，后来发展到给委托保管货币的客户一定的好处直至支付利息，这样，货币保管业务便逐渐演变成了存款业务。同时，货币兑换商根据经验，改变了以前实行全额准备以防客户兑现提款的做法，实行部分准备金制度，所吸收的其余存款则用于发放贷款以获取利息。此时，货币兑换商就演变成为集存款、贷款、汇兑、支付和结算业务于一身的早期银行家了。

从银行发展的历史来看，现代银行起源于意大利。早在 1272 年，意大利的佛罗伦萨出现了一家名为巴尔迪的银行；1310 年，又有佩鲁齐银行设立。后来因为债务问题，这两家银行于 1348 年倒闭。到 1397 年，意大利设立了麦迪西银行，10 年后又成立了热那亚圣乔治银行。这些银行都是一些富有家庭为经商方便而设立的私人银行，比较具有近代意义的银行则是 1580 年建立的威尼斯银行。此后，米兰银行（1593 年）、阿姆斯特丹银行（1609 年）、汉堡银行（1619 年）、纽伦堡银行（1621 年）和鹿特丹银行（1635 年）相继成立。

银行业的扩张是随着古希腊和古罗马的古典文明向北欧和西欧渗透进行的。随着 15—17 世纪新的陆路商品交易路线的开辟和航海技术的进步，世界商业中心逐渐由地中海向西欧、北欧和不列颠群岛转移。在这段时期，工业革命开始萌芽，而这正需要发育成熟的金融系统，特别是社会化大生产需要全球贸易的扩张来吸收工业产出，需要新的支付和信贷方法，而能够满足这些需要的银行借此机会得到了飞速发展。

17 世纪中叶，在英国出现了由金匠业等演变为银行业的过程。1653 年，英国建立了资本主义制度，英国的工业和商业都有了较大的发展。工商业的发展需要可以提供大量资金融通的专门机构与之相适应。金匠业在原来为统治者提供融资服务、经营债券、办理贴现等业务的基础上，以自己的信誉作担保，开出代替金属条块的信用票据，并为人们广泛接受，具有流通价值，至此，更具近代意义的银行产生了。

1694 年，为了与高利贷斗争以维护新生资产阶级发展工业和商业的需要，在英国政府的支持下，私人性质的股份制银行——英格兰银行——诞生了。英格兰银行成立伊始，向工商企业发放低利率（利率为 5%～6%）贷款，支持工商业的发展。英格兰银行是世界历史上第一家股份制银行，也是现代银行业产生的象征。

二、商业银行的形成途径

商业银行是商品经济发展到一定阶段的必然产物，并随着商品经济的发展不断完善。

一般认为，商业银行的名称来自其早期主要办理基于商业行为的短期自偿性贷款。于是，人们便将这种以经营工商企业存贷款业务并且以商品生产交易为基础、以发放短期贷款为主要业务的银行称为商业银行。随着商品货币经济的发展，尽管银行的业务范围不断扩大，提供的服务也不断多样化，但人们仍习惯将其称为商业银行，并沿用至今。

商业银行的产生主要通过以下两种途径：一是从旧式高利贷银行转变而来。早期银行发放的贷款主要是高利贷。随着资本主义生产关系的确立，高利贷因利息率过高而影响了资本家的利润，不利于资本主义经济的发展，此时的高利贷银行面临着贷款需求锐减的困境。为顺应资本主义经济发展的需要，不少高利贷银行选择了降低贷款利率，转变为商业银行，这是早期商业银行产生的主要途径。二是根据资本主义经济发展的需要，按照资本主义原则，以股份公司形式组建而成。大多数商业银行是按这一方式建立的。如前所述，世界上第一家股份制商业银行——英格兰银行——就是在最早建立资本主义制度的英国诞生的。英格兰银行一成立就宣布以较低的利率向工商企业提供贷款。英格兰银行募集的股本高达 120 万英镑，实力十分雄厚，很快就动摇了高利贷银行在信用领域的垄断地位，英格兰银行也因此成为现代商业银行的典范。英格兰银行的组建模式很快被推广到欧洲其他国家，商业银行开始在世界范围内普及。

在我国，白银在很长一段时间内是主要的货币材料之一。“银”往往代表货币，“行”则是对大的商业机构的称谓。我国在唐朝时期就已经出现办理金融业务的独立机构,但其经营范围比较单一。明朝中叶在江南出现的钱庄、清朝出现的山西票号都具有银行的性质。中国自办的第一家银行是 1897 年成立的中国通商银行,标志着中国现代银行事业的创始。这家银行虽然是以商办面貌出现的,但实质上受控于官僚、买办。1904 年,成立了官商合办的户部银行(1908 年改为大清银行,1912 年又改为中国银行);1907 年,设立了交通银行,也是官商合办性质。与此同时,一些股份集资或私人独资兴办的较典型的民族资本商业银行也开始建立。第一次世界大战及其后的几年,随着民族资本主义工商业的发展,中国的民营资本银行业有一个较快的发展过程,仅 1912—1927 年就新设立了 186 家银行。

1927 年以后,在国民党当政期间系统地开始了官僚垄断全国金融及金融机构的进程,其中包括以多种形式渗入和控制国内各大商业银行。1949 年以前,中国主要的商业银行除由国民党政府直接控制的中国银行、交通银行和中国农民银行外,还有人称“小四行”的中国通商银行、四明银行、中国实业银行和中国国货银行,它们是官商合办的商业银行;江浙财团的“南三行”——浙江兴业银行、浙江实业银行和上海商业储蓄银行,它们也受到官僚资本的控制;还有人称“北四行”的盐业银行、金城银行、中南银行和大陆银行,它们虽未被直接控制,但实际上也并非是超然独立的。此外,还有几家较大的商业银行以及众多的中小商业银行,它们也或多或少、或直接或间接地受控于国民党官僚资本银行体系。

第二节 商业银行的性质、职能与作用

一、商业银行的性质

商业银行是以多种金融负债筹集资金,以贷款为主的多种金融资产为其经营对象,能利用负债进行信用创造,管理金融风险,并向客户提供多功能、综合性服务的金融企业。

首先,商业银行具有一般企业的特征。商业银行拥有业务经营所必需的自有资本,实行独立核算、自负盈亏。过去大多数商业银行的经营目标是利润最大化,近年来,有许多股份制银行宣称其经营目标是股东利益最大化,其实这两者并无实质性区别。在稳健经营的前提下,获得最大利润既是商业银行产生和经营的基本前提,也是商业银行发展的内在动力和回报股东的切实保证。

其次,商业银行不同于一般的企业,是经营货币资金、提供金融服务和金融风险管理的金融企业,是一种特殊的企业。商业银行的活动范围不是一般的商品生产和商品流通领域,而是货币信用和金融服务领域。一般的企业创造的是使用价值,而商业银行除了提供金融服务外,还能创造充当一般等价物的存款货币。

再次,商业银行不同于其他金融机构。与中央银行相比,商业银行是为工商企业、公众及政府提供金融服务的金融机构,而中央银行是只向政府和金融机构提供服务的具有银行特征的政府机关。中央银行创造的是基础货币,并在整个金融体系中具有超然的地位,承担着制定货币政策、调控经济运行、监管金融机构等职责。与其他金融机构相比,商业银行是经营网点最多、服务范围最广的金融机构。

长期以来,只有商业银行能够吸收可签发支票的活期存款,因而独具创造货币的功能。

但随着金融自由化和金融创新的发展，在有些国家，如美国，有些经过特许的商店也可以提供类似支票的可兑现“支付命令”（Order）；由于提供可以透支的信用卡，因此，众多信用卡公司也具有部分创造货币的功能。从发展的趋势来看，商业银行与其他金融机构的区别不再像过去那样泾渭分明。商业银行经营业务和提供服务的范围越来越广，现代商业银行正朝着“万能银行”和“金融百货公司”的模式发展。

二、商业银行的职能与作用

商业银行的职能与作用是其本质属性的延续和具体表现。职能是本质属性所固有的功能，作用则是通过职能的发挥对社会经济所产生的能动力和影响力。商业银行在现代经济活动中发挥的功能主要有信用中介、支付中介、信用创造和金融服务四项功能。

（一）信用中介

商业银行本来就是一个信用受授的中介机构，因此，信用中介是最基本也是最能反映其经营活动特征的职能。一方面，商业银行通过受信业务，把社会上的闲散资金集中起来，形成银行负债；另一方面，商业银行又通过授信业务，把资金投向社会经济的各个领域，成为银行资产。商业银行利用信用中介职能，全面、高效地融通社会货币资金，并通过借和贷的利息差额获取利益，形成银行利润。

商业银行的信用中介职能并不改变货币资金的所有权，而只是把货币资金的使用权在资金盈余单位和资金短缺单位之间进行融通。这一货币资金使用权的改变对社会经济的发展产生了巨大作用。

借助信用中介职能，商业银行能通过吸收存款，并将其转化为贷款，从而在不增加社会货币资金总量的情况下，提高整个社会货币资金的增值能力。信用中介职能还能有效地发挥优化资源配置的作用。商业银行根据国家产业政策和自身利益的原则，合理分配和贷放资金，有利于调整产业结构，优化社会资源配置，进而大大提高社会货币资金的使用效率。

（二）支付中介

商业银行作为货币经营机构，具有为客户保管、出纳和代理支付货币的功能，这就是支付中介职能。虽然从逻辑上说，商业银行的支付中介职能要先于信用中介职能，因为商业银行只有在保管货币和代理支付的基础上积存了大量的货币，才能用于放款，才能形成信用中介职能，但是，现代商业银行的支付中介和信用中介职能已紧密结合，只有当客户在商业银行具有一定存款时，银行才能为客户代理支付和兑付现款，若客户存款不足，可以向银行申请贷款和透支，而贷款又会转化为存款，需要进一步办理转账支付和提取现金等。

商业银行支付中介职能的发挥是整个社会经济正常、稳定运行的必要条件：一方面大大减少了现金的使用量和流通量，从而节约了现金的印制、铸造、保管、清点、运转等流通费用；另一方面加速了结算过程和货币资金的周转，相当于增加了生产资金的总量，促进了社会再生产的扩大。与此同时，客户若要获得转账结算等支付中介的服务，就必须在商业银行开户存款，这使商业银行能持续拥有比较稳定的廉价资本来源，有利于降低银行资金成本。

（三）信用创造

商业银行的信用创造职能是建立在信用中介职能和支付中介职能的基础上的。因为长期以来，商业银行是唯一能够吸收活期存款并开设支票存款账户的金融机构。在部分准备金制度下,商业银行在缴纳法定存款准备金和保留一定库存现金后,可运用自己所吸收的存款发放贷款。在支票流通和转账结算的过程中,贷款又转化为派生存款。商业银行利用派生存款再增发新的贷款,进而又产生新的派生存款……每一次存款的派生都增加了商业银行的资金来源,因而在整个银行体系中能迅速形成数倍于原始存款的派生存款。当然,在经济运行的实践中,商业银行的信用创造绝不是无限的,整个商业银行体系的信用创造限度受原始存款的规模大小、中央银行的存款准备金率、商业银行自身的现金准备率、客户的存款提现率以及是否有足够的贷款需求等因素的制约。商业银行的信用创造职能之所以能够充分发挥货币对经济的第一推动力和持续推动力作用,是因为商业银行可以根据社会经济增长对货币资金的客观需要,通过派生存款提供相应的"银行货币",以支付和促进企业的生产、流通与发展,形成现代社会经济高速发展的巨大支撑力量。

商业银行信用创造的制约机制在现代社会宏观经济调控中发挥着十分重要的杠杆作用。中央银行通过变化存款准备金率和商业银行的备付金比率,就能调节商业银行的贷款供给,控制商业银行的存款派生能力,从而有效控制全国的货币供应量和信贷资金规模,达到缓和或刺激经济发展、控制通货膨胀或通货紧缩,进而影响整个社会经济活动的水平。这一宏观调控作用对维护整个社会经济的持续、稳定和健康发展,具有十分深远的现实意义。

(四) 金融服务

首先,金融服务是商业银行利用其在国民经济活动中的特殊地位、在提供信用中介和支付中介业务过程中所获得的大量信息,运用计算机网络系统和商业银行所掌握的金融风险管理的先进工具和方法为客户提供的其他服务,主要有担保、代收代付、代办保险、财务咨询、代理融通、信托、租赁、计算机服务、现金管理、财富管理(理财)、基金管理、资产管理等。通过提供这些服务,商业银行一方面扩大了社会联系面和市场份额,另一方面为银行取得了不少费用收入,同时也提高了信息技术的利用价值。

其次,商业银行为社会提供风险管理服务。商业银行的风险管理是指商业银行通过风险识别、风险估价、风险评估和风险处理等环节,预防、回避、分散或转移经营中的风险,从而减少或避免经济损失,保证经营资金安全的行为。① 随着我国金融体制改革和开放程度的逐渐深化和扩大,企业面临着国内外的竞争,受到实体经济和金融风险冲击的可能性也大大增加。商业银行通过充分利用自身风险管理的资源向企业提供风险管理服务,如提供资信评级、帮助贷前贷后风险管理、运用衍生品管理利率及汇率风险等。②

最后,商业银行是各行各业中最早大规模使用计算机和信息技术的部门之一,借助日新月异的信息技术,商业银行的金融服务功能正在发挥着越来越大的作用,并使整个商业银行业发生着革命性的变化,向着电子银行、网上银行的方向发展。

第三节 商业银行的业务

商业银行的业务大体上可以分为三类:负债业务、资产业务、中间业务与表外业务。

---

① 胡援成:《货币银行学》,中国财政经济出版社 2011 年版。

② 武翔宙:《企业货币风险规避与商业银行风险管理服务》,山西财经大学 2010 年硕士毕业论文。

一、负债业务

商业银行的负债业务是商业银行在经营活动中尚未偿还的经济业务，是商业银行形成资金来源的业务。

商业银行的资金来源可以分为银行资本和银行负债两大类。

银行资本由普通股、优先股、盈余、资本性票据和债券以及各项储备构成。根据巴塞尔委员会的规定，实际缴足的、永久性的股东权益属于一级资本或核心资本，债务资本属于二级资本或从属性资本。

银行负债有狭义和广义之分。狭义负债主要是指银行存款和借款等一切非资本性的债务，广义负债是在狭义负债的基础上加上资本性票据和长期债务资本。一般来说，银行负债是指狭义负债，本章所论及的银行负债即指狭义负债。

由于各国金融体制的差异和金融市场发达程度的不同，各国商业银行的负债结构也不尽相同，一般由存款和其他负债组成。下面以美国为例，介绍商业银行的负债业务。

（一）支票存款

支票存款是流动性最强的一种负债。支票存款的所有者可以随时要求提取账户中的余额，也可以向第三者开出支票，由第三者凭支票到开户银行要求兑现。因为支票存款可以直接起到交易媒介的作用，所以，一般把支票存款看作货币的一个组成部分。传统上，支票存款是商业银行最重要的资金来源。但是，随着其他负债业务的发展，支票存款在商业银行资金来源中的比重显著下降。

在美国，支票存款有以下四种不同的形式：

1. 不付息活期存款

美国法律规定，商业银行不能向不付息活期存款（Demand Deposits）支付利息，因此，商业银行主要通过提供免费服务来吸引存款者，如银行可以为持有活期存款的企业代发工资、代交水电费等。这实际上是另一种形式的利息，只不过比较隐蔽。

2. 付息可转让提款单存款

可转让提款单最早是于 1972 年由马萨诸塞州储蓄银行发行，目的是避开不能对活期存款支付利息的限制。该账户以支付命令书取代支票，实际上是一种不使用支票的支票账户。开立这种账户的存款户可以随时开出支付命令书，或直接提现，或直接向第三者支付，对其存款余额可取得利息收入。通过这一账户，商业银行既可提供支付上的便利，又能支付利息；存款客户既得到了支付上的便利，也满足了收益上的要求。

3. 超级可转让支付凭证账户

超级可转让支付凭证账户始办于 1982 年，法定最低开户金额和平均余额为 2 500 美元，签发支票可以不加限制。对保持 2 500 美元或更大余额的账户，利率不受管制；但是，如果账户余额降到最低限额以下，则只能按储蓄账户的利率支付。[①] 由于该账户作为转账账户要缴纳存款准备金，银行为吸引客户通常还提供一定的补贴和奖励，因此，该账户的成本较高，其利率要低于货币市场存款利率，且客户要按月支付服务费。

---

① 当时美国仍未全面解除利率最高限制。按照当时的规定，储蓄账户的利率最高为 5.5%，该项限制已于 1986 年取消。

上述第二和第三种账户只能由个人和非营利性机构持有。

4. 货币市场存款账户

货币市场存款账户的主要特点是:设有 2 500 美元的最低限额;存款利率没有上限,并可以浮动,一般以市场规定的每日利率为基础随时计算;10 万美元的存款额可得到联邦存款保险公司的保险;存款者每月可办理 6 次自动转账或电话转账,其中,3 次以下可使用支票,对个人提款没有限制(尽管银行保留限定个人提款最高限额及频率的权利)。与可转让支付账户不同,商业性机构及个人均可开立货币市场存款账户。需要指出的是,美国联邦监管当局目前没有把货币市场存款账户归为交易存款。在本章中,我们把它归入交易存款账户,是因为货币市场存款账户有签发支票的权利。

(二) 非交易存款

非交易存款是指不能直接签发支票的存款。非交易存款的利息较支票存款高,但不可签发支票,因而不能直接充当交易媒介。属于非交易存款的大面额可转让定期存单可以在二级市场上转让和流通。

在美国,非交易存款主要有储蓄存款和定期存款两大类。

1. 储蓄存款

关于储蓄存款的概念,国内外存在明显差异。美国把储蓄存款定义为:"存款者不必按照存款契约的要求,而是按照存款机构所要求的任何时间,在实际提取日前 7 天以上的时间,提出书面申请提款的一种账户。"在美国,居民个人、政府和企业都可以合法地持有储蓄存款。我国的储蓄存款则专指居民个人在银行的存款,政府机关、单位的存款不能称为储蓄存款,公款私存被视为违法。

在美国,储蓄存款的主要形式是存折储蓄存款(Passbook Savings Deposits),该账户只需很少的开户金额(存折储蓄存款可用美元开立)。根据法规,银行要求存款人在事前通知后才能提款,但实际上,几乎所有银行都不再坚持这一技术规定,一个原因是当存款人提前支取时,银行只支付很低的利息,另一个原因是存折储蓄存款一般比较稳定,利率弹性非常小。个人、非营利性机构、政府部门和商业性机构都可以开设存折储蓄存款,存折储蓄账户的最高限额为 15 万美元。

2. 定期存款

定期存款是客户和银行预先约定存款期限的存款。存款期限在美国最短为 7 天,在我国通常为 3 个月、6 个月和 1 年不等,期限长的可达 5 年。定期存款的利率视期限长短而不同。目前,各国的定期存款有多种形式,包括可转让存单和不可转让存单。在美国,定期存款主要有小额定期存款和大额可转让定期存单两大类。

小额定期存款(10 万美元以下)有固定期限,提前支取虽然并非不可以,但要损失一定的利息,因此,它的流动性较弱,利率比储蓄存款的利率高。

大额可转让定期存单于 20 世纪 60 年代初由美国纽约花旗银行创办,是指按某一固定期限和利率存入银行的资金可在市场上买卖的票证。美国国内的可转让定期存单,由美国的银行机构发行;美国境外银行发行的美元存单,称为欧洲美元定期存单;外国银行在美国分行发行的可转让定期存单,称为扬基定期存单。储蓄定期存单主要由储蓄贷款社发行。可转让定期存单的发行和认购方式有两种:一是批发式,由发行机构拟定发行总额、利率、面额等,预先公布,供投资者认购;二是零售式,按投资者的需要随时发行、随时认购,利率可商议。可转让定期存单的面额较大，有 10 万美元至 100 万美元不等，利率一般高于同期储蓄存款利率，并且可随时在二级市场上转让出售，因此，对存户颇具吸引力。

对于到期未提取的存单，按惯例不对到期后的时间段支付利息，我国目前则以活期利率对其计息；但对要转存者，可按储户要求签发新存单，也可按存单的原定期限予以转期。西方国家对提前取款一般罚息较高，如美国曾经规定，对 7～31 天的定期存款提前取款者，受罚金额超过提前所取金额应得利息的大部分；对 32 天至 1 年的存款提前取款者，罚金至少相当于 1 个月的利息。我国没有对定期存款提前支取的罚款规定，过去是按原存单提前支取时的实际期限，按同期限档次的利率靠档计息，但要扣除提前日期的利息，现在则依国际惯例，全部按活期利率计息，并扣除提前日期的利息。

(三) 其他负债

如果商业银行吸收的各项存款在规模或期限结构等方面不能满足资金运用(资产)的需要，商业银行还可以通过其他负债途径借取资金。其他负债途径包括：向中央银行贴现票据(称为再贴现贷款)；在同业拆借市场上(在美国称为联邦基金市场)向其他金融机构拆入资金，发行短期票据；向母公司(银行控股公司)借款；以出售回购协议的方式融入资金；在国际金融市场上借入欧洲美元；持有外国政府、公司、个人存入的资金，其中大部分是离岸银行机构吸收的。随着金融市场的发展，其他负债(借款)逐渐成为较重要的银行资金来源。

二、资产业务

商业银行的资产可以有多种分类方式。美国的商业银行一般将资产分为四大类：(1) 库存现金和存放其他机构存款；(2) 政府和私人带息证券；(3) 贷款和租赁融资；(4) 其他各项资产(建筑、设备等)。中国商业银行的资产分类不尽相同，一般分为以下几类：

(一) 现金资产

商业银行的现金资产由库存现金、存放中央银行款项、存放同业款项、应收款项等组成。

1. 库存现金和存放中央银行款项

库存现金和存放中央银行款项共同组成商业银行的准备金。库存现金是商业银行用于应付日常提存的现金资产。存放中央银行款项分为法定存款准备金和一般存款两部分，后者主要用于支付票据交换的差额。对于商业银行来说，准备金是收益最低的资产，因为多数国家(如美国)的中央银行不为商业银行在中央银行的存款支付利息(中国除外)，至于银行的库存现金，则更不会有利息收入。但是，准备金却是商业银行维持正常经营所必需的。如果商业银行把所有资金都贷放出去，那么，当存款人要求提款时便会无力支付，从而陷入流动性危机。为了防止这种情况出现，各国的银行法一般要求银行保持一个最低的准备金率(准备金与存款的比率)，即法定存款准备金率。一般来说，流动性越强的存款，法定准备金率越高。中央银行有权在一定范围内变动法定准备金率。但是，商业银行并不需要在所有时间都符合法定准备金的要求，而只需在一段时间内的平均数额达到规定标准即可。超过法定准备金的那部分准备金，称为超额准备金。超额准备金可用于拆放给其他金融机构，也可用于贷款或购买证券。

2. 存放同业款项

存放同业款项是指存放在其他金融机构的存款。在其他金融机构(主要是银行)保持存款的目的是便于同业之间的收付结算及开展代理业务。由于金融机构之间所开立的存款户都属于活期性质,可随时支用,因此,银行都将存放同业的资金视同现金资产而作为其营运资金的一部分。

3. 应收款项

应收款项又称托收中的现金,是指在支票清算过程中已记入商业银行资产负债表,但实际上商业银行还未收到的那部分资金。例如,当存款人将一张由A银行开出的支票存入B银行时,B银行将在其资产负债表的负债方记上该存款人相应金额的存款。假定与此同时,这笔资金迅速由A银行账户转到了B银行账户,那么,B银行只需在其资产方的准备金账户上增记相应金额就可以了。但事实上,支票的清算是需要一定时间的,在B银行实际收到这笔金额之前,其准备金并没有增加,因此,只能在资产负债表上资产方的"应收款"一项中记下相应金额,待收到资金后再将其转入现金账户。

(二) 贷款

贷款有不同的分类方法。发达国家的商业银行一般将贷款分为工商业贷款、不动产贷款、消费者贷款、同业贷款和其他贷款。其中,工商业贷款是银行为工商企业的生产或销售需要而发放的贷款。发放这类贷款是商业银行的传统业务,所以商业银行在这方面具有较大优势。不动产贷款是以企业或个人的住宅、土地、厂房、设备等不动产为抵押而发放的贷款,其期限一般较长。消费者贷款是发放给消费者个人,主要用于购买汽车、房屋等耐用消费品以及用于教育等用途的贷款。消费者贷款一般以消费者所购买的耐用消费品为抵押,采取分期付款的方式偿还。信用卡贷款也是消费贷款的一种形式,当持卡人的支出金额超过其在发卡银行的支票存款余额(信用卡透支)时,其差额就自动成为银行对其的贷款。同业贷款即拆放同业,是指银行之间为调剂资金余缺而相互发放的短期贷款。此外,租赁账户余额一般也包括在贷款总额中。

(三) 证券投资

证券投资是商业银行资产业务的重要组成部分。商业银行经营证券投资业务最初主要是为了保持资产的流动性,因为证券的二级市场较发达,当银行需要现金头寸时,可随时出售证券以满足流动性管理的要求,尤其是政府债券,安全性、流动性都很好,通常被作为商业银行的二级储备。证券投资除了能满足流动性管理的需求外,还能为银行增加投资收益,并能通过资产多元化和证券投资组合的多样化有效地分散风险。

在20世纪30—80年代的半个多世纪里,除德国、瑞士、奥地利等少数实行全能银行制的国家外,绝大多数国家不允许商业银行购买工商企业的股票,因此,商业银行证券投资的对象主要是各种债券,包括国家和地方政府债券、政府机构债券、公司债券以及金融债券等。自20世纪80年代中后期以来,许多国家先后放松管制,对商业银行经营证券投资的范围有所放宽。1999年美国通过《金融服务现代化法案》后,美国商业银行从事证券投资业务的范围和对象不再受到限制,但是,从控制风险的角度出发,商业银行证券投资的对象仍以各类债券为主。

具体来说,商业银行证券投资的金融工具主要有以下几类:

1. 货币市场投资工具

货币市场投资工具包括所有期限在1年以内的金融工具与证券。商业银行最普遍使用的货币市场投资工具包括银行间的同业拆借资金，中央政府通过财政部发出的短期国库券，工商机构发行的商业票据，金融机构发出的可转让存款单、银行承兑汇票、回购协议等。货币市场投资工具有很强的流动性，其市场风险很低，并且，由于货币市场投资工具的期限很短，因此这些工具的价格变动风险很小；但是，它们的再投资收益变化风险很大。银行是货币市场投资工具的主要投资者。

2. 资本市场证券

这类金融资产包括所有期限在1年以上的证券。银行主要投资的债务类证券有中长期国库券、其他中央政府机构债券、地方政府债券以及高等级（如A级以上）公司债券等。这些证券具有期限长、收益高的特点。其中，国库券的流动性、安全性最好，政府机构和地方政府债券的流动性次之。工商企业的债券收益性较高，流动性水平与地方政府债券类似，但其违约风险较高，因此，商业银行往往对持有公司债券采取谨慎态度。

3. 创新的投资工具

近年来，投资机构的投资机会和投资领域大为拓宽，出现了许多新型证券，其中一部分由传统票据和债券演变而来，另一部分则是全新的投资工具，如结构票据、证券化资产和剥离证券。

(1) 结构票据。20世纪90年代，投资机构在寻求保护自身免受利率变动影响的过程中将结构票据引入其投资组合。证券经纪人和交易商把美国联邦机构证券综合起来，向投资经理提供一揽子投资，其利息收益以国家参考利率（如美国长期国债利率）为基础，周期性地（每季度、半年或数年）进行调整，多数结构票据由此产生。

(2) 证券化资产。近年来，基于贷款资金池的混合型证券成为增长最快的投资工具之一，这些证券化资产（Securitized Assets）以某些类型统一、质量一致的贷款为支撑。当前，存款机构购买的最常见的证券化资产多以抵押贷款为基础。抵押贷款支持证券化资产至少包含三类：过手证券、担保抵押债券（Collateralized Mortgage Obligation，CMO）和抵押支持债券（Mortgage-backed Bond，MBB）。过手证券是放贷人将其资产负债表上一组类似的住宅抵押集合起来，从资产负债表移至法定受托人控制的账户，用该抵押贷款作为担保向感兴趣的投资者发行的证券。抵押担保债券是将过手证券分为多个级别，每一级别的承诺利率和风险敞口水平有所不同。与过手证券及担保抵押债券抵押贷款须从资产负债表中移出不同，抵押支持债券和基础抵押贷款仍然在发行者的资产负债表中，并且抵押贷款本身产生的本息支付也与该种债券的本息支付没有直接关系。发行该种证券的金融机构会将其资产负债表上的抵押贷款与其他资产分离，并将这些抵押贷款作为该种债券的担保品。抵押债券持有者的受托人追踪这些专项贷款并定期检查，确保贷款的市值高于债券应付的本息。

(3) 剥离证券。交易商将本金和利息的支付从原生债务证券分离出来，单独出售对两种现金流的要求权，从而生成剥离证券。仅对证券本金支付流的要求权称为PO证券，仅对证券利息支付流的要求权称为IO证券。

(四) 其他资产

其他资产是指商业银行拥有的固定资产（设备、房地产）及在子公司的投资和预付费用（如保证费用）等。商业银行原来用于固定资产的资金较少，随着银行电子化运营以及自助银行、网络银行的拓展，银行用于设备的资金增长较快，但与银行的贷款和证券投资相比，固定资产占总资产的比重仍较低。

三、中间业务与表外业务

(一) 中间业务与表外业务的定义

中间业务是银行接受客户委托,为客户提供各种服务,收取佣金、手续费、管理费等费用的一种业务。中间业务不占用或很少占用银行资产,除结算、租赁等极少数业务外,也不直接涉及银行自身资产负债金额的变化,但能为银行增加收益。在国际结算中广泛使用的各种信用证以及信托、咨询等业务,都属于传统的中间业务。

表外业务是指所有不在银行资产负债表内直接反映的业务。由于传统的中间业务大多也不在资产负债表内反映,因此,人们通常把中间业务视同表外业务。但严格来说,表外业务和中间业务是有区别的。从会计处理角度而言,所有表外业务都属于中间业务,表外业务不在资产负债表内反映;而中间业务虽然大部分属于表外业务,但也有少部分(如信用证、租赁业务等)是在表内反映的。从银行开展业务的角色而言,银行在办理传统中间业务(如信用证、信托、代理、咨询等业务)时,一般充当中介人的角色;而在办理衍生金融工具交易等表外业务时,银行既可以作为经纪人,又可以作为自营商,即作为交易的直接当事者。从与表内业务的关系和银行承担的风险角度而言,传统的中间业务一般不会发生由表外业务向表内业务的转化,承担的风险相对较小;而许多创新的表外业务,如担保、保函、贷款承诺、票据发行便利、衍生金融工具交易等业务,构成银行的或有负债,在一定条件下(如银行担保的客户违约时,或衍生工具交易对手违约时)会向表内业务转化,成为银行的现实负债。因此,银行办理这类具有或有负债性质的表外业务时,承担的风险较大。

国外商业银行通常将中间业务统称为表外业务。广义的表外业务是指所有中间业务,包括在表内反映的信用证业务;狭义的表外业务是指构成银行或有负债的风险较高的表外业务,如承诺类业务、担保类业务、衍生金融工具交易等业务。我国商业银行一般习惯将广义的表外业务称为中间业务。为表述简洁,本节中将结算、租赁、信托、咨询等不构成银行或有负债的中间业务称为传统的中间业务;将狭义的表外业务,即构成银行或有负债的业务以及在银行资产负债表内发生转化的业务称为表外业务。

(二) 传统的中间业务

1. 结算业务

结算业务是银行代客户清偿债权债务、收付款项的一种传统业务(清算是指银行之间的货币收付)。企事业单位之间的货币收付,除少量以现金方式进行外,大部分是通过其在银行开立的支票存款账户上的资金划拨来完成的。

按照收款人和付款人所处的地点,可以将结算分为同城结算和异地结算两种类型。

同城结算是指收款人和付款人在同一城市或地区的结算,其主要方式是支票结算。付款人根据自己在银行的存款和透支限额,向收款人开出支票,收款人收到支票后,可以自己到付款人的开户行要求付款,但更普遍的做法是收款人将支票交给他自己的开户行,委托其向付款人收款。若支票的收付双方恰好在同一银行开户,则银行只需将支票上所载金额从付款人账户划转到收款人账户即可。随着计算机网络技术的推广和应用,大多数票据结算、清算业务通过金融体系的自动转账系统进行。所有参加这一系统的银行之间的同业拆借、外汇买卖和汇款划拨等不再通过支票或通知书,而是通过将有关数据输入自动转账系统的终端机进行，这就进一步加快了结算速度。

异地结算是指收款人和付款人不在同一地区时的结算，主要有汇兑、托收和信用证结算三种方式。所谓“汇兑”，是指付款人将现款交付银行，由银行把款项支付给异地收款人的一种业务。托收与此相反，收款人向付款人开出一张汇票，要求其付款，并把汇票连同有关单据一起交付托收行，委托其代为收款。信用证结算是一种由银行提供付款保证的结算业务，在国际贸易中普遍采用，基本业务流程是：商业银行应付款人即购货方/进口商的请求，向销货方/出口商开出信用证，保证在信用证上载明的各项条款得到满足的条件下向销货方/出口商付款；销货方/出口商收到信用证后，根据销货合同及信用证所列条款发货，然后凭信用证要求开证银行付款；银行在确认信用证所列条款已得到满足后，向销货方/出口商付款，同时向购货方/进口商收取全部货款。开证行以银行信用为担保，只要信用证上列明的付款条件得到满足，单证一致、单单一致、单据表面合格，即使购货方/进口商拒绝支付货款，开证银行也必须向销货方付款。由于银行信用一般比商业信用更为可靠，因此，在交易双方互不了解的情况下，销货方/出口商一般要求采用信用证方式付款。

2. 租赁业务

租赁是以收取租金为条件出让财产使用权的经济行为，是由财产所有者(出租人)按契约规定，将财产租给承租人使用，承租人按期缴纳一定租金给出租人。在租赁期内，出租人对财产保有所有权，承租人享有使用权。租赁期满，租赁物按合同的约定处理。租赁是融资与融物相结合、所有权与使用权相分离的一种特殊的资金融通业务。

租赁业务有两种基本类型，即经营性租赁和融资性租赁。

经营性租赁又称操作性租赁或服务租赁，适用于租期相对较短、通用性较强的财产，如汽车、电脑、建筑机械等。经营性租赁在租赁契约期内由出租人负责设备的安装、保养、维修、缴纳税金、支付保险费和提供专门的技术服务等。承租方在提前通知的前提下，可以中途解约。经营性租赁的期限一般短于设备的预期寿命，每一次租金的收入往往不足以全部抵消设备成本，因此，经营性租赁又称未完全付清的租赁。租赁期满，不发生所有权转移，可以续租、退租，但不能以象征性价格购入。

融资性租赁又称资本性租赁，是一种国际通行的长期租赁形式，是由出租方融通资金，为承租人提供所需设备，承租方定期偿还租金并获得资产的使用权。融资性租赁的租金大致相当于设备购置、运输安装、贷款利息与管理手续费的总和。在融资性租赁契约期内，租赁物的挑选、维修、保养、保险由承租人负责，承租人通常在租赁期满后以象征性价格取得设备的所有权。

3. 信托业务

信托即信任委托，是指委托人依照契约的规定为自己或第三者(受益人)的利益，将财产转给受托人，由受托人依据谨慎原则代委托人管理、运用和处理所托管的财产，并为受益人谋利的活动。

与信贷业务不同，商业银行对信托业务一般只收取有关的手续费，营运中所获得的收入则归委托人或其指定的受益人所有。信托也不同于简单的代理活动，因为在代理关系中，代理人只是以委托人的名义，在委托人指定的权限范围内办事。在法律上，委托人对委托财产的所有权并没有改变；而在信托关系中，信托财产的所有权从委托人转移到了受托人(商业银行信托部或信托公司)，受托人以自己的名义管理和处理信托财产。

信托业务具有以下特点：

(1) 所有权与利益权相分离，即受托人享有信托财产的所有权，而受益人享有受托人经营信托财产所产生的利益。

(2) 信托财产的独立性。信托一经有效成立，信托财产即从委托人、受托人和受益人的自有财产中分离出来，成为独立运作的财产。委托人一旦将财产交付信托，便丧失对该财产的所有权；受托人虽取得信托财产的所有权，但仅是形式上、名义上的所有权，因为其不能享有信托利益；受益人固然享有受益权，但主要是一种信托利益的请求权，在信托存续期间，其不得行使对信托财产的所有权。信托财产的独立性主要表现在以下三个方面：① 信托财产与受托人(信托机构)的固有财产相区别。受托人解散、被撤销或破产，信托财产不属于其清算或破产的财产。② 信托财产与委托人或收益人的其他财产相区别。受益人(可以是委托人自己)对信托财产的享有不因委托人破产或发生债务而失去，信托财产也不因受益人的债务而被处理掉。③ 不同委托人的信托财产或同一委托人不同类别的信托财产相区别。这是为了保障每一个委托人的利益，不致使一个委托人获得不当之利而使其他委托人蒙受损失；保障同一委托人不同类别信托财产的利益，不致使一种信托财产受损失而危及其他的信托财产。

(3) 有限责任。一方面，受托人以信托财产为限对受益人负有限清偿责任，也就是说，信托财产有损失的，在信托终止时，只将剩余财产交给受益人即可。但是，受托人违反信托目的或者因违背管理职责或者管理信托事务不当致使信托财产受到损失的，受托人应当予以补偿、赔偿或恢复原状。另一方面，受托人因信托事务处理而对外发生的债务只以信托财产为限负有限清偿责任，即债务人无权追溯受托人的其他财产。但是，受托人违背管理职责或者管理信托事务不当所负债务及所受到的损害，要以受托人的自有财产承担。

(4) 信托管理的连续性。信托一经设立，信托人除事先保留撤销权外，不得废止、撤销信托；受托人接受信托后，不得随意辞任；信托的存续不因受托人一方的更迭而中断。

银行信托业务有多种分类。例如，按照委托人的身份划分，有个人信托、公司信托、政府信托和公共团体信托；按照委托人与受益人是否为同一人，可分为自益信托和他益信托；等等。

自 20 世纪 80 年代以来，我国各商业银行大力拓展信托业务。但是，由于相关的金融法律不够健全，银行内部对信托业务的内部控制管理极不完善，大量不规范运作对银行经营造成了风险。1994 年年末，国家有关部门和中国人民银行做出了分业管理的决定。从 1995 年开始，根据分类经营、分业管理的原则，中国人民银行要求银行系统所办的信托投资公司(包括该类公司的分支机构及银行的信托部、证券部)与银行在机构、资金、财务、业务、人事、行政等方面彻底脱钩，或改为银行的分支机构。到 1996 年年底，这一工作基本完成。但是，在国际金融市场上，混业经营已成为主流趋势。除了一贯可以经营所有金融业务的一些欧洲全能银行外，美国、日本等国家相继废除或放松了对分业管理模式的限制。21 世纪初，我国开始逐步放松对分业的管理限制，不仅许多商业银行被允许经营基金托管业务，而且由我国商业银行持股 50%以上的银行基金公司也被获准成立并运营。例如，中国工商银行、瑞士信贷第一波士顿和中国远洋运输(集团)总公司的持股比例分别为 55%、25%和 20%的中国工商银行工银瑞信基金管理公司于 2005 年 6 月 21 日在国家工商总局注册成立，公司注册资本为 2 亿元人民币。由交通银行、施罗德投资管理有限公司和中国国际集装箱海运(集团)股份有限公司于 2005 年 8 月 12 日正式成立的交银施罗德基金管理有限公司，持股比例分别为 65%、30%和 5%。继首批 3 家银行系基金公司——工银瑞信、建信、交银施罗德——设立后，2007—2008 年第二批银行系基金公司——浦银安盛、农银汇理、民生加银——先后成立，同时，招商银行和中国银行通过股权受让，分别参股和控股了招商、中银两家基金公司。银行系基金公司的设立意味着中国金融业综合(混业)经营进入了一个新的阶段，不仅可以促进中国货币市场与资本市场的联动，而且为我国商业银行巨额储蓄资金进入资本市场提供了更顺畅的渠道，有利于为客户提供多元化的服务，同时增加了商业银行中间业务的收入。

4. 代理业务

代理业务是指商业银行接受政府、企业、其他金融机构以及居民个人的委托，以代理人的身份代表委托人办理一些经双方议定的经济事务的业务。在代理业务中，委托人和银行一般用契约方式规定双方的权利和义务，包括代理的范围、内容、期限以及纠纷的处理等，并由此形成一定的法律关系。代理业务是典型的中间业务，在代理过程中，客户的财产所有权不变，银行则能充分运用自身的信誉、技术、信息等资源优势，代客户行使监督管理权，提供各项金融服务。在代理业务中，银行一般不动用自己的资产，不为客户垫款，不参与收益分配，只收取代理手续费，因此，属于风险较低的中间业务。

商业银行经营的代理业务种类繁多，服务范围很广，以下简单介绍商业银行普遍开展的几种代理业务。

(1) 代理收付款业务。代理收付款业务是商业银行利用自身结算便捷的优势，接受客户的委托，代为办理指定款项的收付事宜。

企事业单位在委托商业银行代理收付款项时，应先与银行签订代理收付款协议，明确代理收付款的内容、范围、对象、时间、金额、方式及费用等。商业银行代理收付款时，只负责按协议约定办理具体的收付手续，不卷入收付双方的任何经济纠纷。代理手续费由委托人与商业银行按金额和业务笔数协商计收。目前，我国商业银行的代理收付款业务可分为以下几类：① 代理发放工资和离退休人员的退休金；② 代理企事业单位和个人收付公用事业费、税款、劳务费、学费、有线电视费等各项费用；③ 代理个人或单位收取医疗保险费，并管理、支付医疗保险费；④ 受保险公司委托，代其办理财产保险和人身保险业务；⑤ 为消费者购买汽车、住房等耐用消费品，并代为办理个人分期付款业务。

(2) 代理融通与保付代理业务。代理融通业务又称代收应收账款业务，是指商业银行接受客户委托，以代理人身份为委托人收取应收账款，并为委托人提供资金融通及其他服务。保付代理业务是指在银行接受客户的委托为委托人收取应收账款的同时，承担保理额度内的倒账风险。

(3) 代理行业务。代理行业务是指商业银行接受其他银行的委托，为其办理指定业务的活动。

代理行业务按代理业务的区域，可分为国内银行间代理和国际银行间代理两种类型。如果 A 银行在甲地区无分支机构，而 B 银行在甲地区有分支机构，A 银行就可以与 B 银行签订代理行协议，由 B 银行在甲地区为 A 银行或 A 银行的客户提供各种银行服务，如接受对方存款、发放贷款、调拨资金、进行国际结算、买卖有价证券等。代理行关系有单向和双向两种类型。我国三大政策性银行的许多业务是由国内其他商业银行单向代理的。在国际代理行业务中，以双向代理居多，即当一家银行以对方银行为代理行时，对方银行也同时以这家银行为代理行。虽然代理双方互相提供服务，但彼此不一定把存款、贷款或优先权都让与对方，除非客户优先指定对方银行为交易对象。

(4) 现金管理业务。狭义的现金管理是指商业银行协助企业科学地分析现金流量，使企业能科学、合理地管理现金(包括活期存款)，将多余的现金用于短期投资，增加收益。银行协助企业进行现金管理，使企业既不占用资金，又能保证灵活周转，通过合理安排资金而获取最佳经济效益；同时，银行也可以获得一定的手续费，并进一步加强与客户的联系。广义的现金管理是指银行为客户提供资金管理系统(包括资金收付、结算、融通、现金流监测等)全方位的服务。

(5) 代理保管业务。代理保管是指商业银行以自身所拥有的保管箱、保管库等设备条件，接受单位或个人的委托，代为保管各种贵重金属、契约文件、设计图纸、文物古玩、珠宝首饰以及股票、债券等有价证券。代理保管的方式主要有出租保管箱、密封保管、露封保管等。银行按保管物品的不同或按保管箱尺寸的不同，按年一次性收取手续费。

除上述代理业务外，银行办理的其他代理业务还有很多，如代理承销和兑付债券、代理监督、代理清欠、代理会议事务、代理个人外汇及证券买卖、代客理财、为进出口企业代购代销、代办集资等。

5. 信用卡业务

信用卡是由商业银行或专门的信用卡公司发行的一种现代支付工具，是银行卡的一种形式。信用卡的持卡人可以凭卡在特约商户购买商品或支付交通、旅游费用，还可以凭卡到约定银行支取现金。例如，持有中资银行发行的有银联标记的信用卡，可在中国境内有银联标记的自动存取款机(Automatic Teller Machine, ATM)上提取现金。一般情况下，持卡人凭信用卡在特约商户购物后，特约商户凭经持卡人签字的购物单据向发卡单位收款，发卡单位再定期(通常每月一次)汇总向持卡人收款。因此，信用卡具有“先消费，后付款”的特点。但是，现在的特约商户一般通过销售点终端机(Point of Sales, POS)与发卡单位实行联网，所以，持卡人购物后，购物或消费的款项将自动从持卡人的信用卡账户转移到特约商户的账户。

信用卡有多种类型，按是否可以透支，可分为借记卡和贷记卡两大类。借记卡又称储蓄卡，持卡人只能在已存入卡内的资金额度内消费、转账或提取现金，不能透支；贷记卡有一定的透支额度，当持卡人信用卡账户上的存款余额小于其消费支出额时，差额将自动转成持卡人对发卡单位的负债，透支超过一定期限后，持卡人要支付利息。发卡单位一般只向持卡人收取少量年费，其主要收入来源于持卡人的透支利息和特约商户的回扣。特约商户之所以愿意接受信用卡支付方式并向发卡单位支付回扣，是因为可以借此扩大销售。

我国的银行信用卡于20世纪80年代中期开始发行。1986年，中国银行发行长城卡；1988年，中国工商银行发行牡丹卡；1990年，中国建设银行在广州地区发行万事达卡(后改为发行龙卡)；1991年，中国农业银行发行金穗卡；1993年，交通银行发行太平洋卡……中国银行业协会数据显示，截至2021年末，我国信用卡累计发卡量11.6亿张，全年信用卡交易金额为45.5万亿元，信用卡交易总额占全国社会消费品零售总额的比重达到103%，比2014年提高44.6个百分点。[①] 信用卡产品的功能继续完善，网上支付、手机支付等电子支付保持

① 中国银行业协会银行卡专业委员会:《中国银行卡产业发展蓝皮书》，中国金融出版社2022年版。

快速发展，信用卡的应用领域进一步拓展。境外受理网络基本覆盖全球的主要国家和地区，涵盖了中国出境游客的主要出行地区。截至2021年末，信用卡逾期半年未偿信贷总额860.4亿元，同比增长2.6%。① 这表明，在信用卡业务快速发展的同时，信用卡未偿余额信用违约风险和欺诈风险仍然存在。

除受理我国发行的银行卡外，我国的发卡银行还普遍受理国外银行的信用卡，如维萨卡（Visa）、万事达卡（Master）、运通卡（American Express）和大莱卡（Dinners Club）等。

（三）表外业务

这里讨论的表外业务是指狭义的表外业务，大致可分为担保业务（备用信用证）、承诺业务、贷款出售及贷款证券化出售等资产转换业务、衍生工具的交易、与证券的发行和承销等有关的投资银行业务。这里只介绍前三类表外业务，后两类表外业务将在本书的其他章节介绍。

1. 备用信用证

信用担保是用于增加借款者信用等级，以确保贷款方不受借款人违约影响，并降低借款人财务成本的一种工具。简单地说，信用担保在借款人破产或不能履行合同义务的情况下，也能确保贷款和本息的按期偿还。备用信用证是银行提供的信用担保业务的一种类型，是银行为其客户开立的保证书。这种业务涉及三方当事人，即开证银行、客户和受益人。通常，客户与受益人之间已达成某种协议，根据该协议，客户对受益人负有偿付或其他义务。银行应客户的申请向受益人开立备用信用证，保证在客户未能按协议进行偿付或履行其他义务时，代替客户向受益人进行偿付，银行为此支付的款项变为银行对其客户的贷款。通过向银行申请开立备用信用证，客户可以有效地提高自己的信誉，同时也要向银行支付手续费。

备用信用证主要有两种类型：(1) 契约履行担保，即银行担保某一建设项目或其他工程如期完工；(2) 违约担保，即当借款人无法偿付时，银行负责偿还违约公司的债务。备用信用证使借款客户获得低成本且期限更灵活的贷款，但为了成功出售这些担保，银行必须拥有比客户高的信用等级。

备用信用证和商业信用证的区别是：在商业信用证业务中，开证银行承担的是第一性的付款责任，只要收款人提供合格的单据，且单证一致、单单一致，银行就必须按合约履行支付义务；而在备用信用证业务中，银行承担的是连带责任，在正常情况下，银行与受益人并不发生支付关系，只有在客户未能履行其付款义务时，银行才代替客户履行付款义务。

除了备用信用证外，商业银行的信用担保业务还包括出具保函、对商业票据或商业信用证提供保证或承担保兑义务等。

2. 承诺业务

承诺业务是指银行向客户做出承诺，保证在未来一定时期内根据一定条件，随时应客户的要求提供贷款或融资支持的业务。承诺业务主要有信贷便利和票据发行便利等形式。

(1) 信贷便利。信贷便利主要有以下两种形式：① 信贷额度。信贷额度是一种非合同化的贷款限额，在这个额度内，商业银行将随时根据企业的贷款需要放款。信贷额度一般是银行与其老客户之间的非正式协议，银行虽然在大多数情况下会满足客户的贷款需要，但并

① 中国银行业协会银行卡专业委员会：《中国银行卡产业发展蓝皮书》，中国金融出版社2022年版。

不具有提供贷款的法定义务，银行通常也不向客户收取承诺费，而只要求客户在本银行保留一定比例的支持性存款。② 贷款承诺。贷款承诺是一种正式的、合同化的协议，银行与客户签订贷款承诺协议后，应随时满足客户的贷款需要。在承诺期内，不论客户是否提出贷款申请，银行都要按承诺额的一定比率收取承诺费。贷款承诺主要有备用信贷承诺和循环信贷承诺两种形式。前者是指银行与客户签约，在合约期内，客户有权要求银行在合约规定的额度内提供贷款；后者是指在一个较长的合约期内，借款人在满足合约规定的条件下，循环使用贷款额度。

(2) 票据发行便利。票据发行便利是指银行承诺帮助筹资人(企业、政府或其他金融机构)通过发行短期票据或大额可转让定期存单筹资。该业务按银行承担的融资责任，可分为包销和非包销两类。在银行承诺包销发行的条件下，如果筹资人发行的票据或大额可转让定期存单不能如期售完，承诺该业务的银行就将按事先约定的价格买下。筹资人可以在一定承诺期内(1～7 年)循环使用票据发行便利筹措资金。在承诺期和约定的额度内，票据发行人每次未售完的票据都将由签约银行收购。当签约银行收购发行人未售完的票据时，银行在赚取承诺费的同时，也要承担信贷风险和流动性风险。在非包销发行的条件下，银行为筹资人代发票据或大额可转让定期存单，如未售完，银行不必收购未售完的票据。

3. 贷款出售及贷款证券化出售

贷款出售是指银行将已发放的贷款出售给其他金融机构或投资者。贷款出售按是否提供售后服务，可分为卖断和非卖断两类。在后一种情况下，贷款售出后，银行要为买方提供售后服务，如代收利息、监督贷款资金的运用、对抵押品进行管理等；贷款卖断则不必提供售后服务，由买方自行收取利息并进行贷后管理。按有无追索权划分，贷款出售包括有追索权的贷款出售和无追索权的贷款出售两种形式。如果是有追索权的贷款出售，一旦出现借款人无力偿债的情况，买方就对银行的其他资产具有一般追索权，银行必须承担对买方还本付息的责任。有追索权的贷款出售是贷款出售的一般形式，贷款售出后，该笔贷款即从银行的资产负债表中移出，成为银行的或有负债。在无追索权的贷款出售中，银行则没有什么风险，只是简单地把原有贷款从资产负债表中转出，代之以收回货币资金。按贷款出售的具体操作划分，贷款出售包括单笔贷款出售和贷款证券化出售两种形式。单笔贷款出售常常被归入银团贷款一类，指牵头银行在发放某笔大额贷款后，将其中的一部分转售给其他银行，而牵头银行则负责整笔贷款的管理工作。有时，银行在处理呆滞贷款时，也常常采用贷款出售方式，将某笔贷款售予资产管理公司，及时回笼部分资金。

贷款证券化出售是银行资产证券化浪潮中出现的金融创新方式，最早见于美国的住宅抵押贷款。银行贷款证券化出售的主要内容是将某一类别的众多单笔贷款组合在一起，请信用担保机构提供担保，然后请专门的评级机构对贷款组合进行评级(如信用级别较低，则还需进行信用增级)，再将评级后的贷款总额分成若干等份，发行以贷款资产作为担保的证券，向投资者出售。

贷款出售对提高银行的资本充足率，分散、转移银行资产的风险，提高资产的流动性，都具有积极的作用。

尽管随着金融业体制改革的不断深入，我国银行业的中间业务取得了较大进展，但必须认识到，当前我国商业银行中间业务的发展仍存在诸多问题，其中，低层次的同业竞争在一定程度上使商业银行中间业务前进的步伐受到阻碍，这是一个亟待解决的问题。2020 年，美国前四大商业银行非利息收入[①]占总营业收入的比率为39.1%(见表5-1)。[②] 目前我国商业银行非利息收入占营业收入的比重仍然偏低;2020年,主要18家上市银行非利息收入占比均值为26.0%,对商业银行整体盈利能力的贡献度仍然有限(见表5-2)。

表5-1　美国前四大商业银行非利息收入占比

序　号	银 行 名 称	非利息收入占比
1	摩根大通	46.5%
2	美国银行	41.6%
3	花旗银行	23.3%
4	富国银行	44.9%
均　值		39.1%

资料来源:公司2020年年报。

表5-2　中国主要上市银行营业收入构成占比

序号	名　称	利息净收入占比	手续费及佣金净收入占比	投资收益占比	其他业务收入占比	非利息净收入合计占比
1	工商银行	73.3%	14.9%	3.4%	8.5%	26.7%
2	建设银行	76.2%	15.2%	2.6%	6.1%	23.8%
3	农业银行	82.8%	11.3%	0.5%	5.3%	17.2%
4	中国银行	73.5%	13.4%	3.0%	10.1%	26.5%
5	邮储银行	88.5%	5.8%	3.8%	1.9%	11.5%
6	交通银行	62.3%	18.3%	5.4%	14.0%	37.7%
7	招商银行	63.7%	27.4%	6.6%	2.3%	36.3%
8	浦发银行	70.6%	17.3%	9.7%	2.5%	29.4%
9	兴业银行	70.6%	18.6%	12.9%	−2.1%	29.4%
10	中信银行	77.3%	14.8%	6.8%	1.1%	22.7%
11	民生银行	73.1%	15.0%	8.7%	3.3%	26.9%

① 非利息收入并不一定等同于中间业务收入。发达国家商业银行的非利息收入通常包括投资收入。

② 其中,高盛、摩根士丹利、美国运通公司是以投资银行等业务为主的综合性金融集团,非利息收入占比均达到了80%以上。

续　表

序号	名　称	利息净收入占比	手续费及佣金净收入占比	投资收益占比	其他业务收入占比	非利息净收入合计占比
12	光大银行	77.7%	17.1%	4.3%	0.9%	22.3%
13	平安银行	64.9%	28.3%	6.5%	0.3%	35.1%
14	华夏银行	86.0%	11.1%	2.0%	1.0%	14.0%
15	北京银行	80.3%	9.9%	9.7%	0.1%	19.7%
16	上海银行	71.7%	11.1%	15.9%	1.3%	28.3%
17	江苏银行	71.1%	10.3%	15.9%	2.7%	28.9%
18	宁波银行	67.8%	15.4%	22.3%	−5.5%	32.2%

资料来源：公司2020年年报。

(四) 互联网金融业务

近年来，互联网金融的日益发展给商业银行带来了新的机遇和挑战。

一方面，商业银行结合互联网金融衍生出许多新的商业模式。第一，互联网金融发挥了信息中介的功能。互联网金融给予人们一个普惠的金融平台，让普通人足不出户便可以了解金融投资的最新动态。互联网金融平台所展示的信息更好地促进了金融交易的达成。第二，商业银行依托互联网搭建支付中介平台，为客户提供方便快捷的支付服务，减少了银行的人工成本和操作风险。2015年出现的云闪付以及2016年Apple Pay的正式启用意味着手机替代银行卡已变为现实，也催生了客户对于移动支付的需求。第三，互联网金融更好地搭建了信用中介平台，商业银行可以通过它进行资产管理服务和基金理财的电子渠道销售。互联网金融也可以作为P2P的信贷中介平台，推进小微企业和个人通过信用积累获得资金支持的渠道，并且实现大数据的监管。第四，商业银行利用互联网金融更好地整合了金融服务，便于打造一体化大平台。2015年全国首家互联网银行开业，网商银行以互联网方式经营，不设物理网点、不做现金业务，客户通过手机就可以办理贷款等业务。网商银行完全以互联网为平台，开辟了商业银行新的运行模式。

另一方面，互联网金融也使得传统商业银行面临许多挑战。第一，它弱化了银行作为"中介"的重要性。因为相对于传统金融来说，互联网金融通过手机、电脑等办理业务，不再需要银行柜台。第二，互联网金融改变了银行传统的经营模式。前者通过简单直观的方式，将金融服务的内容展现在互联网上，可以更好地挖掘客户，并且获得更好的客户体验。第三，互联网金融压缩了银行利差收入的空间。正因为前者给予投资者市场化的利率，加速了我国利率市场化的进程，也就压缩了商业银行利差收入的空间。第四，互联网金融的推广动摇了银行的客户基础。

互联网金融的兴起不仅给商业银行的业务带来了新的机遇，而且带来了不小的挑战。未来的商业银行业务必将与时俱进，在互联网金融的创新带动下不断面临新的发展机遇及挑战。

第四节　商业银行管理

商业银行与其他工商企业一样，其基本管理目标是实现银行价值的最大化。但是，由于商业银行是经营货币资金的借贷、交易并提供各种金融服务的特殊企业，其资金来源主要是各种存款和其他负债，因此，在经营管理上有其特殊性。

一、商业银行的经营原则

商业银行的经营面临着各种风险，如何在稳健经营的前提下保持适度的流动性以实现银行利润最大化和银行市场价值最大化或股东利益最大化，是商业银行经营管理的最终目标。为了实现银行经营管理的最终目标，就要求银行的经营遵循一定的原则。在关于银行资本充足率管理的《巴塞尔协议》实施之前，银行在经营管理中一般倡导贯彻流动性、安全性和盈利性的"三性"原则（又称"三性"目标）。但随着对风险管理认知的不断深化，国际银行界对银行经营管理的原则也越来越转向强调流动性、稳健性和盈利性。

（一）流动性

流动性原则是指银行具有随时以适当的价格取得可用资金，随时满足存款人提取存款、为客户提供合理的贷款及其他融资需求的能力。商业银行的资金主要来源于各种存款和其他负债。一般来说，存款人提取存款和客户要求兑付票据都有一定的规律。但有时遇到资本市场资金供求变动，或由于受政治、经济局势的动荡和其他突发事件的影响，会出现大量客户集中提存和兑付，即"挤兑"现象。如果银行不能妥善应付，就会影响银行的信誉，甚至可能陷入破产清理的困境。因此，商业银行都非常重视流动性管理。流动性管理目标可以通过资产和负债两种途径实现。从资产方面来说，银行应持有一定比例可随时变现的、流动性较强的资产；从负债方面来说，银行应保持较强的融资能力，拓展融资渠道，从中选择期限与成本较合理、符合本银行流动性需求的资金来源。在实际运作中，商业银行应将这两个方面结合起来，保持合理的资产负债结构，并根据本银行和金融市场的实际情况，选择最有利的途径和方式进行流动性管理。

（二）稳健性

稳健性原则是指银行具有管理和有效控制风险、弥补损失、保证银行稳健经营的能力。银行业是高风险行业，一方面是由于银行的自有资本较少，主要靠负债经营；另一方面，银行在经营过程中始终面临各种风险，如信用风险、市场风险（由利率、汇率、大宗商品价格波动引起）、操作风险、流动性风险、环境风险、法律风险、声誉风险和道德风险等。如果银行不能采取有效措施控制各类风险，就必然会削弱银行的清偿能力，危及银行的声誉及自身的稳健经营。

稳健性管理要求银行坚持稳健经营的理念，实行全面的风险管理和严格的内部控制制度，保持较高的资本充足率，合理安排资产负债结构，提高资产质量，运用各种法律和监管机构所允许的策略和措施来分散和控制风险，提高银行的抗风险能力。

（三）盈利性

盈利性原则是指商业银行在稳健经营的前提下，尽可能提高银行的盈利能力，力求获取最大利润,以实现银行的价值最大化目标。

商业银行的盈利来自各项收入与支出之差。银行的收入主要有贷款利息收入、证券投资收入、出售资产的收入和手续费、中间业务和表外业务的收入等服务收入;银行的支出主要有存款及其他借入资金的成本,各种营运及管理成本(工资及福利开支、办公场所的购置或租赁费用、营运费、公关宣传费、设备维修费等),贷款、投资及其他(如衍生工具交易、担保等业务的损失以及支付的税金)。

盈利性管理要求银行从总体上把握提高收益和控制成本两方面的工作。具体来说,提高收益应做好以下几个方面的工作:一是合理确定资产结构,提高盈利资产的比重;二是提高资产质量,尤其是贷款质量,减少贷款和投资损失;三是合理地为贷款定价,除考虑资金成本外,还应综合考虑与客户的关系、贷款风险等因素;四是注重业务创新,积极拓展中间业务和表外业务,增加银行的非利息收入。控制成本应做好以下几个方面的工作:一是控制负债成本;二是加强内部经济核算,控制各项管理费用;三是规范操作程序,减少事故和差错及其他损失。

坚持"三性"原则和实现"三性"目标,从根本上说取决于确定正确的经营战略,提高银行管理层和全体职员的素质,保持与优质目标客户长期、稳定的关系,并为客户提供优质、高效的服务。

二、商业银行的资产负债管理

为了贯彻银行的经营原则,实现银行的经营目标,商业银行非常注重经营管理。在商业银行发展的历史进程中,西方商业银行的经营管理理论经历了资产管理、负债管理、资产负债综合管理以及资产负债表内表外统一管理四个阶段。

(一) 资产管理

20 世纪 60 年代以前,商业银行所处的经营环境较宽松,资金来源充裕且稳定,以商业银行为信用中介的间接融资占主导地位。在这种环境下,商业银行经营管理的重点是流动性管理,而且,由于资金来源是以活期存款为主,因此,当时较流行在已有资金来源的基础上对资金的运用,也就是对资产进行管理。资产管理(The Asset Management)理论依其提出的顺序有以下三种:

1. 商业性贷款理论

商业性贷款(The Commercial Loan Theory)理论从银行的主要资金来源是活期存款这一客观事实出发,认为银行只应发放短期的、以真实商业票据作为贷款抵押的、与商品的生产周转相联系的工商企业贷款。该理论又被称为真实票据理论或自偿性贷款理论。该理论的缺陷是:(1) 忽视了活期存款中有些部分有一定的稳定性;(2) 在经济衰退期,有真实票据作抵押的贷款也会出现违约现象;(3) 受该理论的影响,银行资金运用的范围很狭窄。但该理论所注重的根据资金来源的期限结构来配置资产、强调资金流动性的管理理念,对当时商业银行坚持稳健经营具有积极的指导意义。

2. 资产可转换理论

第一次世界大战后,由于西方强国迅速恢复经济,加上经济危机的暴发和加深,这些国家开始大量发行公债,政府的借款需求急剧增加。在这种情况下,商业银行逐步把资金转移到购买政府证券。资产可转换理论(The Shiftability Theory)被认为是由美国的莫尔顿于

1918 年在《政治经济学》杂志上发表的《商业银行及资本形成》一文中提出的。该理论认为，流动性要求仍然是商业银行需特别强调的，银行在资金运用中可持有具有可转换性的资产。这类资产应具有信誉高、期限短、容易转让的特性，使银行在需要流动性时可随时转让它们以获取所需现金。在资产可转换理论的引导下，以及当时社会条件的变化，商业银行资产组合中票据贴现和短期国债的比重迅速增加。

3. 预期收入理论

20 世纪 40 年代末，美国和欧洲正处于战后经济恢复时期。当时，政府推行鼓励企业扩大设备投资和鼓励出口消费的经济政策，由此引致对贷款的需求猛增，并且资金需求日益多样化。在此背景下，预期收入理论(The Anticipated Income Theory)应运而生。1949 年，美国金融学家赫伯特·普罗克诺(Herbert Brookero)出版了《定期贷款与银行流动性》一书，提出了预期收入理论。该理论认为，一笔高质量贷款的还本付息日期表应以借款人的未来收入或现金流量为依据。换言之，该理论强调的不是贷款能否自偿，也不是担保品能否迅速变现，而是借款人是否具有可用于还款的预期收入。该理论提供了推动商业银行业务向经营中长期设备贷款、分期付款的消费贷款和房屋抵押贷款等方面扩展的依据。但它也有缺陷：银行将资产流动性建立在对借款人未来收入的预测上，而这种预测不可能完全准确。在长期放款和投资中，借款人的经营情况可能发生变化，届时不一定具备偿还能力，这就会损害银行的流动性。

(二) 负债管理

20 世纪 60 年代初，西方商业银行资产负债管理的重心由资产管理转向以负债管理(The Liability Management)为主。这一转变与当时金融市场的环境，尤其与美国金融市场的环境变化有着密切的关系。

自 20 世纪 50 年代中后期至整个 60 年代，西方发达国家的金融市场发展得很快，出现了很多非银行金融机构。当时，西方各国对商业银行大多实行较严格的利率管理，而非银行金融机构一般不受利率管制的约束，因而对资金具有很大的吸引力，许多资金不通过商业银行这一传统的信用中介直接进入金融市场，出现了“脱媒”(Disintermediation)的现象，对商业银行吸收存款的业务构成了较大冲击。在这种状况下，商业银行若不调整资产负债管理的策略，一味强调从资产方考察资金配置组合，必将使银行陷入严重困境。银行负债管理思想源于利率管制下的金融创新。从 1961 年美国花旗银行首创大额可转让定期存单到之后涌现的各种含息的交易性存款，使得银行家们意识到，商业银行在负债方面也不完全是被动的，银行所需要的资金可以通过在货币市场上“购买”的方式获得。

负债管理的基本内容是：商业银行的资产负债管理和流动性管理不仅可以通过加强资产管理来实施，而且可以通过在货币市场上主动负债，即通过“购买”资金来实施。如果负债管理卓有成效，就不必储备过多低收益的流动性资产，可将资金投入其他更有利可图的资产，提高银行的收益率。

负债管理一改传统资产负债管理中严格期限对称的原则和追求盈利性时强调存款制约的原则，不再主要依赖维持较高水平的现金资产和出售短期证券来满足流动性需要，而是积极主动地在货币市场上“购买”资金，以满足流动性需求和不断适应目标资产规模扩张的需要。负债管理的出现标志着商业银行在资产负债管理上更富进取性，摆脱了被动负债的制约，同时促进了同业拆借、大额可转让定期存单、欧洲美元、商业票据等负债市场工具和业务的迅速发展。然而,负债管理也给银行增加了风险,因为从金融市场上"购买"资金的成本通常高于一般存款的利息,提高了银行的融资成本;另外,由于金融市场受各种因素的影响而变幻莫测,负债管理受金融市场波动的影响较大,因此,只有对成本和风险控制较好的大银行才有能力承受大量"购买"资金所增加的成本和经营风险。

(三)资产负债综合管理

资产负债综合管理(Asset-liability Management)又称资金管理(Fund Management),产生于20世纪70年代末80年代初。当时,许多西方发达国家相继放松或逐步取消了利率管制,银行界甚至整个金融界出现了金融自由化浪潮,种类繁多的浮动利率资产和浮动利率负债纷纷涌现。商业银行争取到在金融市场上主动融资权的同时,也面临新的风险,即利率风险。在市场利率波动的环境下,资产和负债的配置状态极有可能对银行利润和经营状况产生影响,片面地强调资产管理或负债管理而忽视另一方面不利于银行经营目标的实现。

资产负债综合管理强调以下几个方面:(1)银行管理层应尽可能同时对资产和负债的数量、结构、收益及成本进行统一控制和管理,以便实现银行的长、短期目标;(2)银行管理层必须有效协调资产和负债两个方面的管理与控制,使两者具有内部统一性,有助于使银行的资产收益与负债成本之间的差额最大化;(3)资产负债表两边的每一项都与收入和成本相关,所以,应分析所有项目、所有服务的成本与收益,并对其进行统一、有效的管理,以实现银行的盈利目标。

(四)资产负债表内表外统一管理

资产负债表内表外统一管理(In Balance-sheet and Off Balance-sheet Management)产生于20世纪80年代末。在金融自由化浪潮中,商业银行为了控制利率和汇率波动的风险以及由竞争加剧、存贷款利差收窄而引致的传统业务成本上升、收益率下降的经营风险,纷纷大力拓展承诺、担保以及金融衍生产品交易等表外业务。虽然金融衍生产品和其他表外业务可以被用来控制风险、增加收益,但其本身也蕴含着风险。

为了对商业银行的经营风险进行控制和监管,同时也为了规范不同国家的银行之间同等运作的需要,1987年12月,巴塞尔委员会通过了如何衡量和确定国际银行资本及监督标准的协议草案,并于1988年7月15日正式通过了《统一资本计量与资本标准的国际协议》,即《巴塞尔协议》①。达成《巴塞尔协议》的目的:一是通过统一各国对银行资本、风险评估及资本充足率标准的界定,促使世界金融稳定;二是将银行的资本要求与其活动的风险,包括表外业务的风险系统地联系起来。

《巴塞尔协议(Ⅰ)》对资本的具体要求如下:银行资产和表外业务按其信贷风险的大小被分成四类,并对各类资产分别规定权数。最低一类的资产风险权数为零,包括无违约风险的项目,如银行准备金和政府债券;第二类低风险资产的权数为20%,包括低违约风险资产,如银行同业存款、有足额抵押的债券和政府机构发行的证券;第三类风险资产的权数为50%,包括市政债券和居民抵押贷款;最后一类风险资产的权数最大,为100%,包括其他各类证券(如商业票据)、贷款(如商业贷款和房地产建筑贷款)和混合资产(如银行楼宇、计算机和其他财产)。对表外业务则以同样的方式进行分类、信用评估并确定相应的风险权数,

① 该协议后来被称为《巴塞尔协议(Ⅰ)》,2004年颁布的《巴塞尔协议》被称为《巴塞尔协议(Ⅱ)》。

进而并入表内项目。例如，以客户的商业票据为抵押的备用信用证就与贷款100%等价，其风险权数为100%，因为其使银行面临与为客户提供直接贷款一样的风险。

一旦所有银行资产和表外项目都进行了风险分类，并标明了风险权数，就可以加总计算银行“经风险调整后的资产总额”。银行必须满足以下两个资本要求：其拥有的核心资本或一级资本（由股权资本组成）必须不低于经风险调整后资产总额的4%，其拥有的总资本（即一、二级资本总和，其中，二级资本主要由贷款损失准备金和次级债务构成）不能低于经风险调整后资产总额的8%。

《巴塞尔协议（Ⅰ）》是第一个强调资本充足率在银行风险管理中的重要意义的金融监管国际协议，也是第一个不仅对表内不同种类资产规定了所需要的资本充足率，同时对表外业务项目确定了不同风险权数以及相应资本充足率的国际协议。《巴塞尔协议（Ⅰ）》标志着西方商业银行资产负债管理理论和风险管理理论的完善与统一，推动和促进商业银行更加注重对资产负债表内和表外业务的统一管理与风险控制。

但是，《巴塞尔协议（Ⅰ）》也存在着不足。例如，在考虑资产分类风险的同时，未考虑同类资产中不同交易对手信用等级的差异，未考虑在银行经营中影响越来越大的市场风险和操作风险等。

正是由于《巴塞尔协议Ⅰ》在实际应用中日益显现的局限性，巴塞尔委员会着手对其进行修订，主要包括《关于市场风险的补充规定》（简称《补充规定》）和《有效银行监管的核心原则》。从国际环境看，几起震惊全球金融界的大案（如巴林银行、大和银行等事件）主要是由于市场风险管理失控而引发的。于是，1996年初，巴塞尔委员会及时推出了《补充规定》，与此同时，一些主要的国际大银行也根据《补充规定》着手建立自己的内部风险测量与资本配置模型。

2001年1月16日，巴塞尔银行监管委员会发布了新的资本协议征求意见稿。经过长达3年多的面向全球银行业征求意见和数次修改，2004年6月，《巴塞尔协议（Ⅱ）》正式颁布。《巴塞尔协议（Ⅱ）》在继承已有各项监管原则的基础上，根据近年来各国银行监管的实践和国际金融环境的变化，在一系列重大问题上做出显著调整，其主要内容为资本充足率、外部监管、信息披露和市场约束三大支柱。与《巴塞尔协议（Ⅰ）》相比，《巴塞尔协议（Ⅱ）》将市场风险和操作风险纳入银行资本计量与监管范围，并对其概念与计量标准做了界定；对银行的信贷风险也制定了更为复杂的标准，不仅要根据不同的资产类型计提不同比率的资本金，在同一类型的资产中，还要求根据借款人或交易对手的风险评级计提银行资本，银行与风险大的交易对手开展业务或将贷款发放给风险大的借款人，就需要达到更高的银行资本充足率。该协议于2006年起在部分国家实施，对全球银行业产生了里程碑式的重大影响。

2007年，由美国“次贷”危机引发的金融“海啸”迅速蔓延至全球，引发了全球金融危机。该危机导致包括美国著名投资银行——雷曼公司——在内的众多金融机构破产或重组。该危机对全球经济产生了持续、严重的负面影响，其中包括美国的主权信用级别被降低，希腊、西班牙等国家基本丧失偿债能力，从而引发了严重的“欧债”危机。

在这样的背景下，2010年9月12日，巴塞尔银行监管委员会管理层会议在瑞士举行，27个成员国的中央银行代表就加强银行业监管的《巴塞尔协议（Ⅲ）》达成一致。协议规定，全球各商业银行在5年内必须将一级资本充足率的下限从4%上调至6%，过渡期限为2013年升至4.5%、2014年升至5.5%、2015年达到6%；同时，协议将对普通股的最低要求从2%

提升至 4.5%，过渡期限为 2013 年升至 3.5%、2014 年升至 4%、2015 年达到 4.5%。截至 2019 年 1 月 1 日，全球各商业银行必须将资本留存缓冲提高到 2.5%。另外，《巴塞尔协议（Ⅲ）》维持目前的资本充足率 8%不变；但是，对“资本充足率＋资本缓冲”要求在 2019 年以前从现在的 8%逐步升至 10.5%，“最低普通股比例＋资本留存缓冲比例”在 2019 年以前由目前的 3.5%逐步升至 7%；对一级资本提出了新的限制性定义，只包括普通股和永久优先股。会议还决定，各家银行最迟在 2017 年年底完全接受最新的针对一级资本的定义。《巴塞尔协议（Ⅲ）》要求商业银行加强流动性管理，降低银行体系的流动性风险，引入了流动性监管指标，包括流动性覆盖率和净稳定资产比率。2013 年 1 月 6 日，巴塞尔银行业监管委员会公布《巴塞尔协议（Ⅲ）》中的“流动性覆盖率”规则，据此，各银行可以把更大范围的流动资产计入缓冲范畴，其中包括一些股票和优质抵押贷款支持证券。《巴塞尔协议（Ⅲ）》是近几十年来针对银行监管领域的最大规模改革。各国中央银行和监管部门希望这些改革能促使银行减少高风险业务，确保银行持有足够的资本金，能不依靠政府救助独立应对今后可能发生的金融危机。

随着当前金融环境的日益复杂多变，我国商业银行应该不断提升自身的风险管理能力，以应对国际先进银行的挑战和压力。商业银行应以巴塞尔协议为指导，从以下几个方面完善风险管理体系：一是完善贷款的风险管理机制。商业银行应关注坏账问题，把控信用风险，加强贷前、贷中以及贷后管理：做好贷前调查评估，加大贷中监督力度，建立健全贷后风险监督体系。二是实行更有效的信息披露。商业银行应当按照《巴塞尔协议（Ⅲ）》的最新要求披露信息，增加信息透明度、及时性和准确度，配合监管机构的监控调查以及投资者的场外监督。三是严格履行风险管理计量方法。《巴塞尔协议（Ⅲ）》提出了更高级的风险计量方法，银行从业人员应切实认真学习并应用，提高风险计量水平。四是提高对操作风险的重视程度。对于银行从业人员，需加强培训教育；对于系统流程，银行应当完善机制，建立现代化商业银行结构体系。

本章小结

商业银行是在商品交换和市场经济的发展过程中，为适应商业生产扩大和市场经济发展的需要而形成的一种金融组织。银行起源于意大利，随着古希腊和古罗马古典文明的传播，银行业也向西欧和北美渗透。商业银行产生的途径主要有两个：一个是从旧式的高利贷银行转变而来，另一个是以股份公司形式组建而成。第一家股份制商业银行是英国的英格兰银行。中国自办的第一家银行是中国通商银行。1949 年以前，中国的商业银行除了由国民政府直接控制的中国银行、交通银行和中国农民银行外，还包括“小四行”和“北四行”等。

商业银行是以追求最大利润或最大市场价值为目标，通过多种金融负债筹集资金，以贷款为主的多种金融资产为经营对象，能将部分负债作为货币流通，同时可进行信用创造，并向客户提供多功能、综合性服务的金融企业。商业银行具有信用中介、支付中介、信用创造和金融服务的功能。

商业银行的业务大体上可以分为三类：负债业务、资产业务、中间业务与表外业务。

负债是商业银行形成资金来源的业务。商业银行的资金来源可以分为银行资本和银行负债两大类。银行资本一般由普通股、优先股、盈余、资本性票据和债券及各项储备组成，银行负债由各项存款和其他负债构成。商业银行的资产主要包括库存现金、各项贷款、证券投资和其他资产等，其中，创新投资工具包括结构票据、证券化资产和剥离证券等。商业银行的中间业务是银行接受客户委托，为客户提供各种服务，收取佣金、手续费、管理费等费用的一种业务。表外业务是指所有不在资产负债表内直接反映的业务。广义的表外业务是指所有中间业务，如结算、租赁、信托、代理等；狭义的表外业务是指构成银行或有负债的业务，如备用信用证、承诺业务等。互联网金融业务带来的机遇有信息中介、支付平台、信用中介及互联网平台服务，带来的挑战有弱化了银行的中介地位、改变了银行的传统经营模式。

商业银行为了实现利润最大化和银行市场价值最大化的最终目标，在经营管理中要贯彻流动性、稳健性、盈利性的“三性”原则。“三性”原则的贯彻实施具体体现在商业银行经营管理的整个过程中。在商业银行的发展历程中，西方商业银行的经营管理理论经历了资产管理、负债管理、资产负债综合管理和资产负债表内表外统一管理四个阶段。

1988 年通过的《巴塞尔协议（Ⅰ）》对表内资产和表外业务确定了不同的风险权数以及相应的资本充足率，是西方商业银行资产负债管理理论和风险管理理论完善与统一的标志。但由于《巴塞尔协议（Ⅰ）》存在着资产分类过于简单、未考虑同类资产不同交易对手的信用等级的差异、未考虑在银行经营中影响越来越大的市场风险和操作风险等不足之处，经过三年多的征求意见和数次修改，2004 年 6 月，巴塞尔委员会正式颁布了《巴塞尔协议（Ⅱ）》，主要内容为资本充足率及风险评级、外部监管、信息披露，对银行业管理信贷风险及满足不同的监管条例等制定了更为复杂的标准。该协议于 2006 年起在部分国家实施。2010 年 9 月，巴塞尔银行监管委员会 27 个成员国就加强银行业监管的《巴塞尔协议（Ⅲ）》达成一致。协议规定，全球各商业银行在 5 年内必须将一级资本充足率的下限从 4%上调至 6%；同时，协议将对普通股的最低要求从 2%提升至 4.5%。截至 2019 年 1 月 1 日，全球各商业银行必须将资本留存缓冲提高到 2.5%。另外，协议维持目前的资本充足率 8%不变，但对“资本充足率＋资本缓冲”要求在 2019 年以前从现在的 8%逐步升至 10.5%，“最低普通股比例＋资本留存缓冲比例”在 2019 年以前由目前的 3.5%逐步升至 7%。

参考书目

1. 弗雷德里克·S. 米什金：《货币金融学》（第十二版），王芳译，中国人民大学出版社 2021 年版。

2. 彼得·S. 罗斯、塞尔维亚·C. 赫金斯：《银行管理》，第九版，英文影印版，中国人民大学出版社 2012 年版。

3. S. 斯科特·麦克唐纳、蒂莫西·科克：《银行管理》，钱宥妮译，北京大学出版社 2009 年版。

4. 托马斯·梅耶、詹姆斯·S. 杜森贝里、罗伯特·Z. 阿利伯：《货币、银行与经济》（第六版），林宝清、洪锡熙等译，上海三联书店、上海人民出版社 2007 年版。

5. 黄达：《货币银行学》，中国人民大学出版社 2012 年版。

6. 易纲、吴有昌：《货币银行学》，格致出版社 2014 年版。

7. 戴国强：《商业银行经营学》，高等教育出版社 2012 年版。

8. 俞乔、邢晓林、曲和磊:《商业银行管理学》,上海人民出版社 2007 年版。

9. 陆世敏、赵晓菊:《现代商业银行经营与管理》,上海财经大学出版社 1998 年版。

10. 赵晓菊:《银行风险管理》,上海财经大学出版社 1999 年版。

11. Timothy W. Koch, S. Scott MacDonald. *Bank Management*. The Dryden Press Harcourt College Publishers, 2000.

思考题

1. 商业银行有哪些特性和主要职能?

2. 商业银行的资金来源由哪几部分构成?其中,支票存款和非交易存款在成本和流动性方面对银行经营有何不同影响?

3. 商业银行的资产可分为哪几类?现金是收益率最低的资产,那么,现金资产占总资产的比例是不是越低越好?为什么?

4. 为什么说商业银行通过证券投资既能满足流动性需求,又能增加收益、分散风险?

5. 什么是商业信用证?什么是备用信用证?两者的区别是什么?

6. 互联网金融为商业银行带来了哪些机遇与挑战?

7. "三性"原则的内容是什么?有哪些变化?如何实现"三性"管理的要求?

8. 西方商业银行资产负债管理经历了哪几个阶段?资产负债综合管理的基本思想是什么?

9.《巴塞尔协议(Ⅱ)》的"三大支柱"是什么?银行资本监管的变化趋势是什么?

思政案例

请用手机微信扫以下二维码,阅读、学习思政案例。

【思政案例一】

银行承兑汇票诈骗案

【思政案例二】

金融支持小微企业的"台州模式"

6 第六章 投资银行

全章提要

教学目的和要求

- 第一节 投资银行的产生与发展
- 第二节 投资银行的含义与类型
- 第三节 投资银行业务
- 第四节 投资银行监管

本章小结

参考书目

思考题

教学目的和要求

- 了解投资银行产生与发展的历程。
- 掌握投资银行的性质及其与商业银行的主要区别。
- 掌握投资银行的主要业务及其内容。
- 了解投资银行监管的发展历程。

投资银行(Investment Banks)是以证券业务为本源业务，主要发挥直接融资功能的金融机构，是金融体系中最重要的组成部分之一。美国著名历史学家和金融专家罗伯特·索贝尔(Robert Sobel)曾指出，投资银行业是华尔街的“心脏”，也是华尔街之所以存在的最重要的原因。在推动资本市场迅速发展的进程中，投资银行发挥着无可替代的、极为重要的作用。从全球范围来说，直接融资迅速发展，企业及金融机构的兼并、收购风起云涌，投资银行正在并将继续在金融市场上发挥越来越重要的作用。

第一节 投资银行的产生与发展

一、20 世纪 70 年代以前投资银行的发展

20 世纪 70 年代以前，投资银行经历了一个漫长的早期发展过程，这一过程可分为以下三个阶段：

(一) 1929 年以前：产生及持续发展阶段

“蒙昧时期”的投资银行可以追溯到三千多年前美索不达米亚地区的金匠。金匠为商人提供票据兑现、转让和抵押放贷服务。富有的商人为贵族和教会提供贷款财产管理、策略制定等服务，与今天投资银行的资产管理、咨询服务等职能相似。

现代意义上的投资银行产生于欧洲，主要是由 18—19 世纪众多的销售政府债券和贴现企业票据的商号演变而来。英国的投资银行是在承兑所的基础上发展起来的，是一种由私人银行业者设立的家庭企业。美国最早的投资银行是 1761 年由 T. A. 汤毕尔在费城设立的。1826 年，撒尼尔·普莱姆创立了普莱姆-伍德-金投资银行，从最初的经纪人地位转为证券领域的批发商。

投资银行这种新兴的、符合资本主义经济发展要求的金融机构在欧美出现之后便迅速发展壮大。在投资银行的早期发展过程中，证券和证券交易所的发展对其壮大发挥了突出的作用：在战争给以美国为例的诸多国家带来了大量债务的同时，资本主义经济催生了股

份制公司的迅速发展和大量基础设施建设需求。这三大融资需求通过发行股票和债券等证券的形式得以满足，而投资银行作为证券承销商和证券经纪人在证券市场中起到了重要的中介作用。另一个促进因素是发达国家企业的并购浪潮，投资银行在其中帮助企业融资并促进并购活动的完成。1929 年以前的投资银行与商业银行并未实行分业管理，商业银行凭借其雄厚的资金频频涉足证券市场，甚至参与证券投机。同时，各国政府对证券业没有专设的管理机构和有效法律，对证券市场中极为猖獗的操纵价格、欺行霸市行为熟视无睹。所有这一切都为 1929—1933 年的金融和经济危机埋下了祸根。

（二）1929—1933 年：膨胀及动荡阶段

20 世纪 20 年代，美国的银行数量空前绝后地达到近 3.3 万家，证券投资交易规模也达到空前水平。共同的看涨预期使得股票和债券的价格背离其价值越来越远，社会财富魔幻般地飞涨起来。然而，“泡沫”终将有破灭的一天。1929 年 10 月 24 日——“黑色星期四”，纽约证券交易所揭开了股市暴跌的序幕。1929 年 10 月 28 日——“黑色星期一”，纽约证券交易所的股价平均下跌了 50 点。此后，股价狂跌不止，“泡沫”破裂了，繁荣消失了，取而代之的是破产、挤兑、倒闭、失业、自杀。

股市崩溃是经济危机的导火索。从 1929 年到 1932 年，世界经济螺旋式下降，世界历史上空前持久和深刻的经济危机暴发了。数以亿万计美元的财富付诸东流，生产停滞甚至回到 19 世纪的水平，银行是首当其冲的受难者。从 1929 年末到 1933 年末，美国商业银行就从 23 695 家减少到 14 352 家，4 年之内净减近万家银行，投资银行也大量倒闭。在对证券市场和银行业务活动进行详细的调查之后，美国认为，银行信用的盲目扩张和商业银行卷入风险很大的股票市场是股市大崩溃的罪魁祸首。大危机暴发之前，许多商业银行直接担任证券承销商，在外部缺乏监管、内部又无控制的情况下，银行对股市的投机介入太深，股票价格空前高涨。当经济波动，广大客户对货币的需求量猛然增大时，商业银行抛售证券、收回贷款，造成证券市场上价格暴跌、资金利率上升、信用链断裂，导致经济动荡，尤其当银行大量倒闭时，整个经济进入大萧条。1933 年，美国国会通过了《1933 年银行法》，该法案又被称为《格拉斯-斯蒂格尔法》，对证券投资活动的布局和渠道做了大规模调整。英国在 1933 年将投资银行与商业银行的业务分开。一个崭新的、独立的投资银行业在大危机后慢慢崛起。

此后，许多大银行将商业银行和投资银行两种业务分离，成立专门的投资银行和商业银行。例如，摩根银行便分立为两大银行，其中，摩根士丹利成为专门的投资银行，而 J. P. 摩根则成为专门的商业银行。还有些银行放弃其中一种业务，成为专门的投资银行或商业银行。例如，花旗银行和美国银行成为专门的商业银行，而所罗门兄弟公司、美林公司和高盛公司等则选择了投资银行业务。

（三）1934 年至 20 世纪 60 年代：快速发展阶段

大危机之后，美国经济乃至世界经济在罗斯福“新政”的刺激下开始复苏。美国和其他西方国家的证券市场逐渐复苏，投资银行重新活跃起来。第二次世界大战使欧洲和日本证券业的发展受到了严重制约。相反，美国证券市场则在日趋完善的法律的护航下平稳地发展了数十年，投资银行和商业银行分别在证券领域和信贷领域为美国经济发展做出了卓越的贡献。

随着证券交易额的大幅上升，证券交割制度的落后对美国投资银行的发展造成了严重伤害,1968 年 12 月,未交割业务的堆积使一百多家投资银行倒闭。这次投资银行危机促使了证券业电子技术的普遍运用。此外,美国政府于 1970 年颁布了《证券投资者保护法》,设立了与商业银行存款保险制度有异曲同工之妙的投资银行保险制度,并在此基础上建立了证券投资者保护协会。

二、20 世纪 60 年代到 20 世纪末投资银行的发展

自 20 世纪 60 年代以来,投资银行的发展呈现的两个最主要的特征是金融创新和拓展国际业务。

(一) 金融创新

自 20 世纪 60 年代以来,美国投资银行界的一些后起之秀不断在市场上推出各种各样的金融创新产品以争取顾客,其中所罗门兄弟公司和美林公司最具有代表性。所罗门兄弟公司于 1963 年组建了一个银行研究团体,随后于 1969 年组建产业和股票研究部。由于所罗门兄弟公司和美林公司紧密合作,这两家公司渐渐被认可为 1971 年美国证券业承销公司中令人青睐的特别定级。① 所罗门兄弟公司于 20 世纪 90 年代与旅行者集团(原集团的主营业务为保险)合并,该集团 1998 年又与花旗银行合并为花旗集团,成为全球金融领域里业务面最广、实力最强的金融集团。美林公司在为机构投资者和个人投资者提供配售服务方面很出色,到 20 世纪 90 年代初,美林公司不仅在全美债券和股票业务的市场份额中排名第一,而且在全球证券承销市场中也排名第一。② 美林公司还开创了一篮子金融管理服务,并领先采用与纽约证券交易所联网的电子执行系统,极大地提高了工作效率,降低了经营成本。

自 20 世纪 60 年代以来,尤其是 70 年代中期以后,投资银行不断地进行金融创新,不断地推出新的金融工具,如期货、期权、互换等,积极开拓新的业务领域,如杠杆收购(Leveraged Buyout, LBO)、资产管理、财务咨询、证券清算、风险管理及其相关金融产品和金融服务等。这些开拓和创新使投资银行业成为变化最快、最富有挑战性的行业之一,在为投资银行带来大量客户和滚滚财源的同时,蕴含着金融衍生品交易链拉长而引发的风险和其他风险。

(二) 拓展国际业务

大力拓展国际业务是 20 世纪 60 年代以来投资银行业发展的又一个重要特征。20 世纪 60 年代以前,投资银行所开展的国际业务不论是种类、规模还是地域范围都极为有限,一般仅限于英国、美国、法国等少数国家的少数投资银行,通过国外代理机构相互提供证券的跨国上市和销售。

20 世纪 60—70 年代,欧洲债券(Euro Bond)的发行和承销是投资银行的主要业务。欧洲债券是指一国政府、金融机构和工商企业在国际市场上以可以自由兑换的第三国货币标值并还本付息的债券。第一次典型的欧洲债券发行是 1963 年 7 月由英国商人银行——华宝银行——设计并作为主承销商,为一家意大利国营控股公司发行欧洲债券。这一新兴的国际金融工具因其高度的保密性(投资者的姓名保密)、较好的收益性(免除利息预提税,因而收益较高)和较强的市场流动性等优势迅速发展起来。在这一时期,商业银行和投资银行的国际业务出现了比较明确的分工,投资银行致力于欧洲债券和欧洲股票业务,而商业银行

---

① 艾伦·加特:《管制、放松与重新管制》,陈雨露等译,经济科学出版社 1999 年版。

② 同①。

则侧重于欧洲货币市场的借贷业务。①

20 世纪 80—90 年代，在许多国家放松了金融管制的情况下，金融自由化和世界经济一体化趋势逐渐形成。投资银行的国际业务迅猛发展，许多国际上久负盛名的大投资银行，如美林、摩根士丹利、高盛、巴林等都已经发展成为全球性的投资银行。大型投资银行在各国际金融中心或区域金融中心，如纽约、伦敦、法兰克福、巴黎、东京、中国香港、新加坡等地设立了分支机构。这些分支机构不仅在各国际金融中心的证券市场上扮演着重要角色，而且在国际范围内积极从事证券的承销、分销、代理、自营买卖、兼并收购、资产管理、风险管理、投资咨询、财务咨询及与这些业务有关的配套融资安排和金融服务。

随着中国内地金融市场对外开放的不断推进，国际著名的投资银行纷纷进入中国内地寻求投资和拓展业务的机会。1995 年，摩根士丹利成为首家入股中国境内合资投资银行的跨国银行。摩根士丹利与中国建银投资有限责任公司等联合组成了中国国际金融有限公司，当时，摩根士丹利是第二大股东，持有中金公司 34.3%的权益。同时，高盛在中资国有企业和国有银行的改制及中国国有银行不良资产的处理中扮演着极为重要的角色，其还作为主承销商全程参与中国政府主权美元债务的海外发售项目；2006 年 1 月，高盛签订协议以 37.8 亿美元与安联集团及美国运通公司共同入股中国工商银行。② 在中国企业海外上市的推介、路演和国有银行首次公开募股(Initial Public Offering，IPO)业务中，国际著名的投资银行不仅做了大量有益的推介、牵线工作，自身也从中获得了丰厚的收益。

中国 2001 年加入 WTO 后进一步开放中国证券市场，先放开债券，后放开股票，允许合格的外资在规定的领域和持股比例下入市交易。2020 年 4 月 1 日，中国取消外资股比限制，并允许外资独资的服务提供者进入证券、基金管理和期货服务领域。③ 持牌机构中进展最快的领域是外资合资券商。8 月 25 日，摩根大通证券(中国)有限公司成为中国首家外资独资券商，唯一股东为摩根大通国际金融有限公司。同时，高盛将收购高盛高华证券有限公司中尚未持有的股权，其他外资合资券商也在积极提高持股比例。外资券商的国际投行经验能够促进中国本土券商的业务升级，其加速进入对中国证券市场既是极大挑战，也是发展驱动力。

三、21 世纪以来的投资银行

(一) 金融危机前的投资银行

自 2001 年开始，美国的低利率为 2008 年金融危机埋下了祸根。低利率和低借贷标准吸引了中低收入群体开始借贷买房，购房需求猛然扩大，房价不断攀升。由于中低收入群体的未来现金流可能不足以偿还贷款，因此这些贷款被称为次级抵押贷款，2008 年金融危机也被称为“次贷”危机。当时，商业银行可以将贷款出售给金融机构和投资者，在部分违约风险由商业银行自身转移到贷款购买者的情况下，商业银行对于贷款申请的审核力度大幅下降。这隐含了极大的风险，但这一风险被不断攀升的住房价格给掩盖了。

在 2001 年的经济衰退中，美国的证券价值大幅缩水，但房价仍在不断上涨。因此，投资银行在严重低估抵押贷款违约率情况下认为房地产市场有利可图，于是进军房地产市场，大

---

① 黄亚钧：《现代投资银行的业务与经营》，立信会计出版社 1996 年版。

② 据路透社 2013 年 5 月 20 日报道，高盛出售中国工商银行 11 亿美元的股份且不再持有中国工商银行的股份。

③ http://www.csrc.gov.cn/pub/newsite/zjhxwfb/xwdd/202003/t20200313_372037.html.

量购买抵押贷款,发展住房抵押贷款证券化：打包贷款后发行抵押支持证券(Mortgage-Backed Security),再经过抵押支持证券的打包分配后发行债券债务抵押债券(Collateralized Debt Obligation)。同时,投资银行本身也购买这些抵押贷款证券,这使得抵押贷款证券像股票一样在市场流通。

(二)金融危机中的投资银行

经过数年的房价飙升,美国房地产市场在2006年有所波动。在一些借款人违约后,银行开始提高借贷标准,导致房价开始下滑。房价的下跌导致了更多借款人的违约,而美国按揭的无追索条款规定借款人违约时只需要将抵押品返还即可,抵押贷款价值随着房价下跌也不断下降。因此,抵押贷款证券接二连三地贬值,而投资银行持有的抵押贷款证券数以亿计,本身的资产便随之大幅缩水。

2007年,贝尔斯登的两只高杠杆购买抵押贷款证券的对冲基金由于违约率的升高损失惨重。2008年3月,虽然贝尔斯登公司持有多达180亿美元的现金,但投资者在观察到其资产下降时接连退出对贝尔斯登的投资,这加速了贝尔斯登资产的贬值,最终贝尔斯登在政府资助下被摩根大通兼并。

同年9月,雷曼兄弟公司和贝尔斯登一样由于抵押贷款证券遭遇了资产缩水,然而这一次美国政府不再提供资助。为了防止投资银行在政府的保护下继续经营可能造成系统性风险的业务,美国政府任由雷曼兄弟公司在"次贷"危机中宣告破产。

(三)金融危机后的投资银行

金融危机宣告了美国五大投资银行格局的结束。雷曼兄弟公司宣告破产,贝尔斯登被摩根大通收购,美林证券被美国银行收购,而摩根士丹利和高盛转型为银行控股公司,通过吸收存款以及获取美联储信贷支持来缓解巨额损失。

"次贷"危机后,整个投资银行业都致力于降低杠杆率,减少风险业务的经营,并新发行一系列权益资本来提高资本充足率。美国投资银行的业务发生了结构性变化,除了证券承销和代理交易等基本业务外,投资银行自营业务的比例显著降低,将业务重心转向风险相对较低的资产管理业务上。原因大致有二：其一是在金融危机后监管力度加大,2010年《多德-弗兰克法案》成立了金融服务监督委员会,防范大型金融机构造成系统性风险;其二是市场对资产管理业务的需求增大。

第二节 投资银行的含义与类型

一、投资银行的含义

(一)投资银行的各种定义

对投资银行的定义,通常是根据投资银行的业务范围确定的。由于投资银行种类繁多,各类投资银行经营的业务范围不尽相同,加之随着金融管制的放松,投资银行与商业银行的业务交叉越来越多,两者之间的业务分界越来越模糊,因此,对投资银行做出明确的定义极为困难。美国著名金融投资专家罗伯特·库恩(Robert Kuhn)认为,投资银行可以有四种定义，包括从大范围的金融服务的广义定义到传统的狭义定义。

经营华尔街金融业务的银行都可以被定义为投资银行，这是罗伯特·库恩对投资银行所做的最广义的定义。按照这一定义，投资银行的业务领域不仅包括证券的国际承销和分支机构的零售营销，而且包括其他金融服务（如房地产和保险等）。

第二种较广义的定义认为，投资银行从事所有资本市场业务，包括证券承销和公司理财、收购与兼并、咨询、基金管理和风险投资管理，但不包括向客户提供零售证券、消费者房地产经纪、抵押、保险产品及类似业务。在商人银行业务中，投资银行主要为自营业务账户经营投资；另外，它还为金融机构进行大额证券交易提供服务。

第三种较狭义的定义认为，投资银行业务只包括某些资本市场活动，承销、收购与兼并是重点，不包括基金管理、风险投资管理、商品风险管理以及其他业务。

最狭义的定义使投资银行业务回到其历史作用上，将业务领域严格限制于一级市场的承销、融资和二级市场的证券交易（经纪商/交易商）。这一定义被认为是历史学家和纯粹主义者的定义①，因为根据投资银行在20世纪90年代的运作来看，收购、兼并等业务已经成为投资银行的重要业务，这些重要业务不被包括在投资银行的业务范围内是不确切的。

在以上四种定义中，美国一些金融专家和经济学家基本同意第二种定义，认为投资银行业务是除零售业务以外的所有资本市场活动。金融服务业中仅为客户（零售客户或机构客户）买卖证券而没有融资功能的公司，只能称为证券公司或经纪公司，而不能称为投资银行。

（二）投资银行与商业银行的主要区别

如前所述，投资银行是在与商业银行的“合业-分业-合业”的变动中发展起来的。随着金融管制的放松，投资银行与商业银行在许多业务领域出现了交叉、融合、相互竞争的现象，投资银行与商业银行的区别在许多方面已较为模糊，但仔细分析，两者之间还是存在如表6-1所示的区别。

表6-1　投资银行与商业银行的主要区别

项　目	投资银行		商业银行	
	过　去	目　前	过　去	目　前
资金来源	发行证券	同业拆借、质押式回购、卖空等短期融资方式	以活期存款为主	以活期存款及其他借入资金为主
主要业务	证券承销	证券承销、交易，衍生工具的创造、交易，收购、兼并及相关服务和融资等	存贷款、票据业务及支付、结算、代理等传统业务	存贷款、票据业务、银行卡、债券投资、结算、代理、承诺、担保、金融衍生产品及各类金融服务
主要功能	直接融资	直接融资	间接融资	以间接融资为主
利润来源	佣金	佣金、自营业务产生的利息差和股息、财务顾问、资产管理服务收费	存贷利差	存贷利差及服务收益

① 罗伯特·库恩：《投资银行业：一门要求极高的艺术和科学》，纽约Harper & Row出版社1990年版。

续 表

项 目	投资银行		商业银行	
	过 去	目 前	过 去	目 前
监管机构	证券监管机构	以证券业监管部门为主①	中央银行	中央银行或专门的银行业监管机构(如中国的银监会)

在表6-1中,“过去”和“目前”并不是严格界定的时间概念,对不同的项目在不同的国家所表示的时期是不同的。以“主要业务”为例,金融衍生工具的创造和交易自20世纪70年代中后期就成为投资银行的主要业务;收购、兼并自20世纪80年代以来成为美国一些大投资银行的主要业务,但对其他一些国家,如日本、法国的投资银行(在日本称为证券公司)来说,收购、兼并至今仍不能作为主要业务。对商业银行来说,西方发达国家的商业银行自20世纪70年代中期以来就大力拓展表外业务,为客户提供大量金融服务;而中国的商业银行直至20世纪90年代中期仍以存贷款业务为主,中间业务、表外业务的收入占总收入的比重在15%以下。2020年,中间业务占经营净收入的比重,在六大国有银行平均为17.6%,在九家股份制银行平均为25.6%。中国上市银行的非利息收入占经营净收入的比重,交通银行为37.7%、招商银行为30.4%、工商银行为26.7%、中国银行为26.5%、建设银行为23.8%、光大银行为22.3%、农业银行为17.2%。② 多年来,中国商业银行这一指标不断提高,但仍然低于同期美国商业银行的均值。

二、投资银行的类型

投资银行的业务领域极为广泛,几乎涉足所有金融市场;其业务种类繁多,经营着一切与证券相关的金融产品。但并非每一家投资银行都经营所有投资银行业务,投资银行业与其他行业一样有着规模差异和专业分工。在投资银行业最发达的美国,可将投资银行按规模、业务范围、客户基础等分为全球性投资银行、大型区域性投资银行、精品投资银行和零售经纪公司。③

(一) 全球性投资银行

截至2020年,在全球范围内同时经营投资银行业务和吸收存款业务的有九大全球性机构。经过2008年金融危机的冲击,这九大投资银行已经不再是纯粹的投资银行,而是同时经营多种业务的金融服务控股公司。表6-2总结了这九大机构在2020年的资产规模和收益状况。

① 目前,各国对投资银行和商业银行的监管机构不尽相同,但大多数国家的投资银行由证券管理机构监管。在美国,投资银行业主要由证券交易委员会负责监管,国民银行主要由美国联邦储备委员会和联邦存款保险公司监管,州银行主要由各州的货币监理官监管。但是,随着金融业混业经营趋势的出现,对投资银行和商业银行的监管在内容和机构方面已出现了一些变化。例如,英国在“次贷”危机后对金融监管体制进行了重大改革,将审慎监管职能合并回归中央银行,并在中央银行内部设立审慎监管局(PRA),负责银行、证券、保险行业的审慎监管;设立独立于中央银行的金融行为监管局(FCA),负责对包括银行、证券、保险在内的所有金融机构以及诸如债务催收等行业的行为监管和消费者保护;在中央银行内部新设金融政策委员会(FPC),负责制定宏观审慎政策,维护金融体系稳定。

② 国泰安数据库。

③ 戴维·斯托厄尔:《投资银行、对冲基金和私募股权投资》(原书第3版),马晓军、黄嵩等译,机械工业出版社2019年版。

表 6-2 九大全球性投资银行的财务业绩

公 司	2020 年总资产（亿美元）	2020 年净收入（亿美元）	2020 年净利润（亿美元）	2020 年净资产收益率(%)
摩根大通	33 861	1 021	291	10.78
美国银行	28 196	855	179	6.66
花旗集团	22 601	568	136	5.63
巴克莱	18 387	231	32	3.66
德意志银行	16 299	266	6	0.82
高盛	11 630	446	95	10.13
瑞银	11 258	254	66	11.51
摩根士丹利	11 159	482	110	12.00
瑞信	9 152	48	27	5.36

资料来源：Capital IQ，Wind.

（二）大型区域性投资银行

除了九大全球性投资银行以外，其他大型银行在全球的区域市场上也进行着激烈的竞争，甚至在某些国家比九大投资银行拥有更高的市场占有率，如法国巴黎银行、汇丰控股等。

（三）精品投资银行

精品投资银行指的是以并购为主营业务的中小型投资银行，一些精品投资银行还提供如收费的财务重组咨询和资产管理。精品投资银行的特点和优势在于其有着相对于大型全球性投资银行较高的专业性和独立性。著名的精品投资银行有百仕通集团、拉扎德等。

（四）零售经纪公司

零售经纪公司主要帮助个人客户进行小额的股票债券投资，不经营并购相关业务。著名的零售经纪公司有嘉信理财、Robinhood。

在这些投资银行中，第一、第二类是一国投资银行业的核心，它们掌握着几千亿美元的资产，不仅对本国的金融市场和经济运行起着举足轻重的作用，在经济一体化、全球化的条件下，这些投资银行对全球经济的影响也越来越大。表 6-3 列出了一些主要的全球性投资银行、大型区域性投资银行、精品投资银行和零售经纪公司。

表 6-3 投资银行的分类

全球性投资银行	大型区域性投资银行	精品投资银行	零售经纪公司
摩根大通	法国巴黎银行	百仕通集团	嘉信理财
美国银行	汇丰控股	拉扎德	Robinhood

续 表

全球性投资银行	大型区域性投资银行	精品投资银行	零售经纪公司
花旗集团	加拿大皇家银行	Perella Weinberg 合伙公司	E * Trade
巴克莱	法国兴业银行	华利安诺基	爱德华琼斯
德意志银行	渣打银行	Robert W.Baird & Co	美国利普乐金融集团
高盛	野村证券	Keefe, Bruyette & Woods	皇家保险
瑞银	苏格兰皇家银行	Moelis & Co	史考特证券
摩根士丹利	三井住友银行	Piper Sandler	道明证券
瑞信	瑞穗金融集团		
	三菱日联金融集团		

第三节 投资银行业务

投资银行经营的业务主要包括证券公募承销、证券私募承销、证券交易、收购与兼并、资产证券化、基金管理、风险资本投资、衍生金融工具的创造与交易和咨询服务等。

一、证券公募承销

证券公募承销是投资银行最基本的传统业务。在证券承销过程中,投资银行起了极为关键的媒介作用。投资银行承销的证券范围很广,不仅承销本国中央政府及地方政府、政府部门所发行的债券,而且承销各种企业所发行的债券和股票、外国政府与外国公司发行的证券,甚至国际金融机构如世界银行、亚洲发展银行等发行的证券。

标准的承销过程由以下三个步骤构成:

(一) 投资银行就证券发行的种类、时间、条件等对发行公司提出建议

投资银行凭借自己的丰富经验,并经过调查研究,考虑诸多有利、不利因素,向证券发行者提出最佳的发行条件;同时,投资银行应向发行者揭示该发行条件的利弊、风险状况和市场预测等信息。投资银行还向证券发行者提供所需的相关资料,包括宏观经济分析、行业分析、同行业公司股票状况等,以供参考。

(二) 从发行人处购买新证券

当证券发行者确定证券的种类和发行条件并报请证券管理机关(如美国的证券交易委员会、中国的证券监督管理委员会等)批准后,与投资银行签订协议,由投资银行帮助其销售证券。

在出售新证券时,投资银行不一定需要承担从发行人处购买证券的义务,投资银行可以是新证券的发行顾问或分销商。从发行人处购买证券的行为,称为承销(Underwriting)。当投资

银行从发行人处购买了证券并接受折价出售证券的风险时，它就被称为承销商；当投资银行同意从发行人处以固定价格购买证券时，承销的安排就被称为包销（Firm Commitment）。投资银行接受包销时的风险在于它支付给发行人购买证券的价格可能会高于其向公众出售证券时的价格；相反，在代销（Best-efforts Underwriting）安排中，投资银行只同意尽力销售证券，不从发行人处全额购买证券。如果发行证券的数量与金额较大，一家投资银行难以承担承销责任，为了分担风险，投资银行将组织一组公司承销发行，这一组公司被称为承销辛迪加（Underwriting Syndicate），即承销银团。

（三）向公众分销

投资银行与证券发行人签订销售证券的协议后，便要进行证券分销工作。投资银行通过承销获得报酬的主要来源是证券差价。该差价是支付给发行人的价格与投资银行向公众销售证券的价格差额，这一差额被称为毛利（Gross Spread）或承销折扣（Underwriter Discount）。

为了赚取毛利差，全部证券必须按计划价格出售给公众，这需要很强的营销力量。投资银行有一定的投资客户基础，一般会努力向客户出售证券。为了增加潜在投资者，牵头的承销商会组织销售集团（Selling Group），这个集团包括承销辛迪加和其他非辛迪加公司。

标准的证券承销包括以上三个方面的工作，投资银行可以只做其中一项，也可以做其中的两项或三项。

二、证券私募承销

证券的发行方式分为私募发行和公募发行两种，前面谈到的是公募发行。私募发行又称私下发行，发行者不是把证券售给社会公众，而是仅售给数量有限的机构投资者，如保险公司、共同基金、保险基金等。

私募发行与公募发行相比，具有一些优点。对于发行者来说，其发行要求比较低，易为主管机关批准；所需提交的材料较少，能够节约发行时间与发行成本，支付给投资银行的承销费用也相对较低；由于私募证券的流动性比较差，发行者往往要提供较高的收益率作为流动性补偿，因此，对于某些流动性要求不高的机构投资者而言，能够带来更高的收益。

当然，私募发行也有缺点。首先，私募发行的证券不能向公众出售，只能在机构投资者之间交易，流动性比较差。其次，其发行面狭窄，无法获得公募发行在扩大企业知名度、提高信誉、便于日后进一步发行证券等方面的好处；如果想要公开上市，则还要向证券管理部门报批。再次，在 1990 年以前，美国证券交易委员会规定，如果未在美国证券交易委员会登记，则在投资者获得私募证券以后的 2 年内不能将其出售。这一规定极大地约束了私募证券的流动性，严重限制了私募证券市场的发展。1990 年 4 月，美国证券交易委员会的法令取消了上述限期，从而大大促进了美国私募证券市场的发展。

在私募过程中，投资银行在多方面起着重要作用。首先，投资银行是私募证券的设计者，其与发行者、潜在的机构投资者一起工作，商讨和设计发行证券的种类、定价、条件等多方面事宜。私募证券具有相当大的灵活性，这一市场是许多金融创新的原生地和试验场所。其次，投资银行为发行者寻找合适的机构投资者，并按优劣列示这些机构投资者，供发行者选择。再次，如果发行者自己已找到了投资者，那么，投资银行便仅作为发行者的顾问提供咨询服务。

在私募发行中，投资银行根据其提供的服务种类、发行的金额、发行过程的烦琐程度以及证券的风险等因素考虑收取的报酬。

三、证券交易

一种错误的想法是,一旦证券售完,投资银行与交易商的关系就结束了。除了在一级市场作为股票、债券的承销商,投资银行还在二级市场担任做市商,且做市商在证券市场中非常重要。做市商促成了证券市场上互不相识的买方和卖方之间的交易,为市场提供了极大的流动性。在市场出现过度投机或交易量过低时,做市商通过买卖证券使价格恢复到合理水平,起到了稳定市场的作用。投资银行在一级市场的承销要求强大的二级市场做后盾,没有稳定的二级市场交易,证券承销就难以找到买方。

做市分为代理交易和自营交易。在代理交易中,做市商从某个客户买入证券,随后以稍高的价格卖给另一个客户。这一做市活动的收入主要产生于投资银行卖出证券的价格与其支付证券的价格之差(称买卖价差)及持有证券的升值。很明显,证券如果跌价,收益就会减少甚至发生损失。在自营交易中,做市商企图从证券价格变化中获利。预期证券价格上涨时,持有多头,价格上涨后卖出;预期价格下跌时,持有空头(借入股票并卖出获得现金),价格下跌后买入。在价格预期正确的情况下,做市商将获得可观的收益;反之,若价格变动方向与预期相反,做市商将承受损失。为了防止损失,投资银行必须采取套头交易策略。交易商可以采取多种策略,从一种或多种证券的持有中获取收入。套头交易策略主要有无风险套利和风险套利。无风险套利(Riskless Arbitrage)要求交易商寻找到以不同价格交易的一种或一组证券。例如,美国有些公司的普通股在多处进行交易,一些跨国公司的普通股同时在美国和一家或多家外国证券交易所交易。在这些不同的市场中,如果有价格差异,就有可能在除去交易成本后通过低买高卖来锁定收益。对以外币标价的证券,价格必须在汇率基础上转换过来。这类无风险套利机会是短期的,且不常出现。然而,有时证券和衍生合约及借款组合起来会形成与另一证券相同的支付情况,但两者价格不同。无风险套利交易的主要特点是使投资者避免了证券市价的不利变动风险。风险套利(Risk Arbitrage)一般发生在收购、兼并和破产程序结束,要求折换证券时。例如,假设A公司正在对B公司进行收购。A公司的股票市价为80美元,如果A公司宣布将以1股A公司股票换取2股B公司股票(每股价值为30美元),交易商现在就会买入B公司的股票。如果收购按计划实施,那么,以60美元购得2股B公司股票的交易商通过换股可获得20美元的收益。但是,如果收购不能按计划实施,或届时A公司股票价格下跌,交易商就会遭受一定的风险。

证券交易给投资银行带来的收益主要有客户委托买卖证券的佣金收入和证券投资收益(包括证券利息收益和证券市价波动所带来的资本利得收益)。佣金收入一般是委托交易金额的某一百分比,在许多国家(如英国)可以根据交易量的大小、客户与投资银行之间的关系等因素由双方协商决定。证券投资收益不仅与证券组合的选择密切相关,而且与宏观经济状况、股市整体波动状况等密切相关。因此,在不同的年份,证券投资的收益额很可能会差别很大。

四、收购与兼并

收购与兼并统称并购,是投资银行一项极为重要的业务。收购指的是通过购买标的公司的股票或资产而获得对标的公司的控制权或资产的所有权。兼并指的是通过换股或者向标的公司的股东支付现金实现两家公司在法律上的合并，兼并的实施需要超过50%甚至更多的股东投票支持。

自20世纪60年代以来，美国企业兼并的浪潮一浪高过一浪。许多大公司为了变成综合型的大企业，纷纷采取“大鱼吃小鱼”的战略，收购本行业或非本行业的企业进行扩张，希望产生“1＋1＞2”的效果。20世纪80年代，归功于“垃圾债券”(Junk Bond)大王迈克尔·米尔肯及其他投资银行家的努力，华尔街再次掀起了企业并购的狂潮，而且名不见经传的小公司吞并声誉卓著的大公司的“蛇吞象”事件频频发生。20世纪90年代，华尔街企业的并购战争更加激烈，引人注目的是，实力雄厚的“巨象”之间的互相吞并已屡见不鲜。实体企业间的并购在这些大型金融机构的帮助下更是如鱼得水，高盛、摩根大通、摩根士丹利、花旗银行等投资银行在一些企业并购中募集了大量的资金。表6-4列出了20世纪90年代以来的非金融企业大型并购案例以及主要参与的投资银行。

表6-4　20世纪90年代以来的大型并购

年份	并购方	被并购方	并购结果	主要参与的投资银行
1999	沃达丰(Vodafone)	德国曼内斯曼(Mannesmann)	沃达丰成为当时世界上第四大企业	高盛、摩根士丹利、德意志银行
1999	辉瑞(Pfizer)	华纳-兰伯特(Warner Lambert)	辉瑞成为当时美国第一制药企业	拉扎德
2001	美国在线(AOL)	时代华纳(Time Warner)	美国在线-时代华纳(AOL Time Warner) 2002年巨大亏损	摩根大通、摩根士丹利、美国银行、高盛
2000	葛兰素威康公司(Glaxo Wellcome)	史克必成公司(SmithKline Beecham)	葛兰素史克(GSK)成为全球最大药剂集团	摩根士丹利、美林证券
2007	法国燃气公司(Gaz de France)	苏伊士集团(Suez Group)	苏伊士环能集团(GDF Suez)成为世界能源巨头	摩根大通、摩根士丹利、美林证券
2013	威瑞森(Verizon)	沃达丰(Vodafone)	沃达丰退出美国移动市场	摩根大通、美国银行、巴克莱银行和摩根士丹利
2017	陶氏化学(Dow Chemical)	美国杜邦(DuPont)	陶氏杜邦(DOWDUPONT)成为全球最大化工公司	高盛、摩根士丹利、拉扎德
2016	百威英博(ABInbev)	英国南非米勒酿酒公司(SABMiller)	控股公司Newbelco成为全球最大啤酒公司	高盛
2015	亨氏公司(Heinz)	卡夫食品有限公司(Kraft)	卡夫亨氏公司(Kraft Heinz)成为全球第五大食品饮料公司	森特尔维尤合伙公司、拉扎德
2018	美国电话电报公司(AT&T)	时代华纳(Time Warner)	AT&T从电信巨头转型为全媒体巨头	摩根士丹利、花旗集团、摩根大通、美国银行

续 表

年份	并 购 方	被 并 购 方	并 购 结 果	主要参与的投资银行
2019	百时美施贵宝公司(Bristol-Myers Squibb)	新基制药(Celgene)	新基成为百时美施贵宝公司的全资子公司	摩根大通、花旗银行、摩根士丹利、美驰集团
2020	联合技术公司(United Technologies)	雷神公司(Raytheon)	雷神技术公司(Raytheon Technologies Corporation)成为世界第二大国防航空公司	花旗银行、高盛、摩根士丹利

资料来源：Zephyr.

在上述企业兼并与收购的过程中,投资银行扮演了极为重要的角色。投资银行可以几种方式参与企业的并购活动：(1) 寻找兼并与收购的对象;(2) 向猎手公司(Acquiring Company)和猎物公司(Target Company)提供有关买卖价格或非价格条款的咨询,或者帮助猎物公司采取行动,抵御恶意吞并企图;(3) 帮助猎手公司筹集必要的资金,以实现购买计划。

在兼并与收购过程中,投资银行收取的酬金(咨询费或聘请费)由兼并与收购交易的金额大小、复杂程度和投资银行提供的服务水平等决定。投资银行可以从四个方面赚取收益：(1) 收购提议;(2) 融资安排;(3) 过桥贷款(在永久性债务融资完成前的暂时资金借贷)安排;(4) 其他咨询费用。所谓"其他咨询费用",是指投资银行就被收购的估价提供合理意见而收取的费用。这些费用的确有其合理性,因为公司的购买者有时能获得投资银行提供的信息,使它们能够以低于其真实市价的价格收购这家公司,这在杠杆收购中越来越令人关注。目标公司的董事会通常会雇用投资银行对有关收购股价的合理性提供独立和专业性的意见。合理性建议的费用从对几百万美元交易收取的 5 万美元到对更大数额交易收取的 100 万美元不等。

五、资产证券化

资产证券化(Asset Securitization)是指将缺乏流动性的资产转换为在金融市场上可以出售的证券的行为。资产证券化是在西方社会融资证券化趋势所造就的大环境下应运而生并迅速发展起来的。在实际业务中,分期付款贷款、租赁、应收账款、住宅资产净值贷款和周转信贷额度贷款都可作为证券化资产的担保,以这些贷款作为担保的证券被称为资产担保证券,其中,最常见的三种类型是由零售汽车贷款、信用卡应收账款和住宅资产净值贷款提供担保的资产担保证券。

银行贷款证券化一般按以下程序运行：(1) 一家商业银行发行或重组一项贷款;(2) 该商业银行将其发起或重组的贷款出售给一家投资银行,该投资银行创立以该贷款组合为担保的证券;(3) 通过信用担保公司担保提高资产担保证券的信用;(4) 由信用评级公司对资产担保证券进行评级;(5) 投资银行可以将为贷款提供服务的权利出售给一家专门从事为贷款提供服务的公司;(6) 投资银行将证券出售给个人和机构投资者。图 6－1 是银行贷款证券化中不同角色的直观展示。

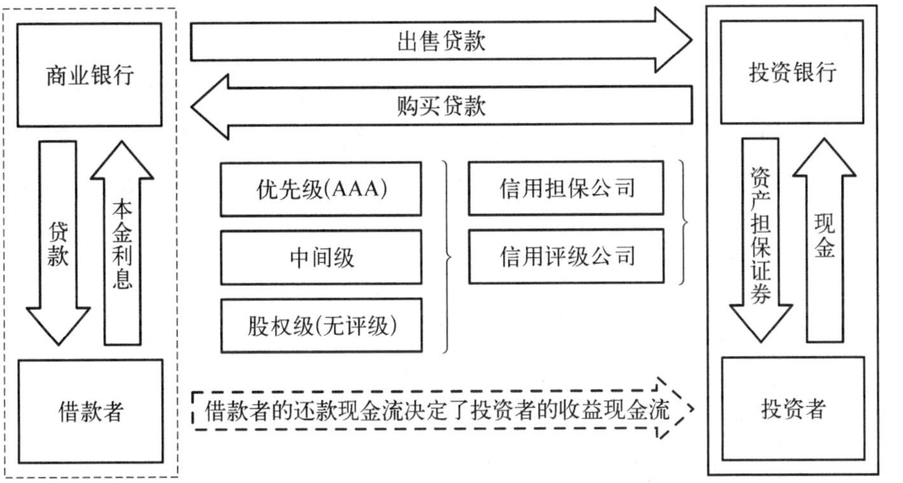

图 6－1　银行贷款证券化中的商业银行、投资银行和借款者、投资者

资产担保证券使投资者面临借款者违约的信用风险。为了控制信用风险，在对资产担保证券进行评级之前，需要对其提供各种形式的担保，通过担保而提高证券化资产信用级别的工作被称为信用增级或信用提高。信用增级是为了对投资者负责，为投资者提供更大的保护，以防范损失的发生。所需要的信用提高总量取决于两个因素：一是贷款人历史上在类似贷款方面的损失经历，二是发行者所追求的信用等级。信用增级或信用提高可能以一种或多种形式出现：第三方担保、准备金或现金担保品、对发行者的追索权、超额担保和优先/附属结构。

资产证券化对发行者、投资者、借款者和投资银行各方都是一种有益的融资方式。

对发行者（通常是商业银行）来说，通过资产证券化可以获得较低的筹资成本，更高效地运用资本管理资产组合，更好地进行资产负债管理，优化财务成果。资产证券化推动了银行向"发起到分销"模式的转变，为贷款人提供了其他融资渠道，不再过分依赖小额存款。①

对投资者来说，证券化将不具有流动性的资产转变为降低了信用风险的、流动性较高的证券。信用风险降低是因为证券是由一个分散化的贷款组合担保的以及有信用提高的措施。信用风险降低使投资者能够扩展其投资的空间，还有利于通过减少中介费用提高收益。

对借款者来说，由于金融机构或非金融机构可以将其发起的贷款证券化或将其出售给能使其证券化的机构，因而贷款者拥有了一项流动性更强的资产。这样一来，就会降低贷款利率与像国库券这样无拖欠风险的资产的利率之间的利差。随着资产担保证券市场的成熟，发起人之间的竞争会降低贷款市场的贷款利差，为借款者创造更有利的筹资环境。

对投资银行来说，资产证券化极大地加强了投资银行与工商企业的联系，促进了其证券业务的发展，进一步奠定了其在国民经济中的重要地位。投资银行可以两种方式介入资产证券化活动：一种是投资银行承销资产支持证券；另一种是购买公司和其他金融机构的资产，创造并销售证券。

① 所罗门・Y.迪古、阿尔珀・喀拉：《资产证券化：过去、现在及未来》，崔梦婷译，中国金融出版社 2018 年版。

六、基金管理

基金是一种重要的投资工具,由基金发起人发起,吸收许多投资者的资金,聘请有专门知识和投资经验的专家运用吸收进来的资金进行投资,并将收益代为储存,定期按投资者所占基金份额分配给投资者。在美国,基金被称为"共同基金",在英国则被称为"单位信托基金",日本称其为"证券投资信托基金",在其他国家还被称作"互相基金"或"互惠基金"。基金起源于英国,盛行于美国。在渡过20世纪30年代大危机和第二次世界大战后,基金取得了迅速的发展。目前,从资产总额来讲,投资基金在某些发达国家已经是最庞大的实力雄厚的金融组织。

投资银行业务与基金业务有密切关系:第一,投资银行可以作为基金的发起人发起和设立基金(基金的投资者可能是个人,也可能是机构投资者);第二,投资银行可作为基金管理者管理自己发行的基金;第三,投资银行还可以作为基金承销人,帮助其他基金发行人向投资者发售受益凭证,募集投资者的资金(这一过程与证券的承销过程相似);第四,投资银行还常常接受基金发起人的委托,作为基金的管理人,帮助其管理基金,并据此获得一定的佣金。基金管理的关键是在分散和降低风险的基础上获得较高的收益,因此,证券组合投资就显得极为重要。投资银行拥有高水平的金融投资专家、迅捷的信息渠道、先进的金融技术、广泛的金融业务网络,因此,在基金管理上具有得天独厚的优势。

七、风险资本投资

风险资本(Venture Capital)又称创业投资资本,是指新兴的科技公司在创业期和拓展期所融通的资金。运用高新技术研发新产品、新材料的公司具有很大的市场潜力,研发的新产品若符合市场需要,往往可以获得远高于平均利润率的利润。但是,新产品研究、开发和推向市场的过程充满着风险,新技术是否被市场认可是未知数,因此,这类公司在高额潜在收益的实现过程中存在很大的不确定性,其破产、倒闭的风险非常大。新兴公司在发展过程中最需要资金支持。在企业家自有资金有限、需要外部资金以及其规模小、资信未得到认可的艰难状况下,投资银行的风险资本业务便如雪中送炭。

投资银行的风险资本投资业务与私募证券业务、证券管理业务有密切关系。许多无法筹得贷款,更不可能公开发行股票的新兴公司迫切希望投资银行通过私募发行为其融资。若投资银行经过评估确认该新兴公司有可行性,则同意为其募集资金。在私募发行过程中,投资银行不仅可以向其征收一定的发行报酬,如果投资银行觉得该新兴公司潜力巨大、管理科学、财务稳健,还可以投资于该公司,成为其股东。有些投资银行还专门设有创业基金或风险投资基金,作为专门向新兴公司提供创业资本的基金。由于新兴公司的风险很大,因此,投资银行往往要求发行公司提供很高的私募发行报酬。一般来说,这类私募活动的平均酬金率为5%～6%,高的可达8%～10%。此外,投资银行还常常要求发行公司提供认股权证,一般要求该认股权证占私募总额的10%,并规定在私募后5年内投资银行有权按私募发行价的120%购买该认股权证所代表的股票。这样,一旦该公司股票上市且股价上涨,投资银行就处于非常有利的地位;如果该公司经营不善,投资银行则可不执行认股权。当私募发行比较棘手时,投资银行还要求发行公司保证日后的私募或公开发行均在该投资银行办理。除了使用认股权证提高回报率,投资者还可以通过对赌协议来规避风险。对赌协议又称估值调整协议，指的是投资方(投资银行)与融资方(创业公司)在达成股权性融资协议时，为公司未来发展不确定、投资者与管理层信息不对称的代理成本等所带来的风险而设计的股权回购或现金补偿等协议。如果公司发展不好而无法上市或者管理层做出了损害投资者利益的行为，投资者就可以依靠对赌协议要求赔偿。

倘若获得风险资本的新兴公司发展良好、利润水平迅速提高，投资银行便会非常积极地帮助该公司发行股票，并促使其上市。一般来说，这类股票上市后，市价均将十倍、百倍地高于其私募价格，投资银行可以因此获得巨额利润。投资银行这种通过向新兴公司投资获取收益的安排，称为股权推进。

除以上介绍的七大类业务活动外，投资银行业务还包括衍生金融工具的创造与交易、咨询服务和信托业务，为企业安排内部筹资和票据交换，为经济运行和上市公司做研究、预测等工作。限于篇幅，这里不做介绍。

第四节 投资银行监管

投资银行业监管的历史以三个重大金融法案的颁布作为转折点，分别是 1933 年《格拉斯-斯蒂格尔法》、1999 年《格雷姆-里奇-比利雷法案》和 2010 年《多德-弗兰克法案》。这三大法案分别反映了投资银行在不同发展时期的监管力度变化：在金融机构业务范围过大而对经济体造成系统性风险时，监管力度加大，确保金融市场和实体经济的稳定发展；在市场对金融机构业务、体制创新有所需求时，监管部分放松，容许一些有助于金融市场健康发展的业务和体制新形式。

一、分业经营与 1933 年《格拉斯-斯蒂格尔法》

美国在经历了 20 世纪 30 年代的大危机之后，于 1933 年通过了《格拉斯-斯蒂格尔法》，最先在法律上确立了投资银行与商业银行的分业经营。法案主要规定如下：

(1) 任何以吸收存款为主要资金来源的商业银行除了可以进行投资代理、经营指定的政府债券、用自有资本有限制地购买某些股票和债券①之外，均不能经营证券投资业务。

(2) 任何商业银行都不能设立从事证券投资业务的子公司，而任何投资银行也不能设立吸收公众存款的子公司。

(3) 法案设立了联邦存款保险公司，为银行存款提供保险。

(4) 禁止商业银行支付活期存款利息。

日本也是实行分业模式的典型国家，但并不是在 20 世纪 30 年代大危机之后，而是在第二次世界大战之后才将投资银行业务与商业银行业务明确分开。第二次世界大战结束之后，美国占领了日本，并着手将美国的经济与金融体制移植至日本。1948 年，日本发布了《证券交易法》，规定银行和信托机构不准从事有价证券的买卖中介、代理、代销、承购、承销等业务，这类业务的经营及相关利润的收取应由证券公司从事，从而确立了分离型的投资银

① 《格拉斯-斯蒂格尔法》规定，商业银行最多可以用自有资本的 10%进行股票和其他非政府债券的买卖，但它们必须经过独立的证券评级机构评级，并且级别应至少是 BBB(或 Bbb)级。

行体制。

英国在进行金融管理时历来注重市场参与者的自我管理与自我约束,较少依靠立法进行限制,在投资银行体制这一问题上也不例外。英国专业化的存款银行和投资银行(商人银行)一开始就是分道扬镳地发展起来的,业务交叉并不多。20世纪30年代大危机后,虽然英国实行了投资银行与商业银行分业经营、分业管理的体制,但没有像美国和日本那样做严格、明确的业务划分。与其说英国金融业的这种职能分离是法律和规范造成的,不如说是历史和惯例的结果。

然而,分业模式在美国、日本、英国三国实行了几十年后,于20世纪80年代中后期也开始发生重大变化,过去严格、明确的分离体制明显弱化,投资银行和商业银行的业务界限日渐模糊,越来越多的全球和区域性金融集团纷纷组建。在金融集团内部,商业银行、投资银行、资产管理公司、保险公司等各类金融机构的业务相互交叉、融合的情况越来越频繁。

二、混业经营与1999年《格雷姆-里奇-比利雷法案》

混业经营是指在法律上和银行业的实际运作中,对银行可经营的业务范围没有严格的界定,各种银行都可以全盘经营存贷款、证券买卖、租赁、担保等商业银行与投资银行业务。至于每一家银行具体选择经营何种业务,则由其根据自身优势、各种主客观条件及发展目标等自行考虑,国家对其不做过多干预。因此,这一模式被称为"全能银行制度"(Universal Banking System)。德国银行历来就有综合经营存贷款业务与证券业务的特点。除德国以外,实行这一银行体制的还有瑞士、荷兰、比利时、卢森堡、奥地利等欧洲国家。

在德国,实力最雄厚的全能银行是德意志银行、德累斯顿银行和商业银行。这三家银行不仅在存款总额、贷款总额、清算服务等商业银行业务方面稳居德国银行业的榜首,而且掌握着德国大多数的证券发行和证券交易量,这使它们集投资银行和商业银行于一身,便利地进出各种金融市场,令美国、日本、英国的同行们羡慕不已。第二次世界大战后,与日本相似,德国作为战败国,也承受着来自美国、英国等要求其建立分离型投资银行体制的压力,但是,德国全能银行的传统并没有因此而改变。这种曾被视为风险极大的综合型模式,不仅没有使德国的金融体制陷于动荡与不稳定,相反极好地促进了德国银行的发展壮大,促成了德国经济的迅速崛起和"莱茵河经济奇迹"的出现。当然,这与德国健全的银行内部控制制度和严格的监督管理制度是分不开的。

在经济大危机结束的几十年后,受《格拉斯-斯蒂格尔法案》的约束,传统金融机构对客户的吸引力远低于提供多元化投资的共同基金。认识到这一变化后,1999年,美国国会通过了《格雷姆-里奇-比利雷法案》,该法案又称《金融服务现代化法案》,废除了商业银行、保险公司和投资银行之间的限制,主要规定如下:

(1) 取消银行、保险公司、证券公司之间业务往来的限制,允许金融服务控股公司的成立。

(2) 规定保险公司在州层面上的监管。

(3) 精简银行控股公司的监管,以美联储作为控股公司监管机构。

(4) 禁止联邦存款保险公司对商业银行和储蓄机构的附属机构和子公司的援助。

(5) 规定外国银行在国内业务活动的监管办法。

《格雷姆-里奇-比利雷法案》被认为是1933年后金融机构监管最大的变动,不仅允许商业银行和投资银行的混业经营,而且创建了可以涉足银行业务、保险业务和证券业务的金融服务控股公司,为提供全面服务的金融机构的建立打开了大门。

尽管随着金融管制的放松,英国、美国、日本等国的投资银行和商业银行已逐步由分业经营走向混业经营,但其混业经营模式与德国的全能银行体制仍有显著的区别。以美国花旗集团为例,花旗集团由原来经营商业银行业务的花旗银行和原来经营保险与投资银行业务的旅行者公司合并而成。尽管合并以后花旗集团可以办理商业银行、投资银行、保险等几乎所有金融业务,但在花旗集团内部还是有分工的,花旗银行仍主要经营商业银行业务,旅行者人寿公司仍主要经营保险业务,花旗环球金融部经营投资银行业务,三家机构在客户资源、信息等多方面相互支持、优势互补,但在具体的决策及经营管理上仍相互独立。

三、2010 年《多德-弗兰克法案》——严监管回归

2008 年由美国"次贷"危机引发的全球金融危机又一次引发全球金融界,尤其是金融监管部门对投资银行和商业银行之间设立"防火墙"的重视。2010 年,美国国会通过了《多德-弗兰克法案》,该法案又被称为《华尔街改革和消费者保护法案》,主要规定如下:

(1) 成立了金融服务监督委员会,防范大型金融机构造成系统性风险。

(2) 赋予政府拆分给金融系统带来系统性风险的金融机构的权力。

(3) 成立了消费者金融保护局,监管信用卡和抵押贷款等产品。

(4) 允许国会命令政府问责局审计美联储的活动。

(5) 赋予股东就公司薪酬方案进行非约束性代理投票的权利。

(6) 要求场外交易衍生品通过清算所交易,以保证交易价值的透明度。

(7) 沃克尔规则(Volker Rules)禁止商业银行从事高风险的自营交易,同时要求已合并入银行集团的投资银行将高风险的自营业务剥离出去。

《多德-弗兰克法案》旨在防止 2008 年金融危机的重演,被称为"大萧条"之后最大规模的金融规则改革提案,全面改革了美国的金融体系和金融规则。法案对投资银行的监管方式进行了许多改革,包括加强对信用评级机构和资产证券化的监管,对所有场外衍生品进行全面监管等。

美国财政部表示,《多德-弗兰克法案》使监管机构具备了监测系统性风险的新工具,赋予了储蓄者、投资者一个更安全且强大的金融体系和更加透明的金融市场。然而,该法案的规则并没有被金融机构照单全收,有超过 50 个议案要求拖延法案甚至废除法案。这些提案企图解散消费者金融保护局、破坏金融稳定监管委员会以及阻止衍生品相关规则生效。2012 年 5 月,摩根大通由于内部风险控制不足,套期保值业务投资策略失败,导致在 40 天内亏损高达 20 亿美元。随后,该公司总裁兼首席执行官杰米·戴蒙承认,巨亏主要是由于内部风险控制不力。同年 7 月,汇丰银行未能遵守反洗钱等法律规定,不慎参与洗钱。这些事件反映出法案并未全面实施,美国金融监管体系仍存在系统性漏洞。

本章小结

20 世纪 70 年代以前,投资银行经历了漫长的早期发展过程。1929 年以前是投资银行产生及持续发展的阶段,证券交易、战争、股份公司、基础设施建设以及企业兼并是促进投资银行早期发展的重要因素。1929—1933 年是投资银行膨胀及动荡的阶段。在大危机中,大

量商业银行和投资银行倒闭。自20世纪60年代以来,金融创新和拓展国际业务是投资银行迅速发展的两个重要特征。2007年美国"次贷"危机引爆的全球金融危机对全球经济和金融市场造成了巨大冲击。在危机中,美国华尔街的投资银行难逃清盘、倒闭或被并购的命运,两家国际最著名的投资银行——高盛集团和摩根士丹利——于2008年9月在美联储的推动下改组为商业银行集团成员。

投资银行的定义通常是根据投资银行的业务范围确定的。随着金融管制的放松,投资银行与商业银行的业务交叉越来越多,两者之间的业务分界越来越模糊。但是,到目前为止,投资银行与商业银行在资金来源、主要业务、主要功能、主要利润来源及监管机构等方面仍存在较大区别。投资银行经营的业务主要包括证券公募承销、证券私募承销、证券交易、证券私募、资产证券化、收购与兼并、资产证券化、基金管理、风险资本投资、衍生金融工具的创造与交易和咨询服务等。

投资银行业监管的历史以三个重大金融法案的颁布作为转折点,分别是《格拉斯-斯蒂格尔法》《格雷姆-里奇-比利雷法案》和《多德-弗兰克法案》。1933年《格拉斯-斯蒂格尔法》在法律上确立了投资银行与商业银行的分业经营;1999年《格雷姆-里奇-比利雷法案》废除了商业银行、保险公司和投资银行之间的限制,实行混业经营;2010年《多德-弗兰克法案》回归严监管。

参考书目

1. 查里斯·R.吉斯特:《金融体系中的投资银行》,郭浩译,经济科学出版社2012年版。

2. 弗兰克·J.法博齐、弗朗哥·莫迪利亚尼:《资本市场:机构与工具》(第四版),汪涛、郭宁译,中国人民大学出版社2015年版。

3. 艾伦·加特:《管制、放松与重新管制》,陈雨露等译,经济科学出版社1999年版。

4. 安东尼·桑德斯:《现代金融机构管理》,李秉祥主译,东北财经大学出版社2002年版。

5. 戴维·斯托厄尔:《投资银行、对冲基金和私募股权投资》(原书第3版),马晓军、黄嵩等译,机械工业出版社2019年版。

6. Timothy W. Koch, S. Scott MacDonald. *Bank Management*. The Dryden Press Harcourt College Publishers, 2000.

7. 所罗门·Y.迪古、阿尔珀·喀拉:《资产证券化:过去、现在及未来》,崔梦婷译,中国金融出版社2018年版。

思考题

1. 投资银行在金融危机中扮演了什么角色?金融危机给美国投资银行带来了什么影响?

2. 什么是投资银行?它与商业银行主要有哪些区别?

3. 什么是私募发行?它有哪些特点?投资银行在证券私募承销发行中扮演怎样的角色?

4. 什么是并购?并购中投资银行发挥了什么作用?

5. 什么是资产证券化？银行贷款证券化一般要经历哪些程序？为什么资产担保证券都需要经历增级和信用提高这一过程？

6. 尝试通过对次级贷款变身为次级债券以及购买信用违约掉期过程的分析，阐述金融衍生产品自身隐含的风险。

7. 何谓分业经营？何谓混业经营？怎样才能既发挥混业经营的优势，又有效控制其风险？

7

第七章
其他金融机构

全章提要

教学目的和要求

- 了解欧美国家金融机构的类型。
- 理解各种金融机构的功能及主要业务。
- 掌握中国金融机构的体系及各类金融机构的主要功能。

除了商业银行和投资银行以外，还有许多金融中介机构也在经济活动中发挥着重要的作用。对于金融中介机构的分类，依据不同的标准可以有不同的归类。本章前三节根据金融中介机构的负债与资产，分别介绍以美国为例的发达国家的三类金融中介机构，第四节介绍中国的金融机构体系。

按照不同的资金来源（负债）和资金运用（资产），金融中介机构可以分为存款型金融机构（Depository Institutions）、契约型储蓄机构（Contractual Savings Institutions）和投资型中介机构（Investment Intermediaries）三类，如表 7－1 所示。

表 7－1　金融中介机构的主要资产和负债

金融机构的类型	主要负债（资金来源）	主要资产（资金运用）
存款型金融机构：		
商业银行	存款	工商信贷和消费者信贷、抵押贷款、联邦政府证券和市政债券
储蓄贷款协会	存款	抵押贷款
互助储蓄协会	存款	抵押贷款
信用合作社	存款	消费者信贷
契约型储蓄机构：		
人寿保险公司	保费	公司债券和抵押贷款
财产和意外灾害保险公司	保费	市政债券、公司债券和股票、联邦政府债券
养老基金、政府退休基金	雇员和雇主缴款及政府财政补贴	公司债券和股票
投资型中介机构：		
投资银行	股份	证券承销、经纪和自营业务
金融公司	商业票据、股票、债券	消费者信贷和工商信贷
共同基金	股份	股票和债券
货币市场共同基金	股份	货币市场工具
对冲基金	集资	世界各国的证券和货币
信托公司	受托资产	证券投资

第一节 存款型金融机构

存款型金融机构是从个人和机构接受存款并发放贷款的金融机构。货币金融学的研究对于这类金融机构给予特别的关注,因为它们创造存款,而这些存款又是货币供应的重要组成部分。这些存款机构以经营存、贷款业务为主,并为顾客提供多种金融服务。由于存款型金融机构在金融系统中占有重要地位,因此,它们受到严格的管制。活期存款账户是个人或公司等实体进行支付的主要手段,政府的货币政策也通过银行系统得以实施。存款型金融机构主要有商业银行(Commercial Banks)、储蓄银行(Savings Banks)和信用合作社(Credit Unions)。

一、商业银行

商业银行主要通过发行支票存款、储蓄存款和定期存款来筹措资金,用于发放工商业贷款、消费者贷款和抵押贷款,购买政府债券,提供广泛的金融服务。无论在哪个国家,商业银行都是最重要的一种金融中介机构,它们所拥有的总资产最大,提供的金融服务也最全面。

二、储蓄银行

储蓄银行是指办理居民储蓄并以吸收储蓄存款为主要资金来源的银行。与我国几乎所有的金融机构均经营储蓄业务的情况有所不同,在西方不少国家,储蓄银行是独立的金融机构。对储蓄银行也大多有专门的管理法令,其主要内容一方面是旨在保护小额储蓄人,另一方面则是规定它们所集聚的大量资金应该投向何处。

储蓄银行的具体名称,各国有所差异,有的甚至不以银行相称。不论名称如何,其功能基本相同。比如,有储蓄贷款协会、互助储蓄银行、国民储蓄银行、信托储蓄银行、信贷协会等名称,不少国家的邮政系统也办理储蓄业务,有的国家从推动居民住宅建设的角度发展起住房储蓄银行等。

储蓄银行所汇集的储蓄存款余额较为稳定,主要用于长期投资,如发放不动产抵押贷款(主要是住房贷款),投资于政府公债、公司股票及债券,对市政机构发放贷款等。有些国家还明文规定其资金必须投资于政府公债的比例。储蓄银行的业务活动所受到的约束,如不得经营支票存款、不得经营一般工商贷款等,近年来已有所突破,有些储蓄银行已开始经营过去只有商业银行才能经营的许多业务。

在美国,储蓄银行主要有储蓄贷款协会和互助储蓄银行两种形式。

储蓄贷款协会的主要资金来源是储蓄存款(通常称为股份)、定期存款和支票存款,其主要资金运用是发放抵押贷款。1980 年之前,储蓄贷款协会不能接受支票存款,并且只能发放抵押贷款。20 世纪 70 年代后期,它们遇到的困境促使国会放松了对它们的限制。1980 年,美国国会通过了《存款机构放松管制和货币管理法案》(*Depository Institutions Deregulation and Monetary Control Act*),允许它们接受支票存款、发放消费者贷款,并从事以前只允许商业银行从事的许多业务。另一方面,它们也要像商业银行一样接受联邦储备系统的准备金约束。这样,储蓄贷款协会与商业银行的界限日趋模糊,它们之间的竞争也日益激烈。

美国的互助储蓄银行和储蓄贷款协会很相似，也是靠接受存款来筹措资金。1980 年前，它们的业务仅限于发放抵押贷款；1980 年放松管制之后，互助储蓄银行也获得了接受支票存款以及发放其他贷款的权力。但是，它们在组织结构方面与储蓄贷款协会有重要的不同，它们是合作性质的存款机构，存款人就是股东，拥有银行净资产中的一定份额。

三、信用合作社

信用合作社是在西方国家中普遍存在的一种互助合作性金融组织，有农村农民的信用合作社，有城市手工业者或某一行业等特定范围会员的信用合作社。这类金融机构一般规模不大，它们的资金来源于合作社成员缴纳的股金和吸收存款，社员存款被称为股份(Shares)，支付给社员的收益一般不以利息而以股利的方式支付。信用合作社的资金运用主要是对会员提供短期贷款、消费信贷和票据贴现，此外还有一部分用于证券投资。近年来，一些资金充裕的信用合作社已增加了家庭住房抵押贷款、信用卡贷款，有的还为社员的生产设备更新改造提供中、长期贷款。相对于其他存款型金融机构，信用合作社的优势在于它们的分布极为广泛，十分有效地吸收了社会上的闲散资金，特别是在一些大银行机构无法顾及的区域，其在经济生活中所起的动员社会资金的作用不容小觑。由于金融竞争的影响和金融创新的发展，信用合作社的业务有拓宽的趋势。其资金来源及运用从原来的以会员为主逐渐转向客户群体的多元化，因而其在金融市场上的作用越来越大。

第二节　契约型储蓄机构

契约型储蓄机构包括保险公司(Insurance Companies)和养老基金(Pension Funds)。它们的共同特征是以合约方式定期、定量地从持约人手中收取资金(保险费或养老金预付款)，然后按合约规定向持约人提供保险服务或养老金。由于它们能通过概率计算出每年需要支付的赔偿额和退休金，因此，可以把其余的资金投资于较长期的证券，如公司债券、股票以及长期国债等。

一、保险公司

西方国家的保险业十分发达，各类保险公司是各国最重要的非银行类金融机构。在西方国家，几乎是无人不保险、无物不保险、无事不保险。为此，西方各国按照保险种类分别设立了形式多样的保险公司，如财产保险公司、人寿保险公司、火灾和事故保险公司、老年和伤残保险公司、信贷保险公司、存款保险公司等。

保险公司主要有两种类型：人寿保险公司及财产和意外灾害保险公司。

在绝大多数国家，人寿保险公司是储蓄机构。人寿保险公司有两种不同的组织形式：一种是股份公司型，其股份为股东所有；另一种是相互保险公司，其所有者为各投保人。在美国，虽然 90%以上的人寿保险公司都是股份公司型，但是，相互人寿保险公司的规模却非常大。不过，相互人寿保险公司有向股份制公司转型的趋势，因为股份制更有利于公司的进一步发展壮大。美国恒康人寿保险公司就是一个例子，其于 2000 年底成功上市，实现了由相互制公司到股份制公司的转变。由于从总体上看，人口死亡率是比较稳定的，因此，人寿保险公司能够相当准确地计算出其未来的保险金支付额,因此,人寿保险公司主要投资于收益较高的公司股票、债券、抵押贷款等长期性金融工具。

财产和意外灾害保险公司主要是对火灾、盗窃、车祸、自然灾害等各种事件造成的财产损失进行保险。由于它们的保险赔偿额不像人寿保险公司那样可以准确预期,因此,它们更多地投资于中央政府债券和市政债券,以保持必要的资产流动性。

由于保险公司获得的保费收入经常远远超过其保费支付,因而聚积了大量的货币资本。这些货币资本往往比银行存款更稳定,是西方国家金融系统长期资本的重要来源。

西方国家保险公司的组织形式有:(1) 国营保险公司,它们往往主要办理国家强制保险或某种特殊保险;(2) 私营保险公司,它们一般以股份公司的形式出现,也是西方国家中经营保险业务的主要组织形式;(3) 合作保险,是社会上需要保险的人或单位采取合作组织形式来满足其成员对保险保障的要求,如相互保险公司就是保险人办理相互保险的合作组织;(4) 个人保险公司,即以个人名义承保业务,目前只在英国盛行;(5) 自保保险公司,这是一些大企业或托拉斯组织为了节省保费、避免税赋负担而成立的专为本系统服务的保险公司;等等。

二、养老基金

养老保险是一种向参加养老金计划者以年金形式提供退休收入的金融机构。养老基金提供退休年金的资金主要来自:(1) 劳资双方的资金积聚,即雇主的缴款以及雇员工资中的扣除或雇员的自愿缴纳;(2) 运用积聚资金的收益,如投资于公司债券、股票以及政府债券的收益等。

养老基金是第二次世界大战后迅速发展起来的,目前普遍存在于西方各国。西方国家政府关于要求建立养老金计划的立法以及纳税优惠,对养老基金的建立和发展起了推动作用。有些国家,如英国,养老基金、退休基金业务的相当大部分由保险公司经办。近年来,这类金融机构的发展引人注目。

(一) 养老基金依出资人、出资额、资金的运作及给付方式的不同分类

养老基金根据出资人、出资额、资金的运作及给付方式不同,可以划分为许多不同类型。在美国,养老基金主要有以下三种类型:

1. 确定养老金缴纳方案

在确定养老金缴纳方案(Defined Contribution)这一计划中,计划主办人只负责代表有资格的参与者进行特定的出资,出资数额常常是雇员工资或利润的一定百分比。计划主办人并不保证退休时可进行一定数量的支付。有资格的参与者在退休时获得的支付取决于养老金计划资产的增长速度,即取决于养老金的投资表现。因此,在这一计划中,雇员承担所有的投资风险。

计划主办人为参与者提供各种选择权作为投资工具。计划主办人经常给参与者提供投资于一组共同基金的机会。在政府和私人公司等机构,一半以上的养老金方案投资于共同基金,私人公司投入的比重更大。公共部门和公司的雇员十分欢迎大量资金投入股权基金和增长型基金,养老金的几乎一半资产投入了共同基金。

美国劳工部要求公司为其雇员提供不同的选择。这一规定促使养老金计划选择投资共同基金,因为一组共同基金能为不同的投资目标提供现成的投资工具。

2. 定额给付退休计划

在定额给付退休计划(Defined Benefit Plans)中,计划主办人承诺合格的雇员退休时(或者当退休前死亡时),向受益人支付固定数额的美元。退休时支付的金额通常由一定的公式决定,该公式会考虑雇员服务的时间和雇员的收入水平。养老金负债实际是计划主办人的债务,他承担了支付时资金不足的风险。与确定养老金缴纳方案不同,定额给付退休计划的投资风险完全由计划主办人承担。

定额给付退休计划的主办人可以使用基金的资金从寿险公司购买年金保单。由寿险保单担保的退休计划称为被保险计划(Insured Plans),那些没有被保险的则称为未被保险计划(Noninsured Plans)。被保险计划不一定比未被保险计划更安全,因为前者取决于寿险公司按合同进行支付的能力。

3. 混合养老金计划

混合养老金计划(Hybrid Pension Plans)是养老金的一个新品种。这一类养老基金组合了养老金基本类型的特点,第一次出现于 1985 年。混合养老金计划的优势在于克服了基本计划类型的缺陷。确定养老金缴纳方案使雇员承担了所有的投资风险;当只有少数工人长期服务于一家公司时,定额给付退休计划不但十分昂贵,而且很难实施。

混合养老金计划与确定养老金缴纳方案一样,雇主每年支付一定的数额;同时,又像定额给付退休计划那样,雇主按雇员的服务年限保证最低水平的现金收益。雇主管理养老基金,并定期通知雇员其账户的价值。如果养老基金不能产生足够的增长率,以达到预先确立的收益水平,雇员就必须加入所缺数额。在这一计划中,雇主和参加计划的雇员分担了提供退休收益的风险。

混合养老金计划的主办人可以控制养老金资产从事以下业务:(1) 依靠内部管理人员管理所有的基金资产;(2) 依靠外聘基金管理人员将养老金资产分配于一个或更多的资金管理公司进行管理;(3) 将这些方法混合。

(二) 养老基金依发起人和保障对象范围的不同分类

1. 私人养老金计划

私人养老金计划(Private Pension Plan)是企业为其员工提供养老福利的养老金计划。企业建立私人养老金计划,通常是由雇员组织(如工会)与雇主集体协商谈判决定的,也有雇员个人与雇主谈判的情况。雇主一旦建立私人养老金计划,则须覆盖全体雇员。在由雇主发起的私人养老金计划中,养老基金的资金来源由雇主和雇员共同缴纳保险费构成。养老基金一般由银行、人寿保险公司或者养老基金经理来管理,投资的方向主要有:(1) 政府债券和公司债券;(2) 公司股票;(3) 海外投资;(4) 房地产业。投资债券一般来说收益较低,但回报率比较稳定、风险小。后三项投资的共同特点是投资风险大,但预期的收益率比较高。

美国的私人养老金计划建立于 1974 年,又称职业养老金计划(Occupation Pension Plan)或雇主养老金计划(Employer Pension Plan)。另外值得一提的是,美国很多公司的私人养老金计划存在缺口,即当需要向雇员支付养老金的时候,公司的养老金债务大于其当期的收益。只要公司有足够的留存利润,这个缺口就不会产生任何问题,否则,公司可能无法清偿其养老金债务。由于公司存在养老金缺口、管理不善、欺诈行为和对养老基金的滥用等问题,美国国会于 1974 年通过了《雇员退休收入保障法案》(*Employee Retirement Income Security*)。

这个法案制定了信息披露的最低要求,规定了养老金缺口大小的标准和养老基金投资的限制,以规范养老基金的运作。

2. 公共养老金计划

公共养老金计划(Public Pension Plan)是指由政府发起并由政府机构管理的向老年退休者提供养老金的老年经济保障计划。它可以采取四种方式:社会保险、社会救济、普遍津贴和节俭基金。

最重要的公共养老金计划就是社会保险,它是政府按照“风险分担,互助互济”的保险原则举办的养老金计划,几乎覆盖了所有私人部门的雇佣员工。其资金主要来源于工人薪水的部分扣除和雇主的工资税,政府也可以通过一般财政收入给予一定的补贴。参加社会保险的雇员在退休时可以以年金的形式得到一笔养老金,养老金的数额大小与其缴纳的养老保险费的多少成正比关系,体现了一定的公平性。社会保险的福利包括退休收入、医疗保险和残疾人救助。在美国,各个州和地方政府以及联邦政府也像私人养老金计划一样,为其雇员设立了养老金计划。这些养老金计划基本上跟私人养老金计划一样运转,并持有类似的资产。这类养老金计划存在缺口的现象十分普遍,这使有的地方政府债券的投资者担心当他们持有的债券到期时,地方政府是否有足够的能力清偿债务。

社会救济是指政府对生活十分困难的人给予的人道主义的物质援助。在这种类型的养老金计划中,凡是经过家庭收入及财产调查,符合条件的老年人都有资格享受政府的养老金。

普遍津贴是政府按照“人人有份”的福利原则建立的公共养老制度,达到规定退休年龄的老年人都可以领取政府的养老金。普遍津贴与社会救济有一个共同点,就是计划的受益人不用缴纳任何费用,养老金计划完全由政府从一般政府预算中筹资。不过,在这两种公共养老金计划下,政府的负担会比较重,只有经济发达的国家才有条件实行这两种类型的公共养老金制度,并取得较好的效果。

节俭基金是政府通过立法,在雇员工作期间,强制雇主和雇员按雇员工资的一定比例向雇员的养老个人账户缴费,具有强制储蓄的特点。待雇员退休后,其个人账户中积累的资金全部归雇员个人所有,政府可以一次性,也可以按月将其发放给退休雇员。该类型公共养老金计划的特点在于受益人之间不能进行任何形式的收入再分配,不具有互助互济的功能。

在许多国家,保险公司、商业银行的信托部门、独立的资产管理公司(不附属于保险公司或银行的公司)都可以管理养老基金。养老基金管理者的收入来源于管理资产收取的费用。在美国,养老基金的年费率一般按资产总额的0.01%~0.75%收取。养老基金的管理费率一般低于投资公司的咨询费率,因为管理大额养老基金有规模经济效应,而在投资公司的业务中,小额投资者只做小额投资。此外,也有一些养老基金的主办人签订以经营业绩而不受制于资产固定比例为基础的管理费用合同。

第三节 投资型中介机构

投资型中介机构主要包括投资银行(Investment Banks)、金融公司(Finance Companies)、共同基金(Mutual Funds)、货币市场共同基金(Money Market Mutual Funds, MMMF)、对冲基金(Hedge Funds)和信托公司(Trust Companies)。

一、投资银行

投资银行是最重要的投资型中介机构，起源于美国，最初只从事政府债券的买卖，随着金融创新和市场的发展，投资银行利用其雄厚的资金优势和发达的销售网络，业务范围不断拓展。现在，一级市场的证券承销业务、二级市场的证券经纪和自营业务构成了投资银行的主要业务和收益来源。投资银行在金融市场中的地位和作用越来越重要。

二、金融公司

金融公司通过出售商业票据、发行股票或债券以及向商业银行借款等方式来筹集资金，并用于向购买汽车、家具等大型耐用消费品的消费者或小型企业发放贷款。金融公司可以分为三种类型，即销售金融公司、消费者金融公司和商业金融公司。

销售金融公司是由一些大型零售商或制造商建立的，通过提供消费信贷的方式来促进企业产品销售的公司。例如，福特汽车信贷公司便是福特汽车公司为了促进汽车销售而建立的；通用汽车公司也设有类似的机构，即通用汽车承兑公司(General Motors Acceptance Corporation)。

消费者金融公司专门发放小额消费者贷款，由于贷款规模小，平均管理成本高，因此这些贷款的利率一般比较高。它的主要作用在于为那些在其他渠道很难获得贷款的消费者提供资金，从而使他们免受高利贷之苦。消费者金融公司可以是一家独立的公司，也可以是银行的附属机构。

商业金融公司主要向企业发放以应收账款、存货和设备为担保的抵押贷款。但是，有一种称作保付代理行(Factors)的商业金融公司却不是这样，它们专门以买断企业应收账款的形式来为企业提供资金。由于是买断而不是抵押，因此，当这些应收账款到期无法收回时，保付代理行必须自行承担其损失，而无权向出售这些应收账款的企业进行追索。显然，这种业务有很高的风险，因此，利润也较高。20 世纪 70 年代之前，保付代理行的业务主要局限于纺织业；20 世纪 70 年代之后，它们在别的行业也变得越来越重要。

三、共同基金

共同基金又称投资基金，是一种间接的金融投资机构或工具，在不同的国家有不同的称谓，如在美国称为共同基金或互助基金，在英国则称为单位投资信托。投资基金通过向投资者发行股份或受益凭证募集社会闲散资金，再以适度分散的组合方式投资于各种金融资产，从而为投资者谋取最高利益。在这里，投资者把资金投入基金，购买基金股份，所以是一种间接投资，而基金的股份可以随时买进或卖出，所以也可以视为金融工具的一种。可见，投资基金的机制特点及优势是投资组合、分散风险、专家理财、规模经济。

投资基金具有多种投资功能，可以用来积累个人财富，可以作为价值储藏的工具，同时也是一种追求高收益的手段。参加基金投资的最低金额一般不高，所以极受小投资者的欢迎。投资基金具有的独特优势，使其在市场经济发达国家的发展十分迅速。

(一) 公司型基金与契约型基金

根据共同基金的组织形式，可以把它分为公司型基金和契约型基金两类。公司型基金是指基金本身为一家股份有限公司，发行自身的股份，投资者通过购买基金的股份成为基金的股东,并凭股份领取股息或红利。契约型基金则是由委托人、受托人和受益人三方订立信托投资契约而组织起来的,基金本身并不是一个法人。契约型基金由委托人(基金管理公司)根据契约运用信托财产进行投资,并由受托人(信托公司或银行)负责保管信托财产,提供会计核算及其他服务,投资成果则由受益人(投资者)享有。由于契约型基金不具有法人资格,因此,它不能向投资者发行股份,而只能发行受益凭证。美国的共同基金绝大多数是公司型的,所以通常又称为投资公司。

(二) 封闭式基金、开放式基金与单位信托

根据共同基金发行的股份(或受益凭证,下同)份额是否固定及可否被赎回,可以把它分为封闭式基金(Close-end Funds)和开放式基金(Open-end Funds)。封闭式基金的股份相对固定,一般不向投资者增发新股或赎回旧股。但是,投资者购买股份后可以将它在二级市场上卖出,从而换回现金。与其他证券一样,封闭式基金的股份价格是由其供求决定的。开放式基金的发行总额不固定,可以视经营策略与实际需要连续发行。投资者可随时从基金购买更多的股份,或要求基金将自己手中的股份赎回,以换回现金。开放式基金的股份价格取决于该基金所持有的全部证券组合的净价值,即基金的净资产价值。因此,当证券的价格发生变动时,基金股份的价格也会跟着上下波动。在美国,大多数共同基金是开放式基金。

单位信托(Unit Trust)类似于封闭式基金,它发行固定数目的所有权股份,称为单位证书(Unit Certificates)。然而,像开放式基金一样,它们只由发行公司出售和赎回。单位信托一般投资于债券,并且不同于专业投资于债券的共同基金和封闭式基金。首先,单位信托的债券组合的交易不活跃。一旦单位信托被主办人组合起来委托给受托人,受托人就将持有所有的债券,直到发行人赎回它们。受托人可以卖出组合的唯一情况是发行人的信誉急剧下降,这意味着经营信托的成本将大大高于共同基金或封闭式基金的成本。其次,单位信托有固定的到期日,共同基金(除定期信托外)和封闭式基金则没有。再次,不像共同基金和封闭式基金的投资者,单位信托的投资者知道组合包含确定的债券,也并不担心受托人会改变组合。

除了上述两种分类外,还有另外一些分类方式。例如,根据共同基金主要购买的证券种类,可以将其分为股票基金、债券基金和货币市场共同基金,它们分别以股票、债券和货币市场工具作为主要的投资对象。根据各自的投资策略,又可以把共同基金分为以追求资本价值的高速增长为目标的成长基金、以追求本期收益为目标的收入基金和以追求本金安全的平衡基金。这些不同类型的基金满足了投资者的不同偏好。

四、货币市场共同基金

这是一种相对较新的金融机构,它们既有共同基金的特征,但在一定程度上又发挥着存款机构的功能,因为它们提供了一种存款型的账户。像大多数互助基金一样,它们也通过出售股份筹集资金,但是,其投资对象仅限于安全性高、流动性大的货币市场金融工具,如短期国债、银行存款证等。这些资产的利息收入支付给股份持有者。

货币市场共同基金的主要特征是,股份持有者可依据他们所持股份的价值签发支票。然而,对于签发支票的权力通常有所限制,签发数额不得低于某一最低标准,如 500 美元;最初开设账户时,还要求存入相当数量的货币。实际上,货币市场共同基金的股权是一种支付利息而签发支票的权力受到限制的支票账户。

五、对冲基金

对冲基金是一种特殊的共同基金，名义上是对冲风险但往往在实际投资过程中追求高风险高收益。其资金来源于投资者的集资，并为他们的利益进行投资。对冲基金的投资范围非常广泛，包括世界各地的证券市场交易和对各国货币的投资。由于对冲基金规模巨大，通常都在几千亿以上，再加上“羊群效应”(Herd Behavior)[①]，因此，对冲基金在外汇市场上的投资行为常常会给当地经济带来巨大影响，其中比较有名的是索罗斯的量子基金(George Soro's Quantum Fund)，1997—1998 年的亚洲金融危机在很大程度上与该基金的投机行为有关。

对冲基金跟传统共同基金的区别在于对冲基金有最低投资金额的要求，美国的标准从 10 万美元到 2 000 万美元不等，一般为 100 万美元。长期的资本管理则要求最低为 1 000 万美元的投资金额。根据美国 1996 年的《国民证券市场改革法》(*National Securities Markets Improvement Act*)，设立时投资者不超过 500 人的私募基金不必经过美国证券交易委员会(Securities and Exchange Commission，SEC)的批准，但要求他们必须拥有 500 万美元以上的证券资产，并且最近两年的年均收入高于 20 万美元，或包括配偶的收入高于 30 万美元；如以法人机构的名义进行投资，则机构的财产至少在 100 万美元以上。为了逃避管制，美国超过 4 000 个对冲基金中大多数是离岸设立的。对冲基金与传统共同基金的另一个区别是它通常要求投资者投资较长一段时间，比如几年，这样可以给基金经理施行长期投资策略的空间。对冲基金常常向投资者收取高额的管理费用，一般是按基金资产的 1%提取年费，再加上收益的 20%提成，有些对冲基金收取的费用更高。

六、信托公司

信托公司是指以受托人的身份，代理委托人管理委托资产的金融企业，一般以代人理财为主要内容。信托公司的资金主要来源于委托人的委托资产，其主要业务包括货币信托和非货币信托两大类。信托公司金融市场活动的主要内容是代理客户证券投资和买卖有价证券。英国是现代信托机制的发祥地，但信托机构最早出现于美国，1822 年成立的纽约农业火险放款公司(New York Agriculture Fire Insurance Loan Company)是世界上第一家信托公司。西方经济发达国家的现代信托业都较为发达，如美国、英国、日本、加拿大等国家。

第四节　中国的金融机构体系

经过二十多年的发展，我国已经形成了以中国人民银行、中国银行保险业监督管理委员会和中国证券监督管理委员会为领导，国家控股商业银行为主体，多种金融机构并存的金融机构体系格局。

中国金融体系现存五个层次：第一层次包括中国人民银行、中国银行保险业监督管理

① “羊群效应”是指市场上存在那些没有形成自己的预期或没有获得一手信息的投资者，他们将根据其他投资者的行为来改变自己的行为。理论上，“羊群效应”会加剧市场波动，并成为“领头羊”行为能否成功的关键。

委员会和中国证券监督管理委员会在内的金融管理监管层,这一层次的具体内容将在本书第九章做详细介绍;第二层次包括中国工商银行、中国建设银行、中国农业银行、中国银行、交通银行和中国邮政储蓄银行六大国家控股商业银行,以及国家开发银行、中国农业发展银行和中国进出口银行在内的三大国有独资政策性银行;第三层次为其他商业银行,包括股份制银行、城市商业银行、农村商业银行以及农村信用合作社;第四层次为非银行金融机构,包括保险机构、证券机构和基金公司等;考虑我国国情,单列第五层次,即外资金融机构,包括外资银行和外资非银行金融机构。

一、国有(控股)银行

(一) 国家控股商业银行

在我国金融机构体系中处于主体地位的是六家国有控股商业银行:中国工商银行(Industrial and Commercial Bank of China)、中国建设银行(China Construction Bank)、中国农业银行(Agricultural Bank of China)、中国银行(Bank of China)、交通银行(Bank of Communications)和中国邮政储蓄银行(Postal Savings Bank of China)。

1978 年 12 月党的十一届三中全会召开以后,我国金融体制改革的步伐加快。随着各类金融机构的恢复建立和金融服务需求的多样化,为解决中国人民银行既承担货币政策制定和金融监管职能,又从事具体业务经营的矛盾,1983 年 9 月国务院正式决定中国人民银行专门行使中央银行职能,另组建中国工商银行,承接原由中国人民银行办理的工商信贷和储蓄业务。经过紧张筹备,1984 年 1 月 1 日,中国工商银行正式成立,这标志着我国国家专业银行体系的最终确立。2005 年 10 月 28 日,中国工商银行整体改制为股份有限公司,于 2006 年 10 月 27 日成功在上海证券交易所和香港联合交易所同日挂牌上市。

中国建设银行成立时是财政部下属的一家国有独资银行,负责管理和分配根据国家经济计划拨给建设项目和基础建设相关项目的政府资金。1979 年,中国建设银行成为一家国务院直属的金融机构,并逐渐承担了更多商业银行的职能。2004 年 9 月 17 日,中国建设银行成为一家股份制商业银行,并于 2005 年 10 月 27 日在香港联合交易所挂牌上市,于 2007 年 9 月 25 日在上海证券交易所挂牌上市。

1979 年 2 月 23 日,国务院发出《关于恢复中国农业银行的通知》,使得中国农业银行在经历了与中国人民银行的三次合并之后,第四次恢复设立。1993 年 12 月,国务院明确做出"中国农业银行转变为国有商业银行"的决定,中国农业银行开始向国有商业银行转轨。2009 年 1 月,中国农业银行整体改制为股份有限公司,2010 年 7 月分别在上海证券交易所和香港联合交易所挂牌上市。

1994 年,中国银行改为国有独资商业银行。2004 年 8 月,中国银行股份有限公司挂牌成立。在此基础上,引进了战略投资者,进一步加强内部管理,深化内部改革,切实转换经营机制,取得了长足进步。2006 年 6 月、7 月,中国银行先后在香港联合交易所和上海证券交易所成功挂牌上市,成为国内首家"A+H"发行上市的中国商业银行。

交通银行创始于 1908 年,是中国历史上最悠久的银行之一,也是近代中国的发钞行之一。1987 年 4 月 1 日,重新组建后的交通银行正式对外营业,成为中国第一家全国性的国有股份制商业银行,总行设在上海。2005 年 6 月交通银行在香港联合交易所挂牌上市,2007 年 5 月在上海证券交易所成功挂牌上市。

中国邮政储蓄银行于2007年3月20日正式挂牌成立，是在改革邮政储蓄管理体制的基础上组建的商业银行。经国务院同意，中国邮政储蓄银行有限责任公司于2012年1月21日依法整体变更为中国邮政储蓄银行股份有限公司。2016年9月在香港联合交易所挂牌上市，2019年12月在上海证券交易所挂牌上市，圆满完成"股改-引战-A、H两地上市"三步走目标。

国家控股商业银行的主体地位是在其作为专业银行时期就奠定了的。目前，国家控股商业银行无论在人员总数、机构网点数量上，还是在资产规模及市场占有份额上，均在我国整个金融领域中处于举足轻重的地位，在世界上的大银行排序中也处于较前列的位置。

商业银行的业务经营范围包括：(1) 吸收公众存款；(2) 发放短期、中期和长期贷款；(3) 办理国内外结算；(4) 办理票据承兑与贴现；(5) 发行金融债券；(6) 代理发行、代理兑付、承销政府债券；(7) 买卖政府债券、金融债券；(8) 从事同业拆借；(9) 买卖、代理买卖外汇；(10) 从事银行卡业务；(11) 提供信用证服务及担保；(12) 代理收付款项及代理保险业务；(13) 提供保管箱服务；(14) 经国务院银行业监督管理机构批准的其他业务。

(二) 政策性银行

政策性银行是由政府投资设立的，根据政府的决策和意向专门从事政策性金融业务的银行。它们的活动不以营利为目的，并且根据具体分工的不同，服务于特定的领域，所以，也有政策性专业银行之称。

1994年，为了适应经济发展的需要，根据政策性金融与商业性金融相分离的原则，相继设立了国家开发银行(China Development Bank)、中国进出口银行(The Export-Import Bank of China)和中国农业发展银行(Agricultural Development Bank of China)三家政策性银行。

1994年3月国家开发银行成立，并进行多轮股份制改革和业务功能定位的探索，1998年12月中国投资银行并入国家开放银行。2015年4月，国务院正式批复国家开发银行、中国进出口银行、中国农业发展银行三家政策性银行的改革方案，其中国务院明确国家开发银行定位为开发性金融机构，中国进出口银行、中国农业发展银行进一步明确了政策性银行的定位，所以严格来说中国有一家开发性银行、两家政策性银行。

2016年11月国务院审定批准《国家开发银行章程》，2017年4月国家开发银行的组织形式变更为有限责任公司。开发性金融是政策性金融的深化和发展，以服务国家发展战略为宗旨，以国家信用为依托，以市场运作为基本模式，以保本微利为经营原则，以中长期投融资为载体，在实现政府发展目标、弥补市场失灵、提供公共产品、提高社会资源配置效率、熨平经济周期性波动等方面具有独特优势和作用，是经济金融体系中不可替代的重要组成部分。这三家银行的资金来源和主要资金运用如表7－2所示。

表7－2　(开发性)政策性银行资金来源和运用

	资金来源	主要资金运用
国家开发银行	主要靠向国内外金融机构发行金融债券	制约经济发展的"瓶颈"项目；直接增强综合国力的支柱产业的重大项目；高新技术在经济领域应用的重大项目；跨地区的大政策性项目等

续 表

	资金来源	主要资金运用
中国进出口银行	以发行政策金融债券为主，在国际金融市场上筹措资金	为机电产品和成套设备等资本性货物出口提供出口信贷；办理与机电产品出口有关的各种贷款以及出口信息保险和担保业务；办理进出口信用保险、出口信贷担保等
中国农业发展银行	以中国人民银行的再贷款为主，同时发行少量的政策性金融债券	办理粮食、棉花、油料等主要农副产品的国家专项储备和收购贷款；办理扶贫贷款和农业综合开发贷款，以及小型农、林、牧、水基本建设和技术改造贷款

以上三家(开发性)政策性银行在从事业务活动中，均贯彻不与商业性金融机构竞争，自主经营与保本微利的基本原则。贷款拨付等业务的具体经办，国家开发银行、中国进出口银行主要委托国有商业银行为其办理，一般不再设经营性分支机构。中国农业发展银行的业务经办则是以自营为主、代理为辅，所以，除在北京设总行外，还在各省、自治区、直辖市设立分行，在计划单列市和农业大省地市设立分行的派出机构，在农业政策性金融业务量大的县、市设立支行。

二、其他商业银行

其他商业银行包括股份制银行、城市商业银行、农村商业银行和农村信用合作社。

(一) 股份制银行

1986年，国家决定重新组建股份制商业银行。在工商银行、建设银行、农业银行和中国银行四家国有银行之外，陆续建立了一批股份制商业银行，如交通银行(后升级成为国有控股银行)、中信实业银行(Citic Industrial Bank)、中国光大银行(China Everbright Bank)、华夏银行(Hua Xia Bank)、中国民生银行(China Minsheng Banking Corp.，LTD.)、广东发展银行(GuangDong Development Bank)、深圳发展银行(ShenZhen Development Bank Corp.，LTD)、招商银行(China Merchants Bank)、兴业银行(Industrial Bank Corp.，LTD)、上海浦东发展银行(Shanghai Pudong Development Bank)等。

深圳发展银行是我国银行业中第一家股票上市公司。1987年12月28日，中华人民共和国历史上第一家向社会公众公开发行股票的商业银行——深圳发展银行宣告成立，同时公开募股。这是中国金融体制改革的重大突破，也是中国资本市场发育的重要开端。

继深圳发展银行之后，上海浦东发展银行于1999年、民生银行于2002年、招商银行于2002年、华夏银行于2003年等先后陆续上市。民生银行是我国的第一家民营银行，其股份构成主要来自民营企业、集体企业、乡镇企业等，服务对象也以民营企业为主。民生银行A股于2000年12月19日在上海证券交易所公开上市。2005年10月26日，民生银行成功完成股权分置改革，成为国内首家完成股权分置改革的商业银行，为中国资本市场股权分置改革提供了成功范例。2009年11月26日，民生银行在香港联合交易所挂牌上市。

招商银行于1987年成立，是中国境内第一家完全由企业法人持股的股份制商业银行，也是国家从体制外推动银行业改革的第一家试点银行。总行设在深圳市福田区，2002年4月9日，招商银行A股在上海证券交易所挂牌上市。2006年9月8日，招商银行开始在香港公开招股,发行约 22 亿股 H 股,集资 200 亿港元,并于 9 月 22 日在香港联合交易所上市。

近年来,随着对外开放的加大,我国已开启了允许外国资本参股国内银行的大门,光大银行、上海银行、交通银行以及众多城市商业银行引入了外资股份,而众多商业银行也在积极洽谈引入外资。

就这些银行的活动地域看,初建时就明确有全国性商业银行和区域性商业银行之分,这从各银行的行名即可加以基本区分。不过,随着金融改革的深化,一些区域性银行的经营地界已越出了原来的指定范围,向其他城市或地域扩展,如深圳发展银行、广东发展银行、上海浦东发展银行等,均已在全国很多地方设立了经营性分支机构。

这些商业银行是依照国际通行规则和市场原则开展各项银行业务活动,进行自身经营管理的。因此,尽管它们在资产规模、机构数量和人员总数等方面还远不能与国有商业银行相比,但其资本、资产和利润的增长速度已经高于国有商业银行,呈现出较强的经营活力、强劲的增长势头和良好的经营效益。

(二)城市商业银行和农村商业银行

自 1995 年全国第一家城市商业银行——深圳市商业银行在深圳开业以来,城市商业银行便以其快速扩张能力在市场上抢占了一席之地。城市商业银行坚持"服务地方经济、服务中小企业、服务城市居民"的市场定位和改革、发展的方针,在积极支持地方经济发展的同时,自己的市场空间也得到了进一步扩展,市场份额逐年增加,市场信誉逐步提高,为我国银行业的改革与开放做出了成功的尝试,积累了宝贵经验。城市商业银行在化解风险中生存,在风险控制的实践中壮大,在改革创新中发展,可以说,城市商业银行已经成为我国银行体系中的一支生力军。

城市商业银行源自城市信用社。20 世纪 80 年代中期,由于城市私营、个体经济的蓬勃兴起,为其提供金融服务的城市信用社也迅速发展。但由于城市信用社在经营中背离了合作制原则,实际上已办成了地方性小商业银行,且存在规模小、资金成本高、股权结构不合理、内控体制不健全等问题,经营风险日益显现和突出。为了根本解决城市信用社的风险问题,1995 年 9 月 7 日国务院发布《关于组建城市合作银行的通知》,决定自 1995 年起在撤并城市信用社的基础上,在大中城市分期、分批组建由城市企业、居民和地方财政投资入股的地方股份制性质的城市合作银行,并选择北京、天津、上海、深圳和石家庄五城市作为试点。1996 年 6 月,经国务院同意,中国人民银行城市合作银行组建工作领导小组决定,城市合作银行在 35 个大中城市和 60 个地级城市全面展开。1997 年 12 月,根据 95 个城市合作银行的组建进程,国务院又批准在东莞等 58 个地级城市继续开展城市合作银行的组建工作。

虽然城市商业银行的发展已取得了瞩目的成果,正处于新的发展阶段,但是,随着我国银行业改革开放的推进,银行业竞争日趋激烈,城市商业银行个体小、资金少、地域性强等弱势凸显,生存压力进一步加大。所以,在今后的发展过程中,城市商业银行要按照"全面提高宏观意识,全面了解金融形势,全面树立风险观念,全面掌握监管知识"的要求,全面提高经营管理能力和员工队伍的整体素质,认真分析目前发展过程中出现的新情况和新问题,采取相应措施,不断完善管理体制和经营体制,拓展发展空间,实现跨区域发展。

农村商业银行,是由辖内农民、农村工商户、企业法人和其他经济组织共同入股组成的股份制的地方性金融机构。我国金融机构体系深化改革的一个思路就是农村信用社以及农村合作银行转型成为农村商业银行,而城市信用社转型成为城市商业银行。

(三) 农村信用合作社

农村信用合作社在原有的计划经济体制下,就是金融机构体系遍布在农村的环节。

农村信用合作社作为农村集体金融组织,其特点集中体现在由农民入股、由社员民主管理、主要为入股社员服务三个方面。农村信用合作社的主要业务活动是经营农村个人储蓄,以及农户、个体经济户的存款、贷款和结算等。上述活动贯彻自主经营、独立核算、自负盈亏、自担风险的原则。

我国农村信用合作社在六十多年的发展中,大体经历了以下 4 个阶段:

(1) 1951—1959 年,是新中国农村信用合作社组建和发展的第一阶段。1951 年 5 月,中国人民银行总行召开了第一次全国农村金融工作会议,决定大力发展农村信用合作社。到 1957 年底,全国共有农村信用合作社 88 368 个。这一时期的农村信用合作社,资本金由农民入股,干部由社员选举,通过信贷活动为社员的生产生活服务,基本保持了合作制的性质。

(2) 1959—1979 年,受极"左"路线的影响,农村信用合作社曾先后下放给人民公社、生产大队管理,后来又交给贫下中农管理,农村信用合作社基本成为基层社队的金融工具。

(3) 1979—1996 年,农村信用合作社由农业银行进行管理。1984 年,国务院批转了中国农业银行《关于改革信用社管理体制的报告》,提出把农村信用合作社真正办成群众性的合作金融组织,在遵守国家金融政策和接受农业银行领导、监督的前提下,独立自主地开展存贷业务,成立了县级联社。这段时期农村信用合作社成为农业银行的"基层机构",走上了"官办"的道路,贷款大量投放乡镇企业,农民对信用合作社的经营活动失去监督。

(4) 1996 年至今,农村信用合作社通过一系列改革整顿和规范管理,取得了初步成效。2003 年 6 月,国务院下发《国务院关于印发深化农村信用社改革试点方案的通知》。8 月,国务院确定浙江、江苏、四川、贵州、山东、吉林、重庆、陕西和江西等为改革试点省(市)。2004 年,国务院将试点地区进一步扩大到了 21 个省、市、自治区。2007 年 8 月,随着最后一家省级合作社的正式挂牌,我国新的农村信用合作社经营管理体制框架在全国范围内建立起来。

表 7-3 反映了 2020 年我国商业银行资产负债的总体情况。

三、非银行金融机构

非银行金融机构主要包括在央行监管下的信托投资公司、金融租赁公司、财务公司、邮政储蓄机构、资产管理公司等。

(一) 信托投资公司

我国的信托业诞生于改革开放初期。1979 年成立的中国国际信托投资公司是全国第一家信托投资机构。其后,在巨大利益的诱惑下,我国各地的信托投资公司如雨后春笋般发展起来,从中央部委到省、地市,甚至到县。1993 年,全国的信托投资公司最多时达七百余家。经过四次整顿后,到 2003 年,中国正式注册的具有法人资格的信托投资公司仍有两百余家。

按国际惯例,信托业的本意是"受人之托,代人理财",信托公司从中赚取手续费。可是,我国的信托投资公司从一开始就带有"二银行"的色彩,加上那时需要别人代为理财的人很少,信托业务有限,这些公司很自然地要向更广、更深的业务领域扩展。不少信托投资公司不仅获得了通过国内、国际各种渠道的融资权,还相继获得了进出口贸易、房地产开发、租赁等多项投资经营权,并向企业、政府提供贷款。就这样,代人理财的信托投资公司变成了"金融百货公司"。

表 7－3　2020 年我国商业银行资产负债的总体情况

项目＼时间	2020 年											
	1 月	2 月	3 月	4 月	5 月	6 月	7 月	8 月	9 月	10 月	11 月	12 月
总资产(亿元)	2 871 756	2 882 544	2 946 310	2 970 603	2 994 631	3 015 228	3 011 872	3 040 596	3 076 226	3 070 477	3 115 508	3 126 737
比上年同期增长率	8.1%	8.2%	9.5%	10.4%	10.5%	9.8%	10.2%	10.0%	10.8%	10.6%	11.3%	10.5%
总负债(亿元)	2 625 428	2 632 291	2 693 326	2 713 215	2 735 697	2 762 182	2 757 234	2 784 340	2 817 522	2 809 112	2 851 315	2 862 495
比上年同期增长率	7.7%	7.7%	9.1%	10.1%	10.2%	9.6%	10.2%	10.1%	11.0%	10.8%	11.5%	10.7%

其中：商业银行合计

项目＼时间	2020 年											
	1 月	2 月	3 月	4 月	5 月	6 月	7 月	8 月	9 月	10 月	11 月	12 月
总资产(亿元)	2 373 557	2 378 088	2 444 189	2 463 423	2 484 552	2 499 828	2 492 838	2 518 212	2 552 469	2 542 790	2 582 442	2 589 977
比上年同期增长率	9.2%	9.1%	10.8%	11.9%	12.0%	11.0%	11.5%	11.3%	12.0%	11.8%	12.6%	11.5%
占银行业金融机构比例	82.7%	82.5%	83.0%	82.9%	83.0%	82.9%	82.8%	82.8%	83.0%	82.8%	82.9%	82.8%
总负债(亿元)	2 178 331	2 179 628	2 243 142	2 258 298	2 278 048	2 298 906	2 290 643	2 314 508	2 346 810	2 334 654	2 371 556	2 379 491
比上年同期增长率	8.7%	8.6%	10.4%	11.5%	11.6%	10.8%	11.5%	11.3%	12.2%	11.9%	12.8%	11.7%
占银行业金融机构比例	83.0%	82.8%	83.3%	83.2%	83.3%	83.2%	83.1%	83.1%	83.3%	83.1%	83.2%	83.1%

2004 年,央行、银监会对信托投资公司进行了新一轮的全面整顿。规范后的信托投资公司主要经营资金、动产、不动产信托,基金管理和兼并重组,企业财务顾问等业务。规范后的信托投资公司以手续费、佣金为主要收入来源,使信托业真正成为受人之托、代人理财的无风险金融机构。2004 年底整顿完成之后,全国获重新登记、领取金融许可证的信托投资公司有 59 家。银监会于 2005 年初颁布了《信托投资公司信息披露管理暂行办法》,对信托业的规范治理提出了更高的要求。提高信托业信息披露程度是强化对信托投资公司的市场约束、加强透明度建设的必然要求,也是国际金融监管的发展趋势。通过近年来的整顿,信托投资公司业务得到快速发展。

2007 年,银监会制定新的《信托公司管理办法》时,将原来的"信托投资公司"统一改称为"信托公司"。

(二) 金融租赁公司

金融租赁公司是指经中国人民银行批准的以经营融资租赁业务为主的非银行金融机构。截至目前,我国从事融资租赁业务的机构主要有三类:第一类是由中国人民银行批准专营融资租赁业务的金融租赁公司和兼营融资租赁业务的机构。专营融资租赁业务的公司主要是指 2000 年 6 月《金融租赁公司管理办法》颁布以后核准成立的 12 家非银行金融机构性质的租赁公司,如深圳金融租赁有限公司、浙江金融租赁有限公司等。第二类是由对外经济贸易合作部审批成立的专门从事融资租赁业务的中外合资租赁公司。这类公司作为一个引进外资的"窗口",其营运资金来源主要是国外股东或外资金融机构,它们不从事任何其他金融业务。第三类是由国内贸易局批准开展融资租赁业务试点的部分租赁公司。这类公司原直接依托制造商开展经营租赁业务,不能开展融资租赁业务。从表面上看,我国从事融资租赁业务的公司众多,但其结构过于分散,到目前为止整个行业并未形成一定规模。

金融租赁公司的主要业务为:(1) 融资租赁业务;(2) 转让和受让融资租赁资产;(3) 固定收益类证券投资业务;(4) 接受承租人的租赁保证金;(5) 吸收非银行股东 3 个月(含)以上定期存款;(6) 同业拆借;(7) 向金融机构借款;(8) 境外借款;(9) 租赁物变卖及处理业务;(10) 经济咨询。

另外,经银监会批准,经营状况良好、符合条件的金融租赁公司可以开办下列部分或全部本外币业务:(1) 发行债券;(2) 在境内保税地区设立项目公司开展融资租赁业务;(3) 资产证券化;(4) 为控股子公司、项目公司对外融资提供担保;(5) 银监会批准的其他业务。

(三) 财务公司

我国的财务公司是由企业集团内部集资建立的,其宗旨和任务是为本企业集团内部各企业筹资和融资,促进其技术改造和技术进步,如华能集团财务公司、中国化工进出口公司财务公司、中国有色金属工业总公司财务公司等。

财务公司的经营范围包括:(1) 对成员单位办理财务和融资顾问、信用鉴证及相关的咨询、代理业务;(2) 协助成员单位实现交易款项的收付;(3) 经批准的保险代理业务;(4) 对成员单位提供担保;(5) 办理成员单位之间的委托贷款及委托投资;(6) 对成员单位办理票据承兑与贴现;(7) 办理成员单位之间的内部转账结算及相应的结算、清算方案设计;(8) 吸收成员单位的存款;(9) 对成员单位办理贷款及融资租赁;(10) 从事同业拆借;(11) 中国银行业监督管理委员会批准的其他业务。以上经营范围感觉上非常广泛,但事实上,从事每一项业务，财务公司都需要获得银监会的许可。

（四）邮政储蓄机构

邮政储蓄是指与人民生活有紧密联系的邮政机构，在办理各类邮件投递和汇兑业务的同时，办理以个人为主要对象的储蓄存款业务。

改革开放以来，随着国民经济的不断发展，城乡居民收入不断增加，储蓄事业日益受到重视。为了更有效地利用遍及全国城乡的邮政机构的现有设施，发挥其点多、面广、相关业务联系密切的优势，我国于 1986 年 2 月在全国开办邮政储蓄业务，并在邮政总局设立邮政储汇局。2007 年 3 月，在改革原邮政储蓄管理体制基础上，中国邮政储蓄银行有限责任公司正式挂牌成立，并将其纳入银行监管体系。

（五）资产管理公司

20 世纪 80 年代以来，世界上许多国家的银行体系曾经或正在面临不良资产的困扰，这些国家积极采取各种方式与措施予以处理，成立专门的机构处理不良资产是最流行的方式之一。

金融资产管理公司是指经国务院决定设立的收购国有银行不良贷款、管理和处置因收购国有银行不良贷款形成的资产的国有独资非银行金融机构。1999 年，经国务院决定，我国相继成立了信达资产管理公司（Cinda Asset Management Corporation）、华融资产管理公司（Huarong Asset Management Corporation）、东方资产管理公司（Orient Asset Management Corporation）和长城资产管理公司（Great Wall Asset Management Corporation）四家资产管理公司，分别负责和处置中国建设银行、中国工商银行、中国银行和中国农业银行四家国有商业银行的不良资产。国家向每一家资产管理公司拨款 100 亿元作为资本金，用于收购四家国有商业银行剥离给资产管理公司的不良资产。国家希望通过资产管理公司的运作，减少国有企业的债务负担和国有商业银行的不良资产，促进国民经济结构的战略性调整和国有企业的战略性改组，化解我国金融体系存在的系统性风险。

金融资产管理公司的经营范围包括：(1) 追偿债务；(2) 对所收购的不良贷款形成的资产进行租赁或者以其他形式转让、重组；(3) 债权转股权，并对企业阶段性持股；(4) 资产管理范围内公司的上市推荐及债券、股票承销；(5) 发行金融债券，向金融机构借款；(6) 财务及法律咨询，资产及项目评估；(7) 中国人民银行、银监会、中国证券监督管理委员会批准的其他业务活动。

（六）保险机构

保险业是一个极具特色从而具有很大独立性的系统。这一系统之所以往往被列入金融体系，是由于经办保险业务的大量保费收入，按照世界各国惯例，通常用于各项金融投资。而运用保险资金进行金融投资的收益，又可积累更为雄厚的保险基金，促进保险事业的发展。

目前，我国保险公司的业务险种超过 400 种，大致可分为财产保险、责任保险、保证保险、人身保险四大类及保险机构之间的再保险。1995 年 10 月 1 日，中华人民共和国成立以来第一部保险法《中华人民共和国保险法》开始施行。

我国全国性的保险公司包括中国人民保险（集团）公司、中保财产保险有限公司、中保人寿保险有限公司、中保再保险有限公司、中国太平洋保险公司、中国平安保险公司、华泰财产保险公司、泰康人寿保险公司和新华人寿保险公司等，地方性的保险公司有新疆兵团保险公司、天安保险公司、大众保险公司、永安财产保险公司和华安财产保险公司等,外资、合资保险公司有香港民安保险深圳公司、美国友邦保险公司上海分公司、美国美亚保险公司广州分公司、东京海上保险公司上海分公司、中宏人寿保险股份有限公司和瑞士丰泰保险公司上海分公司等。

保险公司的资金运作,除用于理赔给付外,其余只限于银行存款、买卖政府债券和金融债券等。1999 年,保险公司的资金被允许少量、间接地进入证券市场,用于购买基金等收益相对稳定的投资工具。2000 年,入市资金占保险公司总资产的比例从 5%扩大到 10%。之后,入市限制逐步放宽,2005 年初,保险资金已经被允许直接入市,入市比例控制在 5%以内。

在金融领域,保险市场的对外开放程度最大。从外资保险公司进入市场以来,中国境内的保险公司不断增加,外资保险公司已经成为中国保险体系的重要组成部分。表 7-4 是对 2020 年度保险公司经营情况的统计。

表 7-4　2020 年度保险公司经营情况表

项　　目	本年累计/截至当期
原保险保费收入(亿元)	45 257
1. 财产险	11 929
2. 人身险	33 329
(1) 寿险	23 982
(2) 健康险	8 173
(3) 人身意外伤害险	1 174
保险金额(亿元)	87 099 109
保单件数(万件)	5 263 396
原保险赔付支出(亿元)	13 907
1. 财产险	6 955
2. 人身险	6 952
(1) 寿险	3 715
(2) 健康险	2 921
(3) 人身意外伤害险	316
业务及管理费(亿元)	5 728
资金运用余额(亿元)	216 801

续 表

项　　目	本年累计/截至当期
其中：银行存款	25 973
债券	79 329
股票和证券投资基金	29 822
资产总额(亿元)	232 984
其中：再保险公司	4 956
资产管理公司	761
净资产(亿元)	27 525

(七) 证券公司

证券公司是专门从事各种有价证券经营及其相关业务的金融企业，是以营利为目的的企业法人，如华夏证券有限公司，由原上海申银证券公司吸收合并原上海万国证券公司而成立的申银万国证券有限公司等。证券公司主要有以下职能作用：充当证券市场中介人，充当证券市场重要的投资人，提高证券市场运行效率。

证券公司的业务内容十分广泛，其主要业务可分为四类，即承销业务、代理买卖业务、自营买卖业务和投资咨询业务。

1. 承销业务

承销业务又称代理证券发行业务，即证券公司承销证券发行人的有价证券。

2. 代理买卖业务

代理买卖业务是指证券公司作为客户的代理人，或受客户的委托，代行买卖有价证券的业务。证券公司代理客户买卖证券通常有两条途径：一是通过证券交易所进行交易，二是通过证券公司自身的柜台完成交易。

3. 自营买卖业务

自营买卖业务，即为了谋取利润，证券公司作为投资者而给自己买卖证券并自担风险的业务。

4. 投资咨询业务

投资咨询业务是指充当客户的投资顾问，并向客户提供各种证券交易的情况、市场信息，以及其他有关资料等方面的服务，对客户提出具体的投资建议。

从 1985 年起，我国证券业经历了三十多年的发展历程，但是我国券商无论是从注册资本、综合资产、业务种类还是业务收入等方面看，均与国外同行有一定的差距。我国证券行业，在一级市场上，证券公司承销业务的集中度逐年递增，垄断性不断提高，排名前十位的证券公司已占据相对垄断地位；在二级市场上，证券公司的经纪业务集中度比一级市场承销业务的集中度低。

我国证券行业的竞争主体主要有四类：第一类是中小型证券公司及信托投资公司证券

业务经整合重组以后形成的大型证券公司,第二类是大证券公司经过强强联合形成的超大型证券公司,第三类是中外合资证券公司,第四类是各种各样的证券投资咨询机构。

未来几年我国证券业将进入分化重组的激烈竞争时期,在经过激烈的竞争和分化重组后,我国证券业将会形成由少数几家具有综合竞争力的国际性证券公司、一批在证券业务的某些细分市场具有竞争优势的大型证券公司和数量众多的经纪公司组成的金字塔型市场结构。

(八) 基金公司

1997 年 11 月 14 日,国务院证券委发布《证券投资基金管理暂行办法》,我国投资基金业步入了规范化发展的轨道。

基金管理公司管理的基金有开放式和封闭式两种。随着基金市场的发展,开放式基金后来居上,占据了市场主要地位。开放式基金分为偏股型、偏债型、股债平衡型、债券型和货币型等种类,充分满足了市场各种需求,使得基金被广大投资者广泛接受。

从 1999 年至今,中国基金业快速发展,是我国金融市场中增长最快的行业,其原因为:监管部门对基金业的严格监管,基金产品的不断创新,保险公司等机构投资者的大力参与和商业银行基金销售的巨大支持。

(九) 期货经纪公司

期货经纪业作为期货市场体系中的基本环节,为我国期货市场的起步、推广和发展做出过重要贡献和历史作用。从 1999 年开始对期货经纪公司以"增资"为主要措施的清理整顿已顺利完成,截至 2022 年 6 月末,国内具备中国证监会期货代理许可证和国家工商总局营业执照两证齐全的期货经纪公司有 150 家。

期货经纪公司大多数运作规范,具备拓展我国期货市场发展空间的基本条件:(1) 期货经纪业稳定发展的法制环境逐步完善。规范运作作为期货市场的生命线,已转化为期货经纪公司日常经营管理的自觉行为。(2) 期货经纪业布局基本合理,并逐步形成区域特色。全国除贵州、西藏、宁夏、青海四省(自治区)外,都有期货经纪公司经营,在全国范围内比较集中在五大区域:一是北京,如中国期货经纪公司、中国粮油期货经纪公司等;二是上海,如上海金鹏期货经纪公司、上海金源期货经纪公司等;三是东北地区,如北亚期货经纪公司、辽宁汇鑫期货经纪公司等;四是浙江地区,如浙江永安期货经纪公司、浙江良时期货经纪公司等;五是广东地区,如深圳金牛期货经纪公司、金瑞期货经纪公司等。其他地区(城市)相对分散,但每一地区(城市)都有一两家有较大影响的公司。(3) 期货经纪公司代理业务的重点逐步突出,并形成一些比较专业的代理公司。在期货主业正常开展的期货公司中,受交易所分布、股东背景、主流客户来源的影响,在代理品种中已逐步突出重点,且处于交易所所在城市和地区的如上海、郑州和东北地区的期货公司发展的机会相对更多。此外,浙江、北京、广东及深圳地区由于资金存量较大,发展基础较好,也涌现出较多有一定影响的期货经纪公司。例如,东北地区的期货公司以大商所的大豆为主;浙江、北京、山东、河南、成都的期货公司以大豆、小麦为主;上海、深圳及广东地区、重庆、海南的期货公司以铜、铝、天然橡胶为主,兼顾大豆;有粮食行业背景的期货公司以大豆、小麦为主;有色行业背景的期货公司以铜、铝为主。

正常经营的期货经纪公司的法人治理结构和企业内控制度基本健全。通过多年来期货代理的风雨洗礼和近几年的严格规范整顿,现阶段的期货公司绝大多数能做到规范运作、机构设置合理、管理规章制度健全,风险事故大大降低。

四、外资金融机构

自加入 WTO 起，外资金融机构大量进入我国，已经有效带动了国内银行业的市场竞争。外资金融机构是指依照中华人民共和国有关法律、法规的规定，经批准在中国境内设立和营业的下列金融机构：(1) 总行在中国境内的外国资本的银行(独资银行)；(2) 外国银行在中国境内的分行(外国银行分行)；(3) 外国的金融机构同中国的公司、企业在中国境内合资经营的银行(合资银行)；(4) 总公司在中国境内的外国资本的财务公司(独资财务公司)；(5) 外国的金融机构同中国的公司、企业在中国境内合资经营的财务公司(合资财务公司)。其中，独资银行、外国银行分行、合资银行按照中国人民银行批准的业务范围，可以部分或者全部依法经营下列种类的业务：(1) 吸收公众存款；(2) 发放短期、中期和长期贷款；(3) 办理票据承兑与贴现；(4) 买卖政府债券、金融债券，买卖股票以外的其他外币有价证券；(5) 提供信用证服务及担保；(6) 办理国内外结算；(7) 买卖、代理买卖外汇；(8) 从事外币兑换；(9) 从事同业拆借；(10) 从事银行卡业务；(11) 提供保管箱服务；(12) 提供资信调查和咨询服务；(13) 经中国人民银行批准的其他业务。

加入 WTO 后，我国金融业对外开放的速度进一步加快，外商对我国金融业投资明显加快。2019 年 7 月，国务院金融稳定发展委员会宣布了《关于进一步扩大金融业对外开放的有关举措》，一系列金融业进一步对外开放的政策措施得以出台，其中包括允许符合条件的外资以特定方式在境内设立理财公司，将原定于 2021 年取消证券公司、基金公司外资股比限制的时点提前到 2020 年。11 月，国务院印发《关于进一步做好利用外资工作的意见》，其中提到，要加快金融业开放进程，将全面取消在华外资证券公司的业务范围限制，丰富市场供给，增强市场活力，同时，允许境外金融机构投资设立、参股养老金管理公司等。

(一) 银行业

中华人民共和国成立以后，真正对外资银行的开放始于 1978 年，第一家外资银行日本输出入银行 1979 年 12 月获批在北京设立代表处。从区域上看，对外资银行的开放是阶梯式发展的。最先只开放经济特区，外资银行只在经济特区开设机构，接着又开放了 14 个沿海城市，之后是开放中国的内地城市。在业务上，一开始批准外资银行经营外国人的外汇业务，然后允许中国企业中国居民的外汇业务，接着再允许外资银行经营外商投资企业、外国居民的人民币业务，再允许经营中国企业的人民币业务，之后再允许经营中国公民的人民币业务。同时，它的服务对象不断扩大，地域也在不断扩大。在这样一个过程当中，外资银行从机构数量、业务规模方面都在逐步发展壮大中。

外资银行重点布局在我国沿海大、中城市，辐射中、西部地区城市。经济发达、环境配套、管理规范的我国沿海地区和中心城市是外资银行设置机构的首选，这些地区同时也成为中、外资银行争夺的焦点。跨国银行在选择建立分行地点时，最主要的考虑因素有两个：一是该地区其全球网络客户及业务规模，二是该地区设立机构的资本回报率。两者的取舍或重要性，将依不同时期、不同地区有所侧重。

(二) 证券业

与银行业和保险业不同的是，在过去一段时期内，中国对于外资进入中国证券、基金和期货市场，一直持谨慎态度。证券业在我国加入世贸组织前最主要的开放举措是 B 股市场的设立。2002年初,央行与中国证监会下发《合格境外机构投资者境内证券投资管理暂行办法》,宣布实施QFII(合格境外机构投资者)制度,允许外国机构投资者进入交易所市场,投资债券、股票以及其他金融资产,并实行额度配给制。2003年5月,瑞士银行有限公司、野村证券株式会社获得中国证券监督管理委员会批准,成为首批取得证券投资业务许可证的合格境外机构投资者(Qualified Foreign Institutional Investors,QFII)。伴随着中国国力的提升,在"走出去"战略推动下,人民币国际化程度也在逐渐提高。2007年国内开始推行QDII(合格境内机构投资者)制度,允许合格的境内机构投资者投资境外金融市场,设计上借鉴了QFII,限制额度,有序放开。到2011年,为进一步加快金融市场的对外开放与人民币国际化进程,政府顺势在原来QFII的基础上,推出了RQFII(人民币合格境外投资者,即允许境外机构投资人将额度内的外汇结汇投资于境内市场)。2014年,又在QDII的基础上推出RQDII(人民币合格境内投资者,即用境内人民币投资于境外人民币计价资本市场)。同年,连接香港联合交易所与上海证券交易所的"沪港通"开通,境内境外市场得以联通,跨境交易有了更多选择。

(三) 基金业

基金业的情况与证券业类似。2001年"入世"时,我国承诺允许设立中外合资基金公司,其中外方所占股比可达到33%,并在"入世"3年后增至49%。2002年7月,我国出台《外资参股基金管理公司设立规则》,为外资进入基金业制定市场规则。2015、2016年,我国逐步提高外资金融机构参股证券基金管理公司的持股比例上限;欢迎符合条件的外资企业申请登记为私募证券基金管理机构,开展包括二级市场证券交易在内的基金管理业务。

(四) 期货业

我国期货市场直到2018年以后才正式启动对外开放,这是由期货市场高风险的特性决定的。2018年3月底,"中国版"原油期货在上海期货交易所的子公司上海国际能源交易中心挂牌上市。5月,大连商品交易所的铁矿石期货正式实施引入境外交易者业务,这是国内首个已上市期货品种实现对外开放。值得一提的是,与证券和基金一样,在2019年7月国务院金融稳定发展委员会发布的扩大金融业对外开放举措中,也将取消期货公司外资股比限制的时点提前到了2020年。2020年6月18日,中国证监会发布公告称,为进一步扩大期货市场对外开放,依法核准摩根大通期货为中国首家外资全资控股期货公司。这也意味着,摩根大通期货成了在中国金融业扩大对外开放政策推出后,首家外资独资的金融持牌机构。次日,摩根大通宣布,已获得中国证监会核准,将公司在摩根大通期货有限公司中的持股比例由49%增至100%。

(五) 保险业

1980年,美国国际集团(AIG)(美国的跨国保险及金融服务机构)在上海设立了代表处。20世纪90年代初,AIG下属的友邦保险公司和日本东京海上火灾保险公司先后在上海设立分公司,开展保险业务。1994年,中国平安保险引入摩根士丹利与高盛两大世界级财团参股,成为第一家引进外资入股的保险公司。1996年,加拿大宏利人寿保险与中国对外经济贸易信托投资公司又合资设立了中宏人寿保险公司,成为第一家中外合资寿险公司。

由于与海外投资者交流与融合更为紧密,国内保险业的法制与监管体系在这一时期较银行业进展相对更快,1996年、1998年与2000年分别推出《中华人民共和国保险法》、设立保监会与保险协会,以强化对保险业的监管。

2018 年 4 月，中国对外资保险业实施了三项开放新举措：允许符合条件的外资保险公司经营保险代理和公估业务，放开外资保险经纪公司经营范围，取消外资保险公司设立前需开设两年代表处的要求。2019 年 5 月，中国银保监会 12 条开放新举措中有 5 条涉及保险业开放；7 月，在国务院金融稳定发展委员会发布的金融开放举措中，针对保险业的内容有：允许境外投资者持有保险资管公司超过 25%的股份，取消外资保险公司 30 年经营年限准入条件等。

参股购并已经成为外资金融机构进入中国市场的主要形式。外资金融机构与中资商业银行开展的资本合作一般可分为直接参股合作和就某项产品开展资金合作两大类。随着外资进入我国金融业的规模进一步加大，经营本土化的趋势越来越强，外资金融机构对中国金融管理人才及业务人才的争夺将逐步展开。随着外资金融机构规模的扩大和人才需求的增加，外资银行将会利用各种优厚的待遇来与中资金融机构争夺人才。可以预见，随着外资金融机构在华业务的快速扩张，优秀的业务人才和管理人才必然成为中外金融机构争夺的焦点。

自加入 WTO 后，外国在我国设立的金融机构不断增多，我国金融市场竞争日益市场化、激烈化，这也同时促使我国金融机构体系自身各层面不断完善，我国在国际金融市场中的地位和重要性也将不断提升。

在改革开放中，在激烈竞争中，我国金融机构得到锻炼，规模不断增大，推动了中国经济可持续增长。2020 年末我国金融机构资产和负债情况如表 7－5 所示。

表 7－5 2020 年末我国金融机构资产和负债

	余额（万亿元） Outstanding (Trillion Yuan)	同比增速（%） YoY Growth Rate (%)
金融机构总资产 Total Assets of Financial Institutions	353.19	10.7
其中：银行业 Of which: Banking Institutions	319.74	10.1
证券业 Securities Institutions	10.15	25.0
保险业 Insurance Institutions	23.30	13.3
金融机构负债 Liabilities of Financial Institutions	321.17	10.8
其中：银行业 Of which: Banking Institutions	293.11	10.2
证券业 Securities Institutions	7.51	29.3
保险业 Insurance Institutions	20.55	13.6
金融机构所有者权益 Owner's Equities of Financial Institutions	32.01	9.2

续 表

	余额(万亿元) Outstanding (Trillion Yuan)	同比增速(%) YoY Growth Rate (%)
其中：银行业 Of which: Banking Institutions	26.63	8.6
证券业 Securities Institutions	2.63	14.2
保险业 Insurance Institutions	2.75	11.0

资料来源：中国银保监会官网。

本章小结

本章介绍了各类金融机构。

欧美国家一般根据金融中介机构的负债与资产将其分为三类。第一类为存款型金融机构，包括商业银行、储蓄银行、信用合作社等。第二类为契约型储蓄机构，主要包括保险公司(人寿保险公司、财产和意外灾害保险公司)以及养老基金。绝大多数国家将人寿保险公司归为储蓄机构。养老基金是向参加养老金计划者以年金形式提供退休收入的金融机构。根据出资人、出资额、资金的运作方式以及资金的给付方式不同，养老基金可分为不同类型。本章第二节介绍了两种典型的养老基金分类，以及不同种类养老基金的特点。第三类为投资型中介机构，主要包括投资银行、金融公司、(资本市场)共同基金、货币市场共同基金、对冲基金和信托公司。其中，(资本市场)共同基金根据组织形式的不同，可分为公司型和契约型两种类型；根据共同基金发行的股份份额是否固定及可否被赎回，可分为封闭式基金和开放式基金。

本章重点介绍了我国金融机构体系。我国金融体系现存五个层次：第一层次包括中国人民银行、中国银行保险业监督管理委员会和中国证券监督管理委员会在内的金融管理监管层；第二层次包括中国工商银行、中国建设银行、中国农业银行、中国银行、交通银行和中国邮政储蓄银行六大国家控股商业银行，以及国家开发银行、中国农业发展银行和中国进出口银行在内的三大国有独资政策性银行；第三层次为其他商业银行，包括股份制银行、城市商业银行、农村商业银行以及农村信用合作社；第四层次为非银行金融机构，包括保险机构、证券机构和基金公司等；考虑我国国情，单列第五层次，即外资金融机构，包括外资银行和外资非银行金融机构。

请用手机微信扫以下二维码，阅读、学习专栏内容。

解放前后中国共产党金融机构的变迁和壮大

参考书目

1. Frederic S. Mishkin. *The Economics Of Money, Banking, And Financial Markets*, 2012, tenth edition. Prentice Hall.

2. 弗兰克·J. 法博齐、弗朗哥·莫迪利亚尼:《资本市场:机构与工具》(第四版),汪涛、郭宁译,中国人民大学出版社 2015 年版。

3. 黄达:《货币银行学》,中国人民大学出版社 1999 年版。

4.《中国金融年鉴》编辑部:《中国金融年鉴》1999 年版。

5. 托马斯·梅耶、詹姆斯·S. 杜森贝里、罗伯特·Z. 阿利伯:《货币、银行与经济》(第六版),林宝清、洪锡熙等译,上海三联书店、上海人民出版社 2007 年版。

6. 刘园:《金融市场学》,对外经济贸易大学出版社 2002 年版。

7. 朱青:《养老金制度的经济分析与运作分析》,中国人民大学出版社 2003 年版。

8. 王晓红、陈红:《外资金融机构在华投资的主要趋势》,《中国社会科学院院报》2005 年第 2 期。

9. 杜书明:《中国基金业的现状与面临的挑战》,中国银河证券基金研究评价中心 2004 年 11 月。

10. 中国工商银行等商业银行、国家开发银行等政策性银行的历年年报。

思考题

1. 存款型金融机构和契约型储蓄机构的主要区别是什么?
2. 为什么说购买共同基金属于间接投资?共同基金具有哪些特点?
3. 什么是公司型基金?什么是契约型基金?
4. 什么是封闭式基金?什么是开放式基金?什么是单位信托?
5. 什么是政策性银行?它与商业银行的主要区别是什么?
6. 信托投资公司与财务公司的主要区别是什么?
7. 简要回顾并指出我国金融机构体系架构。

8

第八章
中央银行与金融监管体系

全章提要

教学目的和要求

- 了解中央银行的产生与发展。
- 掌握中国人民银行的产生与发展过程。
- 在明确中央银行性质的基础上，能具体剖析中央银行在现代社会经济中的地位。
- 掌握中央银行的职能，并分析中央银行在现代经济中的作用。

当今世界上绝大多数国家实行了中央银行制度，无论是中央银行或类似于中央银行的金融管理机构均处于各国金融体系的核心地位，是一国最高的金融管理机构。而跨国货币制度的形成，也必须以建立跨国的中央银行为基础和前提。本章首先介绍了中央银行的产生与发展，接着介绍了中央银行的性质和地位，最后对中央银行的职能和作用展开阐述。

中央银行是一国金融体系的核心，是金融活动的枢纽。为保持一国经济稳定发展，努力实现经济目标，中央银行制定一系列货币金融政策，其行为影响了所有的银行与金融机构，以及企业与社会公众，起着一国政府不能替代的调节作用。

第一节 中央银行的产生与发展

中央银行的起源可以追溯到17世纪后半叶，其产生有着特定的历史背景和经济条件。随着社会生产力的飞速发展和商品经济的迅猛扩张，资本主义银行业得到了迅速发展，但同时也产生了许多问题。例如，银行业的无序竞争导致银行券发行泛滥，使得银行券信誉严重下降；随着票据交换业务日益繁重、复杂，银行自行处理票据结算和清算业务已难以适应商品经济和银行业务快速发展的需要；银行体系的脆弱性导致银行破产和银行支付危机频繁出现，严重威胁到整个金融体系的稳定性。因此，客观上需要建立一个全国统一的、权威性的特殊金融机构——中央银行，来垄断信用货币的发行，统一银行间的票据交换与结算，对金融业实施适度监管，并充当“最终贷款人”角色。

纵观世界各国中央银行的产生与发展历史，中央银行的产生主要有两条途径：一条是由信誉好、实力强大的商业银行经过逐步演变，最终发展而成，如英国的英格兰银行（Bank of England）和瑞典的瑞典银行（Riksbank of Sweden）；另一条则是由政府出面直接组建而成，如美国的联邦储备银行。

一、中央银行的产生

（一）瑞典银行

历史上最早的国有银行是瑞典银行，成立于1656年。它原是私人创办的商业银行，

1661年开始发行银行券，成为世界上第一家发行银行券的银行。1668年，瑞典银行被改组为国有银行，成为世界上第一家国有银行。1897年，瑞典政府通过立法，取消了其他商业银行的货币发行权，将货币发行权集中于瑞典银行，使得瑞典银行发行的货币成为瑞典唯一的法偿货币，瑞典银行也逐步演变为瑞典的中央银行。尽管瑞典银行成立的时间最早，但是它获得货币集中发行权的时间却落后于英格兰银行64年。

(二) 英格兰银行

英国的英格兰银行是最早获得发行货币、具有无限法偿资格的中央银行，也是最早全面行使中央银行职能的银行。英格兰银行设立于1694年，设立初期是一家私有股份制商业银行。当时的威廉三世政府和辉格党控制的议会想要为英法战争融资，但他们自己的信用已荡然无存，为此政府按照威廉·帕特森(William Patterson)的计划，为新的政府债务引诱来了一批认购者，作为回报，政府允许这些认购者组建英格兰银行，并特许该银行的有限责任和对政府存款的排他性占有。作为承担更多债务的回报，该银行获得更大的特权，1697年议会将该银行的特许权定为排他性的，英国其他银行只能是具有无限债务责任的合伙企业。在巴格霍特(Walter Bagehot，1837)的经典著作《伦巴弟街》中，英格兰银行被戏称为"由辉格党创建的……无度地掠夺金钱的……辉格金融公司"。

1833年，英格兰银行的特许权得到更新，国会通过一项法案，规定只有英格兰银行发行的货币具有无限法偿资格。1844年，英国国会通过了首相罗伯特·比尔(Robert Peel)提交的《银行特许权条例》，该条例巩固了英格兰银行的特权地位。该条例规定，不再允许其他银行发行新的银行券，并且冻结了现存的其他发行银行的银行券流通；该条例还规定，当伦敦以外的银行倒闭、合并，或英格兰银行购买了他们已经得到的授权，英格兰银行可以逐渐吸纳它们得到授权的流通量。通过这种方式，在英格兰和威尔士范围内，英格兰银行最终获得了银行券发行的垄断权，从而确立了作为中央银行的地位。

按照《银行特许权条例》，自1844年8月31日起，英格兰银行内部划分为银行部和发行部，将货币发行和银行业务分开，奠定了现代中央银行的组织模式。1854年，英格兰银行已经取得了"清算银行"(Clearing Bank)的地位，成为英国银行业的票据交换与清算中心。在1847年、1857年和1866年的几次周期性金融危机中，英格兰银行作为规模最大、信誉最可靠的银行，全力支持资金周转困难的银行和金融机构，以防止挤兑风潮的扩大和银行业的崩溃，事实上充当了"最终贷款人"角色。

1928年，英国议会通过《通货和钞票法案》(*Currency and Banknotes Act* 1928)，英格兰银行进一步垄断了全国的货币发行权。尽管在英国可以发行货币的银行除了英格兰银行之外，还有苏格兰的三家银行和北爱尔兰的四家银行，但英格兰银行事实上已经垄断了货币发行权，因为其他银行的货币发行需要在英格兰银行存入英格兰英镑，并按照1∶1的配额发行货币。另外，在外汇兑换中，其他银行发行的英镑需要先兑换成英格兰银行发行的英镑，再与其他外汇兑换。

由于英国经济发展的领先地位和英格兰银行的成功运作，19世纪中叶英格兰银行已经成为中央银行制度的典范，世界上许多国家纷纷效仿英国而建立中央银行制度。从1800年至1900年，法国(1800年)、荷兰(1814年)、挪威(1816年)、奥地利(1817年)、丹麦(1818年)、西班牙(1850年)、俄国(1860年)、德国(1875年)、日本(1882年)等29个国家先后成立了各自的中央银行。

（三）美国联邦储备体系

美国联邦储备体系（Federal Reserve System）建立于1913年。与其他国家相比，美国中央银行制度的建立时间相对较晚，而且步履维艰，经历了一个漫长的过程；但美国联邦储备体系是根据有关法令，由政府直接组建而成，因此，其发展历史值得探讨。

1791年由国会批准，美国成立了具有中央银行性质的第一国民银行，规定营业期限为20年，总部设在费城，并在主要城市设立了8个分支机构，其主要业务包括发行货币、代理国库、办理票据贴现和接受私人存款。第一国民银行为了达到管理州银行、整顿货币发行纪律的目的，拒收银行券过度发行的州银行的银行券，或要求发行银行用金银兑换其所发行的银行券，这种做法妨碍了各州银行的业务发展，遭到各州银行的强烈反对，同时农业部也对第一国民银行的信用政策极为不满，第一国民银行在1811年因未能重新获得申请注册而解散。

第一国民银行解散之后，美国各州银行滥发纸币，大多数银行停止了对所发纸币的兑换，币值大跌，流通中的黄金、白银奇缺，大量州银行破产倒闭。工商界一致要求重新设立国家银行，经国会批准，1816年成立了第二国民银行，执行中央银行职能。由于第二国民银行无法真正集中货币发行权和代理国库权，失去了中央银行的作用，因此，1836年期满后未能继续获得注册。

1837—1863年的美国为自由银行时代，这一期间的美国货币流通和信用制度极其混乱。为此美国国会于1863年通过了《全国货币法》，主要内容包括：建立国民银行制度，国民银行在联邦政府注册；在财政部下设立“货币监理官”，负责监督国民银行的活动；建立货币发行制度，由财政部印制统一的银行券。但是，由于财政部继续通行独立的国库制度，使得银行体系的货币时而不足、时而泛滥。在这种银行制度不健全的情况下，每隔数年美国便发生一次金融恐慌，如1873年、1884年、1893年、1901年和1907年都出现了较为严重的金融危机，导致金融秩序极度混乱。尤其是1907年的金融危机，造成普遍的银行倒闭，存款人的存款严重受损。

1908年5月，美国政府设立了国家货币委员会，负责考察各国中央银行制度。1910年，国家货币委员会提交了调查报告。1912年，该委员会制定了一种既能顾及美国银行制度传统，又能集中管理商业银行的联邦储备制度。1913年，美国国会通过了《联邦储备法案》，正式建立了美国式的中央银行制度——美国联邦储备体系。

联邦储备体系的特点是：全国共分为12个区域性的储备区，每个储备区设立一家联邦储备银行。联邦储备银行既为联邦储备体系的业务机构，同时又是区域性的中央银行，具有一定的独立性。联邦储备银行负责货币发行、代理国库、主持清算、会员银行准备金保管、对会员银行提供贷款、再贴现和公开市场操作等业务。联邦储备体系的组织结构由三部分构成：（1）联邦储备委员会，制定货币政策和各项规章制度，对商业银行和联邦储备银行的业务活动进行监督管理。（2）联邦公开市场委员会，决定公开市场业务，即美联储的证券买卖。该委员会通过向纽约联邦储备银行发出指示，告知后者在代理所有联邦储备银行账户时应遵循的公开市场政策，本身并不经手证券买卖。（3）联邦顾问委员会，主要任务是向董事局提供有关经济运行状况的资料，以及对经济金融政策提出建议。

二、中央银行制度的发展

1913年美联储的建立标志着中央银行制度在世界范围的基本确立，其后中央银行制度进入快速发展阶段。中央银行制度的发展进程可以分为两个阶段：一是中央银行制度的普遍推广阶段(1914—1945年)，二是中央银行制度的强化阶段(1946年至今)。

(一) 中央银行制度的推广阶段

第一次世界大战中，为了适应战时财政需要，各国央行纷纷脱离金本位制，大肆发行货币，征收铸币税为财政融资，导致了普遍严重的通货膨胀。战后，深受通货膨胀之苦的各国政府意识到稳定币值的重要性，于1920年在比利时首都布鲁塞尔举行了第一次国际金融会议。会议提出：为稳定币值，消除通货膨胀，各国央行应摆脱政府政治上的控制，实行稳健的金融政策；尚未成立中央银行的国家应尽快成立中央银行，以稳定第一次世界大战后的币制、汇率和金融混乱的局面。1922年，瑞士日内瓦国际金融会议再次强调了布鲁塞尔会议形成的决议。这是第一次世界大战后中央银行制度得以推广的理论基础。

在这期间新建或改建的中央银行，大多数是借助政府的力量直接组建而成的。据统计，1921—1942年，通过改建或新建设立的中央银行共计43家。从时间分布来看，通过改建或新建设立的中央银行，20世纪20年代有27家，30年代有9家，40年代有7家；从地区分布来看，欧洲有16家，美洲有15家，亚洲有8家，非洲和大洋洲各有2家。可见，这一时期是中央银行制度的积极推广与发展阶段。

(二) 中央银行制度的强化阶段

第二次世界大战中，世界经济遭到了严重破坏。战后，各国(包括新独立国家)为发展经济，普遍信奉凯恩斯的宏观经济理论，以货币政策、财政政策来管理经济。考虑到中央银行在货币政策制定和执行中的重要地位，各国加强了中央银行制度的建设。中央银行制度的强化主要体现在以下几个方面：

1. 中央银行的国有化

第二次世界大战后，绝大多数国家的中央银行逐渐实行了国有化；少数国家尽管中央银行仍保留着私人股份，但这些股东的所有权和投票权已失去了实质性意义，受到严格限制，中央银行的经营权和决策权归国家所有，成为事实上的国有化。

2. 国家对中央银行控制的加强

第二次世界大战后，各国加强了对中央银行的控制力度，主要表现为：中央银行成为国家制定和执行货币政策的机构，直接受国家控制和监督，中央银行的最高领导者一般由国家任命。

3. 强化了央行货币政策的宏观调控功能

随着人们对货币政策理论认识的深入，各国央行加强了对宏观经济的调控，货币政策理论也得到了进一步的完善和发展。(1) 除了法定存款准备金、再贴现、公开市场操作等一般性货币政策工具的法制化和制度化外，还创设了诸多可供选择的货币政策工具，货币政策对宏观经济的调控既具有全局性的调控功能，又具有局部性的结构调控功能。(2) 形成了稳定币值、经济增长、充分就业、平衡国际收支等多元化的货币政策目标。(3) 为了更好地发挥中央银行货币政策的调控职能，许多国家开始将金融监管职能从中央银行传统职能中剥离出来，以使中央银行能够集中精力制定与执行货币政策。

4. 中央银行国际间合作的加强

随着各国间经济及金融交往日益扩大，各国中央银行间的合作不断加强，国际货币基金组织、世界银行等国际性金融组织与机构相继成立，开创了各国中央银行间全球性合作的新局面。

5. 跨国中央银行的出现

跨国中央银行是指若干国家联合组建一家中央银行，在成员国范围内行使全部或部分中央银行职能。跨国中央银行的主要职能包括：为成员国发行共同使用的货币，制定统一的货币政策，监督各成员国的金融机构和金融市场，为成员国政府进行融资，办理成员国共同商定并授权的其他金融业务。跨国中央银行的建立可以追溯到 20 世纪 70 年代建立的西非货币联盟、中非货币联盟、东加勒比海货币区。随着经济和金融全球化的进一步发展，以及欧洲经济一体化进程的深入，1998 年 7 月 1 日由各成员国中央银行组成的欧洲中央银行宣告成立。1999 年 1 月 1 日欧元正式启用，欧洲中央银行统一发行欧元，制定和执行统一的货币政策和汇率政策，并依据《稳定和增长条约》对各成员国的金融管理进行监管。欧元的启用结束了欧盟内部货币动荡的局面，创造了一个稳定的货币环境；可以降低投资风险，减少交易成本，扩大资本市场的融资能力；还可以促进各成员国的财政健康、稳定，带动经济增长。

三、我国中央银行的产生与发展

（一）我国中央银行的萌芽

我国中央银行的产生可以追溯到晚清时期的户部银行。为了统一币制、推行纸币，并解决因战争赔款所带来的财政困难，1904 年户部奏请设立户部银行，1905 年 8 月大清户部银行在北京成立。户部银行是清政府的官办银行，享有国家授予的铸造货币、代理国库和发行纸币的特权。1908 年，大清户部银行更名为大清银行。因户部银行在处理外债方面出现外汇亏损，由邮政部提议、经清政府批准，于 1908 年 3 月 4 日成立交通银行，负责铁路、轮船、电报和邮政四个部的一切收支，并拥有纸币发行权。清政府垮台后，大清银行被北洋政府改组为中国银行，与交通银行共同承担中央银行的职责。这一时期，我国中央银行制度尚处在萌芽阶段。

1927 年国民党政府在南京成立，制定了《中央银行条例》，并于 1928 年 11 月 1 日在上海成立国民党政府的中央银行，享有代理国库、发行纸币等特权，并在全国设立分支机构，行使中央银行职能。但国民党政府的中央银行成立之后，并没有统一货币发行权，当时的中国银行、交通银行以及中国农民银行皆可发行法偿货币。1942 年 7 月 1 日，国民政府公布了钞票统一发行办法，中央银行才真正垄断货币发行权。由于“蒋宋孔陈”四大家族的内部矛盾，国民党中央银行并没有真正地全面行使中央银行职能，然而统一货币发行、统一管理国库以及统一外汇管理等措施表明，我国中央银行制度已经有了较大的发展。

（二）中国人民银行的建立与发展

1931 年 11 月 7 日，在江西瑞金召开的中华苏维埃第一次代表大会上通过决议，决定成立中华苏维埃共和国国家银行。1932 年 2 月 1 日，中华苏维埃共和国国家银行正式成立，这是中国共产党领导下的最早的中央银行。

1948 年 12 月 1 日，在合并解放区的华北银行、北海银行和西北农民银行的基础上，在石家庄成立了中国人民银行，统一人民币的发行。1949 年 2 月，中国人民银行将总行移至北京。

1948—1978年,与高度集中管理的计划经济体制相适应,我国金融制度采取了高度集中管理、以行政管理为主的“大一统”金融管理体制,主要特点是:(1)中国人民银行是唯一的国家银行,其分支机构按照行政区域设置;集中央银行与商业银行职能于一身,既是货币发行和金融管理的政府机关,又是从事信贷、储蓄、结算等金融业务的经济组织。(2)禁止商业信用,集中信用于国家银行,实现统一的银行转账结算,取消多种信用工具。(3)国家财政负责国有企业固定资金和定额流动资金的供给,中国人民银行负责超定额的、临时性的流动资金供应。(4)银行内部实行统存统贷、统收统支的管理制度。(5)实行指令性的计划行政管理。

1979—1982年,随着改革开放的进行,金融体制改革也相继展开,各专业银行和其他金融机构相继恢复和建立。中国农业银行、中国银行先后从中国人民银行中独立出来,为中国人民银行专门行使央行职能做出了铺垫。

1983年9月17日,国务院决定自1984年1月1日起中国人民银行专门行使中央银行职能,这标志着我国的中央银行制度由复合式正式转向单元式。1995年3月8日,第八届全国人民代表大会第三次会议通过《中华人民共和国中国人民银行法》,第一次正式以法律形式确立了中国人民银行是中华人民共和国的中央银行,在国务院领导下,中国人民银行制定与实施货币政策,依法独立执行货币政策,履行职能,开展业务,不受地方政府、各级政府部门、社会团体和个人的干涉。

第二节 中央银行的性质与地位

一、中央银行的性质

(一)中央银行是管理金融事业的国家机关

中央银行自始至终都是管理金融事业的国家机关,虽然早期中央银行的股份大多为私人持有,但第二次世界大战后,各国中央银行的私人股份先后转化为国有;有些新建的中央银行如中国人民银行,一开始就由政府出资;即使继续维持私有或公私合营的中央银行,也都加强了国家的控制。因此,各国的中央银行实质上是国家机构的一部分。

中央银行作为管理金融事业的国家机关,主要表现在:(1)中央银行是全国金融事业的最高管理机构,是代表国家管理金融事业的部门;(2)中央银行代表国家制定和执行统一的货币政策,监管全国金融机构的业务活动;(3)中央银行的主要任务是代表国家运用货币政策对经济生活进行直接或间接的干预;(4)中央银行代表国家参加国际金融组织和国际金融活动。

中央银行虽然是国家机关的组成部门,但又明显不同于一般的国家机关。这是因为中央银行不是单凭行政权力行使其职能,而是通过运用经济、法律和行政等多种手段,对商业银行和其他金融机构进行引导和管理,以达到对整个国民经济进行宏观调控的目的。中央银行的管理职责大多寓于金融业务的经营过程之中,通过对利率、汇率、存款准备金率等的调控,引导和影响银行存贷款业务、外汇业务和公开市场上有价证券交易等业务而实现。因此,中央银行的管理职能在很大程度上是建立在它拥有的经济手段的基础上,这是区别于一般行政权力机构的本质特征。

（二）中央银行是特殊的金融机构

中央银行作为金融机构，是不同于商业银行、投资银行、保险公司、信托公司、租赁公司等金融企业的特殊金融机构。中央银行的特殊性主要表现在以下四个方面：

第一，中央银行是国家宏观经济和金融调控的主体，商业银行等金融企业则是宏观金融调控的对象。中央银行可以根据国家经济发展的情况，相应地制定和执行货币政策，控制货币供应总量，并调节信贷的投向和流量，把国家宏观经济决策和宏观经济调节的信息，向银行等金融机构以及国民经济的各部门、各单位传递。

第二，与商业银行等一般金融企业不同，中央银行不以营利为目的。中央银行以金融调控为己任，以稳定币值、促进经济发展为宗旨。虽然中央银行在业务活动中也会取得利润，但营利不是目的。如果中央银行以营利为目的，就会与商业银行等金融企业处于不平等的竞争地位，势必导致为追求利润而忽略甚至背弃宏观金融管理和调控的主旨。

第三，中央银行作为特殊的金融机构，一般不经营商业银行和其他金融机构的普通金融业务。商业银行和其他金融机构的业务经营对象是企事业单位和城乡居民；中央银行一般情况下不与这些对象发生直接的业务关系，它通常只与政府和商业银行等金融机构发生资金往来关系。

第四，中央银行享有垄断货币发行的特权，商业银行和其他金融机构则没有这种特权。中央银行虽然也吸收存款，但其吸收存款的目的不同于商业银行等金融机构，即不是为了扩大信贷业务规模，而是为了在全国范围内有效地调控信贷规模，调节货币供应量。

二、中央银行的地位

（一）发行的银行

在纸币本位制下，中央银行是唯一由国家授权发行货币的银行。所谓“发行的银行”，主要有两个方面的含义：其一，是指中央银行占有本国货币发行的独享垄断权；其二，是指中央银行必须以维护本国货币的正常流通与币值稳定为宗旨。

货币由中央银行集中发行，能从根本上杜绝因分散发行而引起的通货膨胀和币制混乱，同时，也为控制与调节市场中的货币流通数量创造有利条件。中央银行通过发行货币的特权并灵活运用货币政策工具，能将货币量和信贷规模控制在适当的水平，使经济和金融能在稳定的环境中发展。

例如，人民币现金的发行具体由中国人民银行设置的发行基金保管库执行。发行库在中国人民银行总行设总库，下属分支行设分库和支库，发行库中保管的是已印制好而未进入流通的人民币票券，称为发行基金。商业银行及其基层行处设业务库，业务库保存的人民币现金是商业银行日常收付业务的备用金。为了避免业务库现金过多或不足带来的浪费和支付困难，通常由上级行和同级中国人民银行为业务库核定库存限额。当商业银行的现金不足以支付时，可以从本行在中国人民银行存款账户的余额内提取现金，提取的现金由中国人民银行的发行库转移到商业银行的业务库，意味着这部分现金进入流通领域；反之，如商业银行收入的现金超过其业务库库存限额时，则超过部分应自动送交中国人民银行，向发行库回流，意味着这部分现金退出流通领域。

(二) 银行的银行

所谓"银行的银行",其一,是指中央银行从事"存、放、汇"银行业务的对象是商业银行和其他金融机构;其二,中央银行通过"存、放、汇"业务对商业银行和其他金融机构的业务经营活动施以有效影响,以充分发挥金融管理职能。具体表现在以下三个方面:

1. 集中存款准备金

法律规定,商业银行和其他金融机构所吸收的存款必须按法定比例提交存款准备金,存款准备金集中于中央银行的"法定存款准备金"账户,成为中央银行的资金来源,并由中央银行集中统一管理。中央银行集中存款准备金,一方面能保证存款机构的清偿能力,进而保障存款人的资金安全以及商业银行等存款机构本身的安全;另一方面,更为重要的是,中央银行有权根据宏观调控的需要,变更、调整存款准备金的上交比率,从而有利于调节信用规模和控制货币供应量。

2. 最终贷款人

当商业银行和其他金融机构出现资金短缺而通过其他渠道难以获得资金时,可通过再贴现、再贷款等方式从中央银行获取资金,中央银行则成为整个社会信用的"最终贷款人"。最终贷款人的角色确立了中央银行在整个金融体系中的主导地位:一方面,中央银行作为最终贷款人,能够有力地支持陷于资金周转困难的商业银行和其他金融机构,避免挤兑风潮的扩大,进而维护社会金融秩序的稳定;另一方面,中央银行可以通过提高或降低再贴现率和再贷款率的措施,控制货币供应量,调节社会信贷规模。

3. 组织全国清算

商业银行等金融机构都依法在中央银行开设有存款准备金账户和超额准备金账户,各银行之间发生的资金往来或应收、应付款项,都要通过中央银行划拨转账,中央银行遂成为全国的清算中心。同城或同地区银行间的资金清算主要在票据交换所进行,最后由中央银行集中清算交换的差额;而异地银行间的远距离资金划拨则完全由中央银行统一办理。中央银行通过组织全国银行系统的清算,一方面为各家银行提供服务,提高了清算效率,加速了资金周转;另一方面,有利于中央银行加强了解和及时掌握全国银行和金融机构的资金运营信息,从而有助于中央银行监督、管理职责的履行。

(三) 国家的银行

中央银行作为国家的银行,除了代表国家制定并执行有关金融法规、代表国家监督管理和干预各项有关经济和金融活动外,还为国家提供多种金融服务,其主要内容有:

1. 代理国库

各国政府的收入和支出,一般通过财政部在中央银行开立的各种账户进行。具体包括协助财政税收部门收缴各项库款,收受国库存款,并根据财政支付命令向经费单位划拨资金,代理国库办理各种收付和清算业务。因此,中央银行又被称为国家的总出纳。

2. 代理发行政府债券

各国政府为了筹措资金,经常需要发行债券,但国债的发行、推销以及发行后的还本付息等事宜,一般由中央银行经理。

3. 给国家以信贷支持

这种信贷支持应当严格限制在解决财政因先支后收而产生的暂时性资金短缺范围内。

中央银行一般不承担向财政提供长期贷款的责任，因为向政府发放中长期贷款将会陷入弥补财政赤字而发行货币的泥潭，会导致通货膨胀，危及金融体系的稳定。同样，中央银行也不宜在一级市场上承购政府债券。中央银行在二级市场上买卖政府债券虽然也是对政府的间接资金融通，但一般不会导致通货膨胀，反而是中央银行控制货币供应量的有效手段。

4. 保管外汇、黄金储备

世界各国的外汇、黄金储备一般由中央银行集中保管。中央银行可以根据国际、国内的实际情况，适时、适量地购进或抛售某种外汇或黄金，可以起到稳定币值和汇率、调节国际收支、实现国际收支平衡的作用。

5. 代表政府从事国际金融活动，并提供决策咨询

各国中央银行都代表政府参加国际金融组织，出席各种国际性会议，从事国际金融活动，并代表政府签订国际金融协定；同时，在国际、国内的经济和金融活动中，中央银行还充当政府顾问，提供经济、金融情报和决策建议。

三、中央银行的独立性

中央银行的独立性问题，探讨的是中央银行与政府的关系。例如，美国和以前的德国中央银行独立于政府之外，直接对国会负责，可以独立制定货币政策，政府不能直接对其发布命令，也不得干预货币政策的实施，产生矛盾时只能协商解决，因而称之为独立型中央银行。英国和日本等国家的中央银行虽然隶属于政府，但保持较大的独立性，可以独立制定、执行货币政策，由于政府对中央银行具有一定的行政干预权，故又称之为准独立型中央银行。意大利等国家的中央银行为附属型中央银行，是指中央银行需接受政府的指令，货币政策及其所采取的措施都必须经过政府的批准，政府有权停止、推迟中央银行的决议和决定等。但是，无论是独立型、准独立型还是附属型的中央银行，无论是隶属于政府、国会、议会还是其他部门的中央银行，各国政府一般会采取不同形式对中央银行加以控制，中央银行的最高领导由国家任命，中央银行的业务活动也不能脱离该国社会经济发展总目标的要求。因此，各国中央银行的独立性虽然存在较大的差异，但没有一家中央银行能够完全独立于政府之外，所谓的“独立性”只是相对的。

中央银行作为一国金融体系的核心和最高领导机构，其货币政策的主要目标是稳定货币和维护正常的金融秩序。而政府的目标是多重的，除了稳定物价外，还必须实现经济增长，完善社会保障，维持企业生存，增加居民收入和税收收入等；中央银行货币政策的单一目标和政府的多重目标处于经常性的矛盾状态，尤其在附属型中央银行体制下。在多党制国家，政府行为的短视还会导致政治商业周期，新一届政府刚上台时迫使中央银行采用紧缩的货币政策来降低物价，并把造成紧缩的责任归咎于前任政府；大选前迫使中央银行执行扩张性的货币政策，降低失业率，提高产出，以争取选票。为保证中央银行能实现稳定物价的目标，需要通过加强中央银行相对独立性的法律地位来解决。

为了使货币政策的贯彻执行更有成效，近几年来，不少国家作出了一些必要的规定，以致力于提高中央银行的相对独立性。中国人民银行是附属型中央银行，自 20 世纪 90 年代以来，其独立性也有所加强。如 1995 年颁布的《中国人民银行法》明确规定：中国人民银行在国务院的领导下依法独立执行货币政策，履行职责，开展业务，不受地方政府、各级政府部

门、社会团体和个人的干涉。由于受各方面主客观条件的制约,近期中国人民银行还难以成为类似发达国家的独立型或准独立型中央银行。

第三节 中央银行的职能与作用

一、中央银行的职能

中央银行的职能是中央银行性质的具体体现。按照中央银行的业务特征分类,其职能可简要概括为以下三类:

(一) 宏观调控职能

宏观调控职能是指中央银行运用自身特有的金融手段对货币、信用进行调节和控制,进而影响和干预国家宏观经济,以实现预期的货币政策目标。这一职能集中体现为中央银行运用其垄断的货币发行权,通过改变基础货币量和货币乘数,收缩和扩张社会货币量,从而实现社会总需求和总供给在一定程度上的均衡。中央银行通过运用短期融资利率(如再贴现率)和公开市场操作、存款准备金率等政策工具加以调控,并辅之以国家外汇、黄金储备经营管理业务等,以实现货币政策目标。

(二) 金融管理职能

金融管理职能是指中央银行作为一国的金融管理机关,为了维护金融体系的安全和稳定,具有对各银行和金融机构以及相关金融市场的运行等进行检查监督、管理控制的职能。其主要内容包括:(1) 制定有关金融政策、法令、条例等,并对各银行和金融机构的贯彻执行情况进行检查监督;(2) 对各银行和金融机构实施金融行政管理,包括金融机构的设立、变更、终止,各银行和金融机构业务范围的审批,主要负责人任职条件的审查,以及业务网点的设置和撤销等;(3) 检查监督银行及其他金融机构的业务活动,对业务活动质量及违规、违法行为进行评估、仲裁和处罚,如检查外汇业务活动、依法惩处外汇违法行为等;(4) 调查、统计和分析各银行和金融机构的业务数据,以监控整个社会的信用状况,如负责对国家外债的登记、统计和监管,以有效避免对外支付危机的产生等。

(三) 金融服务职能

金融服务职能是指中央银行具有向政府、银行及非银行金融机构提供资金融通、划拨清算、代理业务等方面的服务职能,主要包括:(1) 经理国库;(2) 向政府提供信用;(3) 政府的国际金融活动代表;(4) 政府的金融顾问和参谋;(5) 主持全国票据和清算事务;(6) 是银行和金融机构的最终贷款者;等等。由于具体内容在上一节已有介绍,故不再赘述。

二、中央银行在现代经济中的作用

中央银行的职能是中央银行性质的延续,是中央银行本质属性所固有的功能,而作用则是指通过职能的发挥对社会经济产生的能动力和影响力。通过对中央银行在现代经济中作用的研究,能够进一步明确中央银行在现代经济中的核心地位,及其对社会经济发展的巨大能动力和不可替代的影响力。

（一）现代经济发展的推动机

现代化的社会经济本质上是一种货币信用经济，货币资金是社会经济增长的第一推动力和持续推动力。中央银行作为唯一的发行银行，独享一国的货币发行垄断权。从理论上说，除了经济增长的适度性制约外，中央银行具有无限供应货币的能力。中央银行根据经济发展对货币增长的客观需要增加和控制货币发行，可以充分发挥货币对扩大再生产的第一推动力和持续推动力作用。同时，中央银行作为全国货币信用制度的枢纽，通过"最终贷款者"职能的发挥，满足经济发展对扩大信用的需求，支持和促进企业、单位和个体经营者的生产、流通和发展，形成现代社会经济高速发展的巨大支撑力量。

（二）国家调节宏观经济的工具

中央银行作为一国金融体系的中心环节和全国货币金融活动的最高权力机构，可根据本国经济和金融的发展情况及国家的金融政策意图，运用多种金融手段控制货币发行，调节信贷的投量和投向，以维持本国经济的可持续发展。例如，在经济过热、发展速度过快、通货膨胀加剧的情况下，中央银行可通过提高再贴现率等短期利率、提高商业银行的存款准备金率、在公开市场上出售有价证券等金融手段，降低社会货币需求，减少商业银行贷款供给，缩减存款派生能力，紧缩货币供给，进而达到缓和经济发展、抑制通货膨胀的目的。相反，如果出现经济萎缩、增长滞缓、物价低迷等通货紧缩状况，中央银行就可通过降低短期利率、降低存款准备金比率、在公开市场上购进有价证券等政策措施扩大货币信用供给，以刺激经济增长，实现国家经济发展的目的。中央银行作为国家进行宏观经济调控的机构，对一国经济的持续、稳定和健康发展，发挥着越来越重要的作用。

（三）社会经济和金融运行的稳定器

中央银行作为管理全国金融事业的国家机关，对各银行和金融机构加强监督管理，使之能合规经营和稳健经营，发挥着社会经济和金融运行的稳定器的作用。首先，中央银行制定的金融政策、法令和管理条例，强调的是稳健经营原则，侧重于流动性、安全性目标，因此，能够有效防范和减少各商业银行和金融机构因片面追求盈利而增加的经营风险，通过强化稳健经营而提高金融体系的稳定性。其次，中央银行运用金融监管手段，从市场准入、监督检查、紧急救援，直到对有严重问题的金融机构出示"红牌"等；对在激烈的市场竞争中一些银行和金融机构的违规行为，运用稽核检查等查处手段纠正违规，即使对一些出了问题的金融机构，也可及时采取相应措施等，这一切对维护一国良好的金融秩序具有巨大的作用。再次，随着经济和金融全球一体化的发展，金融风险很容易在国家之间传播和扩散，中央银行在维护好国内秩序的同时，还必须与有关国家的金融监管当局和国际金融组织密切合作，将金融领域的多种隐患消灭在萌芽状态，以充分发挥本国经济、金融健康运行的稳定器作用。

（四）提高经济、金融运转效率的推进器

中央银行金融服务职能的发挥，对提高社会经济和金融的运转效率有着巨大的推进作用。例如，中央银行对各银行和金融机构提供清算服务，有利于实行汇划款项与资金清算同步，变事后清算为事前清算，从而大大提高了清算系统的效率；尤其是日新月异的现代电脑和通信技术在清算系统中的运用，使汇路更加畅通便捷，以确保资金周转加速，提高了社会资金的运转效率。再如，中央银行通过金融调查、统计和金融分析，能够全面、及时地掌握全国经济、金融的信息及其发展动向，作为国民经济运行的"温度计"和"气象台"，显然能大大

提高政府和中央银行对宏观经济和金融的监管和调控能力。此外,如代理国库业务,有利于提高国家预算收支的工作效率;集中管理外汇、黄金储备,也有利于国家外汇、黄金储备运转效率的提高;等等。

本章小结

本章第一节介绍了中央银行的产生与发展,包括中央银行的初创、推广与制度强化,同时介绍了我国中央银行的产生与发展,特别是中国人民银行的演变。第二节明确中央银行的性质是管理金融事业的国家机关和特殊的金融机构,并从发行的银行、银行的银行、国家的银行等方面阐述了中央银行在国民经济中的地位。第三节在论述中央银行的宏观调控职能、金融管理职能和金融服务职能的基础上,具体分析了中央银行在现代经济中的作用。

参考书目

1. 王广谦:《中央银行学》,高等教育出版社 1999 年版。

2. 1995 年颁布的《中国人民银行法》。

3. 陈学彬:《中央银行学概论》,高等教育出版社 2000 年版。

4. 黄达等:《货币银行学》,四川人民出版社 1996 年版。

5. 黄宪、江春等:《货币金融学》,武汉大学出版社 2002 年版。

6. 托马斯·梅耶、詹姆斯·S.杜森贝里、罗伯特·Z.阿利伯:《货币、银行与经济》(第六版),林宝清、洪锡熙等译,上海三联书店、上海人民出版社 2007 年版。

7. 尚华娟:《现代货币银行学》,上海财经大学出版社 1997 年版。

8. 郑兰祥:《现代货币银行学》,中国商业出版社 2001 年版。

9. 弗雷德里克·S. 米什金:《货币金融学》(第十二版),王芳译,中国人民大学出版社 2021 年版。

10. 童适平:《中央银行学教程》,复旦大学出版社 2003 年版。

11. 李敏:《货币银行学》,复旦大学出版社 2004 年版。

12. 劳伦斯·H.怀特:《货币制度理论》,李扬、周素芳、姚枝仲译,中国人民大学出版社 2004 年版。

思考题

1. 简述中央银行的产生与发展。

2. 苏格兰银行可以发行苏格兰英镑,为什么我们还说英格兰银行垄断了货币发行权?

3. 简述第二次世界大战后中央银行制度的强化主要体现在哪些方面。

4. 简述中国人民银行的发展。

5. 阐述中央银行的性质和地位。

6. 中央银行有何职能?试分析中央银行在现代经济中的作用。

9 第九章
金融监管体系

全章提要

教学目的和要求

- 第一节　金融监管理论及其发展
- 第二节　金融监管体系
- 第三节　我国的金融监管体系

本章小结

参考书目

思考题

教学目的和要求

- 掌握金融监管理论的主要内容，理解金融监管的意义，了解金融监管理论的发展与演进。
- 了解金融监管体系的构成以及金融监管组织结构变化的原因。
- 重点掌握我国金融监管体系的构成以及主要的金融监管机构，了解我国金融监管机构的主要职责，并能对进一步提高我国金融监管水平展开具体的分析研究。

随着金融国际化、证券化的发展，金融风险不断加大。自 20 世纪 90 年代以来，地区性金融危机频频暴发，2008 年由美国“次贷”危机引发的全球金融危机对世界经济产生了巨大的负面影响。由于金融是现代经济的核心，发生金融危机不仅使金融运行的秩序遭到破坏，而且使国民经济的发展受到严重的阻碍，因此，各国都加大了对金融的监管力度，金融监管已经成为各国金融体系的重要组成部分。

第一节 金融监管理论及其发展

一、金融监管的经济学分析

(一) 金融监管的含义

金融监管是“金融监督与管理”的简称，通常由一个国家或地区的金融管理部门实行，包括两个方面的内容：一是金融管理部门依照国家法律和行政法规，对金融机构及其经营活动实行外部监督、稽核、检查，并对其违法、违规行为进行处罚；二是金融管理部门根据经济、金融形势的变化，制定必要的政策，采取相应的措施，对金融市场中金融产品和金融服务的供给与需求进行调节，对金融资源的配置进行直接或间接干预，以达到稳定货币、维持金融活动的正常秩序、维护国家金融安全等目的。概括起来，金融监管就是一国或地区的金融管理当局对金融机构、金融市场、金融业务进行审慎监督管理的制度、政策和措施的总和。一般来说，金融监管主要由金融管理部门承担，如今，随着市场经济的发展，特别是随着金融经济的形成和发展，很多机构如会计师事务所、律师事务所、金融同业公会、证券交易所等直接或间接参与了金融监管活动。2008 年暴发的全球金融危机使人们深刻地认识到金融监管对于维护一国经济与金融安全、促进经济与金融的健康发展确实是非常必要的。金融监管已经成为市场经济体制中十分重要的组成部分。

（二）实施金融监管的经济学分析

1. 信息不对称和金融机构脆弱性使金融体系的负外部效应容易被放大，酿成系统性风险，导致金融与经济不稳定

金融机构主要靠负债经营，具有与生俱来的脆弱性。当金融机构的营运处于正常状态时，金融对经济增长有积极的促进作用。但是，一旦某家金融机构由于经营不善或违规经营，在竞争中遭到失败而被迫进行破产清理，就不仅会使该金融机构众多的债权人和投资人遭受损失，甚至会使支付系统和社会信用链断裂。由于信息不对称，一家金融机构的倒闭会引起许多其他金融机构债权人和投资人的恐慌。他们并不一定了解自己所投资的金融机构的财务状况，但为了保护自己的债权和资产安全，他们会要求提前收回债权，引发大规模挤兑，结果，原来经营不错的金融机构也连带遭到沉重打击甚至灭顶之灾，从而引起一连串金融机构倒闭，致使整个社会的支付系统被破坏，产生系统性金融危机，进而破坏该国经济增长的信用基础，使金融与经济处于严重的不稳定状态。为了防止金融体系这种负外部效应放大所产生的严重后果，需要有一种凌驾于市场之上的外部力量来监督管理金融机构的经营活动，引导金融机构开展适度竞争、合规经营，使金融体系的正外部效应最大化，促进经济与金融的健康发展。

2. 未来的不确定性和人们对客观世界认识的有限性使金融风险发生的可能性增大，风险的可测性和可控性被削弱，容易酿成巨大的金融风险

受人类自身能力的限制，人们对客观世界的认识是非常有限的。在许多突发事件面前，人们难免会举措失当。在市场经济中，由于信息传递速度加快，市场行情瞬息万变，有时一个看似微不足道的消息会引起市场的强烈反响。金融机构经营的货币和信用规模庞大，稍有不慎便会遭受重大损失。1995 年巴林银行破产案、2005 年美国网络支付系统的重大事故，都充分暴露了金融风险可测性和可控性比较差的问题。

当年的巴林银行有一套内部管理制度，但巴林银行派往新加坡的交易员尼克·里森在交易中对巴林银行的有关规定视而不见、有章不循，进行非授权交易，亏损 13 亿美元，这是导致巴林银行倒闭的主要原因；然而，当年日本发生的阪神大地震对巴林银行倒闭也有重大影响。大地震导致东京证券交易所的日经指数期货行情发生逆转，最终使尼克·里森的投资出现巨大亏损，从而断送了有 200 年历史的巴林银行。

各国金融机构和监管部门对网络支付系统存在巨大的安全隐患早有认识，各国尤其是美国为防范这一风险投入了巨大的人力、物力和财力，但风险还是出人意料地发生了。2005 年在美国发生的网络支付系统故障使超过 4 500 万账户受到影响，有的遭受重大损失。这些案例充分说明金融风险的发生有极大的不确定性，这种不确定性给金融业带来的负面影响巨大。仅仅要求各金融机构加强自律、制定完善的内部风险管理制度是远远不够的，必须建立强有力的外部监管制度，完善外部监管体系，才能更好地促使金融机构加强管理，有效控制金融风险，避免金融风险的积累与恶化。

3. 金融体系的准公共产品特性决定了金融特别需要监管

公共产品是指具有这样两个特点的产品：一是人们对它的消费不会减少其他人对该产品的消费，二是人们从该产品得到的受益不会减少其他人从该产品获得的受益，即公共产品是具有非排他性和非竞争性的产品。有些产品如能源、交通运输、教育、金融保险等，则具有不完全的非竞争性和非排他性，同时又具有正外部性，所以称之为准公共产品。一个稳定、

公平和有效的金融体系具有准公共产品的特性。当金融作为一种经济活动时,为企业提供贷款服务,可以改善企业的融资环境,增强企业的融资能力,提高企业的经营管理水平,增加社会就业机会和财政税收来源,有利于扩大对外出口等,充分显示其很强的正外部性。但是,贷款只能由银行和其他获得监管当局许可的机构来进行,显示这类金融活动具有一定的排他性。而企业能否获得贷款,还要取决于企业的经营规模、财务状况、市场前景以及国家的有关产业政策和行业政策,这又显示出金融活动具有一定的非竞争性特点。正是因为金融具有准公共产品的特性,所以监管部门要对金融活动进行严格的监管,以保证金融活动的公正性和合法性。

金融与社会各个经济主体有着密不可分的联系,一个公平、高效的金融体系是维持现代经济活动秩序的神经网络;当金融作为产品和服务提供给经济主体时,又能为人们带来巨大的便利和收益,从而成为人们在经济活动中不可缺少的重要工具和手段。很难设想在目前和将来的很长一段时间内,如果没有了金融,或者金融体系遭到破坏,人类的经济活动将会陷入怎样混乱的局面。

金融体系的准公共产品特性决定了金融特别需要人们自觉地、不断地维护。然而,金融体系的准公共产品特性往往使许多经济主体缺少维护它的自觉性。这是因为金融产品及服务的数量和质量取决于金融机构的创新精神和创新能力。由于金融创新是一种注重个性的行为,容易导致突破管制的自由化倾向。当人们追求收益最大化时,常常容易失去维护金融体系稳定、公平、高效的自觉性。另外,在现实经济活动中,人们对准公共产品产生的“搭便车”思想及行为还会自觉或不自觉地破坏金融体系的稳定、公平和高效,使其难以发挥准公共产品公平、高效地服务于经济的功能。因此,对金融体系这一准公共产品进行必不可少的维护只能依赖于市场以外的强制力量——政府,通过对金融机构经营活动和市场主体行为进行必要的监督管理,维护金融体系健康运行,从而更好地发挥金融体系的公共产品特性对促进经济发展的积极作用。

二、实施金融监管的意义

(一)实施严格、有效的金融监管是维持正常金融秩序、保持良好金融环境、维护国家金融安全的重要保证

在现代市场经济中,各金融机构为了自身的生存和发展而处于激烈的竞争状态,有的金融机构为了扩大市场份额,往往盲目扩张,过度拓展网点;有的金融机构为了扩大资金来源而发行高利率的有价证券和高息揽存;还有一些金融机构为获取高额利润,从事冒险性的投机经营或过度的金融创新;等等。其结果不仅造成金融秩序混乱,使金融机构风险增大,而且会因金融秩序被打乱、金融环境被破坏而导致金融危机的发生,影响国家的金融安全。例如,2008 年暴发的全球金融危机就是由于美国一些投资银行利用次级贷款过度地推出信用违约掉期和债务抵押债券,结果当联邦基金利率上升引起“次贷”泡沫破灭后,信用违约掉期和债务抵押债券市场也随之垮塌,大量金融机构陷入困境,最后酿成全球性的金融危机。这次危机的教训之一就是美国金融监管机构没有及时加强对投资银行过度金融创新的监管。所以,各国金融监管当局适时运用金融监管手段,从市场准入、监督检查、紧急救援直至对有严重问题的金融机构及时出示“红牌”,以审计、检查、处罚等手段纠正违规行为,可维护良好的金融秩序。在实行严格金融监管的条件下,一旦某些金融机构出了问题,便可及时采取措

施,使金融秩序得以拨乱反正;同时,金融监管部门还可以借助相应的金融预警系统,做到防患于未然,以维护良好的金融环境。

(二) 实施严格、有效的金融监管有利于增强宏观调控的效果,促进经济和金融的协调发展

金融监管对增强宏观调控效果的意义重大。中央银行的货币政策通常以稳定币值为目标,这是依据国民经济发展和社会总体利益的要求制定的,但它往往会与金融机构追求利润最大化的目标相矛盾。例如,商业银行为实现自己的盈利目标,会设法规避中央银行货币政策的约束,这就会影响货币稳定,使金融宏观调控难以实现预期目标。中央银行和银行监管部门根据相关法规对商业银行的业务活动进行有效监管,可以保障货币政策得以顺利实施。金融监管不仅有助于理顺宏观调控部门与各银行和金融机构的关系,使宏观调控政策能有效地贯彻到各金融机构的经营活动中,从而增强金融宏观调控的效果,还可以通过严格、有效的金融监管,使金融机构的发展做到布局得当、结构合理、门类齐全,以适应经济发展的需要。各国依据本国经济、金融发展的实际情况选择适用的监管模式,或实行综合监管、综合经营,或采取综合监管、分业经营,或实施分业监管、综合经营等不同监管模式,目的是使各类金融机构能更好地为本国经济发展服务。

(三) 实施严格、有效的金融监管有助于推动一国的金融国际化

随着经济、金融的全球化发展,一国的经济与金融开放度也会不断提高,金融风险发生的可能性也相应增大,为确保本国的金融安全,各国都加强了金融监管。随着我国金融对外开放程度的不断加深,已有相当数量的外国金融机构进入我国金融市场;同时,我国的金融机构也纷纷走出国门,进入国际市场,提高了我国金融国际化程度。一方面,在金融国际化过程中,金融风险在各国之间传播和扩散的速度加快,需要我们与有关国家的金融监管当局和国际金融组织密切合作、加强监管,将金融领域的各种风险隐患及时消除,推动金融国际化稳步发展;另一方面,伴随着我国金融机构走向世界,也要求我国金融监管当局严格按照国际惯例,建立合理的监管体制和监管标准,促使我国金融机构尽快适应金融国际化的需要,以增强我国金融机构在国际金融市场上的竞争力。

三、金融监管理论的发展

随着人们对金融监管重要性认识的逐渐深入,金融监管理论也在不断发展。

(一) 金融监管制度的需求与供给

金融监管是通过制度来实现的。制度是要求成员共同遵守的按一定程序办事的规则或行动准则,综合反映了在一定历史条件下既定的政治、经济、文化等各种要求。制度通常表现为相关的法律、法规和政策。金融监管制度就是要求参与金融活动的成员特别是金融机构必须遵守的办事规则和行为准则。这些规则和准则具体表现为有关的金融法律、金融规章和金融政策。

在市场经济中,金融监管制度需求的形成既有其客观原因,也有其主观原因。形成金融监管制度需求的客观原因是为了减少或消除信息不对称,减少未来的不确定性以及金融体系的负外部效应给经济发展带来的不利影响,维护金融体系的稳定,促进经济健康发展。形成金融监管制度需求的主观因素则来自金融机构以及其他金融活动参与者。金融机构需要金融监管制度是出于以下两个方面的考虑：一方面，实行严格的金融监管制度有利于树立公众对金融机构的信心，有利于金融业的发展。在信息不对称和未来不确定的条件下，投资人和存款人难免对金融机构有这样或那样的疑虑，这不利于金融机构扩大其业务规模和收益来源。金融机构要吸引投资人和存款人，就需要政府颁布金融监管制度，让公众相信通过政府的金融监管，能使金融机构的经营活动处于公平、公正与合规的状态，为金融机构的信誉提供保证，打消投资人和存款人的顾虑，使投资人和存款人相信他们的利益能得到切实保障，从而有利于金融机构的业务发展。另一方面，在信息不对称的情况下，实行金融监管、建立并完善金融监管制度有利于规范市场秩序，能为金融机构的经营活动扫清市场障碍，减少或消除金融诈骗给银行等金融机构带来的损失，从而保证金融机构的经营安全。企业、公众等金融活动参与者需要金融监管制度主要是为了规范金融机构的行为，保证金融机构合法经营，减少破产风险，从而保护自己的投资利益，保障自己的资产安全。

金融监管制度的供给来自三个方面：政府、行业协会和金融机构。

金融监管制度旨在提高金融运行效率，是具有正外部效应的公共产品。提供公共产品是政府的义务，公共产品无回报的特性决定了政府是提供金融监管制度最恰当的主体。政府取得税收，有义务也有能力负责制定金融监管制度，并对金融体系、金融机构、金融活动实施有效监管。政府的金融监管通常由中央银行或其他专门实施金融监管的机构承担。

行业协会是由同行企业自发组织起来的同业公会，是同业进行内部协商的机构，通过制定行业自律的行规来规范同行企业的行为。在市场经济中，金融行业协会是促进和监督金融机构实行自律的重要组织，是金融监管制度的重要组成部分。大多数国家和地区的金融行业协会在实施金融监管制度、维护金融稳定方面发挥了积极和重要的作用。

金融机构为了保证自己的经营实现既定的目标，也设立了自己的监管部门。我国金融机构内部的监管部门通常由以下几个部分组成：党组织中的纪律检查委员会；由股东或投资人选出代表组成监事会；董事会中的审计委员会、风险管理委员会等，以及金融机构中设立的审计、稽核、合规等部门，专门行使对企业内部的监管职责。

金融监管制度的制定和实施是有成本的。金融监管制度的成本由两部分构成：一是直接成本，包括政府为此支付的行政成本、行业协会为达成行业行为准则及协调各方利益所花费的成本，以及各金融机构为落实金融监管制度的规定而支付的执行成本；二是间接成本，包括金融机构为落实金融监管制度的规定导致经营成本上升，金融机构因受监管制度的限制而导致进入某业务领域的成本提高或丧失获利机会的损失，以及金融机构为逃避管制去海外设立分支机构而使国内税源减少等。

尽管金融监管制度会带来一定的成本，有时甚至是较高的成本，但与金融监管制度所产生的正外部效应相比，各国政府、行业协会和金融机构还是会选择加强金融监管制度的建设。各国政府、行业协会和金融机构都在努力根据成本-收益比较分析的原理，在保证实现金融监管预期目标的前提下，妥善地控制金融监管成本，以充分体现金融监管的正外部效应。

(二) 金融监管理论的演进

在中央银行出现之前，没有真正的金融监管，那时所谓的“金融监管”主要由政府直接实施，目的是控制银行券的发行以维护货币流通的稳定。1844 年英格兰银行成为中央银行后，政府对银行的监管职能就由中央银行承担，英格兰银行的主要职能是全权控制英国的货币发行。1913 年美国联邦储备体系建立，意味着中央银行制度得以确立。美国联邦储备委员会为了更好地履行“最终贷款人”的职责，建立了法定存款准备金制度，规定商业银行必须按中央银行的要求缴纳存款准备金。借助法定存款准备金制度，中央银行才开始真正履行对商业银行的监管职能。所以，金融监管始于中央银行制度的建立，金融监管理论也基本上是伴随着中央银行制度的发展而演进的。

20 世纪 30 年代以前，自由主义市场经济思想占主导地位，哈耶克等人的“自由银行制度”思想有很大的影响力。与此相适应，中央银行的职能主要表现在控制货币发行和统一组织票据清算、充当“最终贷款人”，目标是保证货币流通稳定，实现币值稳定、物价稳定以及社会信用体系的稳定。政府及中央银行对商业银行等金融机构的经营活动不进行直接干预。与金融监管有关的理论主要有通货学派关于货币发行必须有准备制度作保证的理论以及有关实行存款准备金制度的理论等。

1929 年 10 月，纽约证券交易所股票价格暴跌，引发了 20 世纪 30 年代的大危机，美国经济急剧衰退，失业率达到 25%，全球经济倒退了 50 年。罗斯福当选美国总统后，大力推行“新政”。“新政”的第一个主要内容就是下令全国银行停业，用了 4 天时间进行清理，结果有近 1/3 的银行倒闭。严酷的现实使人们看到自由市场经济存在诸多弊端，各国政府纷纷加强对市场经济的干预，特别注意加强对金融业的管制。美国从 1933 年起颁布了一系列有关金融监管的法案，开始对金融业实行前所未有的全面监管。

20 世纪 30—70 年代，以美国为代表的西方资本主义国家在金融监管方面注重的是维护金融安全。金融监管理论的探讨主要是围绕如何维护金融体系安全、弥补金融市场的不完全性等要求而展开的。人们以凯恩斯经济学为主导，主张政府及其有关部门要加强对经济与金融活动的干预和管理，并从福利经济学、信息经济学、制度经济学等多个角度探讨了金融体系负外部性的影响问题、金融体系的公共产品特性问题、金融机构自由竞争的悖论问题、信息不对称和未来不确定性对金融体系的影响等。人们在理论上取得了共识：只有加强对金融业的监管，才能保证金融与经济的稳定和安全。所以，这一时期金融监管理论研究的主题是强调“安全优先，严格监管”。

20 世纪 70 年代至 80 年代中期，随着自由主义经济思想的兴起，在金融深化理论的推动下，金融监管理论出现了新的内容。人们依据金融深化理论的分析，认为以往实行全面而严厉的金融监管使金融体系的整体效率下降，导致金融抑制现象出现，不利于经济与金融的发展，并认为 20 世纪 70 年代至 80 年代初很多国家出现持续的严重通货膨胀充分说明在信息不对称条件下，政府在管制经济和金融方面的能力是有限的，其结果是低效乃至无效的。很多经济学家认为，要提高经济与金融的运行效率，政府就应当放松对经济与金融的管制，鼓励金融创新。值得注意的是，这一时期的经济学家虽然推崇金融自由化和金融创新，但并不反对金融监管，而是要求放松监管，实行适度监管。很多学者还提出了必须加强金融监管的理论依据，如明斯基的“金融体系脆弱论”、戴蒙德等人的“银行挤提模型”等。这一时期的金融监管理论强调的是“效率优先，放松监管”。

20 世纪 80 年代后期至今，随着金融自由化和国际化的推进，出现了一些影响银行体系稳定的问题，如银行资本金不足、资产规模扩张过快等，尤其是进入 20 世纪 90 年代后，金融危机频频发生，如墨西哥金融危机、东南亚金融危机、俄罗斯金融危机和拉美金融危机等；大银行破产事件接连出现，如巴林银行、国际商业银行等先后倒闭。尤其是 2008 年暴发的全球金融危机，使美国投资银行遭到沉重打击，五大投资银行有的破产倒闭，有的被收购，有的被商业银行化。面对这些重大金融事件一再发生的状况,人们深切地体会到了金融的复杂性及其与生俱来的巨大风险。在经济理论和经济政策研究领域,凯恩斯主义重新抬头,主张政府对金融加强监管的呼声强烈,各国都在认真反思金融自由化的利弊得失,都在加快金融监管制度的建设步伐。这绝不是历史的简单重复,经过从“强调安全优先、严格金融监管”到“注重效率优先、要求放松监管”这些不同时期的实践,人们已经认识到,在金融业从分业经营向综合经营转变、金融创新已经蔚然成风的时代,金融监管更加重要,要促进金融与经济的可持续发展,就必须既要注重提高金融效率,又要保证金融安全。而要实现这双重目标,则必须完善金融监管的方式、方法和手段,实行谨慎监管。

在金融监管理论研究方面,人们大量运用博弈论、信息经济学、计量经济学、实验经济学乃至心理学、生态学等方法与手段,注重探讨金融风险发生的深层次原因,期望找出适当的模型,制定完善的金融监管制度,对金融活动进行有效监管。赫尔曼、斯蒂格利茨等人提出了金融约束理论、监管动态理论、监管契约理论等许多新的观点。

所谓“金融约束”,是指政府运用包括对存贷款利率加以控制、对金融市场准入以及资本市场竞争加以限制等政策,给予金融机构必要的利益保护,以此约束它们不再为自己的利益而做损害社会整体利益的事,从而提高金融市场效率。

监管动态理论是从监管者与被监管者及消费者之间存在的互动关系分析着手来阐述变动金融监管法规的规律。变动金融监管法规的重要原因是保护消费者的利益,并且有利于平衡上述三方当事人的利益。当被监管者的利益因监管而受到损害时,被监管者就会采取金融创新等行为来规避监管,此时,若被监管者与消费者的利益一致,监管者将会陷入被动状态;而当被监管者与消费者发生利益冲突时,监管者就有了选择的主动权。

监管契约理论将金融监管制度看作监管者与被监管者之间的契约。该理论认为,金融监管制度既要规范被监管者的行为,又要保护其利益,并能激励被监管者合规经营。如果不能保护被监管者的利益,不能激励被监管者合规经营,就会导致市场扭曲。例如,存款保险制度应用不当就会导致存款机构为了追求高额回报而忽视资产质量,从而可能出现破产清理的结果。

就金融监管理论的发展而言,当前各种观点的共同之处是提倡审慎监管的政策。审慎监管是指监管部门以防范风险为目的,通过制定一系列金融机构必须遵守的经营规则,客观评价金融机构的风险状况,及时进行风险监测、预警和控制的监管做法,以加强金融监管的科学性和合理性,实现既保障金融稳定,又促进金融发展的目标。

第二节 金融监管体系

金融监管体系包括金融监管制度、金融监管主体和客体以及金融监管方法和手段。

一、金融监管制度的演变

回顾金融监管的历程可以发现,金融监管制度大致经历了从分业监管到集中监管与合作监管的演变过程。

(一) 分业监管

美国、英国、德国等多数国家在 20 世纪 30—80 年代实行的是分业监管制度。

1. 美国

美国是实行分业监管的典型。1933年出台的《格拉斯-斯蒂格尔法》是美国实行分业监管的标志，该法对美国银行业做出以下规定：禁止商业银行业务和投资银行业务交叉；禁止商业银行业务与非银行金融机构业务交叉；禁止商业银行对活期存款支付利息，对定期存款支付的利息率设定高限(Q条例)；建立联邦存款保险公司等，对银行的经营管理行为加以严格的监督和管理。在《1935年银行法》中又规定美联储有权对股票和债券的买入进行信贷控制，并将Q条例的管制对象从原来仅限于加入联邦储备体系的会员银行扩大到非会员银行。此外，明确了对商业银行监管的内容，在银行设立、资产类型、产品定价、安全保障等方面都规定了详细的要求，从而率先结束了银行自由经营制度，并在银行业与证券业之间筑起了一道“防火墙”。

1933年，美国还颁布了一系列有关证券业监管的法案，包括《1933年证券法》《1934年证券法》《1938年罗曼尼法》《1970年证券投资者保护法》《1984年内部交易制裁法》《1986年政府证券法》《1988年内部交易与证券欺诈实施法》和《2002萨班斯-奥克斯利法案》(又称《2002公众公司会计改革和投资者保护法案》)等，形成了对证券业和证券投资行为的严格监管制度，并依法对证券交易中的违法行为进行严厉打击。

美国对保险业的监管主要是由各州制定有关法律，由政府行使基本的监管权，设立保险管理局，监管辖区内的保险机构，联邦政府设立的保险局负责洪水和重灾保险以及反欺诈、反垄断等各州保险管理局未涉及的领域。

2. 英国

20世纪80年代以前，英国的金融监管主要依靠行业自律机构。后来发现在金融交易日益活跃的情况下，光靠行业自律是不够的，遂颁布一系列法规确立不同监管机构对各个不同金融机构的监管权责。1986年颁布的《金融服务法》授权证券投资委员会(Securities and Investments Board, SIB)监管证券业和投资业，《1987年银行法》授权英格兰银行监管银行业、金边债券和资金市场，保险业的监管由贸工部下属的保险局负责实施。

3. 德国

德国长期实行自由贸易制度，银行业实行综合经营。1931年以前，德国没有专门的金融监管机构负责金融监管。20世纪30年代发生的大危机使德国的银行业受到了沉重打击，德国开始有了专门的银行管理机构——国家银行委员会。1935年1月1日《德国银行经营法案》生效，该法是德国政府对银行进行监管的法律依据。德国联邦保险监督局负责对保险机构和保险业务的监管。

4. 日本

日本的分业监管由日本银行与大藏省负责。对银行的监管由大藏省的银行局和日本银行共同负责；大藏省下属其他各局负责对其他金融机构的监管，如证券局分管对证券交易机构的调查和规划，国际金融局负责有关国际资本交易和充分利用外资政策的制定与实施。

(二) 集中监管与合作监管

1. 集中监管

进入20世纪90年代后，金融业出现综合经营的趋向，原来一些国家实行的金融分业监管制度也随着这一转变而发生变化，逐步转向金融集中监管制度。英国和日本是实行金融集中监管制度的主要代表。

英国在1997年成立金融服务局,将所有金融机构的监管职能全部揽入其中。1998年,日本成立金融监管局,统一负责对各金融机构活动的监管。此外,奥地利、瑞典、丹麦、卢森堡、挪威等五十多个国家也实行了金融集中监管制度。

2. 合作监管

在英国和日本等国家的金融集中监管制度形成的同时,美国的金融监管制度也在发生重要变化。1999年11月4日,美国国会批准了《金融服务现代化法案》,标志着金融监管观念的转变,金融监管的宗旨由规范金融活动转变为注重金融运作的效率与安全,促进金融市场主体的竞争与联合。该法案体现了在金融自由化条件下实行金融合作监管的要求,强调"保留并扩展监管机构,加强金融监管"。授权监管部门通过条例或命令,对金融机构的资本、管理以及金融机构之间、金融机构与其子公司和联营者之间的交易及其相互关系加以限制或提出要求;要求加强监管机构之间的合作,做到数据共享;建立联邦储备理事会和财政部长之间的协商制度以避免冲突,发挥多重监管的效力,目的是鼓励银行业、证券业和保险业的联营。金融监管应当注重功能性监管,应当按金融机构各项经营活动的性质,划归不同的监管机构予以监管,并协调现有监管机构的职责以提高监管的效果。2008年金融危机发生后,为了弥补原有的金融监管体系缺陷,美国颁布了《华尔街改革与消费者保护法案》即《多德-弗兰克法案》,并设立金融消费者保护局,加强联邦储备委员会的监管职能,将联邦储备的监管范围扩大到投资银行和基金;成立金融稳定监管委员会,负责监测和处理威胁国家金融稳定的系统性风险;设立新的破产清算机制,由联邦储蓄保险公司负责,责令大型金融机构提前做出自己的风险拨备,以防止金融机构倒闭再度拖累纳税人救助;建立了"双重多头监管体系",任何金融机构都至少接受两家监管机构的监管,提高金融监管的效果。

二、金融监管组织结构的选择

金融监管机构实行监管的效果如何与其组织结构状况直接相关,因此,关于金融监管组织结构的选择问题引人注目。

金融监管的组织结构指的是一国金融监管机构的构成及其相互关系问题,通常由各国现行金融体制的不同结构决定。各国的实践经验表明,各国金融监管的组织结构相差悬殊:有些国家实行"一元化"监管,减少了监管机构的数量,建立了单一的全能机构;有些国家则选择"多元化"监管,设立了多重机构,增加了监管机构的数量。由于不同国家现行的监管组织结构存在不同的问题,因此,现在还没有一个"最理想的模式"可在世界各国应用。

1999年11月美国《金融服务现代化法案》的颁布,标志着全球金融业由分业经营向综合经营转变的时代开始。经营体制的变化必然引起监管体制的改革,而监管体制改革的核心问题是应该由单一的全能监管机构负责金融各行业的监管,还是应该由不同的监管机构负责分业监管不同的金融行业。

赞同单一全能监管的人认为:(1) 在金融机构日趋多样化,不同类型金融机构之间传统的职能分工趋于淡化的情况下,一个单一的全能监管机构能更好地实行功能性监管,更加有效地监督所有这些机构的经营,而且可以更好地察觉不同业务部门存在的支付危机;(2) 从监管机构内部的规模经济看,在技术条件允许的情况下,监管机构数量越少,成本就越低,而对于被监管者来说,只需与一个监管机构打交道,可以减少其经营管理成本;(3) 单一的全能监管机构更具有一致性和协调性,能避免多重机构监管容易引发的诸如不公平竞争、监管空白、监管重复、交叉和分歧等问题，因而能更有效地利用监管资源，提高监管效率。

持相反观点的人则认为：(1) 在实践中，单一的全能机构并不一定比多重机构的目标明确，其监管效果也不一定比多个监管机构针对某一目标进行多方面专业监管的效果好；(2) 金融机构的传统职能分工趋于模糊，但并不意味着所有金融机构都形成了统一的综合经营的全能模式，在目前及可预见的将来，银行业、证券业和保险业仍会存在明显的区别，三者的风险来源不同，实行审慎监管就需要采用不同的方法；(3) 单一的全能监管机构有可能权力过大，甚至产生极端的官僚主义，导致信息反应滞缓，或损失潜在的、有价值的信息，或产生潜在的道德风险等。因此，单一的全能监管并不一定能真正产生规模效应，在有些情况下甚至会出现规模不经济。

上述分析表明，不同的监管结构各自存在利弊，各国对金融监管组织结构的选择应主要取决于本国的金融法制结构、监管理念、政治环境和金融市场结构。而在实践中，各国的监管组织结构则各具特色。例如，美国的监管组织结构十分复杂，既有联邦机构，也有地方和州机构；加拿大由金融机构监管局执行审慎监管，证券和保险的有关客户保护分别由各省级机构监管，而证券公司和信贷协会则要同时受联邦和省级机构的监管；澳大利亚建立了两个包括一切的监管机构，一个为审慎监管，另一个为业务经营监管；奥地利在 1997 年建立了单一机构负责所有金融机构业务的监管，但同时又保留了针对证券业、银行业和保险业进行审慎监管的机构。

对于任何一个国家来说，最适宜的金融监管组织结构并非固定不变的，而是依据一国经济、金融的发展变化呈阶段性变革。以英国为例，尽管英格兰银行早在 1694 年就宣告成立，但直到 1946 年英国议会通过《英格兰银行国有化法》才明确赋予其对银行系统行使监督的职能。1979 年通过的新银行法授予英格兰银行行使银行监督管理的特别法律权力，它还有权要求一切金融机构上报任何资料，同时有权根据金融机构的经营状况命令其停业或撤销其营业执照等。1997 年，英国工党新政府上台，首先颁布的政策之一就是调整金融监管的组织结构，银行的审慎监管由英格兰银行转移到金融服务监管局，所有金融机构的审慎监管都由金融服务监管局负责；英格兰银行保持"最终贷款人"的作用，其主要职能是实施货币政策、保持金融体系的稳定。至此，英国实行单一的全能监管模式。就其覆盖面和监管范围而言，英国的金融服务监管局无疑是全世界最有权力的监管机构。

三、金融监管机构

(一) 金融稳定委员会

美国在 2010 年成立了金融稳定监管委员会，直接对国会负责。我国在 2017 年成立了国务院金融稳定发展委员会，以加强金融监管协调、补齐监管短板，并强化宏观审慎管理和系统性风险防范。

(二) 中央银行

长期以来，由于中央银行体制的建立和中央银行对货币发行的垄断，中央银行自然地承担起金融监管的职责。中央银行作为监督管理金融事业的国家机关，其职责主要表现在：(1) 中央银行作为政府的银行，代表国家监管全国金融机构的业务活动，调节金融市场；(2) 中央银行作为银行的银行，集中保管存款准备金，充当"最终贷款人"，组织全国银行业的票据清算,大多数国家的中央银行要负责银行的审批、注册、撤销等事宜;(3) 中央银行作为发行的银行,制定政策,采取多种措施控制货币的发行与供给。

中央银行对金融监管的有效性与其相对独立性程度有密切关系,中央银行的独立性程度不仅影响着货币政策与监管政策的协调及其互补性,而且影响实施金融监管的时机。一般来说,独立性较强的中央银行在金融体系中的权威性较高,在制定与实施金融监管措施中遇到的干扰相对较少,实施金融监管的效果也比较好。

(三) 财政部

有些国家的主要金融监管部门是财政部,中央银行对财政部长报告事务。在国有金融机构占比较大的国家,财政部是国有金融机构的出资人和所有者的代表,这些国家的财政部对金融监管负有重要的责任。

美国、日本、英国等国家的财政部拥有很大的金融监管权。以美国为例,美国财政部对国民银行的监管通过下属的货币监理局实施。货币监理局直接对美国国会负责,其职责有:(1) 审查、批准国民银行的注册登记、设立分支机构以及合并;(2) 制定对国民银行的资本管理政策、贷款管理政策和经营风险管理政策,建立相应的法规和条例,组织贯彻执行;(3) 检查监督国民银行的资本营运、贷款结构和质量、存款安全管理;(4) 有权对经营混乱或违反金融法规的银行下达罚款、停业整顿的命令,有权撤换国民银行正、副行长,有权接管国民银行的资产;等等。日本的金融监管职能主要由大藏省担当,大藏省下设银行局、证券局和国际金融局,分别对银行和其他政府金融机构及各类民间金融机构、证券交易机构、国际资本交易等实行专业化监管。

(四) 证券监管机构

真正的证券监管机构最早在美国建立。1934 年,美国为了推行分业经营、分业管理的政策,建立了证券交易委员会,目的是保护证券发行者、投资者、交易者的正当利益,防止证券交易中的过度投机,维持证券市场稳定,并配合美联储及其他金融监管机构,形成一个分工明确、灵活有效的金融监管体系。美国证券交易委员会长期的实践使各国都看到了它的重要作用,很多国家纷纷效仿,建立了专门的证券监管机构。

证券监管机构的主要职能是:(1) 负责制定、调整有关证券交易活动的管理政策,制定各项规章制度,组织贯彻执行;(2) 管理全国的证券发行和交易,维持市场秩序,调查、检查各种违法的证券发行和交易行为,执行行政与法律管理措施;(3) 组织、监督证券市场,收集和输送有关证券发行和交易的各种信息。

(五) 保险监管机构

各国保险监管机构的设立方式不统一,美国是由联邦政府和各州政府设立各自的保险监管机构,各州的保险局负责对各州内的保险市场和保险机构进行监管,是美国保险监管的主体,主要职责是:(1) 审查、批准保险公司开业;(2) 规定保险公司的形式、业务范围和经营地域;(3) 对保险公司实行资本监管;(4) 约束保险公司的投资范围;(5) 评估和检查保险公司的责任准备金和保证基金;(6) 监督保险公司的费率厘定;等等。联邦保险局具有双重身份,既是监管机构,又是保险机构。作为监管机构,它负有反托拉斯的责任;作为保险机构,它主要负责洪灾及重灾保险。

英国的保险业较发达,集中程度高,全国共有 800 家以上保险和再保险公司,3 000 家以上保险经纪人公司以及劳合社。劳合社实际上是一个承保人协会，拥有25 000个以上会员，除长期寿险外几乎无所不保。英国的保险监管机构有4个组成部分，即英国贸工部下属保险局、保险经纪人注册登记理事会、保险推事局和劳合社。贸工部下属保险局的职责是：(1) 批准经营保险业务的申请；(2) 撤销营业许可证；(3) 调查可能成为非法经营业务公司的情况；(4) 对保险公司新提名的管理人员进行审查；(5) 审核授权保险公司提交的报表；(6) 批准保险业务的转移。英国保险经纪人注册登记理事会专门负责根据规定的条件，为欲从事保险经纪的申请者办理注册登记。英国保险推事局是在消费者组织基础上建立的一个民间仲裁机构，负责仲裁保单持有者与承保公司之间的纠纷。劳合社则是自律监管的核心机构，负责自我管理。

日本是集中型保险市场，保险公司不多，外国保险公司很难进入日本。日本的保险监管机构是大藏省内银行局下属的保险部，具体负责对私营保险公司进行行政监督和管理。大藏省内的保险审议会和汽车损害赔偿责任审议会履行咨询机构责任。

（六）银行监管机构

大多数国家的银行监管机构是由中央银行承担的，也有些国家单独设立银行监管机构行使对银行进行监管的职责，如我国的银保监会、法国的信贷管理委员会等。

四、金融监管客体

金融监管客体是指金融体系中从事金融活动的各类金融机构、人员、各种金融交易产品，以及各种交易方式、方法和手段。随着金融证券化和国际化的发展，金融机构的种类日益多样化，金融机构的数量和资产规模大幅度增加，金融创新使金融产品的种类、数量和交易规模也大幅度增长。

金融衍生产品市场的迅速发展使金融监管的客体变得更加复杂。金融衍生产品由于具有以小搏大的功能，因此吸引了众多交易者进入该交易市场，致使金融衍生产品的交易规模日益扩大。然而，金融衍生产品是一把“双刃剑”，它既可能给投资者带来巨额收益，也可能使投资者遭受巨大损失，甚至使著名的金融机构破产倒闭。面对金融衍生产品交易市场发展迅速和风险巨大的特点，各国金融监管当局在如何规范市场交易行为、增加市场透明度、提高市场效率等方面做了巨大努力。由于金融衍生产品交易的国际化程度高，因此金融监管客体的这种变化需要金融监管国际化。

五、金融监管国际化

为了加强对金融衍生产品市场的监管，不少国际性监管机构和组织制定并颁布了一系列有关金融衍生产品交易管理的指导原则，对金融衍生产品交易者和各国金融监管当局提出了实质性的要求或原则性的指导。1993年7月，“三十人小组”在《衍生产品：惯例与原则》中为金融衍生产品交易者及各国立法者与监管者提出了有益的建议。这些建议要求各国为金融衍生产品交易制定健全的风险管理制度；要求建立内部控制制度；澄清法律上的不确定性，解决各国在法律上的差异以减少交易风险。1994年，国际证监联合会发表了《柜台衍生产品交易运行风险及金融风险控制机制》，要求全球从事金融衍生产品交易的交易所和各国监管机构必须对信贷风险、市场风险、流动性风险、清算风险、运行风险及法律风险建立有效的内部控制机制。1988—2004年，巴塞尔委员会颁布了一系列文件，特别是1996年的

《关于市场风险资本监管的补充规定》和2004年的《巴塞尔协议(Ⅱ)》,针对金融衍生产品交易市场发展所导致的市场风险,要求银行应当对市场风险计提资本,以利于银行提高对市场风险的防范意识。2010年的《巴塞尔协议(Ⅲ)》针对金融国际化对系统重要性银行监管的特殊要求,提出了更加严格的资本监管要求,同时提出了审慎监管的理念和方法。

第三节 我国的金融监管体系

一、我国金融监管体系的发展

自改革开放以来,我国逐渐由单一的全能型监管结构走向多重机构分业监管体系。1992年以前,中国人民银行作为全国唯一的监管机构,在国务院领导下承担对全国所有银行和非银行金融机构的监管职能。1992年10月,国务院证券委员会和中国证监会同时成立,证券委员会由国务院14个部委的负责人组成,是中国证券业监管的最高领导机构,证监会则是证券委员会的监督管理执行机构,从而拉开了中国金融业分业监管的序幕。

1995年,《中国人民银行法》《商业银行法》先后颁布,确定了中国金融业分业经营的法律框架。1998年确定中国人民银行负责监管商业银行、信托投资公司、信用社和财务公司;同时,国务院确定证监会是全国证券期货业的主管部门。1998年11月,保监会成立,这是全国保险业的主管机关,依法统一监督和管理保险市场。2003年3月,银监会成立,不仅依法统一监督和管理银行市场,实际上还承担了我国除证券业、保险业以外所有其他金融机构的监督和管理。至此,中国金融业分业监管的体制基本确立。2018年3月,我国银监会和保监会职责整合,组建中国银行保险监督管理委员会(简称中国银保监会),并于当年4月8日正式挂牌。

需要指出的是,由于政治、经济体制的不同,我国金融业的多重机构分业监管具有不同于世界各国的中国特色。1997年东南亚金融危机后成立了中共中央金融工作委员会,1997—2003年该委员会一直是全国所有金融监管机构的领导核心。2000年3月颁布的《国有重点金融机构监事会暂行条例》确定国有金融机构监事会由国务院派出,对国务院负责,代表国家对国有金融机构的资产质量及国有资产保值增值状况实施监督等。此外,与世界各国一样,我国的金融机构也先后建立了行业性的自律组织,如1991年成立的中国证券业协会、各地区纷纷设立的银行同业公会、保险同业公会以及2000年3月建立的银行业同业公会等。

二、现阶段我国主要的金融监管机构

(一) 国务院金融稳定发展委员会

国务院金融稳定发展委员会于2017年1月成立,主要职责是加强金融监管协调,补齐金融监管短板,强化宏观审慎管理和系统性风险防范。

(二) 中国人民银行

当今世界,虽然大多数国家的中央银行是商业银行而且仅仅是商业银行的监管者,但由

于中央银行垄断货币发行权，是一国货币政策的制定者和执行者，又是金融机构的"最终贷款人"，因此，中央银行在整个金融监管系统中的作用始终极为重要。现阶段我国的中央银行——中国人民银行，根据2003年2月27日第十届全国人民代表大会常务委员会第六次会议通过的《关于修改〈中华人民共和国中国人民银行法〉的规定》，履行以下职责：(1) 发布、履行与其职责有关的命令和规章；(2) 依法制定和执行货币政策；(3) 发行人民币，管理人民币流通；(4) 监督管理银行间同业拆借市场和银行间债券市场；(5) 实施外汇管理，监督管理银行间外汇市场；(6) 监督管理黄金市场；(7) 持有、管理、经营国家外汇储备和黄金储备；(8) 经理国库；(9) 维护支付、清算系统的正常运行；(10) 指导、部署金融业反洗钱工作，负责反洗钱的资金监测；(11) 负责金融业的统计、调查、分析和预测；(12) 作为国家的中央银行，从事有关的国际金融活动；(13) 国务院规定的其他职责。

根据《中国人民银行法》的规定，我国中央银行监管的具体内容包括以下几个方面：

1. 稽核金融机构的经营管理状况和盈利质量

对于金融机构的经营管理状况，中国人民银行主要稽核其内部控制制度及基本制度的执行情况。对盈利质量，中国人民银行主要稽核金融机构的收益率以及利率水平和结构是否合理、正当。

2. 监管外汇、外债

(1) 对企业用汇的监管。自1996年实行经常项目可兑换后，中国人民银行外管局外汇监管的重点是：既要确保企业经常项目的用汇需要，也必须认真查处各种非法套汇行为，还必须防止不法分子利用套购外汇骗取出口退税；同时，监管结售汇制的执行，避免外汇滞留国外，导致大量外汇流失。

(2) 对外汇指定银行和经营外汇业务金融机构的监管。重点监管其外汇业务活动，通过对售汇审单、进口付汇核销、外汇账户设立、向境外投资用汇等方面的监管，促使它们在遵守我国外汇管理制度的前提下开展业务活动。

(3) 对外债的监管。首先，要按各项国际警示的标准监管外债规模，防止超规模或变相对外借债；其次，要监管外债结构，促使筹资方式多样化，筹资市场分散化，币种、利率、汇率选择多样化，以降低借债成本，避免偿债高峰，防范利率、汇率风险；再次，要监管外债使用方向，以确保外债使用的效益。

3. 建立报告制度和公布统计数据

各银行和金融机构必须按规定向中国人民银行报送报表和资料，具体包括资产负债表、损益表、现金流量表、利润分配明细表和资本变动表等。这些报表和资料是中国人民银行实施金融监管的重要信息来源，对这些报表资料进行综合分析和检查稽核是中国人民银行对金融机构进行经常性监督的一种重要手段。

中国人民银行负责统一编制全国金融统计数据报表，并按国家有关规定予以公布。目前公布的全国金融统计数据主要有国有银行和其他银行的信贷收支情况，农村和城市信用社的信贷收支情况，金融信托投资机构情况，汇率、黄金和外汇储备情况，以及定期公布各层次货币供应量统计表等。这些数据和报表的公布既可为正确判定和实施货币政策提供依据，也可为国民经济其他部门的政策制定和经济活动提供参考和指导。

4. 健全中国人民银行内部稽核监督制度

中国人民银行的内部监督管理主要包括内部稽核监督和行政法规监督。所谓"内部稽核监督”，是指中国人民银行根据国家的法律、法规和金融方针、政策，对各级人民银行的各项业务活动、财务收支以及内部管理进行监督。所谓“行政法规监督”，是指中国人民银行行政法规监督部门对金融行政执法部门执行现行法律、法规、规章的情况进行检查和监督，核心是监督金融行政部门行政行为的合法性、适当性和及时性，以保障金融法律、法规、规章得到正确的贯彻执行。

(三) 中国证券监督管理委员会

证监会是我国依法对证券市场和期货市场进行监督管理的机构，主要职责是：(1) 依法制定有关证券市场监督管理的规章、规则，并依法行使审批或核准权；(2) 依法对证券的发行、交易、托管、登记、结算进行监督管理；(3) 依法对证券发行人、上市公司、证券交易所、证券公司、登记结算机构、证券投资基金管理机构、证券投资咨询机构以及从事证券业务的律师事务所、会计师事务所、资产评估机构等证券服务机构的证券业务活动进行监督管理；(4) 依法制定从事证券业务人员的资格标准和行为准则，并监督实施；(5) 依法监督检查证券发行和交易信息的公开情况；(6) 依法对证券业协会的活动进行指导和监督；(7) 依法对违反证券市场监督管理法律、行政法规的行为进行处理；(8) 法律、行政法规规定的其他职权。

(四) 中国银行保险监督管理委员会

2018 年 3 月，第十三届全国人民代表大会第一次会议表决通过了关于国务院机构改革方案的决定，设立中国银行保险监督管理委员会。2018 年 4 月 8 日上午，中国银行保险监督管理委员会正式挂牌，中国银行业监督管理委员会和中国保险监督管理委员会成为历史。

中国银保监会依照法律、法规统一监督管理银行业和保险业，维护银行业和保险业合法、稳健运行，防范和化解金融风险，保护金融消费者合法权益，维护金融稳定。

中国银保监会的主要职责是：(1) 依法依规对全国银行业和保险业实行统一监督管理，维护银行业和保险业合法、稳健运行，对派出机构实行垂直领导。(2) 对银行业和保险业改革开放和监管有效性开展系统性研究。(3) 依据审慎监管和金融消费者保护基本制度，制定银行业和保险业审慎监管与行为监管规则。制定小额贷款公司、融资性担保公司、典当行、融资租赁公司、商业保理公司、地方资产管理公司等其他类型机构的经营规则和监管规则。制定网络借贷信息中介机构业务活动的监管制度。(4) 依法依规对银行业和保险业机构及其业务范围实行准入管理，审查高级管理人员任职资格。制定银行业和保险业从业人员行为管理规范。(5) 对银行业和保险业机构的公司治理、风险管理、内部控制、资本充足状况、偿付能力、经营行为和信息披露等实施监管。(6) 对银行业和保险业机构实行现场检查与非现场监管，开展风险与合规评估，保护金融消费者合法权益，依法查处违法违规行为。(7) 负责统一编制全国银行业和保险业监管数据报表，按照国家有关规定予以发布，履行金融业综合统计相关工作职责。(8) 建立银行业和保险业风险监控、评价和预警体系，跟踪分析、监测、预测银行业和保险业运行状况。(9) 会同有关部门提出存款类金融机构和保险业机构紧急风险处置的意见和建议并组织实施。(10) 依法依规打击非法金融活动，负责非法集资的认定、查处和取缔以及相关组织协调工作。(11) 根据职责分工，负责指导和监督地方金融监管部门相关业务工作。(12) 参加银行业和保险业国际组织与国际监管规则制定，开展银行业和保险业的对外交流与国际合作事务。(13) 负责国有重点银行业金融机构监事会的日常管理工作。(14) 完成党中央、国务院交办的其他任务。(15) 职能转变。围绕国家金融工作的指导方针和任务，进一步明确职能定位，强化监管职责，加强微观审慎监管、行为监管与金融消费者保护，守住不发生系统性金融风险的底线。

三、提高我国金融监管水平，促进我国金融稳定发展

（一）提高金融监管水平

按照党中央和国务院的要求，提高我国金融监管水平是为了进一步促进我国金融稳定发展，应做好以下几方面工作：

一要促使金融回归本源，服从服务于经济社会发展。金融要把为实体经济服务作为出发点和落脚点，全面提升服务效率和水平，把更多金融资源配置到经济社会发展的重点领域和薄弱环节，更好满足人民群众和实体经济多样化的金融需求。

二要优化金融结构，完善金融市场、金融机构、金融产品体系。引导金融业发展同经济社会发展相协调，促进融资便利化，降低实体经济成本，提高资源配置效率，保障风险可控。

三要强化金融监管，提高防范化解金融风险能力。要以防范系统性金融风险为底线，加快相关法律法规建设，完善金融机构法人治理结构，加强宏观审慎管理制度建设，加强功能监管，更加重视行为监管。

四要坚持市场导向，发挥市场在金融资源配置中的决定性作用。坚持社会主义市场经济改革方向，处理好政府和市场的关系，完善市场约束机制，提高金融资源配置效率。加强和改善政府宏观调控，健全市场规则，强化纪律性。

（二）正确处理监管、竞争与发展的关系

1. 正确处理金融监管与金融竞争的关系

竞争是市场经济的基本规律。竞争是金融创新发展的主要动力，也是实现优胜劣汰的有效机制，但过度无序的金融竞争又会成为金融发展和市场稳定的破坏力量。金融监管的目标是创造一个公平、公正、高效、有序竞争的环境。通过金融监管，保护正当的金融竞争，避免造成金融的高度垄断，使整个金融市场能高效运行和充满活动；防止出现过度竞争和破坏性竞争从而波及金融业的安全和稳定。

2. 正确处理金融监管与金融发展的关系

金融监管的直接目的是维护金融秩序的稳定，但其出发点和最终目标是为了促进金融业持续、稳定和健康发展。金融监管具有强制性和服务性的双重特点。从严执法具有强制性，但从严执法的过程又体现了对监管对象的服务性，它帮助金融机构加强管理、改善经营，促进其业务的发展，通过提升金融层次来促进金融业的健康发展。

3. 正确处理宏观金融与微观金融的关系

金融监管应通过加强宏观审慎管理，提高对系统性风险的防范能力。通过监督和检查，保证微观金融与宏观金融间的反馈和传导，使各金融机构在日常经营中能正确把握和执行宏观金融政策；同时，通过优化金融监管，防范系统性风险发生，维护宏观金融的稳定。

防止发生系统性金融风险是金融工作的永恒主题。要做好早识别、早预警、早发现、早处置，着力防范化解重点领域风险，完善金融安全防线和风险应急处置机制。严格规范金融市场交易行为，规范金融综合经营和产融结合，加强互联网金融监管，强化金融机构防范风险主体责任。要加强社会信用体系建设，建立健全符合我国国情的金融法治体系。

本章小结

随着金融国际化和证券化的发展,金融监管的意义日益重要。本章第一节阐述了金融监管的含义及其内容,对实施金融监管的必要性做了经济学分析,指出金融活动中存在以下问题:信息不对称和金融机构的脆弱性使金融体系的负外部效应容易被放大,容易酿成系统性风险;未来的不确定性和人们对客观世界认识的有限性使风险的可测性、可控性被削弱,金融体系的公共产品特性等决定了金融活动特别需要加以监管。实施金融监管有利于维持正常的金融秩序,维护国家的金融安全;有利于增强宏观调控效果,促进经济和金融协调发展;有助于推动金融国际化。

本章回顾了金融监管理论的演进,指出自20世纪30年代以来,随着经济金融形势的变化,金融监管理论经历了从崇尚自由竞争到主张安全优先、实行严格监管,到20世纪70年代强调效率优先、主张放松监管,再到20世纪80年代后期以来主张效率与安全并重、实施谨慎监管的变化过程。与此同时,金融监管理论的研究方法也越来越丰富多样。

本章第二节阐述了金融监管体系的构成,介绍了一些国家金融监管的实践。实施金融监管体系的主体有中央银行、财政部、证券监管机构、保险监管机构、银行监管机构等。金融监管的客体是从事金融活动的各类金融机构、人员、各种金融交易产品以及各种交易方式、方法和手段。金融监管国际化是金融监管的一大特点。

本章第三节介绍了我国的金融监管体系及其构成。我国的金融监管机构有中国人民银行、证监会、保监会和银监会,它们承担了重要的金融监管职责。此外,本节还对如何提高我国金融监管的效果提出了一些看法。

参考书目

1. 张荔等:《发达国家金融监管比较研究》,中国金融出版社2003年版。
2. 周林等:《世界银行业监管》,上海财经大学出版社1998年版。
3. 陈学彬、邹平座:《金融监管学》,高等教育出版社2003年版。
4. 陈雨露:《现代金融理论》,中国金融出版社2000年版。

思考题

1. 什么是金融监管?为什么要加强金融监管?
2. 自20世纪30年代以来,金融监管理论有何变化?原因是什么?
3. 简述金融监管体系的构成。
4. 我国的金融监管机构有哪些?各有何职能与职责?
5. 你认为应当如何进一步提高我国的金融监管水平?

第三篇

金融市场

10

第十章 金融市场与金融工具

全章提要

教学目的和要求

- 掌握金融市场的含义和基本功能。
- 了解金融工具的性质与基本要素。
- 掌握金融市场的主要类别。
- 掌握主要的货币市场工具及其特征。
- 掌握主要的资本市场工具及其特征。
- 了解其他金融市场。

金融是现代经济的核心，而金融市场是金融这个“核心”的灵魂。金融市场汇集了代表资金供求各方的各类市场行为主体和金融工具，形成各种金融价格，并通过金融市场上的交易活动及由此带来的资金运动反映和影响实体经济的运行。因此，了解金融市场的功能、种类以及在不同市场上运用的各种金融工具是十分有必要的。

第一节 金融市场及其功能

一、金融市场的含义

在现代市场体系中，金融市场是实现金融资产与金融服务交易的市场。从市场形态的发展看，任何市场都不必拥有一个有形的场所，而可以泛指各种交易活动和各种交易关系，金融市场也不例外。随着计算机和通信技术的发展，金融市场的地域和空间特征都在不断弱化，出现了大量无形的、跨国的金融市场。

二、金融市场的主要功能

金融市场在现代经济中发挥了重要的功能，这可以从微观与宏观两个方面加以分析。

（一）微观层面的功能

1. 融通资金

融通资金是金融市场的基本功能。由于交易者的境况不同，在经济中存在资金的供需双方，金融市场可以有效地动员和集中资金，把资金从储蓄者（也称为盈余部门，即支出少于收入而积蓄了盈余资金的一方）那里引导到需求者（也称为赤字部门，即由于支出超过收入而资金短缺的一方）那里。金融市场上的融资方式有两种：一种是直接融资，即资金的需求者通过商业票据、债券与股票等金融工具的发行直接从资金供给者手中获得资金；另一种是间接融资,即金融机构(主要是商业银行)发行间接金融工具(如存款、金融债券),把资金供给者手中分散的小额资金集成大额资金再借给符合要求的资金需求者。美国和日本等发达国家的直接融资比重一般超过70%,我国则不到一半。

2. 价格发现

金融资产的价格是金融市场上的重要指标,它们会引导资金流向,使资金从供给者转到需求者手里。金融市场上买卖双方的互动决定了交易性金融资产的价格以及收益率。由于企业的融资成本相当程度上取决于投资者要求的回报率,因此,金融市场通过其价格发现机制也就对社会资金在各种不同金融资产上的配置提供了信号。值得注意的是,金融市场发挥价格发现功能是有条件的,它受制于金融市场的效率。因此,金融市场上发现的价格并不完全等同于经济理论中所说的价值,金融资产价格与它背后的资产价值往往存在较大差异,这为金融市场的脆弱性和金融市场泡沫提供了"温床"。从经济效率角度看,这种差异的存在是有价值的,反映了"预期"在经济行为中的作用。另外,期货价格体现了市场对未来现货市场价格的预期,两者之间存在密切的联系,往往表现出同升同降的关系,但两者的变化幅度不完全一致。

3. 提供流动性

金融市场的存在使金融资产具有了可交易性,为投资者提供了一种可以卖出资产的机制,使金融资产在各种形式之间可以容易地相互转换,这便是流动性。如果市场缺乏流动性,则投资者要想收回投资必须等到债券到期(债券资产)或公司清算(股权资产),这对他们来说是很不利的。当然,金融市场的各个子市场在流动性提供方面具有不同特征,这也成为区分不同市场的重要标准。

4. 减少搜寻成本和信息成本

金融市场的重要功能是减少了交易成本,主要包括搜寻成本(Search Costs)和信息成本(Information Costs)。搜寻成本又分为外在成本或明晰成本(Explicit Costs,如为买卖金融资产而发生的广告和其他费用①)以及内在成本或隐含成本(Implicit Costs,如在寻找交易对手过程中花费的时间、精力)。信息成本主要涉及评估金融资产投资的特性(如预期现金流的估计、投资价值分析等)。从理论上说,一个有效的金融市场,价格会反映与金融资产相关的重要信息,帮助投资者节省一部分信息成本。

(二) 宏观层面的功能

1. 储蓄-投资转换

金融市场可以实现货币资金在盈余部门和赤字部门之间的转移,这种资金余缺调剂功能对宏观经济运行具有重要意义。凯恩斯宏观经济分析框架认为,储蓄与投资保持恒等关系。但是,储蓄等于投资乃是从事后角度说的,是一种"定义性的恒等式"(Equation by Definition):收入减去消费等于储蓄,产出减去消费等于投资,而收入等于产出,于是储蓄等于投资。从上述定义可以看出,储蓄和投资都是实物形态的,所有没有消费掉的商品是社会的总储蓄,而厂商所未能销售掉的商品被视为"存货投资",因此,"储蓄"和"投资"中有相当部分是"非计划"或"非意愿"的。金融市场或金融体系的存在,首先使"意愿的储蓄"脱离了实物窖藏的方式,促进社会可用的投资品总量增长;同时,又将"货币形态"的储蓄提供给需要追加投资

---

① 在一些没有很好组织的金融市场上,这类费用很大,如我国目前的法人股转让市场。

的部门,使它们能够支付得起对投资品的需要,最后促成厂商"非正常存货投资"的减少,最终实现了全社会储蓄与投资的一种"事前的"或"计划的"均衡,增进了社会福利。

2. 资源配置

金融市场可以将资源从低效率的部门转移到高效率的部门,从而使一个社会的经济资源得到合理配置和有效利用,增进社会福利。当然,金融市场的资源配置功能与前面提到的三种微观作用分不开:首先,金融市场的价格(收益率)发现功能决定了什么样的资金需求者可以得到所需要的资金。在一个"物随钱走"的金融经济中,资金资源的配置具有决定性作用,它决定了劳动力和自然资源的配置。其次,金融市场所提供的流动性解决了生产部门生产连续性和资本所有者投资意愿多变性之间的矛盾,将实物资本与其货币形态适当分离,在调整资本结构的同时保证了生产的延续性。例如,股份公司的股东如果要收回投资,并不需要将厂房拆零变卖,而只需售出持有的股权,这样,股东变更就不会影响生产的连续性。最后,金融市场的信息披露功能减少了调整的成本,提高了资源配置的效率。

3. 宏观调控

由于金融市场在联系储蓄-投资以及在调整资源配置方面所具有的重要作用,以及金融市场主体对市场变化的敏感性,金融市场逐渐成为政府调控经济的一个主要渠道。一方面,金融市场运行情况成为国民经济运行的"晴雨表",为政府决策提供大量信息;另一方面,政府也通过对金融市场直接或间接的干预,影响金融市场变量,调控社会信贷可得性,进而影响公众的储蓄、消费、投资行为,调整本国与外国的经济往来,影响商业周期,最终实现对产出、就业、物价以及国际收支的有效控制,并对社会财富分配、社会公平和社会福利施加影响。例如,中央银行在公开市场上买卖国债,就可以吞吐基础货币,直接调控社会货币供应量,并影响长短期利率,实现宏观调控目标。

三、金融市场的类别

根据不同的分类标准,可以将金融市场分成不同的子市场。常见的分类标准主要有以下几种:

按照所交易金融资产的期限划分,可以将金融市场分为货币市场和资本市场。货币市场是指交易资产期限在1年以内的金融市场,如银行间同业拆借市场、商业票据市场、国库券市场,这些市场上的金融资产具有比较强的"货币性",因此把这些市场称为货币市场。资本市场是指交易资产期限在1年以上或者没有到期期限的金融市场,如股票市场、中长期国债市场、中长期银行贷款市场等。

按照组织方式划分,可以将金融市场分为有组织的市场(场内交易市场)以及无组织的市场(场外交易市场)。场内交易市场主要是指交易所市场,而场外交易市场包括"柜台市场""第三市场"与"第四市场"。"柜台市场"是指在券商或银行等金融机构的柜台上交易未上市证券;"第三市场"实际上也是一种场外交易市场,只不过所交易的证券同时也在交易所上市交易;而"第四市场"则是完全通过计算机网络联系的无形市场。

按照金融资产的新旧程度划分,可以将金融市场分为发行市场和流通市场。发行市场(也称一级市场)是指新的金融工具发行所形成的市场,流通市场(也称二级市场)是指已经发行的金融工具在不同投资者之间转手的市场。

按照金融交易支付特征划分,可以将金融市场分为现货市场和期货市场。现货市场是成交后马上进行交割的市场，期货市场则是双方按成交时约定的条件在将来进行交割的市场。

此外，按照市场中作为市场主体的金融机构的性质分，可以将金融市场细分为银行市场、保险市场与证券市场；按照金融资产的性质分，可以分为股权市场和债权市场；按照开放程度分，可以分为国内金融市场和国际金融市场；按照金融创新程度分，可以分为传统金融市场和衍生品市场；按照市场发展程度分，可以分为成熟市场和新兴市场。

四、金融市场主体

金融市场主体主要包括交易者、中介机构以及金融监管机构。除了资金的真正提供者与最终需求者之外，各种金融中介与金融监管机构也是市场上重要的参与者。多数情况下，金融机构在金融市场中充当交易的中介，但是，金融机构也可能从事自营业务，成为重要的交易主体。例如，我国的商业银行在国债以及国债回购交易中具有重要地位，证券公司在股票自营业务方面也投入了大量资金，保险公司也广泛地投资于债券、股票、基金等各类金融工具。金融监管机构对金融市场的正常运行具有重要作用，它承担着调节与稳定市场的功能。

通常，金融市场的监管机构分为政府监管机构和自律性组织。前者如国务院金融稳定发展委员会、中国人民银行、中国银行保险业监督管理委员会、中国证券监督管理委员会、国家外汇管理局等；后者包括交易所与各种金融机构行业协会（如中国银行业协会、中国保险行业协会、中国证券业协会、中国基金业协会）等。监管机构管理金融市场的手段主要包括经济手段、行政手段、法律手段等。其中，经济手段是最重要的，后两种手段一般起到补充与调节的作用。

第二节 金融工具的性质

一、金融工具“三性”及其相互作用

收益性、流动性和风险性是金融工具最重要的三个特性。

（一）收益性

金融资产的总收益由资本利得和资本增益两部分组成，前者是持有金融资产期间获得的利息或股利收入，后者为金融资产取得价格与卖出价格（或赎回价格）之差。金融资产之间在收益上存在差异，其主要决定因素包括产品性质（债券、股权）、收益计算方式、发行人情况、产品期限以及金融市场状况。

（二）流动性

流动性是指金融资产的变现能力，通常可以从两种途径实现资产的变现，即市场转让和赎回（到期赎回、未到期提前赎回）。金融资产之间在流动性方面的差异也非常大：有的资产是现金的接近完全替代品，如可开支票存款；有的资产可以比较容易地售出，换取现金，如国库券；有的资产具有很好的市场性，可以随时卖出，但卖出价格与取得时候的价格可能会有一些差异，如普通股票；有些资产没有交易市场，但是可以要求发行者赎回，赎回价格往往要打折扣，如开放式基金份额或者投资连接型保险单；还有一些金融资产既没有公开的市

场,也不可以赎回,其持有者要想将其变现,必须通过协议转让方式进行,既不方便,也可能带来损失,如未流通的股票、居民持有的实物黄金等。因此,衡量金融资产流动性不但要注意变现是否方便,还要看是否会带来资本损益。

(三) 风险性

风险性是指金融资产所产生的现金流以及资产价格本身发生变动而给投资者造成损失的可能性。可以粗略地把金融资产所蕴含的风险区分为资本风险、收益风险和市场风险。资本风险是指本金无法收回或无法全部收回的可能性,收益风险是指无法得到利息或无法按期足额地得到利息的可能性,市场风险则主要是由于金融资产市场价格波动导致资产按现价计算的账面价值变化的可能性。

(四) "三性"之间的相互关系

金融资产的收益性、流动性与风险性在形成原因、具体表现以及衡量方式上各不相同,但是,它们之间又是相互关联的,形成这种关联的本质原因在于人们出于最大化动机而产生的资产选择行为。一般而言,金融资产的收益性与风险性呈正向关系,也就是人们所说的"高风险,高收益",收益与风险共同进入人们的效用函数。

流动性与收益性、风险性之间的关系比较复杂。对于通过到期赎回方式获得的流动性而言,金融资产到期期限越短,流动性就越强,在其他因素不变的情况下,金融资产收益发生变动的可能性也越小,因此,流动性与风险性和收益性之间存在反向关系。但是,对于主要通过市场转让途径获取的流动性,它与收益性和风险性之间的关系就比较复杂。对于某些股票而言,高流动性可能意味着存在较高的价格波动可能性,也就是说,高流动性可能会导致高风险性;但是,也有的金融资产是因为它们非常安全才具有较好的市场性,如长期国债,流动性与风险性呈反向关系。

二、金融工具的构成要素

金融工具的实质是一种合约,虽然不同金融产品具有不同的约定,但是它们通常应具备以下几个方面的内容:

(一) 发行者

金融产品的发行者通过出售金融资产取得收入,与这种收入相对应,发行者要承担一定的义务。为了保证这些义务的履行,发行者不但要在发行时符合相当严格的市场准入条件,而且要在发行后接受金融监管机构和投资者的监督。换言之,金融工具的发行不仅取决于市场参与主体的筹资需要,而且要受到法律、法规的限制。例如,可开支票存款一般只限于存款型机构发行,保险合同只限于保险公司发行,政府债券只限于中央政府以及经过批准的地方政府发行,只有符合发行条件的股份公司才能公开募集股份,外国债券的发行更要受到严格的管制。因此,筹资企业在设计金融工具时首先要弄清楚有权发行哪些产品,投资者在认购金融工具之前要明确发行者是否具有合法的发行资格。在成熟的金融市场上,任何发行人要发行金融工具都必须经过某种形式的信用评估,发行人信用等级的高低直接关系到发行条件以及发行的成败。

(二) 认购者

即使在成熟的金融市场上,也不是所有市场主体都可以认购他看中的任何金融产品。

例如，有些市场只对一部分金融机构开放（如目前我国银行间同业拆借市场只对金融机构开放）；有些市场只对符合条件的商业银行和企业开放（如中国外汇交易中心）；有些市场只对本国居民个人开放（如目前各商业银行进行的“外汇宝”业务）；有些市场只对本国企业开放，有些市场只对外国居民个人和企业开放（如 2001 年 2 月 19 日以前的人民币特种股票市场）；还有的金融产品采取定向募集方式，只有指定的投资者才能购买（如针对战略投资者的非公开股票发行）。因此，投资者在认购某一金融产品之前，首先应当了解自己有没有权利购买这一产品，以及相对于自己的具体情况是不是还存在某些特定条件。发行者在发行前也应该知道这一产品的可能投资者，以便估计潜在的资金来源。

（三）期限

金融产品的期限有三种情况：固定期限、可变期限以及无期限。多数债权类资产具有明确的期限，如银行定期储蓄存款、财产保险合同、商业票据、商业贷款、公司债券等。固定期限金融资产的持有人可以在到期时收回本金以及合约规定的其他利益，但是，这类金融资产往往也允许单方面提前赎回，但必须根据合约条款的规定支付一定的费用。例如，目前我国的居民定期储蓄存款和人寿保险均可提前支取，但提前支取会遭受利息损失或发生退保费用。可变期限金融资产的形式很多，最常见的是商业银行活期存款（包括居民活期储蓄存款和企业活期存款）和通知存款；还有一类是各种循环融资便利，如循环信贷限额、循环信用证、循环票据发行便利等；有的是可以提前执行的各类金融合约，如美式期权；还有一些是性质可以发生变化的金融资产，如可转换债券，本来是有固定期限的，但在持有者将其转换为股票之后，剩余期限就不复存在。无期限金融资产主要是各类股权资产，也有一些国家发行过永久性债券。

筹资主体应当根据自身的现金流状况选择适当期限的金融产品。发行期限过短，企业将被迫增加发行次数和发行费用，还会造成现金流的不稳定，并且要冒利率上升的风险；发行期限过长也会造成麻烦，一般情况下，筹资期限越长，利率水平就越高，筹资成本就会增大，而且可能存在利率下降的风险。对投资者也一样，所选择的投资工具期限一定要与自己的现金流特征相匹配，避免由此带来的流动性风险和利率、汇率、通货膨胀率等风险。

（四）价格和收益

在金融产品市场上，应该区分票面价值（或票面价格，Par Value 或 Face Value）与市场价格（Market Price）。票面价值是合同中规定的名义价值，债务工具的票面价值通常相当于本金，它与票面利率一起构成计算每期利息支付的依据；股票的票面价值主要用于计算企业账面的注册资本额，通常情况下对股票价格波动的影响很小，只在特殊情况（如股票发行定价时）下才发生作用。

市场价格是金融产品在市场上的买卖价格，相当于认购者实付、出售者实收的价格。债券的票面价值与市场价格之间的关系取决于票面利率与市场利率的差别、债券的偿还方式、债券的偿还期限长短等因素。在一级市场上，股票的发行价常常高于其票面价值，其差价即人们常说的“发行溢价”。但在任何情况下，企业不得以低于票面价值的价格发行股票，否则，企业的实际资本将低于账面资本。在二级市场上，市场价格的变动不再受制于票面价值。

收益率(Yield Rate)是金融产品的另一个核心因素,它表示该产品给其持有者带来的收入占其投资的比率。

在金融产品的收益率上,也应当区分票面收益率和市场收益率。债券的票面收益率是债券票面上规定的利息率;股票的票面收益率(股利除以股票票面值)在股票买卖中没有实际意义,只有优先股按票面确定的股息率发放股利。

债券的市场收益率是使债券未来现金流的现值等于债券当前市场价格的利率。如果市场利率上升,则债券价格必然下降,同样的理由,在市场利率给定的前提下,票面利率越高,债券的市场价格就越高。因此,对债券发行者而言,如果采取竞价方式发行,则票面利率可以说无关紧要。股票的市场收益率是股权资产投资管理中最常用的指标之一,它等于股息除以股票市价得到的商数。

发行人要根据金融市场对本企业和有关产品的风险的评价,向投资者提供适当的收益率。收益率过高,会增加不必要的筹资成本;收益率过低,则会导致发行缺乏吸引力甚至筹资失败。投资者应当根据风险大小要求相应的收益率,并根据不同产品的风险收益特征加以选择。

(五)偿还

金融产品的偿还主要是针对货币性产品和债券而言,在债券的偿还上,不但规定偿还金额,而且必须规定偿还的具体日期、偿还方式等。与偿还有关的各要素直接影响债券的收益高低和风险大小。债券的偿还方式主要有以下几种:

1. 一次性偿还

债券在到期后一次性连本带利还清,这种偿还方式的风险很大,若出现信用风险,债权人有可能遭受本利的全额损失,并且,在债券到期前,债权人没有任何收入。

2. 提前付息,到期按票面价格偿还

贴现债券(Discount Bond)的发行价格低于其面值,差价便是预付的利息。

3. 定期付息,到期还本

这种债券按规定期限(通常为一年或半年)定期支付利息,其最后一次偿还总额等于本金和末期利息之和,普通债券就属于这一类。这种债券的好处是债权人可以定期取得一定的收入,普通债券的实际偿还期由于每期的利息收入而低于名义上的期限。

4. 固定比例还本

债务人定期按一定的比例还本并按前期余下的本金付息。在这种情况下,每期的利息随本金的逐期减少而减少,由此,每期的偿还总额也随利息的减少而减少。目前我国商业银行住房按揭贷款的等额本金还款方式便是如此,它对于那些有可能提前偿还全部或部分贷款本金的购房者有吸引力。

5. 定期定额偿还

这种债券的持有者根据约定利率和偿还期数定期获得某一固定数目的偿还额,期满还清。这种偿还方式尤其适合于有比较稳定收入(如工资)的人一次性借入一定期限的资金(如按揭买房),然后定期等额偿还。

6. 抽签偿还

这种债券的偿还期不确定,由抽签结果决定,抽签的随机性在债券偿还上引入了一个风险因素:如果利率上升,则抽中者获利;如果利率下降,则抽中者损失。20 世纪 80 年代我国发行的中长期国债通常采用这种方式偿还。

7. 提前赎回与提前终止

有些债券的发行合同中还定有发行企业可提前赎回、投资者可提前终止的规定。通常发行者会选择在市场利率下降的时候提前赎回已发行债券，并通过再融资以降低融资成本；而投资者则会在市场利率上升时选择提前终止原有合约，将收回的资金投资于具有更高收益的金融工具。目前我国公布的"可转换债券条例"规定企业发行可转换债券可以设定提前赎回条款；另外，在商业银行近年来推出的结构化理财产品中，通常会赋予发行者和（或）投资者提前终止的权利。在有些情况下［如债券发行者设立"偿债基金"（Sinking Fund）］，债券发行者不采取提前偿还的办法，而是在二级市场上以市场价格买回。在这种情况下，债券持有者当然有权利继续持有债券而不卖回给债券发行者。

三、金融产品的分析要素

除了金融工具的构成要素外，作为一个金融分析师或投资者，还必须对不同金融工具进行更深入的分析，一般而言，主要的分析因素包括：

（一）货币性

对多数国家而言，货币发行是国家权力的象征，国家具有垄断发行本位币的权力。货币具有价值尺度、流通手段、储藏手段与支付手段等主要功能。从严格意义上说，只有货币当局的货币性负债（包括现钞、硬币、在中央银行存款）才算是十足的货币，可是，其他金融资产也可能部分具有上述功能，我们可以根据金融资产所具有货币功能的强弱以及它们转换为十足货币的难易程度区分金融资产的货币性（Moneyness）。

（二）可分性和面值

在金融资产定价模型中，我们往往要求金融资产具有无限可分特性（Divisibility），而实际上金融资产大多具有一定的面值（Denomination）和最小交易单位。例如，目前国内人民币普通股票最小单位为 1 股，但最小买入交易单位为 1 手（100 股），卖出时则可零股交易。又如，国债通常以 100 元面值为发行单位，但公开市场交易往往要求以 1 000 元为单位直至以 10 万元为单位。因此，在进行金融计算时，必须注意该金融资产的面值和最小交易单位，在一定的预算限制内，要进行取整计算。

（三）流转性

金融产品的流转性（Reversibility）通常用回转成本（Round-trip Cost）来衡量，指投资于一种金融资产后退回投资并收回现金可能涉及的交易成本。商业银行存款类金融资产具有最高的流转性，因为增加和减少存款通常不收费，所花费的只是投资者的一些时间和精力。在有组织市场中，回转成本的主要部分是金融资产的买卖差价。例如，外汇交易中买入价与卖出价之间有一个差额，在证券市场中，如果实行做市商制度（Market Maker），则金融资产买卖也存在差价。除了买卖差价外，回转成本的另一主要构成是交易手续费或佣金，在竞争性市场中，佣金的高低由供求决定，目前国内股票交易手续费上限为成交金额的 0. 3%，单笔交易佣金不满 5 元的按 5 元收取。

（四）到期期限与久期

债权类金融资产涉及到期期限（Term to Maturity）和久期（Duration）的概念。到期期限是指金融资产距到期日的时间间隔,久期则表示用金融资产各期现金流现值加权以后计算的收回投资平均期限。对零息票债权资产而言,久期等于到期期限;附息票资产的久期一般会比到期期限长。

久期有不同的种类,最常用的久期是麦考利久期,它的计算公式为:

$$D = \sum_{i=1}^{n} \frac{c_i e^{-yt_i}}{\sum c_i e^{-yt_i}} t_i$$

式中,D 代表久期,c 代表金融工具现金流,t 代表时间,y 代表以连续复利率表示的贴现率。这个概念在债券定价、银行利率风险管理等领域具有广泛的应用。

(五) 可转换性

通常情况下,两种非货币金融资产之间的相互转换需要通过货币媒介,也就是说,必须卖出前一种资产后才能用获取的货币购买后一种资产。可是,有些金融资产却可以转换为其他类型的资产,可转换债券就是一个典型例子。除此以外,还有可以转换为普通股的优先股、可以转换为浮动利率债券的固定利率债券等。

(六) 币种

多数金融资产以本位币标价,我国大多数金融资产是以人民币标价发行的。但是,也有以外币标价的金融资产,如目前上海、深圳两个证券交易所交易的 B 股(人民币特种股票)分别以美元和港币为交易计价单位。另外,国外一些发行人为了满足投资者减少外汇风险的要求,发行双重货币证券。例如,有些债券在支付利息时用一种货币,偿还本金时用另一种;一些债券还允许投资者选择支付利息和偿还本金时使用的货币种类。

(七) 复合性

在金融工具中,有一类称为结构化产品(Structuralized Products),它们通常由两种或两种以上金融工具复合而成,可以提供非标准的现金流特性。例如,目前国内一些公司发行的可转换债券就是一种复合性金融工具,其持有者有权在债券到期前(股票上市后)将持有的债券按照事先规定好的价格转换为该公司的普通股。我们可以把可转换债券分拆成一个普通债券和一个股票看涨期权,也可以将其视为一个普通股票加上一个股票的看跌期权。商业银行近年来推出的外汇结构性理财产品和人民币结构化理财产品也属于典型的复合工具,我们将在后续章节介绍。对于这类复合性金融工具,通常需要先将其分拆成简单金融工具,然后分别进行分析。

(八) 税收

不同金融资产所享受的税收待遇不同。以我国目前情况看,持有商业银行各种债券、股票、基金份额,均需要对收到的利息(红利)支付利息税,但买卖有价证券获得的资本损益则不需要纳税,同时,持有各种保单获取的收益也未列入纳税范围。另外,我国股票均要按实际成交金额的1‰由卖方单边支付印花税,并由券商代扣后由交易所统一代缴支付给财税部门。债券与基金交易均免缴此项税收。在一些国家,不仅中央政府有税收特权,地方政府也拥有一部分税收权力,因此,中央政府债券与地方政府债券(市政公债)、市政公债之间也具有不同的税收待遇。投资者在选择投资工具时,必须考虑税收特征。

第三节　货币市场与货币市场工具

货币市场是指交易资产到期期限在1年以内的金融市场，主要功能是满足短期流动性需求。货币市场的重要性在于它是整个金融体系流动性调剂的重要渠道，为中央银行实施公开市场操作提供了场所；另外，货币市场利率在整个利率体系中具有重要地位。

一般而言，货币市场主要包括银行间同业拆借市场、商业票据市场、可转让定期存单市场、短期债券市场、债券回购市场、中央银行票据市场等。在某些情况下，也把商业银行的短期流动资金贷款归入货币市场行为。

货币市场上的金融工具有以下特征：(1) 期限短，不超过1年；(2) 流动性强，容易变现；(3) 安全性高，波动性小，不易遭受损失。

一、银行间同业拆借市场

银行间同业拆借市场是商业银行调剂超额准备金余缺形成的市场。一般而言，同业拆入、拆出资金从长期看应该保持平衡，但从目前国内商业银行的操作实践看，越来越多的银行把同业拆借作为补充经常性短期流动资金的一个重要来源，大的货币中心银行通常具有庞大的净拆入余额。

1986年1月7日，国务院颁布的《中华人民共和国银行管理暂行条例》规定"专业银行之间的资金可以互相拆借""专业银行之间相互拆借的利率，由借贷双方协商议定"，国内形成了活跃的同业拆借市场。经过多次治理整顿，1996年开通全国同业拆借一级网络，同时由中国人民银行各大区行主持，形成全国同业拆借二级网络。2006年10月8日起开始试运行上海银行间同业拆放利率(Shanghai Interbank Offered Rate, SHIBOR)，并于2007年1月4日正式对外公布。目前，不仅中外商业银行可以进入银行同业拆借市场调剂资金余缺，证券公司、保险公司以及其他经过批准的金融企业也可以进入银行间同业拆借市场。截至2021年8月底，全国银行间同业拆借中心共有市场成员2 331家，具体成员构成见表10－1。

表10－1　我国的同业拆借市场成员

机构性质	最新成员数	机构性质	最新成员数
大型商业银行	19	股份制商业银行	40
城市商业银行	135	政策性银行	3
外资银行	122	农村商业银行和合作银行	1 134
农村信用联社	257	信托投资公司	66
金融租赁公司	66	财务公司	242
保险公司	59	证券公司	104

续 表

机构性质	最新成员数	机构性质	最新成员数
资产管理公司	4	汽车金融公司	24
保险公司的资产管理公司	5	民营银行	17
境外人民币清算行	10	消费金融公司	22
其他	2	合　计	2 331

注：表格中的数据为截至2021年8月30日的数据。以上统计不包括已经退市的市场成员及已经申请加入银行间市场但尚未完成联网手续的市场成员。

资料来源：中国银行间同业拆借中心。

值得注意的是，与证券交易所的集中报价竞价交易方式不同，同业拆借市场采用电话方式进行交易，在同一个时点上，如果存在两对以上的市场主体进行同期限的拆借，它们的利率很可能不一样。根据全国银行间同业拆借中心的规定，同业拆借交易双方可在4个月范围内自行商定拆借期限，交易中心按1天、7天、14天、21天、1个月、2个月、3个月、4个月、6个月、9个月、1年共11个统计品种计算和公布相应期限的加权平均利率①，即全国银行间同业拆借利率(China Inter-bank Offered Rate，CHIBOR)。在国际上，银行间同业拆借利率是一种重要的金融市场基准利率，它在很大程度上决定着商业银行的存放款利率，最著名的包括伦敦同业拆放利率(LIBOR②)和美国联邦基金利率(Federal Fund Rate)。表10-2为2021年8月底中国银行间同业拆借市场部分品种的平均报价。

表10-2　全国银行间同业拆借市场部分品种报价(2021年8月30日)

品　种	开盘利率(%)	收盘利率(%)	加权利率(%)	平均拆借期限(天)	成交笔数(笔)
IBO001	2.400 0	1.820 0	1.883 2	1.00	480
IBO007	2.500 0	2.820 0	2.523 9	5.30	139
IBO014	2.700 0	2.700 0	2.596 4	11.97	15
IBO021	2.250 0	2.400 0	3.795 5	19.64	3
IBO1M	3.500 0	2.350 0	3.297 2	28.82	4
IBO2M	5.200 0	2.550 0	3.755 9	45.82	4
IBO3M	3.700 0	5.000 0	3.244 7	90.92	27
IBO6M	3.800 0	3.150 0	2.581 5	181.33	5

① 7天银行间同业拆借利率实际上是期限为2～7天的拆借的加权平均利率，其余统计品种以此类推。

② 英国金融行为监管局(FCA)2017年宣布2021年底后将不再强制要求报价行报出LIBOR。

续　表

品　种	开盘利率(%)	收盘利率(%)	加权利率(%)	平均拆借期限(天)	成交笔数(笔)
IBO9M	3.800 0	3.750 0	3.781 3	227.38	2
IBO1Y	4.100 0	4.100 0	4.100 0	343.00	1

数据来源：中国货币网，http://www.chinamoney.com.cn/chinese/mtdexdaily/。

二、商业票据市场与工具

1979 年中国人民银行批准部分企业签发商业承兑汇票，我国的商业票据市场开始出现。根据 1996 年 1 月 1 日起施行并于 2004 年 8 月修订的《中华人民共和国票据法》(简称《票据法》)，我国境内的票据包括汇票、本票和支票。商业票据市场主要是以商业汇票的发行、承兑、转让和贴现为主的市场。

商业汇票是一种古老的商业信用工具，产生于 18 世纪，最初是随着商品和劳务交易而签发的一种债务凭证。例如，商品或劳务交易的卖方没有在对方交割后立即收取货款，买方按合同规定的时间、地点、金额开具商业汇票给卖方，经买方承兑后，卖方持有票据，至到期日再向买方收取现款。20 世纪 20 年代，美国汽车制造业开始兴盛，为了刺激销售，汽车厂商采取了赊销、分期付款等方式，导致资金周转不灵。在银行贷款受到多种限制的情况下，不少大公司特设金融公司从事商业票据发行业务，于是，商业票据与商品、劳务相分离，成为一种专供在货币市场上融资的短期工具，与商业票据相关的承兑、贴现、转贴现以及票据发行便利等业务得到了快速发展。

(一) 商业票据的构成要素

根据我国《票据法》的相关规定，商业汇票必须具备以下七个要素：(1) 明确标明“汇票”字样；(2) 无条件支付的委托；(3) 确定的金额；(4) 付款人名称；(5) 收款人名称；(6) 出票日期；(7) 出票人签章。此外，汇票上记载付款日期、付款地、出票地等事项的，应当清楚、明确。汇票上未记载付款日期的，为见票即付；汇票上未记载付款地的，付款人的营业场所、住所或者经常居住地为付款地；汇票上未记载出票地的，出票人的营业场所、住所或者经常居住地为出票地。

(二) 商业票据的业务种类

与商业票据相关的业务主要有票据的发行、承兑、转让、保证、清偿和贴现。

1. 商业票据的发行

商业票据的发行分为直接发行和金融机构承销两种方式，发行条件主要包括贴现率、发行价格、发行期限、兑付和手续费。为了保证商业票据的顺利发行，发行企业通常要经过一定的评级程序。商业票据的信用等级不同，发行的难易程度及发行利率水平也各不相同。

2. 商业票据的承兑

承兑是指汇票付款人承诺在汇票到期日无条件支付汇票金额的票据行为。付款人承兑汇票的，应当在汇票正面记载“承兑”字样和承兑日期并签章。付款人承兑汇票，不得附有条件；承兑附有条件的，视为拒绝承兑。付款人承兑汇票后，应当承担到期付款的责任。

在付款之前，一般需要由持票人提示承兑。提示承兑是指持票人向付款人出示汇票，并要求付款人承诺付款的行为。汇票未按照规定期限提示承兑的，持票人丧失对其前手的追索权。根据我国《票据法》的规定，定日付款或者出票后定期付款的汇票，持票人应当在汇票到期日前向付款人提示承兑。见票后定期付款的汇票，持票人应当自出票日起1个月内向付款人提示承兑。见票即付的汇票无须提示承兑。

由商业银行作为商业汇票承兑人的，称为银行承兑汇票。向银行申请办理汇票承兑的商业汇票的出票人，必须在承兑银行开立存款账户，资信状况良好，并且具有支付汇票金额的可靠资金来源。银行承兑汇票是目前我国票据市场的最主要工具，其签发量与未到期余额均占商业汇票总额的90%以上。

3. 商业票据的转让

商业票据通常可以通过背书方式进行转让。背书人背书转让汇票后，即承担保证其后手所持汇票承兑和付款的责任。出票人在汇票上记载“不得转让”字样的，汇票不得转让。背书转让可以多次进行，多次背书转让时，背书应当连续。持票人以背书的连续，证明其汇票权利。

4. 商业票据的保证

汇票的债务可以由保证人承担保证责任，保证人由汇票债务人以外的其他人担当。保证人对合法取得汇票的持票人所享有的汇票权利承担保证责任，但是，被保证人的债务因汇票记载事项欠缺而无效的除外。对于被保证的汇票，保证人应当与被保证人对持票人承担连带责任。汇票到期后得不到付款的，持票人有权向保证人请求付款，保证人应当足额付款。保证不得附有条件;附有条件的，不影响对汇票的保证责任。

5. 商业票据的清偿

票据到期，持票人有权获得清偿。汇票持票人按照规定期限提示付款后，承兑人或者付款人应当对持票人承担付款责任。汇票的出票人、背书人、承兑人和保证人对持票人承担连带责任。汇票到期被拒绝付款的，持票人可以对背书人、出票人以及汇票的其他债务人行使追索权。持票人可以不按照汇票债务人的先后顺序，对其中任何一人、数人或者全体进行追索。持票人对汇票债务人中的一人或者数人已经进行追索的，对其他汇票债务人仍可以行使追索权。被追索人清偿债务后，与持票人享有同等权利。

6. 商业票据的贴现

票据贴现是指持票人为了资金融通的需要而在票据到期前以贴付一定利息的方式向银行出售票据。对于贴现银行来说，就是收购没有到期的票据。票据贴现的期限较短，一般不超过6个月，可以办理贴现的票据也仅限于已经承兑并且尚未到期的商业汇票。一般而言，票据贴现可以分为贴现、转贴现和再贴现。贴现是指持票人将未到期的票据卖给贴现银行，以便提前取得现款。一般地，工商企业向银行办理的票据贴现就属于这一种。转贴现是指银行以贴现购得的未到期的票据向其他商业银行所做的票据转让，是商业银行间相互拆借资金的一种方式。再贴现是指贴现银行持未到期的已贴现汇票向中央银行进行贴现，通过转让汇票取得中央银行贷款的行为。再贴现是中央银行的一种信用业务，是中央银行为执行货币政策而运用的一种货币政策工具。

在商业票据贴现业务中，贴现申请人获得的金额按照下式计算：

$$\text{实付贴现金额} = \text{汇票金额} - \text{贴现利息}$$

其中：

$$贴现利息 = 汇票金额 \times 贴现天数 \times (月贴现率 \div 30)$$

（三）我国商业票据市场的发展

我国票据市场的发展大体可以划分为三个阶段。

第一个阶段(1979—1994 年)为推广使用阶段。1979 年,中国人民银行批准部分企业发行商业承兑汇票。1981 年,在上海试办票据贴现业务。从 1985 年起,在全国开展票据承兑、贴现业务。1986 年,中国人民银行颁布《再贴现管理办法》,开始对专业银行开展再贴现业务。1988 年,为了解决企业的"三角债"问题,中国人民银行提出改革银行结算制度,推行商业票据,逐步实现商业信用关系的票据化,并对商业票据的结算、承兑和再贴现处理程序、会计手续做了明确规定。

第二个阶段(1995—1999 年)为制度建议阶段。1995 年,我国正式颁布《票据法》,并先后出台了 8 个关于票据的管理办法,明确提出建立区域性票据市场,基本形成了中国票据市场发展的法律框架。一些大型商业银行在部分中心城市设立了票据专营窗口。

第三个阶段(2000 年至今)为稳步增长阶段。2000 年,中国工商银行票据营业部成为中国内地首家票据专营机构,中、外资银行机构加大对票据业务的重视程度,票据市场的规模和商业化特征均得到长足发展。

1999 年,我国商业票据发生额仅 4 650 亿元,贴现额仅 2 240 亿元。而 2021 年上半年,企业累计签发的商业汇票就达到 12.3 万亿元,同比增长 5.3%;票据承兑余额也稳定增长,6 月末余额较年初增加 2 504 亿元;上半年金融机构累计贴现 23.8 万亿元,同比增长 7.6%;6 月末票据融资余额 8.6 万亿元,占各项贷款的比重为 4.6%,同比减少 0.6 个百分点。①

三、可转让定期存单市场

大额可转让定期存单(CDs)由美国花旗银行于 1961 年首先发行,其后许多银行纷纷效仿,成为一种非常流行的货币市场工具。

可转让定期存单是银行发给存款人按一定期限和约定利率计算,到期前可以在二级市场上流通转让的证券化存款凭证。把可转让定期存单归类为货币市场工具是一种传统惯例,事实上,很多商业银行发行的定期存单期限跨度很大,如美洲银行就提供最长 10 年期的存单。

可转让定期存单与一般的银行定期存款不同:

第一,它有规定的面额,传统上具有较大的面额(美国的 CDs 一般在 10 万美元以上,我国的个人投资者认购的大额存单不低于 20 万元,机构投资者认购起点不低于 1 000 万元),故一度被称为"大额可转让定期存单",不过,现在美国很多银行已经推出最低面额为 500 美元的存单;而普通的定期存款金额由存款人决定。

第二,它可以在二级市场上转让,具有较高的流动性;而普通的定期存款只能在到期后提款,提前赎回要支付一定的罚息。

第三,可转让定期存单的利率通常高于同期限的定期存款利率,可以获得接近于金融市

① 中国人民银行:《2021 年第二季度中国货币政策执行报告》。

场的利息收益;有的可转让定期存单按照浮动利率计息。

第四,在实行存款保险制度的国家,可转让定期存单与储蓄存款具有相同的保障(美国为单一账户 10 万美元以内全额受保,2008 年提高到 25 万美元)。

可转让定期存单的发行一般通过银行柜台方式进行,也可以通过承销商代理发行。可转让定期存单的认购者绝大多数是非金融性公司,还包括政府机构、外国政府和外国企业,也有部分金融机构和富裕的个人投资者。可转让定期存单市场是买卖已发行定期存单形成的市场,通常通过柜台交易方式进行。

在二级市场上买卖存单的主要是一些证券经营机构和大银行,它们不仅为自己买卖,也充当中介人,是可转让定期存单市场的主要交易商。

可转让存单在我国出现得较早。1986 年,交通银行、中国银行和工商银行就发行了大额可转让存单,面额从 100 元至 50 万元不等。但我国未形成完整的大额可转让存单的流通市场,到 1996 年以后整个市场几近停滞。由于交易制度、技术系统较为落后,1997 年 4 月中国人民银行暂停大额可转让定期存单的发行。直到 2013 年 12 月 9 日《同业存单管理暂行办法》施行,12 月 12 日由工商银行、中国银行、建设银行、农业银行、国家开发银行 5 家银行首批发行了总规模 190 亿元的同业存单。2015 年 6 月 2 日,中国人民银行制定并施行《大额存单管理暂行办法》,推出大额存单产品,期限包括 1 个月、3 个月、6 个月、9 个月、1 年、18 个月、2 年、3 年和 5 年共 9 个品种。2015 年金融机构共发行大额存单 4 768 期,发行总量为 2.3 万亿元;2021 年增加到 5.4 万期,发行总量为 11.3 万亿元。①

一般来说,大额可转让存单的利率高于同期定期存款的利率。

存单转让方式主要由存单是否记名决定。不记名存单在市场上转让时,交给相应的购买人即可,不需要背书,绝大多数定期存单属于此类。记名存单的转让需要背书。

对于固定利率存单而言,转让价格的计算根据下式进行:

$$X=\frac{P(360+R_1T_1)}{R_2T_3+360}-\frac{PR_1T_2}{360}$$

式中,X 为在二级市场上的出售价格,P 为存单本金,R_1 为存单票面利率,R_2 为出售存单时的市场利率,T_1 为存单的原始期限,T_2 为发行日至售出日的天数,T_3 为距到期日的剩余天数。

四、短期债券市场

短期债券市场是指所交易金融工具剩余期限在 1 年以内的市场。这些债券包括两种情况:一种是债券的原始期限就在 1 年以内;另一种是债券的原始期限在 1 年以上,但随着到期日的临近,剩余期限已经不足 1 年。短期债券一般包括国库券、短期市政债券和短期融资券。

(一) 短期国债

国库券也称短期国债(Treasury Bills),是最重要的短期债券,是由中央政府发行的期限在 1 年以内(通常包括 3 个月、6 个月和 12 个月 3 个品种)的短期政府债券。在大多数国家

---

① 中国人民银行:《2015 年中国货币政策执行报告》和《2021 年第四季度中国货币政策执行报告》。

的货币市场上，短期国债是第一大交易品种。

中央政府发行短期国债主要是解决政府的短期流动性问题，即解决国库先支后收造成的短期差额问题。国库券以国家作为债务人，由国库直接发行，并以国家财政收入作为还款保证，所以几乎不存在信用违约风险，被视为无风险债券或“金边债券”(Gilt-edged Bond)。

短期国债通常采用贴现方式招标发行，不付息、不记名。短期国债的二级市场流通一般在有组织的证券交易所或以店头市场(Over-the-counter Market，OTC)方式在银行间国债市场上进行。

我国财政部最早于1994年发行过期限为1年的记账式短期国债，1994年还发行过半年期记账式短期国债，2003年首次发行1年期凭证式短期国债，同时对国债发行招标规则进行了重大调整，在原来单一“荷兰式”招标基础上增加“美国式”招标方式。目前，短期国债已经成为我国财政部的一种重要财政政策工具，发行频率逐步加大，自2015年第二季度起财政部按月滚动发行6个月期国债，自第四季度起按周滚动发行3个月期国债。

（二）短期市政债券

一些实行财政联邦主义的国家的地方政府也有权发行债券(Municipal Bonds)，通常这些债券的期限在1年以上，但从理论上说，它们也可以发行短期债券，发行方式与短期国债相似。一方面，短期市政债券由地方政府的税收能力作为担保；另一方面，地方政府也建立偿债准备(如美国政府规定，地方政府的偿债准备金数额可以为付息总额的100%～120%，也可为债券发行值的10%)。因此，一般情况下，市政债券违约风险很小。同时，投资市政债券获得的利息还可以享受免除地方税收的优惠，故很受投资者的欢迎。

但是，地方政府作为中央政府的下级政府组织，在公共权力方面要相对较弱，与国债相比，短期市政债券没有货币发行权作为担保，信用风险依然存在，如美国橙县(1994年)、内华达州(2010年)、底特律(2013年)、波多黎各(2015年)、俄克拉荷马州(2019年)等的市政债券都发生过违约案例。

2020年3月20日，为应对“新冠”疫情对市场流动性造成的压力，美联储委员会扩大货币市场共同基金流动性工具的担保品范围，将12个月期限以内的市政债券纳入担保品范围，从而向市政债券市场提供流动性支持。

（三）短期融资券

短期融资券是我国为解决货币市场工具短缺问题而推出的一种在银行间债券市场发行和交易，约定在一定期限(1年内)还本付息的短期债券。2004年10月18日，中国人民银行发布《证券公司短期融资券管理办法》，允许符合条件的证券公司在批准的循环额度内，发行91天以内的短期融资券。2005年5月23日，中国人民银行又发布《短期融资券管理办法》，允许符合条件的非金融企业经审批后在银行间市场发行和交易短期融资券，期限不超过365天，实行余额管理。2008年4月9日，中国人民银行颁布《银行间债券市场非金融企业债务融资工具管理办法》，短期融资券注册机构也由中国人民银行变更为中国银行间市场交易商协会(简称交易商协会)。2010年12月21日，交易商协会正式开始接受企业在银行间债券市场发行超短期融资券的注册。超短期融资券是指具有法人资格、信用评级较高的非金融企业在银行间债券市场发行的，期限在270天以内的短期融资券，所募集的资金用于符合国家法律法规及政策要求的流动资金需要，不得用于长期投资。

2021 年,我国共发行短期融资券(含超短期融资券)5.2 万亿元。其中,普通短期融资券发行 4 582 支,规模为 4.7 万亿元;超级短期融资券 583 支,规模为 0.52 万亿元。①

五、债券回购市场

(一) 债券回购的含义

债券回购交易(Repos)和逆回购交易是指债券买卖双方在成交的同时就约定于未来某一时间以约定价格再进行反向交易。债券回购交易实质上是一种以有价证券作为抵押品拆借资金的信用行为:回购方(即债券的持有方,是资金需求方)以持有的债券作抵押,获得一定期限内的资金使用权,期满后归还所借用的资金,并支付一定的利息;逆回购方(资金供给方)则暂时放弃资金的使用权,从而获得卖出回购方的债券抵押权,并于期满后归还对方抵押的债券,收回资金和利息。

(二) 债券回购的种类

根据回购期内获得债券抵押权的一方是否可以动用该笔债券,回购交易分为买断式回购(开放式回购)和质押式回购(封闭式回购)。

质押式回购是指正回购方(资金融入方)在将债券出质给逆回购方(资金融出方)的同时,双方约定在将来某一日期由正回购方按约定回购利率计算的资金额向逆回购方返还资金,逆回购解除出质债券上质权的融资行为。回购业务中的债券属于保证券性质,并不过户给逆回购方,所以后者不能对抵押债券进行处置。

买断式回购是指正回购方将债券卖给逆回购方的同时,交易双方约定在未来某一日期,正回购方再以约定价格从逆回购方买回相等数量同种债券的交易行为。标的债券的所有权发生了转移,逆回购方在回购期内可以对标的债券进行处置。2004 年 4 月 8 日,我国财政部、中国人民银行、中国证监会联合发布《关于开展国债买断式回购交易业务的通知》,推出了买断式回购。

(三) 债券回购的交易

债券回购交易一般在证券交易所进行,目前我国不仅在上海、深圳两个交易所开展了回购交易,全国银行间同业拆借市场也开展该项业务。其中,各个市场的交易品种略有不同。例如,银行间市场已经推出的质押式债券回购交易品种包括 1 天、7 天、14 天、21 天、1 个月、2 个月、3 个月、4 个月、6 个月、9 个月和 1 年共 11 种债券回购交易,买断式债券回购交易包括 1 天、7 天、14 天、21 天、1 个月、2 个月和 3 个月共 7 种债券回购交易;上海证券交易所有 1 天到 6 个月共 9 个品种,深圳证券交易所有 4 天到 9 个月共 8 个品种。2021 年我国回购市场的成交量持续增长,银行间市场债券回购成交 1 045.2 万亿元,日均成交 4.2 万亿元,同比增长 8.5%;交易所债券回购累计成交 350 万亿元,同比增长 21.9%。②

(四) 债券回购交易中可拆入资金的计算

由于现实中存在的单个债券品种在规模上不足以满足回购交易的数量要求,为了增强回购市场的流动性,证券交易所一般会人为地规定具有某些性质的债券为标准券,根据一定

---

① Wind 资讯,中证鹏元评级。

② 中国人民银行:《2021 年第四季度中国货币政策执行报告》。

的计算公式计算，并随时公布现实中各种债券与标准券之间的折算系数(或称标准券折算率)。回购交易中资金拆借量的计算用下式反映：

资金拆借量 = 持有的现券手数 × 标准券折算率 × 每手标准券的价值

(五) 回购报价与购回价格的计算

回购报价一般用拆借资金的年利息率表示。购回价格(或返售价格)为每百元标准券的购回价，其计算采用下式：

购回价格 = 100 + 回购报价 × (回购期限 / 全年天数) × 100

例如，某机构以持有的某种债券现券 100 手(每手债券为 1 000 元面值)做 3 天债券回购交易，该券种的折算率为 1.20，3 天回购报价为 2.5%，则初始交易时，该机构可借入的资金=100×1.20×1 000=120 000(元)；3 天到期后，该机构需支付的金额=120 000×(1+0.025×3/360)=120 025(元)[①]，其中，120 000 元为本金，25 元为回购利息。

表 10 - 3 与表 10 - 4 为银行间市场的质押式回购与买断式回购报价。

表 10 - 3　银行间市场质押式回购报价(2021 年 8 月 30 日)

品　种	开盘利率(%)	收盘利率(%)	加权利率(%)	加权平均利率(利率债)(%)	平均回购期限(天)
R001	2.100 0	2.100 0	1.865 7	1.839 7	1.00
R007	2.200 0	2.600 0	2.506 6	2.445 8	6.10
R014	2.330 0	2.400 0	2.407 8	2.338 5	13.06
R021	2.350 0	2.800 0	2.613 2	2.537 5	15.15
R1M	2.600 0	9.900 0	2.474 9	2.441 6	28.07
R2M	2.400 0	2.700 0	2.539 9	2.437 5	56.77

数据来源：全国银行间同业拆借中心。

表 10 - 4　银行间市场买断式回购报价(2021 年 8 月 30 日)

品　种	开盘利率(%)	收盘利率(%)	最高利率(%)	最低利率(%)	加权利率(%)
OR001	0.791 3	1.608 9	2.363 6	0.791 3	1.678 0
OR007	1.804 4	2.598 8	3.000 2	1.192 7	2.288 4
OR014	1.999 3	5.001 0	5.001 0	1.999 3	2.432 7
OR021	2.399 8	2.399 8	2.399 8	2.399 8	2.399 8

数据来源：全国银行间同业拆借中心。

① 各国关于每年天数的规定有所不同，这里按 360 天计算(上海证券交易所采用)。

六、中央银行票据市场

中央银行票据(以下简称央行票据)即中国人民银行面向全国银行间债券市场成员发行的短期债券。

中央银行在理论上具有创造自身负债(法偿货币)的无限能力,不存在为筹资而发行债券的需要。事实上,中国人民银行发行央行票据是在我国公开市场操作工具短缺情况下的一种创新,通过央行票据的发行可以回笼基础货币,央行票据到期则体现为投放基础货币。

央行票据期限从 3 个月到 3 年,对公开市场一级交易商(包括符合规定的商业银行、保险公司和证券公司等)招标发行,通常 1 年期以内的票据按贴现方式发行,1 年期以上的按固定票面利率发行。

发行央行票据是我国央行为了对冲外汇储备增加而导致的基础货币增长过快的重要手段。2002 年 9 月,中国人民银行首次将未到期正回购转为央行票据,又于 2003 年 4 月 22 日在银行间债券市场首次直接贴现发行金额 50 亿元、期限 6 个月的央行票据。2004 年后更多采用价格招标方式贴现发行央行票据,2004 年全年,中国人民银行共发行 114 期央行票据,发行总量达到 4.2 万亿元,年末余额约为 4 万亿元。而当某一年的新增外汇占款较少时,当年则无央行票据发行(如 2012 年、2014—2018 年)。2021 年底,我国在银行间市场托管的央行票据余额为 150 亿元。

第四节 资本市场与资本市场工具

资本市场是指交易对象期限在 1 年以上的金融市场,主要包括股票市场、中长期债券市场和中长期银行信贷市场。本节只涉及前两种情况,即只讨论狭义的资本市场。

一、证券交易场所与场外市场

(一) 证券交易所

证券交易所是证券买卖双方公开交易的场所,是有组织的集中交易市场。根据组织形式划分,证券交易所可以实行公司制,也可以实行会员制。公司制证券交易所采取股份有限公司组织形式,是以营利为目的的企业法人,由全体股东组成股东大会作为证券交易所的最高决策机关;会员制是不以营利为目的的组织,收取交易佣金数额小,由会员自治自律、互相约束,只有会员才有资格参加交易大厅内的交易。纽约证券交易所原先采用会员制,2006 年 3 月 8 日,纽约证券交易所集团公司挂牌(NYSE: NYX),结束了沿用 213 年的会员制。目前我国上海和深圳两个证券交易所均为会员制法人组织。2015 年 5 月底,中国股市市值已经超过 10 万亿美元,沪市成长为全球第二大股市,仅次于纽约证券交易所。2021 年 10 月,上海证券交易所的股市市值在全球交易所中排名第 3 位,深圳证券交易所排名第 7 位。

一般而言,证券交易所具有以下特征:(1) 具有固定的交易场所和交易时间。(2) 参加交易者为交易所会员,交易采取经纪制,即一般投资者不能直接进入证券交易所买卖证券,只能委托会员作为经纪人间接进行交易。(3) 通过公开竞价方式决定交易价格。

（二）场外交易市场

场外交易市场是在证券交易所以外的证券交易市场的总称。在证券市场发展初期，许多有价证券的买卖都是在柜台上进行的，因此，称为柜台市场或店头市场（OTC）。随着通信技术的发展，目前许多场外交易市场并不直接在证券经营机构的柜台上进行，而是由客户与证券经营机构通过电话、电传、计算机网络进行交易。

一般而言，场外交易市场具有以下特征：(1) 场外交易市场是分散的无形市场。(2) 场外交易市场大多数采用做市商制度。证券经营机构先行垫付资金购入证券作为库存，然后对外进行交易，从中赚取差价作为交易利润。此外，经纪商可以根据市场情况随时调整证券报价。(3) 交易的证券一般为未上市证券。(4) 对场外交易市场的监管一般比证券交易所松懈，交易效率也不如证券交易所。

原先，我国的柜台市场主要是指国债柜台交易。2012 年全国证券期货监管工作会议上，我国提出以柜台交易为基础，加快建立统一监管的场外交易市场。我国目前的场外市场主要包括银行柜台交易（主要以国债交易为主）、证券公司柜台交易（主要服务于小微型企业）、“新三板”（主要服务于高科技企业）及地方政府开办的产权交易所等几个层次。

二、股票

股票是股份有限公司签发的证明股东权利的所有权凭证。根据不同的分类原则，可以把股票分为不同类型。

（一）普通股票和优先股票

根据股东享有的权利不同，股票可以分为普通股票（简称普通股）和优先股票（简称优先股）。普通股的持有者享有股东的基本权利和义务，有权参加股东大会，并按持有的股份数量投票表决；有权参与公司利润和清算剩余资产的分配，其投资回报视公司盈利状况和股利分配政策而定。优先股实质上是一种混合性证券，其持有者享受固定的股息率，在股份公司盈利分配、公司破产清算后剩余财产的分配顺序上，优先股股东优先于普通股持有者。但是，优先股股东没有关于公司经营决策的投票和表决权（涉及优先股股东权益的除外）。根据各国法律以及公司的具体情况，优先股又可分为累积性优先股和非累积性优先股、可赎回优先股和不可赎回优先股、股息可调整优先股和股息固定优先股。

优先股是资本市场的一种有益补充。从 1990 年至 2013 年上半年，美国的优先股融资金额占股票融资金额的比重平均在 20%左右，其中 2008 年金融危机期间优先股融资金额占当年股票融资金额的比重一度高达 32%，此后快速下降。

我国在 2014 年之前并无优先股的发行，2014 年 3 月 21 日证监会发布《优先股试点管理办法》。4 月 24 日，广汇能源（600256）成为沪、深两市首个发布优先股发行预案的主体，规定其优先股股息不累积支付。2014 年 4 月 18 日，中国银监会与中国证监会联合发布《关于商业银行发行优先股补充一级资本的指导意见》，10 月 15 日中国银行成功完成境外发行优先股定价，最终发行规模为 64.998 亿美元，票面利率为 6.75%，成为第一家发行优先股的境内上市公司。之后，中国工商银行、中国农业银行、浦东发展银行、交通银行和兴业银行等也都发行了优先股。截至 2020 年 12 月，沪、深两市共有 32 家上市公司累计发行优先股 80 单。

(二) 记名股票和不记名股票

记名股票与不记名股票的区别在于股票票面和股份公司股东名册上是否记载股东的姓名。记名股票的股东权利属于记名股东,转让必须经过过户程序,可以挂失;不记名股票的股东权利属于股票持有者,转让相对比较方便,但安全性较差。目前,我国上市交易的股票均属记名股票。

(三) 有面额股票和无面额股票

多数股票属于有面额股票。股票面额是计算股份公司实收股本的重要依据。我国《公司法》规定,股票的发行价格可以与票面金额相等,也可以超过票面金额,但不得低于票面金额。20 世纪初,美国纽约州通过法律,允许发行无面额股票,股票票面不标明固定的金额,只记载股数或占总股本的比例。以后,一些国家和地区也仿效这种做法,但目前大多数国家仍不允许发行这种股票。与有面额股票相比,无面额股票的优点主要在于方便股票分割,股票分割时无须办理面额变更手续。

(四) 可上市交易股票和非上市交易股票

一般而言,上市公司发行的股票可以上市交易,而非上市公司发行的股票不可以上市交易,只能进行柜台转让或者协议转让。但是,在我国目前情况下,上市公司的部分国有股、法人股(国有法人股、社会法人股)的上市交易有一定限制。此外,部分发起人持股以及公司高级管理人员持股在规定的期限内不可以上市交易。另外,部分已设质或经过司法程序冻结的上市公司流通股票也不可以上市交易。

除以上分类外,我国目前还按照交易币种的不同分为 A 股和 B 股,按照发行地的不同分为 N 股(纽约)、S 股(新加坡)和 H 股(中国香港)。

截至 2021 年底,中国内地沪、深两家交易所共有 A、B 股上市公司 4 697 家,上市公司市价总值 918 148.6 亿元。2021 年的 A 股筹资额达到人民币 15 475.9 亿元,创 2010 年以来新高。[①]

三、股票价格指数

(一) 股票价格指数的种类

股票的市场价格瞬息万变,为了反映市场总体价格走势,需要编制股票价格指数。股票价格指数是以计算期样本市价总值除以基期市价总值再乘上基期指数得到的。通行的做法是由专门的指数编制公司负责编制和发布股票价格指数,在证券交易所、证券经营机构的各种金融类媒体上公开发布。

根据所选取成分股的不同,目前各国股票价格指数分为综合指数(Composite Indices)和成分指数(Component Indices)两种。前者包括全部上市股票,后者则从上市股票中选择一些具有代表性的上市公司编制。我国的上海证券综合指数和深圳证券综合指数均属综合指数,而沪深 300 指数、上证 50 指数、深证 100 指数则为成分指数;国际上比较著名的道琼斯工业平均数、S&P500 指数、纳斯达克 100 指数、日经 225 指数、英国富时 100 种股票价格指数、FTSEurofirst 300 指数也是成分指数。

---

① 中国上市公司协会:《调研统计动态》(第 5 期),2022 年 3 月 8 日。

(二) 股票价格指数的计算方式

根据加权方式的不同，计算股票价格指数通常可以采用拉斯贝尔指数(Laspeyre Index)、派许指数(Paasche Index)和费雪指数(Fisher Index)三种方法。

1. 拉斯贝尔指数

$$股票价格指数=\frac{\sum_{i=1}^{n}P_{1i}Q_{0i}}{\sum_{i=1}^{n}P_{0i}Q_{0i}}\times 基期指数$$

2. 派许指数

$$股票价格指数=\frac{\sum_{i=1}^{n}P_{1i}Q_{1i}}{\sum_{i=1}^{n}P_{0i}Q_{1i}}\times 基期指数$$

3. 费雪指数

$$股票价格指数=\sqrt{\frac{\sum_{i=1}^{n}P_{1i}Q_{0i}}{\sum_{i=1}^{n}P_{0i}Q_{0i}}\times\frac{\sum_{i=1}^{n}P_{1i}Q_{1i}}{\sum_{i=1}^{n}P_{0i}Q_{1i}}}\times 基期指数$$

以上各式中，P、Q 分别代表每种股票的价格和数量，第一下标表示时期(基期还是计算期)，第二下标表示不同的股票种类。

道琼斯工业股指数(Dow Jones Industrial Average，DJIA，简称“道指”)是最悠久的美国市场指数之一，也是全球最具有影响力的指数。美国道琼斯公司从1897年开始编制工业平均指数，最初以12家大工业公司股票为计算对象，采用简单算术平均法。1926年增加到20家，1928年定为30家并改用道式修正法计算。现今，该指数包括美国30家最知名、最有代表性的上市公司。

全球主要股指及2021年变动情况见表10-5。

表10-5　2021年全球主要股指涨跌幅(%)

股　指	涨跌幅	股　指	涨跌幅
越南指数	133.35	多伦多300	21.74
阿根廷MERV	63.00	纳斯达克指数	21.39
法国CAC40	28.85	欧元区STOXX	20.44
标普500	26.89	道琼斯工业指数	18.73
中国台湾加权指数	23.66	德国DAX	15.79
意大利富时MIB	23.00	俄罗斯RTS	15.01
印度SENSEX30	21.99	英国富时100	14.30

续 表

股 指	涨跌幅	股 指	涨跌幅
澳洲标普 200	13.02	深证成指	2.6
创业板指	12.0	新西兰标普 50	—0.44
日经 225	4.9	巴西 IBOVESPA 指数	—11.93
上证指数	4.8	恒生指数	—14.1
韩国综合指数	3.6		

注：本表数据截至北京时间 2022 年 1 月 1 日。
数据来源：转引自《2021 年全球股指涨跌幅排行榜出炉》,中国经济网,2022 年 1 月 2 日。

四、债券

(一) 中长期债券的类型

期限在 1 年以上的债券是资本市场的重要工具。根据中长期债券发行主体的差异,可以分为以下几种类型:

1. *政府债券和政府机构债券*

政府债券包括中央政府债券、地方政府债券和政府机构债券。

(1) 中央政府债券。除上一节提及的短期国债(T-Bills)之外,还包括国库票据(T-Notes)和国库债券(T-Bonds)。三者之间的区别是,短期国债的期限在 1 年以内,属于货币市场工具;国库票据的期限在 1 年以上、10 年以下;国库债券的期限在 10 年以上,通常为 15 年或 20 年。有的国家还发行无限期国债。我国在 1994 年以前不加区分,把所有期限的中央政府债券都称为国库券,1995 年起又全部改称国债。目前,我国发行的国债包括主要面向机构投资者发行的可流通的记账式国债、面对个人投资者发行的不可流通的凭证式国债和电子式储蓄国债等。

(2) 地方政府债券。地方政府债券也称市政债券,是实行财政联邦制国家的州以及州以下地方政府发行的债券。在美国,地方政府债券分为一般责任债券(General Obligation Bonds)和收益债券(Revenue Bonds)。一般责任债券是以地方政府的税收作为偿债资金来源的市政债券,收益债券是以特定项目的收入作为偿债资金来源的市政债券。美国 2003—2017 年收益债券占比维持在 53%～70%之间,一般责任债券占比维持在 28%～47%之间,其他类市政债券维持在 1%左右。2020 年第三季度末,美国的市政债券存量为 3.92 万亿美元。美国市政债券的突出特点是风险较低,但收益要比国债高,还可以享受税收优惠(联邦政府对个人投资者的市政债券的利息所得税免征),故较受投资者的欢迎。

在我国,1995 年之后曾不允许地方政府举债,直到 2013 年北京、广东、江苏、浙江、深圳、山东和上海 7 个地区开展自行发债试点,总计发债额度为 731 亿元。2014 年 5 月 21 日,财政部批准上海、浙江、广东、深圳、江苏、山东、北京、青岛、宁夏、江西开展地方债券自发自还试点,同时下发实施了《2014 年地方政府债券自发自还试点办法》,意味着市政债券正式出炉。2015 年我国地方政府债券实行全面自发自还,2017 年后我国不断丰富专项债券的项目，推出了土地储备、收费公路、棚户区改造、轨道交通等项目收益债券的发行。2019 年我国发布《关于做好地方政府专项债券发行及项目配套融资工作的通知》，地方债券的发展进入新的阶段。2021 年末，我国地方政府债券的存量规模为 30.47 万亿元，其中 2021 年全国发行地方债 74 898 亿元。①

（3）政府机构债券。

政府机构债券（Agency Bond）是除中央政府以外，其他政府部门和经批准的有关机构所发行的债券。这类债券具有政府债券的一些特点，有相当强的清偿能力，收益稳定，风险相对也较小。

在美国，较为典型的便是美国进出口银行、联邦住宅管理局、政府国民抵押协会以及房地美（Freddie Mac）、房利美（Fannie Mae）等机构发行的债券。

2. 公司债券

公司债券是由非金融类企业发行的债务工具。企业发行债券一般需要经过信用评级。按照美国的做法，信用评级在 BBB（Baa）以上的公司债券，称为投资级债券（Investment Bonds）；信用评级在 BBB（Baa）以下的公司债券，称为高风险债券（Junk Bonds），也有人译为“垃圾债券”。

公司债券中，还有一类称为可转换债券，持有人可按事先约定的价格（或转换比率）在转换期内将债券转换为发行人的普通股，实质上是一种混合型金融工具。

在我国，由企业发行的债券包括企业债和原来由上市公司发行的公司债。2015 年 1 月 15 日，证监会发布修订后的《公司债券发行与交易管理办法》，扩大发行主体范围，取消公司债只能由上市公司发行的限制，丰富债券发行方式，增加债券交易场所，简化发行审核流程。2015 年 6 月以来，公司债的发行量迅猛增长，2021 年，交易所公司债公开发行 1 425 支，发行金额 1.64 万亿元，同比分别上升 17.6% 与 7.67%；累计发行企业债券 491 支，发行金额 4 399.4 亿元，同比增长 26.87% 与 12.05%。②

3. 金融债券

金融债券是金融类企业（尤其是商业银行）发行的债券，它一方面是银行进行负债管理的重要内容，同时，根据《巴塞尔协议》，对于期限较长且清算顺序排在存款和其他债务之后的次级债券，可以列入商业银行的第二级资本，是商业银行提高资本充足率的一种有效方法。2003 年 12 月，中国银监会发布《关于将次级定期债务计入附属资本的通知》，允许商业银行将符合规定条件的次级定期债务计入银行附属资本。目前，国内很多商业银行、保险公司、证券公司均有次级债发行。2021 年，政策性银行、商业银行等金融机构共发行金融债券 323 516 亿元。③

（二）债券的发行与交易

中长期债券的发行在发行方式上类同于短期债券，但在付息和报价上存在区别。短期债券通常为不附息票债券，以折扣方式发行；而长期债券通常是付息票债券，一般每年或每半年付息一次。在报价方式上，短期债券通常用年收益率作为报价；中长期国债采用

---

① 中华人民共和国财政部网站，2022 年 3 月 9 日。

② 中证鹏元评级：《中国债券市场统计（2021）》，2022 年 1 月 11 日。

③ 中国人民银行：《2020 年第四季度中国货币政策执行报告》。

债券价格作为报价,而且,中长期债券的报价有净价报价(不含应计利息)和全价报价两种方式。

我国在1997年6月以前,商业银行主要通过证券交易所进行债券买卖。后来,由于风险问题突出,根据国务院的统一部署,商业银行退出了交易所的债券交易。与此同时,中国人民银行决定建立银行间债券市场。1997年6月,各商业银行所持有的国债、中央银行融资券和政策性金融债统一托管在中央国债登记结算公司,同时可以进行债券回购和现券买卖。这标志着银行间债券市场正式启动。

截至2021年12月末,我国债券市场托管的债券余额为133.5万亿元,同比增长14.4%。

第五节 其他金融市场

除货币市场与资本市场外,还可以按照交易资产的性质,将金融市场细分为外汇市场、黄金市场、保险市场、投资基金市场、金融衍生品市场等。

一、外汇市场

外汇市场是兑换和交易各国货币的场所。关于外汇市场的界定,有广义和狭义之分。狭义的外汇市场是指进行外汇交易的有形的固定场所,一般采用交易中心方式,参与交易的各方在每个营业日的规定时间,通过交易中心网络进行交易和清算交割;广义的外汇市场还包括没有特定交易场所,通过电话、电报、电传和计算机网络等方式进行的外汇交易,是指由各国中央银行、外汇银行、外汇经纪商和客户组成的外汇经营业以及由它们形成的外汇买卖关系的总和。

目前,我国外汇市场可以分为以下三个层次:

第一个层次是企业外汇结售汇市场。根据1993年12月28日《中国人民银行关于进一步改革外汇管理体制的公告》,境内所有企事业单位、机关和社会团体的各类外汇收入必须及时调回境内,大部分外汇收入须按银行挂牌汇率结售给外汇指定银行,其余部分可以存入在外汇指定银行开立的现汇账户。境内企事业单位、机关和社会团体对外支付用汇,经批准后,用人民币到外汇指定银行办理兑付。自2002年10月起,经常项目实行限额管理条件下的结售汇制度。2006年,我国央行和外汇管理部门放松外汇账户管理,出台了一系列与结售汇相关的政策措施。2012年4月中旬,外汇管理部门宣布停止实行强制性结汇制度,企业和个人可以自主保留外汇收入。

第二个层次是银行间外汇市场,包括人民币外汇市场、外币对市场和外币拆借市场,是机构之间进行外汇交易的市场。中国外汇交易中心于1994年4月4日开始运行,其基本职能是组织全国银行间外汇交易,办理外汇交易的清算交割;提供外汇市场的信息服务;开展经中国人民银行批准的其他业务。银行间外汇市场实行会员制的组织形式和做市商制度,凡经国家外汇管理局批准可经营外汇业务的金融机构及其授权分支机构提出申请,经外汇交易中心核准后,即可成为会员。2015年11月25日,香港金融管理局、澳大利亚储备银行、国际复兴开发银行、国际开发协会等首批境外央行类机构在中国外汇交易中心完成备案,进入中国银行间外汇市场。2018年9月11日,首家境外非银行机构XTX进入境内外币对市场。2019 年 9 月 16 日，银行间外币对交易引入首批上海自贸区分账核算单元自由贸易账户。2020 年 7 月 13 日，人民币外汇市场落地主经纪业务，符合条件的境外投资者可以主经纪商的授信、名义参与境内外汇市场交易，便利国际投资者汇率风险对冲。中国外汇交易中心有人民币外汇即期交易、人民币外汇远期交易、人民币外汇掉期交易、人民币外汇货币掉期交易、人民币外汇期权交易、外币对交易、外币拆借交易等品种。

银行间外汇市场交易系统不断改进。2018 年 2 月 5 日，新一代外汇交易平台 CFETS FX2017 全面上线；2018 年 5 月 25 日，推出本币市场即时通信工具 iDeal；2019 年 6 月 22 日，推出银行间外汇市场电子化服务平台（iSupport），支持境内外机构 24 小时业务在线申请、信息查询等服务；2020 年 10 月 26 日，对外接口一站式服务平台上线，整合集成交易中心各类业务接口服务。

第三个层次是居民个人交易市场，分实盘外汇买卖、外汇结构化产品和外汇衍生交易三个市场。实盘外汇买卖即俗称的“外汇宝”交易，是指个人客户在银行规定的交易时间内，通过柜面服务人员或其他电子金融服务方式，对所持有的外币账户内的外汇进行的实盘买卖。交通银行于 1993 年最先通过银行报价电脑系统与路透报价系统联网，实现了“外汇宝”自动与国际外汇市场同步报价。“外汇宝”的交易币种包括美元、日元、欧元、英镑、澳大利亚元、瑞士法郎、加拿大元和港币等币种。除外汇即时交易外，客户还能进行挂盘交易等。外汇结构化产品是商业银行以理财计划形式提供的复合产品，自 2002 年以来，几乎所有商业银行均推出了该类产品。

二、黄金市场

布雷顿森林体系瓦解之后，黄金的非货币化趋势已经不可阻挡，其金融特性也日渐淡化。但是，到目前为止，黄金市场仍被视为金融市场的重要组成部分，黄金的金融工具地位仍将在相当长时间内得以继续保持。目前，世界上最主要的黄金市场在伦敦、苏黎世、纽约、新加坡、中国香港等地，伦敦黄金市场的价格对世界黄金行市较有影响。国际黄金市场的参与者主要有国际金商、银行、对冲基金等金融机构、各种法人机构、私人投资者以及在黄金期货交易中的经纪公司。

我国长期对黄金的生产和流通实施管制，除金饰品和金银纪念币允许个人投资买卖外，基本不存在公开的黄金市场。2002 年，我国放开了对黄金的管制，同年 10 月上海黄金交易所正式开业，黄金成为可批量交易的大宗金融产品。在此基础上，商业银行也推出了相关的个人黄金产品。2008 年 1 月 9 日，上海期货交易所开始黄金期货交易。2010 年 8 月，中国人民银行与国家发改委等六部委联合公布《关于促进黄金市场发展的若干意见》，提出上海黄金交易所要“丰富市场交易模式，引入做市商制度，提高黄金市场流动性”。

目前，国内现有的黄金投资产品包括实物金、纸黄金、黄金现货延期交易、与黄金挂钩的银行理财产品、黄金期货和黄金质押贷款等。

上海黄金交易所是我国主要的黄金交易平台，2014 年该所推出了国际板，直接面向境外投资者开放境内黄金市场，初步实现了国内黄金市场和国际黄金市场的有效联通，2015 年该所的总交易额首次突破 10 万亿元。2016 年，上海黄金交易所建立做市商制度，并推出了人民币“上海金基准价”定价机制，提升了我国在金价方面的话语权。目前，上海黄金交易所会员已经实现了国际化，截至 2020 年底会员总数 280 家。其中，普通会员共计 156 家，包括金融类会员 31 家、综合类会员 125 家;特别会员共计 124 家,包括外资金融类会员 7 家,国际会员 89 家,券商、信托、中小银行等机构类的特别会员 28 家。2021 年,上海黄金交易所各黄金品种实现 13.1 万亿元的成交金额,同比下降 42%。①

另外,我国的上海期货交易所可以让投资者开展黄金期货与期权交易。2021 年,上海期货交易所黄金期货与期权累计成交金额分别为 17.1 万亿元与 128.5 亿元。②

各家商业银行除了在上海黄金交易所进行场内黄金交易,还在场外开展多种自营黄金业务,主要有账户金、实物金、黄金理财、黄金租借和黄金衍生品交易,2020 年在境内开展的各项场外黄金业务累计成交 1.14 万吨。

三、保险市场

保险市场是指按市场机制运行的保险交换关系的总和。保险市场的主体包括作为产品供给者的保险人、作为产品需求者的投保人以及促成交易顺利完成的其他主体(包括保险代理人、保险经纪人、保险公证人等)。保险市场的客体是不同险种的保险合同,主要包括生命保险和财产保险两大类别。按照国际惯例,衡量保险市场的发展程度主要采用两个指标,即保险密度(人均保费支出)和保险深度(保费收入占 GDP 的比重)。2021 年,我国保险业实现原保费收入 44 900 亿元,同比增长 4%;2021 年底,我国保险深度为 3.9%,保险密度约为 3 180 元/人。③

四、投资基金市场

投资基金的种类很多,这里所说的投资基金市场专指以证券投资基金份额的发行和交易为内容形成的市场。根据证券投资基金份额是否可以赎回,可以把证券投资基金分为开放式基金和封闭式基金两种。前者主要通过柜台进行发行和赎回,后者一般可以上市交易。2005 年,沪、深交易所分别推出交易所交易基金(ETF)和可上市交易的开放式基金(LOF),是对原有基金交易形式的重要创新。截至 2021 年底,我国境内共有基金管理公司 137 家,管理着 9 288 只公募基金,资产净值合计 25.56 万亿元。④

五、金融衍生品市场

金融衍生品市场是指以发行和交易金融衍生产品为主要内容而形成的市场,主要包括金融期货市场、期权市场以及互换市场。本书将在后续章节详细讨论这部分内容。

本章小结

金融市场是实现金融资产交易和服务交易的市场。

从微观层面看,金融市场的主要功能包括融通资金、价格发现、提供流动性、减少搜寻成本和信息成本;从宏观层面看,金融市场的主要功能包括实现储蓄-投资转化、资源配置和宏

① 上海黄金交易所。
② 上海期货交易所。
③ 中国银保监会,保险业 2021 年经营数据。
④ 中国基金业协会。

观调控。

金融工具的性质主要包括“三性”及其相互关系、金融工具的构成要素与分析要素。

关于货币市场与货币市场工具，主要包括银行间同业拆借市场与工具、商业票据市场与工具、大额可转让定期存单市场、短期债券市场和债券回购市场。

关于资本市场与资本市场工具，主要介绍了证券交易场所、股票、股票价格指数和债券。

其他金融市场包括外汇市场、黄金市场、保险市场、投资基金市场和金融衍生品市场。

参考书目

1. 弗兰克·J.法博齐、弗朗哥·莫迪利亚尼：《资本市场：机构与工具》，唐旭等译，经济科学出版社 1998 年版。

2. 彼得·S.罗斯、米尔顿·H.马奎斯：《金融市场学》（原书第 10 版），陆军译，机械工业出版社 2009 年版。

3. 刘红忠：《金融市场学》（第二版），上海财经大学出版社 2015 年版。

4. 张亦春、郑振龙、林海：《金融市场学》（第五版），高等教育出版社 2017 年版。

5. 刘园：《金融市场学》（第三版），中国人民大学出版社 2019 年版。

6. 中国银行间市场交易商协会教材编写组：《现代金融市场：理论与实务》，北京大学出版社 2019 年版。

7. 刘敏楼：《金融市场学》，人民出版社 2021 年版。

思考题

1. 金融市场具有哪些主要功能？
2. 什么叫场外市场？与交易所市场相比，它们有哪些特点？
3. 金融工具的“三性”指什么？它们之间有何关系？
4. 金融工具的构成要素有哪些？
5. 什么叫可转让定期存单？它与一般的定期存款有何区别？
6. 什么叫债券回购？购回价格如何计算？
7. 证券交易场所与场外市场有什么区别？
8. 普通股和优先股有什么不同？
9. 什么叫综合指数？什么叫成分指数？它们有何区别？

11 第十一章 金融创新与金融改革

全章提要

教学目的和要求

- 第一节　金融创新概述
- 第二节　金融产品与服务创新
- 第三节　金融机构与金融制度创新
- 第四节　金融创新的影响
- 第五节　我国金融改革与创新

本章小结

参考书目

思考题

教学目的和要求

- 了解和掌握金融创新的含义与主要动因。
- 掌握金融创新的主要类型。
- 掌握主要的金融产品与服务创新,重点是各种衍生金融产品。
- 了解我国金融创新的发展脉络。

自 20 世纪 70 年代以来,金融领域发生了诸多创新活动,对金融乃至整个经济产生了巨大影响。自加入 WTO 以来,我国金融业面临前所未有的挑战和机遇,金融改革与创新成为我国经济最紧迫和影响最深远的环节之一。

第一节 金融创新概述

一、什么是金融创新

金融创新泛指金融领域内出现的,有别于既往的新业务、新技术、新工具、新机构、新市场与新制度安排。从经济学意义上说,金融创新是指通过引进新的金融要素或者将已有的金融要素进行重新组合,在最大化原则基础上构造新的金融生产函数的过程。金融创新包括原创性创新、整合性创新与组合性创新等。

二、金融创新的动因

关于金融创新动因的分析非常多,主要有以下几种:

(一) 技术进步论

相当多的人认为,新技术尤其是计算机、网络和通信技术的发展及其在金融业的应用,是促成金融创新的主要原因。从目前情况看,凡计算机和通信领域有重大进展,首先加以大规模应用的,除了国防就是金融业,金融业成为信息技术发展的一个展示窗口。新技术首先影响的是交易和清算系统,目前流行的各种电子货币、网络货币、电子清算系统就是例子。其次,新技术的应用也对传统金融业务和金融工具产生了影响。例如,作为互联网思维下的一种金融创新,数字金融突破了传统金融的局限,通过对互联网上的客户交易和消费信息等海量非结构化数据的实时分析,金融机构可以充分挖掘客户的消费习惯,准确预测客户行为,改进风控工具;再如,计算机和网络技术还直接促成很多新的金融交易技术诞生,如利用程序交易技术进行一篮子工具的套利交易、利用数据仓库和数据挖掘技术发展新的风险控制技术等。

(二) 管制辩证过程

美国经济学家凯恩(E.J Kane)把金融创新视为金融业逃避严厉管制的一种手段,认为在管制和创新之间存在一个"管制-创新-再管制-再创新"的循环往复的斗争过程,并将其称为"管制的辩证过程"(Dialectic Process of Regulation)。的确,金融领域内的很多新变化是直接由管制引发的。例如,美国历史上关于利率上限的Q条例导致了银行业NOWs、SNOWs等账户的开设;关于跨州银行业务和银行证券分业管理的法令导致金融控股公司(FHC)的兴起。在我国,自2008年以来,为规避存贷比监管、信贷规模限制等,商业银行不断衍生出贸易融资项下的同业代付业务、三方协议等同业业务模式;另外,外汇管制和税收管制诱发离岸金融业务,很多结构化金融产品也是直接针对税收等法律限制而设立的。

(三) 风险规避论

这一理论认为,当代国际金融市场上一些基本条件的变化导致金融市场风险增大,为了避免或分散风险,出现了大量金融创新。事实上,利率、汇率、通货膨胀率、国际资本流动与国家风险的存在都引发了大量金融业务和金融工具的创新。例如,为防范利率风险,金融机构推出了利率期货与期权、利率互换、利率上限、利率下限、利率环等工具;为规避汇率风险,开发了外汇期货与期权、货币互换等产品;为防范通货膨胀风险,产生了通胀保值类金融工具;为防范资本市场风险,出现了对冲基金、指数化基金以及指数联结产品;等等。

(四) 竞争趋同论

这种理论认为,不同的金融企业在本质上都属于中介机构,它们的产品和服务很容易相互模仿,最后导致产品和服务的趋同,对于原先的产品和服务,也就相当于一种创新。以目前的情况看,一些保险产品已经和商业银行储蓄产品具有了一定替代性;商业银行的某些货币市场产品与共同基金份额之间也非常相似。

三、金融创新的类型

金融创新可以粗略地分为四大类,即产品和服务创新、机构创新、制度创新和市场创新。

(一) 产品和服务创新

这是金融创新当中最引人注目的一类。自20世纪70年代以来,金融衍生产品尤其是所谓"结构化产品"的出现使金融产品的数量以几何级数的速度递增。加拿大经济委员会把金融工具创新分为三大类①,即扩展市场型工具、风险管理型工具和市场套利型工具。另外,一些人则把金融新工具分为建构模块类金融工具(Building Blocs)和结构化金融工具。

(二) 机构创新

这是指建立新型的金融机构,或者在原有金融机构的基础上加以重组或改造。机构创新的原因多种多样。例如,电子技术的发展导致了纯粹网络银行的诞生,套利和投机动机导致对冲基金的出现,"新经济"的热潮引发风险投资基金的大发展,金融放松管制与金融国际化产生了一大批新式的金融机构等。

---

① 转引自弗兰克·J.法博齐、弗朗哥·莫迪利亚尼:《资本市场:机构与工具》,唐旭等译,经济科学出版社1998年版,第28页。

（三）制度创新

金融制度创新主要是指对作为市场运行基础的金融体制的变革以及金融管制、法规、手段等的变化。目前，我国金融业正进一步与国际接轨，大量的新制度与新法规层出不穷，有力地推动了整个金融业的全面发展。例如，我国从2015年5月1日起实施存款保险制度，可以在个别银行经营出现问题时，使用存款保险基金对存款人进行及时偿付，从而降低银行体系的风险。

（四）市场创新

金融市场创新是指通过对金融交易的方式与方法进行技术改进、更新或创设，从而形成新的市场架构。例如，相对于传统国际金融市场而言的欧洲货币市场的出现，相对于证券交易所市场而言的OTC市场的发展，相对于基础市场而言的衍生市场的兴起，均属于此类创新。

有些重要的金融创新甚至可以涵盖以上四个方面。例如，比特币的出现，既代表了一种新的金融产品，又诱发了对冲基金、“采矿”组织等新型的金融机构的产生，还涉及支付体系等金融制度的变革，并且形成了许多有关比特币的交易所等金融市场。

【思政案例】

请用手机微信扫以下二维码，阅读、学习思政案例。

中国的“新三板”市场（New OTC Market）创新

第二节　金融产品与服务创新

一、金融产品与服务创新概述

金融产品与服务创新在20世纪60年代末、70年代初出现了第一个高潮，美国是这次创新运动中最重要的国家，商业银行、证券机构甚至普通企业在金融产品创新过程中均扮演了重要角色。默顿·米勒（1986）①在回顾20世纪60至80年代金融创新浪潮时，曾感叹地说：“过去任何二十年都没有见证过最近二十年哪怕是十分之一的金融创新。”米勒没有完全预料到的是，在随后的20年中，金融创新纪录的刷新速度是如此之快。芬勒提（1992）②列举出20世纪90年代初仅证券领域类的创新就超过60种。图法诺（2002）③在修订他给《金融经

① Miller, M. H.. Financial Innovation: the Last Twenty Years and the Next. *Journal of Financial and Quantitative Analysis*. 1986, 21(4): 459-471.

② Finnerty, J. D.. An Overview of Corporate Securities Innovation. *Journal of Applied Corporate Finance*. 1992, 4(4): 23-39.

③ Tufano, Peter. Financial Innovation. *The Handbook of the Economics of Finance* (*North Holland*), 2002.

济学手册》撰写的“金融创新”词条时,试图列出自1980年以来的创新清单,可是,他马上发现,他拿到手的超过1 800种证券“几乎每一种都是独特的”。

我们将20世纪60年代以来最重要的创新产品部分列举如表11-1所示。

表11-1　20世纪60年代以来的部分金融创新产品

时　　间	金融创新的内容
1966年	美国银行业推出大额可转让定期存单
1970年	欧洲货币市场浮动利率票据 美国出现第一笔资产证券化交易
1972年	芝加哥商业交易所推出货币期货 美国通用汽车承兑公司发行中期债券
1973年	芝加哥期权交易所推出股票期权
1974年	美国出现浮动利率票据
1975年	推出利率期货
1976年	出现智能卡
1977年	国债期货问世
20世纪70年代	基金中的基金(FOF)出现
1981年	贴现发行债券、利率互换交易
1982年	国债期货期权、股票指数期权、货币期权、可变股息优先股
1984年	自动转账(ATS)账户、货币互换
1985年	利率上限、下限和利率环,可变期限票据
1986年	指数化债券、认股权证
1988年	中国推出保值储蓄
1991年	加拿大多伦多证券交易所推出ETF
1998年	澳大利亚交易所推出LOF
1999年	单个股票期货出现
20世纪90年代	天气衍生品、信用衍生品、结构化票据、场外交易奇异期权
2000年	绿色金融债券出现
2002年	中国推出结构性存款
2004年	中国推出中央银行票据
2005年	P2P产品在英国出现

续　表

时　间	金融创新的内容
2009年	比特币诞生
2012年	中国推出中小企业私募债
2013年	中国支付宝与天弘基金合作推出余额宝
2014年	中国发行同业存单、证券公司短期公司债券试点、“三农”专项金融债
2016年	中国国内第一支绿色债券、绿色资产支持证券、中国绿色资产担保债券发行
2018年	中国推出信用保护合约、乡村振兴专项债
2020年	中国央行开展数字人民币试点、纾困专项债券发行
2021年	乡村振兴票据、乡村振兴专项公司债

二、商业银行业务创新

自20世纪70年代以来，商业银行业务创新在资产业务、负债业务以及中间业务等方面都有所建树。

在负债业务方面，商业银行推出了大额可转让定期存单（CDs）、可转让支付命令书（NOWs）、超级可转让支付命令书（SNOWs）、自动转账账户（ATS）、货币市场存款账户（MMDAs）等新产品，增强了商业银行与非银行金融机构的竞争力。

专栏

货币市场存款账户

货币市场存款账户（Money Market Deposit Accounts，MMDAs）是西方商业银行为应对货币市场基金分流资金、吸引存款而开办的一种业务。1982年，美国《加恩-圣杰曼法案》授权存款机构提供货币市场存款账户。个人与企业均可开立这种账户，支付的利率以公布的每日利率计，这种账户可支付较高利率，并可以浮动，还可使用支票。账户的存款人可定期收到一份结算单，记载所得利息、存款余额、提款或转账支付的数额等。原来该类账户有2 500美元的最低余额要求，超过这一金额的存款不受当时的利率限制，现已取消最低余额要求。银行具有要求客户提款时必须提前通知的权利。

在资产业务方面，商业银行大力推行消费信贷、住房按揭贷款、银团贷款、收益分享贷款、并购贷款、平行贷款、组合性融资等新的贷款方式，并且将一部分资产业务表外化，形成为数众多的表外业务，如贷款出售、按揭贷款证券化、票据发行便利、信贷限额和备用信用证等。

在中间业务领域，商业银行也有不少创新，如充当衍生品交易的中介，参与信托、融资租赁、投资银行和基金业务，为企业提供现金管理、私募股权投资、发债顾问、咨询和代客理财等。

三、金融衍生产品

金融衍生产品作为最主要的金融产品的创新,自投入市场应用以来,已经取得了令人瞩目的发展,最具代表性的金融衍生产品主要包括金融远期合约、金融期货合约、金融期权合约以及金融互换合约等。

(一) 金融远期合约

金融远期合约是金融衍生产品中相对简单的一种,是指交易双方约定在未来特定日期按既定的价格购买或出售某项金融资产。远期合约通常实行场外交易,合约内容根据买卖双方的实际需要经协商后确定,也可以由金融中介机构充当交易的经纪人。

比较常见的金融远期合约包括远期利率协议、远期外汇交易、远期黄金交易等。远期利率协议(Forward Rate Agreement, FRA)是指交易双方约定在未来某一日期,交换一定名义本金基础上分别以合同利率和参考利率计算的利息。远期外汇合约(Forward Exchange Agreement, FXA)是指外汇买卖双方在成交时先就将来交易的货币种类、数额、汇率及交割的期限等达成协议,并用合约的形式确定下来,在规定的交割日双方再履行合约,办理实际的收付结算。远期黄金交易是买卖双方根据商定的价格,在未来某一日期买卖一定数量的黄金。

2005 年,我国外汇远期交易在银行间市场全面开放。2015 年的人民币外汇远期累计成交 372 亿美元,2020 年累计成交金额折合 1 044 亿美元,同比增长 37.4%。我国的利率远期交易于 2007 年 11 月 1 日开始展开,2011 年以来,远期利率协议在我国的发展减缓,交易量急剧下降。2014 年 11 月 3 日,银行间市场推出包括 3 个月标准 SHIBOR、3 个月远期利率协议等首批 4 个标准化利率衍生产品。目前,我国远期交易仍处于发展初期阶段,成交规模较小,市场流动性较低。

(二) 金融期货合约

金融期货合约是指交易双方约定在未来特定日期按既定的条件交易某项金融资产,其实质是一种标准化的远期合约。所谓"标准化",指的是所交易的基础资产、合约规模、合约期限、合约交割安排等因素均采用固定的标准。与远期合约不同,金融期货合约一般在期货交易所交易,并且交易双方都要缴纳一定的保证金。

1. 金融期货合约的类型

根据金融期货基础资产的不同,金融期货由 5 种主要类型构成(见表 11 - 2)。

表 11 - 2 金融期货的 5 种主要类型

期货种类	基础资产
货币(外汇)期货	可自由兑换的外币
利率期货	国债、国库券、欧洲货币
股票指数期货	股票指数
单个股票期货	单只股票
贵金属期货	黄金、白银等

这5个品种，都有一些值得注意的地方。

大多数国家的货币期货品种是以本币买卖外币的合约，也就是说，期货报价是以本币表示的外币汇率。但是，也有一些交易所提供交叉货币期货(Cross Currencies Futures)，即报价是以两种外币的比价表示的。例如，芝加哥商业交易所(CME)的国际货币市场(International Monetary Market，IMM)目前就提供欧元兑英镑、欧元兑日元、欧元兑瑞士法郎等期货合约。

利率期货从名称上看最令人困惑，因为其中有相当多品种并不直接建立在利率基础之上，而是以有价证券为基础资产，如国债、国库券期货以及欧洲货币存单期货。原因在于，这些有价证券均为固定收益证券(Fixed Incomes)，它们的市场价格直接决定于市场利率的变动，因此，甚至在标价方式上，也直接采用收益率作为它们的报价。不过，也有的利率期货品种的确是直接按某种利率设计的，如美国联邦基金利率期货合约和伦敦同业拆借利率期货合约。

股票指数期货的基础资产是股价指数，但是，股价指数只是一个计算出来的指标，如何买卖呢？原来，指数期货的标的资产(或基础资产)是以某种指数的数值乘上每点价值得到的，而交割和平仓都以现金方式进行。

单个股票期货以单只股票为基础资产，出现于1999年前后，目前西班牙、英国和我国香港特别行政区的交易所都在开展交易。近年来，随着交易所交易基金(ETF)的兴起，一些证券交易所还将ETF作为单只证券并推出相应的期货和期权合约。

贵金属期货则以黄金、白银等作为基础资产，以国际金银市场未来某时点的贵金属价格为交易基准交割。投资人买卖黄金期货的盈亏由进场到出场两个时间的金价价差来衡量，合约到期后一般要进行实物交割，交付的贵金属应符合最低限度的成色检测。

2. 金融期货合约的要素

尽管存在不同的金融期货种类，但作为标准化的交易，一般而言，金融期货合约均包括以下要素：产品代码(Product Code)、基础资产(Underlying Asset)、合约规模(Contract Size)、最小变动价位(Minimum Price Change)、每日价格波动限幅(Daily Price Limit)、合约月份(Contract Months)、交易时间(Trading Hours)、最后交易日(Last Trading Day)、交割安排(Delivery Arrangements)、持仓限制(Position Limits)等。下面以芝加哥商品交易所大厅交易的(Open Outcry)英镑期货合约予以说明(见表11-3)。

表11-3 芝加哥商品交易所英镑期货合约要素(公开叫价交易)

产品代码	合约规模	合约月份	交易时间	涨跌幅限制	最小变动价位	最后交易日	交割日期	持仓限制
BP	625 000英镑	20个季度合约(合约到期月份为3月、6月、9月、12月)	7: 20am—2: 00pm	无	0.000 1英镑＝$6.25	合约月份第三个周三前2个营业日	合约月份第三个周三	10 000份合约

资料来源：http://www.cmegroup.com/cn-s/products/fx/gbp-usd.html。

3. 金融期货合约的报价

不同类型的金融期货合约报价方式不同，货币期货按每单位外币的汇率报价(总共五位数)；利率期货中，基础资产为短期金融工具按100减去收益率报价，长期金融工具按单位面值金融工具的净价报价(不含应计利息);股票指数期货按指数点数报价。下面以芝加哥商品交易所(CME)英镑期货报价为例加以说明(见表 11－4)。

表 11－4　芝加哥商品交易所英镑期货报价
(2021 年 9 月 12 日 02: 06 延时报价)

月	最新	涨跌额	开盘	最高	最低	量	时间
⬆ Sep 21	1.384 5s	+0.000 7	1.384 1	1.388 8	1.382 8	33 638	09/10/21
⬆ Oct 21	1.384 6s	+0.000 7	1.384 1	1.388 6	1.383 8	95	09/10/21
⬆ Nov 21	1.384 7s	+0.000 8	1.384 5	1.388 3	1.384 5	36	09/10/21
⬆ Dec 21	1.384 7s	+0.000 7	1.384 2	1.389 0	1.382 8	89 892	09/10/21
⬆ Jan 22	1.384 8s	+0.000 7	0.000 0	1.384 8	1.384 8	0	09/10/21
⬆ Mar 22	1.385 1s	+0.000 8	1.387 6	1.389 0	1.385 1	304	09/10/21
⬆ Jun 22	1.384 7s	+0.000 8	0.000 0	1.384 7	1.384 7	0	09/10/21
⬆ Sep 22	1.384 0s	+0.000 8	0.000 0	1.384 0	1.384 0	0	09/10/21
⬆ Dec 22	1.383 7s	+0.000 8	0.000 0	1.383 7	1.383 7	0	09/10/21
⬆ Mar 23	1.383 5s	+0.000 8	0.000 0	1.383 5	1.383 5	0	09/10/21
⬆ Jun 23	1.383 3s	+0.000 9	0.000 0	1.383 3	1.383 3	0	09/10/21
⬆ Sep 23	1.383 1s	+0.000 9	0.000 0	1.383 1	1.383 1	0	09/10/21
⬆ Dec 23	1.384 8s	+0.001 0	0.000 0	1.384 8	1.384 8	0	09/10/21
⬆ Mar 24	1.386 5s	+0.001 1	0.000 0	1.386 5	1.386 5	0	09/10/21
⬆ Jun 24	1.388 2s	+0.001 2	0.000 0	1.388 2	1.388 2	0	09/10/21
⬆ Sep 24	1.390 0s	+0.001 5	0.000 0	1.390 0	1.390 0	0	09/10/21
⬆ Dec 24	1.391 7s	+0.001 6	0.000 0	1.391 7	1.391 7	0	09/10/21
⬆ Mar 25	1.393 4s	+0.001 7	0.000 0	1.393 4	1.393 4	0	09/10/21
⬆ Jun 25	1.395 1s	+0.001 8	0.000 0	1.395 1	1.395 1	0	09/10/21
⬆ Sep 25	1.396 8s	+0.001 9	0.000 0	1.396 8	1.396 8	0	09/10/21
⬆ Dec 25	1.398 5s	+0.002 0	0.000 0	1.398 5	1.398 5	0	09/10/21
⬆ Mar 26	1.400 2s	+0.002 1	0.000 0	1.400 2	1.400 2	0	09/10/21
⬆ Jun 26	1.401 9s	+0.002 2	0.000 0	1.401 9	1.401 9	0	

数据来源:芝加哥商品交易所,转引自英为财情,https://cn.investing.com/currencies/gbp-usd-contracts。

表 11－4 中第 1 列表示不同到期月份的英镑合约，共有 23 个品种的合约可供交易（2021 年 9 月 10 日实际发生交易的只有 5 个品种）。第 2～6 列表示本节交易时间中的最新价、最新价与前日清算价之间的变动（以点为单位）及开盘价、最高价、最低价。第 7 列为本日估计交易数量（合约数）。

4. 金融期货合约的理论价格计算

可以通过无风险套利定价方法确定金融期货合约的理论价格。

货币期货合约的定价公式为：

$$F_0 = S_0 e^{(r-r_f)T}$$

利率期货合约的定价公式为：

$$F_0 = (S_0 - I)e^{rT}$$

股票指数期货合约定价公式为：

$$F_0 = S_0 e^{(r-q)T}$$

以上各式中，F_0 表示期货合约的理论价格，S_0 表示作为基础资产的现货价格，r 表示本国无风险利率，r_f 表示外国无风险利率，T 表示合约距到期日期限，I 表示金融资产在合约期限内应收利息收入的现值，q 表示合约期限内指数成分股的平均红利率。本书不对上述公式做出证明，读者可以在后续课程中进一步学习。

5. 金融期货的交易机制

期货有着一些特殊的交易规则，包括保证金制度、对冲机制、统一结算等。

（1）保证金制度。

与现货金融资产不同，期货交易实行保证金交易，保证金一般只占合约名义金额的很小部分，具体由期货交易所加以规定。保证金分初始保证金（Initial Margin）和维持保证金（Maintenance Margin）两种。初始保证金是买入 1 张合约所需要持有的最低资金，维持保证金比初始保证金少，期货清算公司根据交易者的初始价格与当日清算价之间的差异每天计算投资者保证金账户金额的增减[称为变动保证金（Variation Margin）]。一旦投资者保证金账户上的金额低于维持保证金，清算公司就会通知投资者追加保证金至要求的水平。

表 11－5 为芝加哥商品交易所部分利率期货合约收取的保证金水平。

表 11－5　芝加哥商品交易所利率期货保证金规定(合约单位为 10 万美元)
（2021 年 9 月 10 日）

合约品种		初始保证金	维持保证金	币种
美国两年债	TU	412	340	USD
美国五年债	FV	968	800	USD
美国十年债	TY	1 846	1 525	USD
美国三十年债	US	4 235	3 500	USD

续 表

合约品种		初始保证金	维持保证金	币种
长期十年美债	UN	2 965	2 450	USD
美国超长债	UB	7 865	6 500	USD

资料来源：芝加哥商品交易所。

也有一些交易所改革了保证金的计算方法，根据交易性质(投机、套期保值、跨市套利、市场内不同品种套利、日历差套利)确定各类投资者的保证金水平。

(2) 对冲机制。

对冲了结是金融期货交易的基本特征。交易者可以同时进行两笔行情相关、方向相反、数量相当、盈亏相抵的交易，在合约到期前进行对冲，从而避免实物交割。期货合约的标准化大大方便了期货的对冲，从交易所的实际交易来看，绝大多数期货合约并不进行实物交割，通常在到期日之前就已平仓。

(3) 统一结算。

期货交易所一般设立结算所作为专门清算机构，但后者又以独立的公司形式组建，通常也采取会员制。所有的期货交易都必须通过结算会员由结算机构进行，而不是由交易双方直接交收清算。结算所成为所有交易者的对手及所有成交合约的履约担保者，从而承担了所有的信用风险，省去成交双方对交易对手违约的担心。

6. 金融期货合约的用途

金融期货合约的用途很多，基本功能包括套期保值(防范利率、汇率以及资本市场系统性风险)、改变企业资产负债结构、套利、投机、进行结构化产品设计等。

(三) 金融期权合约

金融期权合约是一种允许期权买方能够在合约到期日之前(或到期日当天)买入或卖出一定数量基础金融产品的权利。

是否行使期权合约所赋予的权利是多头方的选择，当然，他为了获得此项权利，需要支付期权费。而期权的卖方则在收取期权费后承担了义务，当期权买方要求他执行合同时，他就必须执行。

1. 金融期权合约的种类

根据期权合约基础资产的不同，可以将金融期权合约分为货币期权、货币期货期权、利率期权、利率期货期权、股票期权、股价指数期权、股价指数期货期权七个类别(Option Class)。

根据期权头寸持有者的权利不同，分为两个期权类，即看涨期权(Call)和看跌期权(Put)。看涨期权的买方(多头方)有买入基础资产的权利，卖方(空头方)有应对方要求卖出的义务；看跌期权的买方有卖出基础资产的权利，相应地，其空头方有应多头方要求买入该项资产的义务。

如果合约能够在到期日之前任何交易日执行，则称为美式期权；如果只能在到期日当天执行，称为欧式期权。

此外，还有一类非标准化的期权称为“奇异型期权”(Exotic Options)，它们一般在柜台交易，合约内容可以协商决定。

2. 金融期权合约的要素

期权合约要素与期货合约要素相似，包括产品代码、基础资产、敲定价格间距、敲定价格（或执行价格）、报价、失效日、合约月份、执行方式、持仓与执行限制、持仓报告要求、保证金、最后交易日、交易时间等。

3. 金融期权合约交易与报价

期权合约一般在期货交易所或专门的期权交易所进行。与期货交易类似，期权交易也实行保证金交易制度。期权报价一般可以通过交易所或其他金融媒体获得。

下面以2021年9月10日微软①股票期权报价（如表11－6、表11－7所示）为例加以说明。

表11－6　微软公司股票价格(2021年9月10日20: 32 GMT)

日　期	收盘价	开盘价	最高价	最低价	交易量	涨跌幅
2021年9月10日	295.71	298.42	299.92	295.38	19.63M	－0.52％
2021年9月9日	297.25	300.82	302.14	297.00	19.88M	－0.99％
2021年9月8日	300.21	299.78	300.61	297.47	14.96M	0.01％
2021年9月7日	300.18	301.01	301.09	298.20	16.89M	－0.32％
2021年9月3日	301.14	300.99	302.60	300.26	14.75M	－0.00％
2021年9月2日	301.15	302.20	303.36	300.18	16.26M	－0.23％
2021年9月1日	301.83	302.86	305.19	301.49	18.98M	－0.02％
2021年8月31日	301.88	304.42	304.50	301.50	26.03M	－0.56％
2021年8月30日	303.59	301.11	304.22	301.06	16.03M	1.29％

表11－7　微软公司股票期权部分报价(2021年9月10日20: 32GMT)

2021年9月17日交割										
认　购						认　沽				
最新价	涨跌额	买入价	卖出价	交易量	执行	最新价	涨跌额	买入价	卖出价	交易量
7.27	－11.99％	7.15	7.55	262	290.00	1.55	34.78％	1.45	1.57	4 206
5.45	－16.79％	5.25	5.6	409	292.50	2.08	31.65％	2.04	2.15	2 035
3.68	－16.36％	3.6	3.85	2 447	295.00	2.93	30.22％	2.79	2.97	7 096

① 微软(Microsoft Corporation)是一家总部设在美国的跨国电脑科技公司，1986年3月在纳斯达克上市(NASDAQ: MSFT)。

续 表

2021年9月17日交割										
认　购						认　沽				
最新价	涨跌额	买入价	卖出价	交易量	执行	最新价	涨跌额	买入价	卖出价	交易量
2.34	−20.41%	2.36	2.44	7 778	297.50	4.15	25.76%	4	4.25	6 569
1.4	−23.5%	1.4	1.48	16 526	300.00	5.8	23.4%	5.45	5.85	3 527
0.82	−26.79%	0.79	0.87	6 032	302.50	7.7	18.46%	7.15	7.7	1 225
2021年10月15日交割										
认　购						认　沽				
最新价	涨跌额	买入价	卖出价	交易量	执行	最新价	涨跌额	买入价	卖出价	交易量
14.78	−6.16%	14.6	15	121	285.00	3.9	15.38%	3.9	4.05	172
11.05	−6.36%	10.95	11.35	320	290.00	5.31	16.7%	5.15	5.4	634
7.9	−6.51%	7.8	8.1	463	295.00	7.2	15.76%	6.95	7.25	527
5.37	−6.77%	5.3	5.5	1 801	300.00	9.25	8.19%	9.25	9.45	302
3.49	−6.93%	3.45	3.65	1 185	305.00	12.66	13.54%	12.45	12.9	137
2.2	−8.33%	2.21	2.31	1 845	310.00	13.75	−7.09%	16.15	16.35	423
……										
2023年6月16日交割										
认　购						认　沽				
最新价	涨跌额	买入价	卖出价	交易量	执行	最新价	涨跌额	买入价	卖出价	交易量
47.84	−1.97%	45	49.5	14	285.00	35.39	1.84%	34	38.5	50
44	−7.66%	42.45	46.5	4	290.00	38.09	−2.88%	36.5	41	33
42.15	−2.52%	40.3	43.95	24	295.00	39.34	−0.48%	39	43.5	2
39.6	−1%	39	41.95	93	300.00	43.3	0.46%	41.5	45	6
35.9	−6.75%	35.15	39	2	305.00	43.9	−2.98%	44	48.5	52
37.95	2.57%	32.5	37.5	3	310.00	48.5	1.57%	46.5	49.95	124

资料来源：纳斯达克交易所。

从报价表中可以发现，第一，期权报价分列看涨期权与看跌期权两个期权大类；第二，相同到期日但具有不同执行价格的期权视为不同品种，并分别交易；第三，执行价格以 2.5 或 5

美元为间距设立交易品种；第四，对看涨期权而言，执行价格越高，期权价格越低，看跌期权则相反，但是，期权价格总是大于零的数值；第五，对于相同执行价格的期权，执行日期越远，期权价格越高。

4. 金融期权合约的定价

期权定价是20世纪70年代以来金融学的一个主要成果，目前比较流行的定价方式有两类：一类是以布莱克-斯科尔斯模型(Black-Scholes)为代表的模型化定价方法，另一类是以二叉树定价为代表的数字化方法。有关内容将在后续课程进一步学习，故本书不再展开。

5. 金融期权合约的作用

与金融期货合约类似，金融期权合约也主要用于套期保值、防范风险、套利、投机以及构造新的结构化金融工具。

(四) 金融互换合约

金融互换交易主要通过场外交易市场进行，交易双方签订互换协议，在未来一定时期内交换具有不同内容或不同性质的现金流。金融互换源于20世纪80年代初。1981年IBM公司进行了世界上第一笔货币互换交易，1982年又产生了世界上第一笔利率互换交易，自此以后，互换交易发展非常迅速。20世纪90年代以来，还出现了大量针对违约风险而推出的信用互换交易。以名义本金论，互换交易可以算是规模最大的衍生品交易。

1. 金融互换的类型

按照金融互换中现金流的性质，可以把互换分为四种类型：货币互换、利率互换、交叉互换和信用互换。

货币互换，是指交易双方协定，把一种货币表示的现金流与对方的以另一种货币表示的现金流相交换。

利率互换，是指交易双方以一定的名义本金为基础，将该本金产生的以一种利率计算的利息收入(支出)流与对方的以另一种利率计算的利息收入(支出)流相交换。

交叉互换是对上述两种情况的综合，交易双方所交换的现金流所采用的标价货币以及利率都不相同。

信用互换是针对信用风险管理而发展出的新型衍生产品，最典型的种类是信用违约互换(Credit Default Swap, CDS)。信用违约互换相当于一种信用保险，在合约有效期内，信用保障的购买方定期对出售方按名义金额支付一定费用，一旦基础产品发生违约事件，信用保障的出售方就要根据协议承担相应的赔偿责任。

2. 金融互换的交易机制——以普通型利率互换为例

普通型利率互换(Plain Vanilla)是互换中最常见的一种形式。设有A、B两家公司都欲借入5 000万美元，期限均为5年。两家公司的借款条件如表11-8所示。

表11-8　公司借款条件

公　司	固定利率	浮动利率
A公司	10.00%	6个月LIBOR+0.30%
B公司	11.20%	6个月LIBOR+1.00%

从借款条件可以看出,A公司无论借固定利率贷款还是浮动利率贷款,条件均优于B公司,可能是A公司的信用等级高于B公司。但是,仔细分析,发现B公司在借入浮动利率贷款方面虽然不具有绝对优势,但具有相对优势,于是,两家公司进行下列交易:

(1) A公司借入固定利率贷款,B公司借入浮动利率贷款(均半年付息一次)。

(2) 到付息时,两家公司分别向银行付息,同时,B公司按9.95%向A公司支付利息,A公司按LIBOR向B公司支付利息(如图11-1所示)。

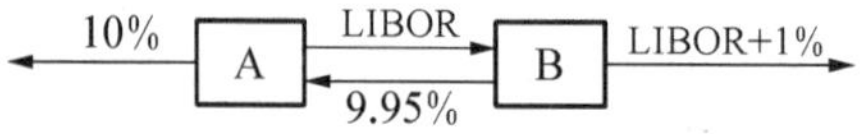

图11-1 A、B公司的金融互换

经过上述操作,A公司相当于借入一笔浮动利息借款,年利率为LIBOR+0.05%,B公司相当于借入一笔固定利率借款,年利率为10.95%,分别比直接借入该种贷款减少利率支出0.25%。为了减少互换交易中可能涉及的信用风险,通常由金融机构充当交易的一方,分别与A、B两家公司进行互换交易,交易过程如图11-2所示。

图11-2 通过金融机构的金融互换

3. 金融互换的作用

互换主要用于企业或金融机构改变自己的资产、负债的利率结构和币种结构,使现金流更好地配比,同时也能够减少成本。

4. 互换的理论定价

互换交易完成后(或完成前),参加交易的各方通常需要测算此项交易的价值。一般而言,可以通过两种方式为互换定价。第一种方式是将互换交易分拆成两个远期合约(买进一个合约,卖出一个合约),利用远期或期货的定价公式分别计算出价格后加总;第二种方式是将互换交易分拆为两个债券(买进一个债券,同时卖出一个债券),利用债券定价公式计算并加总得到互换的理论价值。

四、结构化产品

结构化产品(Structured Products)是金融创新潮流中出现的一类新金融产品,是以金融工程学知识为基础,利用基础金融工具和金融衍生工具进行不同的组合得到的。从理论上说,这类金融工具的数量是无穷无尽的,我们选择其中一部分加以介绍。

(一) 可转换债券与可交换债券

第十章已经介绍过可转换债券。2000年2月25日上海机场股份有限公司发行了13.5亿元可转换债券,这是国内第一个真正意义上的可转换债券。发行条件规定,债券面额100元,期限5年,年利率0.8%,转股价格以公司股票前一个月的平均价格9.73元为基准,溢价2.77%(10元)。实际上,这个债券可以分拆为一个标准的附息票债券(息票利率为0.8%)和一个执行价格为10元的上海机场股票的长期看涨期权。

可交换债券(Exchangeable Bond, EB)是可转换债券的一种特殊形式,是指公司股票的持有者通过抵押其持有的股票给托管机构而发行的债券，债券持有人在将来的某个时期内按照约定的条件用该债券换取发债人持有的上市公司股票。它也是一种内嵌期权的金融衍生品。例如，2018 年 4 月 23 日中化集团发行的 18 中化 EB(132014)的正股为中国化学(601117)，债券期限为自发行首日起 5 年，结束发行 12 个月以后，即 2019 年 4 月 25 日至 2023 年 4 月 24 日期间，投资者可以将手中持有的债券按照约定的价格交换成中国化学 A 股股票，其初始换股价格为 7.75 元/股。

(二) 指数化货币期权票据

指数化货币期权票据(Index Currency Option Notes，ICONs)的持有者在债券到期日收到的金额随某一外汇汇率的变化而变化。规定两个外汇汇率 X_1 和 X_2，且 $X_1>X_2$。若在债券到期日外汇汇率高于 X_1，持有者收到全部面值；若低于 X_2，持有者收入为 0；若汇率在 X_1 与 X_2 之间，持有者收到全部面值的一部分。例如，1985 年，银行家信托公司首次为日本长期信用银行(已破产)发行了这种债券。发行条件为：若到期日(1995 年)美元兑日元的汇率 S 高于 169 日元，则持有者收到 1 000 美元；若汇率低于 169 日元，则债券持有者收到的金额将减少，减少值为 $\max\left[0,1\,000\left(\frac{169}{S}-1\right)\right]$；在到期日，当汇率低于 84.5 日元时，债券持有者收入为 0。

实际上，该债券可以分拆为 1 个标准的不附息票债券(面额 1 000 美元)，加上一个执行价格为 169 日元的美元看跌期权空头和一个执行价格为 84.5 日元的美元看跌期权多头。

(三) 附加条件的债务工具

与指数化货币期权票据类似，有些公司在发行债券时将偿付条件与其主营商品价格联系在一起，减少了融资风险。例如，1986 年标准石油公司发行的零息票债券，其发行条件为：面值 1 000 美元，到期日除偿还本金外，还根据当时的石油行情，支付一部分额外金额。额外金额等于 170 美元乘以每桶油价超过 25 美元的差额，上限为 2 550 美元(每桶油价 40 美元)。这个债券可以分拆为一个标准不附息票债券，加上一个敲定价格为 25 美元的石油看涨期权多头和一个敲定价格为 40 美元的石油看涨期权空头。

(四) 指数联结结构化产品

芝加哥期权交易所有一类上市交易的结构化产品，主要是各大投资银行发行的指数联结产品。下面以美林证券发行的技术市场指数盯住型长期证券(Technology Market Index Target-term Securities)为例加以说明。该证券发行日期为 1996 年 8 月 8 日，到期日为 2001 年 8 月 15 日，面值 10 美元。以 CBOE 技术指数(TXX)作为基础资产。

偿付：到期日收到的金额＝面值＋附加额

附加额＝10×(期末指数－基准指数)÷基准指数

附加额上限为 10 美元，下限为 0。

基准指数＝1996 年 8 月 7 日收盘指数×112.5%

1996 年 8 月 7 日收盘指数＝168.43

这一类指数联结型证券可以分拆为一个普通不附息票债券，加上一个股票指数期货多头或一个看涨股票指数期权多头合约，持有者可以在避免资本市场风险的同时部分享受到市场收益率。

(五)用衍生产品结构化合成基础金融工具

传统上,一般认为衍生产品是在基础金融资产之上发展出来的,它们的价格变动要受到基础产品价格变动的影响。而实际上,结构化金融产品设计中非常有意思的是,通过衍生品的组合也可以构造出基础产品,两者之间的关系真成了"先有鸡还是先有蛋"的问题。下面以股票的合成为例加以说明。

根据金融学中关于看涨—看跌平价等式(put-call parity),得到:

$$股票+看跌期权=看涨期权+执行价格的现值$$

移项后即得:

$$股票=看涨期权+执行价格的现值-看跌期权$$

也就是说,持有一个看涨期权多头、一个看跌期权空头,再持有一部分现金(投资于无风险资产),其结果与持有股票具有完全相同的经济含义。这种结构化合成基础金融产品的做法看似无聊,实则广泛运用于合理避税、调整资产组合等诸多方面。

第三节　金融机构与金融制度创新

一、金融机构创新

近三十年来,国际、国内出现了大量新型的金融企业,它们丰富了整个金融世界,对实体经济发展起到了推动作用。

(一)风险投资公司

风险投资公司(Venture Capital Investment)是20世纪90年代以来随着"新经济"浪潮兴起的一类新型金融机构,它们是专门管理风险基金(或风险资本),并把所掌管的资金有效投入富有盈利潜力的高科技企业,并通过后者的上市或被并购而获取资本报酬的企业。

2022年在青岛全球创投风投大会上发布的《全球创投风投行业年度白皮书(2022)》显示,2021年全球创投风投市场累计投资总金额为6 430亿美元,同比增长逾一倍。

1. 风险投资公司的人员构成

风险投资公司的管理人员均由各方面专家组成,他们中有的是大型科技企业的总管,有的是投资银行家,有的是律师或会计师,还有的是职业科学家或工程师。这些人不仅对科技行业有着专业的了解,而且一般曾经有过经营企业的成功经验。

2. 资金来源与运用

风险投资资金主要来源于富有的个人和机构投资者。以美国为例,风险资金来源主要是养老基金以及大企业的富余资金。机构投资者的资金数额庞大,有些甚至高达数千亿美元,它们的投资方式比较谨慎,一般是投入债券或普通股,但是,出于分散投资的考虑,机构投资者也会拿出一小部分资金用于风险投资。

风险投资公司的投资领域比较集中,以电脑资讯和生化医药所占比重最大,目前这两个领域的风险投资占到美国风险资金总量的70%。2015年以来,风险投资的投资领域更广,占主导地位的投资领域包括医疗健康、金融服务、交通、商业和购物、行政服务等。风险投资公司一般有自己特殊的投资领域，比如有的投资公司会专注于某一发展阶段的企业，有的则会专注于某一行业或某一地区的企业。据说，风险投资公司每审阅 1 000 份经营计划书，会有 7 个项目被选中，每 10 家投入资金的公司（"种子公司"）中，会有 1～2 家获得巨大成功，1～2 家倒闭，其余业绩平平。

3. 风险投资公司的经济意义

风险投资公司的出现对传统金融业是一个具有革命意义的事件：第一，它不再简单地充当金融"中介"，而是直接投身于实质经济运行当中，将资本与其他生产要素之间的距离缩短到最小限度，在组织资源和资源配置上具有其他金融企业所不能比拟的效率；第二，风险投资公司突破了金融业传统的稳健经营理念，它不追求每个项目的风险最小化，而是力图通过分散投资使风险分散化，而且，正是从所承担的风险当中获得了高额的回报；第三，风险投资公司的出现对推动科技发展以及科学技术的产业化起到了积极作用，对国家经济和科技竞争力的提高具有积极意义。

（二）对冲基金

对冲基金（Hedge Funds）是近年来国际上流行的一种私募基金，在多次国际金融动荡中扮演过重要角色。

1. 对冲基金的概念

对冲基金从名称上看易于产生误解，其实它与对冲（也译为套期保值）并无必然联系，很多时候，它根本就不做任何保值。根据"对冲基金中心"网站（Hedge Fund Center）的定义①，对冲基金是一种投资于多种证券的私营有限合伙制企业。对冲基金中存在两种合伙人：一名一般合伙人（General Partner，GP）和众多有限合伙人（Limited Partners，LP）。前者为发起成立对冲基金的个人或机构，负责处理交易活动以及日常基金业务；后者提供资金，但不涉足日常经营活动。少数对冲基金不采用杠杆操作，但多数杠杆率达到 2∶1。一般合伙人收取基金净利润的 20%作为奖金（各基金差异很大），除此以外，一般合伙人还要按照当年净资产值的 2%收取管理费，管理费和奖金水平由合伙协议事先规定。基金经理人的报酬取决于基金表现，管理费通常不足以支付基金日常营运的费用。扣除奖金和管理费之后的基金损益按各合伙人的投资份额分配。美国法律规定，对冲基金禁止做广告，因此，它只能通过咨询机构或自己进行口头推介，从富裕阶层手中吸纳资金。

2. 对冲基金与共同基金的区别

共同基金（Mutual Funds）是 20 世纪 60 年代发展起来的一种机构投资者，目前我国上海、深圳两个证券交易所上市的基金品种均属共同基金。对冲基金与共同基金相比具有以下不同之处：

第一，共同基金由专门的投资公司（或基金管理公司）运作，受证券监管机构（如 SEC）的监管；而对冲基金不属于金融机构，不受关于金融机构的制度管束。

第二，共同基金的资金由公开募集方式获得，很少投入自有资本；而对冲基金的资金通过私募方式征集，通常一般合伙人也投入一部分资金。

---

① http://www.hedgefundcenter.com/wrapper.cfm?article_type=basics&content_id=32&content_type=articles&aff_id=0

第三,共同基金的投资者按投资份额平等分享投资损益,而对冲基金的一般合伙人有权收取奖金和管理费。

第四,共同基金的投资选择面比对冲基金窄,一般只投资于传统的资本市场或货币市场工具,较少涉足衍生产品投资和真实领域投资;对冲基金均可涉足。

(三) 金融集团公司

金融集团公司(Financial Conglomerates)或金融控股公司(Financial Holding Companies)是金融业混业经营以及金融企业兼并收购浪潮中出现的一类综合性的混合型金融集团公司。这类公司往往同时控股商业银行、投资银行、保险公司、信托机构、信用卡机构,甚至还包括非金融企业。通过集团公司或控股公司的范围经济以及规模经济效应,这些大型金融混合企业在整个金融部门的影响越来越大,成为未来金融业发展的一个方向。例如,美国的花旗集团、美洲银行集团等,中国的中信集团、光大集团等。

二、金融制度创新

金融制度创新主要是指作为金融管制法律法规的变革以及这种变革引起的金融业经营环境和经营内容上的新变化,包括金融交易与组织制度的创新以及金融监督制度的创新。

金融交易与组织制度的创新包括引进新的金融交易载体与交易运作方式、改变金融交易流程与交易制度、优化金融组织方式与组织结构等,以提高金融的运行效率。例如,一国的金融体系从原来的分业经营向混业经营转变。

金融监督制度的创新有两条主线:一是金融监管当局因应时势变化,在一定程度上放松金融管制;二是根据金融结构的变化,改进金融管制的手段和方法,以期获得在金融创新环境下的有效金融监管效果。

从前一种情况看,20 世纪 80 年代以来各国放松商业银行利率管制、放松对金融机构地域限制、放弃外汇管制、放宽市场准入限制以及 20 世纪 90 年代后期放松分业管制,均属旨在推进金融自由化、提高金融业效率的制度创新活动。

后一种情况包括关于加强和改进金融企业信息披露质量的管制规定、关于跨国金融企业的监管规定、关于商业银行资本充足率的规定、关于金融服务公平和社会信贷可得性的规定等。

第四节 金融创新的影响

金融创新是一个不断发展的过程,要对它做出客观、公允的评价绝非易事,我们试从以下几个方面做一简要评论:

一、金融创新与金融效率

总体而言,金融创新提高了金融部门效率。无论是新技术在支付清算系统中的应用、金融衍生产品在金融管理中的应用还是金融机构自身的变革、金融监管手段的变化,均有效地降低了金融交易费用,提高了资金运动的效率。

二、金融创新更好地满足了社会对金融服务的多种需求

金融创新为社会提供了更多的可选择的金融产品和服务，更好满足了后现代社会多变的个性化的金融需求。以金融产品的“三性”而言，传统上有限的金融产品只是以“三性”为坐标轴构建的三维空间中的一些离散的点的集合，而金融新产品的出现把这些点联结起来，形成一条连续的线（平面）甚至可能充满这个三维空间的一部分区间，这样一来，金融产品的消费者就具有了更广阔的选择余地，提高了金融业对社会福利水平的贡献。

三、金融创新进一步促进了实体经济的发展

金融创新加强了金融部门与传统真实经济部门之间的纽带关系。新的支付方式和支付手段（如电子货币或网络货币）的出现，使真实领域内的交换关系更易于实现；灵活的信贷方式（信用卡透支、备用信贷便利）使消费和生产模式更富于效率；风险投资、融资租赁等方式更是直接对实质部门的竞争力和可持续发展能力的提高起到了促进作用；互联网金融、众筹等的出现为小微企业及个人消费者的融资提供了补充；养老基金、退休基金以及各类保险计划则改善了社会保障制度，使经济发展免除后顾之忧。

四、金融创新对全球金融风险的影响

关于金融创新与金融风险的关系，到目前为止还是一个值得争论的问题。一方面，金融创新过程中出现的大量衍生产品为防范和分散金融风险提供了有效的技术手段；但从另一方面看，金融创新并不能消除导致金融风险的最根本原因——实体经济运行状况的不可预测性。因此，金融创新不仅不能减少全社会风险总量，而且因为在原来的金融体系中加入了新的变数，还会增加一部分风险；另外，以金融衍生工具为代表的金融创新产品本身所具有的高杠杆、高风险特性，对具体企业的运作也带来了巨大风险。

【思政案例】

请用手机微信扫以下二维码，阅读、学习思政案例。

P2P 借贷带来的金融风险

五、金融创新对货币控制和金融控制带来了挑战

金融创新的一个显著后果是在一定程度上造成了金融产品和金融机构的同质化。许多非货币金融资产具有了货币的部分特性，这污染了货币定义，使货币层次划分、货币数量统计等发生了变化，并增加了货币控制的难度，中央银行货币政策的有效性受到挑战。

另外，从金融监管角度看，金融产品和金融机构的同质化还给原有的监管体系带来了麻烦，很容易造成一部分机构受到多重监管而另一部分机构却处于监管盲区的情况。例如，在

"次贷"危机中被人们指责为元凶之一的"影子银行"便多以交易证券化房地产贷款为主,它们游离于银行监管体系之外,极易引发系统性风险和监管套利等问题。

第五节 我国金融改革与创新

金融改革与开放是我国金融业必须长期面对的重要课题,在全球金融一体化、金融创新日新月异和我国加入 WTO 的大背景下,继续加强金融改革成为我国经济改革的重中之重。

一、宏观金融调控和金融监管体制的变革与创新

(一) 宏观金融调控和金融监管体制的历史与现状

以 2003 年中国银行业监督管理委员会成立为标志,目前我国已经建立起以中央银行负责货币政策和宏观金融稳定,中国银行保险监督管理委员会、中国证券监督管理委员会对存款机构、保险市场、证券市场实施分业监管,国家外汇管理局对外汇市场、国际收支实施专门管理的宏观金融调控与监管体制。

针对"次贷"危机中暴露出来的系统性风险问题,2013 年 8 月国务院批复建立由中国人民银行牵头的金融监管协调部际联席会议。成员单位包括银监会、证监会、保监会、外汇局,必要时可邀请发展改革委、财政部等有关部门参加。通过季度例会或临时会议等方式开展工作,相互支持,加强沟通配合,协调金融监管。

表 11－9 列示了三十多年来我国金融监管体制变迁进程中的若干重大事项。

表 11－9　我国宏观金融调控与金融监管制度变革大事记

时　间	事　　件
1983 年 9 月	中国人民银行专门行使国家中央银行职能
1992 年 10 月	成立国务院证券委员会和中国证券监督管理委员会
1994 年 1 月	汇率并轨,实行以市场供求为基础的、单一的、有管理的浮动汇率制
1995 年 3 月	颁布《中华人民共和国中国人民银行法》
1996 年 12 月	取消经常项目下尚存的其他汇兑限制,实现人民币经常项目可兑换
1998 年 4 月	国务院证券委与中国证监会合并组成新的中国证券监督管理委员会
1998 年 6 月	成立中共中央金融工作委员会(中央金融工委)
1998 年 11 月	中国人民银行实行大区行制度
1998 年 11 月	中国保险监督管理委员会成立
2003 年 4 月	中国银行业监督管理委员会成立,原中央金融工委撤销
2003 年 12 月	颁布《中华人民共和国中国人民银行法(修正案)》

续　表

时　间	事　　件
2005 年	人民币汇率管理改革
2013 年 7 月	中国人民银行全面放开金融机构贷款利率管制
2014 年底	银监会、证监会提出资产证券化备案制
2015 年 5 月	我国推出存款保险制度
2015 年 7 月	人民币汇率制度改革
2015 年 10 月	商业银行 75%的存贷比由监管指标转为流动性监测指标
2015 年 10 月	存款利率上限放开，利率市场化完成关键一步
2016 年 4 月	我国开始为期一年的互联网金融领域专项整治
2017 年 9 月	中国人民银行清理整顿虚拟货币交易场所和 ICO 活动
2018 年 3 月	《关于规范金融机构资产管理业务的指导意见》(简称《资管新规》)出台
2018 年 4 月	中国银行保险监督管理委员会正式挂牌，中国实施新的监管框架
2019 年	银保监会发布了 P2P 整改政策
2020 年	中国自 2020 年 1 月 1 日、4 月 1 日、12 月 1 日起，分别取消期货公司、基金管理公司、证券公司外资股比限制
2020 年 9 月	国务院及央行发布《关于实施金融控股公司准入管理的决定》与《金融控股公司监督管理试行办法》，加强对金融控股公司的准入管理及监管

（二）我国宏观金融调控与金融监管体制改革展望

美国的“次贷”危机及 2015 年的中国股市动荡使得我国对监管制度进行了重新审视，如何更有效地加强金融体系监管成为大家广泛讨论的话题，监管体制改革必然进一步深化。

1. 建立健全宏观金融稳定机制

成熟的市场经济体通常建立了较为完备的“金融安全网”，通过存款保险制度、投资者保护机制等制度安排防范系统性金融风险。我国目前已经在中国人民银行架构下设立了金融稳定局，并于 2015 年推出存款保险制度，但如何进一步保护金融消费者与投资者等制度建设仍待推进。

2. 完善货币政策机制

随着全球金融自由化、利率市场化等的推进，我国的人民币汇率制度、资本项目管理制度改革也面临压力，并进而要求中国货币政策在政策工具、操作理念和操作程序上进行相应改革。

3. 金融监管由合规监管转向以市场和法规为导向的风险监管

传统上对金融业实行以行政审批为特征的行政性监管，存在主观性、滞后性和非公平性等缺陷。今后，我国金融监管将进一步加强法制建设，完善法规，在强调规范性和稳定性的基础上，根据新的金融市场环境变化及风险状况及时调整金融监管政策。

4. 加强监管协调机制

随着金融控股公司的不断涌现和金融机构之间的业务交叉,混业经营已经成为将来中国金融业的重要发展趋势,这对当前以分业管理为特征的金融监管体制提出了严峻挑战。原先,我们通过建立金融监管协调部际联席会议以应对这一挑战,2018 年起我国建立新的监管框架并强调各机构之间的协调与合作,预防监管冲突和监管盲区,在条件成熟以后,可以逐步实行集中统一的混业监管。

二、金融市场、金融机构与公司治理结构变革

近年来,我国在金融市场建设、金融机构再造和公司治理结构领域锐意变革,已经取得明显成效。

(一) 金融市场改革

加入 WTO 以来,我国在交易所市场和场外交易市场两个方向上均取得了重大改革成果。就资本市场而言,以沪、深证券交易所为代表的主板市场不断完善。从 2005 年开始,困扰我国资本市场多年的"股权分置"问题开始逐步解决,一级市场实施了新股发行询价制度。2004 年,深圳证券交易所推出中小企业板块。2006 年 1 月,中关村科技园区非上市股份公司开始进入代办转让系统。2012 年 5 月 1 日,深圳证券交易所正式推出创业板。2013 年 1 月 16 日,全国中小企业股份转让系统正式运营。2014 年 11 月 17 日,"沪港通"下的股票开始交易。2016 年 12 月 5 日,"深港通"正式启动。2019 年 6 月 17 日,"沪伦通"正式通航。2019 年 7 月 22 日,科创板正式开市。2020 年 7 月 27 日,"新三板"精选层开市。2021 年 9 月 3 日,北京证券交易所注册成立。我国已经初步形成多层次资本市场结构。就银行间市场而言,商业银行之间推出了本外币拆借、债券即期和远期交易、外汇即期和远期交易、利率互换等交易;股指期货、国债期货、上证 50ETF 期权、黄金交易等子市场不断完善。这些都大大提升了金融市场的影响力,也标志着国内外市场之间的互动日益密切。

(二) 金融控股集团逐步形成

作为混业经营的一种变通形式,我国金融业不断进行自发或政策导向的结构调整。2005 年,商业银行获准开设基金管理公司;自 2007 年开始,银行入股信托公司;自 2009 年开始,商业银行入股保险公司,同时保险公司、信托公司等非银行金融机构也并购银行业。这些都推进了金融控股集团的发展。目前,我国已经形成以中国光大集团、中信实业集团、银河金融控股公司、中国平安保险集团等集银行、保险、证券期货、信托等金融子行业于一身的大型金融控股集团(见表 11-10)。

表 11-10　我国主要的金融控股集团

时　间	控 股 集 团	主要控股与参股的金融机构
1979 年	中信集团	中信银行、中信证券、中信新际期货、中信信托、中信国际金融控股、信诚基金、信诚人寿、中信资产管理
1983 年	中国光大集团	中国光大银行、光大期货有限公司、光大证券股份有限公司、光大保德信基金管理公司、光大永明人寿保险公司、光大金控资产管理公司

续　表

时　间	控股集团	主要控股与参股的金融机构
2005年8月	银河金融控股公司	中国银河证券股份有限公司、银河基金管理有限公司、银河保险经纪(北京)有限责任公司、银河德睿资本管理有限公司、中国银河投资管理有限公司
2003年	中国平安保险集团	平安寿险、平安财险、平安养老保险、平安健康险、平安保险代理、平安银行、平安信托、平安证券、平安期货、平安大华基金、富登投资信用担保
1996年	中国人保集团	中国人保财险、人保寿险、人保健康、中盛国际保险经纪、人保资产、兴业银行、中诚信托
2012年	安邦保险(集团)*	安邦产险、安邦寿险、和谐健康保险、安邦养老保险、瑞和保险经纪、成都农商银行、邦银金融租赁、安邦资产管理公司、比利时FIDEA保险公司、美国信保人寿保险公司、比利时德尔塔·劳埃德银行
2015年7月	富德控股集团	富德生命人寿保险、富德财产保险股份有限公司、生命保险资产管理、浦发银行
2021年8月	北京金控集团	北京农村商业银行股份有限公司、中信建投、朴道征信有限公司

注：* 基于安邦保险(集团)经营行为违反法律法规，中国保监会于2018年2月23日起对安邦集团实施为期一年的接管，2020年9月14日，安邦保险集团召开股东大会，决议解散公司，并成立清算组。

随着金融控股公司数量的扩张，针对金融控股公司的监管政策也陆续推出，特别是在2020年9月13日，国务院正式发布《关于实施金融控股公司准入管理的决定》，要求施行前已具有该决定规定应当申请设立金融控股公司情形的，在12个月内向中国人民银行申请设立金融控股公司。同时，央行出台实施细则——《金融控股公司监督管理试行办法》。

（三）金融机构股份制改造

股份有限公司是现代企业制度变迁与发展的重要成果，自1987年交通银行恢复设立并成为中国第一家股份制金融机构以来，我国大力推进金融机构的股份制建设和改造工作，并推动符合条件的股份制金融机构上市。

2004年，中国银行股份有限公司与中国建设银行股份有限公司成立；2005年10月，中国工商银行股份有限公司挂牌；2009年1月15日，中国农业银行股份有限公司成立，四大国有银行的股份制改造完成。

股份制改造不仅理顺了金融机构产权关系，充实了金融机构资本，还为金融机构建立现代公司治理结构提供了现实基础。

中国银行业协会的数据显示，截至2021年末，我国上市银行数量已达58家，包括6家大型银行、10家股份制银行、29家城市商业银行、13家农村商业银行。另外，我国上市券商的数量达到41家，6家保险公司在A股上市。

（四）金融机构产权改革与机构调整

近年来，我国金融机构产权改革主要涉及金融机构明晰产权关系和产权结构调整两个方面。对金融机构的国有产权,除按行业性质最初由中国银监会、保监会、证监会实施对口管理外,还于2005年成立中央汇金投资有限责任公司,代表国家对国有银行及国有证券公司的国有股行使股东权益。

2013年的《中共中央关于全面深化改革若干重大问题的决定》提出了新一轮国企改革;《中国银行业监督管理委员会2014年报》也提出了推进银行业金融机构混合所有制改革,拓宽民间资本进入银行业的渠道。

2013年7月,国务院提出"尝试发起设立自担风险的民营银行"。2014年3月11日,首批民营银行试点名单公布,网商银行、微众银行、金城银行、民商银行与华瑞银行五家民营银行开始筹建。截至2020年末,国内19家民营银行总资产为1.64万亿元,经营业绩整体高于银行业平均水平。

另外,我国对城市信用社实施股份制改造,并在理顺产权关系的基础上合并组建了超过140家城市商业银行。按照股权结构多样化和投资主体多元化原则,根据不同地区情况,对超过3万家农村信用社进行股份制改造与股份合作制完善,并组建农村商业银行1 569家,农村合作银行22家。①

(五)金融机构内部管理架构和内部控制制度的改革与完善

配合金融机构产权改革、股份制改造和监管架构的变革,金融机构在内部管理架构和内部控制制度建设等方面进行了探索;建立和完善了股东大会、董事会、监事会架构,还引入了独立董事和独立监事。

目前,大多数金融机构(尤其是上市金融机构)除按照有关规定聘请国际知名的会计师事务所进行定期审计并按照国际会计准则和中国会计准则编制相关财务报表之外,还根据《巴塞尔协议Ⅲ》及银保监会和证监会的有关内部风险管理指引建立和健全了内控制度,借鉴国际先进的风险管理理念和风控技术,在风险调整的基础上考核金融机构的经营绩效。

三、金融支付技术的改革和创新

新兴支付技术与支付工具的应用使得资金在经济体系中的周转变得越来越快,提高了金融服务的效率,也加快了金融支付创新进程。

(一)支付体系的创新

自2002年以来,我国基本建成了以中国人民银行开发并运行的中国现代化支付系统(CNAPS)为核心,商业银行行内系统为基础,各地同城票据交换所并存,满足社会各种经济活动支付需要的支付清算体系。

进入2010年以后,中国人民银行立足第一代支付系统的成功经验,不断引入先进的支付清算管理理念和技术。2013年10月6日,第二代支付系统正式运行,建立了统一的中央银行支付清算服务平台,更好地支持了人民币跨境支付业务、外行交易市场结算等,为我国支付系统国际化迈出了重要一步。

2012年4月,中国人民银行决定组织开发独立的人民币跨境支付系统(Cross-border Interbank Payment System, CIPS)。2015年10月8日,人民币跨境支付系统(CIPS)(一期)

---

① 中国银保监会统计数据,截至2021年6月30日。

成功上线运行，为境内外金融机构人民币跨境和离岸业务提供实时资金清算、结算服务，提高效率并适应了迅猛发展的跨境人民币交易的需求。2018 年 3 月 26 日，CIPS 二期投产试运行，10 家中外资银行同步试点上线，运行时间由 5×12 小时延长至 5×24 小时+4 小时。

目前，我国的支付系统包含中国人民银行支付系统及其他支付系统两个层次。中国人民银行支付系统包含大额实时支付系统（HVPS）、小额批量支付系统（HEPS）、网上支付跨行清算系统、同城清算系统、境内外币支付系统、全国支票影像交换系统；其他支付系统包括银行业金融机构行内支付系统、银行卡跨行支付系统、城市商业银行汇票处理系统和支付清算系统、农信银支付清算系统、网联清算系统等。

（二）支付方式的创新

伴随着互联网、大数据、云计算、人工智能等技术在金融领域的应用，支付方式也在发生巨大的变化。网上支付、电话支付、微信支付、移动支付等工具的引入，二维码支付、生物识别、令牌化技术、可穿戴设备等支付创新大量涌现，使得支付变得更为人性化与多样化，同时也大大提高了便利性。根据中国人民银行的统计，2021 年，银行共处理电子支付业务 2 749.69 亿笔，金额 2 976.22 万亿元，同比分别增长 16.9%和 9.75%。其中，网上支付业务 1 022.78 亿笔，金额 2 353.96 万亿元，同比分别增长 16.32%和 8.25%；移动支付业务 1 512.28 亿笔，金额 526.98 万亿元，同比分别增长 22.73%和 21.94%；电话支付业务 2.73 亿笔，同比增长 16.68%，金额 11.65 万亿元，同比下降 8.48%。[①]

四、金融产品与服务的创新

（一）商业银行产品和服务创新

商业银行传统上是金融业中最保守的子行业，但近年来也出现了可喜的创新势头。商业银行凭借巨大的资金、渠道和人才优势，不断加快技术投入与研发投入，开发了大量的金融产品与服务。

一方面，银行业根据新形势，大力推进传统业务的创新。例如，平安银行的供应链金融、工商银行的“网贷通”与“商友贷”、光大银行的“融 e 贷”、兴业银行的“兴业通-简捷贷”、农业银行的“科创贷”等，有效满足了小微企业的贷款需求；工商银行的“融 e 联”与“逸贷”、建设银行的网上全流程自助贷款产品“快贷”、交通银行的个人 e 贷通等，有力推动了消费贷款业务的发展；新能源汽车贷款、能效贷款和排污权、碳排放权抵质押贷款等“绿色”信贷业务体现了银行对重点领域的金融支持；而教育储蓄、子女入学储蓄、生产基金储蓄、青年结婚储蓄、礼仪存单、爱心存款、智能通知存款等，促进了银行负债产品的个性化。

另一方面，各家商业银行也通过资本运营方式涉足非传统银行业务，大力推广个人理财、公司理财、财富管理和私人银行、家族信托等产品。

（二）证券期货业产品和服务创新

从全球范围看，证券期货业创新在金融服务业中最为突出，我国也不例外。随着网络技术的发展，网上路演、网上申购、网上投票、网络交易已经成为大众普遍接受的证券市场参与形式；程序交易、期现货套利交易、跨品种套利、套期保值交易、量化投资等新的交易技术与

① 中国人民银行：《2021 年支付体系运行总体情况》，2022 年 4 月 2 日。

方法得到广泛应用。

同时,证券产品不断推陈出新:买断式回购、交易所交易基金、上市型开放式基金、保底基金、货币市场基金、系列基金、权证、期权、集合理财产品等新型交易形式和新产品层出不穷。特别是中国金融期货交易所在成立后,推出了沪深 300 股指期货、5 年期国债期货、10 年期国债期货、2 年期国债期货与上证 50、中证 500 股指期货。2015 年上海证券交易所推出了上证 50ETF 期权,2019 年 12 月中金所推出沪深 300 股指期权、上海证券交易所与深圳证券交易所推出沪深 300ETF 期权,大大促进了金融衍生品市场的发展。

(三) 保险业产品和服务创新

保险业在传统人身险和财产险的基础上,大力推进投资联结保险、分红保险、万能险、责任保险、保证保险、出口信用保险、商业养老保险、农业保险等的新险种开发,推出了如蔬菜特色保险、海产品风力指数保险、牧草干旱指数保险和目标价格保险等创新产品。

同时,保险公司借助商业银行营销渠道,在保险营销方式上取得了突破性进展;借助于互联网与微信平台,保险公司让投保人和被保险人享受到了更为快捷方便的服务。

随着监管制度的变革,保险公司在资金运用上也取得突破,除可通过认购基金份额间接参与股市外,还可直接进行股票投资。为加强保险公司对小微企业的支持,保险资金可以投资的股权基金也进一步放宽至包括成长基金、新型战略产业基金在内的多种基金类型。

本章小结

金融创新泛指金融领域内出现的,有别于既往的新业务、新技术、新工具、新机构、新市场与新制度安排。

关于金融创新动因的理论分析,主要包括技术进步论、管制辩证过程、风险规避论和竞争趋同论。

金融创新可以分为四大类型:产品和服务创新、机构创新、制度创新和市场创新。

关于金融产品与服务创新,主要介绍了商业银行业务创新、金融衍生产品(包括远期、期货、期权、互换)和结构化产品(包括可转换债券与可交换债券、指数化货币期权票据、附加条件的债务工具以及指数联结结构化产品)。

20 世纪 90 年代以来的金融机构创新主要包括风险投资公司、对冲基金、金融集团公司和跨国金融机构。

金融制度创新包括金融交易与组织制度的创新以及金融监督制度的创新。

金融创新是把“双刃剑”,它一方面提高了金融效率,满足了社会对金融业的多种需求,促进了真实经济的发展,但另一方面也影响了金融风险水平,并给货币控制和金融控制带来了挑战。

我国金融改革与创新包括宏观金融调控与金融监管体制的变革与创新,金融市场、金融机构与公司治理结构变革,金融支付技术的改革和创新,金融产品与服务的创新。

参考书目

1. 施兵超:《金融期货与期权》,上海三联书店 1996 年版。

2. 陈雨露：《现代金融》，中国人民大学出版社2000年版。

3. 约翰·C.赫尔：《期权与期货市场基本原理》（原书第8版），王勇等译，机械工业出版社2016年版。

4. 中国银行间市场交易商协会教材编写组：《创新金融》，北京大学出版社2019年版。

思考题

1. 关于金融创新动因的理论解释主要有几种？简述之。
2. 什么叫管制的辩证过程？
3. 什么叫金融衍生产品？主要有哪几种？
4. 金融期货合约有哪些构成要素？
5. 什么叫看涨期权、看跌期权、欧式期权、美式期权？
6. 什么叫结构化产品？
7. 什么叫对冲基金？它与共同基金有何异同？
8. 金融创新有哪些经济效应？
9. 我国金融业在近年来取得了哪些主要的创新成果？

12

第十二章 金融市场理论的发展

全章提要

教学目的和要求

- 了解现代投资组合理论，正确把握资产组合理论、资本资产定价理论的内容。
- 了解有效市场假说的含义和分类，以及对现实的指导意义。
- 了解期权定价理论。
- 了解金融市场微观结构理论的基本内容。
- 了解行为金融学的主要代表人物及其理论。

第一节 金融市场投资理论

一、20 世纪 50 年代之前的投资理论

20 世纪 50 年代以前，一些经济学家提出了投资组合管理的理念，主要代表人物有巴契里耶(Bachelier)、马斯哈克(Marschak)、威廉姆斯(Williams)和利文斯(Leavens)等。

1900 年，巴契里耶首先提出股价是随机运动的；希克斯(1953)提出了“分离定理”(Seperation Theory)，解释了投资者有获得高收益、低风险的期望，并将风险引入分析；马斯哈克(1938)提出了不确定条件下的序数选择理论，同时也注意到了人们往往倾向于高收益、低风险等现象，但不足的是他没有考虑投资组合；威廉姆斯(1938)提出了“股利折价模型”(Dividend Discount Model)，认为通过投资于足够多的证券就可以消除风险，并假设总存在一个满足收益最大化和风险最小化的组合；利文斯(1945)指出，大多数文章没有论证为什么值得分散化，他在假定风险都是独立的基础上论证了分散化的好处，但遗憾的是，风险独立这个假定在实际中并不总是存在的，协方差还发挥着作用。

综上所述，20 世纪 50 年代以前的投资组合理论已经提出考虑不确定条件下追求风险最小化和收益最大化的基本思想，认识到风险分散化的作用，以及区分有效组合与无效组合，并将组合的收益风险作为一个整体来考虑，这其实也是现代投资组合理论的精髓。但不足的是，这些理论大多停留于纯文字论述，缺乏计量模型和完整的体系来做进一步的精确论证。

二、现代投资理论

现代资产组合理论(Modern Portfolio Theory，MPT)主要由哈里·马科维茨(H. M. Markowitz)的资产组合理论、威廉·夏普(William F. Sharpe)的资本资产定价理论(Capital Asset Pricing Model，CAPM)和斯蒂芬·罗斯(Stephen A. Ross)的套利定价理论(Arbitrage Pricirg Theory，APT)组成。

哈里·马科维茨被认为是现代资产组合理论的创始人。他认为,资本市场上的投资者应该从自身偏好出发,结合衡量收益和风险的期望收益率和标准差所组成的有效集,对证券组合的最优资产结构进行选择。由于在证券组合理论中选择最优资产结构时,对各股票的协方差计算过于复杂,威廉·夏普提出了简化证券组合分析的单因素模型(One-factor Model);为了更准确地分析影响股票收益的各因素,又进一步将单一因素分解并发展出多因素模型(Multiple-factor Model)。资本资产定价模型在资产组合理论的基础上,提出了一个很现实的问题,当资本市场上的所有投资者都根据哈里·马科维茨的资产组合理论进行投资决策,在有效边界上找到最优投资组合时,组合中单个资产的风险如何测定?价格由什么决定以及如何决定?威廉·夏普的资本资产定价理论用资本市场线和证券市场线对此问题做出了回答,解释了证券的风险与收益的关系,使证券理论由规范经济学范畴进入实证经济学范畴。由于资本资产定价模型是在一系列严格的假设上建立起来的,因此,斯蒂芬·罗斯开创了套利定价模型,绕过了资本资产定价理论的一系列严格假设,从一个更为广泛的角度来说明均衡市场上的风险资产定价问题。

(一) 哈里·马科维茨的资产组合理论

1990年,诺贝尔经济学奖评奖委员会将诺贝尔经济学奖授予当时在纽约大学任教的哈里·马科维茨、芝加哥大学的默顿·米勒以及斯坦福大学的威廉·夏普。诺贝尔经济学奖评奖委员指出,哈里·马科维茨的贡献在于,他所提出的不确定条件下的资产选择理论已经成为金融经济学的基础。

1. 哈里·马科维茨简介

哈里·马科维茨于1927年出生于墨西哥。1952年,哈里·马科维茨在《金融学期刊》上发表《资产组合的选择》(*Portfolio Selection*),确定了均值—方差(Mean-variance Model)理论的基本要素。然而,还有许多遗留问题需要解决,如计算有效证券组合的方法、对均值—方差目标函数的严格证明等。1956年,他很好地弥补了第一个遗漏,描述了总体证券组合的选择问题,并创立了严密的线性规划解决方法。1959年,他出版了《投资组合选择:有效率分散投资的策略》(*Portfolio Selection: Efficient Diversification of Investments*)一书,更多地弥补了以往论文中遗漏的问题,描述了数理统计的若干理论以及单期、多期效用函数,还讨论了采用动态线性规划的方法对多期效用函数最大化和直接对单期效用最大化的可行性。哈里·马科维茨开创了在不确定条件下理性投资者进行资产组合投资的理论和方法,并第一次采用定量的方法证明了分散投资的优点,这标志着现代投资组合理论的诞生。

2. 资产组合理论

哈里·马科维茨的资产组合理论建立在有效市场以及投资者风险厌恶等假设之上,说明了投资者如何利用均值—方差工具在证券市场所有可行组合中选择有效证券组合,并根据自身的风险收益偏好选择最优证券组合,从而通过多样化在适当的风险水平下获得最大的预期回报。

(1) 单个证券及证券组合收益风险的度量

单个证券的收益和风险一般以预期收益率和收益率的方差来度量,证券组合的预期收益率为组合中各证券收益率的加权平均。需要注意的是,证券组合风险的度量不是单个证券风险的加总,还涉及单个证券风险之间的协方差。证券组合的风险不仅与组合中单项资产的风险有关,而且与组合中各证券的相关程度有关。

在度量了证券组合的收益和风险之后，哈里·马科维茨认为，投资者应比较这些资产的收益与风险，从市场证券组合可行集中选择有效组合。

（2）有效边界理论

假设市场上有 N 种证券，由其中几项资产以所有可能的权重形成投资组合，这样就存在由单独一个资产构成的投资组合，由两项、三项直到 N 项资产构成的投资组合。所有这些组合构成了可行集(Feasible Set)。一般来说，可行集具有类似伞的外形，如图 12-1 所示，纵轴度量预期收益，横轴度量风险。

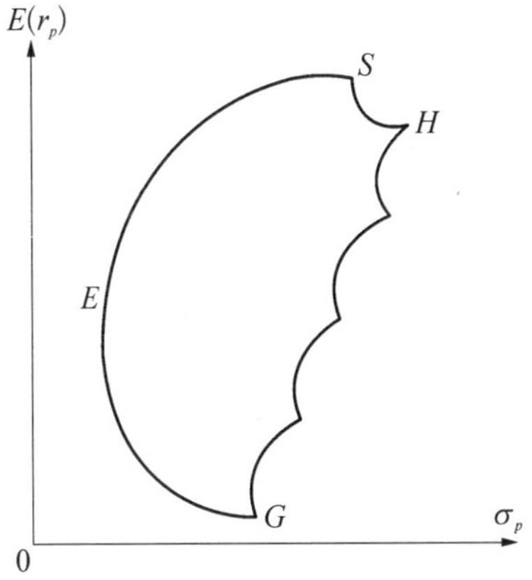

图 12-1　哈里·马科维茨可行集

实际上，投资者并不需要评价可行集中所有的投资组合，而只需要分析有效组合边界上的证券组合。所谓“有效组合”，是指在一定风险条件下提供最大收益或者在一定收益条件下具有最小风险的组合。满足以上两个条件的有效组合集被称为有效边界(集)。

运用以上定义在图 12-1 的可行集中可以找出所谓的有效边界。图 12-1 中的 E 点具有最小的风险，H 点具有最大的风险；同样可以发现，S 点具有最高的收益率，相对应，G 点具有最小的收益率。只有同时符合上述两个条件的组合才是有效组合。从图 12-1 中可以发现，只有在 E 点和 S 点之间位于东北方向的点所代表的组合符合上述条件。所有这些组合就形成了有效边界，投资者可以通过这些有效边界找到个人的最优证券组合，忽略所有可行组合中的非有效组合。

确定了证券组合的有效边界后，投资者就可以根据自己对风险的态度从这个有效边界上选出更适合自己的最优证券组合。

（3）最优证券组合的选择

最优证券组合的选择是指投资者选择一个有效并给他带来最大效用的证券组合。

每一个投资者都有一个代表着他对风险和收益的偏好的无差异曲线，这条曲线的斜率为正，向右上方倾斜，且投资者对确定的一条无差异曲线上的点具有相同的偏好；同时，投资者更倾向于位于东北方向的无差异曲线，因为这些无差异曲线在相同的风险条件下具有更高的收益率。

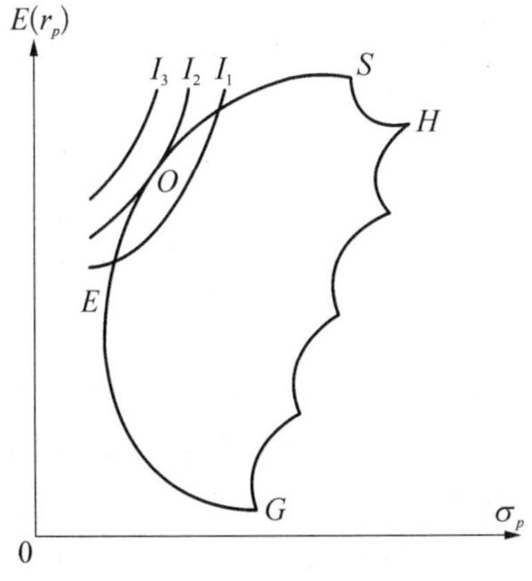

图 12-2　最优证券组合的选择

一般来说，投资者选择的最优组合必须满足以下条件：一是它在东北方向的无差异曲线上；二是根据有效边界理论，投资者应该选择有效边界上的点，也就是东北方向的可行集上的点。要同时满足这两个条件，最优组合必然在无差异曲线和有效边界的切点上。

有效边界是正斜率和凸的，也就意味着如果有一条通过有效边界上任意两点的直线，这条直线必定在有效边界的下方；同时，无差异曲线是负斜率和凹的，这就保证了有效边界和无差异曲线必定会有且只有一个交点。

由此可以推断，最优证券组合应该在并且可能在有效边界和具有最大可能效用的无差异曲线的切点上(如图 12-2 所示)。

(二) 威廉·夏普的资本资产定价理论

1. 威廉·夏普简介

威廉·夏普于1934年出生于美国波士顿,任美国斯坦福大学商学院金融学教授。1964年,他在《金融学期刊》中发表《资本资产价格:风险条件下的市场均衡理论》(*Capital Assets Pricing: A Theory of Market Equilibrium under Condition of Risk*)一文,提出了资本资产定价模型和β系数,以证券收益率与全市场证券组合收益率的协方差作为资产风险的度量,给出了风险资产的定价模型,并由此获得1990年诺贝尔经济学奖。诺贝尔评奖委员会认为,资本资产定价理论走出了从微观分析到金融资产价格形成的市场分析的关键一步。

威廉·夏普根据哈里·马科维茨首先提出的模型探讨了证券组合分析的一些方法,当时称为"单一指数模型",现在一般被称为"单因素模型"。其关键假设是,证券报酬只通过对一个共同因素的反响而相互关联。论文中讨论了规范和实证两方面的结果。

2. 资本资产定价模型

资本资产定价模型所讨论的是如果投资者根据哈里·马科维茨的资产组合理论选择最优证券组合,那么在市场均衡时,如何计量资产的风险,以及资产风险与收益的关系。

资本资产定价模型是一个均衡模型,以哈里·马科维茨的投资组合理论为基础,在资产组合理论的假设基础上增加了投资者具有同质预期等假设,讨论资产的均衡价格是如何在收益和风险的权衡中形成的。其核心仍是收益与风险的关系。这一理论为潜在的投资提供了一种估计其收益率的方法,也对不在市场上交易的资产做出了合理的定价。需要指出的是,标准的资本资产定价模型是单因素的资本资产定价模型,是第一个资本市场的一般均衡模型,建立在最严格的假设之上。

资本资产定价模型最核心的内容是资本市场线和证券市场线,通过这两条直线解释了资本市场上资产的收益与风险的关系,及对它们的定价。在介绍核心内容之前,需要引入无风险资产以修正前面提到的哈里·马科维茨的有效边界,以及随之对投资者最优证券选择行为的影响,其中会涉及分离定理所述的投资决策与金融决策的分离,以及最优证券组合中由风险资产构成的市场证券组合。

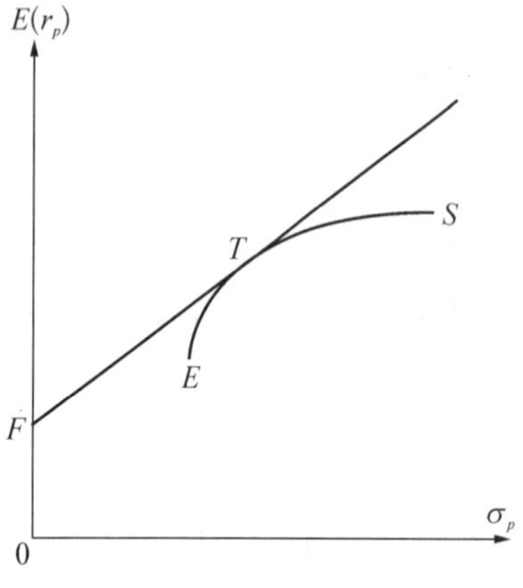

图 12-3　允许无风险借贷时的有效边界

(1) 允许无风险借贷时投资者最优证券组合的选择

通过引入无风险借贷,投资者所面临的证券市场上的可行集形状发生改变,新的有效边界成为一条由无风险资产F点出发通过风险资产组合T的直线(如图12-3所示)。投资者根据自身的风险收益偏好,通过将资金分配在无风险资产和风险资产上选出最优资产组合。此时的最优资产组合将包括风险资产的组合和无风险利率的借贷。

尽管各投资者选择的最优资产组合有所不同,但资本资产定价模型认为他们选择的风险资产组合具有相同的组成部分,加上无风险资产只是为了满足个人对风险收益的偏好。资本资产定价模型中的这种行为特征被称为分离定理(Separation Theorem)。

（2）分离定理

分离定理表明，投资者对最优资产组合中风险资产组合的确定与个别投资者对风险收益的偏好无关。每个投资者都会选择相同的风险资产组合 T，对此组合中的任何一种资产有相同比例的投资。而投资者会选择不同的资产组合的唯一原因就在于他们对风险收益偏好的不同，也就是说，他们拥有不同的无差异曲线。

一般而言，确定由风险资产组成的最优风险证券组合过程为投资决策，单个投资者将资金在无风险资产和风险资产之间的分配叫金融决策。分离定理表明投资决策可以从金融决策中分离出来。

根据分离定理，投资者所选择的相同的风险资产组合在资本资产定价模型中被称为市场证券组合(Market Portfolio)。

（3）市场证券组合

通过证券价格的变动，市场最后会达到均衡状态。最优风险资产组合会包罗市场上所有的证券，各种证券在其中的比例等于此证券的市值占证券市场总市值的比例，这种组合即市场证券组合。市场证券组合的预期收益率是组合中各证券收益率的加权平均。由于市场证券组合包含了市场上的所有证券，因此，单个证券的非系统风险会相互抵消，也就是说，此组合的风险为证券投资活动中无法通过分散化来避免的系统风险。

在对这些资本资产定价模型中的基础知识做了简单介绍后，接下来会进入其核心内容的介绍，即资本市场线和证券市场线。

（4）资本市场线

市场组合是由均衡状态下的风险证券构成的有效证券组合，投资者可无限制地以无风险利率借款或放款。在这里，我们称资本资产定价模型的线性有效边界为资本市场线(Capital Market Line，CML)。资本市场线上的所有证券组合包括市场上的所有证券，已经完全分散了非系统风险，所以，这些有效组合只有系统风险。

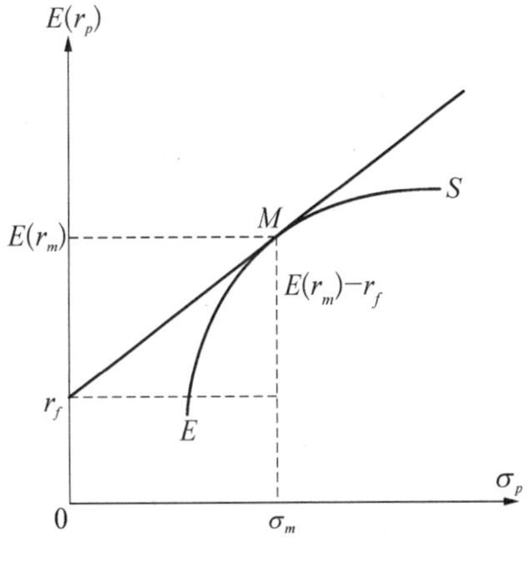

图 12－4　资本市场线

在图 12－4 中，r_f代表无风险收益率，M 代表市场证券组合。资本市场线是一条由 r_f点出发，经过 M 点的直线，包括市场证券组合和无风险借贷的所有有效组合。

在图 12－4 中，资本市场线的斜率为市场组合的预期收益率和无风险资产收益率的差 $(r_m - r_f)$ 与它们之间风险的差的比值 $(\sigma_m - \sigma_f)$。由于资本市场线的截距为无风险收益率 r_f，因此，资本市场线的表达式为：

$$\boldsymbol{E(r_p) = r_f + \left[\frac{E(r_m) - r_f}{\sigma_m}\right]\sigma_p}$$

式中，r_p 和 σ_p 指资本市场线上有效组合的预期收益率和标准差(风险的度量)。

证券市场上的均衡可由两个关键变量概括：一个是资本市场线的截距，即无风险收益率，这是等待或者推迟当期消费的时间报酬；另一个是资本市场线的斜率 $\left(\frac{r_m - r_f}{\sigma_m}\right)$，度量了有效组合单位风险的报酬，是承担系统风险要求的补偿。也可以说，资本市场线的截距和斜率分别度量了时间和风险的价值。

(5) 证券市场线

资本市场线只描述了有效证券组合的预期收益率与风险之间的均衡关系,没有描述单个证券和非有效证券组合的收益与风险的关系,证券市场线(Security Market Line, SML)以及 β 提供了准确计算单一证券风险并确定该证券价格的方法。

威廉·夏普认为,每项证券的标准差对整个市场证券组合的贡献在于此证券和市场证券组合的协方差,具有较大协方差的证券会提供较大的预期收益率。在市场达到均衡时,单个证券的价格应该反映其对整个市场风险的贡献。这种风险与收益的均衡关系可以表示为证券市场线(如图 12-5 所示):

$$\boldsymbol{E(r_i) = r_f + [E(r_m) - r_f]\beta_{im}}$$

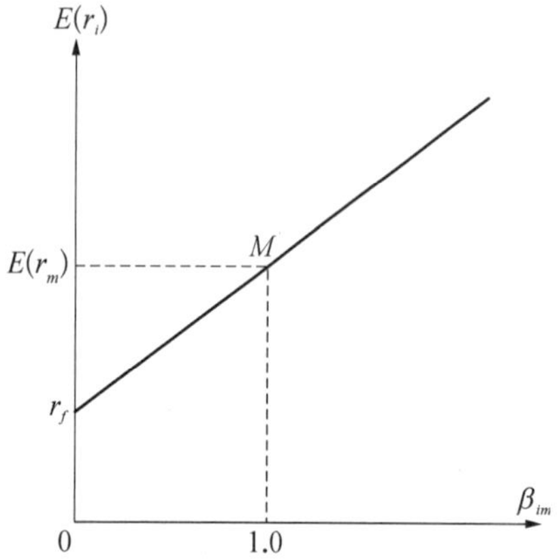

图 12-5　证券市场线

式中,$\beta_{im} = \dfrac{\sigma_{im}}{\sigma_m^2}$ 是个别资产风险相对于市场证券组合风险的测度,是表示某个证券协方差的另一种方式,测度了单个证券的市场风险。

一个证券的风险可以分为系统风险和非系统风险。β 是衡量系统风险的指标。这个方程也说明在决定证券的收益率时,只有系统风险发挥作用;换言之,投资者只能因为承担系统风险而获得回报。这可以指导投资者的行为,投资者应该尽可能分散投资以化解非系统风险,因为投资者不会因为承受非系统风险而获得回报。

证券组合的 β 系数是组合中各证券 β 系数的加权平均,所以,证券市场线不仅可以描述处于均衡状态的单个证券的风险-收益关系,而且可以描述均衡状态下证券组合的风险-收益关系。

通过引进证券市场线,可以发现所有的有效组合既在资本市场线上,也在证券市场线上,而非有效组合只在证券市场线上、在资本市场线下。

需要强调的是,高 β 系数的证券应该提供一个更高的投资收益率,是指在长时期,它们应该提供一个更高的平均回报。

(6) 资本资产定价模型的应用

根据资本资产定价模型,个人投资者要构建市场组合会比较复杂且难以实现。作为比较接近市场组合的信托基金或称指数基金通常会尝试复制一个主要股票市场指数的投资组合,如标准普尔 500 指数。完全认同资本资产定价模型的投资者的投资策略可以是购买这些指数基金中的一种作为风险资产,同时投资于作为无风险资产的国债,以最大化其投资效用。资本资产定价模型也可用来评价一项投资组合的绩效,以及项目投资的选择。

(7) 资本资产定价模型与联合假设

在检验资本资产定价模型时,对 β 值以及市场回报率的估计一般使用历史数据。也就是说,历史数据被假定为对未来的无偏准确预测;同时,资本资产定价模型建立在有效市场假说的基础上,使联合假设(Joint Hypothesis)问题凸显出来。尤金·法玛对联合假设问题的描述是,市场的效率在现实中是无法检验的,对它的检验必须建立在均衡模型和资产定价模型的基础上，从而产生这样的问题：当资产回报率的波动出现异象时，很难界定其原因是市场的无效率还是均衡模型出了问题。由于联合假设问题的存在，就不可能精确地指出市场有效性的程度；同样，资本资产定价模型的假设是不现实的，但可能这个模型并没有问题，问题在于市场并不是有效的。

3. 其他学者对资本资产定价模型的贡献

约翰・林特(John Lintner，1965)、简・默森(Jan Mossin，1966)和威廉・夏普(1964)几乎同时独立提出了资本资产定价模型，该模型是建立在一定理想化假设下研究风险的合理测定和定价问题的工具。约翰・林特是哈佛大学商学院和文理学院的经济学教授，1965年2月在哈佛大学出版社出版的《经济学与统计学评论》上发表了《在股票投资组合和资金预算限制下风险资产的评估与风险投资标的的选择》(*The Valuation of Risk Assets and Selection of Risky Investment in Stock Portfolio and Capital Budgets*)一文，提出了与威廉・夏普的资本资产定价模型相同的模型。挪威经济学家简・默森在卡内基理工学院从事研究期间，于1966年10月在《计量经济学》杂志上发表的文章——《资本资产市场的均衡》(*Equilibrium in A Capital Asset Market*)——也得出了相同的结论。

(三) 斯蒂芬・罗斯的套利定价理论

由于资本资产定价模型以一系列严格的超现实假设条件为前提，因此，1977年罗尔(Roll)对其有效性提出质疑，使得对资本资产定价模型有效性的讨论发展到了新的阶段，并出现了以套利定价模型为代表的新的资产定价模型。

1. 斯蒂芬・罗斯简介

斯蒂芬・罗斯于1944年出生于美国波士顿，现任麻省理工学院斯隆管理学院教授，是在金融和经济学领域著作最多的学者之一，其中最著名的是套利定价理论。

1976年，斯蒂芬・罗斯在《收益、风险和套利》(*Return, Rrisk and Arbitrage*)中提出套利定价理论，指出证券或证券组合收益率受多个因素影响，其均衡收益率是其因素敏感性的线性函数。套利定价模型是分析在均衡状态下资产的期望收益与风险之间的关系，认为证券的风险与收益之间存在着线性关系，证券风险越大，其收益率越高。

2. 套利定价模型

(1) 因素模型

套利定价模型建立在因素模型的基础上。因素模型假设证券的回报受多种因素变动的影响，并希望用影响证券收益的相对较少的基本经济变量来解释证券收益，从而说明因素与单一证券回报之间的关系。因素模型分为单因素模型(One-factor Model)和多因素模型(Multiple-factor Model)。

单因素模型将所有系统风险归结为单一因素，并认为这一因素对所有股票都产生影响。而现实中，系统风险包含多种因素，而且不同的因素对不同的股票影响力不同，为了准确地分析对股票收益的影响，有必要对影响收益的系统因素做进一步分解，单因素模型发展成为多因素模型。

因素模型是套利定价模型的基础，但套利定价模型与因素模型、资本资产定价模型等投资理论不同，投资者并不必是风险厌恶型的，也不必根据均值—方差原则进行投资决策。套利定价理论可以放宽假设的一个重要原因在于它认为市场上存在套利行为，套利行为会纠正证券风险收益率对均衡状态的偏离。

(2) 套利行为和套利组合

套利是指利用一种实物资产或证券的不同价格来赚取无风险利润的行为。套利行为是现代有效市场的一个决定性要素。一旦市场上存在套利机会,投资者就会实施套利行为,使套利机会消失,市场重新处于均衡状态。

套利组合是指一个不需要投资者的额外投资,对任何因素都没有敏感性的,并且有着正的投资回报的组合。实际上,套利组合中的因素风险等于零,而非因素风险是不等于零的,但由于非因素风险数量少,套利理论中一般将其忽略。

(3) 套利定价模型的假设

套利定价模型有如下假设:资本市场处于竞争均衡状态,投资者偏好于更多的财富,资产的回报可以用因素模型表示。股票的收益率取决于两个因素:一个是对所有股票都有影响的系统因素,另一个是对个别股票有影响的非系统因素。

(4) 套利定价模型

建立在因素模型之上的套利定价模型也同样有单因素模型和多因素模型之分。

① 单因素套利定价模型。

$$r_i = a_i + b_i F_1 + e_i$$

式中,r_i 是证券 i 的回报,F_1 是系统因素值,b_i 是证券 i 对因素的敏感性,e_i 是随机误差。单因素套利定价模型表明,在不考虑非因素风险的情况下,具有相同因素敏感性的证券或组合的收益会以相同的方式变动。因此,具有相同因素敏感性的证券或组合必然要求相同的预期回报;否则,市场就会出现套利机会,而投资者会把握这种机会进行套利,使预期回报与因素敏感性相匹配。

单因素套利定价方程为:

$$E(r_i) = r_f + \lambda_1 b_i$$

式中,r_f 为无风险收益率。此定价公式意味着,在市场均衡时,预期回报与因素敏感性之间存在线性关系。

根据套利定价理论,如果一个证券的因素敏感性和预期回报都没有落在套利定价模型的资产定价线上,其定价就一定是不合理的。因为这会产生套利机会,使偏离的点回到这条直线上,证券的风险收益恢复均衡状态。

② 多因素套利定价模型。

对单因素套利定价模型进行扩展,通过考察多个影响证券回报率的因素,可以得到多因素套利定价模型。在 k 个因素下,每个证券有 k 个因素敏感性。

$$r_i = a_i + b_{i1} F_1 + b_{i2} F_2 + \cdots + b_{ik} F_k + e_i$$

类似地,我们得出证券定价的线性方程为:

$$E(r_i) = r_f + \lambda_1 b_{i1} + \lambda_2 b_{i2} + \cdots + \lambda_k b_{ik}$$

套利定价模型也表明,投资者不会因为承受非系统性风险而得到补偿。

(四) 费雪·布莱克和迈伦·斯科尔斯的期权定价理论

1. 费雪·布莱克和迈伦·斯科尔斯简介

1972 年,费雪·布莱克(Fisher Black)和迈伦·斯科尔斯(Myron Scholes)在《金融》中

发表《期权合同定价与市场有效性检验》(*The Valuation of Option Contract and Test of Market Efficiency*),1973年在《政治经济学》中发表《期权和企业债务的定价》(*The Pricing of Option and Corporate Liability*),提出欧式股票看涨期权(European Call Option)定价公式。迈伦·斯科尔斯1941年出生于美国加利福尼亚州,1969年获得美国芝加哥大学博士学位,与罗伯特·默顿(Robert Merton)共同获得1997年诺贝尔经济学奖。诺贝尔评奖委员会认为,他们的杰出贡献在于创造了金融衍生品定价的新方法,即期权定价理论(Option Pricing Theory, OPT)。

2. 布莱克-斯科尔斯模型

(1) 期权的定义及分类

期权(Options)是一种选择权,期权的买方向卖方支付一定数额的权利金后就获得这种权利,即拥有在一定时间内以一定的价格(执行价格)出售或购买一定数量标的物(实物商品、证券或期货合约)的权利。期权主要有以下几个构成因素:① 执行价格,又称履约价格,是指期权的买方行使权利时事先规定的标的物买卖价格;② 权利金,是指期权的买方支付的期权价格,即买方为获得期权而付给期权卖方的费用;③ 履约保证金,是指期权卖方必须存入交易所用于履约的财力担保。

按执行时间的不同,期权主要可分为两种:欧式期权(European Option)和美式期权(American Option)。欧式期权,是指只有在合约到期日才被允许执行的期权,在大部分场外交易中被采用。美式期权,是指可以在成立后有效期内任何一天被执行的期权,多为场内交易所采用。

(2) 布莱克-斯科尔斯模型的具体表达

目前,世界上最普遍使用的期权定价模式是布莱克-斯科尔斯欧式期权定价模式(1973)。虽然这个公式最初是在商标期权上使用,但现在同样用于其他期权。其建立在如下假设之上:① 金融资产收益率服从对数正态分布;② 在期权有效期内,无风险利率是固定的,投资者可以无风险利率自由借贷;③ 市场无摩擦,即不存在税收和交易成本;④ 金融资产在期权有效期内无红利及其他所得(该假设后被放宽);⑤ 金融资产任意可分,交易连续且无卖空限制。

布莱克-斯科尔斯欧式期权定价模式可以用公式表达为:

$$C_0 = S_0 N(d_1) - Xe^{-rT} N(d_2)$$

$$d_1 = \frac{\ln(S_0/X) + (r + \sigma^2/2)T}{\sigma T^{1/2}}$$

$$d_2 = d_1 - \sigma T^{1/2}$$

式中,C_0 为当前的看涨期权价格,S_0 为当期的股票价格,$N(d)$ 为标准正态分布小于 d 的概率,X 为实施价格,r 为无风险利率,T 为期权到期时间,σ 为股票连续复利的年收益率的标准差。需要说明的是,这个公式只能用于计算欧式看涨期权的价格。

布莱克-斯科尔斯公式采用的是动态无套利均衡分析方法,在上述一系列假设条件下,用期权的标的物股票和无风险资产来动态地复制欧式看涨期权的现金流,在这一过程中保持无套利均衡状态,从而可以得到满足这些要求的布莱克-斯科尔斯随机微分方程:

$$\frac{\partial_f}{\partial_t} + r_f s \frac{\partial_f}{\partial_t} + \frac{1}{2}\delta^2 \frac{\partial_f^2}{\partial_t^2} = r_f f$$

最后根据终端条件:

$$c=f(T)=\max[S(T)-X,0]$$

逆向解出随机微分方程初始值的表达式,即布莱克-斯科尔斯期权定价公式。

布莱克-斯科尔斯公式的主要特点在于其只依赖于可观察到的或可估计的变量,这使得布莱克-斯科尔斯公式避免了对未来股票价格概率分布和投资者风险偏好的依赖,通过用期权标的物股票和无风险资产构造的投资组合的收益来复制期权的收益,在无套利情况下,复制的期权价格应等于购买投资组合的成本,期权价格仅依赖于股票价格的波动量、无风险利率、期权到期时间、执行价格、股票时价。只要市场上存在大量连续的套利交易,就可以使期权价格越来越接近于布莱克-斯科尔斯公式所确定的价格;最后,当市场处于无套利均衡时,价格也就确定了。费雪·布莱克和迈伦·斯科尔斯通过复制期权来定价的思想具有深远的启发意义,它告诉人们可以利用已存在的证券来复制符合某种投资目的的新的证券品种,这成为金融机构设计新金融产品的思想方法。

3. 罗伯特·默顿对布莱克-斯科尔斯公式的发展

罗伯特·默顿于1944年出生于美国纽约,20世纪70年代获得麻省理工学院经济学博士,于1997年获得诺贝尔经济学奖。诺贝尔经济学奖评奖委员会认为,罗伯特·默顿的贡献在于研究出了一种新的金融衍生品定价方法。

1973年罗伯特·默顿在《经济管理科学》中发表了《理性定价理论》(*Theory of Rational Option Pricing*)一文,对布莱克-斯科尔斯公式所依赖的假设条件做了进一步减弱,在许多方面对其做了推广。他对费雪·布莱克和迈伦·斯科尔斯原用的分析方法进行了改进,认为股价变动是不连续的,可以从一个价格跳到另一个价格,这样推导出的公式更加现实。1973年后,罗伯特·默顿和费雪·布莱克以及迈伦·斯科尔斯继续合作,在专业经济学杂志上发表了不少论文,将定价公式扩展到许多衍生金融品上。例如,布莱克-斯科尔斯模型只解决了不分红股票的期权定价问题,罗伯特·默顿发展了布莱克-斯科尔斯模型,使其也可以运用于支付红利的股票期权。

4. 期权定价理论的意义

金融交易的核心技术是对所交易的金融工具(或称有价证券)进行正确的估值和定价,定价理论成果被直接应用于金融市场实践。由于期权是构造新型金融产品(包括新型金融工具和金融服务)最重要的零部件,许多新型的期权、期货等衍生金融产品和技术手段为了充分地转移风险和进行套期保值必须进行科学的定价,因此,期权定价理论尤为重要,可以说它是现代金融学的一座辉煌的里程碑。

第二节 有效市场假说

一、市场有效性的早期研究

20世纪中叶前后,不少学者就市场有效性问题展开探索和研究。1934年,霍尔布鲁克·沃金(Holbrook Working)分析了长时期商品期货价格的随机波动性(Random Volatility)。1953年,莫里斯·肯德尔(Maurice Kendall)也得出了股价和期货价格是随机漫游(Random

Walk)的结论。奥斯本(Osborne)于1964年提出一个过程，认为在这个过程中，股票市场价格变化可以等价于一个粒子在液体中运动，即布朗运动。1964年，库特(Coonter)在他编写的经典文集中也指出，股票价格有随机行走规律。1965年萨缪尔森(Samuelson)以及1966年曼德布罗特(Mandelbrot)在仔细研究了随机游走理论后，揭示了有效市场假说(Efficient Markets Hypothesis，EMH)期望收益模型中的"公平游戏"(Fair Game)原则。

二、尤金·法玛的有效市场假说

(一) 尤金·法玛的简单介绍

尤金·法玛(Eugene Fama)于1939年2月14日出生于美国马萨诸塞州波士顿；1960年毕业于马萨诸塞州塔夫茨大学，获得学士学位；1960—1963年在芝加哥大学商学院研究生院攻读MBA；1963年开始攻读博士学位，1964年获得博士学位；1995年，比利时鲁文大学授予尤金·法玛荣誉博士学位。

2013年10月，因为对资产价格的实证分析，尤金·法玛与另一位芝加哥大学教授、芝加哥经济学派代表人物之一——拉尔斯·彼得·汉森(Lars Peter Hansen)以及罗伯特·希勒(Robert Shiller)共同获得2013年诺贝尔经济学奖。

尤金·法玛是有效市场理论的集大成者，他为该理论的最终形成与完善做出了卓越的贡献。1965年尤金·法玛在《商业期刊》上发表论文，认为市场是有效率的，并首次提出"效率市场"和"市场效率"的概念。1967年哈利·罗伯特(Harry Roberts)提出了有效市场的三种形式，即"弱有效市场"(Weak Form of the Efficient Market)、"半强有效市场"(Semi-strong Form of the Efficient Market)和"强有效市场"(Strong Form of the Efficient Market)。1970年尤金·法玛在《金融学期刊》上发表了具有重大影响力的一篇关于有效市场假说的经典论文——《有效资本市场：理论与实证研究回顾》(*Efficient Capital Markets: A Review of Theory and Empirical Work*)。该论文不仅对过去有关有效市场假说的研究做了系统的总结，而且提出了研究有效市场假说的一个完整的理论框架，并对有效市场做了三组不同的检验：弱势检验(Weak-form Tests)、半强势检验(Semi-strong Form Tests)和强势检验(Strong-form Tests)，进而系统地提出了有效市场假说。

(二) 有效市场假说

1. 有效市场的定义

根据尤金·法玛的定义，有效市场假说是指证券价格充分反映了全部可以提供的信息，也就是说，有效市场是一个价格可以迅速对影响价格的因素变化做出反应的市场。尤金·法玛认为，有效市场中股票的价格会对任何影响它的信息做出及时、快速的反映，股票价格既充分表现了股票的预期收益，也反映了股票的基本因素和风险因素，所以，任何人都不可能通过有关信息买卖股票以获得超额收益。有效市场假说认为，资本市场上的价格已经包含了资产基本价值的所有信息，资产的价格只与未来有关而与历史无关，价格只有在收到新的信息时才发生变动。

2. 有效市场假说的假设

有效市场假说建立在以下5个主要假设之上：(1) 投资者是理性的，能理性地为证券估值；(2) 如果市场上存在非理性人，他们会进行随机交易，行为会相互抵消，不会造成价格的大规模波动;(3) 即使市场上的大量理性人所进行的交易具有一定的模式,市场上大量套利投资者也会抵消其对价格的影响;(4) 信息的产生是随机的,没有相关性,投资者可以无成本、迅速地获得所有可利用的信息;(5) 没有交易成本。

3. 有效市场的分类

有效市场假说是以股票市场价格与信息利用之间的关系为研究核心,不同的信息对价格的影响程度不同。尤金·法玛根据信息的公开程度将信息分为三类:历史信息、公开信息和内幕信息,并以此界定了三种不同程度的有效市场。

(1) 弱有效市场。在该市场,股价已经反映全部能从市场交易数据中得到的信息。弱有效市场认为,市场的技术分析是徒劳的,因为如果过去的信息可以传达未来业绩的可靠信息,那么所有投资者都会运用这些信号,随着这些历史信息被充分披露,它们的价值最终会消失。

(2) 半强有效市场。在该市场,股价反映了与公司前景有关的全部公开信息。在一个完全竞争的市场中,如果每个投资者都同时掌握和使用有关的公开信息进行投资决策,他们就都不能通过使用适合的方法来分析这些公开信息以获得超额收益,也就意味着在这样的市场上基本面分析是没用的。

(3) 强有效市场。在该市场,股价已经包括全部与公司有关的信息,甚至包括内幕信息。这表明股票的所有信息都不能使投资者获得超额收益。由于证券法禁止公司管理层和内幕人士利用他们所知道的有关信息进行股票交易,因此,从理论上说,一个机制完善、监管严格的市场是不存在利用内幕信息进行交易的。从这个意义上说,强有效市场假定就没有意义了。但在实际中,内幕交易在法律上很难界定,市场监管也难以做到没有违规交易发生。不过,要求一个市场的股价能反映包括内幕信息在内的全部公司有关信息,在现实中是不可能的,它只是从理论上确定了理想市场的标准。

有效市场假说其实是新古典经济学中“理性人”(Rational Man)和理性预期假定在金融市场的延伸。

4. 有效市场假说的检验方式

1991 年,尤金·法玛拓展了弱势有效性的概念,把检验方法改变为对收益率可预测性(Return Predictability)的检测,将半强有效市场的检验改为事件研究(Event Studies)或公告研究(Studies of Announcement)。

对弱式有效性的检验通常使用的方法有:收益率的序列相关性检验、游程检验(Run Test)、过滤法则检验(Filter Rules)、公司特征与收益率的相关性测试。

在对半强式有效性的检验中,最著名的是“事件研究”方法,用来测试来自股票价格的公告效应。如果市场是半强式有效的,在公告之前进行证券的买卖能使投资者获取异常收益,但在公告之后进行证券的买卖则不能获取异常收益。

对强有效市场的研究主要集中于研究公司内幕人员、证券交易所的专家经纪人、证券分析家和共同基金的业绩,测试他们能否赚取超额收益,通过交易来检验市场的强式有效性。

三、混沌理论和分形市场假说对有效市场假说的挑战

有效市场假说在现代证券理论中占有重要的位置,它为股票价格的形成机制和期望收益率的变动方式构造了一个科学、严密、规范的模式;同时,它也获得了经济学家广泛的检验

和讨论，成为现代证券市场理论体系的支柱之一，成为现代金融经济学的理论基石。现代金融投资理论，如资本资产定价模型、套利定价理论和期权定价模型等都是建立在有效市场假说的基础之上的。有效市场假说及建立在其上的理论使得金融经济学更加丰富和完善，使得这一学科的重要性日渐增强。可以说，有效市场假说促进了金融理论的发展。西方有大量的经验数据证明其正确性，但也有一些非常著名的检验对其提出了疑问，甚至得出与其理论预言相反的结论。在作为"基本真理"广为传播的同时，针对它的批评和新的理论探索也从未停止。

除了投资者是否可以免费获得市场所有信息，以及股票市场上的异象对有效市场假说提出了疑问外，对有效市场假说的探讨和批评主要集中在市场上投资者行为是否可以线性模型来解释这一问题上。有效市场假说假定投资者以线性方式对信息做出反应。而建立在有效市场假说之上的市场理论和模型大多是线性的，并通过加入方程中的随机扰动项来反映外部随机因素的作用。

（一）混沌理论和分形市场假说简介

随着非线性科学的发展，经济学家开始引进混沌和分形作为分析和描述非线性系统的理论工具。20世纪80年代，美国经济学家史图策（Stutzer）首先将混沌理论（Theory of Chaos）运用于经济学研究，埃德加・彼德斯（Edagar E. Peters）则首先引入混沌和分形来研究资本市场，提出分形市场假说（Fractal Market Hypothesis，FMH）。

一般而言，一个接近实际而没有内在随机性的模型仍然具有貌似随机的行为，则认为这个真实的动力系统是混沌的。研究表明，一些以前被认为是随机游走的现象，其实是具有内在确定性规律的混沌运动。混沌理论被引入经济学后，形成了对有效市场假说、资本资产定价模型（Capital Asset Pricing Model，CAPM）和证券组合理论的挑战。如果经济现象的不规则波动被证明是属于混沌现象，那么，传统模型中随机性来源的假定对这类不规则运动经济现象的解释就是不适用的，而对这类经济现象的认识也就要从内部着手了。

（二）埃德加・彼德斯对分形的定义及分形市场假说的内涵

分形是对普遍存在的几何形态的科学概括，用来描述不规则、破碎的几何特征。根据埃德加・彼德斯的定义，一个分形是一个对象，它的部分以某种方式与整体相关。

埃德加・彼德斯首次提出了分形市场假说，此假说用非线性的范式把市场看成复杂交互作用和适应性的系统，强调信息和投资水平对投资行为的影响，认为所有稳定的市场都存在分形结构，并认为不考虑投资水平，所有投资者面临相同的风险；假定对于不同的投资水平，收益率的分布是相同的；运用重标级差分析法研究资本市场的价格和收益率时间序列，建立资本市场收益曲线的"自相似性"，论证了资本市场的分形结构与非周期性循环特征。

埃德加・彼德斯认为，资本市场分形的原因在于：资本市场上有众多具有不同投资水平日期的投资者，对于不同的投资水平日期，重要的信息集合不同，投资者会做出不同的投资决策。只要市场保持分形结构，没有特征时间标度，不同投资水平的投资者会对不同的信息做出不同的反应，市场会保持稳定；而当市场的特征投资水平日期趋于一致时，市场失去分形结构，每个投资者都根据同样的信息集进行交易，市场就会不稳定。分形市场假说可以很好地解释市场出现剧烈波动的现象。

第三节 金融市场微观结构理论

对资产定价的一系列模型进行比较后发现，不论是证券组合理论、资本资产定价模型，还是套利定价理论，它们或者是对特定证券收益率与证券市场组合收益率即收益率与收益率的同类变量在量上关系的讨论，或者是对收益率与其外部影响因素，如国民生产总值、预期通货膨胀率等的定性描述，对于证券价格形成的微观基础并未涉及，也就是说，假设 $p_0(1+r)=p_t$，即 $r=\frac{p_t-p_0}{p_0}$（式中，p_0 和 p_t 分别表示 0 时刻购入一金融资产时的价格和 t 时刻该资产的价格，r 表示持有该金融资产 t 时期的收益率），则 p_0 和 p_t 的决定其实是不明确的。按照一般经济理论，一方面，价格取决于产品的供求，那么在 0 时刻和 t 时刻，该金融资产的供求是怎样的，或者说需求者（供给者）的期望价格或报价的影响因素是什么、价格是如何形成的并不明确；另一方面，在做市商市场制度下，在 0 到 t 时段的任何一个持有该金融资产的时间点上都存在由做市商报出的买入价和卖出价两个价格，如 p_0^1 和 p_o^2、p_t^1 和 p_t^2（1、2 分别表示做市商买入和卖出，则相应的 $p_o^2=p_0$、$p_t^2=p_t$），这样就出现了第二个问题：$p_o^2-p_0^1$ 或 $p_t^2-p_t^1$ 又是如何确定的？传统的资产定价理论对此也没有做出解释。一般认为，经济理论必须有一定的微观基础，否则就缺乏必要的依据与支撑。例如，宏观经济理论是建立在个体效用最大化和厂商理论最大化的微观经济理论基础上的。因此，对这一部分理论的补充是绝对必要的。而在 20 世纪 60 年代末兴起的金融市场微观结构理论（Financial Market Microstructure Theory）在首创地回答了这些问题的同时，也可以说为金融市场的一般理论提供了必要的微观基础，这也是两者的相互关系所在。

由此不难发现，金融市场微观结构理论的核心就是要说明在既定的市场微观结构下，金融资产的定价过程，或者说市场微观结构在金融资产价格形成过程中的作用。这也是狭义的市场微观结构理论的内容。从广义来讲，市场微观结构理论除了包括价格发现机制外，还包括市场结构与设计（清算机制）、信息与披露（信息传播机制）等几个方面的问题，这里主要介绍狭义的市场微观结构理论。

一、金融市场微观结构的早期研究

市场微观结构理论的思想渊源是古典价格理论，但其正式问世则是在 20 世纪 60 年代末。一般认为，1968 年由德姆塞茨（Demsetz）发表的《交易成本》（*The Cost of Transacting*）一文正式奠定了金融市场微观结构理论的基础。德姆塞茨认为，在任何时点，市场上都存在两种供给和需求，即希望即刻就能得到实现的供求和虽有意愿但并不急于实现的供求。因此，即使是在供给等于需求的特殊情况下，由于存在买卖的跨度，供求仍可能不能及时得到满足和实现。做市商为促成即时性（Immediacy）交易的完成而给出的买卖价差由此产生。其模型如图 12-6 所示。

在图 12-6 中，D 和 S 分别表示有即时供求的交易者的报价与买卖指令速率之间的关系。在交点 E 处，两速率相等，但这是通常不能达到的特殊均衡状态。在做市商作为提供即时性服务（需求和供给）的独立市场参与者入市后，D 和 S 曲线分别向下和向上移动至 D'

和 S'。德姆塞茨认为，S' 和 S（D' 和 D）之间的垂直距离就是做市商提供即时性而得到的单位收益，即买卖价差，也就是说，买卖报价价差实际上是“有组织市场中为可预见的交易的即时性支付的加成”，并且，如果在即时性的提供上存在着充分的竞争，那么价差将调整到等于提供即时性的成本。尽管德姆塞茨设计的模型还有很大的局限性，如没有考虑到市场交易机制的运行对买卖报价的影响，但其关于买卖价差的认识与论述对今后金融市场微观结构理论的发展有着重要的意义。

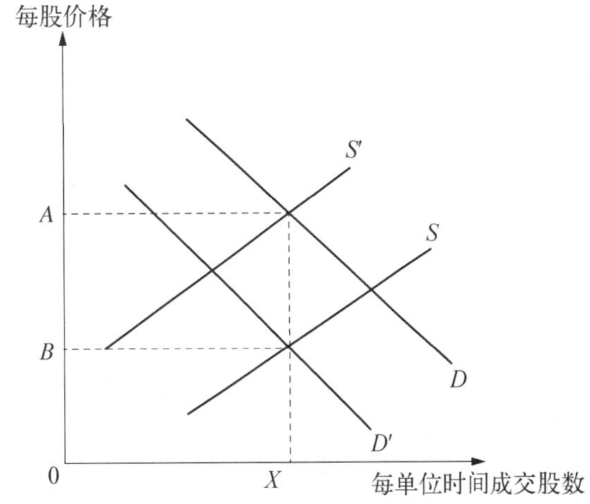

图 12－6　德姆塞茨的供求模型

斯蒂格勒（Stigler）也对做市商的运作做过研究。他认为，在竞争性的均衡中，做市商的买卖报价价差将恰好弥补它们的单位成本。可以说，金融市场微观结构理论的早期文献集中于交易系统的设计特征，即作为做市商的交易者的运作。

二、市场微观结构理论正式发展的第一阶段——存货模型

存货模型（Stock Based Model）的基本思想是做市商在避免破产（股票和现金的存货头寸减少至零）的前提下，以最大化单位时间内预期收益为目标来设定买卖差价。导致买卖差价的原因是包括存货成本在内的交易成本。按照存货模型的时间发展顺序，可以将其分为三类，这三类表现出纵向深化和横向扩展的关系：

第一类以伽曼（Garman）为代表，着重分析指令流的性质在证券交易价格决定中的作用。1976 年，伽曼在《市场微观结构》（*Market Microstructure*）一文中首先考察了市场指令到达方式与做市商定价行为之间的关系。他假设，全部市场主体被看作统计集合，他们的市场行为是依据泊松过程产生的随机市价指令流。也就是说，买卖指令的到达可以用泊松过程来表示，并且具有稳定到达速率的函数 $\lambda_a(p_a)$ 和 $\lambda_b(p_b)$。由于买入和卖出指令服从独立随机过程，因此，做市商收到的买入和卖出指令流不是同步的。这种潜在的不平衡性使得做市商存在破产的可能性，即用完所有存货或现金。对做市商而言，唯一的决策就是设定买入报价 p_a 和 p_b，而交易者下达的买卖指令又取决于这两个报价。伽曼通过证明指出，为避免必定破产的结果，做市商必须设定比较低的买入价和比较高的卖出价，并且买卖价差（$p_b - p_a$）须使得买入与卖出指令流的速度相等，即 $\lambda_a(p_a) = \lambda_b(p_b)$。当然，这样的定价策略不止一个，做市商的进一步决策就是确定价差相对于价格的位置，选择一套价差，使其在避免破产的前提下最大化其预期收益。

在伽曼之后，又有许多研究者分析了存货对价格的影响。例如，1980 年阿米胡德（Amihud）和孟代尔松（Mendelson）采用了一种更为实用的分析方法，更明确地分析了做市商的价格是如何随存货头寸的变化而变化的，并得出最优买入价和最优卖出价是存货头寸的单调递减函数，两者之间存在正的价差及做市商往往偏爱并维持某一预先设定的头寸这三个重要结论。

第二类以候-斯托尔（Ho-Stoll）等人为代表的经济学家通过更细致的价差决定模型进一

步着重分析了做市商的决策最优化问题，考察了包括存货成本在内的交易成本是如何影响证券价格形成的。1978 年侯-斯托尔在《交易商在证券市场中的服务》(*The Supply of Dealer Services in Securities Markets*)一文中研究了单时期做市商的最优化问题。他指出，做市商的买卖价差是用于抵消提供“即时性服务”过程中所发生的成本的，这其实将存货成本包括在其中。虽然同为买卖价差的交易成本决定论，但侯-斯托尔对于买卖价差在本质上是对何因素的补偿这一问题是与伽曼和孟代尔松有不同意见的。后者认为做市商是风险中性的，因此价差是做市商作为垄断者的市场权力的反映。而侯-斯托尔认为，做市商应当是风险厌恶型而不是风险中性的，买卖价差是对其因偏离最佳资产组合所承担的风险的补偿。通过对做市商最优决策问题的求解，侯-斯托尔发现存货头寸只影响做市商设定的买卖价格的高低而不影响价差的大小。

由于侯-斯托尔模型是一个解释价差的单时期模型，因此，针对侯-斯托尔分析中没有涉及多时期情况下存货作用的缺陷，侯-斯托尔在其 1981 年的《不确定交易与收益下做市商的最优定价》(*Optimal Dealer Pricing under Transactions and Return Uncertainty*)一文中、奥哈拉-欧德菲尔德(O'Hara-Oldfield)在其 1986 年的研究报告中都建立了多时期模型，以考虑存货的实际作用。侯-斯托尔提出价差大小取决于交易的周期，周期越长，则价差越大；周期风险引致的价差调整幅度取决于做市商的风险厌恶系数、交易规模和股票的风险程度；并且，买卖价差与存货成本无关。奥哈拉-欧德菲尔德的模型也是一个多时期定价模型。由于该模型区分了限价指令(Limit Order)和市价指令(Market Order)的影响，并考虑了做市商的风险偏好，因此奥哈拉-欧德菲尔德指出，做市商的买卖报价价差可以分解为针对已知的限制指令的部分、针对预期的市价指令的风险中性的调整部分以及针对市价指令和存货价值不确定性的风险调整三个部分。奥哈拉-欧德菲尔德证明存货不仅影响做市商设定的买卖报价价差的大小，也影响价差的位置。

第三类着重分析了多名做市商对价格的影响。以侯-斯托尔、库恩(Cohen)、麦尔(Maier)、斯瓦茨(Schwartz)及怀特科姆(Whitcomb)为代表，经济学家对存货模型中单一做市商的情况进行了拓展。他们的研究结果表明，不仅对存货的预期会影响做市商的决策，对其他做市商决策的预期也会影响报价价差，并且做市商之间的竞争会使价差缩小。

存货模型的共同特征是交易成本(包括各种存货成本)将决定买卖报价价差，前提假设是交易者是风险厌恶的并存在相同预期；但事实上，由于交易者在信息上是非对称的，因此预期往往不同。实证检验结果也表明，存货模型的解释有限。因此，自 20 世纪 80 年代中期后，另一类解释能力更强的市场微观结构理论模型——信息模型——逐渐发展了起来，并成为金融市场微观结构理论的发展重点和主流。

三、市场微观结构理论发展的第二阶段——信息模型

(一) 信息模型的早期发展

一般认为，白芝浩(Bagehot)于 1971 年发表的《镇上仅有的游戏》(*The Only Game in Town*)一文是信息模型(Information Based Model)的第一篇文章。他首先尝试用信息成本而不是存货成本来解释市场价差。他认为，做市商的报价不仅受做市成本的影响，更重要的是受信息不对称的影响。白芝浩将投资者分为知情交易者(Informed Traders)和不知情交易者(Uninformed Traders)。知情交易者知道证券的真实价值，并在证券价格低估时买入、

高估时卖出；同时，由于知情交易者有是否交易的选择权，而做市商有按报价买卖的义务，因此，做市商在与知情交易者的交易中处于不利地位，存在预期损失。为避免破产，做市商只有制定统一的价差，通过用与不知情交易者交易时产生的利润来弥补与知情交易者交易的损失。白芝浩提出的这种观点，即价差反映了做市商用来自不知情交易者的盈利来冲销来自知情交易者的损失这一事实是对做市商做市行为的一种全新的认识。他的研究结果表明，价差不仅受存货和交易成本的影响，而且受信息成本的影响。

1983 年，柯普兰德(Copeland)和加莱(Galai)首次正式引入信息成本的概念，并建立了一个关于做市商定价问题的简单的单交易周期模型。通过引入一笔交易来自知情交易者和不知情交易者的概率，并分别假定为 π_1 和 $1-\pi_1$，做市商买入、卖出报价和股票真实价格分别为 p_a、p_b 和 p，柯普兰德-加莱计算出了关于做市商每笔交易预期盈利和损失的目标函数，从而决定价差的大小和位置。因此，柯普兰德-加莱模型实际是用数学方法说明了白芝浩所做的论断，并且证明只要知情交易者的概率大于零，存在交易成本，就足以导致价差的存在，而存货模型中所谓的垄断权力、风险态度及存货效应都是不必要的。另外，柯普兰德-加莱模型还得出了三个重要的结论：(1) 随着做市商的增多，市场价差将减少；(2) 随着知情交易者比例的增加，垄断做市商设定的价差将会与竞争性做市商设定的价差趋于一致；(3) 不知情交易者需求弹性的降低将导致做市商设定的价差增大。

(二) 格罗斯滕-米尔格罗姆模型及其发展

由于柯普兰德-加莱模型属于静态的一次交易模型，做市商的决策也仅仅是平衡收益和损失，因此，它未能完全摆脱存货模型的影响。1985 年，格罗斯滕(Glosten)和米尔格罗姆(Milgrom)通过序贯交易模型(Sequential Trade Model)首次将动态因素引入信息模型，该模型被认为是信息模型发展中的里程碑，金融市场微观结构理论的研究重点从此转移到了做市商的动态学习问题上。总的来说，格罗斯滕-米尔格罗姆模型是以贝叶斯学习过程为分析工具的，它描述了买卖报价对信息所做的动态调整过程。模型认为，做市商将买卖报价分别设定为发生交易者买入和卖出时做市商关于资产价值的条件期望值，其表达式为：

$$\text{卖出价} = E[V \mid B] = P_r\{V = \underline{V} \mid B\} \cdot \underline{V} + P_r\{V = \bar{V} \mid B\} \cdot \bar{V}$$

$$\text{买入价} = E[V \mid S] = P_r\{V = \underline{V} \mid S\} \cdot \underline{V} + P_r\{V = \bar{V} \mid S\} \cdot \bar{V}$$

式中，$\bar{V}$、$\underline{V}$ 表示资产价值或高或低的两种可能，B 和 S 分别表示交易者买入、卖出事件。以买入价为例，这些条件的概率可以用标准贝叶斯方法来计算，如：

$$P_r\{V = \underline{V} \mid S\} = \frac{P_r\{V = \underline{V}\} \cdot P_r\{S \mid V = \underline{V}\}}{P_r\{V = \underline{V}\} \cdot P_r\{S \mid V = \underline{V}\} + P_r\{V = \bar{V}\} \cdot P_r\{S \mid V = \bar{V}\}}$$

通过构造概率树结构，可以方便地计算这些条件概率，如图 12－7 所示。

在图 12－7 中，左边第一个节点表示好消息和坏消息发生的概率，中间第二个节点表示出现知情交易者的概率，右边第三个节点表示交易者决策。对于知情的交易者来说，如果有好消息，买的概率为 1，卖的概率为 0；如果有坏消息，卖的概率为 1，买的概率为 0。对于不知情的交易者来说，无论何种消息，买卖概率固定。格罗斯滕-米尔格罗姆模型是做市商对指令流中信息动态学习过程的描述，得出以下重要结论：(1) 价差与存货成本独立，仅有信息成本产生；(2) 交易价格服从鞅过程，即市场半强有效；(3) 过多的知情交易者将迫使做市商设定过大的价差从而阻碍交易的进行，甚至导致市场的崩溃。

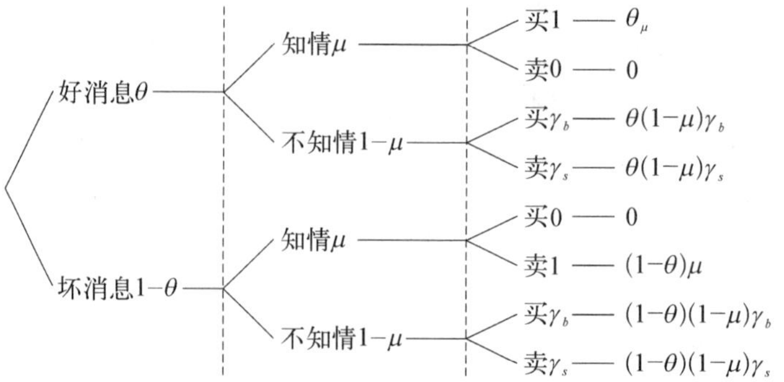

图 12-7 概率树

针对格罗斯滕-米尔格罗姆模型中交易规模不变的假设,埃斯利(Easley)和奥哈拉(O'hara)于 1987 年考察了交易规模对价格行为的影响,从而对格罗斯滕-米尔格罗姆模型进行了完善。其结论是,做市商的定价策略也会依赖于指令规模,数量比较大的指令往往以较低的价格成交。1992 年,两人又证明交易的时间性和交易间隔会对价格及价差大小产生影响,即时间也有信息含量。

(三) 批量交易模型

由于序贯交易模型不能描述信息融入价格的速度,不能考虑投资者之间的信息传递和交易次序,因此不能分析知情交易者和不知情交易者的交易策略,为此,一些学者发展了批量交易模型(Batch Trading Model)以弥补这一不足。与前者使用贝叶斯学习过程为基本分析工具不同,批量交易模型以格罗斯曼(Grossman)和斯蒂格利茨(Stiglitz)建立的理性预期分析框架为分析工具,对知情交易者和不知情交易者的策略分别进行了分析。

1. 知情交易者的策略模型

凯尔(Kyle)于 1984 和 1985 年分别发表文章,分析了市场上存在 N 个投机者、M 个做市商、一名风险中性的知情交易者、一名风险中性的做市商和多名不知情流动性交易者的情况,从而给出了知情者的单期交易策略。其分析结果表明,知情交易者的最优交易量与不知情交易者的随机订单流成正比,一次交易结束后,知情交易者的信息有一半将反映到做市商的定价决策中,也就是说,做市商有学习一半信息的能力。1985 年,凯尔在《连续拍卖与内幕交易》(*Continuous Auction and Insider Trading Econometrical*)一文中对多期(连续交易)结果的分析表明,知情交易者会调整其在各期的交易数量以隐藏其真实信息,但最后一个时段的价格将完全反映知情交易者所有的信息。作为对凯尔的连续拍卖均衡结构理论的扩展,贝克(Back)在 1992 年的《连续时间下的内幕交易》(*Insider Trading in Continuous Time*)一文中更全面地分析了该情况下单个知情交易者的交易策略。他的模型能够在更广泛的资产价值分布基础上决定做市商的均衡定价规则。福斯特和维斯瓦那珊(Foster and Viswanathan, 1993)、侯尔登和苏泊拉曼尼雅(Holden and Subrahmanyam, 1992)则采用理性预期分析框架考察了多个知情交易者的交易策略与价格行为的关系。

2. 不知情交易者的策略模型

阿米提(Admati)和弗雷德(Pfleiderer)首先对不知情交易者的交易策略进行了研究。他们把不知情交易者分为两类:非相机抉择的交易者或愚钝的交易者(Nondiscretionary Liquidity Traders)和相机抉择的交易者或聪明的交易者(Discretionary Liquidity Traders)。

前者的交易时间和数量完全外生；后者的总交易量虽外生，但却可拆分为多次交易，交易的时间也可在一天中任意选择，并通过学习来获取知情交易者的信息。对不知情交易者的分析还有关于不知情交易者选择策略的能力，即是集中交易还是分散交易的问题，风险厌恶的不知情套期保值者的交易策略问题等。

虽然在学术上已经出现了对知情交易者和不知情交易者策略分析的一些理论，但大多停留在理论建模阶段，没有经过实证检验，因而实际应用还是有限的。

价格发现机制是金融市场微观结构理论的核心，但正如本节开头所提到的，广义的市场微观结构理论还包括清算机制和信息传播机制，因此，与价格形成有关的交易方面的微观因素，即通常所说的交易机制，如市场参与者、交易场所的形式和市场的交易规则等问题也是金融市场微观结构研究的问题。自 1990 年以后，大量市场微观结构文献集中探讨了不同市场结构对价格确定的影响这一问题，这也是金融市场微观结构理论另一个新的发展方向。

第四节　行为金融学

一、行为金融学的早期研究

传统金融理论主要是以尤金·法玛提出的“有效市场假说”为基础，通过哈里·马科维茨的资产组合理论、威廉·夏普和约翰·林特的资本资产定价模型、斯蒂芬·罗斯的套利定价理论以及费雪·布莱克、迈伦·斯科尔斯的期权定价理论等模型建立起分析框架来求解使个体效用达到最大化的金融市场均衡点，从而确定了金融资产的价格。然而这些模型隐含的共同基本理论预设就是“理性人”(Rational Man)假设，这一假设也是现代经济学理论的重要基石。这里的“理性人”假设主要有两个方面的含义：一是市场的各参与主体在进行决策时都以实现期望效用最大化为准则，二是市场的各参与主体都能够根据他们所得到的信息对市场的未来做出无偏估计。

但长期以来，“理性人”假设的合理性一直受到许多经济学家的质疑。特别是进入 20 世纪 80 年代以后，大量心理学和行为科学证据显示：人并非都是完全理性的。投资者并不像经典理论中假设的那样理性，而是具有某种情绪，许多投资者在决定自己的投资行为时受到其他非理性因素的影响，如人的情感、道德等；同时，随着金融市场的发展，出现了传统金融理论无法解释的异常现象(Anomalies)，如羊群效应(Herd Behavior)、股价过度反应(Over Reaction)或反应不足(Under Reaction)、股票溢价(Equity Premium)等，有效市场假说受到严峻的挑战。自 20 世纪 80 年代以后，一些学者对证券市场的研究逐渐从传统的以“理性人”为前提的分析框架转向更多考虑市场参与者行为的行为金融学(Behavioral Finance)。行为金融学将心理学尤其是行为科学理论融入金融学，从投资者个体行为以及产生这种行为的心理、社会等因素来研究资本市场的现象和问题，并尝试解释传统金融学无法解释的异常情形。

行为金融学的早期思想与传统金融理论一样在 20 世纪 50 年代形成。1951 年，布瑞尔(Burrell)发表了《以实验方法进行投资研究的可能性》(*Possibility of An Experimental Approach to Investment Strategies*)一文，由此开拓了一个量化的投资模型与人的行为特征相结合的金融领域，并且强调实验方法在行为金融研究中的重要性。该论文被视为行为金融理论早期发展过程中具有重大影响的论文之一。其后,布瑞尔与其同事继续研究,使行为金融理论在 20 世纪 60—70 年代有了一定的发展。1972 年,包曼(Bauman)和邵维克(Solvic)发表了《人类决策的心理学研究》(*Psychological Study of Human Judgment*)一文,对行为金融理论做出了开创性贡献。这些研究成果为以后行为金融学的进一步发展奠定了基础,但在当时并没有引起人们的足够重视。行为金融理论作为一种新兴金融理论真正兴起于 20 世纪 80 年代后期,到 90 年代后具有了较大影响。

二、行为金融学的突破性进展

随着金融计量技术的发展,学者们发现传统的金融模型与实证检验结果存在很大差距,很多金融现象无法得到解释。丹尼尔·卡尼曼和特维斯基(Tversky)在 1979 年发表了《期望理论:风险状态下的决策分析》(*Prospect Theory: An Analysis of Decision under Risk*)一文。在该文中,丹尼尔·卡尼曼和特维斯基提出了"价值函数"(Value Function)与"决策权重"(Decision Weight)的模型,创立了预期理论(Prospect Theory)以替代预期效用和主观概率模型,成为行为金融学发展的突破口。诺贝尔经济学奖评奖委员会认为,丹尼尔·卡尼曼的杰出贡献在于把心理研究的成果与经济学融合在一起,特别是在有关不确定状态下人们如何做出判断和决策方面的研究。因此,瑞典皇家科学院把 2002 年的诺贝尔经济学奖授予了丹尼尔·卡尼曼[同时获奖的还有弗农·史密斯(Vernon Smith)]。

预期理论是行为金融学的重要理论基础,也是应用于经济研究的最为重要的行为决策理论。长期以来,预期效用理论(Expected Utility Theory, EU)是解释人们在不确定情况下进行选择的标准理论。但大量实验研究表明,存在许多该理论无法解释的现象。因此,经济学家提出了许多非预期效用理论,其中影响最为深远的是期望理论。

预期理论承认传统理论中假设的人具有自身效用最大化倾向,但认为在有限理性的条件下,大多数投资者的行为并不总是完全理性的,其效用不是单纯财富的函数,他们也并不总是风险规避的。人们的投资决策受社会道德规范、情感意志等因素的影响而具有不确定性。行为金融投资者的效用函数是一条中间有一个拐点的 S 形曲线。价值函数是预期理论表示效用的一个重要函数,它以现状(原点)为参照点,纵轴右侧是收益区,左侧是损失区。在参照点以上部分(收益区),价值函数上凸,表明此时决策者是风险偏好的;在参照点以下部分(损失区),价值函数下凹,表明此时决策者是风险厌恶的。呈 S 形的价值函数意味着:当投资活动处于盈利状态时,投资者是风险回避者;当投资活动处于亏损状态时,投资者是风险偏好者。该理论把传统预期效用函数中的概率转化为决策权重,价值函数呈现不对称性,即投资者由于亏损导致的负效用程度大于相同数量的盈利所带来的正效用程度,因此,投资者对损失更为敏感。然而,该理论并没有给出如何确定参考点,也没有给出价值函数的具体形式(如图 12-8 所示)。

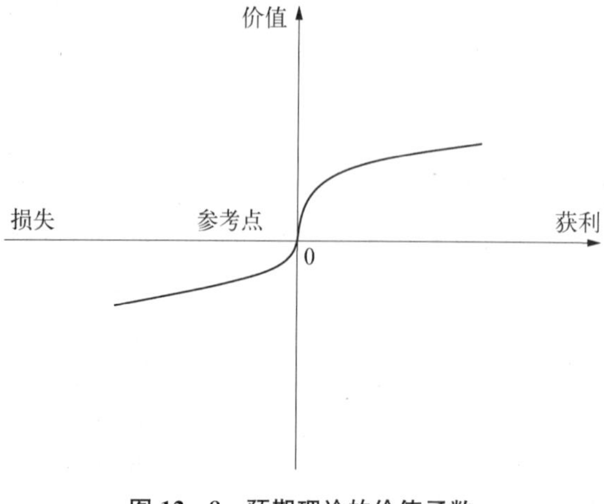

图 12-8　预期理论的价值函数

预期理论提出以后，诸多金融学家进行了一系列的补充和完善，其中比较有影响力的是1985年德邦（DeBond）和泰勒（Thaler）发表的《股票市场过度反应了吗？》（*Does the Stock Market Overreact?*）一文。在该文中，他们指出，投资者对好消息和坏消息都存在“过度反应”。该文的发表标志着行为金融学进入了迅速发展的阶段。

三、行为金融学的最新发展

行为金融学的发展过程也是传统金融理论不断受到挑战的过程，尤其是资本资产定价模型不断受到质疑，所以，行为金融学一方面通过借鉴心理学、行为学、社会学等其他学科不断完善自身理论的基本假设和分析框架，另一方面尝试着提出解决问题的模型。针对资本资产定价模型，1994年，舍夫林（Shefrin）和斯岱德曼（Stateman）提出了行为资本资产定价理论（Behavioral Assets Pricing Model，BAPM）。该理论描述的是在理性交易者和非理性交易者相互作用的情况下资产定价的方式。在该理论中，投资者被分为两类：信息交易者（Information Traders）和噪声交易者（Noise Traders）。信息交易者是“理性的”，具有传统理论中假设的良好认知、专业知识并且有均值方差偏好，他们通常满足传统金融理论中资本资产定价模型的要求；而非理性交易者，即噪声交易者则不具备理想状态下的投资者所应有的理性假设和行为方式，他们并不具有均值方差偏好，往往背离资本资产定价模型。与资本资产定价模型不同，行为资本资产定价模型把决定证券预期回报的β系数与行为相联系，这样证券的预期收益是由其“行为贝塔”（Behavioral Beta）决定的，并不完全取决于投资组合与市场组合之间的β系数。可以看出，行为资本资产定价模型在有限度接受市场有效性假说的基础上，融入了行为金融学所奉行的有限理性、有限控制力和有限自利；同时，行为资本资产定价理论认为，噪声交易者不仅能影响金融资产的价格，而且可能通过投资活动获得一定的盈利，从而可以解释非理性交易者长期存在的原因。另外，行为资本资产定价理论还对存在噪声交易者的条件下，市场组合回报的分布、风险溢价、期限结构、衍生品定价等问题进行了多方面研究，这些研究对金融市场的发展有着深刻的指导意义。

2000年舍夫林和斯岱德曼又提出了行为资产组合理论（Behavioral Portfolio Theory，BPT），认为投资者将通过综合考虑期望财富、投资的安全性与增值潜力，以及这些指标达到相应期望值的概率等几个因素来构建符合投资者个人意愿的金字塔式最有效资产组合。该理论认为，在现实中大部分投资者实际构建的资产组合是一种金字塔形结构的行为资产组合，每一层都对应着投资者特定的投资目的和风险偏好（方差），各层的资产都与特定的目标和风险态度相联系，一些资金投资于最安全的底层，也有资金投资于更具风险性的高层。

其他比较有影响的行为金融学模型有BSV模型、DHS模型和DSSW模型，简述如下：

1998年巴贝利斯（Barberis）、施莱佛（Shleifer）和弗斯尼（Vishny）以典型启示（Representativeness Heuristic）和保守主义（Principal of Conservatism）构建了BSV模型，试图综合地解释过度反应和反应不足。所谓“典型启示”，是指人们喜欢把事物分成典型的几个类别，然后在对事件进行概率估计时，过分强调这种典型类型的重要性，用局部的典型事件来反映事物全局的情况。所谓“保守主义”，是指人们在不确定情况下进行决策时，对新信息更新比较缓慢，给予新信息的权重也比较小。譬如，在股票市场上，当人们认为新公布的数据可以代表当前经济状况的总体特征时，会给予这些新数据过多的权重，出现了所谓的代表性启示；而当人们认为这些新数据不能代表经济状况的总体特征时，就给予它们过小的权重,而给予原先指标过大的权重,导致保守主义倾向。这两种认知的偏差会导致“反应过度”或“反应不足”。

1998 年丹尼尔(Daniel)、赫歇佛(Hirsheifer)和萨巴拉曼燕(Subramanyan)提出的 DHS 模型将投资者划分为没有认知偏差的无信息投资者和有认知偏差的信息投资者,而股价是由有信息投资者决定的,他们受制于过度自信(Overconfidence)和自我归因偏差(Biased Self-attribution)。大量研究表明,人们在决策时存在着过度自信倾向,人们对自己的能力和知识比较自负,往往过高估计高概率事件的发生概率,过低估计低概率事件的发生概率。例如,人们说这件事有 90%的可能性将发生,然而这件事真正发生的概率却小于 60%。自我归因偏差是一个和过度自信紧密相连的概念,人们在实践过程中往往会认为理想的结果是由他们的能力和才华所导致的,而不理想的结果是由外部原因所致,与自己本身没有关系。因此,人们很难在投资实践过程中纠正过度自信倾向,反而还有进一步加强的倾向。

DSSW 模型即噪声交易者的基本模型。它是 1990 年由德隆(De Long)、施莱佛(Shleifer)、萨默斯(Summers)和沃德曼(Waldmann)4 位学者在《金融市场中的噪声交易者风险》(*Noise Trader Risk in Financial Markets*)一文中提出的。DSSW 模型是一个假设有风险厌恶特征的投资者两期生存的交叠世代模型(Overlapping Generation),主要用于解释市场中的噪声交易行为。

所谓“噪声交易”,是指非理性的交易者在占有不完全的市场信息甚至是虚假信息时,对市场做出的错误判断,它会导致市场波动,从而引起噪声交易风险。行为金融学认为,当理性交易者进行套利时,不仅要面对金融资产价格变动的市场风险,而且要面对“噪声交易者”非理性预期变动的风险。

DSSW 模型有两个关键的假定:第一,理性投资者持有金融资产的期限很短,他们不仅关注股利的现值,而且关注持有资产的市价,尤其是再次出售时的价格。这个假设是很现实的,如投资者因为流动性需要而经常出售资产。第二,噪声交易者的情绪波动是随机的,不能被理性投资者所完全预期。也就是说,当一个理性投资者想要出售其持有的资产时,他不能准确预期此时噪声交易者是乐观还是悲观。因此,关心持有资产市价的理性投资者在出售资产时就多了一层额外的风险,即当理性投资者想要出售资产时,噪声交易者对其资产看跌,导致资产价格下降。

在 DSSW 模型中存在着两类交易者:非理性的噪声交易者和理性交易者。噪声交易者情绪不可预期的波动将产生除金融资产价格变动的市场风险以外的噪声交易风险。当噪声交易者的情绪波动性增大时,金融资产价格风险也会随之增强。如果理性交易者想利用噪声交易者的错误判断来进行套利,就必须承担更大的风险。由于噪声交易者过多地承担了自己制造的噪声交易风险,因此他们期望获得比理性交易者更高的收益。

DSSW 模型的一个实际运用是解释封闭式基金的折价交易之谜。所谓折价交易之谜,是指封闭式基金交易价格长期偏离净值的折价现象。实证研究发现,封闭式基金的市场交易价格通常不等于其持有的资产组合的市场价值(基金的资产净值),虽然基金有时会高于资产净值溢价交易,但折价 10%～20%交易已经成为一种普遍现象。DSSW 模型认为,基金折价率的随机波动源于噪声交易者的情绪波动,而基金折价交易就是对这种噪声交易者的情绪波动风险的补偿。

2013 年,行为金融学的代表人物罗伯特·希勒(Robert J. Shiller)因对资产价格的可预测性做出的贡献，与尤金·法玛、拉尔斯·彼得·汉森分享了当年的诺贝尔经济学奖。诺贝尔奖评奖委员会称："他们三位研究出了资产定价研究新方法并将其用于对股票、债券和其他资产价格细节的研究之中。他们的方法已经成为学术研究的标准。他们的成果不仅给理论研究提供指导，更有助于专业投资应用。"罗伯特·希勒的研究表明：长期内，资产价格有一定的可预测性，而且非理性因素是推动资产价格变动的重要因素。罗伯特·希勒及其他行为金融学家随后的研究借鉴了行为经济学的一些研究成果，从行为、心理的角度来研究投资者的非理性行为，如羊群效应、过度自信等。罗伯特·希勒曾用其理论成功地预测了美国股市泡沫的破灭，使其名声大噪。

四 本章小结

从目前的学术研究来看，金融市场理论主要分为三个部分：证券投资组合理论、证券市场微观结构理论和行为金融理论。本章从这三个研究领域扼要介绍了金融市场理论的发展过程和相关内容。

本章从20世纪50年代的投资理论出发，主要介绍了现代资产组合理论。现代资产组合理论主要由哈里·马科维茨的资产组合理论、威廉·夏普的资本资产定价理论和斯蒂芬·罗斯的套利定价理论组成。哈里·马科维茨认为资本市场上的投资者应该从自身的偏好出发，结合期望收益率和标准差所组成的有效集，对证券组合的最优资产结构进行选择。威廉·夏普则在资产组合的基础上提出了一个更现实的问题，当资本市场上的所有投资者都根据哈里·马科维茨的资产组合理论进行投资决策后，资产的风险是如何确定的、价格又是如何决定的。威廉·夏普运用资本资产定价理论回答了此问题，并解释了证券的风险与收益率之间的关系。由于资本资产定价模型是在一系列严格假设的基础上建立起来的，斯蒂芬·罗斯通过开创套利定价模型，放宽了资本资产定价理论的某些假设，从更为广泛的角度说明了均衡市场上风险资产定价的多因素决定问题。

对资产定价的一系列模型进行比较后我们发现，不论是证券组合理论、资本资产定价模型，还是套利定价理论，对于证券价格形成的微观基础的论述其实都是空白的，这就使得传统金融理论表现出在必要依据和支撑上的缺乏。而在20世纪60年代末兴起的金融市场微观结构理论的核心就是要说明在既定的市场微观结构下，金融资产是如何定价的。因此可以说，金融市场微观结构理论在对这些问题做出部分解释的同时，也为金融市场的一般理论提供了必要的基础，这也是该理论的重要性所在。此外，传统金融理论的众多模型实际隐含着"理性人"的假设，而这一假设也是现代经济学理论的重要基石。但长期以来，关于"理性人"假设的合理性却一直受到许多经济学家的质疑，大量心理学和行为科学的证据也显示出人并非都是完全理性的。

有效市场假说是以股票市场价格与信息利用之间的关系为研究核心，不同的信息对价格的影响程度不同。尤金·法玛根据信息的公开程度将信息分为三类：历史信息、公开信息和内幕信息，并以此界定了三种不同程度的有效市场。

随着金融市场的发展，现实中出现了许多传统金融理论无法解释的异常现象，如羊群效应、股价过度反应或反应不足等，这些使得传统金融理论受到了严峻的挑战。在此背景下，20世纪80年代以后的一些学者对证券市场的研究逐渐从传统的以"理性人"为前提的分析框架转向更多考虑市场参与者行为的行为金融学。行为金融学从投资者个体行为及产生这种行为的心理、社会等因素出发,研究资本市场的现象和问题,并尝试着解释传统金融学无法解释的异常情形。本章第三节就重点介绍了以卡尼曼和特维斯基提出的以期望理论为基础的多种行为金融理论模型。

参考书目

1. 埃德加·彼德斯:《资本市场的混沌与秩序》,王小东译,经济科学出版社1999年版。

2. 黄兴旺、朱楚珠:《行为金融理论述评》,《经济学动态》2000年第8期。

3. 霍文文:《证券投资学》,高等教育出版社2000年版。

4. 孔爱国:《现代投资学》,上海人民出版社2003年版。

5. 李树:《行为经济学的发展与经济学的人性化趋向》,《经济问题探索》2001年第12期。

6. 刘莪:《证券市场微观结构理论与实践》,复旦大学出版社2002年版。

7. 孙炤、刘厚俊:《行为经济学:当代西方经济学最新思潮》,《当代财经》2002年第1期。

8. 宋逢明:《金融工程原理——无套利均衡分析》,清华大学出版社1999年版。

9. 宋军、吴冲锋:《从有效市场假设到行为金融理论》,《世界经济》2001年第10期。

10. 杨海明、王燕:《投资学》,上海人民出版社1999年版。

11. 朱宝宪:《投资学》,清华大学出版社2002年版。

12. Admati, A. and P. Pfeiderer. A Theory of Intraday Patterns: Volume and Price Variability. *Review of Financial Studies 1*, 1988, Spring: 3-40.

13. Albert S. Kyle. Continuous Auction and Insider Trading. *Econometrica*, 1985(53).

14. Amihud, Y. and H. Mendelson.. Dealership Market: Market Making with Inventory. *Journal of Financial Economics*, 1980(8).

15. Back, K.. Insider Trading in Continuous Time. *Review of Financial Studies*, 1992(5).

16. Bagehot, W. [pseud]. The Only Game in Town. *Financial Analysts Journal*, 1971(27).

17. Barberis, N., Shleifer, A. & R.Vishny. A Model of Investor Sentiment. *Journal of Financial Economics*, 1998, 49(3).

18. Benoit Mandelbrot. Forecasts of Future Prices, Unbiased Markets and Martingale Models. *Journal of Bussiness*, 1966(39).

19. Black, Fisher and Scholes Myron. The Pricing of Option and Corporate Liability. *Journal of Political Economy*, 1973(81).

20. Daniel, K., D. Hirshleifer and A. Subrahmanyam. Investor Psychology and Security Market under-and Overreaction. *Journal of Finance*, 1998(53).

21. Daniel, K., Hirshleifer, D. and A. Subrahmanyam. Overconfidence, Arbitrage and Equilibrium Asset Pricing. *Journal of Finance*, 2001(56).

22. DeBondt, W. F. M. and R. Thaler. Does the Stock Market Overreact? *Journal of*

Finance, 1985(40).

23. De Long, Bradford J., Andrei Shleifer, Lawrence H. Summers and Robert J. Waldmann. Noise Trader Risk in Financial Markets. *Journal of Political Economy*, 1990(98).

24. Demsetz, H.. The Cost of Transacting. *Quarterly Journal of Economics*, 1968(82).

25. Easley D. and M. O'hara. Trade Size and Information in Securities Markets. *Journal of Financial Economics*, 1987(19).

26. Easley D. and M. O'hara. Order Form and Information in Securities Markets. *Journal of Finance*, 1991(46).

27. Edagar E. Peters. *Fractal Market Analysis: Applying Chaos Theory to Investment & Economics*. Willey & Sons, Inc., New York, 1994.

28. Edwin J. Elton, Martin J. Graber. *Modern Portfolio and Investment Analysis* (fifth edition). John Wiley & Sons, Inc, 1995.

29. Eugene Fama. The Behavior of Stock Market Price. *Journal of Business*, 1965(38).

30. Eugene Fama and Blume Marshell. Fliter Rules and Stock Market Trading. *Journal of Business*, 1966(39).

31. Eugene Fama. Efficient Capital Markets: A Review of Theory and Empirical Work. *Journal of Finance*, 1970(2).

32. Foster, F. D. and S. Viswanathan. A Theory of the Intraday Variations in Volume, Variance and Trading Costs in Securities Markets. *Review of Financial Studies*, 1990(3).

33. Garman, M.. Market Microstructure. *Journal of Financial Economics*, 1976(3).

34. Hersh, Shefrin and Merir Statman. Behavioral Portfolio Theory. *Journal of Financial and Quantitative Analysis*, 2000(35).

35. Ho, T. and H. Stoll. Optimal Dealer Pricing under Transactions and Return Uncertainty. *Journal of Financial Economics*, 1981(9).

36. Ho, T. and H. Stoll. The Dynamics of Dealer Markets under Competition. *Journal of Finance*, 1983(38).

37. Harry M. Markowitz. *Portfolio Selection: Efficient Diversification of Investments*. New York, John Wiley, 1959.

38. Harry M. Markowitz. Portfolio Selection. *Journal of Finance*, 1952(1).

39. Harry M. Markowitz. The Optimization of A Quadratic Function Subject to Linear Constraints. *Naval Research Logistics Quarterly*, 1956(3).

40. Hicks, J. R.. A Suggestion for Simplifying the Theory of Money. *Economica*, 1935(2).

41. Hicks, J. R.. Liqudity. *Economic Journal*, 1962(10).

42. Holbrook. A Random Difference Series for Use in the Analysis of Time Series. *Journal of American Statistical Association*, 1934(29).

43. Jan Mossin. Equilibrium in a Capital Asset Market. *Econometrica*, 1966(1).

44. Kahneman, D. and A. Tversky. Prospect Theory: An Analysis of Decision under Risk. *Econometrica*, 1979(47).

45. Kendall Maurice. The Analysis of Economic Time Series, Part I: Price. *Journal of the Royal Statistical Society*, 1953(96).

46. L. Glosten and P. Milgrom. Bid, Ask and Transaction Prices in a Specialist Market with Hererogeneously Informed Traders. *Journal of Financial Economics*, 1985(13).

47. Louis Bachelier. *Theorie de la Speculation*. Gauthier-Villars, Pairs, 1900.

48. Leaven, D. H.. Diversification of Investment. *Trusts and Estates*, 1945(5).

49. Linter John. The Valuation of Risk Assets and Selection of Risky Investment in Stock Portfolio and Capital Budgets. *Review of Economics and Statistics*, 1965(1).

50. Linter John. Security Price, Risk and Maximal Gains from Diversification. *Journal of Finance*, 1965(10).

51. Marsahcrk, J.. Money and the Theory of Assets. *Econometrica*, 1938(6).

52. Merton Robert. Theory of Rational Option Pricing. *Bell Journal of Economics and Management Science*, 1973(3).

53. M. F. M. Osborne. Brownian Motion in the Stock Market. *Operations Research*, 1959(7).

54. M. F. M. Osborne. Periodic Structure in the Brownian Motion of Stock Prices. *Operation Research*, 1962(10).

55. Paul Coonter. *Random Character of Stock Market Price*. Cambridge, Mass.: MIT Press, 1974.

56. Paul Samuelson. Proof That Properly Anticipated Prices Fluctuate Randomly. *Industrial Management Review*, 1965(6).

57. Richard Roll. A Critique of the Asset Pricing Theory's Test. *Journal of Financial Economics*, 1977(4).

58. Stephen A. Ross. The Arbitrage Theory of Capital Assets Pricing. *Journal of Economic Theory*, 1976(13).

59. Stoll, H.. The Supply of Dealer Services in Securities Markets. *Journal of Finance*, 1978(33).

60. Spiegel, M. and A. Subrahmanyam. Informed Speculation and Hedging in a Noncompetitive Securities Markets. *Review of Financial Studies*, 1992(5).

61. William F. Sharpe. A Simplified Model for Portfolio Analysis. *Management Science*, 1963(2).

62. William F. Sharpe. Capital Assets Pricing: A Theory of Market Equilibrium under Condition of Risk. *Journal of Finance*, 1964(3).

63. William F. Sharpe. Factor in New York Stock Exchange Security Returns. *Journal of Portfolio Management*, 1982(4).

64. William F. Sharpe. Factor Models, CAPMs and the ABT[sic]. *Journal of Portfolio Management*, 1984(1).

65. William F. Sharpe, Gordon J. Alexander and Jeffery V. Bailey. *Investments* (fifth edition). Prentice Hall International, Inc, 1995.

66. William L.B.. *Theory of Investment Value*. Cambridge, Mass: Harvard University Press, 1938.

思考题

1. 早期投资理论与现代投资理论有何区别?
2. 资本资产定价模型中的 β 系数和套利定价理论的因素敏感性系数有什么联系?
3. 有效市场假说的定义以及三个分类是什么?
4. 根据哈里·马科维茨的证券投资组合理论,投资者应如何决定其最优资产组合?
5. 金融市场微观结构理论在金融市场理论中的地位如何?
6. 存货模型的基本理论是什么? 在其发展过程中出现了哪几类价差决定模型?
7. 存货模型与信息模型的主要区别是什么?
8. 批量交易模型为什么得以产生? 其理论基础和研究重点分别是什么?
9. 简述行为金融学与传统金融学的关系。
10. 简述行为金融学的主要内容与创新之处。

第四篇

货币理论与货币政策

13

第十三章 货币需求

全章提要

教学目的和要求
- 第一节　货币需求的概念和动机
- 第二节　货币需求的主要决定因素
- 第三节　货币需求理论

本章小结
参考书目
思考题

教学目的和要求

- 掌握货币需求的三个动机。
- 掌握货币需求的主要决定因素。
- 理解传统货币数量理论与凯恩斯流动性偏好理论。
- 了解凯恩斯学派的其他货币需求理论和弗里德曼的现代货币数量理论，理解凯恩斯流动性偏好理论和弗里德曼现代货币数量理论的主要区别。
- 了解货币需求的一些实证结果。

货币需求理论和货币供给理论是货币经济学的基石，货币需求和供给的相互作用决定了均衡的价格水平，并通过价格水平影响通货膨胀率、名义利率和产出、资本积累、消费及劳动投入。在分析货币对经济的影响、中央银行货币政策的制定和执行时，需要对货币供给理论和货币需求理论进行系统深入的学习和研究。在国内外经济学界，人们对货币供给理论和货币需求理论已进行了长期的研究，并取得了丰硕的成果。尽管现实经济运行中货币需求和供给总是同步的，但理论研究中人们对两者的认识却不是同步的，相比之下，人们对货币需求理论的研究要悠久得多、深入得多。

货币需求理论主要分析经济中哪些因素会影响公众的货币需求量，这些因素又是如何对公众的货币需求产生影响。在本章中，我们将首先分析个体持有货币的动机，随后给出影响货币需求的主要因素，最后介绍几种比较重要的货币需求理论。

第一节　货币需求的概念和动机

一、货币需求的概念

所谓“货币需求”，是指公众在综合权衡各种资产的收益和成本之后所愿意持有的货币数量。货币是一种财富，公众主观上总是希望货币持有越多越好；但公众总财富量是给定的，公众多持有货币资产，就必须减少其他资产的持有量，公众必须考虑各种资产的流动性和回报率，选择一个最优的货币持有量。

考虑到经济运行中物价水平（即以商品衡量的货币价值）是不断变动的，因此，在分析货币需求时，我们必须区分名义货币需求和实际余额需求两个概念。

名义货币需求（Nominal Money Demand）是指公众货币需求的名义值，以货币单位来衡量，与物价水平正相关，随物价的上升而上升。

实际余额需求（Real Balance Demand）是指公众货币需求的实际值，是以实物衡量的货币需求量。实际余额需求等于名义货币需求除以物价水平。

二、货币需求的动机

在分析货币需求时，首先要了解人们持有货币的动机，即人们为什么要持有货币。由于货币所具有的支付手段、流通手段和价值储藏等基本职能，以及高流动性、低风险性（通货膨胀率较低时）等特征，人们持有货币通常有三种动机：交易动机、预防动机和投机动机。

（一）货币需求的交易动机

货币需求的交易动机是指人们通过持有流动性较高的货币资产以满足日常的交易活动。在该活动中，货币行使了支付手段和流通手段的职能。通常，公众可以有很多种方式来满足自己的交易需求。例如，公众可以将自己全部的收入以货币的形式持有，在需要时支付货币购物。这样做的好处是不会因为手头没钱而错过购物机会，也可以避免因投资于证券等流动性较差的资产而在变现时需要支付手续费、车旅费和花费时间；唯一的缺点是损失了一些利息收益。另一种极端情形是在获得收入时立即将它全部用于投资，然后在需要支付货币时卖出证券或者取出存款。这样做可以最大限度地得到利息收益，但经常买卖证券要支付大量经纪费用，前往银行取款也需要付出时间和精力，同时还可能错过心仪的商品。

理性公众在获得收入后将在交易便利和利息收益之间进行权衡，以决定收入中多少以货币形式持有，多少用于投资。出于交易动机的货币需求量依赖于以下两个因素：一是投资成本，即包含在投资及随后出售证券或准货币中的费用和不便；二是持有货币的机会成本，即因为持有货币所损失的投资在证券或准货币上可获得的利息收益，与市场利率正相关。对于大多数人来说，在一个工薪期内将自己的部分工资收入投资于证券或准货币的收益是很小的；但对于大额货币持有者，如企业和亿万富翁，即使把多余的货币投资一天也是值得的，利率越高，他们越有可能这样做。对于普通家庭来说，他们会将部分财富储蓄起来以购买大宗消费品，如房子、汽车等，利率越高，越有可能将积蓄以证券或准货币的形式持有。

交易动机可以分为个人的收入动机和企业的营业动机。前者表示个人收入的取得与支出的发生之间并非完全吻合，为此，个体需要保持一定数量的货币以保证对商品和劳务的购买；后者表示企业的销售收入与各项支出在时间和数量上存在差异，为维持企业运转需要保持一定的流动性资金。

（二）货币需求的预防动机

货币需求的预防动机是指个体为应付未来可能遇到的意外支出或收入波动等不确定性而持有货币。预防动机的货币需求来自经济中的不确定性。在某一特定时期，个体通常无法保证其货币收入和货币支出与事先预料的完全相同，其实际支出可能会超过实际收入，同时无法排除意外事件的发生以及临时急需现金的可能，为稳妥起见，人们实际持有的货币量总是比预期的需求量多一些，其中的超额部分就是出于预防动机的货币需求。

（三）货币需求的投机动机

货币需求的投机动机是指个体将货币当作一种资产用于投资活动。该动机涉及货币的财富储藏功能。持有货币、债券和股票的期望收益率不同，风险也不一样，出于追求高回报和分散风险的考虑，理性个体将会在收益率和风险之间做出抉择，选择最优投资组合，分别部分地持有货币、债券、股票和其他不动产。

在持有货币的三种动机中,交易动机是首要的,这与作为货币最基本职能的流通手段相一致;货币的储藏手段职能蕴含了持有货币的投机动机;货币的价值储藏职能与流动性的提供蕴含了持有货币的预防动机。

第二节 货币需求的主要决定因素

货币需求依赖于持有货币的动机,凡是影响或决定货币持有动机的因素就是影响和决定货币需求的因素,包括收入水平、市场利率、金融业的发达程度、消费倾向等。其中,有些因素只影响一种货币需求动机,有些则影响几种货币需求动机,下面我们选择几个主要的决定因素加以讨论。

一、收入状况

在货币需求的诸多决定因素中,个体的收入状况和已积累的财富量是最重要的。货币需求不仅依赖于个体收入水平的高低,而且依赖于个体收入的支付方式和收入的不确定性。

(一) 货币需求对收入水平的依赖性

出于交易动机的货币需求与收入水平正相关。通常,个体总收入越高,开支越大,需要进行的交易量及为该交易量提供流动性的货币需求量也越大。特别地,如果货币流通速度不变,那么,这部分货币需求与收入水平成正比。

出于投机动机的货币需求量与收入水平正相关。人们以货币形式持有的财富只是其总财富的一部分,而收入水平的高低决定着总财富的规模及其增长。收入水平越高,总财富越多,在个体投资组合中各种资产份额不变的前提下,出于投机动机的货币需求量也越大。

出于预防动机的货币需求量依赖于个体当前的收入水平和对未来交易水平的预期,后者与个体的现期收入正相关。当前收入水平越高,可用于预防未来收入和支出波动的资金越多,货币需求量也越大。

综上所述,三种动机的货币需求都与收入水平正相关,较高的收入水平蕴含较高的货币需求。

(二) 货币需求依赖于收入支付的具体方式

一般情况下,收入是定期支付的,而支出则是经常地、陆续地发生的。人们收入的取得与支出的发生一般不在同一时间,在这一次取得收入到下一次取得收入之间往往存在一定的时间间隔。在此时间间隔中,支出陆续发生。因此,在该时间间隔中,人们必须持有一定数量的货币,以随时用于支出。

在收入水平一定的条件下,人们取得收入的时间间隔与货币需求正相关。也就是说,人们取得收入的时间间隔越长,货币需求量就越大;反之,则越小。

例如,某人的总收入为月工资 5 000 元,不存银行,全部用于当期支出,且假设支出是均匀的。那么,在每个月支付一次工资的情况下,其平均货币持有额就是其月工资的一半,即 2 500 元;而在每半个月支付一次工资的情况下,虽然其月工资仍为 5 000 元,但由于每次支付的工资只有月工资的一半,其平均货币持有额也就只有每次支付工资的一半,即 1 250 元。

之所以有这样的结论，是因为在每个月只支取一次收入的情形中，人们必须持有足以应付整个月支出所需的货币额；而在半个月取得一次收入的情形中，人们只需持有足以应付半个月支出所需要的货币额。在全部收入用于当期支出而没有节余的假设条件下，其平均货币持有额即货币需求额。所以，即使人们的收入水平一定，其取得收入的时间间隔的长短也将对货币需求产生明显的影响。

在总收入和获得收入的时间间隔不变的假定下，个体每次获得收入的具体数量影响着个体的货币需求。在上述例子中，假定个体总收入由 4 000 元工资和 1 000 元津贴构成，个体每半个月得到一笔收入。假定个体的第一次收入为 2 000 元工资加 500 元津贴，第二次为 2 000 元工资加 500 元津贴，则其在前半个月和后半个月中的平均货币持有量都为 1 250 元。如果 1 000 元津贴都在月初发放，则个体在前半个月中开始时的货币持有量为 3 000 元，最后一天为 500 元，其平均货币持有量应为 1 750 元；个体在第二次得到收入时手中已持有 500 元货币，因此在后半个月中该个体的平均货币持有量为 1 250 元。该结果与两次得到相同收入的情形不同。

考虑到个体还可以进行短期投资，如存银行或购买短期国债，上述情形将会更加复杂，但货币需求依赖于收入支付具体方式的结论不变。

（三）货币需求依赖于收入水平的不确定性

货币需求中出于预防动机的货币需求量依赖于个体收入和支出的不确定性。在同等收入水平下，当个体支出或收入存在较大不确定性时，其货币需求量也较大。例如，净收入水平相同的私营企业中的雇员与国家公务员相比，前者收入波动较大，面临着随时被解雇的风险，缺乏医疗、失业等保障，预期外支出的可能性较大，因而通常会持有更多货币。

二、市场利率

在市场经济中，市场利率是人们在一定时期内使用资金的价格。资金的表现形式是货币，因此，资金的供求关系通常表现为货币的供求关系。在正常情况下，市场利率与货币需求负相关。市场利率对货币需求的影响主要表现在两个方面：一是市场利率决定人们持有货币的机会成本；二是市场利率影响人们对未来利率变动的预期，从而影响人们对资产持有形式的选择。

（一）市场利率决定持有货币的机会成本

在现代市场经济中，可供人们选择的资金持有形式很多，货币只是其中的一种。货币具有较高的流动性和安全性，持有货币可以便利交易，但其名义收益为零（现金）或只有很少的收益（存款），持有其他非货币资产的收益率一般要高于货币。市场利率在一定程度上决定或影响着这些非货币金融资产的收益率，从而决定或影响着人们持有货币的机会成本。市场利率上升，意味着人们持有货币的机会成本（因持有货币而放弃的收益）增加；市场利率下降，则意味着人们持有货币的机会成本减少。因此，市场利率上升，货币需求减少；市场利率下降，货币需求增加。

（二）市场利率影响对资产持有形式的选择

一般情况下，市场利率与有价证券的价格成反比。市场利率上升，则有价证券的价格下跌；市场利率下降，则有价证券的价格上升。市场利率的变动往往呈现周期性的规律。从长期来看，它将稳定在某一合理的或正常的水平上，即具有均值回归的特性。在市场经济中，利率上升到一定高度时将回落;反之亦然。当利率上升时,特别是上升到一定高度时,人们往往预期利率将下降,有价证券的价格将上升,人们将减少货币持有量,相应地增加有价证券的持有量,以期日后取得资本溢价收入;反之,当利率下降时,特别是在下降到一定程度后,人们通常会预期利率回升和有价证券价格的下跌,为了避免资本损失,人们将减少有价证券持有量,增加货币持有量,并准备在有价证券价格下跌后以较低的价格再买入。

由此可见,市场利率变动不仅改变了人们持有货币的机会成本,而且通过影响人们对未来利率变动方向的预期而改变他们的投资组合,从而与货币需求负相关。

三、金融业的发达程度

通常,金融业的发达程度与货币需求负相关。个体之所以愿意持有收益率为零的货币资产,是因为交易时需要货币,持有货币可以起到预防作用,作为一种较安全的资产,货币在投资组合中可以降低风险。

在一个信用制度健全、金融业发达的经济中,相当一部分交易可通过债权债务的相互抵消来了结和清算,从而减少了对于作为流通手段和支付手段的货币的需求量。另外,在这样一种成熟经济中,人们可以将收入中暂时不用的部分购买短期债券、股票等资产,需要支付时迅速出售以换回现金;但在金融业比较落后的经济中,往往缺乏适当的短期证券可供购买,即使能购买到这样的证券,在需要时也无法快速地变为现金,并且交易成本比较高,因此,人们通常会将收入中准备用于支付的货币较长时间地保存在手中。特别在一些边远地区,更是因为信用制度落后、金融机构缺乏,人们甚至以窖藏现金的形式进行储蓄。

四、消费倾向

消费倾向是指消费在收入中所占的比例,可以分为平均消费倾向和边际消费倾向。平均消费倾向是指消费总额在收入总额中所占的比例,边际消费倾向是指消费增量在收入增量中所占的比例。与消费倾向相对应的是储蓄倾向(也可分为平均储蓄倾向与边际储蓄倾向)。给定收入水平,储蓄倾向和收入倾向互为消长,消费倾向大则储蓄倾向小,消费倾向小则储蓄倾向大。

通常,消费倾向与货币需求的关系可以从如下两个方面来考虑:一方面,消费倾向越大,个体将现期收入用于消费的部分越多,相应地用于交易的货币需求也越大,因此,消费倾向与出于交易动机的货币需求正相关;另一方面,消费倾向的提高使得收入中的储蓄部分减少,相应地减少了以货币形式持有的财富量,因此,出于投机动机的货币需求量与消费倾向负相关。在讨论消费倾向与货币需求之间的关系时,需要考虑这两种效应哪一种占优势,如果前者占优势,则货币需求与消费倾向正相关;反之则反是。

在金融业比较发达的经济中,通常货币需求与消费倾向是正相关的,即消费倾向越大,货币需求也越大。但在金融业比较落后的经济中,个体储蓄主要以货币形式持有,即通过现金窖藏或活期存款的持有来储蓄,从而消费倾向越大,货币需求越小;消费倾向越小,货币需求越大。

五、货币流通速度

货币流通速度是指一定量的货币在一定时期内的平均周转次数。通常,整个经济中的货币需求量与货币流通速度负相关,即在其他条件不变的假定下,货币流通速度越快,货币需求量越少;反之则反是。

六、可供流通的社会商品总量

可供流通的社会商品总量就是待实现的商品总量。在自给自足的自然经济和物物交换的简单商品经济中,这部分产出在总产出中所占比例极小。在现代货币经济中,就整个经济而言,所有产出几乎都进入了流通领域,以货币作为媒介进行商品交换。因此,可供流通的社会商品总量越大,则流通中的交易量越大,所需要的货币量也越多;反之则反是。

七、物价水平和通货膨胀率

货币需求的交易动机是向经济中的商品交易提供交易媒介,给定货币流通速度,交易总量的大小决定了实际余额需求。在足值货币流通的条件下,所有商品都是带着价值进入流通的,因此,物价水平的高低决定了流通中的货币需求量。物价水平越高,流通中所需要的货币量越多;反之则反是。当流通中的货币是内在无价值的信用货币时,给定物价水平,每一个体的货币需求与物价水平正相关;但整个经济中的物价水平由货币供给和货币需求共同决定,是一个被系统决定的内生变量,货币供给通过影响物价水平来影响货币需求量。

名义货币需求依赖于通货膨胀率:一方面,通货膨胀率的上升提高了物价水平,相应地提高了公众收入和支出的名义值,从而提高了公众的名义货币需求;另一方面,货币的名义回报率为零,持有商品的名义回报率等于通货膨胀率,持有其他生息资产的名义回报率等于名义利率(通货膨胀率和实际利率之和),因此,通货膨胀率的上升提高了持有货币的机会成本,个体将减少货币资产的持有。上述两种效应是反向的,名义货币需求与通货膨胀率之间的相关性要看这两种效应哪一种占优势。在恶性通货膨胀时期,通货膨胀率非常高,货币的快速贬值使得人们在得到货币后会迅速购买不贬值的商品,甚至回到物物交换的情形。

八、人们的预期和偏好

货币需求在相当程度上受人们主观意志和心理活动的影响,特别是受人们对未来经济情况的预期以及对各种金融资产的偏好的影响。人们对未来经济状况的预期主要包括对市场利率的预期、对物价水平的预期和对其他资产收益率的预期。人们对各种金融资产的偏好则主要是指对货币和其他非货币金融资产的爱好程度,这种偏好取决于人们对高期望回报率和低风险的相对重视程度。

人们心理活动的复杂性导致了对货币需求影响的复杂性。一般来说,人们的心理活动与货币需求之间存在着以下关系:(1) 预期市场利率上升,则货币需求增加;预期市场利率下降,则货币需求减少。(2) 预期物价水平上升,则货币需求减少;预期物价水平下降,则货币需求增加。(3) 预期投资收益率上升,则货币需求减少;预期投资收益率下降,则货币需求增加。(4) 人们偏好货币,则货币需求增加;人们偏好其他金融资产,则货币需求减少。

九、金融科技水平

交易技术的进步可以改变人们交易动机的货币需求。例如,信用卡的使用和支付宝支付、微信支付的普及,使得个体对货币(尤其是现金)的需求下降,很多年轻人基本上不再持有现金,无现金经济快速到来。随着交易技术的进步,个体对预防动机和投机动机的货币需求也相应减少,如余额宝等互联网金融产品的开发,人们可以将资金在活期存款与余额宝之间快速转换,从而在获取收益的同时保持一定的流动性,进而减少货币持有。

除了上述9个比较重要的因素外,现实生活中决定或影响货币需求的因素还有很多,因篇幅所限,此处不一一论述。

第三节 货币需求理论

货币需求理论是货币理论的重要组成部分,西方经济学家对货币需求理论的研究有着悠久的历史,形形色色的货币需求理论不胜枚举。本节将选择较具代表性的几种理论逐一介绍。

一、传统货币数量论

货币数量论(The Quantity Theory of Money)是一种以货币数量来解释货币价值、一般物价水平的理论。由于它所讨论的实际上是商品交易中所需的货币数量问题,因此逐步演变为一种货币需求理论。该理论认为,货币政策的变化仅影响物价水平,对经济中其他实际变量没有影响。

传统货币数量论最早可以追溯到古罗马的法学家鲍罗斯(Julius Paulus),但通常人们认为,第一次明确地将价格波动和货币数量论联系起来的是法国重商主义者鲍丁(Jean Bodin)。18—19世纪的一些学者和经济学家,如洛克(John Locks)、大卫·李嘉图(David Ricardo)、穆勒(J. S. Mill)等接受和发展了该学说。20世纪初美国经济学家欧文·费雪(Irving Fisher)、英国经济学家马歇尔(A. Marshall)和庇古(A. E. Pigou)在前人的基础上分别建立了货币需求的现金交易说和现金余额说。

(一) 费雪的现金交易说

1911年,美国经济学家欧文·费雪在数学家纽科姆(美国海军大学和约翰·霍普金斯大学的数学教授)的研究基础上,为货币数量论构筑了一个清晰的理论框架。

欧文·费雪在研究了经济中总货币需求、商品和劳务的总交易量之间的关系后,得到了如下方程式:

$$\boldsymbol{M \times V = p \times T} \tag{13-1}$$

其中,M是流通中的货币总量,p是价格水平,T是商品和劳务的交易总量,$p \times T$是经济中出售商品和劳务所得到的货币总额,V是货币流通速度。该方程式表明,出售商品和劳务所需要的货币总额等于货币存量和流通速度的乘积。

该方程式本质上是一个交易恒等式,并不带来任何信息。欧文·费雪认为,货币制度和交易技术影响人们所采用的交易方式,后者决定了货币流通速度V。例如,人们更多地采用记账方式和信用卡方式进行交易会导致货币流通速度加快。欧文·费雪等古典经济学家们进一步认为,交易技术和制度性因素对流通速度的影响是相当缓慢的,因此,短期内货币流通速度可以被看作一个常数。

在短期内货币流通速度是常数的前提下,上述恒等式就变成了古典货币数量方程(又称费雪现金交易方程式)。由于古典经济学家们(包括欧文·费雪)相信名义工资和价格是完全弹性的，因此，劳动力市场完全出清，总产出等于充分就业时的产出量，商品和劳务的交易总量在短期内可以被看作常数。由等式 13－1 得：

$$p = M \times \frac{V}{T} \tag{13-2}$$

因此，价格水平由货币存量唯一决定。

可以将等式 13－1 改写为：

$$M = \frac{1}{V} \times pT \tag{13-3}$$

当货币市场出清时，经济中的总货币供给等于总货币需求 M^d，因为古典经济学家们认为 V 是一个常数，令 $k = \frac{1}{V}$，则有：

$$M^d = k \times pT \tag{13-4}$$

式 13－4 表明，名义交易总量决定了人们的货币需求，由于 k 和 T 都是常数，因此，利率对货币需求没有任何影响。

考虑到现代商品经济中几乎所有产出都要进入流通领域进行商品交换，因此，有 $T=Y$，代入式 13－4，整理得：

$$M^d = k \times pY \tag{13-5}$$

因此，名义收入完全由经济中的货币数量决定。

从上面的分析可以看到，货币需求的费雪现金交易学说仅考虑了货币的交易动机。在该理论中，货币流通速度存在短期刚性，不受利率的影响；价格水平完全由经济中的货币存量决定；名义货币需求和实际余额需求都不受利率的影响。

（二）剑桥学派的现金余额说

在欧文·费雪发展货币需求现金交易学说的同时，英国剑桥的一批古典经济学家，包括马歇尔、庇古和罗伯森(Robertson)等，也在同一领域进行着类似的研究。这些古典剑桥经济学家认为，个体持有货币的动机有两点：交易动机和投机动机。

作为一种交易媒介，货币被用来进行交易。在这一点上，剑桥的这些经济学家赞成欧文·费雪的货币需求量与交易水平有关，认为货币需求中用于交易的那部分正比于名义总收入。

不同于欧文·费雪的是，货币需求中还有一部分是用于价值储存的，受人们财富水平的影响。因为名义财富量正比于名义收入，所以，货币需求中用于价值储存的那部分也正比于名义总收入。

将这两部分合在一起，可以得到货币需求正比于名义收入的结论。剑桥经济学家们将该结论表达为如下方程式（剑桥方程式）：

$$M^d = k \times pY \tag{13-6}$$

式中，k 是一个比例常数。式 13－5 和式 13－6 在形式上是一样的，但两者所蕴含的经济学含义却存在着显著的不同。

根据剑桥学派的分析，在短期内，k 和 Y 是相对稳定的；同时，货币数量的变动不会对这两个变量产生影响。因此，与欧文·费雪的基本结论一样，剑桥学派也认为，货币数量的任何变动必将使一般物价水平发生同方向、等比例的变动。

尽管剑桥经济学家们也经常将 k 看作常数,并且同意欧文·费雪的名义收入由货币存量决定的观点,但在利率能否影响货币需求上却意见不一。剑桥学派认为,个体选择多少货币进行价值储存,除了受名义收入的影响外,还受其他资产的收益率和期望回报率的影响。个体将在所有可用于价值储存的资产中选择最优组合。如果其他资产的收益和期望回报率发生变化,用于价值储存的这部分货币量也将发生变化,短期内 k 并不能保证一定稳定。

综上所述,这两种古典处理方法都相信货币需求正比于收入,但欧文·费雪更强调交易的技术因素,排除了短期利率的影响;而剑桥学派则更强调个体的资产选择,因此无法排除利率对货币需求的短期影响。

二、凯恩斯的流动性偏好理论

(一) 货币流通速度的稳定性

古典经济学家相信价格水平完全由货币供给决定,货币流通速度是个常数。但真实经济中,货币流通速度并非常数。图 13-1 刻画了美国 1915—1999 年货币流通速度逐年变化的情形,从中可以看出,即使在短期,货币流通速度也存在着较大波动,很难把它看作一个常数。

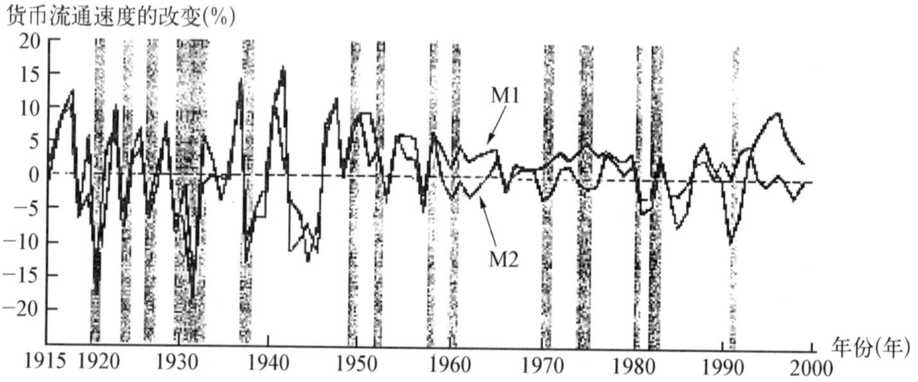

图 13-1　美国 1915—1999 年货币流通速度的改变

从图 13-1 可以发现,每当经济衰退产生时,货币流通速度也随之下降(图 13-1 中的阴影部分表示衰退期)。

在大萧条之前,为什么经济学家们没有意识到经济收缩时货币流通速度会陡峭下降而相信它是个常数呢? 这可能是因为第二次世界大战之前 GDP 和货币供给的精确数据并不存在,经济学家们无法知道常数货币流通速度的假定是多么荒谬。直到 20 世纪 30 年代大萧条到来,货币流通速度下降幅度如此之大,即使利用非常粗糙的数据,经济学家们也可以得出货币流通速度并非常数的结论。大萧条之后,经济学家们开始寻找其他影响货币需求的因素以解释货币流通速度的波动。

(二) 凯恩斯流动性偏好理论

1936 年,凯恩斯在他的《就业、利率和货币通论》一书中放弃了古典货币经济学家对常数货币流通速度的假定,发展了一种新的货币需求理论——流动性偏好理论。该理论继承了剑桥学派的处理方法,同时强调了利率的重要性。所谓"流动性偏好"(Liquidity Preference),是指人们愿意持有名义收益为零,但可以灵活周转的货币的心理倾向。流动性偏好实质上就是人们对货币的需求。

凯恩斯货币需求理论的显著特点在于，注重对货币需求各种动机的分析。在流动性偏好理论中，凯恩斯全面讨论了个体持有货币的三个动机：(1) 交易性动机。与古典经济学家一样，凯恩斯相信货币需求中用于交易的那部分正比于个体的收入。(2) 预防性动机。凯恩斯相信，这种预防性货币需求量依赖于个体对未来交易水平的预期，而后者正比于个体的现期收入，因此，预防性货币需求也正比于收入。(3) 投机性动机。凯恩斯相信这部分货币需求量与收入正相关，同时，利率起着重要作用。

凯恩斯把用于财富储存的资产分为两类：货币和债券。持有货币的名义回报率为零，持有债券的回报由两个部分构成，即利息收益和由债券价格变化所带来的预期资本收益。利率上升，则债券价格下降。如果预期未来利率会上升，则未来债券价格将下降，由此会导致负的资本收益；反之则反是。

凯恩斯认为，市场利率往往呈现一种周期性变动的规律，从长期来看，它将稳定在某个合理的或正常的水平上。如果现期利率低于该正常值，个体将预期未来债券利率会上升，债券价格会下降，由债券价格变化所带来的预期资本收益为负值，因此，个体将出售债券改为持有货币，从而货币需求上升。如果现期利率高于该正常值，则个体将预期未来债券利率会下降，债券价格会上升，由债券价格变化所带来的预期资本收益为正值，持有货币的收益低于持有债券的收益，货币变得不受欢迎，从而货币需求下降。因此，基于投机性动机的货币需求与利率水平负相关。

凯恩斯认为，名义货币存量和价格水平的同比上升并不能给个体带来任何好处，个体在持有货币时所关心的是它的实际购买力。因此他认为，在考虑货币需求时应该考虑实际余额需求而不是名义货币需求。

将这三种动机下的货币需求量加起来，实际余额需求可以表示为名义利率(i)和实际收入的函数(流动性偏好函数)：

$$\frac{\boldsymbol{M^d}}{\boldsymbol{p}} = \boldsymbol{L(i,Y)} \tag{13-7}$$

式中，$L_i(i,Y) < 0, L_Y(i,Y) > 0$，即实际余额需求与名义利率负相关，与实际收入正相关，此处下标表示对该变量的偏导数。

考虑到货币市场均衡时货币需求 M^d 等于货币供给 M，由流动性偏好函数式 13-7 可以求出货币流通速度公式：

$$\boldsymbol{V} = \frac{\boldsymbol{pY}}{\boldsymbol{M}} = \frac{\boldsymbol{Y}}{\boldsymbol{L(i,Y)}} \tag{13-8}$$

在式 13-8 中，货币流通速度不再是常数，而是随着利率的变化而变化。利率的上升导致实际余额的下降，货币流通速度随之上升。通常，名义利率是顺周期变化的，经济繁荣时利率上升，经济衰退时利率下降，因此，货币流通速度也是顺周期的，这可以解释图 13-1 中货币流通速度的顺周期性。

三、凯恩斯理论的推广

第二次世界大战后，经济学家们开始采用凯恩斯的处理方法，进一步研究货币需求理论。考虑到凯恩斯理论中利率作用的重要性，这些研究主要集中在利率对货币需求的影响上。凯恩斯的后继者们利用具有微观基础的经济模型,发现与交易动机和预防性动机相对应的货币需求也受利率的影响,其中,最具影响性的模型包括鲍莫尔-托宾的存货理论模型、惠伦模型和托宾的资产选择理论。

(一) 鲍莫尔①-托宾②的交易需求理论

在凯恩斯的流动性偏好理论中,出于交易动机的货币需求只依赖于个体收入,不受名义利率的影响。1952 年鲍莫尔(William J. Baumol)、1956 年托宾(James Tobin)分别独立地得到了交易动机的货币需求也依赖于名义利率的结论,该模型通常被称为货币需求的鲍莫尔-托宾存货理论模型。

下面主要介绍鲍莫尔(1952)的模型。假定在一个给定的时间长度(比如 1 年)内,个体将平稳地支付 T 美元货币,他可以通过取款或撤回部分投资来提取现金,利率成本为 i, T 和 i 是预先给定的常数。假定他每次提取的现金数目相同,都是 M 美元,并且每提取一次现金需要付出固定的提取成本 b,这个成本可能是去银行的交通费、打电话或上网的电话费和上网费,也可能是个体所花费的时间成本。假定 b 是个独立于 M 的常数。不考虑整数限制,对任意的 $M \leqslant T$,个体在 1 年内将提取 $\frac{T}{M}$ 次现金,总的提取成本为 $\frac{bT}{M}$。在两次提取现金的时间段内个体花费是平稳的,这样,每年的平均现金持有量为 $\frac{M}{2}$,个体因持有货币而遭受的损失为 $\frac{iM}{2}$。当他每次提取的现金数量是 M 时,为了满足个体自身的交易活动,在该给定时间段内个体付出的总成本为 $\frac{bT}{M}+\frac{iM}{2}$。一个理性个体将选择最优的现金提取量 M,以达到总成本最小。因此,理性个体的最优化问题可以表示为:

$$\min_{M}\left(\frac{bT}{M}+\frac{iM}{2}\right) \tag{13-9}$$

该最优化问题的解必须服从 $-\frac{bT}{M^2}+\frac{i}{2}=0$。因此,当 $M=\sqrt{\frac{2bT}{i}}$ 时,总成本达到最小,最小值是 $\sqrt{2biT}$。

上述结论表明,在这种简单情形中,现金需求正比于交易值的平方根,反比于名义利率的平方根,这就是著名的平方根公式。$M=\sqrt{\frac{2bT}{i}}$ 表示,货币需求关于收入的弹性为 0.5,关于利率的弹性为−0.5,因此,较高收入水平的人持有相对较少的现金,这一点有时被称为现金管理中的规模经济。

在上述讨论中,没有考虑整数约束。如果引入整数约束,即个体提取现金的次数只能是 1, 2, …, n 等整数,则在货币需求的存货理论模型中,货币需求的收入弹性应该为 0.5~1,

① Baumol, William J.. The Transactions Demand for Cash: An Inventory Theoretic Approach. *Quarterly Journal of Economics*, 1952(66): 545-556.

② James Tobin. The Interest Elasticity of the Transactions Demand for Cash. *Review of Economics and Statistics*, 1956(38): 241-247.

而利率弹性为－0.5～0。

与鲍莫尔(1952)模型相比，托宾(1956)模型的不同之处在于：(1) 托宾假定个体可以持有货币和债券。个体将收入部分地以货币形式持有，部分地以债券形式持有，个体可以通过支付一定的成本将债券变现。(2) 托宾假定债券变现所需支付的成本服从线性函数，部分成本与交易量无关，部分正比于债券的交易量。

个体持有货币的机会成本是名义利率，个体必须选择最优决策来使总成本最小化。在这个更一般的模型中，托宾得到了类似上述结论的复杂结果。

(二) 惠伦的预防需求理论

在凯恩斯的流动性偏好理论中，由预防动机产生的货币需求仅是收入的函数，独立于名义利率。20 世纪 60 年代，美国经济学家帕廷金、惠伦、奥尔等先后发现，与基于交易动机的货币需求一样，基于预防动机的货币需求同样受利率变化的影响。其中，比较著名的是惠伦(Whalen)模型。

在惠伦的货币需求模型中，货币需求依赖于三个因素：持有货币的机会成本、变现的手续费、支出的不确定性。

假定 M 为预防性货币的平均持有量，i 为利率，则预防性货币需求的总机会成本为 Mi。记 n 为变现次数，σ 为净支出分布的标准差。假设从长期看人们将花掉其全部收入，则根据切比雪夫(Tchebycheff)定理，在给定 M 的情况下，变现次数 $n=\frac{\sigma^2}{M^2}$。假设 C 为每次变现所需支付的手续费，则总的手续费 $nC=\frac{\sigma^2 C}{M^2}$。

理性个体将选择最优的货币持有量和变现次数以使其总成本最小：

$$\min_{M}\left(Mi+\frac{\sigma^2}{M^2}C\right) \tag{13-10}$$

该最优化问题的解必须服从 $i-2\frac{\sigma^2 C}{M^3}=0$，因此，有：

$$M=\sqrt[3]{\frac{2\sigma^2 C}{i}} \tag{13-11}$$

式 13-11 表示，当 $M=\sqrt[3]{\frac{2\sigma^2 C}{i}}$ 时，总成本达到最小值 $3\sqrt[3]{\frac{i^2\sigma^2 C}{4}}$，该式即惠伦模型中货币需求的立方根公式。

惠伦模型表明，源于预防动机的货币需求同样受利率的影响。利率越高，货币需求量越小，两者呈负相关关系，预防性货币需求对利率的弹性为$-\frac{1}{3}$。

(三) 托宾[①]的资产选择理论

在凯恩斯的流动性偏好理论中，利率之所以对投机动机的货币需求量产生影响，是因为货币和债券这两种资产回报率的不同导致了个体投资组合的变化。当利率较高时，人们预

① James Tobin, Liquidity Preference as Behavior Towards Risk. *Review of Economic Studies*, 1958(25): 65-86.

期利率会下降,债券价格会上升,因此持有债券;当利率较低时,人们预期利率会上升,债券价格将下降,因此持有货币。事实上,人们对利率变化的预期并不能如此确定,个体也不会仅持有货币或仅持有债券,还可以持有其他金融资产,在这一点上,凯恩斯的流动性偏好理论与真实经济并不吻合。

1958 年,托宾在马科维茨投资组合理论的基础上,通过引入非货币资产的风险,研究了个体投资组合中的货币需求问题,提出了货币需求的资产选择理论,弥补了凯恩斯理论的缺陷。

托宾认为,绝大多数个体是风险回避的,他们在持有各种资产时将考虑资产的期望回报率和风险,期望回报率越高越好,风险越低越好。个体将各种资产按一定份额组合起来,构成一个投资组合,个体选择最优的投资组合以最大化期望效用。在每一个体都是理性的、风险回避的假定下,谁都希望得到低风险、高回报的资产,市场均衡时,资产的期望收益率通常与资产的风险正相关,即收益高的资产风险也较高。货币作为一种名义收益为零的资产,其风险为零。

在风险回避的个体的投资组合中,给定某种资产的风险,当该资产的收益率上升时,持有该资产给个体带来的好处(效用)增加,个体将增加该资产的持有量,相应地减少其他资产的持有量,直到持有该资产的边际效用等于持有其他资产的边际效用,进一步持有该资产不会增加个体效用为止。

当市场利率上升时,债券收益率和其他风险资产的收益率通常随之上升,而各种资产的风险并没有相应上升,因此,个体将增加风险资产的持有量,减少货币的持有量;反之,个体将减少风险资产的持有量而增加货币在投资组合中的份额。因此,托宾的资产选择理论成功地解释了投机动机下货币需求与利率的负相关性。

四、弗里德曼的现代货币数量理论

古典货币数量理论由于 20 世纪 30 年代的大萧条和凯恩斯《就业、利率和货币通论》的发表而没落,随后大多数经济学家成为凯恩斯主义者,人们甚至把古典货币数量论和古代迷信相提并论。20 世纪 50 年代中后期,由于弗里德曼和他的学生们的工作,货币数量理论成为凯恩斯主义理论的强劲对手。这种对抗的出现有着一系列原因:一是第二次世界大战后,不同于凯恩斯主义者的预测,美国经济没有出现造成 20 世纪 30 年代大萧条的条件,而是发生了通货膨胀;二是凯恩斯主义者认为,政府可以通过控制政府开支和税收,使得经济接近或达到充分就业。但事实证明,按照这种建议改变政府支出和税率将会遇到严重的经济和政治方面的困难。

(一) 弗里德曼的现代货币数量理论

1956 年弗里德曼发表了《货币数量理论的重新表述》一文,为传统货币数量理论翻开了新的篇章。弗里德曼认为,货币数量理论首先是一种货币需求理论,其次才是产出、货币收入或物价水平的理论。弗里德曼强调了货币需求的稳定性,认为货币需求中随机波动的成分很小,货币需求可以通过货币需求函数来精确地预测。

弗里德曼在分析个体对货币的持有受哪些因素影响时,并没有像凯恩斯那样去分析个体持有货币的具体动机,而是把货币看作一种资产,认为影响其他资产需求的因素同样会影响货币需求。

在弗里德曼的讨论中,影响货币需求的因素可以分为以下四类:

1. 财富总量

财富总量是制约人们货币需求的规模变量，人们的货币需求总量不能超过其财富总量。通常，总财富可以分为人力财富和非人力财富。前者是指人们所具有的能够为自己带来收入的能力，包括体力、智力等；后者是指各种实物财富。

由于财富总量无法用货币直接测量，因此无法作为一个重要的变量列入货币需求函数。考虑到财富总量与收入的紧密联系，人们通常将收入当作一个变量放入货币需求函数。根据弗里德曼的永久收入假设，进入货币需求函数的应该是个体的永久收入，即过去、现在和未来一段较长时间内的平均收入。

2. 人力财富和非人力财富的比例

由于人力财富转变为非人力财富时会受经济形势、经济环境和制度等方面的限制，在为所有者带来收入方面具有较大的不稳定性，因此，财富结构，即人力财富和非人力财富在总财富中的比例在一定程度上也影响着个体的货币需求。一般来说，人力财富在财富总量中的比例越大，相应的货币需求量也越大。

3. 各种资产的收益率

人们可以持有货币，也可以持有债券、股票和其他实物资产。个体在决定货币持有量时必须考虑货币和其他资产的收益率与风险。当其他资产的收益率上升时，个体将减少货币持有；当其他资产的收益率下降时，个体将增加货币持有。弗里德曼在货币需求函数中引入了债券收益率、股票收益率和实物资产收益率。

4. 影响货币需求的其他因素

除了上述因素外，弗里德曼认为还有一些因素也会影响货币需求，如人口因素、技术因素、制度因素和心理因素等。

按照这种思路，弗里德曼将货币需求公式表示为：

$$\frac{M^d}{p}=f\left(Y_p,r_b,r_e,\frac{1}{P}\ \frac{\mathrm{d}P}{\mathrm{d}t},w,u\right) \tag{13-12}$$

式中，Y_p 是永久收入(实际值)；r_b 和 r_e 分别是债券和股票的期望回报率；$\frac{1}{P}\ \frac{\mathrm{d}P}{\mathrm{d}t}=\pi^e$ 是物价水平的预期变动率，也即实物资产的收益率；w 是非人力财富占总财富的比例；u 是影响货币需求的其他因素。此处，$f_{Y_p}>0$，$f_{r_b}<0$，$f_{r_e}<0$，$f_{\pi^e}<0$，下标代表对这些变量的偏导数。

在式 13-12 中，个体永久收入的上升将导致资产需求的上升，因此，永久收入和实际余额需求正相关。r_b、r_e 分别代表债券持有和股票持有相对于货币持有的预期超额回报率，也就是持有货币的机会成本，机会成本越高，实际余额需求就越小，因此，这两个变量与实际余额需求负相关。π^e 代表相对于持有货币而言持有商品的预期超额回报率，π^e 上升，个体将更多地选择持有商品而不是货币，所以该变量与实际余额需求负相关。

(二) 弗里德曼理论与凯恩斯理论的区别

弗里德曼的货币需求理论和凯恩斯的流动性偏好理论在形式上非常接近，但两者之间存在着几个重要区别：

第一，凯恩斯理论仅考虑了市场利率对货币需求的影响，实际余额需求强烈地依赖名义利率。与凯恩斯理论不同,弗里德曼在考虑货币需求时认识到,通货膨胀率、债券利率、股票回报率和货币回报率(活期存款利率、定期存款利率等)会对货币需求产生影响。由于各种利率之间存在正相关性,短期内通货膨胀率与利率是负相关的,因此,弗里德曼的货币需求理论表明,利率变化对货币需求的影响很小。

第二,在弗里德曼的货币需求理论中,实际余额需求主要由永久收入决定,利率影响相当小,因此,货币需求方程可以近似地简写为:

$$\frac{M^d}{p}=f(Y_p) \tag{13-13}$$

由于永久收入的相对稳定性,因此,不同于凯恩斯理论,弗里德曼理论强调了货币需求的稳定性,货币需求中随机波动的成分很小,货币需求可以通过货币需求函数精确地预期。

第三,由弗里德曼的货币需求方程,货币流通速度可以近似地表示为:

$$V=\frac{Y}{f(Y_p)} \tag{13-14}$$

因为Y和Y_p是可以完全预先估计的,所以,一个稳定的货币需求函数蕴含了货币流通速度的可预测性,名义收入主要由货币供给决定。在这一点上不同于凯恩斯理论,弗里德曼的货币需求理论更像是传统货币数量理论的一种重新叙述。

由式13-14可以看出,弗里德曼的货币需求理论可以解释货币流通速度的顺周期性。由于永久收入并不受经济波动的影响,因此,当经济高涨时,临时性收入增长,货币流通速度加快;当经济萎缩时,临时性收入减少,货币流通速度减慢,货币流通速度是顺周期的。

五、一般均衡模型中的货币需求理论

自20世纪70年代以来,货币经济学得到了飞速发展,利用具有微观基础的一般均衡模型来分析经济问题成为货币经济学的主流。在一般均衡模型中,通过考察个体效用最大化问题、厂商利润最大化问题和政府行为,可以揭示货币供给与产出、资本存量、消费和通货膨胀之间的关系。个体的货币需求由个体的效用最大化问题决定,通常反映在Euler方程(个体最大化条件)中,货币需求函数的具体形式已显得不再重要。另外,近20年来主要工业化国家的中央银行大多数在执行货币政策时是通过对货币市场进行干预以达到意愿的短期利率目标。例如,美联储设置联邦基金利率目标,随之通过影响银行准备金供给使得联邦基金率维持在目标水平上。当中央银行直接控制短期名义利率时,货币需求的可预测性就变得不再重要,代之以中央银行所能控制的期限较短的货币市场利率与影响投资、消费的各种市场利率之间的关系,市场利率与汇率之间的关系变得非常重要。因此,人们对货币需求函数的理论研究兴趣日减。

在一般均衡模型中,为引入货币,通常假定个体持有货币可以带来交易便利、节省交易的时间成本或物质成本;或者商品的购买必须使用货币,即货币提供流动性;或者简单地假定持有货币可以直接增加个体效用。因此,均衡时持有货币的机会成本应该等于持有货币所产生的边际效用,或持有货币所节省下来的时间成本、物质成本为个体所带来的边际收益,或因货币所提供的流动性便利而造成的效用增加。因为持有货币的机会成本是名义利率的函数,名义利率越高,持有货币的机会成本越高,个体的实际余额需求越少。通过均衡求解所得到的货币需求函数仍然是名义利率的减函数,是总消费的增函数。与凯恩斯流动性偏好理论和弗里德曼的货币需求理论不同的是，在一般均衡模型中，货币需求函数是通过个体效用最大化问题求解出来的，具有微观基础。

六、货币需求函数的经验研究

前文介绍了几种重要的货币需求理论，但从纯理论出发并不能精确地得到真实经济中的具体货币需求函数形式。由此，我们有必要对真实经济中的时间序列数据和截面数据进行研究，采用计量方法进行处理，以得到具体的货币需求函数。考虑到计量研究要涉及很多复杂的数学工具，这里不进一步展开，下面用卢卡斯①(Lucas，2000)的一项简单研究来示范。

卢卡斯分析了美国1900—1994年的货币需求函数。图13－2给出了美国经济1900—1994年短期名义利率和M1对名义GDP之比的时间序列数据。在这95年中，实际GDP的年平均增长率为3%，M1的年平均增长率为5.6%，GDP缩减指数年平均增长率为3.2%，因此，整个20世纪中货币-收入比基本上不存在长期趋势。因为货币需求的收入弹性超过1时，货币-收入比呈向上的趋势，反之则呈向下的趋势，所以，真实经济中货币-收入比的无长期趋势蕴含着货币需求的收入弹性为1。在式13－7中，实际余额需求可表示为 $\frac{M_t}{p_t}=L(i_t, y_t)$。由货币需求的收入弹性为1，可以取 $L(i, y)=m(i)y$。

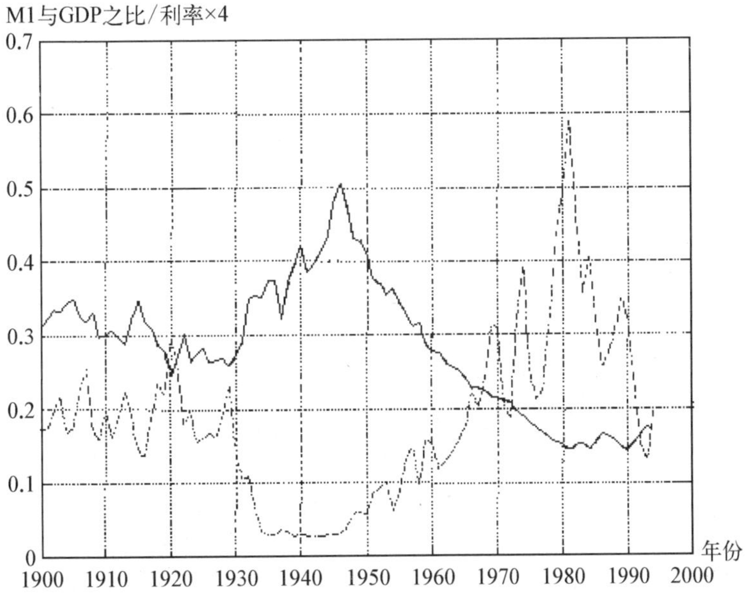

注：实线代表M1与GDP之比，虚线代表利率乘上4。

图13－2　美国的货币、收入和利率

图13－3给出了1900—1994年货币-收入比和名义利率的观察值，同时给出了参数 η 等于0.3、0.5和0.7的三条曲线 $m=Ai^{-\eta}$。其中，A 的选取使得曲线通过所有数据对的几何平均值，很明显，$\eta=0.5$ 的曲线与真实数据吻合得最好。

---

① Lucas，Robert E. Jr.. Inflation and Welfare. *Econometrica*，2000(68)：247－274.

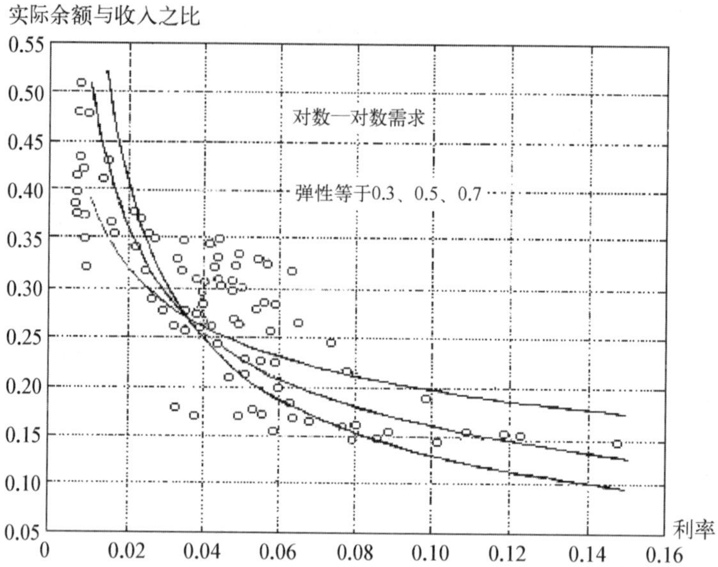

图 13-3　美国 1900—1994 年的货币需求(1)

图 13-4 给出了相同数据对的时间序列,但曲线改为参数 ξ 等于 5、7 和 9 的三条曲线 $m=Be^{-i\xi}$,这三条曲线也通过所有数据对的几何平均值,在曲线族中,$\xi=7$ 的曲线与真实数据吻合得最好。

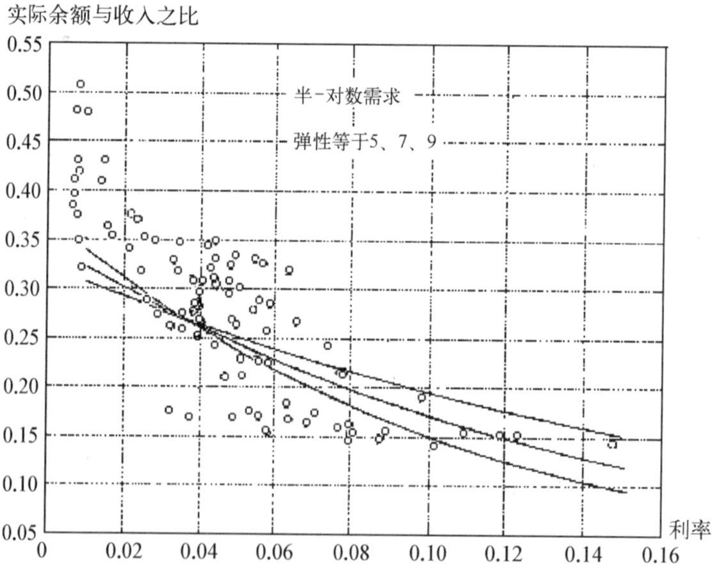

图 13-4　美国 1900—1994 年的货币需求(2)

为了对这些估计有进一步的了解,图 13-5 刻画了美国真实的实际余额和用对数—对数需求曲线 $Ai_t^{-0.5}y_t$ 刻画的实际余额估计值。从中可以看到,第二次世界大战之前两者吻合得相当好,甚至包括 20 世纪 30 年代和 40 年代的加速增长。对战后利率上升伴随的实际余额下降也相当吻合,但进入 20 世纪 90 年代后两者的差距就拉大了。另外,用对数—对数需求函数估计的实际余额时间序列展示了真实值所不具有的大的短期波动。

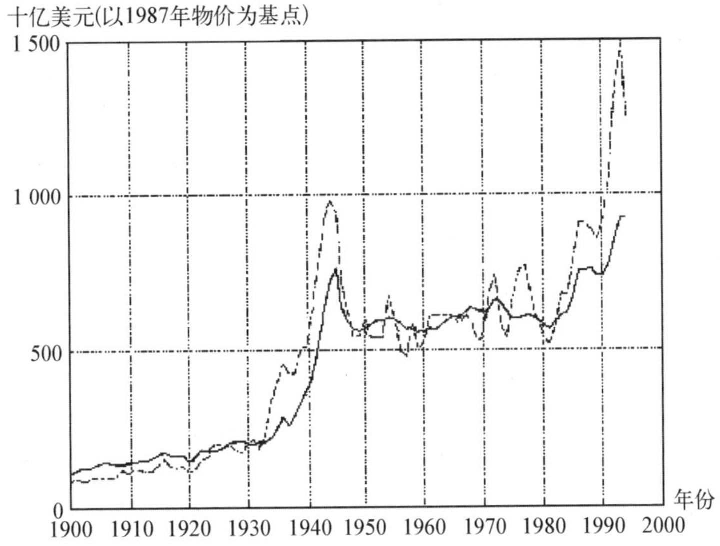

注：实线为真实值，虚线为预测值。

图 13－5　美国 1900—1994 年真实的和预测的实际余额

四 本章小结

货币需求是人们在综合权衡持有资产的收益和成本之后确定的愿意持有的货币数量。人们持有货币通常有三种动机：交易动机、预防动机和投机动机。

凡是影响持有货币动机的因素就是影响货币需求的因素，主要包括收入状况、市场利率、金融业的发达程度、消费倾向、货币流通速度、可供流通的社会商品总量、物价水平和通货膨胀率、人们的偏好和预期等。

传统货币数量理论中欧文·费雪的现金交易说和剑桥学派的现金余额说是两种代表性学说。欧文·费雪的现金交易说只考虑了货币需求的交易动机，认为货币需求只与经济中的交易量成正比，不受利率水平的影响。剑桥学派的现金余额说考虑了货币需求的投机动机和交易动机，因此不能排除市场利率对货币需求的影响。这两种学说都相信货币流通速度是个常数，因此，货币需求由名义收入决定。

凯恩斯流动性偏好理论同时考虑了持有货币的三种动机。凯恩斯相信，货币需求中出于交易动机和预防动机的部分与个体收入正相关，出于投机动机的部分也与收入正相关，同时利率起着重要作用。因此，在凯恩斯的流动性偏好理论中，货币需求正相关于个体收入、负相关于名义利率。

凯恩斯学派经济学家对凯恩斯理论的推广主要围绕货币需求的三大动机进行，其中最著名的是鲍莫尔-托宾的存货理论模型。鲍莫尔和托宾分别独立地研究了货币需求的交易动机后发现，这部分货币需求也依赖于利率水平，此即鲍莫尔-托宾的交易需求理论。惠伦通过研究货币需求的预防动机后，提出了预防需求理论，认为预防动机的货币需求同样受利率的影响。托宾的资产选择理论则重新考察了货币需求的投机动机，通过引入资产风险，托宾利用投资组合理论成功地弥补了凯恩斯投机需求中的缺陷。

弗里德曼的现代货币数量理论强调了货币需求的稳定性,认为货币需求中的随机波动成分很小,货币需求可以通过货币需求函数来精确地预期。弗里德曼通过考察影响货币需求的一些重要因素,给出了货币需求函数。这些因素包括财富总量、人力财富与非人力财富的比例、各种资产的收益率和其他诸如人口、技术等因素。弗里德曼现代货币数量理论既是对传统货币数量理论的继承和发展,又是对凯恩斯理论的批判和继承。

参考书目

1. 戴国强等:《货币银行学》,上海财经大学出版社 2001 年版。

2. 黄达等:《货币银行学》,四川人民出版社 1996 年版。

3. 黄宪、江春等:《货币金融学》,武汉大学出版社 2002 年版。

4. 陈利平:《货币理论》,北京大学出版社 2003 年版。

5. 托马斯·梅耶、詹姆斯·S. 杜森贝里、罗伯特·Z. 阿利伯:《货币、银行与经济》(第六版),林宝清、洪锡熙等译,上海三联书店、上海人民出版社 2007 年版。

6. 郑兰祥:《现代货币银行学》,中国商业出版社 2001 年版。

7. 弗雷德里克·S. 米什金:《货币金融学》(第十二版),王芳译,中国人民大学出版社 2021 年版。

8. 凯恩斯:《货币论》,何瑞英译,商务印书馆 1997 年版。

9. Keynes, John Maynard. *The General Theory of Employment, Interest and Money*. Reprinted Harbinger, Harcourt Brace and World, 1964.

10. Friedman, M.. The Quantity Theory of Money: A Restatement. *Studies in the Quantity Theory of Money*. Chicago University Press, 1956.

11. B.M. Friedman and F.H. Hahn(ed.). *Handbook of Monetary Economics*. Elsevier Science Publishers B.V.: North-Holland; Amsterdam, New York, Oxford, Tokyo, 1990.

思考题

1. 试分析收入状况和市场利率对货币需求的影响。
2. 举例说明消费倾向对货币需求既可以存在正的影响,也可以存在负的影响。
3. 为什么凯恩斯之前的古典经济学家会认为货币流通速度是个常数?
4. 鲍莫尔-托宾模型怎样发展了凯恩斯的流动性偏好理论?这种发展的政策意义何在?
5. 试述弗里德曼现代货币数量理论与凯恩斯理论的异同。

14

第十四章 货币供给

全章提要

教学目的和要求

- 熟悉有关货币供应量的构成，掌握 M1 与 M2 的含义。
- 理解存款货币的派生过程。
- 掌握货币供给的决定机制。
- 掌握基础货币与货币乘数的含义及其影响因素，并说明它们对货币供给的影响。
- 了解货币供给的内生性与外生性。
- 了解我国的货币供给决定机制及其内生性特征。

20 世纪 30 年代以来，随着国际金本位的彻底崩溃和中央银行制度的普遍建立，世界各国开始实行凯恩斯所谓的“有弹性的通货制度”，即纸币本位。在纸币制度下，货币发行的数量不再受自然条件的限制，从而成为货币当局和经济主体主观意志的产物。因此，流通当中的货币，可能会多于经济活动的需要，也可能不足以媒介商品的流通，从而引发通货膨胀或通货紧缩。由于中央银行处于货币发行的核心地位，自然就有义务调节货币流通，维护货币体系的稳定，因此，我们就必须了解货币供应的决定过程，分析流通中的货币数量发生变化的原因，以此作为实施货币调控的依据。本章系统阐述货币供应的决定机制，第一节首先介绍货币供应量的构成；第二节分析存款货币的创造过程；第三节归纳出了货币供应的一般方程，并对影响基础货币和货币乘数的各种因素加以探讨；第四节对货币供给的外生论与内生论做了简要评述。

第一节 货币供应量及其构成

货币供应量有存量和流量两个不同的概念。所谓“货币存量”，是指一个国家在某一时点上实际存在于整个经济中的货币总量。所谓“货币流量”，是指一个国家在一定时期中货币流通的总量，实际上是货币存量与货币流通速度之积。在现代货币供给理论中，货币供应量通常是一个存量的概念。各国货币当局或中央银行都定期地公布这种货币的供应量，并根据具体的经济形势和经济政策的需要对它进行必要的调节和控制。

各国在统计并公布货币供应量时所设计的指标及其统计口径和计算方法不尽相同，即使在同一个国家，随着时间的推移、金融理论的发展以及金融创新中各种新金融工具的出现，货币供应量及其指标也将不断地更新或调整，统计口径和测算方法也将不断改进。从各国的具体实践来看，货币供应量一般以流动性的强弱作为标准进行分层次统计和发布。在这里，所谓的“流动性”，是指某种资产在不使其持有者产生损失的条件下迅速地转化为现金的能力，即一般所谓的“变现能力”。资产流动性的高低主要取决于资产的可转让性、期限和面额。一般来说，资产的可转让性越强、期限越短、面额越小，其流动性越高；反之则反是。

所以，各种支票存款通常被归入狭义货币 M1，期限较短、面额较小的定期存款被归入广义货币 M2，而期限较长、面额较大的定期存款则一般不作为货币，或至多只是作为“准货币”。当然，由于各国的国情不同，因此，划分货币层次的具体方法也不同。即使各国都根据流动性的高低将货币层次划分为 M0、M1 和 M2 等，各层次所包含的资产范围也可能大不相同。下面，我们分别说明美国、欧元区和我国的货币供应量及其构成。

一、美国的货币供应量及其构成

美国联邦储备体系从 1960 年开始测算并公布货币供应量。其后六十多年来，美联储又对货币供应量的统计口径做过 16 次修订。目前，美联储公布的货币层次及其构成如下：①

M1：(1) 美国财政部、美联储和存款类机构库存之外的现金；(2) 非银行机构发行的旅行支票；(3) 商业银行活期存款（除去存款类机构、美国政府、外国银行和外国官方机构持有的活期存款）减去应收现金项目和美联储浮款；②(4) 其他支票存款，包括存款类机构的可转让支付命令账户和自动转账账户、信贷协会股金提款账户、储蓄机构的活期存款。

M2：(1) M1；(2) 储蓄存款（包括货币市场存款账户）；(3) 10 万美元以下的小额定期存款减去在存款类机构的个人养老金账户和 Keogh 退休计划；③(4) 零售货币市场共同基金余额减去货币市场共同基金中的个人退休金账户和 Keogh 退休计划。

二、欧元区的货币供应量及其构成

欧洲中央银行的货币统计是在各成员国已有货币层次划分的基础上，从众多货币统计口径中选用的一套能被各成员国普遍接受的统一的货币统计标准。目前，欧洲中央银行发布的各货币层次及其构成如下：

M1 = 流通中的现金 + 隔夜存款

M2 = M1 + 2 年内到期的定期存款 + 3 个月的通知存款

M3 = M2 + 货币市场基金份额 + 回收协议 + 2 年内到期的债务证券

三、我国的货币供应量及其构成

中国人民银行自 1994 年 10 月开始编制并发布“货币供应量统计表”，首次将我国的货币供应量划分为以下三个层次：

M0 = 流通中的现金

M1 = M0 + 单位活期存款

M2 = M1 + 储蓄存款 + 单位定期存款

进入 21 世纪以来，我国中央银行对货币供应量的统计口径曾做过 4 次修订：(1) 2001 年 6 月，中国人民银行做出第一次修订，将证券公司客户保证金计入 M2；(2) 2002 年初，中

① 盛松成、翟春：《中央银行与货币供给》，中国金融出版社 2015 年版。

② 浮款，是指在中央银行支票清算过程中出现的银行体系准备金总额暂时性增加的情形。例如，一家银行向另一家银行签发支票，中央银行在清算时往往先增加存入行的央行存款（准备金增加），再减少支票签发行的央行存款（减少准备金），在此增加和减少的间歇期暂时性增加的准备金被称为“浮款”。

③ Keogh 退休计划是自由职业者为退休而存款建立的退休金投资账户，该账户可减免纳税。

国人民银行做出第二次修订,将外资、合资金融机构的人民币存款分别计入不同层次的货币供应量;(3) 2006 年,中国人民银行做出第三次修订,规定信托投资公司和金融租赁公司的存款不再计入相应层次的货币供应量;(4) 2011 年 10 月,中国人民银行做出第四次修订,在货币供应量中加入住房公积金中心存款和非存款类金融机构在存款类金融机构的存款。2018 年 1 月,中国人民银行完善货币供应量中货币市场基金部分的统计方法,用非存款机构部门持有的货币市场基金取代货币市场基金存款。

表 14－1 是中国人民银行公布的 2016 年 12 月—2020 年 12 月的货币供应量。可以看到,我国的货币供应量被分为三个层次,即 M0、M1 和 M2。其中,M2 是货币和准货币,M1 是狭义货币。所谓"准货币",是指在 M1 之外,流动性相对较弱的存款和其他流动资产,如个人储蓄存款、单位定期存款等。在我国目前的货币总量中,M2 是最广义的货币,其数值最大;M0 是流通中的现金,既是 M1 的一部分,也是 M2 的一部分,但所占比例都很小,而且在总体上呈越来越小的趋势。

表 14－1　中国人民银行公布的货币供应量(2016 年 12 月—2020 年 12 月)

单位:亿元人民币

项　目	2016 年 12 月	2017 年 12 月	2018 年 12 月	2019 年 12 月	2020 年 12 月
货币和准货币(M2)	1 550 066.67	1 690 235.31	1 826 744.22	1 986 488.82	2 186 795.89
货币(M1)	486 557.24	543 790.15	551 685.91	576 009.15	625 580.99
流通中的现金(M0)	68 303.87	70 645.60	73 208.40	77 189.47	84 314.53
M0 占 M1 的比例	14.04%	12.99%	13.27%	13.40%	13.48%
M1 占 M2 的比例	31.39%	32.17%	30.20%	29.00%	28.61%
M0 占 M2 的比例	4.41%	4.18%	4.01%	3.89%	3.86%

资料来源:中国人民银行官网。

从表 14－1 可看出,M1 在 M2 中所占的比例最高为 32.17%,最低为 28.61%,这说明,在 M2 中,准货币所占的比例约为 70%。M0 在 M1 中所占的比例最高为 14.04%,最低为 12.99%,而在 M2 中所占的比例最高为 4.41%,最低为 3.86%。由此可见,在现代货币信用经济中,流通中的现金只是货币流通总量中的很小部分。随着支付技术的改进及人们支付习惯的改变,在货币流通中,现金流通将越来越少,其在货币总量中的比例也将越来越小。

从上述美国和欧元区等西方发达国家的货币层次划分中可以看到,由于这些国家的金融体系比较完善、支付技术比较先进、现金流通占比更小,因此,他们并不将 M0 作为一个独立的货币层次加以发布,而是直接发布 M1、M2 和 M3。

第二节　存款货币的创造机制

在现代货币信用经济中,由于商业银行的存款(主要是各种可以用支票来转移支付的存款)是货币构成的主体,因此,研究信用经济条件下的货币供给,必须从存款货币的创造及其乘数效应说起。在实行部分准备金制度的条件下，商业银行体系可通过放款和投资等活动创造出数倍于原始存款的派生存款。这就是存款货币的创造。存款货币的创造过程在很大程度上反映了现代经济中货币供给量的决定过程。

一、存款货币创造的基本原理

（一）原始存款与派生存款

商业银行体系的存款，可分为原始存款和派生存款两种。所谓"原始存款"，是指银行的客户直接以现金形式存入银行的存款。所谓"派生存款"，是指由银行的贷款和投资等行为引起的存款。

银行存款的形成，在历史上最初是由于盈余单位将多余货币寄存于银行，以换得安全、便于支付和赚取利息等好处。但是，银行不能只是财物保管处，当它发现，通常难得有全体存款人同时到银行提取存款的情况时，他便可以在吸收存款之后，只留下其中一小部分作为应付提现的准备金，其余的用于贷款以获利，并可期望贷款获得者将该款的全部或一部分暂存于银行，即"派生存款"。如此，存款—贷款—再存款—再贷款……，反复进行，便使银行最终的存款金额达到远多于第一笔存款（初始存款）的地步。反之，如果外界从银行提走一笔现金，银行存款的减少也会远大于这笔初始提款。这就是银行创造或削减信用的基本程序，也是存款货币的乘数效应的基本原理。

在现代信用货币制度下，现金和存款（尤其是商业银行的活期存款）是货币的两种不同表现形式。原始存款的发生只是改变了货币的存在形式而并不改变货币的总量。但是派生存款则不同，它的发生意味着货币总量的增加。所谓"存款货币的多倍扩张或多倍紧缩"，实际上就是指派生存款的多倍创造或多倍消失。

（二）派生存款的前提

由以上可见，银行存款的乘数效应是以三个事实为前提的：

第一，部分准备金制度。存款准备金（R）是商业银行在吸收存款后，以库存现金或在中央银行的存款的形式保留的、用于应付存款人随时提现的那部分流动资产储备。存款准备金比率就是存款准备金占银行吸收存款总量的比例。在现代市场经济中，存款准备金比率是中央银行调控货币供给量的一个重要手段。

以 r 表示存款准备金与存款比例，则 r 须是小于 1 而大于 0。若 $r = 100\%$，那么初始存款将全部变为准备金，也就无派生存款与存款乘数效应之可能。对于商业银行来说，根据中央银行规定的存款准备金比率保留的那部分存款准备金是必须保留的法定准备金。但是，当商业银行根据中央银行规定的比率缴足了法定准备金后，是否保留超额准备金或保留多少超额准备金，则完全由商业银行自主决定。存款准备金（R）包括法定存款准备金（RR）和超额存款准备金（ER），即 $R = RR + ER$；相应地，存款准备金率也可分解成法定存款准备金率（r_d）和超额存款准备金率（e），即 $r = r_d + e$。

第二，银行存款同现金近于通用，只有这样，银行贷款的获得者才会将贷款暂存于银行待用，否则贷款全被提走，也不会发生派生存款与存款乘数效应。

第三，这里所谓的银行是指整个存款机构体系，或社会上独一无二的存贷款机构。如果就银行体系内的任一个银行来说，它在吸收初始存款后所贷出之款，会被贷款获得者全部或局部提去而存入另一家银行,则前一银行便只能有极少甚至全无派生存款。

二、商业银行的信用创造过程

(一) 基本假设

存款货币的多倍扩张和多倍紧缩受多种因素的影响。在具体分析货币供给的决定与变动时,必须对这些复杂的因素加以周密的考虑。但在本部分,我们只对存款乘数效应的大小或银行创造信用的基本原理与基本过程做分析,为后面的分析奠定必要的基础。为了简化起见,不妨先做如下假设:

第一,假设中央银行规定的法定存款准备金率为10%,即 $r_d=10\%$。这样假设的目的是方便后面用数据进行举例说明。

第二,假设商业银行并不保留超额准备金(ER),即初始存款(ΔD)发生后 $\Delta ER=0$。因此,当商业银行吸收存款并根据中央银行规定的存款准备金比率保留足够的法定准备金后,将把全部剩余准备金用于贷款或投资。

第三,假设社会公众不持有现金,他们把一切货币收入都以活期存款的形式存入银行。即虽有 ΔD 而无 ΔC,或 $\Delta C=0$。

第四,假设存款只有一种,即可以签发支票的"交易存款",简称活期存款,以 D_d 表示,而无定期存款 D_t 之发生。这样假设有两个目的:一是所谓"存款货币",实际上是指可以通过签发支票而直接用于支付的活期存款,而不是不能签发支票的定期存款;二是中央银行通常对活期存款和定期存款规定不同的法定准备金比率。一般来说,定期存款的法定准备金比率低于活期存款的法定准备金比率。美国等西方发达国家目前已取消了对定期存款的法定准备金要求,通过这一假设可避开活期存款与定期存款相互转化这一比较复杂的问题。

上述第一个和第二个假设,是分别对中央银行和商业银行行为的假定;第三个和第四个假设,是对社会公众行为的约定。

(二) 单个银行的活动

第一阶段:现假设中央银行在公开市场上从商业银行A购入国债10 000元,则银行A的现金储备增加10 000元,同时国债资产减少10 000元。银行A的资产负债表的变化如表14-2所示。

表14-2 银行A的资产负债表

资产		负债
储备	+10 000	
国债	−10 000	

第二阶段:根据第二个假设,银行A不持有超额准备金,将其全部贷给客户 X_1,X_1 以借入的10 000元全部用来向 X_2 购买商品和劳务,根据第三个假设,X_2 将10 000元货款全部以活期存款的形式存入银行B,银行B收到存款后,扣除1 000元法定存款准备金,其余贷款给客户 X_3。银行B的资产负债表的变化如表14-3所示。

表 14－3　银行 B 的资产负债表

资　产		负　债	
法定储备	＋1 000	活期存款	＋10 000
贷款	＋9 000		

第三阶段：客户 X_3 以 9 000 元借款向 X_4 购买商品和劳务，X_4 将 9 000 元收入全部存入银行 C，银行 C 在保留 10％的法定存款准备金之后，将余款 8 100 元全部贷给 X_5。银行 C 的资产负债表的变化如表 14－4 所示。

表 14－4　银行 C 的资产负债表

资　产		负　债	
法定储备	＋900	活期存款	＋9 000
贷款	＋8,100		

银行 C 贷出的 8 100 元款项在市场上经过周转，最后必然以活期存款的形式回到另一家银行，该银行扣除 8 100×10％＝810（元）的法定存款准备金后，再将多余的部分（7 290 元）贷出，如此循环往复，以至无穷。

（三）银行体系的存款创造过程

就整个银行体系而言，当某一家银行新增了一笔储备之后，会增加新的贷款和投资，从而引起连锁反应，上例所示情况对银行体系的影响如表 14－5 所示。

表 14－5　银行体系的反应(一)

银　行	活期存款（ΔD_d）	法定储备（ΔRR）	贷款（ΔL）
B	10 000	1 000	9 000
C	9 000	900	8 100
D	8 100	810	7 290
E	7 290	729	6 510
F	6 561	656	5 905
……	……	……	……
合　计	100 000	10 000	90 000

更一般地,在上述 4 个假设下,如果银行持有的储备发生了变化,比如,中央银行在公开市场上购进证券,使存款机构体系增加了一笔准备金 (ΔR),那么,该体系的存款额(注意:这里假设只有活期存款)便会有一连串的增加,即第一笔是 ΔR,第二笔是 ΔR 减去按法定的活期存款准备比率 (r_d) 应提准备金后可以贷出并回流到存款机构的资金,即 $\Delta R(1-r_d)$,第三笔依同理是 $\Delta R(1-r_d)^2$,第四笔是 $\Delta R(1-r_d)^3$,以此类推,该银行体系的变化如表 14-6 所示。

表 14-6 银行体系的反应(二)

N	活期存款 (ΔD_d)	法定储备 (ΔRR)	贷款 (ΔL)
1	ΔR	$rd \cdot \Delta R$	$\Delta R(1-r_d)$
2	$\Delta R(1-r_d)$	$rd \cdot \Delta R(1-r_d)$	$\Delta R(1-r_d)^2$
3	$\Delta R(1-r_d)^2$	$rd \cdot \Delta R(1-r_d)^2$	$\Delta R(1-r_d)^3$
…	……	……	……
n	$\Delta R(1-r_d)^{n-1}$	$r_d \cdot \Delta R(1-r_d)^{n-1}$	$\Delta R(1-r_d)^n$
…	……	……	……
$\sum$	$\Delta D_d = \Delta R \cdot \sum_{n=1}^{\infty}(1-r_d)^{n-1} = \frac{1}{r_d} \cdot \Delta R$	$\Delta RR = r_d \cdot \Delta R \cdot \sum_{n=1}^{\infty}(1-r_d)^{n-1} = \Delta R$	$\Delta L = \Delta R \cdot \sum_{n=1}^{\infty}(1-r_d)^n = \frac{1-r_d}{r_d} \cdot \Delta R$

特别地,最后该体系新增存款总额如下:

$$\begin{aligned}\Delta D_d &= \Delta R[1+(1-r_d)+(1-r_d)^2+(1-r_d)^3+\cdots\cdots+(1-r_d)^n+\cdots\cdots] \\ &= \Delta R \times \frac{1}{1-(1-r_d)} \\ &= \frac{1}{r_d} \cdot \Delta R \end{aligned} \tag{14-1}$$

三、存款货币的多倍紧缩

存款货币多倍紧缩的过程与多倍扩张的过程正好相反。如果说存款货币的多倍扩张是由商业银行的存款准备金增加所引起的,那么,存款货币的多倍紧缩则是由商业银行的存款准备金减少所引起的。商业银行存款准备金的减少大致有两个原因:一是存款人从银行提走他们的存款,二是中央银行向商业银行出售有价证券。下面,我们仍以上述假设条件为基础,对存款货币多倍紧缩的基本过程做一简述。

假设某存款人从甲银行以现金形式提取存款 10 000 元,这就使甲银行的库存现金(即存款准备金)减少了 10 000 元。这就说明,在甲银行减少存款 10 000 元的同时,其存款准备金也减少了 10 000 元。但是,根据中央银行规定的法定存款准备金比率,甲银行因减少存款 10 000 元只能减少存款准备金 1 000 元(即其存款总额的 10%);同时,由于已假定商业银行并不持有任何超额准备金,因此,在这种情况下,甲银行发生了存款准备金的短缺,其短缺的金额为 9 000 元。为此,它必须通过收回贷款或出售其持有的债券加以弥补。现假设甲银行通过收回贷款来弥补其短缺的存款准备金,则其资产负债表的变化如表 14－7 所示。

表 14－7　甲银行的资产负债表　　单位:元

资　产		负　债	
准备金	－1 000	存款	－10 000
贷款	－9 000		
总额	－10 000	总额	－10 000

甲银行收回贷款必然使其他银行因此而减少存款,从而引起其他银行的存款准备金也发生短缺,并同样通过收回贷款或出售债券加以弥补。现假设因甲银行收回贷款而使乙银行减少了 9 000 元存款,并相应地减少了 9 000 元存款准备金。根据中央银行规定的法定存款准备金比率,乙银行因减少 9 000 元存款只能减少 900 元存款准备金。于是,乙银行还短缺存款准备金 8 100 元,必须加以补足。如果乙银行也通过收回贷款来补足其所缺的存款准备金,则其资产负债表的变化如表 14－8 所示。

表 14－8　乙银行的资产负债表　　单位:元

资　产		负　债	
准备金	－900	存款	－9 000
贷款	－8 100		
总额	－9 000	总额	－9 000

乙银行为补足存款准备金而收回贷款,必然引起其他银行减少存款。在部分准备金制度下,这种存款的减少又必然引起存款准备金的不足,从而也必须收回贷款或出售证券。经过整个银行体系的连锁反应,存款货币总额将成倍缩减,其缩减的倍数与存款货币扩张的倍数是一致的。所以,存款货币的多倍紧缩实际上是多倍扩张的反向过程。

四、存款乘数

(一) 简单的存款乘数

式 14－1 就是所谓的"简单的存款乘数效应"公式,即新增一笔准备金之后,新增存款总额等于该准备金与一个乘数 $\left(\text{在这里是}\frac{1}{r_d}\right)$ 之积,这种乘数称为存款乘数 m_d。在上述 $\Delta ER =$

0、$\Delta C=0$ 和 $\Delta D_t=0$ 这三个假设之下，活期存款乘数（m_{dd}）是活期存款法定准备比率（r_d）的倒数。如果 r_d 是 20%，m_{dd} 便是 5；如果 r_d 是 10%，m_{dd} 便是 10；如果 r_d 是 5%，m_{dd} 便是 20。也就是说，法定准备比率越小，存款的乘数效应越大。

上列存款乘数效应公式，也可由另一个思路导出：由于 ΔER、ΔC 和 ΔD_t 都等于零，因此，ΔR 到最后便变成了这个存款机构体系的连续各笔新增活期存款的准备金总额，而后者又是 $\Delta D_d\cdot r_d$，故：$\Delta R=\Delta RR=\Delta D_d\cdot r_d$，亦即 $\Delta D_d=\dfrac{1}{r_d}\cdot\Delta R$。

请注意，这里所谓的存款乘数效应，是就整个存款机构体系来说的，若是千百家银行中的任何一个，它当然不会有很多，甚至完全没有派生存款。实际上，即使就整个银行体系而言，存款乘数效应也没有上述简单公式所显示的那么大，因为公式所依托的后面三个假设与现实有很大的距离。下面我们逐步放宽假设，就可以得出一般情况下更贴近于经济现实的存款乘数。

(二) 银行行为对存款乘数的影响

$\Delta ER=0$ 也许只是一种特例，在经济十分兴旺、社会上对银行贷款需求甚殷、利率甚高而又没有明显市场风险的情况下，才会有此种所谓“贷满”的现象出现。实际上，经济波动乃是市场经济常有的现象，市场利率时有变化，客户提存也难以准确预料，因此，银行家为了不致在市场利率骤升时失去贷款获利的机会，为了不致在客户突然提款时匆匆地以不利的条件出卖资产或向外界告贷，他(她)就必须有一定的超额准备金，即 $\Delta ER\neq 0$。然而，过多的超额准备金显然会减少银行的收益，所以，超额准备金 ΔER 必然只是活期存款 ΔD_d 的一部分，设 $\Delta ER/\Delta D_d=e$，那么，上述新增准备金最后便会分解为新增的法定准备金和新增的超额准备金，即：

$$\Delta R=\Delta RR+\Delta ER=\Delta D_d\cdot r_d+\Delta D_d\cdot e=\Delta D_d(r_d+e)$$

因此：

$$\Delta D_d=\frac{1}{r_d+e}\cdot\Delta R \tag{14-2}$$

显然，存款乘数比在 $\Delta ER=0$ 的假设下要小一些。

(三) 社会公众的行为对存款乘数的影响

再看第二个假设 $\Delta C=0$，这也是极端不现实的。虽然在当代西方发达国家中存款货币的流动性接近于现金(通货)，但也仅是“接近”而已，并非全等。在小额交易和秘密买卖上，往往不用支票而用现金，而且，为了生活的方便，许多人也愿意持有少部分现金，所以，在银行体系新增一笔准备金之后，很难设想不会有一部分“漏”到公众手持现金去，即 $\Delta C\neq 0$。然而，过多的 ΔC，于持有者是损失了赚取利息的好处，于存款机构是减少了资金来源，所以，ΔC 也必然有一个限度。设 ΔC 与 ΔD_d 有一定的比例关系，将这一比例定义为通货比率(或现金漏损率)，以 k 来表示，则 $k=\dfrac{\Delta C}{\Delta D_d}$，那么，上述新增的准备金，最后便会被分解为三部分：

$$\begin{aligned}\Delta R&=\Delta RR+\Delta ER+\Delta C\\&=r_d\cdot\Delta D_d+e\cdot\Delta D_d+k\cdot\Delta D_d\\&=(r_d+e+k)\Delta D_d\end{aligned}$$

故
$$\Delta D_d = \frac{1}{r_d + e + k} \cdot \Delta R \tag{14-3}$$

存款乘数又缩小了。

在我们引进 $\Delta C \neq 0$ 这个条件以后，存款的乘数效应机制还有另一个新情况，即存款不但可以因准备金增减而扩缩，也可因公众手持现金的其他增减而扩缩。因为既然 ΔC 与 ΔD_d 有一定比例，即 C 是在有 ΔD_d 发生时才按比例增加，那么，若是在银行未有新的准备金注入，或虽已注入而尚未形成派生贷款与存款时，发生了其他原因（如中央银行直接投放货币、政府减税等）而出现 ΔC，则这个 ΔC 会被存入银行（注意，因为我们已假定只有出现派生贷、存款时，公众才会需求更多的 C，故非新增准备金所引起的 ΔC 便成了超过公众需求的现金，于是便会被存入银行），然后同新增准备金一样产生一连串的贷款与存款，其所引起的存款总额是：

$$\Delta D_d = \frac{1}{r_d + e + k} \cdot \Delta C \tag{14-4}$$

所以，在 $\Delta C \neq 0$ 的情况下，活期存款的增加总额应是：

$$\begin{aligned} \Delta D_d &= \frac{1}{r_d + e + k} \cdot \Delta R + \frac{1}{r_d + e + k} \cdot \Delta C \\ &= \frac{1}{r_d + e + k} \cdot (\Delta R + \Delta C) \end{aligned}$$

由上式可知，新增的准备金和新增的现金都有存款的乘数效应，所以，人们称 R 和 C 为强力货币（High Powered Money）或称基础货币（Base Money 或 Monetary Base），简写为 $B = R + C$。

因此，上式也可写为：

$$\Delta D_d = \frac{1}{r_d + e + k} \cdot \Delta B \tag{14-5}$$

下文继续探讨存款与货币创造时，我们将不再用 ΔR 而改用 ΔB 作为公式内的被乘数。

（四）复杂的存款乘数

现在，我们放宽最后一个假设 $\Delta D_t = 0$。

定期存款（ΔD_t），比起现金和活期存款来，更少用作流通手段，主要体现为价值储藏，因此流动性更低，利息率更高；也因此，其法定的准备金比率（r_t）比较低（许多国家对定期存款不要求提取法定准备金，此时，$r_t = 0$）。当存款机构因基础货币增多而使存、贷款有所增加时，很有可能出现流通手段一时超过其需求量的情况，于是公众为了多得收益，愿意增加定期存款，以至于 $\Delta D_t \neq 0$。但 ΔD_t 也不能过多，否则可能因现金和活期存款不足而限制了交易额。在新增定期存款与新增活期存款之间，通常也有一定比例，设 $\frac{\Delta D_t}{\Delta D_d} = t$。

这样，新增的基础货币，最后将被分解为四部分：活期存款准备金、超额准备金、公众新增手持现金、定期存款准备金，即：

$$\begin{aligned} \Delta B &= r_d \cdot \Delta D_d + e \cdot \Delta D_d + k \cdot \Delta D_d + t \cdot r_t \cdot \Delta D_d \\ &= (r_d + e + k + t \cdot r_t) \cdot \Delta D_d \end{aligned}$$

此时：
$$\Delta D_d = \frac{1}{r_d + e + k + t \cdot r_t} \cdot \Delta B \tag{14-6}$$

这就是撤去前述第四个假设后，新增一笔基础货币（ΔB）所能引起的全部活期存款，其乘数显然因为分母中多了 $t \cdot r_t$ 一项而进一步减小。如果中央银行对定期存款的法定准备金不做要求，那么，活期存款乘数最终就与式(14-5)没有差别。

另外，银行体系新增一笔基础货币之后，除了引起活期存款的倍数扩张外，还会引起定期存款的变化，因为 $\frac{\Delta D_t}{\Delta D_d} = t$，所以 $\Delta D_t = t \cdot \Delta D_d$，即：

$$\Delta D_t = \frac{1}{r_d + e + k + t \cdot r_t} \cdot \Delta B \cdot t = \frac{t}{r_d + e + k + t \cdot r_t} \cdot \Delta B \tag{14-7}$$

当然，银行体系基础货币的减少，也会引起完全相反的过程发生，经过存款乘数的作用，最终引起活期存款和定期存款成倍地减少，其作用的机理与存款货币的扩张相类似，只不过方向完全相反。

上述过程，就是在当代金融环境下银行创造存款机制的简要描述。它有助于了解市场经济国家里银行的作用与经营，也有助于剖析货币供给的机制以及中央银行、存款机构和社会公众在其中的作用。

第三节 货币供给量的决定

一、货币供应方程

要知道货币供应量如何决定，必先明确货币的度量范围。本章第一节中已经指出，各国现时通行的度量办法是将各种流动性较高但货币性不等的金融资产，依次归纳为 M1、M2、M3……至于何者称为货币，由使用者自定。现为分析简便起见，以 M1 为狭义货币，内容包括公众手持现金（C）和金融中介机构的活期存款（D_d）；又以 M2 为广义货币，由 M1 和各种定期(包括储蓄)存款（D_t）所组成。即：

$M1 = C + D_d$，故　$\Delta M1 = \Delta C + \Delta D_d$

$M2 = C + D_d + D_t$，故　$\Delta M2 = \Delta C + \Delta D_d + \Delta D_t$

又由上节阐明：

$\Delta C = k \cdot \Delta D_d$

$\Delta D_d = m_{dd} \cdot \Delta B$，$m_{dd} = \frac{1}{r_d + e + k + t \cdot r_t}$

$\Delta D_t = m_{dt} \cdot \Delta B$，$m_{dt} = \frac{t}{r_d + e + k + t \cdot r_t}$

据此 $M1$ 和 $M2$ 的决定，首先可以用下列公式表示：

$$\Delta M1 = k \cdot \frac{1}{r_d + e + k + t \cdot r_t} \cdot \Delta B + \frac{1}{r_d + e + k + t \cdot r_t} \cdot \Delta B = \frac{1 + k}{r_d + e + k + t \cdot r_t} \cdot \Delta B \tag{14-8}$$

$$\Delta M2=\frac{1+k}{r_d+e+k+t\cdot r_t}\cdot\Delta B+\frac{t}{r_d+e+k+t\cdot r_t}\cdot\Delta B=\frac{1+k+t}{r_d+e+k+t\cdot r_t}\cdot\Delta B \tag{14-9}$$

在(14－8)和(14－9)两式中，$\frac{1+k}{r_d+e+k+t\cdot r_t}$ 称为狭义货币的乘数，以 m_1 表示；$\frac{1+k+t}{r_d+e+k+t\cdot r_t}$ 称为广义货币的乘数，以 m_2 表示。

与上节相比较，不难发现，决定货币供给的因素，与决定存款创造的因素基本相同，都是基础货币和货币乘数，而货币乘数中的变量，又都是 r_d、r_t、e、k、t 等项。不同的是，在货币乘数的分子中多了一个 k。所以，只要分析清楚影响基础货币量和货币乘数的各个因素如何决定，便可明了存款和货币的伸缩原因。

二、基础货币

(一) 基础货币的运用

我们定义基础货币为 $B=C+R$，是就基础货币的用途来说的，这实际上是基础货币的存在形式，表现为公众所持通货及商业银行和其他存款机构的准备金，后者又包括法定准备金和超额准备金。

流通中现金 C 的大小，取决于社会公众对持有通货的收益与成本的比较。持有通货的收益表现为通货的流动性及其给持有者带来的安全感，持有通货的成本则是因此而损失的银行存款或其他金融资产的收益。商业银行和其他存款机构对法定准备金的需求，是一种间接的和被强制的需求，在中央银行对法定准备金率的强制规定下，金融体系对法定准备金的需求，最终根源于人们对存款的需求。相反，金融机构对超额准备金的需求，则是直接的和自愿的，其数额取决于金融机构对持有超额准备金的成本与收益的评价。其成本表现为金融机构为持有超额准备金而牺牲的利息收入；其收益则是在资金紧迫的情况下，金融机构可因持有超额准备金而免去以不适当的高利率来筹措资金的困境。

(二) 基础货币的来源

讨论基础货币的运用，只是为了说明经济社会对基础货币的需求。为了准确了解基础货币的变化规律，我们还需要深入分析基础货币的供给，探讨基础货币的来源。在现代经济中，每个国家的基础货币都来源于货币当局的投放。所谓"货币当局"，一般是指一国的中央银行，但有的国家或地区的货币当局除了中央银行外，还包括财政部。也就是说，财政部也参与基础货币的投放。

基础货币一般由三部分组成：(1) 社会公众持有的通货；(2) 商业银行及其他金融机构持有的现金，又称为库存现金；(3) 商业银行及其他金融机构在中央银行的存款。(1)、(2)两个部分是货币当局发行的，可以作为货币当局的负债，第(3)部分更是直接地体现为货币当局的负债，因此，从来源来看，基础货币表现为货币当局的负债。从这个角度，我们甚至可以定义基础货币为商业银行和非银行社会公众所持有的政府(货币当局)的净货币负债。明确了这一点，就能注意到，中央银行的业务活动，如果改变其资产负债表的结构，就有可能对基础货币的数量产生影响。下面我们以美国联邦储备银行体系的资产负债表为例，分析中央银行行为对基础货币的影响。

表 14-9　美国联邦储备银行体系的资产负债表

资　　产	负　　债
黄金、外汇及特别提款权	公众所持通货
有价证券(国债)	商业银行及其他存款机构所持通货
贷款及贴现	商业银行及其他存款机构在联储的存款
在途资金	财政部存款
其他资产	其他负债及所有者权益

注：未考虑财政部发行货币的情形。

根据表 14-9，我们有：

基础货币＝公众所持通货＋商业银行及其他存款机构所持通货＋商业银行及其他存款机构在联储的存款

＝黄金、外汇及特别提款权＋(国债－财政部存款)＋(贷款及贴现＋在途资金)
＋(其他资产－其他负债及所有者权益)

＝外汇储备＋对政府净贷款＋对金融机构净贷款＋其他

上式说明，货币当局持有的外汇储备、政府债券和对金融机构的贷款都会影响基础货币的变化，而这又与货币当局的外汇买卖、公开市场操作和再贴现(再贷款)等业务活动密切地联系在一起。这些业务活动具体地如何影响基础货币，我们在第十七章会专门论述，在这里，我们只需明确基础货币有以下四个基本特征：

(1) 它是货币当局的净货币负债；

(2) 它是商业银行及其他存款机构的负债产生的基础和货币供给的主要制约力量；

(3) 它的运用能创造出多倍于其自身的存款货币；

(4) 它能为货币当局通过其业务操作所直接控制。

由于货币当局及其负债在金融体系中的核心地位，基础货币是货币当局强制性地提供给经济社会的一种资产，不管供应多少，都必然为社会所接受。从这个意义上来说，基础货币的供给决定着其需求。但需要注意，金融机构和社会公众对基础货币的需求，虽不影响基础货币的总额，但可以改变基础货币在社会公众和金融体系之间的分配比例，进而影响基础货币创造存款货币的能力。

三、货币乘数

除基础货币外，决定货币供给的另一个基本要素是货币乘数。货币乘数也称货币扩张系数，是用于说明货币供给总量与基础货币的倍数关系的一种系数。在基础货币一定的条件下，货币乘数决定了货币供给总量。货币乘数越大，则货币供给量越多；反之，货币乘数越小，则货币供给量就越少。所以，货币乘数是决定货币供给量的又一个重要的甚至是更关键的因素。但是，与基础货币不同，货币乘数并不是一个外生变量，因为决定货币乘数的大部分因素不是决定于货币当局的行为，而是决定于商业银行或社会大众的行为。所以，货币乘数的决定过程比基础货币的决定过程更复杂，货币乘数也比基础货币更容易发生变化。中央银行控制货币供应的能力，也主要取决于它能否准确地预测货币乘数及其决定因素的变化。由前面的分析可以知道，货币乘数主要决定于存款准备金比率(包括法定存款准备金率和超额存款准备金率)、通货比率和定期存款比率。并且，这些因素的变化都将引起货币乘数反方向的变动。

(一) 存款准备金比率

法定准备金比率 (r_d 和 r_t) 完全受中央银行所控制，因而它是一个外生变量，决定于货币当局的政策行为。但中央银行通常不轻易变更这些比率，倒是一般银行常常主动地调整超额准备金，从而以 e 的变化抵消或增强 r_d 或 r_t 的约束力。但同时我们也应该看到，即使是商业银行，对超额准备金比率的决定也是有条件的，如果他们找不到合适的投资对象，就不得不持有较多的超额准备金。因此，超额准备金比率决定于一系列因素，特别是受市场利率 (i) 和中央银行再贴现率 (i_d) 的影响较大，可以写成：

$$e = f(i, i_d) \tag{14-10}$$

存款机构为持有超额准备金而放弃的利息收入是它们持有超额准备金的机会成本。这一机会成本越高(市场利率越高)，存款机构愿意保持的超额准备金就越少；反之则反是，因此，e 是 i 的递减函数。

存款机构少持有超额准备金，也有其机会成本。存款机构持有超额准备金的目的，主要是为了应付存款人的提款。如果超额准备金不敷需要，存款机构就被迫迅速筹措资金，最常见的就是向中央银行申请再贴现。所以，中央银行的再贴现率就成为存款机构少持有超额准备金的机会成本，这一机会成本越高，存款机构需要保持的超额准备金就越多；反之，如果再贴现率越低，存款机构就越不需要保持较多的超额准备金，于是，e 是 i_d 的递增函数。从而，e 的变化可以表示为：

$$\frac{\partial e}{\partial i} < 0,\ \frac{\partial e}{\partial i_d} > 0 \tag{14-11}$$

此外，市场上的种种变化，如经济的前景、银行同业的成败、存款客户预期心理与提款行为等，都可能使银行家改变其对适量超额准备金的态度。当然，市场的状况不能不受货币政策和财政政策的影响，但无论如何，中央银行在左右银行实际准备金比例上的能力是有限的。

(二) 通货比率

公众手持现金(通货)对活期存款的比例 (k)，直接地是由公众的意愿所决定，间接地是受多方面经济条件的影响，主要有：

(1) 收入或财富的变化。一般来说，随着收入和财富的增长，人们的支出就增加，因而作为流通手段的通货与活期存款的绝对量均会增加，但通货比率却会下降，原因在于通货主要用于小额交易，收入增加后由于规模经济的原因，会降低支票结算的单位成本，鼓励人们多用支票，从而增加了人们对活期存款的需求，而相对减少对通货的需求。所以，ΔC 与 ΔD_d 之比 (k) 与收入或财富的变化成反相关。

(2) 市场利率。市场利率可以说是人们手持现金的机会成本，因此，利率升高，一般会吸引人们降低对现金的需求而多持存款，因而会降低 k。但是，如果利率的升高和随之而来的定期存款或证券持有额的增多,主要不是伴以手持现金的减少,而是低利甚至是无利的活期存款的减少,则 k 反而会增大。

(3) 银行业的安危。如果银行业前景美好,人们自然乐于变手持现金为存款;反之,如果银行业不稳,存款客户就会纷纷提现。所以,k 的大小与银行业的安危成反相关。

(4) 季节因素。比如在旅游季节或节日采购礼物期间,手持现金一般会增多;在发薪的时候,存款增加得较快。

(5) 非法活动。在许多西方国家,人们为了逃税或从事非法交易(即所谓"地下经济"),不敢用支票而用现金,因为支票结算有记录可查,容易暴露痕迹。因此,k 的大小与变化可以用来研究一国地下经济的规模。

(6) 经济发达程度。从长期来看,通货比率的变化与一国的经济发达程度有密不可分的联系。一般来说,在同样收入和支出的情况下,城里的居民比乡村的农民使用和保持的通货少,而使用支票和持有的银行存款则多。这是因为城市人口集中,商业网点密集,银行机构发达,这些自然有利于支票和银行账户的使用。另外,金融市场也主要集中在城市,从而城里的居民也很少以通货的形式保持财富,而较多地持有银行存款和其他资产。与上述情况相反,在农村中使用支票和信用交易比较困难,农民也比较习惯以通货形式持有财富。于是,农村中的通货比率一般比城里的高。也由于这一原因,一国的经济越发达、都市化程度越高,该国的通货比率就越低。

(三) 定期存款比率

定期存款与活期存款的比例 (t),是社会公众资产选择的结果,从而不可避免地受收入(财富)、利率结构、市场风险等的影响。一般来说,作为有价证券的替代品,定期存款相对于活期存款更带有"奢侈品"特点,所以它的需求有较大的收入(财富)弹性,因而在收入增长时,t 趋于上升,反之则下降。另一方面,定期存款比活期存款有较高的利息收益和较低的流动性,因此,利率结构与市场动态的变化必然会影响定期存款与活期存款的比例,然而利率与市场状况又与经济政策有关,这里面又有中央银行的作用。

总之,在当代市场经济中,中央银行虽然可以通过其政策手段影响基础货币量与货币乘数中的许多因素,在货币供给量的决定中扮演着首要角色,但是,一般存款机构、社会公众(包括银行的存款客户与贷款对象)以及财政部门对此也有积极的作用。收入、财富、利率(水平与结构)、心理预期等,作为经济运行的因变量,深深影响着各个角色的行动,从而影响着货币乘数甚至影响基础货币量。所以,货币的供给既受国家决策者的意志所影响,即外生于经济运行过程中,又成为经济运行过程中的一个因变量,即具有内生性。

第四节 货币供给的外生论与内生论

一、货币供给的外生论

货币供给外生论者认为,货币供给完全由货币当局的行为特别是货币政策所决定,而与经济运行过程及经济内部的各种因素无关,也与货币当局之外的其他经济主体的决策行为无关。

认为货币供应量是由经济政策或经济运行过程之外的其他因素(甚至如金矿的发现、气候的变化等)所决定的观点,有着悠久的历史。19世纪初英国的“金块论”是其著名的代表,此后,主流经济学莫不持有这种观点,即便是凯恩斯本人也认为货币供给量是完全可以由货币当局所决定的,但在当代西方学界中,持外生论最有力者莫过于货币主义者。

货币供给外生论者根据一般教科书所公认的存款与货币创造模型,在统计数据的支持下,做出了三个极为重要的论断:第一,基础货币量(B)与货币乘数(m_1与m_2)是相互独立、互不影响的。第二,货币乘数内各个系数在短期内都是稳定的,因而m_1与m_2是常数;因为货币乘数是常数,所以决定货币供应量变动最主要的因素是基础货币量。第三,中央银行运用它的政策工具(主要是公开市场业务),不但可以增减基础货币量,还可以有意识地抵消货币乘数内某些系数变动的影响。

这样,他们就得出结论:货币供给是政策的产物,货币数量可以完全由政府来控制,从而货币政策是一国宏观调控的强有力的工具。

二、货币供给的内生论

货币供给内生论者则认为,在现实经济条件下,经济运行中的各种因素,如收入、储蓄、投资、消费、利率等都将决定或影响人们的经济行为和决策,从而决定或影响货币的供给,而这些因素都不是货币当局所能完全控制的。也就是说,货币供给并不是一个决定于货币当局的外生变量,而是内在地取决于客观的经济运行过程本身,取决于私人经济部门的活动,因而不受货币当局的控制。这种观点虽然与外生论有着同样悠久的历史,但是,它真正发挥影响,却始于1959年英国财政部的《拉德克里夫报告》。

《拉德克里夫报告》的作者们提出,决定货币供给的不仅是中央银行的行为,而且是包括银行和非银行金融机构在内的整个金融体系的活动及整个经济体系的运行;而且,对经济有着重大影响的,不仅是狭义的货币,而且是包括狭义货币在内的所有短期流动性资产;据此,货币当局不仅应该调控商业银行及其负债,而且应该想办法调控其他金融机构及其负债。

《拉德克里夫报告》之后,美国著名经济学家格利(John G. Gruley)和肖(Edward S. Shaw)以及诺贝尔经济学奖获得者托宾(James Tobin)进一步发展了货币供给内生论的观点。特别是托宾在批评了货币供给外生论之后,提出货币供给内生性的“新观点”(New Views)。托宾的“新观点”认为,商业银行主动创造货币的能力只是一种表面现象,货币当局与一般银行不是可以任意地创造货币与信用,也不是每新增一笔准备金就一定增加一笔或一连串的贷款,一切都要根据成本与收益的比较来决定,因而受需求所制约。这情形就如同钢铁企业一样,它是要根据销路和利润来增减产量,而不是仅仅因铁矿砂多了就得把原料炼成钢铁。在托宾看来,如果各经济单位根据收入、利息率和风险等选择资产结构的结果,是对货币需求有所增加,那么,利率就会提高,银行就会千方百计地解决准备金问题(如压缩超额准备金、提高定期存款利率以减少活期存款而释放一部分准备金,以及向外界借款),从而以更多的货币供给来满足这个需求;反之,如果货币需求缩减,则多余的货币供给会被社会公众退回来(如还债),银行是无法强迫公众接受的。

三、外生论与内生论之争

货币供给外生论与内生论之争可以追溯到19世纪中叶发生于英国的通货论争。在那次论争中,通货主义者认为,英格兰银行具有任意增加或减少货币量的能力。而银行主义者则认为,流通中的货币量完全决定于社会对货币的需要量。1939年,瑞典经济学家米尔达尔出版《货币均衡论》一书,支持银行主义者的观点,批评货币数量说,明确提出货币需求决定货币供给的结论。可见,在经济学界,货币供给内生性的观点实际上早已存在。但在20世纪60年代以前,包括凯恩斯在内的绝大多数经济学家认为货币供给是一个完全决定于货币当局主观行为的外生变量。因此,人们在研究货币及货币与经济之间的关系时,就可以只研究货币的需求而假设货币的供给不变,或假设货币的供给可由货币当局任意决定。20世纪50年代末,特别是进入60年代以后,随着货币金融环境的重大变化、金融创新的蓬勃发展、货币理论研究的不断深入,尤其是各种货币供给理论相继提出,越来越多的经济学家纷纷认识到货币供给的内生性。但是,在否定货币供给的外生性而强调货币供给内生性的过程中,有些经济学家矫枉过正。于是,在经济学家之间围绕货币供给的外生性与内生性问题展开了激烈的争论。在这种争论中,无论是理论分析还是实证研究都未能达成一致意见,甚至得出了大相径庭的结论。实际上,各国的经济、金融环境不一样,货币当局对货币供给的控制能力也大不相同,不能一概而论。在当代西方经济学界,以弗里德曼和施瓦兹为代表的经济学家倡导货币供给的外生性,而以温特劳布、卡尔多和莫尔为代表的经济学家则强调货币供给的内生性。

四、对外生论和内生论的评价

(一) 货币供给外生论的缺陷

货币供给外生论将基础货币与货币乘数截然分开的做法,是不合乎经济现实的。中央银行的公开市场购入,固然增加了基础货币,但同时也必然会提高有价证券的价格,从而压低市场利率,而市场利率的变化,由上一节的分析可知,与货币乘数中的许多系数如超额准备金比率e、通货比率k以及定期存款比率t的变化有着密不可分的联系。

反过来看,货币乘数方面的变动也会很快波及基础货币。比方说,k的增大使银行存款减少,这就会威胁到银行的准备金比例,从而迫使它们向中央银行借款,即增加基础货币。在这里,人们可以看到B和m的相互作用。

关于货币乘数内各系数的稳定性问题,由上一节的分析也可知道,这些系数取决于收入(财富)、利率、经济与金融制度、心理预期等,随经济条件的变化而变化,因而也不可能是一个稳定不变的常数。

从实践上来看,1982—1983年间美国“货币主义实验”的失败,以及近几年各国中央银行的货币量目标屡屡失准,足以证明中央银行在控制货币供应量上的能力是有限的。

(二) 货币供给内生论的不足

货币供给内生论在指出货币需求影响着货币供给这一点上无疑是正确的,但把这种看法推向极致,认为社会对货币的需求决定了货币的供给,却又是过犹不及。内生论者为了论证非银行金融机构的活动也对货币供给有着很大的影响,否定了商业银行与非银行金融机构在经济中的不同地位,否定了商业银行的负债(尤其是活期存款)与非银行金融机构的负债对经济的不同影响,也未免失之偏颇。货币供给的外生性与内生性之争,实际上起源于人们对货币供给与货币当局之间关系的不同认识。这种不同认识将在一定程度上决定他们对货币政策有效性的不同认识。如果认为货币供给为外生变量,就说明货币当局能够有效地控制货币供给从而实现对宏观经济运行的控制和调节;而如果认为货币供给为内生变量,就说明货币供给将被动地决定于客观的经济运行过程及其规律，货币供给的变动将受制于各种经济因素的变动及微观经济主体的决策行为，货币当局无法通过货币政策来决定货币供给，从而难以对宏观经济运行实施有效的控制和调节。

第五节　我国货币供给分析

一、我国货币供给理论研究概况

在我国金融理论界，真正将货币供给作为一个重要理论问题加以深入研究，开始于1984年。1984年之前，我国基本上无货币供给理论这一专门的理论研究领域，主要有以下两个原因：(1)当时我国并不存在货币供给理论产生并付诸实践的条件。货币供给理论产生的前提条件是中央银行和商业银行分设的银行体制，而在1984年前，我国实行的是“大一统”的银行体制。在那种银行体制下，中国人民银行是全国唯一的银行，它是全国的信贷中心、结算中心和现金出纳中心。所以，当时我国的货币供给实际上是一个完全由国家计划决定的外生变量。(2)我国当时没有研究货币供给理论的客观要求。在经济体制改革之前，我国长期实行的是高度集中的计划经济管理体制。在那种体制下，物资上搞统购统销，资金上搞统收统支，货币发行的多少、信贷规模的大小完全由国家计划确定。因此，人们既无须从理论上研究货币供给的决定与变动，也无须研究货币供给的控制问题。

自20世纪80年代中期开始，随着经济金融体制的一系列改革，特别是中国人民银行专门行使中央银行职能、四大国有银行的相继恢复和设立，我国货币供给的形成机制、运行机制和调控机制完全不同于以前，货币供给理论的研究显得越来越重要。西方货币供给理论与实践经验被陆续介绍到我国，我国学者也逐渐运用新的理论和方法对我国的货币供给问题进行研究，形成了具有中国特色的货币供给理论。

在货币供给理论的研究中，人们讨论的较多或研究的较深的主要有以下几个方面的内容：一是货币供给的决定与变动，二是货币供给与经济增长的关系，三是货币供给的内生性与外生性，四是货币供给的调节与控制。

二、我国货币供给的决定因素

如上所述，货币供给由基础货币和货币乘数两大因素共同决定。在我国，基础货币的投放与回笼有着较明显的特征。

在中国人民银行的资产负债表上，基础货币被列在“储备货币”一栏中，由两项构成：一是发行货币，二是中央银行对存款公司的负债。中央银行投放并控制基础货币的主要手段是通过运用各种货币政策工具调整中央银行对政府的债权、对商业银行的再贷款和再贴现，以及外汇占款。

中央银行增加对政府的债权是投放基础货币的一个较重要的渠道。1995年前，这种债权主要以财政透支的形式形成；1995年后，由于公开市场业务的开展，中央银行对政府的债权主要以持有政府债券的形式形成。这种改变对中央银行运用公开市场操作来调控基础货币提供了较多便利。

由于我国的融资结构是以商业银行的间接融资为主,因此,中央银行对金融机构的债权主要是对商业银行的债权。1993 年前,我国中央银行投放基础货币的主要渠道是对商业银行再贷款。通过这一渠道投放的基础货币达到基础货币投放总量的 80%左右。随着金融体制改革的逐步深化,中央银行调控基础货币的方式也发生了较大变化。一方面,随着票据专营机构的设立和发展,再贴现业务的操作方式不断改进,通过再贴现投放的基础货币的比重逐渐增大;另一方面,随着我国经济对外开放程度的不断提高,外汇储备大量增加,中央银行为收购外汇储备而投放的基础货币在基础货币投放总量中占了相当大的比重。于是,中央银行通过再贷款投放的基础货币的比重逐渐缩小。

货币乘数是决定货币供给的又一个重要因素。决定货币乘数的因素主要有法定准备金比率、超额准备金比率和通货比率。在商业银行持有较多超额准备金的条件下,由于法定准备金比率与超额准备金比率有着此增彼减的替代关系,因此,中央银行对法定准备金比率的调整往往难以影响货币乘数;同时,商业银行对超额准备金的调整行为及社会公众对通货与存款的选择行为也都会影响货币乘数。所以,从我国的实际情况来看,货币乘数的变动比较复杂,中央银行难以把握,于是,中央银行对货币供给的控制主要通过控制基础货币而在一定程度上达到其预期目标。

三、我国货币供给的内生性

货币供给的内生性与外生性问题也是货币供给理论研究中一个既有理论意义,又有实践意义的重要问题。① 中央银行能否有效地控制货币供给,既受一国金融体制、金融发展程度的影响,又受经济体制和经济运行方式的影响。从我国的实际情况来看,货币供给具有明显的内生性特征,具体表现在以下几个方面:

首先,我国中央银行的独立性程度不高,导致货币供给具有明显的内生性。1993 年前,我国中央银行投放基础货币的主要渠道是对商业银行提供再贷款。这种再贷款的提供一般不是决定于中央银行的决策,而是决定于中央政府的宏观经济政策。1993 年后,虽然中央银行开始运用存款准备金政策、再贴现政策及公开市场操作等多种方式对货币供给实施调控,但这些方式的运用也在相当程度上受政府相关政策的影响。在这种情况下,我国的货币供给实际上是决定于政府的政策,而不是决定于中央银行的调控。因此,在我国货币供给的决定与变动中,中央银行实际上处于被动地位。

其次,商业银行和社会公众的行为影响货币乘数。1995 年 3 月,我国颁布了《商业银行法》,在法律上明确了商业银行是自主经营、自担风险、自负盈亏、自我约束的经济实体。因此,中央银行实施的宏观调控政策能否取得预期成效,将在一定程度上取决于商业银行对这种调控政策的反应程度。例如,商业银行是否留超额准备金、留多少超额准备金,都由商业银行自主决定。而当商业银行持有较充裕的超额准备金时,中央银行通过上调法定准备金率而实行的紧缩性货币政策很可能收效甚微。此外,社会公众的资产选择行为将影响货币乘数,而对社会公众的这些行为,中央银行是无法控制的。

最后,外汇占款形成基础货币投放的内生性。自 1994 年起,我国对外汇管理体制和汇率体制进行了重大改革,尤其是实行了强制结售汇制,使中央银行通过收购外汇储备而被动

① 货币供给内生性与外生性的含义在本章第一节中已做说明。

地投放基础货币。随着我国对外开放程度的不断加深和经济的高速增长，经常项目和资本项目持续双顺差，我国的外汇储备大幅度增加。于是，中央银行通过这一渠道而投放的基础货币占基础货币投放总量的极大比例。尽管目前我国已将强制结售汇制改为意愿结售汇制，外汇在中央银行总资产中所占的比例有所降低，但比例依然很大。从中国人民银行2020年12月的资产负债表（如表14－10所示）来看，外汇占其总资产的比例达到54.51%。而在强制结售汇制下，该比例更是高达80%以上。中央银行为收购外汇，必须相应地投放本币。为了防止由此而引发的通货膨胀，中央银行又不得不实行相应的冲销政策，但这种冲销政策不仅作用有限，而且有较大的副作用。

表14－10　2020年12月中国人民银行资产负债表　　单位：亿元人民币

资产			负债		
项目	金额	比例	项目	金额	比例
国外资产	218 039.98	56.24%	储备货币	330 428.14	85.23%
外汇	211 308.10	54.51%	货币发行	89 823.29	23.17%
货币黄金	2 855.63	0.74%	金融性公司存款	222 906.08	57.50%
其他国外资产	3 876.25	1.00%	其他存款性公司存款	222 906.08	57.50%
对政府债权	15 250.24	3.93%	非金融机构存款	17 698.77	4.57%
其中：中央政府	15 250.24	3.93%	不计入储备货币的金融性公司存款	4 881.82	1.26%
对其他存款性公司债权	133 355.47	34.40%	发行债券	900.00	0.23%
对其他金融性公司债权	4 447.14	1.15%	国外负债	929.67	0.24%
对非金融性部门债权			政府存款	38 681.53	9.98%
其他资产	16 582.70	4.28%	自有资金	219.75	0.06%
			其他负债	11 634.63	3.00%
总资产	387 675.54	100.00%	总负债	387 675.54	100.00%

资料来源：中国人民银行官网 www.pbc.gov.cn。

货币供给的内生性在一定程度上削弱了货币政策的有效性，尤其是影响了中央银行控制货币供给的能力。因此，在具体分析我国货币政策的作用时，必须充分考虑货币供给的内生性问题。

四　本章小结

在现代货币供给理论中，货币供给总量通常是一个存量的概念，是一个国家在一定时点上存在于经济中的货币总量。各国在设计货币供给总量的各项指标时,必须将货币供给的基本理论与本国的具体情况相结合,并根据经济、金融环境的变化做出必要的调整。

商业银行的活期存款是现代信用货币经济中最主要的货币形式。在实行部分准备金制度的条件下,商业银行体系可通过其放款和投资等活动创造出数倍于原始存款的派生存款。若不考虑任何“漏损”,存款总额与原始存款的比率(存款乘数)将等于法定准备金比率的倒数。商业银行有别于其他类型的金融机构的最主要特征就在于,商业银行能够创造和收缩派生存款,从而引起货币供应量的增减,因此成为中央银行进行宏观调控的重点对象。

货币供应量的决定可表示为:

$$\Delta M1 = k \cdot \frac{1}{r_d + e + k + t \cdot r_t} \cdot \Delta B + \frac{1}{r_d + e + k + t \cdot r_t} \cdot \Delta B = \frac{1 + k}{r_d + e + k + t \cdot r_t} \cdot \Delta B$$

$$\Delta M2 = \frac{1 + k}{r_d + e + k + t \cdot r_t} \cdot \Delta B + \frac{t}{r_d + e + k + t \cdot r_t} \cdot \Delta B = \frac{1 + k + t}{r_d + e + k + t \cdot r_t} \cdot \Delta B$$

其中,$\frac{1 + k}{r_d + e + k + t \cdot r_t}$称为狭义货币的乘数,可以$m_1$表示;$\frac{1 + k + t}{r_d + e + k + t \cdot r_t}$称为广义货币的乘数,可以$m_2$表示。

基础货币从来源上看,是货币当局的净负债;从运用上看,由流通中的现金和银行体系的储备组成。中央银行基本能够控制基础货币的决定。货币乘数由中央银行、存款机构和社会公众共同决定,又受收入、利率、公众预期以及经济和金融制度等现实经济条件的影响。

货币供给的外生论认为,中央银行完全能够控制经济活动当中的货币数量;而货币供给的内生论又认为,货币供给完全由经济活动的内在动力所决定。这两种理论都过于极端,正确的理解是货币供给由中央银行、金融机构和社会公众共同来决定,其中中央银行处于影响货币供给的核心地位。货币供给的外生性与内生性之争,起源于人们对货币供给与货币当局之间关系的不同认识。这种争论与货币政策有效性之争有一定联系。

我国的货币供给具有明显的内生性特征。

参考书目

1. 盛松成:《现代货币供给理论与实践》,中国金融出版社 1993 年版。

2. 盛松成、翟春:《中央银行与货币供给》,中国金融出版社 2015 年版。

3. 弗雷德里克·S. 米什金:《货币金融学》(第十二版),王芳译,中国人民大学出版社 2021 年版。

4. 小劳埃德·B. 托马斯:《货币、银行与经济活动》,孙繁敏等译,中国财政经济出版社 1992 年版。

5. 托马斯·梅耶、詹姆斯·S. 杜森贝里、罗伯特·Z. 阿利伯:《货币、银行与经济》(第六版),林宝清、洪锡熙等译,上海三联书店、上海人民出版社 2007 年版。

6. 盛松成、施兵超、陈建安:《现代货币经济学》,中国金融出版社 2012 年版。

7. 杰格迪什·汉达:《货币经济学》,郭庆旺等译,中国人民大学出版社 2005 年版。

8. 陈观烈:“西方国家货币与银行概论”讲座：第七讲　货币的供给,《世界经济文汇》1989 年第 006 期,第 61～68 页。

思考题

1. 原始存款与派生存款有何不同？它们对货币总量有何不同影响？

2. 存款货币的创造过程是如何进行的？

3. 如果中央银行规定的法定存款准备金比率为 10%,有人将 1 000 元现金存入一家商业银行,在没有任何“漏损”的假设下,试说明存款货币的多倍扩张与多倍紧缩。

4. 什么是简单的存款乘数？什么是复杂的存款乘数？

5. 基础货币是如何决定的？受哪些因素的影响？

6. 影响货币乘数的主要因素有哪些？又各自受哪些经济变量的影响？

7. 货币供给外生论与内生论各有何理论主张？如何评价？我国货币供给的内生性主要表现在哪些方面？

15

第十五章 通货膨胀与通货紧缩

全章提要

教学目的和要求

- 第一节　通货膨胀的定义和衡量
- 第二节　通货膨胀的成因
- 第三节　通货膨胀的社会经济后果及其治理
- 第四节　通货紧缩的定义与成因
- 第五节　通货紧缩的危害与治理

本章小结

参考书目

思考题

教学目的和要求

- 掌握通货膨胀的定义和衡量。
- 理解通货膨胀的成因，剖析其社会经济后果，掌握治理通货膨胀的政策措施。
- 分析通货紧缩的成因与后果，学习并体会治理通货紧缩的经济政策。

在纸币制度下，通货膨胀是困扰世界各国经济运行的首要问题之一，第二次世界大战后，几乎没有一个国家能免遭通货膨胀的困扰。而自 20 世纪 90 年代以来，与通货膨胀相反的现象——通货紧缩——又悄然而至，开始危及一国乃至世界经济的健康发展。本章讨论通货膨胀与通货紧缩的成因与危害，以及相关应对的经济政策。

第一节 通货膨胀的定义和衡量

一、通货膨胀的定义

通货膨胀是指在不兑换的纸币制度和物价自由浮动的条件下，伴随着货币数量相对于真实产量的过快增加而产生的物价水平全面、持续上涨的现象。这个定义说明：

第一，通货膨胀只在不兑换的纸币制度下才有可能（但非必然）发生，在金属货币制度下，多余的货币会自动退出流通，发挥价值贮藏手段的职能，从而不可能产生持续的物价水平上涨。①

第二，在实行物价管制的国家，如苏联、东欧和改革开放以前的中国，由于严格的物价管制，货币量的相对过剩不能通过物价上涨表现出来，而只能通过其他非价格的手段，如票证等控制过多的社会总需求，这时，往往“黑市”盛行或出现抢购现象。例如 2013 年，委内瑞拉物价飙升，政府不得不对大部分商品实行价格管制，结果人们往往排着长队仍买不到需要的商品。

第三，通货膨胀不是指个别商品的价格由于相对需求的变化而表现出来的上涨，而是指物价水平的全面上涨。当然，某些特殊商品的价格，如石油、工资、农产品价格的上涨最终也会导致所有物价水平的普遍上涨。一般来说，通货膨胀强调的是物价水平上涨的持续性，一次性的、偶然的物价上涨对经济活动的影响相对较小。

第四，在通货膨胀中，货币量的增加和物价水平的提高是相伴相生的关系，而不是定向的因果关系，可以是货币数量的过快增长引起物价的上涨，也可以是物价上涨引起货币量的适应性增加（Accommodating Supply of Money）。

① 实际的情况是，随着经济的发展，金属货币的数量相对短缺，降低了金属货币条件下通货膨胀的可能性。

二、通货膨胀的类型

根据物价上涨的程度,通货膨胀可以分为以下几种:

(一) 爬行的通货膨胀

爬行的通货膨胀(Creeping Inflation)又称温和的通货膨胀,是指物价上涨幅度很小(年通货膨胀率约为3%~5%)、速度比较缓慢,但持续时间比较长、短期内不易察觉的通货膨胀。

(二) 中度的通货膨胀

中度的通货膨胀(Moderate Inflation)是指物价上涨幅度在两位数以下(年通货膨胀率约为5%~10%),但已高于经济的增长速度,物价的变化明显可以察觉的通货膨胀。

(三) 奔腾的通货膨胀

奔腾的通货膨胀(Galloping Inflation)是指物价涨幅超过两位数(年通货膨胀率通常为10%~50%),货币流通速度加快,人们对本国货币失去信任,开始抢购商品、挤提存款或寻找其他保值方式的通货膨胀。

(四) 恶性的通货膨胀

恶性的通货膨胀(Hyper Inflation)是指物价上涨幅度很大(年通货膨胀率超过50%),速度很快,常常由战争、经济危机、政治动荡等引起,如不尽快控制,往往会导致货币制度乃至国家政权的崩溃。例如,津巴布韦在21世纪初出现了恶性的通货膨胀,2004年的通货膨胀率高达624%,2006年上升为1 042.9%,此后物价更是一路飞涨,最高时竟达11 200 000%,最终导致政府于2009年弃用本国货币而采用美元。

此外,还可根据市场机制的作用将通货膨胀分为公开型的通货膨胀与隐蔽型的通货膨胀;根据预期将通货膨胀分为预期到的通货膨胀和未预期到的通货膨胀;根据通货膨胀的成因分为需求拉上、成本推进、结构性以及输入性的通货膨胀;等等。

三、衡量通货膨胀的传统指标

既然通货膨胀的类型与物价水平上涨的幅度有关,如何准确地度量通货膨胀率就成为客观掌握通货膨胀并制定有效政策措施的重要依据。用来度量通货膨胀率的经济指标称为物价指数。传统上为大多数国家所采用的物价指数主要有以下三种:

(一) 消费者物价指数

消费者物价指数(Consumer Price Index, CPI)又称生活费用指数,反映与居民生活有关的商品和劳务价格变动的幅度。该指数一般由各国政府或私人机构根据本国若干主要食品、服装和其他消费品的零售价格以及水、电、住房、交通、医疗、文娱等费用加权平均而成(如图15-1所示)[①]。商品和劳务的价格常常通过抽样调查方式得到,权数为该商品或劳务在消费者支出中所占的比重。因为消费者物价指数用于测量一定时期商品和劳务价格变动对消费者(居民)生活费用的影响程度与社会公众的生活密切相关,所以常常作为劳资协议调整工资的依据,也是货币政策重点关注的经济指标。

---

① 美国的CPI以1982—1984年的平均物价水平为基期,涵盖了房屋、食品、交通、医疗、成衣、娱乐、其他共七大类总计364个项目,由劳工统计局(BLS)负责编制,在每月第三个星期公布。

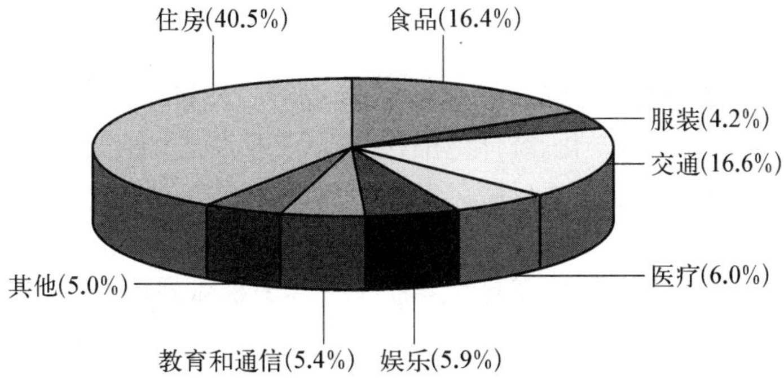

图 15-1 消费者物价指数的构成

这一指数的优点是资料容易收集，公布较频繁，能迅速、直接地反映公众生活费用的变化。该指数的缺点是范围较窄，不能反映各种资本品和中间产品的价格变动趋势。由于消费者物价指数是按照固定权数计算的，因此无法考虑商品替代、质量变化与新产品的采用对消费者生活福利的影响，从而往往会高估实际的通货膨胀率。[①]

（二）生产者物价指数

生产者物价指数(Producer Price Index, PPI)是最古老的价格指数[②]，根据企业所购买的商品的价格变化状况编制，反映了包括原材料、中间产品及最终产品在内的各种商品批发价格的变动指数，可以衡量各种商品在不同生产阶段的价格变化情形，由于交易量大，供需变动易引起价格的波动，因此具有敏感反映价格变化的优点。在计算生产者物价指数时，首先以问卷的方式向各大生产厂商收集商品的报价，然后根据每种商品的净销售额加权得到。这种指数涵盖范围广(美国的生产者物价指数包括大约 3 400 种商品)，在商业领域广为使用。

以生产者物价指数度量通货膨胀的优点在于能较灵敏地反映企业生产成本的变化，并能在一定程度上预示消费者物价指数的变动趋势；缺点是没有将各种劳务价格包括在内。

（三）国内生产总值平减指数

国内生产总值平减指数(GDP Deflator, GDPD)是指名义 GDP 与实际 GDP 的比率，即按当年价格计算的国内生产总值与按固定价格计算的国内生产总值的比率。[③] 其计算公式为：

$$\text{国内生产总值平减指数}=\frac{\text{按当年价格计算的国内生产总值}}{\text{按固定价格计算的国内生产总值}}\times 100$$

例如，某国 2020 年按当年价格计算的 GDP 为 9 600 亿元，而按 1990 年的固定价格计算则为 6 000 亿元，那么，2020 年的平减指数为 $\frac{9\,600}{6\,000}\times 100=160$。设 1990 年的指数为 100，与 1990 年相比物价上涨了 60% $\left(\frac{160}{100}-1\right)$。如果 2000 年的平减指数为 128，则 2020 年与

① 1995 年，美国参议院专门成立了一个由 5 名经济学家组成的委员会，对消费者物价指数的高估问题进行了调查研究，并最终认为，消费者物价指数将美国的通货膨胀率高估了 0.8～1.6 个百分点。

② 生产者物价指数始于 1890 年，由美国劳工部最早公开发布。

③ 国内生产总值平减指数分为隐含物价平减指数和固定物价平减指数两种。隐含物价平减指数不仅反映物价的变动，而且反映国内生产总值结构的变动；而固定物价平减指数是直接与基期进行价格比较得到的。

2000 年相比较,物价上升了 25% $\left(\frac{160}{128}-1\right)$。

国内生产总值物价平减指数涵盖了 GDP 的所有组成部分(消费、投资、政府支出、净出口)而非某些特定商品的价格变化,统计范围很广,既包括商品,也包括劳务;既包括生产资料,也包括消费资料,所以能全面地反映一般物价水平的趋势,被认为是最适合测定通货膨胀的指标。[①] 只是该指数所需资料的收集有一定难度,多数国家一般一年只能公布一次,即使在像美国这样国民所得统计制度完善的国家,目前也只能做到每季一次,因而不能及时反映物价的变动趋势。

国内生产总值平减指数与消费者物价指数是最为常用的衡量通货膨胀率的指标,两者有很大的差别:(1) 国内生产总值平减指数衡量所有最终产品与劳务的价格,而消费者物价指数只衡量消费者购买的商品与劳务的价格。因此,企业或政府购买的商品的价格变化并不反映在消费者物价指数上,但可由国内生产总值平减指数观测到。(2) 国内生产总值平减指数只包括国内生产的物品,而消费者物价指数可以包括进口的商品和劳务。(3) 消费者物价指数是用固定的抽样物品来计算,而且权数不变;而国内生产总值平减指数允许计算的商品随 GDP 组成部分的变动而变动,也允许商品的权数随不同商品所占份额的改变而改变。

关于三大物价指数的简单比较如表 15 - 1 所示。

表 15 - 1　三大物价指数的比较

物价指数	统计口径	优　点	不　足
CPI	消费者主要消费的商品和劳务的价格	资料容易收集,公布较频繁,能迅速和直接地反映公众生活费用的变化	涵盖的范围较窄,不能反映各种资本品和中间品的价格变动趋势
PPI	原材料、中间产品及最终产品的批发价格	能较灵敏地反映企业生产成本的变化	没有将各种劳务价格包括在内
GDPD	国内生产的所有最终产品和劳务的价格	能全面地反映一般物价水平的趋势	不能及时反映物价的变动趋势

除以上三种主要衡量通货膨胀的指数外,还可以通过货币购买力指数(消费者物价指数的倒数)、实际工资指数(货币工资指数/消费者物价指数)、零售指数(Retail Price Index, RPI)、批发价格指数(Wholesale Price Index, WPI)、[②]个人消费支出指数(Personal Consumption Expenditure, PCE)等指标测量通货膨胀率。由于各种衡量指标涉及的商品和劳务不同,统计口径不同,因此,即使在同一国家的同一时间,各种指数所反映的通货膨胀程度也会有所不同。由于消费者物价的变动直接关系到人民的福利水平,因此,各国在对通货膨胀进行测

① 国内生产总值平减指数只计算当年的生产成果,而没有将以往年份生产的产品包括在内。至于全面的物价指数是否应该包括许多其他重要资产,如金融资产(股票、债券、存款),尚存在争议。

② 中国的 WPI 由中国人民银行经国家统计局批准,于 1994 年 1 月开始编制。2001 年 1 月,更名为“企业商品交易价格指数”(Corporate Goods Price Index, CGPI)。

定和分析时，一般以消费者物价指数为主要尺度，综合参考其他物价指数。

我国1980—2020年的消费者物价指数如图15-2所示。

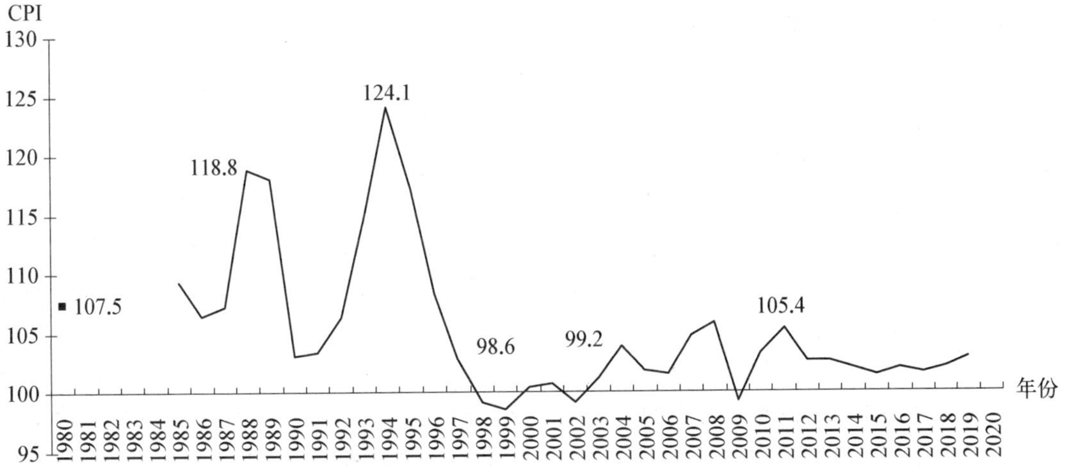

图15-2　我国的CPI变化情况(1980—2020年)

自20世纪80年代以来，世界各国都出现了程度不同的资产价格膨胀(Asset Price Inflation)现象。所谓"资产价格膨胀"，主要是由于房地产、股票等资产价格暴涨，使得国民经济活动出现过热的现象。股票和房地产价格上涨产生的"财富效应"对于总需求有明显的刺激作用，从而影响经济周期。但因为要准确度量资产价格膨胀的程度有很大的困难，所以此类物价指数目前仍处于研究阶段，是否要对其加以控制存在很大的争议。

四、核心通货膨胀率

(一) 传统衡量指标的不足

准确预测并有效控制一般物价水平的波动是各国货币政策的一个重要目标。就这一需要而言，上述衡量通货膨胀的传统指标存在很多弊端，例如：

第一，传统指标受局部商品价格变化的影响很大，在很多情况下，这些商品价格的变化反映了某些商品相对价格的变化，并不代表所有商品价格变化的一般趋势。由于商品的相对价格不断波动，从而会使用传统方法衡量的通货膨胀率中存在许多噪声，这就会为准确识别一般物价水平的变动趋势带来困难。

第二，物价的波动有时是由暂时的、过渡性的或一次性的因素所引发，传统指标可以衡量这种变化，但却无法准确预测未来通货膨胀的趋势，也就不能为货币政策的制定提供坚实可靠的基础。

第三，由供给冲击引起的通货膨胀并不属于应该由中央银行进行干预的范畴。例如，对于由农产品和石油价格上涨(因气候条件的变化或者产量的衰减)引起的通货膨胀很难通过运用货币政策来治理。而传统指标所衡量的通货膨胀率并不能识别这种变化，如果中央银行仅仅根据通货膨胀率的变化而采取紧缩性的货币政策，不但不能有效控制物价水平的上涨，反而会增加产出的波动。

这些局部的、暂时的、由供给冲击引起的价格波动在许多商品的价格中经常有所体现，这些商品包括：(1) 价格波动较大的商品，如蔬果、粮食和石油等；(2) 价格受政府管制影响较大的商品，如交通费、邮资、医疗费、公用事业费等，其价格经常发生一次性的变化，但影响面较大，常常会推动整个价格水平的变化；(3) 税收因素，如各种地方税、间接税、关税等。

(二) 核心通货膨胀率的特征

为了货币政策的需要，各国中央银行推出“核心通货膨胀率”[①](Core Inflation Rates)指标，以衡量通货膨胀的基本态势(Underlying Inflation)，辅助其进行形势判断和政策选择。为了满足这一需要的核心通货膨胀率必须符合以下几个特征：

第一，核心通货膨胀率应该强调通货膨胀中稳定的和最具持续性的部分，而不是间歇的、暂时的因素。它能反映物价变动的共同趋势，因而与未来通货膨胀的变化趋势最为密切。也就是说，核心通货膨胀率剔除了传统指标中的噪声因素，对总物价水平的中长期趋势有较强的预测作用。

第二，核心通货膨胀率主要反映社会公众的通货膨胀预期和经济活动的需求压力，而对于供给冲击或其他因素导致的相对价格的变化则应该忽略，因为由偶发因素所驱动的相对价格的变动往往会“扭曲”总的通货膨胀率，使政策制定者很难判断通货膨胀的基本态势和未来发展。

第三，核心通货膨胀率的衡量应该有利于提前识别通货膨胀和通货紧缩的风险，提高货币政策的效率。非货币的因素也常常对总的物价指数产生影响，但核心通货膨胀率对影响经济活动中每个商品价格的共同因素，也就是来自总需求方面的变化应该予以特别关注，这才是货币政策最能发挥作用的领域。也就是说，核心通货膨胀率只应当对基本的通货膨胀趋势做出反应而忽略暂时的价格波动。此外，还要特别注意利率的变化对物价水平的影响。例如，中央银行为了抑制通货膨胀而提高利率会增加社会公众的按揭支付，提高其生活费用，从而提高物价指数，似乎中央银行的货币政策没有发挥作用，但如果剔除了利息费用，很有可能通货膨胀率已经有所下降。

美国 1958—2021 年的消费者物价指数和核心通货膨胀率如图 15-3 所示。

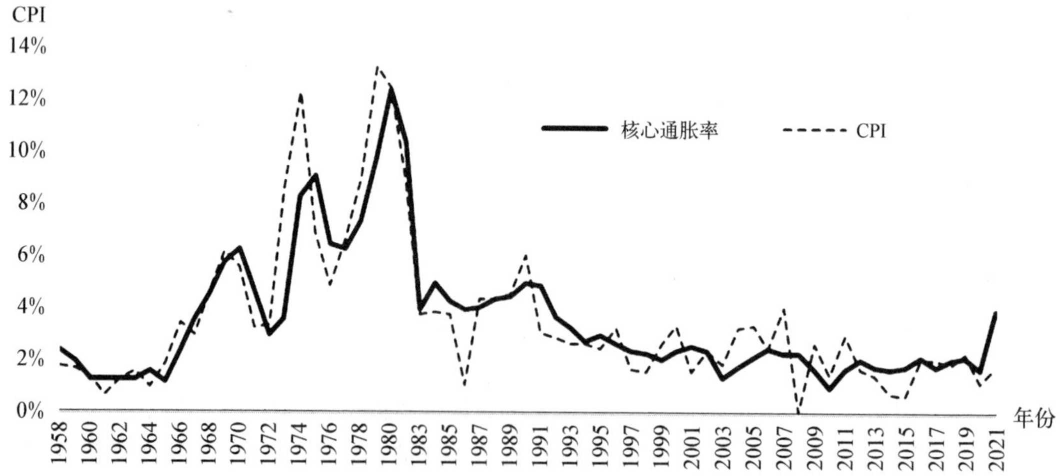

图 15-3　美国的 CPI 与核心通货膨胀率(1958—2021)

---

① 核心通货膨胀率的概念由 Eckstein (1981)首次提出，但在实践中，早在 1967 年，美国劳工部就已经开始编制类似的指数。

（三）核心通货膨胀率的度量

根据以上观点，经济学家们提出了许多衡量核心通货膨胀率的方法，对传统通货膨胀率的度量方法进行调整。以消费者物价指数为例，现为世界各国所广泛使用的核心通货膨胀率的度量方法主要有以下两种：

1. 剔除法

剔除法(Exclusion Method)又称行为法(Behavioral Approach)，是指剔除某些特定项目以表现长期物价的走势。最常见的核心通货膨胀率为剔除了食品和能源的消费者价格指数。因为食品易受气候条件等季节性因素影响，石油又为国际组织所左右，所以食品和能源的价格异常波动很大，而且常常反映的是相对价格的变化。美国的劳工统计局于 1977 年起就采用这种方法编制核心通货膨胀率；在此基础上，欧元区是用调和消费者价格指数(Harmonized Consumer Price Index，HCPI)，扣除了关税；加拿大用消费者价格指数扣除 8 个最易波动的商品和间接税；英国则是用零售价格剔除按揭支付(Retail Price Index excluding mortgages，RPIX)。图 15－4 表明，虽然 2021 年美国的 CPI 为 5.4%，但扣除食品和能源价格的波动后，核心通货膨胀率仅为 4.0%。

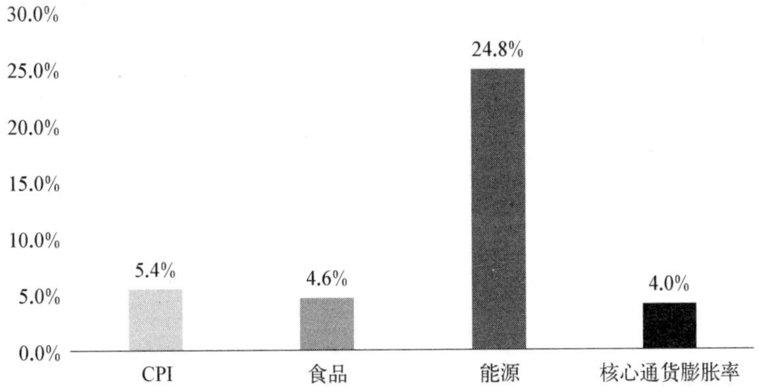

图 15－4　美国分类物价指数(2021 年)

剔除法以历史的价格波动作为基础计算核心通货膨胀率，价格波动高于平均数的商品种类将从消费者价格指数中剔除。这种方法简便易行，又容易为社会公众所理解。其不足在于假定个别商品价格的波动性是持续不变的，因而总是从每个月的消费者价格指数中固定不变地扣除同样品种的商品，尽管这些商品的价格在各个月份的涨跌变化不尽相同。

2. 统计法

统计法(Statistical Approach)将每个月消费者价格指数中相对价格变化比较特殊的项目排除，这样就避免主观地从消费者价格指数中剔除某些特定的项目。最常用的统计法包括修削平均法(Trimmed-mean Method)和加权中位数法(Weighted Median Method)。

修削平均法不注重个别商品的长期行为，而关注商品价格的短期变化及与其他商品价格的关系。在计算修削平均时，根据价格变化的百分比，将价格变化最大和最小的几种商品剔除①，

① 例如，将价格变化最大的 $x\%$ 的商品和价格变化最小的 $x\%$ 的商品同时剔除，这些商品的价格都被认为是与基础通货膨胀率不相一致的变化。因为商品价格的变化有"厚尾"特征，其平均变化容易受极端值的影响，所以，在预测物价变化的趋势方面，用经过修削后的均值比单纯的消费者价格指数更为准确。

在剩下的成分商品中重新加权平均,被排除的商品和保留下来的商品的权数不是预先决定的,而要看价格波动的分布,从而随着时间的不同就有不同的商品被排除,保留在指数中的商品的权数也在不断变化。

加权中位数法是修削平均法的特例,计算方法基本相同,只是几乎 50%的商品要被剔除,只有价格波动程度位于中心的成分商品被保留。其计算步骤如下:(1) 算出每一类商品价格比前一个月变化的百分数;(2) 按当月这些商品的价格变化率由高到低对所有商品排序;(3) 确定每种商品在总支出中所占的比例;(4) 将物价变动的中位数作为当月的核心通货膨胀率。结果,大约一半商品的价格波动低于该核心通货膨胀率,而一半商品的价格波动高于该核心通货膨胀率。

以表 15-2 中的商品为例,A 商品的价格上涨率为 0.3%,权重为 10%;B 商品的价格上涨率为 0.6%,权重为 18%;A、B 两种商品的总权重为 28%,也就是说,消费者支出篮中 28%的商品价格上涨幅度小于或者等于 6%。从 A 商品开始累积权重为 50%时,对应的是 D 商品,从而用加权中位数法得到的通货膨胀率就等于 D 商品的物价上涨率,也就是 1.2%。

表 15-2 加权中位数法示例

商品种类	价格变化率	权 重	累积权重
A	0.3	0.10	0.10
B	0.6	0.18	0.28
C	0.7	0.17	0.45
D	1.2	0.11	0.56
E	1.5	0.25	0.81
F	1.9	0.19	1.00

表 15-3 比较了用不同方法计算的发达国家的核心通货膨胀率。需要注意的是,核心通货膨胀率不能取代传统的通货膨胀指标,如消费者价格指数,因为核心通货膨胀率不是"生活费用指数",不能衡量消费者购买的商品和劳务的种类、数量与质量的变化,不能度量消费者总支出的变化,也不能度量消费者为了维持既定的生活水平而在成本方面发生的变化。

表 15-3 核心通货膨胀率(1996—2004 年)

统计方法	美 国	欧元区	日 本	英 国	加拿大
CPI	2.42	1.88	−0.04	1.34	2.01
剔除法	2.23	1.67	−0.01	1.10	1.62
修削平均法					
2%	2.26	1.80	−0.09	1.25	1.86

续　表

统计方法	美　国	欧元区	日　本	英　国	加拿大
5%	2.21	1.75	−0.03	1.30	1.72
10%	2.31	1.74	0.05	1.49	1.68
加权中位数法	2.88	1.65	0.25	1.82	1.73

注：美国、日本、加拿大用 CPI 剔除食品和能源；欧元区和英国用 HICP 剔除食品、能源、酒精、烟草。
资料来源：OECD Economic Outlook，2005。

有学者研究了构成我国 CPI 的八大类商品在不同的核心通货膨胀率计算方法中所占的权重，结果如表 15－4 所示。这说明用不同的方法计算出来的核心通货膨胀率有很大的差异。①

表 15－4　构成我国 CPI 八大类商品在 CPI 和三种通货膨胀中的权重　　单位：%

	食品	烟酒	衣着	家庭设备	医疗保健	交通通信	娱教文化	居住
CPI	33.9	4.7	8.8	7.0	7.6	9.9	14.4	13.8
剔除食品	0	7.1	13.3	10.6	11.5	15.0	21.8	20.8
加权中位数	0	0	0	0	0	0	100	0
截尾平均	23.1	0	29.4	0	0	0	1.3	46.2

第二节　通货膨胀的成因

一、需求拉上论

需求拉上论是西方经济学界出现最早的通货膨胀理论。该理论认为，通货膨胀是由于商品和劳务的总需求量超过了社会潜在产出水平从而导致一般物价水平上涨的现象。其根本原因在于总需求大于总供给时，形成了膨胀性缺口，牵动物价上涨，导致通货膨胀。所谓“膨胀性缺口”，就是一国总需求超过商品和劳务总供给的部分。

（一）凯恩斯的需求拉上论

凯恩斯认为，一般物价水平的上升是由于总需求的过度增加造成的，而总需求的增加却不一定导致通货膨胀。凯恩斯将经济区分为充分就业和非充分就业两种不同的情形。他认为，当经济中存在大量失业和闲置时，如果总需求增加，则只能促使就业和产量的增加，并不会导致一般物价水平的上涨；当经济逐渐接近充分就业时，货币供给增加所形成的过度需求

① 侯成琪、龚六堂：《食品价格、核心通货膨胀与货币政策目标》，《经济研究》2013 年第 11 期，第 34 页。

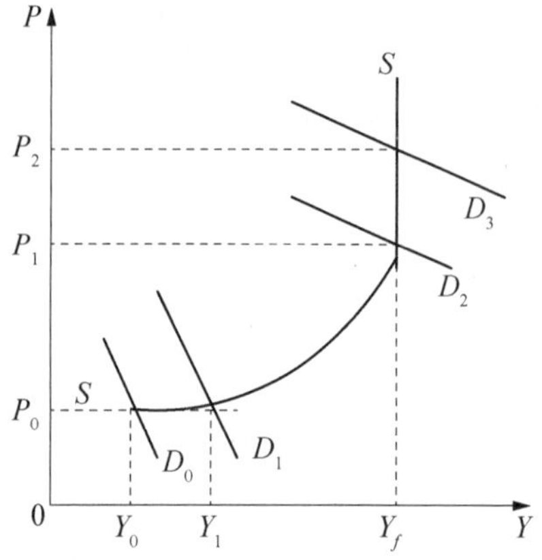

图 15－5　凯恩斯主义的需求拉上论

一方面使产出增加，另一方面又使物价逐渐上升，从而产生所谓的“半通货膨胀”现象；当经济达到充分就业后，由于产出已达到最大化，此时总需求增加，超出了最大可能的生产水平，形成所谓的过度总需求，过度需求会使一般物价水平等比例上升，产生“真正的通货膨胀”①。凯恩斯的上述理论可用图 15－5 说明。

在图 15－5 中，纵轴 P 代表物价，横轴 Y 代表实际收入(产出水平)，D_0、D_1、D_2、D_3 是不同水平的总需求曲线，SS 为总供给曲线；Y_f 为充分就业时所能达到的实际收入水平。当总需求由 D_0 增加到 D_1 时，SS 曲线较平坦，实际收入由 Y_0 增加到 Y_1，价格变动很小；当总需求由 D_1 增加到 D_2 时，SS 向上倾斜，实际收入增加的同时物价水平随之上升，这就是凯恩斯所谓的“半通货膨胀”；当总需求从 D_2 增加到 D_3 时，SS 为垂直线，表明经济已经达到充分就业，实际收入已不能再增加，此时总需求增加的结果只是物价水平由 P_1 上升到 P_2，凯恩斯称之为“真正的通货膨胀”。

(二) 货币数量说的需求拉上论

传统的货币数量论为需求拉上论提供了理论解释。该理论假定生产量恒等于充分就业时的产量，货币流通速度几乎不变，所以货币数量的增加是一般物价水平上涨的唯一原因，且认为货币数量的增加将导致一般物价水平同比例地上升。以弗里德曼为代表的新货币数量说对传统的货币数量论提出了若干技术上的修正。弗里德曼认为，如果货币数量与产量以同一比率增长，就不会引起通货膨胀；但如果货币数量的增长率超过了产量的增长率，就一定会造成通货膨胀。特别是当经济达到充分就业后，由于产量不能进一步上升，因此，货币数量的任何增长都将引起一般物价水平的上升，而一旦人们对这种物价上升产生预期，经济就会陷入工资-物价螺旋式上升的过程，致使由货币供给过多而引起的通货膨胀愈演愈烈。

(三) 导致需求上升的具体因素

虽然凯恩斯的需求拉上论和货币学派的需求拉上论都认为通货膨胀的根源在于总需求方面，但在造成总需求过度的起因上却有各自不同的观点。凯恩斯认为，总需求的过度是由于消费、投资、政府支出等因素的过度增加引起的；而货币学派却认为，货币数量的过度增加是导致总需求过剩的根本原因，因而断言“通货膨胀无论何时何地都是一种货币现象”。综合起来，通常能够引起通货膨胀的需求变动因素包括：(1) 消费倾向的加强和(或)私人部门自发性投资的增加，这通常发生在经济周期的高涨阶段；(2) 货币当局为追求某种特定目标而持续地采取放松银根的政策，这常常出于某种政治上的需要②或者为了追求高速的经济成长；(3) 财政当局持续性地实施赤字财政的经济政策，并用向中央银行借款或发行公债而由中央银行买入等方式弥补此项赤字；(4) 商品、劳务净出口的增加，一方面减少了国内市场上商品、劳务的供应，另一方面从国外向本国市场注入了更多购买力；(5) 外资的流入，包括国际债务和直接投资的增加，特别在固定汇率制度下，引起本国货币的增多。

① 此时伴有货币数量的适应性增加或(和)货币流通速度的加快。

② 例如，美国政府曾在 20 世纪 50 年代初为了“越战”的需要而要求美联储采取廉价货币的经济政策。

二、成本推进论

自20世纪50年代后期起，世界经济情况发生变化，一些国家出现了物价上涨与失业并存的新现象。对此，需求拉上论显然无法解释。于是，一些经济学家提出了成本推进论，主要观点是：在总需求不变的情况下，由于生产要素价格(包括工资、租金及利率等)的上涨，致使产品成本上升，导致一般物价水平持续上升的现象(如图15－6所示)。

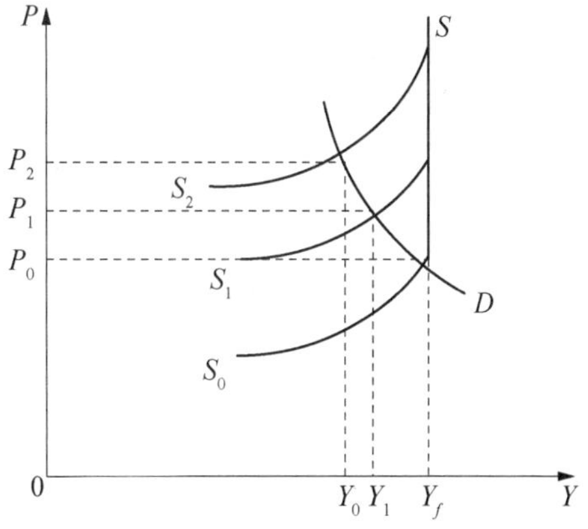

图15－6　成本推进的通货膨胀

在图15－6中，横轴为产出水平Y，纵轴为价格P，S为总供给曲线，D为总需求曲线，Y_f为充分就业时的产出水平。随着生产成本的提高，总供给曲线由S_0向左上方移至S_1，再由S_1移至S_2。当总需求不变时，价格水平由P_0上升到P_1，再由P_1上升到P_2，产出则由Y_f减至Y_1，再由Y_1减至Y_0。由此可见，生产成本的提高会导致企业生产的压缩、失业的增加和总供给的减少。因此，成本推进论认为，生产成本的提高既是通货膨胀的根源，也是失业增加的根源。

根据成本推进论的观点，导致生产成本提高的原因主要有：(1) 工资推进。工人在强大的工会力量的支持下要求增加工资，工资的提高会引起生产成本的增加，导致物价上涨。而物价上涨后，工人又要求增加工资，从而再度引发物价上涨。如此反复，使工资-物价螺旋式上升。但这类通货膨胀发生的前提条件是工资的增长超过劳动生产率的增长，其最重要的特征是有强大的工会存在。例如，在20世纪60年代后期至70年代初，大多数欧洲国家中制造业的工资突然加速增加，联邦德国工资的年增长率由1968年的7.5%提高到1970年的17.5%，而在英国，同期的变化为从7%提高到15.2%。① (2) 利润推进。垄断企业为追求高额垄断利润，肆意提高产品的价格从而引发通货膨胀。(3) 大宗商品价格推进。除了工资和利润两个因素外，大宗商品(农产品、矿石、能源等)也会成为从供给方面引发通货膨胀的重要原因，现代经济学通常称之为供给冲击。20世纪70年代，石油输出国组织卡特尔在美国石油减产的条件下造成石油价格的暴涨，②其所引起的世界物价上涨的程度不能仅仅依靠需求旺盛得到解释。由于成本推进的通货膨胀均是由卖方原因引起的，人们又称之为“卖方的通货膨胀”。此外，必须指出的是，成本推进型通货膨胀是以不完全竞争的市场为前提的。

20世纪80年代以后，需求拉上论占据了主流地位，成本推进理论逐渐衰落。但最近，又有新的研究指出，劳资关系其实是决定通货膨胀的重要因素。该研究分析了23个发达国家1960—2009年的宏观经济数据。在排除了进口依赖度、劳动生产率、经济增长、油价等因素的影响后，发现劳工力量(以工资收入占GDP的比重、工会密度、失业率衡量)与通货膨胀的相关性远高于货币供应(以广义货币M2的增速衡量)与通货膨胀的相关性。也就是说，劳

① 《新帕尔格雷夫经济学大辞典》(第1卷)，经济科学出版社1996年版。

② “阿以”战争期间，由于石油输出国组织实行禁运，国际油价在1973—1974年上涨了4倍；1979—1980年，波斯湾战争使这种局面重演，石油价格又翻了一番。

动者自我组织、动员能力的提升可能推动工资的不断上涨。一方面,工资涨了,消费需求增加;另一方面,资本家把额外的劳动力成本转移到商品价格上,物价因此进入"上升通道"[①]。在一定程度上,该研究解释了自21世纪以来,西方各国不断推行扩张性货币政策但物价并没有明显上涨的原因。根据这一理论,一方面,由于劳工弱势,新增的货币供应无法有效地转化为普通劳动者的工资上涨,而是被少数人投入金融和房地产市场,催生资产泡沫;另一方面,由于工资上涨缓慢,无法支撑消费需求,普通消费者不得不"借钱消费"、对信贷的依赖越发严重。这甚至成为导致2008年金融危机的重要原因。

无论是需求拉上还是成本推进,根据方程 $MV \equiv PY$,用 π 表示通货膨胀率,可以得到:

$$\dot{m}+\dot{v} \equiv \pi+\dot{y} \text{ 或者 } \pi \equiv \dot{m}+\dot{v}-\dot{y}$$

需求拉上论者认为,通货膨胀是由总需求的变动 $(\dot{m}+\dot{v})$ 超过产出的变化 $(\dot{y})$ 引起的,唯有对总需求变动的原因,凯恩斯和货币主义存在分歧。凯恩斯强调消费、投资以及政府支出的变化(可以归结为 $\dot{v}$ 的改变),而货币主义认为货币数量的增加 $(\dot{m})$ 是通货膨胀的唯一原因。此外,对成本推进论者来说,通货膨胀的主要原因在于成本的上升引起产量的减少 $(\dot{y})$[②]。然而,在实际的通货膨胀过程中,需求因素与供给因素往往混合,很难严格区分为两种独立的现象,近20年来的理论发展,特别是有关理性预期和经济周期的研究使两者的区分更趋于模糊。所以,需求拉上和成本推进的理论虽然为分析通货膨胀提供了一个初步的概念,但并不能提供令人满意的答案。

三、结构性通货膨胀与输入性通货膨胀

结构性通货膨胀论者认为,通货膨胀是在总供给与总需求大体平衡的状态下,由经济结构方面的原因所引起的物价持续上涨。结构性通货膨胀可分为需求移动型通货膨胀、小国开放型通货膨胀、部门差异型通货膨胀、瓶颈制约型通货膨胀等。输入性通货膨胀是指在开放经济条件下,由国际经济交往而导致的通货膨胀,包括小国开放模型和国际货币主义模型等。

(一) 需求移动型通货膨胀

需求移动型通货膨胀是由美国经济学家舒尔茨(C. Schultze)和明斯(G. C. Means)于1959年分别提出的。这一理论与需求拉上论一样,也是从需求方面寻找通货膨胀的根源,两者的区别在于:需求拉上论认为,通货膨胀的原因是总需求过多;而需求移动论则认为,即使总需求并不过多,只要需求在部门之间发生移动,而劳动力及其他生产要素不能及时转移,这时,需求增加部门的工资和产品价格上涨,而需求减少部门的产品价格却未必相应下降,结果导致整个社会物价总水平的上升。

与前两种理论相比,结构性通货膨胀论为人们全面认识通货膨胀的成因提供了一种全新的视角。特别对于发展中国家来讲,经济结构的失衡和产业间劳动生产率增长的差异在促进通货膨胀的形成方面确实举足轻重,从而使这一理论更具有现实意义。

---

① Hung, Ho-fung and Daniel Thompson. Money Supply, Class Power and Inflation: Monetarism Reassessed. *American Sociological Review*, 2016(81).

② 成本推进论者虽然也逐渐认识到了货币因素的重要性,但仍将货币的过快增长视为一个消极被动的因素,认为在供给冲击的情况下,为了维持高水平的产出和就业,货币供给只是"适应性"地有所增加。

（二）小国开放型通货膨胀

挪威经济学家奥德·奥克鲁斯特(Odd Aukrust)针对开放经济条件下的小国家受世界通货膨胀的影响而引发的国内结构性通货膨胀，创立了著名的“小国开放模型”①。该模型既属于结构性通货膨胀理论，也属于输入性通货膨胀理论。所谓“小国”，不是就国土和人口而言，而是指该国在世界市场上只是价格的接受者，不能决定商品的国际价格。该模型的主要论点如下：

第一，将一国经济分成两大部门：一是开放经济部门，即产品与世界市场有直接联系的部门，如制造加工业等。开放经济部门由于参与国际竞争，因此，其价格由国际市场决定，不能将成本的增加轻易地转嫁给消费者。二是非开放经济部门，即产品与世界市场没有直接联系的部门，如服务业、建筑业等。非开放经济部门因不受外来竞争的影响，不经常从事投资和技术革新，所以其劳动生产率比较低。

第二，国际市场价格与技术和生产率一起决定开放经济部门的利润率，进而决定该部门的工资率。一般而言，工资率将调整至该部门能维持正常的利润率。

第三，开放经济部门的工资增加将导致非开放经济部门工资的相应增加，但因后者的劳动生产率低于前者，就不可避免地引起该部门的物价上涨。

第四，国内的通货膨胀是两个部门工资上涨率的加权平均。

第五，由于小国在世界市场上是价格的接受者，因此，当世界市场上的价格上涨时，开放经济部门的产品价格会随之上涨，结果会使开放经济部门的工资相应上涨。一旦开放经济部门的工资上涨，非开放经济部门也必然受影响而相应提高工资，结果是开放经济部门的生产成本上升，其产品价格也随之上升，这样就导致“小国”的全面物价上涨，通货膨胀发生。

（三）国际货币主义的通货膨胀理论

罗伯特·蒙代尔(R. Mundell)和哈里·约翰逊(H. Johnson)等人将货币数量说运用到国际领域，强调货币数量在触发和传播世界性通货膨胀方面的决定性地位，提倡“国际收支的货币观”，认为世界性通货膨胀的根源不外是世界货币总量的过度增长，而国际收支和储备的消长则为通货膨胀的传播途径。其主要论点如下：

第一，在开放经济条件下，各国的物价变化取决于世界货币总量的变化。只要货币量增长率大于生产量增长率，通货膨胀就无法避免。

第二，在“一价定律”的作用下，世界各国的通货膨胀率迟早会发生趋同现象。在固定汇率下，这种倾向更为显著。通货膨胀扩散的主要途径是国际收支差额，通货膨胀率较高的国家，进口增加、出口减弱，必然丧失国际储备，储备外流则是他国通货膨胀加剧的根源。

第三，通货膨胀是一个世界性的问题，不能单从封闭国家的观点来看待。

国际货币主义的通货膨胀理论虽然对世界性的通货膨胀做出了一定的解释，但根据完全竞争、充分就业和生产要素的自由流动得出世界通货膨胀趋同的观点，其假设与结论都与现实不符。而且自布雷顿森林体系崩溃后，不少国家采取的浮动汇率制度也有助于控制通货膨胀的国际传播。他们将世界性通货膨胀视为一种纯粹由货币量所决定的需求膨胀现象，对于供应和成本方面的因素完全漠视，也是其受到诸多质疑的一个重要原因。

---

① 由于创设这种模型的经济学家大多来自斯堪的纳维亚国家，因此，该模型又被称为“北欧模型”。

第三节 通货膨胀的社会经济后果及其治理

一、通货膨胀的社会经济后果

(一) 通货膨胀的产出效应

通货膨胀作为一种复杂的经济现象，其产出效应反映的是通货膨胀与经济增长之间的关系。对通货膨胀的产出效应，经济学界在20世纪曾有过激烈的争论，有以下三种不同的观点：

1. 促进论

所谓“促进论”，就是认为通货膨胀具有正的产出效应，能促进经济增长，理由是：

(1) 在通货膨胀中，政府作为最大的债务人可以减轻一定的债务负担。通过大量增发货币，政府也可以获得追加的财政收入。[①] 如果政府将通过通货膨胀获得的收入全部用于实际投资，并采取相应措施保证民间投资不因政府投资的增加而减少，那么，这种通货膨胀性的政策就会因增加了总投资而增加产出，促进经济增长。

(2) 在通货膨胀情况下，产品价格的上涨速度一般快于名义工资的提高速度，企业的利润会增加，而这又会刺激企业扩大投资，从而促进经济增长。

(3) 通货膨胀通常是一种有利于债务人的收入再分配。通货膨胀会降低真实利率，使收入和财富发生有利于债务人的分配，而债务人的边际支出倾向比较高，因此，通货膨胀会通过增加债务人的支出而促进经济增长。

(4) 通货膨胀有利于产业结构的调整。通货膨胀引起的物价上涨在各地区、各部门、各行业、各企业之间是不平衡的。长线产品的价格和短线产品的价格都上升，但短线产品价格上升的幅度更大，因此，两类部门的投资都可能增加，但短线产业的投资规模比长线行业的增长速度快，从而全社会的产业结构可以得到局部调整。

正是由于以上原因，促进论者认为，当经济处于有效需求不足、实际经济增长率低于潜在经济增长率的状态时，政府可以通过实施适度的通货膨胀政策来实现经济增长。

2. 促退论

绝大多数学者的观点与促进论正好相反，认为通货膨胀具有负的产出效应，会降低效率、阻碍经济增长，这就是所谓的“促退论”，理由是：

(1) 通货膨胀会促使生产领域中的部分资本流向非生产领域，导致生产萎缩、经济衰退。在通货膨胀情况下，生产性投资的风险和经营成本增加，使投资不如投机、生产囤积的现象普遍出现。结果，一部分工业资本从生产领域转向流通领域，服务于投机活动，生产资本减少，经济衰退。

(2) 在通货膨胀环境下，货币购买力下降，持有货币的机会成本大大上升，又由于通货膨胀对债务人有利、对债权人不利，因此社会公众都会减少储蓄，尽力把现金转化为实物资产或增加目前的消费，致使社会储蓄率下降，从而使投资减少和经济增长率下降。

---

① 这包括通货膨胀税(Inflation Tax)和铸币税(Seignorage)。

(3) 持续的通货膨胀增加了相对价格和未来价格水平的不确定性，价格信号的准确性降低，市场的价格机制遭到严重破坏，正常的生产秩序被打乱，使资源配置效率降低，影响经济增长。

(4) 如果通货膨胀超过一定时间，企业和居民便会产生预期，造成物价与生产成本的螺旋式上升，形成恶性通货膨胀，并可能导致经济崩溃。

3. 中性论

这种观点认为，如果预期是理性的和完全的，价格是灵活的和有弹性的，则通货膨胀率的高低对经济活动并没有任何实质性的影响，因为社会公众可以及时、准确地调整其行动和决策，使得所有真实变量都不发生任何实际的变化，从而对经济活动不发生作用。相反，如果特别对通货膨胀采取措施，反而会影响经济活动的正常进行。例如，诺贝尔经济学奖得主维克利就特别强调，在温和的通货膨胀环境中，“罪恶不在于通货膨胀本身，而在于抑制通货膨胀的不适当的手段”(Vickrey, 1992)。

(二) 通货膨胀的收入再分配效应

在通货膨胀期间，人们的名义收入与实际收入存在差异。只有剔除物价因素，才能得知人们实际收入的变化。由于社会各阶层的收入来源极不相同，因此，在物价总水平上涨时，有些人的收入水平会下降，而有些人的收入水平会提高。这种由物价上涨造成的收入再分配就是通货膨胀的收入再分配效应，具体来说有以下几个方面：

1. 对浮动收入者有利，对固定收入者不利

浮动收入者的收入上涨如果在企业价格水平和生活费用上涨之前，则可从通货膨胀中获得好处。例如，产品价格上涨比工资和原材料价格上涨快，企业主就能从通货膨胀中得到好处、增加利润；而对于固定收入阶层来说，随着货币购买力下降，实际收入减少，生活水平必然降低；影响最明显的是那些领取救济金、退休金的人，靠福利和其他转移支付维持生活的人，以及工薪阶层、公共部门雇员等。

2. 对实际财富持有者有利，对货币持有者不利

实际财富包括不动产、贵金属、珠宝、古董、艺术品，在通货膨胀时其价格上涨。货币财富包括现金、银行存款、债券，其实际价值因物价上升而下降。

3. 对债务人有利，对债权人不利

债务人获得货币就即时使用，增加购买；待其偿还时，同量货币的实际购买力已经下降。通货膨胀靠牺牲债权人的利益而使债务人获利。

4. 对政府有利，对公众不利

通货膨胀的直接表现是货币供应过多，而货币供应是由政府通过中央银行来控制的。过多的货币供应引起货币贬值、物价上涨，这实质上是政府对所有货币持有人的一种隐性征税，即通货膨胀税；[①]同时，政府通过发行公债和采取累进税制来降低实际债务、增加收入。

(三) 通货膨胀与就业

通货膨胀可能带来就业的增加，但这种替代关系只在短期存在。关于这一点，可以由菲利普斯曲线予以说明。

---

① 斯坦利·费希尔认为，用通货膨胀税来增加政府收入是一种低效的手段，但是如果现金大部分被从事“地下”经济活动的人所持有，则通货膨胀税就成为有用的征税手段。

1958 年执教于伦敦政治经济学院的新西兰经济学家菲利普斯发表了《1861—1958 年英国的失业率与货币工资率的变化率之间的关系》一文。通过对英国近 100 年的统计资料的分析,发现在失业率与货币工资上升率之间存在比较稳定的此消彼长的替代关系,即失业率较低时,货币工资上升较快,而失业率较高时,货币工资上升较慢。这种替代关系可以用一条向右下方倾斜的曲线表示。

菲利普斯的发现最初是统计研究的结果,并无理论上的根据,却引起了经济学家的高度重视。加拿大经济学家利普塞(R. G. Lipsey)和美国经济学家萨缪尔森、索洛等纷纷撰文,对菲利普斯曲线进行了理论解释,并将菲利普斯曲线应用于经济政策的分析,由此引申出大量理论研究和经验分析,从而使菲利普斯曲线盛极一时。根据萨缪尔森和索洛修正的菲利普斯曲线(见图 15-7),通货膨胀率与失业率之间存在此消彼长的关系。

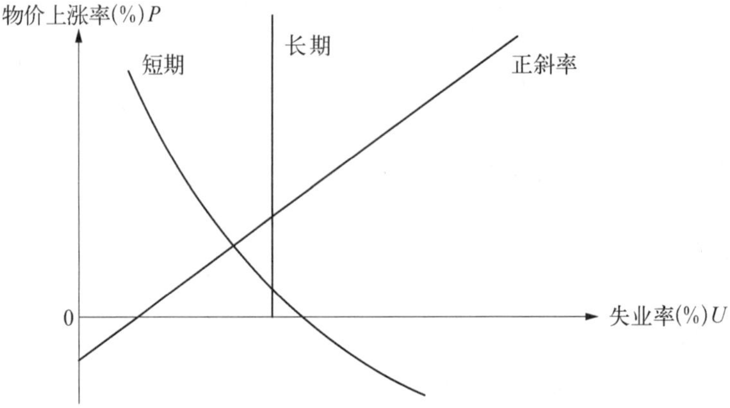

图 15-7 菲利普斯曲线的各种形状

在 20 世纪 60 年代中期之前,菲利普斯曲线不仅在理论上普遍被人们接受,政府当局还利用这种关系进行相机抉择,制定和执行适当的经济政策,以使通货膨胀和失业被控制在可以接受的限度内。但从 20 世纪 60 年代中期以后,资本主义经济的现实与菲利普斯曲线理论越来越相背离,所以 20 世纪 60 年代后期,该曲线无论在理论还是在实证研究上都受到尖锐的批判。1967 年弗里德曼和费尔普斯分别撰文对菲利普斯曲线提出修正,在考虑通货膨胀预期对经济决策的作用后,菲利普斯曲线的失业率与通货膨胀率之间的逆相关只能在短期存在,而长期菲利普斯曲线是一条与纵轴平行的直线,即无论通货膨胀的程度如何,失业率总是保持在其自然失业率水平。然而到了 20 世纪 70 年代,西方多数国家出现了高失业率与高通货膨胀并存的滞涨现象,滞涨现象的菲利普斯曲线成为一条斜率为正值的曲线,这是因为,通货膨胀的出现会削弱市场信号的功能,从而降低生产效率,而且,由此引起的政府干预又会加深经济的机能失调而提高自然失业率。

因此,自 20 世纪 60 年代以来,菲利普斯曲线成为凯恩斯学派和货币主义争论的主要议题之一。双方的分歧可综合如下:

第一,预期的性质问题。货币主义者逐渐认为,经济主体的预期是理性的,从而通货膨胀与失业不但在长期,而且在短期也不存在交替关系。因为经济主体会根据预期对其经济行为进行调整,使得物价的变化不会对其经济活动产生实质性的影响。

第二,菲利普斯曲线的稳定性问题。凯恩斯学派虽也承认在较长时期内,曲线的斜率可能提高,但还不致成为垂直线;而货币主义则认为从长期来看,随着预期的调整,该曲线必然变成一条垂直线。

第三,失业的性质问题。凯恩斯主义认为存在非自愿的失业(周期性失业和结构性失业)。货币主义则认为失业基本上是自愿性的,因此反对通过相机抉择的经济政策对其进行干预。他们认为,相机抉择的政策即使有效,也是暂时的,但若运用不当,很可能会加剧经济的波动。

对于菲利普斯曲线的讨论,虽然至今还没能有一个令大多数经济学家共同接受的理论解释,但其发展过程既反映了经济现实的变化,也反映了通货膨胀理论的深化。

二、通货膨胀的治理

鉴于通货膨胀对国民经济的不利影响,严重的甚至会引起社会动荡、政局不稳乃至国民经济的崩溃,所以,在通货膨胀发生以后,各国政府都力图通过各种途径稳定通货,抑制通货膨胀。但由于通货膨胀的发生是一个极其错综复杂的社会经济现象,因此就需要有针对性地采取相应手段加以综合治理。

(一) 需求政策

这一政策是针对需求拉上型通货膨胀的。根据需求拉上的通货膨胀理论,通货膨胀是由总需求超过总供给引起的,因此,通过宏观紧缩政策来控制社会需求是各国治理通货膨胀的主要手段。

1. 紧缩性的货币政策

紧缩性货币政策的实质是控制货币供应量的过快增长,具体方法如下:

(1) 中央银行提高法定存款准备金率、再贴现率,以及在公开市场出售政府债券,以减少商业银行的超额准备金,降低基础货币和货币乘数,抑制信贷扩张能力,减少货币供应。例如1985年,我国经济开始出现通货膨胀,中央银行于1987年和1988年分两次将法定存款准备金率由10%提高到13%。

(2) 中央银行提高基准利率,以影响商业银行的借贷成本和各种市场利率,抑制总需求。1993年5月,为控制物价的不断上涨,中国人民银行将1年期贷款利率由8.64%提高到9.36%,7月又再次提高到10.98%,1995年更是提高到12.06%。1993—1996年,我国在相当长的一段时间内维持较高的市场利率,对最终通货膨胀的控制起着重要作用。

(3) 中央银行还可以动用法律手段、行政手段等实施紧缩。例如,控制银行的贷款规模、针对某些贷款提高其首付比例等。

2. 紧缩性的财政政策

实施紧缩性的财政政策主要通过以下几种方式:

(1) 增加税收。增加税收的通常做法是提高税率和增加税种,这样可以压缩企业和个人的可支配收入,从而抑制其对投资和消费的需求与支出,增加财政收入。

(2) 削减政府支出,以消除财政赤字、平衡预算,从而消除通货膨胀的隐患。

(3) 减少政府转移支出,减少社会福利开支,从而起到抑制个人收入增加的目的。

货币政策是通过影响信贷,影响投资,从而影响市场货币供应量以压缩总需求;而财政政策则是直接影响政府、企业和个人的消费支出,压缩总需求。问题在于,压缩社会总需求如果力度和措施不当,必然带来生产减退和失业增加,使社会矛盾激化,因此,除需求管理外，政府还应该采取其他措施治理通货膨胀。

(二) 供应政策

治理通货膨胀，需求政策是希望从压缩总需求来实现总需求与总供给的平衡，而供应方面的经济政策则主要运用刺激生产增长的方式来改善供给，如 1981 年美国里根政府为控制通货膨胀所采取的政策就综合了需求管理与增加供给两个方面的内容，具体包括：(1) 削减政府开支以降低总需求；(2) 自 1981 年起 3 年内每年降低所得税税率 10%，并提高机器设备的折旧率，以促进生产，刺激投资，增加供应；(3) 取消政府对工商界不必要的管制；(4) 限制货币量的增长率，压缩总需求。

里根政府希望通过减税、减少干预来提供工作、储蓄和投资的诱因，从而在供给方面提高生产率，在需求方面则以削减政府开支和限制货币量来抑制总需求。

根据供给学派的观点，改革劳动力市场和商品市场的结构也是应付通货膨胀的对策之一。在劳动力市场方面，除了应取缔或减少对就业和转业的限制外，政府当局也应设法改善有关就业的信息与资料，对失业者提供再就业培训。在商品市场上，应取缔独占性和垄断性组织，逐步降低关税，鼓励消费者成立保障其权益的组织，增强对物价上涨的抵抗力。

总之，供应政策的实施为解决通货膨胀问题提供了一个全新的思路，它改变了过去只着眼于解决过度需求的做法，从压缩需求和增加供应两个方面来平抑物价，缓解通货膨胀。

(三) 收入政策

从成本推进角度看问题的经济学家主张采取收入政策，即以法律手段或说服办法阻止价格、工资、租金、利率、利润率等的任意提高。他们认为，由政府拟定物价和工资标准，劳资双方共同遵守，这样既简单易行，又不会有增加失业的副作用。英国曾多次实行过此类政策。在美国，最著名的是 1971 年尼克松政府采取的四阶段收入管制。一般来说，收入政策具体有以下几种形式：

1. 强制性的工资-价格管制

由政府颁布法令，强行规定工资、物价的上涨幅度，甚至暂时冻结工资和物价。这种严厉的管制措施一般在战争时期或在通货膨胀难以对付时采用。

2. 自愿的工资-价格指导线

政府当局根据估计的平均生产率的增长，估算出工资和物价的最大增长限度，作为工会和雇主协会双方协商的指导线，并要求他们自觉遵守。由于政府只能依靠劝说而不能以法律手段强制执行，因此，其效果并不理想。

3. 以税收为手段的收入政策

政府当局以税收作为奖励或惩罚的手段来限制工资、物价的上涨。如果企业的工资和商品价格的增长率在政府规定的幅度内，政府就以降低所得税方式予以鼓励；否则，就以增加税收作为惩罚。但这一政策的效果也不显著。

收入政策也有一系列弊端。例如：(1) 企业主有种种办法绕过法令，变相提高产品价格，工人也可以用怠工的方式对付工资冻结；(2) 即使价格和其他收入被管制，对经济也有很大的负面作用，因为此时经济活动会失去供求信息，导致资源配置失当；(3) 如果在收入政策实施期间，总需求仍在扩大，则购买力将集中地冲击尚未受管制的价格，从而使价格体系更加混乱。

(四) 指数化政策

指数化政策即各项收入按照物价指数进行自动调整,使收入得到保障、预期因素加剧通货膨胀的作用得以排除,同时又能保持价格的信号功能,引导资源合理配置。指数化政策的实质是让人们学会在通货膨胀环境下生活,即把意外的通货膨胀变成意料中的通货膨胀。在实践中曾广为采用的指数化政策包括:

1. 债券(存款)指数化

政府和公司发行指数化债券,银行对存款采用指数化的方法计息,可以保护储蓄者的利益不受非预期到的通货膨胀变动的影响,也有利于稳定金融制度和金融市场,如我国在 20 世纪 90 年代初的通货膨胀时期采取的"保值贴补率"实际上就是一种指数化的政策。

2. 税收指数化

许多国家的个人所得税按名义收入采取累进税制。通货膨胀的结果将把纳税人推到更高的纳税档次,因而加重了纳税人的负担,不仅扭曲了税制的公平性,而且破坏了税收制度的稳定性。

3. 工资指数化

工资指数化能够减少劳动收入的不稳定,特别是保护固定收入者的利益。在通货膨胀中,工资是最为迫切需要指数化的收入,因为工资收入在国民收入中的比例较高,而且劳动者最需要保护,更主要的原因是出于政治稳定的考虑,需要对劳动者的收入予以特别关注,但在私有企业制度下,对工资实行指数化的难度很大。

第二次世界大战后曾采用过指数化政策的有以色列、芬兰、美国及拉美国家等三十多个。但指数化政策也有一些弊端。例如:(1) 在用何种指数来调整收入方面存在广泛争论;(2) 不可能使社会上的一切收入都按照公认的统一物价指数迅速调整,因此,那些收入未能指数化的人将集中承受真实收入下降的打击,有失公允;(3) 指数化政策等于"批准"了通货膨胀的"合法性",使人们对其失去警惕,允许物价-工资的螺旋式关系充分起作用,最终使通货膨胀更加难以治愈。由于以上原因,指数化政策一般被当作一种适应性的反通货膨胀措施,只能在一定程度上缓解通货膨胀造成的不公平的收入再分配,并不能从根本上对通货膨胀起有效的抑制作用。

综上所述,由于通货膨胀的原因是多方面的,并且诸因素之间又互相影响,因此,单项治理措施很难彻底取得成功。不过,不论其最终的原因是在需求方面还是在成本方面,没有货币量的过快增长都不可能有持续的物价上涨,因此,通货膨胀终究是一种货币现象,控制货币供应量仍不失为速效的治标方法。只是在此之外,须有其他措施的配合,方能最终控制通货膨胀。自 20 世纪 70 年代以来,世界各国都重视货币总量的管理,的确有助于通货膨胀的缓和,然而通货膨胀至今仍然广泛存在,可见其治本之不易。

第四节　通货紧缩的定义与成因

物价水平的波动是自货币用作交换手段以来人类经济历史的一大特征,而且其一般的趋势是通货膨胀与通货紧缩的交替出现,这种格局一直持续到 20 世纪 30 年代的大萧条时期。自大萧条期间发生过灾难性的通货紧缩之后,总的趋势是物价水平逐年上涨,在长达 60

年的时间里,几乎没有出现过通货紧缩。然而,自 20 世纪 90 年代以来,许多国家,如日本、瑞典、瑞士、西班牙、新加坡、阿根廷、中国等,不同程度地出现了通货紧缩现象。人们这才相信,通货紧缩并没有绝迹,并且很有可能在特定的情况下再次成为世界经济进一步繁荣和发展的主要障碍。

一、通货紧缩的定义

自 20 世纪 30 年代的大萧条之后,世界各国普遍发生的是通货膨胀而不是通货紧缩,因而在许多流行的教科书中几乎难以看到通货紧缩的系统论述。但关于通货紧缩的定义,综合经济学教科书和经济类辞典,仍然有能够为绝大多数经济学家所接受的观点。

对于通货紧缩,主流的观点是从通货膨胀的对立面来定义的,认为通货紧缩是一般物价水平随时间的推移而持续下降的过程,或者指相对于一般商品而言,货币价值不断上升的过程。

在通货紧缩的定义上,除了以一般物价水平作为单一的评判标准外,也有学者主张"两因素"或者"三因素"的定义。主张"两因素"的观点认为,判断通货紧缩的标准除了一般物价水平的持续下降外,还必须伴有货币供应在绝对量上的减少;而"三因素"的通货紧缩定义除了保留以上两个标准外,还加上了经济衰退这一条件。相比较而言,"单因素"的定义抓住了通货紧缩所反映的经济现象最基本、最显著的特征,因此,我们在本书中也采用这一定义,认为通货紧缩是与通货膨胀相反的一种经济现象,表现为商品和劳务价格的普遍、持续下降。

根据这个定义,通货紧缩所反映的物价下跌必然是普遍的、持续的。个别商品和劳务由于供大于求或技术进步、市场开放、生产效率提高、成本降低等原因导致的价格下跌不是通货紧缩,由于消费者偏好变化、季节性因素等引起的商品和劳务价格的暂时或偶然下跌也不是通货紧缩。

二、通货紧缩的成因

在 20 世纪 30 年代以前,通货紧缩在世界各国是一种频繁发生的现象,也自然成为经济学研究的重要领域。自中世纪以来世界各国出现的通货紧缩情况来看,各国不同时期发生的通货紧缩有其独特性,这也使得不同的学者对通货紧缩的成因有了不同的见解。归纳起来,对于导致通货紧缩的原因主要有以下几种观点:

(一) 纯货币的通货紧缩理论

在各种以通货紧缩为分析对象的经济理论中,最早的完整形态的理论当属货币数量说。在 20 世纪以前的经济史中,货币数量说在解释物价水平的下降方面曾一度占据支配地位。[①]根据费雪方程:

$$MV = PY$$

当货币流通速度 V 与真实产出 Y 趋于稳定时,通货紧缩必然伴随着货币存量的下降,这一论断与当时许多国家发生通货紧缩时常伴有货币数量减少的现象一致。19 世纪末 20 世纪初是各国通货紧缩的高发时期,也是货币数量论的巅峰时期,许多学者甚至将经济周期完全归咎于货币数量的变化。

① 虽然也有劳动价值论的解释,但劳动价值论对短期价格水平的波动缺乏一致的说明。

纯货币的解释假定经济体系本来是稳定的，之所以会不稳定，是因为货币上的行动错误与处理失当。纯货币的通货紧缩理论认为，银行单方面收缩信用将迫使批发商减少向生产者的订单，则该生产者必然减少生产活动并向其他生产者减少订单，从而促使其他广泛的生产者减少生产活动。生产活动既然减少，投入使用的现金也会随之减少，消费者收入与总需求便不得不减少，总需求减少后零售商就开始降低价格以求脱售，同时减少甚至停止向批发商的订货，批发商又再向生产者减少甚至停止订货而使生产活动再减，消费者收入再减，总需求再减。这三者不断累积的结果就形成通货紧缩的恶性循环。弗里德曼与施瓦茨指出，通货紧缩起因于"商业银行不能获得额外的高能货币以满足存款人对通货的需要"（弗里德曼、施瓦茨，1963）。

纯货币的通货紧缩理论将货币供给看成是外生的，认为中央银行不适当的货币政策是通货紧缩的罪魁祸首，这显然是不全面的。实际上，从短期来看，经济体系并不能自动保持均衡，货币流通速度在不断发生变化，经济主体如企业、消费者和投资者的行为也不完全理性并且受各种预期因素的影响。这一系列因素都可能成为特定时期通货紧缩的根源。

（二）通货紧缩的金融结构理论

较早强调现代经济中通货紧缩与金融结构有密切联系的是凯恩斯与费雪。其中尤以费雪的"债务-通货紧缩理论"（Debt－Deflation Theory）最为著名。费雪认为，过度负债往往是一国经济由盛变衰的转折点，是导致通货紧缩的一个重要因素。在繁荣时期，利润水平的上升诱使企业家进行更大规模的投资，这一过程主要通过债务融资进行；而银行体系也将为企业家对未来的乐观预期所鼓舞，以致不惜增加贷款的投放。这种情形必将持续到过度负债的状态，即相对于国民收入而言，到期债务过多以致没有足够的流动性资产来清偿到期债务。此时，企业将纷纷抛售商品以求偿还债务，所有企业都采取这一措施的后果是使物价下跌。通过债务清算，企业债务的名义数额虽有减少，但由于通货紧缩，其真实价值反而上升，破产的可能性反而加大。企业被迫进一步以更低廉的价格更大规模地抛售商品，整个债务—通货紧缩的恶性循环便次第展开。在通货紧缩过程中，债务清算的速度永远赶不上债务真实价值增长的步伐，用费雪的话来说就是"债越还越多"，只有当过度负债被大规模的企业破产强制性消除后，通货紧缩才能停止，新一轮繁荣与萧条的更替才会开始。

后凯恩斯主义者如明斯基（Hyman Minsky）和金德尔伯格（Charles Kindleberger）进一步发展了通货紧缩与金融结构的关系。1957 年，明斯基在其通货紧缩的金融不稳定假说中指出，整个经济体系的金融结构不是一成不变的，企业债务比率越高，整个金融体系就越脆弱，越难以承受外界的刺激，这时，紧缩性的信用政策或利率的持续上升、股市的异常波动甚至一些本来无足轻重的变化都会引起通货紧缩。金德尔伯格则更为强调金融市场在通货紧缩中的作用，认为金融资产价格的下降在对真实经济的影响方面与通货紧缩有着相同的作用，并且在有了高度发达的金融市场以后，在金融市场上的过度投机行为即市场参与者的心理预期的影响下，通货紧缩对经济的不利作用更容易传播，经济体系对通货紧缩的承受能力也大大减弱。金德尔伯格的这一论断后来为日本的通货紧缩所证实。1986 年，为应对经济下滑预期，日本央行采取了扩张性的货币政策，市场流动性异常充足，房地产市场和股票市场行情暴涨。到 1990 年后，金融泡沫开始破灭，2003 年日经指数跌到 7 607 点，仅为高点位的 19.6%。伴随着金融资产价格的暴跌，日本经济持续走低，物价开始负增长，出现了通货紧缩，更加拖累了经济复苏的速度。

(三) 通货紧缩的经济周期原因

从经济周期的角度分析通货紧缩的理论认为,投资过度和消费不足是通货紧缩的根源。通货紧缩和前期繁荣时投资的漫无节制是有关联的,甚至是繁荣必然的结果。在经济高涨时期,储蓄有更大的比例用于生产性投资,资本设备的增加只会提高消费品的供给能力,因此,消费品的供给增加了而需求却在降低,价格必然下跌。根据投资过度理论,在经济繁荣时期,社会发展生产装备,但要消费品生产增加还需经过一段时间,在这个时候,供应就是不足的,价格上涨了,这就有了一个连续不断的刺激力量促使投资向前推进,甚至采取种种浪费的生产方法。但是,一旦新的生产力形成、新投资结束,消费品就倾泻而出,充斥市场。根据加速原理,消费品需求的细微变动可以转化为更高阶段的对那些商品需求的猛烈变动,当这种变动猛烈程度加强并贯穿到一切生产阶段时,普遍的通货紧缩就形成了。

除了过度投资外,一些自发性的消费不足也可能会引起通货紧缩。例如,收入分配的不平等、公民年龄结构的变迁(如人口老龄化)、社会保障的恶化等都会影响一定时期社会的消费活动。通常情况下,当这些因素同时起作用时,通货紧缩就很难避免。

(四) 技术进步的通货紧缩效应

经济学家一般认为技术进步会引起通货紧缩,因为新技术的采用要么降低了产品的成本,要么增加了产量,这两者都是促成价格水平低落的因素。一般来说,当新技术的采用使得产品的成本下降后,由于市场激烈竞争,企业家倾向于降低其产品的价格,如果这种新技术是普遍的,就会对一般物价水平带来向下的压力。此外,新技术的采用还会使企业解雇多余的工人,失业的增加进一步减少了社会对商品的总需求,导致通货紧缩的发生。如果某些企业家因采用了新技术而获厚利,则会引起其他企业家的仿效,他们争相投资,于是经济由于采用了新技术而出现繁荣。到了一定时期,生产过剩了,于是经济失调,通货紧缩发生。

由技术进步引起的通货紧缩在经济史上曾多次发生。20 世纪末信息时代来临,新发明、新发现及企业组织的创新不断出现。这些创新活动提高了生产力,降低了成本,使通货紧缩的压力成为信息时代的一个显著特征。

(五) 经济全球化的通货紧缩效应

经济全球化是各国在经济上相互依存不断加深的历史过程,突出表现为商品、资本、技术等要素的国际流动日益加强,主要动力是信息革命以及贸易和金融的自由化。在经济全球化的进程中,市场竞争范围的空前扩大和资源在世界范围的优化配置都将带来物价水平下降的趋势。具体来说,全球化的通货紧缩效应体现在放松管制、自由贸易、产业空心化等方面。

放松管制的通货紧缩效应在于通过使各国撤销对许多行业与产品的行政保护,促使企业为了竞争,不得不节约成本、提高效率、降低产品或劳务的价格。发达国家的产业空心化是经济全球化的一个必然结果。美国、日本、西欧等纷纷将生产设施移到发展中国家,以获取廉价的劳动、土地和服务支持的好处。发达国家通过产业空心化重新配置其竞争优势的后果是全球制造业的分布格局发生变化。制造业在发达国家的比重逐渐下降,而在发展中国家却有了显著的增长。特别是从 20 世纪 90 年代起,这一现象有了加速的趋势,发展中国家低廉的劳动力成本及其占世界制造业份额的扩大导致世界贸易价格逐年下降的情形如表 15-5 所示,并且,只要全球化的进程继续,发展中国家在世界制造业中的比重还将扩大,国际贸易商品的通货紧缩压力也将长期存在。

表 15－5　全球制造业产出的地域分布及世界贸易价格

全球制造业产出的地域分布						世界贸易与价格(年变化率)				
项目＼年份	1970	1980	1990	1995	2005	项目＼年份	1991—1996	1997	1998	1999
发达国家	88.8	82.8	84.2	80.3	71.0	全球 GDP	—	—	—	2.6
发展中国家	12.0	17.2	15.8	19.7	29.0	贸易总量	6.5	10.0	3.8	4.9
远东	4.2	6.8	7.4	11.1	20.0	贸易价格	—	−0.8	−4.2	−1.6
拉丁美洲	4.7	6.5	4.6	4.6	4.4	工业品	—	−2.7	0.2	−1.7
北非与西亚	0.9	1.6	1.8	1.9	2.4	原油	−3.1	−0.2	−31.2	37.6
南亚	1.2	1.3	1.3	1.5	1.7	食品	3.0	−6.0	−11.2	−15.9
次撒哈拉地区	0.6	0.5	0.3	0.3	0.3	原材料	−2.2	3.9	−13.1	−3.0

资料来源：加利・西林,《通货紧缩》,李扬等译,经济管理出版社 1999 年版;BIS,2000。

除上述因素外,通货紧缩在很大程度上还受心理预期、财政政策、汇率制度、金融资产价格等其他因素的影响。以心理预期为例,心理预期具有自我实现的特征,当人们预期投资收益不足以弥补其成本时,或者预期商品和资产价格会下降时,就会停止投资、消费或其他购买支出,结果的确会引发通货紧缩,而这反过来又强化了对通货紧缩的进一步预期,使经济陷入通货紧缩的恶性循环。

第五节　通货紧缩的危害与治理

一、通货紧缩的危害

(一) 通货紧缩抑制社会总需求

1. 通货紧缩影响企业投资

在通货紧缩时期,企业的销售所得与成本都会下降,但由于工资、费用等缺乏弹性,不但难以下降,有些费用项目(如利息等)反而会增加,因而商品价格的下降往往超过生产成本的下降,此时,生产经营活动不但会变得无利可图,而且蒙受亏损。于是,企业往往不得不紧缩生产计划,减少投资,裁减工人。有些生产效率低的企业甚至被迫破产清算。失业大幅增加,社会总需求急剧下降。

2. 通货紧缩推迟消费支出

通货紧缩会导致进一步的通货紧缩预期,使得货币作为价值贮藏的手段,与其他资产相比更有吸引力。对任何经济个体而言,这时,尽可能地推迟支出,持有货币是有益的。然而,这种看似对任何个人都有利的策略,一旦人人仿效,后果就是灾难性的。在现代经济社会中,绝大多数商品交易需要借助货币来完成,经济主体推迟支出的结果会使买卖行为彼此隔绝,使商品周转从而商品再生产无法继续,进一步恶化衰退。

3. 通货紧缩降低货币存量及其流通速度

从逻辑上说,在一个较低的价格水平上保持同一实际经济体系会引起货币存量的收缩,以与较低的价格水平相适应。通货紧缩增加了债务人的债务负担,使得银行借款人的违约概率增大,从而银行面临很大的破产风险,不得不增加超额储备,减少工商贷款。银行的这一行为会通过降低货币乘数来减少货币供应量。如果银行因债务人的违约而破产,则这一现象会更加严重。另外,消费者或工商企业若要支出,必先在此之前积累一定的购买力。[①]现在,随着一般物价水平的下降,经济主体的这种货币需求会提前得到满足,其原来计划的货币需求将多于其实际所需要的,这会抑制其为积累货币所采取的正常行动(如增加就业等)。因而,整个社会的交易动机的货币需求便会减少,从而内生地引起货币存量的减少。此外,由于通货紧缩,人们所持有的货币的真实价值增加了,货币相对于收入的比例自然也有所提高,因而货币流通速度必然比正常状态时有所下降。

(二) 通货紧缩会导致不利于生产的财富再分配

通货紧缩会引起财富在社会成员之间的重新分配。在现代经济中,不同的社会成员往往承担着不同的经济分工,对经济活动有着不同的影响,其收入与支出的决策彼此也不同,面对通货紧缩往往有不同的反应。因此,由通货紧缩引起的财富分配对社会生产活动有着重要的影响。一般来说,通货紧缩对社会财富的分配是不利于生产活动的。

1. 财富在不同经济主体之间的分配

如果将经济主体分为投资者、企业家和工人,我们可以发现,投资者由于持有大量货币、股票、债券及抵押权(Mortgages)等金融资产,往往在通货紧缩中获利。工资收入者在通货紧缩中不但其工资降低,更主要的是面临失业。最受通货紧缩打击的是企业家。作为一个总体,其总是在价格上涨中受益,在价格下跌时受损。通货紧缩时,许多企业家不愿意冒险处于先买进存货、后卖出商品的危险地位;也没有企业家愿意从事先预支货币,事后才能收回的长期生产过程。企业竭力减少存货和不进行投资的结果可能产生大量失业和其他对生产不利的结果。这一切都源于通货紧缩的危害,很可能与企业的经营效率并无关系。

2. 财富在债务人与债权人之间的重新分配

现代化大生产的出现使生产企业的资金需要不能单靠内源融资就得到充分的满足,借贷活动是生产社会化的重要条件。既然借款人愿意支付一定的利息费用以取得对某项货币资产的使用权,那么,不管他借款出于何种原因,至少表明他有一个高的边际支出倾向。也就是说,作为一个整体,债务人比债权人有更高的边际支出倾向。通货紧缩使得财富发生了有利于债权人的分配,将财富由债务人转移到债权人手中,并使得债务负担在债务人的收入中占有了较大的比重,前者降低了社会的平均支出倾向,后者则限制了有较高支出倾向的群体所能支出的绝对数额。用凯恩斯的话来说,就是“通货紧缩将使财富从一切借入者,即工商业者、工人和农民手里转移到借出者手里,从活跃分子的手里转移到不活跃分子的手里”。因此,通货紧缩将会抑制社会总需求,延长或加重生产过剩的局面。

(三) 通货紧缩会造成金融的不稳定

经济体系的负债和通货紧缩这两个因素会相互作用、相互增强,从而削弱金融的稳健

① 这就是所谓的现金先行约束(Cash-in Advance)。

性，甚至引起金融危机。

1. 通货紧缩削弱银行体系的稳健性

银行在发放贷款时，通常对借款人规定一个抵押率，银行就是按照抵押品价值的这个比率出借资金。一旦发生持续的通货紧缩或商品的货币价值在短期内的向下变动超过了银行所能预料的范围，银行就处于危险的境地，因为实际抵押率的上升很可能不能弥补违约风险所带来的损失。这种局面一旦出现，银行家就会变得异常谨慎，他们会一方面尽一切努力保证已贷出资金的安全，另一方面会使其组成的其余部分尽可能处于高度的流动状态。如果通货紧缩极其严重，抵押品的市场价格会与银行贷出的数量相去甚远，这使得银行体系变得异常脆弱，随时面临破产倒闭的危险。此外，银行在确定抵押率时，常常要考虑用作抵押品的资产的市场性。在通货紧缩的情况下，资产的市场性会受到严重影响，从而会进一步削弱银行体系的稳健性。

2. 通货紧缩恶化了金融市场

一般而言，债务人归还贷款的途径主要有 3 个：一是企业利润或家庭收入，二是借款或再融资(Refinancing)，三是出售资产(包括金融资产)。

通货紧缩会引起债务人收入的下降，这使得其还款义务往往不能由收入来满足，此时，债务人被迫出售资产或借款。这种情况对金融体系的不利影响表现在以下几个方面：

(1) 债务人借款的增加使金融市场上的资金供求状况日趋紧张，市场利率大幅上涨，整个经济的融资成本将会上升，许多正常借款人的利益也将因此受损害。

(2) 债务人在不利情况下出售资产，一方面自身难免遭受损失，另一方面将引起其他许多债务人的恐慌性抛售，从而加速金融市场的崩溃。金融资产价格缩水的这种自我增强机制将很快使资产持有者的收益转化为损失。结果，不仅是借款人，任何资产持有者都将深受其害。

需要注意的是，以上仅就通货紧缩对经济的危害进行了阐述。有人认为，通货紧缩也可能是良性的，因为一般物价水平的下降会提高经济主体财富的价值，进而刺激经济主体增加开支，促进实体经济的增长。[①] 然而，到目前为止，这对现代经济来说只是一种理论上的可能，如果考虑更加现实的因素，考虑通货紧缩对经济主体心理上的打击，我们仍然倾向于认为，通货紧缩的这一益处相对于其在其他方面的危害而言，可以忽略不计。

二、通货紧缩的治理

由于通货紧缩对有效需求、金融活动和社会生产有着极大的破坏性，而且市场对通货紧缩的自我矫正机制很弱，往往需要花费较长的时间，因此，若不能有效地抑制通货紧缩，就会对经济发展与社会稳定造成不可估量的损失。一般来说，治理通货紧缩的政策主要有以下几种：

(一) 扩张性的货币政策

通货紧缩是由于种种原因使得通货量萎缩并造成了消费者支出的减退而引起的，因货币流通速度的减退而变本加厉。为了抑制通货紧缩，就需要采取扩张性的货币政策以恢复社会总需求。具体来说，用来治理通货紧缩的扩张性货币政策包括：

1. 增加货币供应量

中央银行降低法定存款准备金率、再贴现率、在公开市场买入政府债券，以增加商业银

① 这就是所谓的“真实余额效应”。

行的超额准备金，增加基础货币和货币乘数，提高信贷扩张能力，增加社会货币供应总量。

2. 利率政策

中央银行降低基准利率，以减少商业银行的借贷成本，降低各种市场利率，刺激总需求。特别是，中央银行应该设法降低长期利率以影响金融市场上收益曲线的形状，使原来向上倾斜的收益曲线变得平坦，甚至向下倾斜，从而诱导经济主体增加开支。自“次贷”危机以来，为应对通货紧缩的风险，先后有丹麦(2012 年 7 月)、欧洲中央银行(2014 年 6 月)、瑞士(2015 年 1 月)、瑞典(2015 年 2 月)、日本(2016 年 2 月)5 家中央银行采取了“负利率”的货币政策，把金融机构在央行存款的利率降到零以下，迫使商业银行向实体经济投入更多信贷资产。

3. 信贷政策

中央银行应该放宽对商业银行再贷款的种种限制，也应当鼓励商业银行对工商企业和消费者个人的贷款活动。我国在 1998—2000 年的通货紧缩时期允许商业银行开办住房抵押贷款、汽车消费贷款、助学贷款等消费信贷，对治理通货紧缩起到了积极的作用。

(二) 扩张性的财政政策

在通货紧缩已经形成后，仅靠货币政策刺激总需求收效不显著。这是因为，货币供应有一定的内生性，不是中央银行能完全控制的，特别是当银行“惜贷”现象十分严重时，银行体系超额储备的增加很难通过贷款来形成存款货币。在通货紧缩阶段，利率水平往往很低，经济已经接近或进入“流动性陷阱”，利率水平很难再降。当通货紧缩发生时，经济主体对未来充满悲观预期，各项支出的利率弹性较低，即使利率还有下降的空间，也并不意味着降息就可以增加社会需求。此时，单单依赖货币政策可能很难根治通货紧缩，往往还需要其他政策特别是财政政策的配合。

1. 削减税收

削减税收可以增加企业和个人的可支配收入，从而鼓励其对投资和消费的需求与支出，增加社会总需求。

2. 加大公共工程支出

公共工程期限长，直接经济效益低，民间资本不愿介入，不存在挤出效应，可以通过支出的乘数作用扩大总需求。至于财政支出的资金来源，可以通过发行国债来集中经济主体持有但并不打算支出的货币用于即期支出。

3. 加强各种社会保障体系

保证养老、医疗、失业等社会保障有充裕的资金，以减少社会公众对未来预期的不确定性。

(三) 其他政策

1. 推行信贷担保制度

在通货紧缩的条件下，银行出于对信贷资产安全性的考虑，往往不愿发放新贷款，从而进一步削弱了企业的投资需求。这一情况在一定程度上可以通过对符合条件的企业和个人提供信贷担保得到改善。政府通过设立专门的机构为某些符合条件的投资项目或企业提供担保，对政府而言并不直接投入资金就可拉动和协调企业投资活动，引导社会资金的流向、规模和结构，体现国家的产业政策；对生产效率高、经营状况良好的企业而言，也能够使其得到所需资金，从而扩大经营，加速发展；对银行而言，更可消除其后顾之忧，一方面使社会投资活动得以持续，总需求得以扩大，另一方面有利于中央银行通过货币政策推动经济的发展。因此，建立政府信贷担保制度既符合经济长远发展的需要，又有利于通货紧缩的治理。

2. 货币贬值

在货币政策和财政政策都不能扩大内需时，允许货币的对外贬值或许不失为治理通货紧缩的有效方案，因为货币贬值会提高本国商品在国际市场上的竞争力，刺激企业扩大生产规模，购买原材料并雇用工人，最终对物价形成向上的压力。不过，让本国货币贬值的政策不能轻易使用，一旦他国采取了报复性的贬值措施，或者出口部门在国民经济中只占很小的比例，又或者出口商品的价格弹性较低，不足以刺激外需的增加时，货币贬值的政策就不会收到预期的效果。

本章小结

通货膨胀是指一般物价水平的持续明显上升。它可以通过物价指数来衡量，并可以根据不同标准进行分类。在关于通货膨胀的成因上，经济学家提出了需求拉上论、成本推进论、结构型通货膨胀论、输入型通货膨胀理论等不同的理论解释。

通货膨胀的效应可以从三个方面来看：一是通货膨胀的产出效应；二是通货膨胀的收入再分配效应；三是通货膨胀与失业之间的替代关系，即菲利普斯曲线。

针对不同的通货膨胀形成不同的治理通货膨胀的对策，主要包括需求政策、供应政策、收入政策和指数化政策。

通货紧缩是一般物价水平的普遍持续下降。通货紧缩形成的一般原因涉及货币、金融、经济周期、技术进步、经济全球化与贸易自由化等。通货紧缩对现代经济有着极大的危害，治理通货紧缩应该从积极的货币和财政政策入手，并配合其他政策措施。

参考书目

1. 饶余庆：《现代货币银行学》，中国社会科学出版社 1983 年版。

2. 柳永明：《通货紧缩理论》，上海财经大学出版社 2002 年版。

3. Eckstein, O.. *Core Inflation*. Prentice-Hall, 1981.

4. Friedman, M.. *Inflation: Causes and Consequences*. Asia Publishing House, 1963.

5. Laidler, D., and M. Parkin. Inflation: A Survey. *The Economic Journal*, 1975(85).

6. Scott Roger. *Core Inflation: Concepts, Uses and Measurement*. Reserve Bank of New Zealand Discussion Paper Series, 1998.

7. Mark A. Wynne. Core Inflation: A Review of Some Conceptual Issues. *European Central Bank*. Working Paper, 1999.

8. Blinder, A. Commentary. *Federal Reserve Bank of St Louis Review*, 1997(5/6).

9. Vickrey W.. An Updated Agenda for Progressive Taxation[J]. *American Economic Review*, 1992, 82(2): 341.

10. Friedman, Milton, and Anna J. Schwartz. *A Monetary History of the United States, 1867–1960*. Princeton, NJ: Princeton University Press, 1963.

思考题

1. 什么是核心通货膨胀率？为什么现代中央银行都注重测量核心通货膨胀率?
2. 简述通货膨胀产生的一般原因。
3. 通货膨胀有哪些社会经济后果?
4. 治理通货膨胀的对策主要有哪些?
5. 简述通货紧缩是如何形成的。
6. 通货紧缩对经济的危害表现在哪些方面?
7. 如何治理已经发生了的通货紧缩?

16 第十六章 货币经济学的新发展

全章提要

教学目的和要求

- 第一节　货币与长期经济增长
- 第二节　货币与短期经济波动
- 第三节　价格水平决定
- 第四节　通货膨胀的福利成本
- 第五节　货币政策的动态时间不一致性与通货膨胀偏差
- 第六节　目标法则与工具法则

本章小结

参考书目

思考题

教学目的和要求

- 了解经济学家在货币与长期经济增长关系上的分歧和共识。
- 了解货币与短期经济波动的成熟理论有哪些成功与不足。
- 了解价格水平决定的相关理论。
- 了解通货膨胀有哪些福利成本。
- 了解货币政策动态不一致问题产生的原因。
- 了解通货膨胀目标制和泰勒法则。

货币经济学是研究名义变量(货币供给、名义价格和名义工资等)与其他宏观经济变量之间相互关系的经济学分支,涉及货币均衡的存在性、货币需求和货币供给、货币增长与短期经济波动及长期经济增长的关系、最优货币数量、通货膨胀福利成本、货币政策的传导、货币政策制度的设计等内容。半个多世纪以来,货币经济学得到了飞速发展。限于篇幅,本章主要介绍部分比较成型的理论。

本章将首先介绍货币供给与长期经济增长的关系;随后介绍货币与短期经济波动的关系;接着是价格水平决定和通货膨胀的福利成本问题;随后介绍货币政策制度的设计问题,包括货币政策的时间不一致性与通货膨胀偏差;最后介绍通货膨胀目标制和泰勒法则。

第一节 货币与长期经济增长

作为宏观经济学的一大分支,货币经济学需要回答以下两个基本问题:货币供给对经济增长有什么影响?这种影响是永久性的还是临时性的?一般情况下,如果名义货币存量的变化并不影响消费、产出、投资等实际变量,就称货币是中性的;如果名义货币增长率的变化并不影响实际变量,则称货币是超中性的。

经济学家对货币增长与产出、通货膨胀及就业之间关系的研究已经历了很长一段时间。早在1752年,大卫·休谟(David Hume)在他划时代的《货币和利率》(*Of Money and of Interest*)一文[①]中便指出,货币变化对长期经济的影响严重地依赖于货币改变的方式。大卫·休谟指出,如果经济中某一时刻所有个体手中的货币数量都增加一倍,并且这种改变大家同时知晓,则这种货币存量的变化相当于货币单位的变化,经济中除了价格水平增加一倍外,产出、消费都不会发生变化,此即古典货币数量理论。大卫·休谟还指出,如果增加了的货币是首先通过一部分人的手进入经济,并且不是所有个体同时得到货币已增加的信息,那

① Hume, D.. Of Money and of Interest. *Political Discourses*, 1752.

么货币的增加会导致一部分人收入的增加，相应地增加消费和投资；在价格水平还没有上升的同时，相关行业利润增加，厂商增加生产，工人增加劳动投入、收入和消费，导致经济进一步扩张；这种过程将持续下去，直到所有个体都明白货币已经扩张。但大卫·休谟无法解决货币与长期经济增长的关系。在考虑到货币的价值储存功能和交易功能后，这种用文字描述来处理复杂经济问题的方法就显得无能为力了。诚如诺贝尔经济学奖得主卢卡斯①(Lucas, 1996)所说，这些问题对那些仅拥有文字研究方法的经济学家而言实在是太难了，即使像大卫·休谟这样具有非凡能力的人也是如此。

现代数学和经济学的发展为经济学家研究货币问题提供了先进的工具。采用先进的数学工具，经济学家们可以从理论分析和经验分析两个侧面来研究和分析货币供给与长期经济增长之间的关系。

一、货币与长期经济增长关系的理论研究

研究货币与经济增长关系的理论文章非常多，但并没有得到一个统一的结论。在新古典增长理论中，有些研究发现，货币增长率与长期产出和资本存量正相关，如托宾(Tobin, 1965)模型和詹森(Drazen, 1981)模型；有些研究却得出了两者是负相关的结论，如斯叨克曼(Stockman, 1981)模型；还有些则得出两者之间没有相关性，如麦卡兰姆和古德弗伦德(McCallum and Goodfriend, 1987)的购买-时间(Shopping - Time)模型及斯德劳斯基(Sidrauski,1967)模型。上述研究可以推广到内生增长模型中，分别得出货币增长率(或通货膨胀率)与长期产出增长率正相关、负相关和不相关的结论。

(一) 托宾②模型

分析货币与经济增长关系的现代理论文献始于托宾。托宾在索洛-斯万(Solow - Swan)的新古典增长模型基础上，通过引入货币，分析了货币增长对长期产出的影响。

在托宾模型中，假定个体可以持有货币，也可以持有物质资本，货币的实际回报率为负的通货膨胀率，物质资本的实际回报率为实际利率，等于物质资本的边际产出减去折旧。假定生产技术可以用一个新古典生产函数来刻画，其中资本的边际产出随资本存量的增加而减少。在给定储蓄率的假定下，托宾通过计算发现，货币增长率和通货膨胀率的提高将导致长期资本存量和长期产出的增加，货币不具有超中性。

上述结果直观上可以这样来理解，当货币增长率和通货膨胀率提高后，货币的实际回报率下降，物质资本上的回报率将超过货币资产上的回报率，从而理性个体在其投资组合中将减少货币持有量，增加物质资本的持有。随着资本存量的不断增加，资本的边际产出将不断下降。均衡时两种资产的回报率相等，因此，货币增长率和通货膨胀率的提高导致长期资本存量和产出的增加，货币增长率(或通货膨胀率)与长期产出之间存在正相关性(见图 16 - 1)。通常，我们将货币增长率的变化通过影响个体投资组合进而影响实际变量的长期值称为托宾效应。

需要指出的是，托宾模型中的通货膨胀率不能大于零，否则个体将不再持有实际回报率小于零的货币资产，原因是该模型中没有考虑货币资产可以提供流动性服务。另外，通货膨

① Lucas, Robert E. Jr.. Nobel Lecture: Monetary Neutrality. *Journal of Political Economy*, 1996(104): 661 - 682.

② Tobin, J.. Money and Economic Growth. *Econometrica*, 1965, 33(4): 671 - 684.

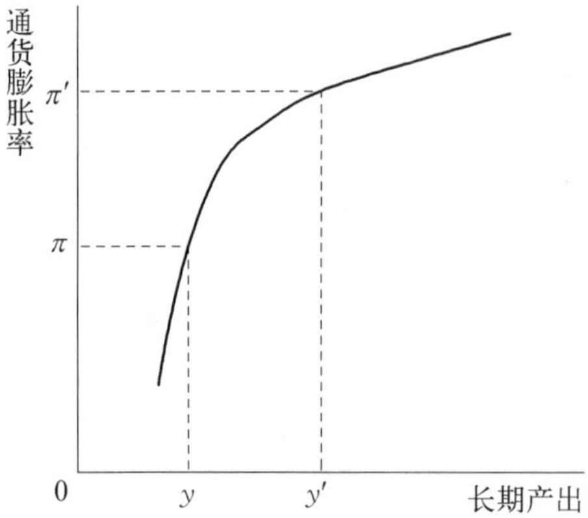

图 16-1　通货膨胀率与长期产出之间的正相关性

胀通过托宾效应对资本形成的影响在现实经济中并不大。与资本存量相比,一国经济中货币存量所占的比重相对较小。以美国为例,1997 年年底,美国私人净资本存量总额约为 17 万亿美元,货币存量总额仅为 4 900 亿美元。即使货币存量全部转化为资本,资本存量也只能增加不到 3%。

(二) 詹森模型

斯坦因[①](Stein, 1970)、詹森[②](Drazen, 1981)和盖勒[③](Gale, 1983)等在世代交替(Overlapping Generation, OLG)模型中引入货币,分析了货币增长率(或通货膨胀率)与长期资本存量和长期产出之间的关系。

詹森模型以 OLG 模型为框架,假定个体寿命是有限的,考虑到模型的可解性,通常假定每一个体存活两期,每一期生活着两代人——老年人和年轻人。个体年轻时提供劳动获得工资收入,一部分用于消费,其余的用于储蓄,以供年老时消费。年轻个体的储蓄可以资本形式持有,到下一期年老时出租给厂商进行生产,并获得利息收益;也可以货币形式持有,到下一期年老时从年轻个体手中换取消费品。假定经济中货币存量的扩张是通过向老年个体进行转移实现的,假定这种转移是一次总付的,即每一个体所获得的转移相同,独立于个体收入和支出;假定个体效用依赖于两期消费和个体年轻时的货币持有。通过计算可以得出,货币增长率或通货膨胀率的增加提高了长期均衡产出和资本存量,货币不是超中性的。

在詹森模型中,通货膨胀率的增加对资本存量的影响有两种倾向:一方面,通货膨胀率的增加等价于政府向年轻个体征收铸币税并转移给老年个体,从而减少了个体第一期的收入,增加了第二期的收入,个体将相应地减少第一期的储蓄以抵消这种税收转移,如果个体投资组合的构成不变,通货膨胀率的上升无疑减少了资本的积累;另一方面,通货膨胀率的增加使得持有货币的机会成本上升,个体在第一期的投资组合中将增加资本的份额,减少货币的份额,在总储蓄不变的假定下,个体将增加资本的投入,即托宾效应。这两种效应的影响是相反的,当第一种效应占优时,通货膨胀率和长期资本存量是负相关的;反之则是正相关的。在该模型中,第二种效应要大于第一种效应,所以货币增长率或通货膨胀率的增加提高了长期均衡产出和资本存量。

(三) 斯德劳斯基[④]模型

1967 年,斯德劳斯基在兰姆齐-凯斯-库泼曼(Ramsey - Cass - Koopman)模型基础上,假定货币持有可以给个体带来效用,通过在效用函数中引入货币的方法将货币整合进模型,

---

① Stein, J. L.. Monetary Growth Theory in Perspective. *American Economic Review*, 1970(60): 85 - 106.

② Drazen, A.. Inflation and Capital Accumulation under a Finite Horizon. *Journal of Monetary Economics*, 1981(8): 247 - 260.

③ Gale, D.. *Money in Disequilibrium*. Cambridge University Press, 1983.

④ Sidrauski, Miguel. Rational Choice and Patterns of Growth in a Monetary Economy. *American Economic Review*, 1967(57): 534 - 544.

分析了货币增加对经济的影响。他发现，长期均衡资本存量、产出水平和消费水平独立于货币增长率或通货膨胀率，即货币存在超中性。

在斯德劳斯基模型中，假定经济中存在许多完全相同的厂商，厂商租用资本、雇用劳动进行生产；假定经济中还存在着大量完全相同的家庭，每个家庭可以存在无穷期，家庭中每个成员向厂商提供一单位劳动，同时获得工资，家庭还向厂商出租资本以获得利息收益。每一期家庭收入中部分用于消费，部分以资本形式进行储蓄，其余以货币形式进行储蓄。考虑到家庭持有货币可以带来交易便利，因此，持有资本的回报率等于持有货币的回报率加上持有货币给家庭带来的边际效用。在家庭最优决策下，t 期每个成员少消费一单位商品带来的效用损失等于将这单位商品以资本形式持有，到 $t+1$ 期获得利息后一起消费时所带来的效用增加，因此，t 期边际效用等于 $t+1$ 期边际效用乘上资本的总回报率，后者等于 1+资本的边际产出－资本折旧率。

对每个家庭来说，当货币增长率和通货膨胀率上升时：(1) 货币的实际回报率下降，家庭将减少货币持有量，增加资本持有量；(2) 资本持有量的增加将导致资本边际产出的下降，考虑到消费的边际效用是消费的减函数，因此，家庭将增加当前消费，同时减少总储蓄，相应地减少资本持有；(3) 给定货币存量，物价和通货膨胀率的上升将使个体的实际余额持有量减少，持有货币的边际效用上升，使个体减少资本持有量，增加货币持有量。在斯德劳斯基模型中，后两种效应与第一种效应完全抵消，使得货币增长率和通货膨胀率的变化与长期产出无关。

(四) 斯叨克曼[①]模型

在斯德劳斯基模型中，货币在被引入模型时假定了持有货币可以直接产生效用；在斯叨克曼模型中，货币则是通过克劳沃尔(Clower, 1967)约束引入经济的，即假定商品购买必须先持有货币，因此，该模型又称预付现金(Cash-in-advance, CIA)的生产经济模型。斯叨克曼通过研究发现，在该模型中稳态均衡资本存量与通货膨胀率负相关。

在斯叨克曼模型中，较高的通货膨胀率使个体减少了对实际余额(Real Balance)的持有，由于货币是用来购买消费品和投资品的，随着货币持有量的减少，对这些商品的实际购买和生产下降。如果个体选择当前少消费、多投资，那么，其未来收入就只有通过持有额外的货币余额来转化为消费。在较高通货膨胀率的条件下，货币持有成本较高，因而投资净回报下降，这导致了较少的投资和较低的长期资本存量。此处，通货膨胀类似于加在投资上的一种税。费尔德斯坦[②](Feldstein, 1981)指出，通货膨胀作为一种隐性税种可以与其他显性税种相互作用，使经济中的投资减少。

二、货币与长期经济增长关系的经验分析

为研究货币与长期经济增长之间的关系，经济学家们在经验分析方面做了大量工作，但得出的结果却存在着较大的差异，既有正相关的结论，也有负相关和不相关的结论。

---

① Stockman, A. C.. Anticipated Inflation and the Capital Stock in a Cash-in-Advance Economy. *Journal of Monetary Economics*, 1981(8): 387 - 393.

② Feldstein, M. S.. Inflation, Capital Taxation, and Monetary Policy. *NBER Conference Paper*, No.92 (January), 1981.

(一) 中性结论

考曼迪和麦格威尔[①](Kormendi and Meguire, 1984)根据近 50 个国家的数据、格威克[②](Geweke, 1986)根据美国的时间序列数据发现,货币增长与实际产出增长之间不存在长期相关性。麦肯德里斯和韦伯[③④](McCandless and Weber, 1995,2001)对 110 个国家 30 年的数据进行了计量分析,得出了通货膨胀或货币增长与长期产出增长之间没有相关性的结论。布拉德和基亭[⑤](Bullard and Keating, 1995)考察了 58 个国家第二次世界大战后的数据发现,没有强有力的证据证明通货膨胀的永久变化会导致产出的永久变化。伯星和米尔斯[⑥](Boschen and Mills, 1995)的研究发现,在美国,永久性货币冲击并不会引起 GDP 的永久性变动。所有这些研究都支持货币的长期超中性结果。

(二) 负相关性结论

巴罗[⑦⑧](Barro,1995,1996)从多个国家的截面分析中发现,货币增长率与实际产出增长率之间存在负相关性。

(三) 正相关性结论

麦肯德里斯和韦伯(McCandless and Weber, 1995)在研究经济合作与发展组织(Organization for Economic Cooperation and Development, OECD)国家的数据后发现,在这些国家中,实际产出增长和货币增长(但不是通货膨胀)之间存在正相关性。阿墨德和罗格斯[⑨](Ahmed and Rogers, 2000)对美国的时间序列数据进行分析后得出,通货膨胀与消费、投资和产出增长之间存在正相关性。

三、共识

由上面的讨论可以看出,无论从理论模型出发,还是从经验分析出发,我们可以分别得到货币增长率(或通货膨胀率)与长期产出(或产出增长率)之间存在正相关性、负相关性和没有相关性的结论,因此,关于通货膨胀与产出增长、失业等其他实际变量之间的长期关系还存在着一定程度的不确定性。

在货币与长期经济增长关系上,经济学家们的分歧并不代表他们之间就没有达成共识。

---

① Kormendi, R. C. and P. G. Meguire. Macroeconomic Determinants of Growth: Cross-country Evidence. *Journal of Monetary Economics*, 1985, 16(2): 141 - 163.

② Geweke, J.. The Superneutrality of Money in the United States: An Interpretation of the Evidence. *Econometrica*, 1986, 54(1): 1 - 22.

③ McCandless, G. T., Jr. and W. E. Weber. Some Monetary Facts. Federal Reserve Bank of Minneapolis. *Quarterly Review*, 1995, 19(3): 2 - 11.

④ McCandless, G. T., Jr. and W. E. Weber. Some Monetary Facts. Federal Reserve Bank of Minneapolis. *Quarterly Review*, 2001, 25(4): 14 - 24.

⑤ Bullard, J. and K. Keating. The Long-run Relationship between Inflation and Output in Postwar Economics. *Journal of Monetary Economics*, 1995, 36(3): 477 - 496.

⑥ Boschen, J. F. and L. O. Mills. Tests of Long-run Neutrality Using Permanent Monetary and Real Shocks. *Journal of Monetary Economics*, 1995, 35(1): 25 - 44.

⑦ Barro, R. J.. Inflation and Economic Growth. *Bank of England Quarterly Bulletin*, 1995, May: 39 - 52.

⑧ Barro, R. J.. Inflation and Growth. *Federal Reserve Bank of St. Louis Review*, 1996, 78(3): 153 - 169.

⑨ Ahmed, S. and J. H. Rogers. Inflation and the Great Ratios: Long Term Evidence from the U. S.. *Journal of Monetary Economics*, 2000(45): 3 - 35.

目前经济学家们都相信，货币从长期看是中性的，或近似中性的，即使存在某种程度的正相关性或负相关性，这种相关性也比较弱。

此处我们引用泰勒①(Taylor，1996)的一句话来结束本节，“毋庸置疑……通货膨胀率与失业率之间并不存在长期的取舍关系。”

第二节　货币与短期经济波动

在货币经济学中，对货币与短期经济波动关系的理论研究有着悠久的历史。一段时期内，某一种理论占统治地位，但随着经济中现有理论无法解释的新现象的出现，现有理论被抛弃或修正，新的理论产生。这些理论包括古典理论、凯恩斯理论、新古典宏观经济理论和现代商业周期理论等。

一、古典理论

在古典理论中，假定价格水平和名义工资具有完全弹性，可以迅速调整，从而对各种冲击做出响应。

在名义弹性假定下，名义工资可以迅速调整以保证劳动力市场出清，因此，劳动力市场不存在非自愿失业，在均衡的实际工资水平下，所有想工作的人都可以得到工作(如图 16-2 所示)。由图 16-2 可以看出，均衡的劳动投入独立于商品价格水平，由劳动投入决定的商品供给也独立于价格，表现为图 16-3 中的一条垂直线。因此，总需求的变化仅影响物价水平，对均衡产出没有影响。

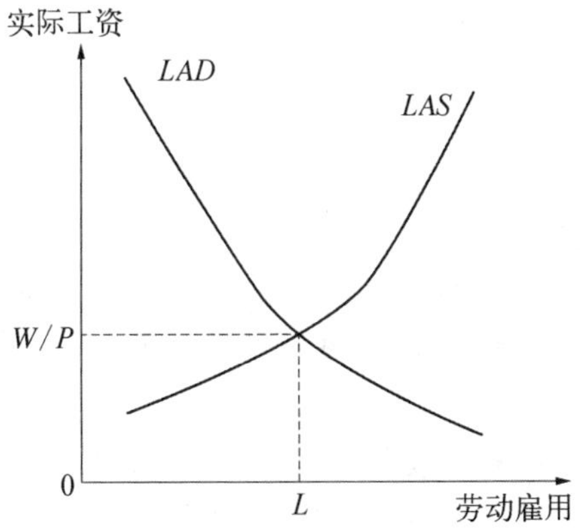

图 16-2　劳动力市场均衡

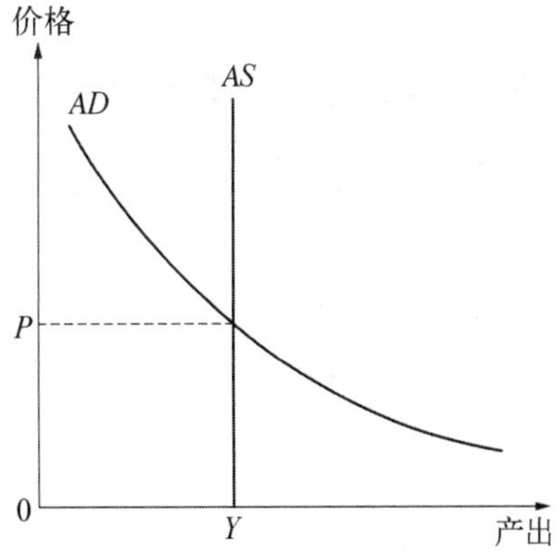

图 16-3　产出市场均衡

当经济中的货币供给增加时，在其他条件不变的假定下，资金的供给大于需求，使得利率下降，表现为刻画货币供给等于流动性需求的 *LM* 曲线的右移(如图 16-4 所示)，导致给定价格下总需求量的上升。因此，图 16-5 中的总需求曲线右移，但由于总供给曲线是一条垂直线，总需求曲线的移动并没有带来产出的变化，仅仅导致了物价的上升。

---

① Taylor，J.B.. “How Should Monetary Policy Respond to Shocks While Maintaining Long-Run Price Stability? - Conceptual Issues”. *In Achieving Price Stability*，*Federal Reserve Bank of Kansas City*，1996：181-195.

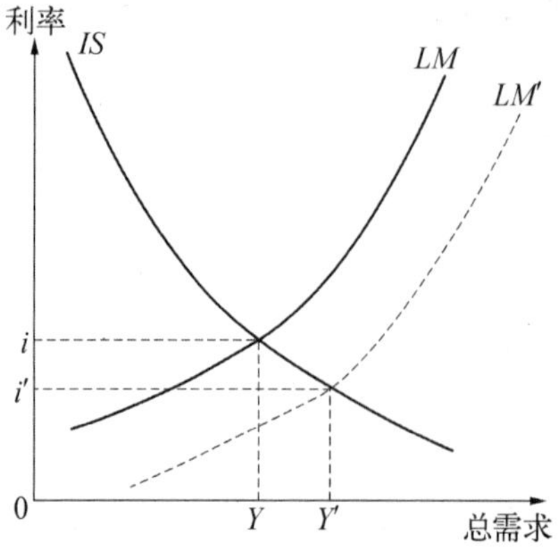

图 16-4　货币供给变化对总需求的影响

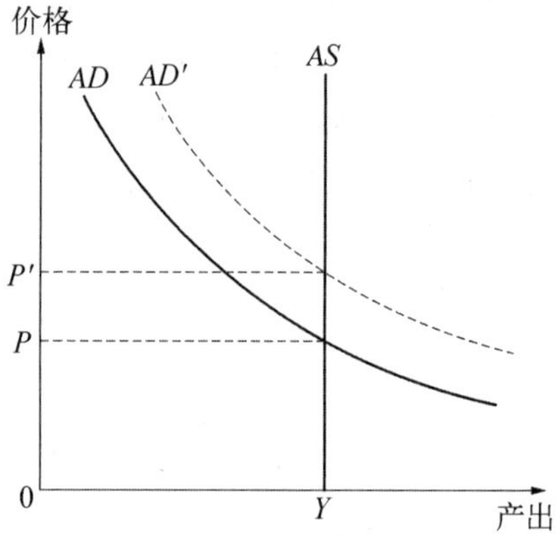

图 16-5　货币供给变化对产出和物价的影响

古典经济学家们相信名义价格和名义工资是完全弹性的，经济中不存在非自愿失业现象，货币供给仅能改变物价水平，对产出、就业等实际变量没有影响，因此，货币当局并不能利用货币政策对经济进行干预，货币政策是无效的；同时，他们相信经济系统总是处于均衡状态，产出会自动、迅速地恢复到充分就业的水平，经济中不会出现大的、持久性的衰退，衰退出现时也不需要政府对经济进行干预。

20 世纪 30 年代，大多数西方国家经历了最严重的经济危机。以美国为例，首先是股票市场崩溃，随之而来的是银行的相继倒闭，疯狂的挤兑出现，经济迅速衰退，失业率高达 25%，持续了整整 10 年。大萧条使得人们认识到劳动力市场并不总是出清的，经济也不会自动迅速恢复到充分就业时的产出水平。古典理论无法解释大萧条，也无法提供解决的办法，这使得人们认识到该理论存在严重缺陷。

二、凯恩斯理论与简单菲利普斯曲线

(一) 凯恩斯理论及名义刚性假定

凯恩斯在 1936 年出版的《就业、利息和货币通论》中，提出了一套全新的宏观经济波动理论。与古典理论不同的是，凯恩斯认为，名义工资或价格不能迅速调整，具有刚性，因此，市场并不能自动地迅速出清，经济中存在非自愿失业现象，政府可以采用财政政策和货币政策抹平经济波动。

在凯恩斯理论中，假定了名义工资的刚性，因此，在给定价格下，实际工资是一个定值，劳动力的供给和需求并不一定相等，存在非自愿失业问题(如图 16-6 所示)。通常来说，市场中的劳动力投入等于厂商对劳动力的需求，在工资刚性假定下，商品价格越高，实际工资越低，厂商愿意雇用的劳动力数量越大，产出也越高，表现在图 16-7 中的总供给曲线是一条向上倾斜的曲线。

在凯恩斯理论框架中，货币供给的增加导致了 *LM* 曲线的右移，总需求曲线随之右移(如图 16-8 所示)；在 AD-AS 分析框架中，由于总需求曲线的移动，导致了均衡价格水平和产出的上升(如图 16-9 所示)。物价的上升使得实际工资下降，劳动需求增加。因此，凯恩斯理论表明，货币政策可以影响均衡价格水平、产出和劳动雇用，面对经济萧条，政府可以采用积极的货币政策来刺激经济。

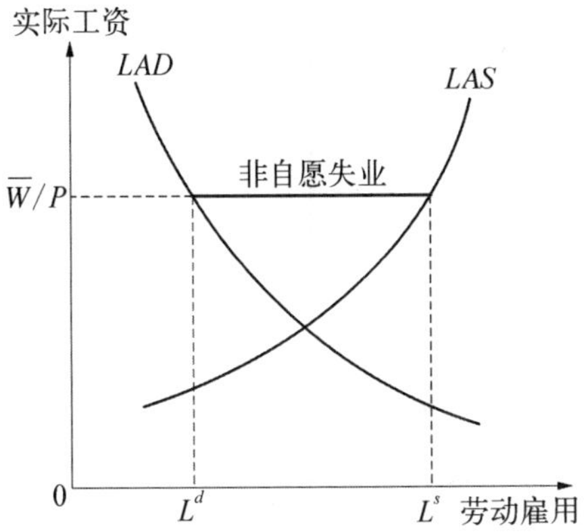

图 16－6　劳动力市场均衡

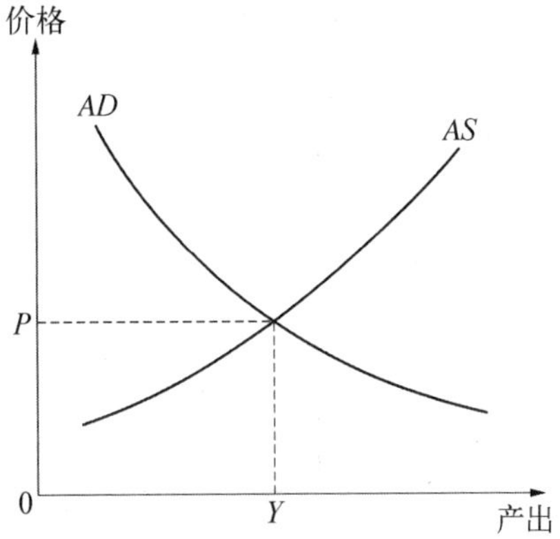

图 16－7　产出市场均衡

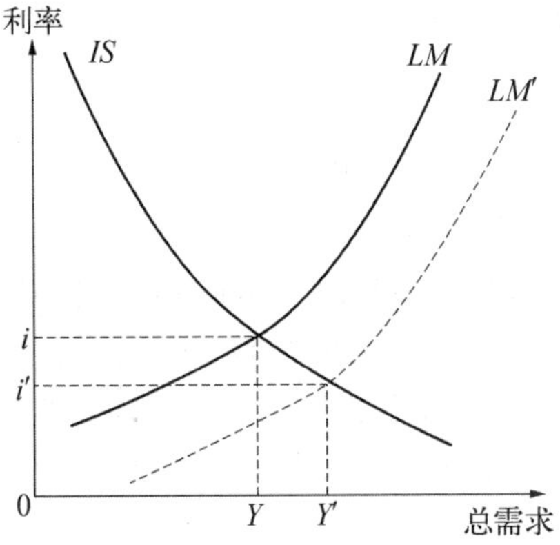

图 16－8　货币供给变化对总需求的影响

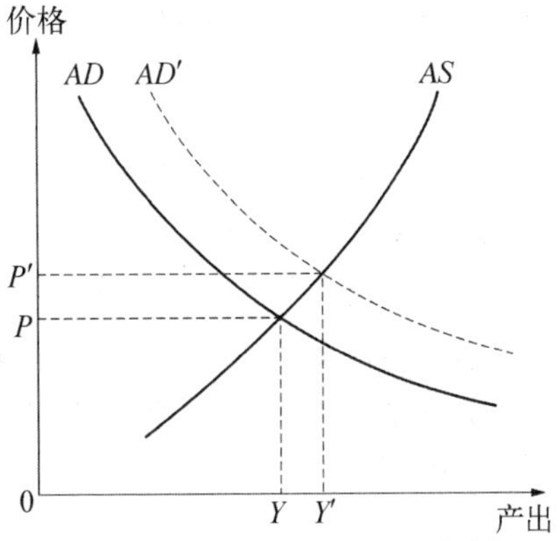

图 16－9　货币供给变化对产出和物价的影响

凯恩斯理论中工资刚性的假定表明，当经济受到负的总需求冲击时，总需求曲线左移，产出和物价同时下降，由于工资的刚性，实际工资上升，即在业工人的实际收入反而提高了。在《就业、利息和货币通论》出版后不久，人们便意识到了凯恩斯理论所蕴含的实际工资对总需求冲击的反周期性，人们随之做了大量的计量工作来检验其正确性。遗憾的是，大多数研究表明，实际工资对总需求冲击的响应近似地是非周期的(Acyclical)或温和地顺周期的(Procyclical)。诚如凯恩斯自己所说的，在他的理论中缺少一个方程，因此，凯恩斯理论中的总供给方程需要修正。

(二) 菲利普斯[①]曲线

这个"缺少的方程"的填补要归功于菲利普斯(A. W. Phillips, 1958)。菲利普斯于 1958 年发现，失业率和货币工资增长率或通货膨胀率之间存在着一种简单的经验关系。该关系表明，一个国家可以通过提高通货膨胀率来降低失业率；反之亦然，即通货膨胀率与失业率之间存在着一种负相关性：

$$\pi_t = \alpha(\bar{U} - U_t) \qquad (16-1)$$

式中，π_t 为 t 期通货膨胀率，U_t 为 t 期失业率，$\bar{U}$ 是常数(如图 16－10 所示)。

① Phillips, A. W.. The Relationship between Unemployment and the Rate of Change of Money Wages in the United Kingdom. *Econometrica*, 1958, 25(November): 283－299.

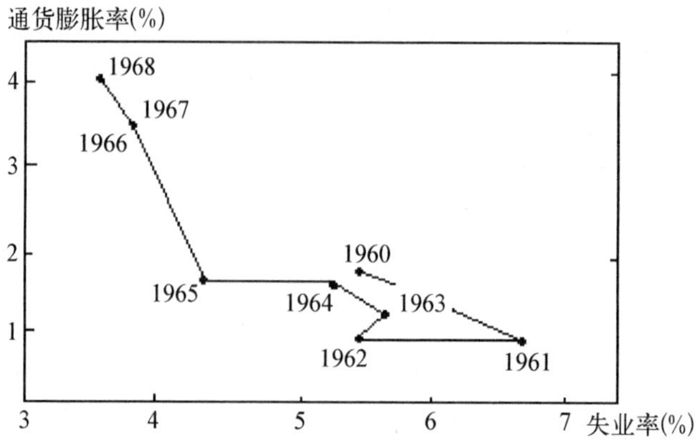

图 16-10　美国 1960—1968 年通货膨胀率与失业率的关系

上式蕴含着产出与通货膨胀率之间存在正相关关系，可以简单地将这种关系刻画为：

$$y_t - \bar{y} = \phi \pi_t \tag{16-2}$$

式中，y_t 为 t 期产出，$\bar{y}$ 为潜在产出(即劳动力市场出清时的产出值)，参数 $\phi > 0$。式 16-2 表明，现期产出缺口 ($y_t - \bar{y}$) 依赖于价格水平的变化。

当时，包括菲利普斯在内的许多经济学家都相信，失业率与通货膨胀率之间的这种负相关性是相当稳定的，不论在短期还是长期都存在。这样一来，由该经验关系推导的式 16-1 就可以替代总供给曲线进入宏观经济模型。因为通货膨胀率的提高可以降低失业率，提高产出，所以，当时人们认为，只要能够容忍高通货膨胀，高失业现象就可以避免。

三、移动的菲利普斯曲线

凯恩斯理论与简单菲利普斯曲线告诉我们，扩张性的货币政策可以刺激产出、降低失业率。第二次世界大战后，各国政府纷纷采用凯恩斯的宏观总需求管理政策，通过扩张性的货币政策和财政政策来达到"充分就业"状态。20 世纪 60 年代末、70 年代初，美国和大多数西方国家出现了"滞胀"现象，即高失业率和高通货膨胀率共存的现象，这使得人们渐渐认识到失业率与通货膨胀率之间的负相关性并不稳定。

为什么会出现"滞胀"现象？难道是某种邪恶神灵为了阻碍人类进步，在我们找到防止经济衰退的方法后突然改变了经济规律？如何解释简单菲利普斯曲线的失效便成为经济学家们的一大挑战。

(一) 菲尔普斯和弗里德曼的自然率假设

1967 年，菲尔普斯①(Phelps, 1967)首先把通货膨胀率预期的概念引入菲利普斯曲线。菲尔普斯认为：失业率与产出独立于预期通货膨胀率，当人们的通货膨胀率预期发生变化时，实际通货膨胀率也将相应地发生变化。因此，通过引入预期，菲利普斯曲线可以扩充为：

$$\pi_t = \alpha(\bar{U} - U_t) + E_{t-1}[\pi_t] \tag{16-3}$$

① Phelps, E. S.. Phillips Curves, Expectations of Inflation and Optimal Unemployment over Time. *Econometrica*, 1967(34): 254-281.

式中，$E_{t-1}[\pi_t]$ 为通货膨胀预期，$\bar{U}$ 为自然失业率。

弗里德曼①(Friedman，1968)进一步指出，早期简单菲利普斯曲线失效的原因是未能区分名义工资与实际工资。弗里德曼认为，个体和厂商在签订工资契约时所关心的是实际工资而不是名义工资，因此，失业率与实际工资增长率而不是名义工资增长率之间存在负相关性。根据弗里德曼的假设，通过计算，可以推导出关系式 16－3。

在菲尔普斯和弗里德曼的讨论中采用了适应性预期(Adaptive Expectation)，即预期是缓慢调整的，个体可以从预期错误中吸取教训，并对未来预期进行调整。预期的调整过程可以刻画为：

$$E_{t-1}\pi_t - E_{t-2}\pi_{t-1} = \beta(\pi_{t-1} - E_{t-2}\pi_{t-1}) \tag{16-4}$$

式中，参数服从 $\beta > 0$。

菲尔普斯和弗里德曼的研究表明，当预期通货膨胀率等于实际通货膨胀率时，失业率就处于自然率水平。通货膨胀率与失业率之间只存在短期关系，当中央银行采用扩张性的货币政策提高通货膨胀率时，短期内在公众没有意识到通货膨胀率上升时，央行政策所导致的非预期通货膨胀率可以降低失业率，提高产出；随着时间的推移，公众会调整其预期，使得实际通货膨胀率等于预期通货膨胀率，失业率会回到自然率水平。这就是 20 世纪 60 年代末、70 年代初“滞胀”出现的原因。他们的理论也常被称为自然率假设。

(二) 卢卡斯供给曲线

菲尔普斯和弗里德曼的研究存在一个很大的缺陷，那就是适应性预期。适应性预期的形成机制是非常机械的，与个体理性行为不吻合。例如，如果上一期通货膨胀率为 7%，预期通货膨胀率为 6%，按照适应性预期理论，现期通货膨胀率预期应该高于 6%。如果社会上反通货膨胀的呼声很高，中央银行迫于压力，承诺将实施紧缩的货币政策，则公众在进行预期时就应该考虑到该信息，从而应将通货膨胀预期调整到低于 6%的水平。

卢卡斯②③(1972，1973)运用理性预期一般均衡模型成功地解释了货币的短期非中性和长期中性。卢卡斯认为，个体会收集所有信息，做出最合理的预期，即个体预期的形成应该是理性的。

在卢卡斯模型中，假定经济中存在两类冲击：一类是相对需求冲击，会影响商品之间的相对价格；另一类是货币冲击，只会影响总价格水平。如果信息是完全的，生产者可以同时观察到相对价格和总价格，那么，当货币供给发生变化时，生产者会发现自己所生产的商品的价格和总价格同时变化了，但相对价格没有发生变化，从而不调整生产决策。如果信息是不完全的，生产者只能观察到自己所生产的商品的价格，不能观察到总价格水平和相对价格水平的变化，那么，当生产者观察到自己所生产的商品的价格发生变化时，并不知道该价格变化是由实际冲击引起的，还是由货币冲击引起的。如果这种价格变化是由实际冲击造成的，则生产者必须调整生产决策；如果是由货币冲击引起的，则生产者不必做任何调整。面

① Friedman, M.. The Role of Monetary Policy. *The American Economic Review*, 1968, 58(1): 1－17.

② Lucas, Robert E. Jr.. Expectations and the Neutrality of Money. *Journal of Economic Theory*, 1972(4): 103－124.

③ Lucas, Robert E. Jr.. Some International Evidence on Output-inflation Tradeoffs. *American Economic Review*, 1973, 63(3): 326－334.

对自己商品价格的变化，理性生产者必须进行权衡，分析该价格变化多大可能性是由实际冲击引起的，多大可能性是由货币冲击引起的，最优时生产者的生产决策调整幅度必然介于对两种冲击的完全响应之间。因此，货币供给的变化会导致商品价格的变化，由于信息的不完全，生产者决策时无法正确区分货币冲击和实际冲击，只能部分地做出响应，导致了实际变量的改变。但这种影响是临时性的，随后信息会逐渐展示出来，使得公众认识到该变化的真正原因，因此，货币短期是非中性的，但长期是中性的。

卢卡斯(1973)按照这种思路推导出了产出与通货膨胀之间的关系：

$$y_t - \bar{y} = \phi(\pi_t - E_{t-1}\pi_t) \tag{16-5}$$

式中，$\phi > 0$ 是一个参数。式 16－5 表示，只有非预期的通货膨胀才能导致产出增长。式16－5通常被称为卢卡斯供给曲线。根据产出增长率与失业率之间的关系[奥肯(Okun)定理]，它与式 16－3 是完全等价的。

卢卡斯的讨论告诉我们，预期通货膨胀率的增加并不能导致产出的增长，只有非预期通货膨胀率的增加才能提高产出。当政府不断采用货币政策来刺激经济时，理性个体将调整他们的通货膨胀预期，只有当政府通货膨胀率的调整快于个体预期的调整时，高出的那部分才是有用的；但个体会预期到政府的行为，使得实际经济中可能出现高通货膨胀和高失业共存的现象。

四、现代商业周期理论

经济学家们总是希望构造一个具有微观基础的模型，即引入个体效用最大化问题的宏观模型来解释经济中的一切现象。早在 20 世纪 20 年代，经济学家们便开始寻找微观框架来解释宏观经济波动。但对凯恩斯之前的宏观经济学家而言，商业周期是对古典宏观经济学的重大挑战。哈耶克①(Hayek, 1933)曾经指出："在均衡理论中引入明显矛盾的周期现象，仍旧是商业周期理论的关键问题。"20 世纪 30 年代的大萧条对商业周期理论的研究产生了戏剧性的影响，经济学家们开始相信，微观经济理论并不是一个合适的研究商业周期理论的基础。特别是凯恩斯理论的巨大成功使得该理论在随后的近半个世纪中占据了统治地位，IS－LM 模型也成为商业周期理论研究唯一有效的工具。

到了 20 世纪 80 年代，基德兰德和普雷斯科特②(Kydland and Prescott, 1982)与隆和普罗瑟③(John Long and Charles Plosser, 1983)相继发现，在不考虑货币、摩擦和资本调整成本，没有政府干预，具有完全信息和稳定偏好的假定下，在新古典的一般均衡理性预期框架中可以成功地构造出具有微观基础的商业周期模型。有意思的是，在此之前人们通常将新古典模型(包括随机版本)用来分析长期增长，没有人想到它还可以用来分析短期波动。

普雷斯科特④(Prescott, 1986)进一步通过数值模拟发现，在外生技术冲击下，一个新古

---

① Hayek, F. A.. *Monetary Theory and the Trade Cycle*. Jonathan Cape, 1933.

② Kydland, F. E. and E. C. Prescott. Time to Build and Aggregate Fluctuations. *Econometrica*, 1982, 50(6): 1345－1370.

③ Long, John B. and Charles I. Plosser. Real Business Cycles. *Journal of Political Economy*, 1983(91): 39－69.

④ Prescott, E. C.. Theory ahead of Business-cycle Measurement. *Carnegie-rochester Conference Series on Public Policy*, 1986(25): 11－44.

典模型可以产生与实际经济类似的商业周期统计量。在这类商业周期模型中，经济波动完全由实际冲击引起，模型中不存在货币，因此被称为实际商业周期模型（Real Business Cycle Model，RBC）。

在实际商业周期模型中引入货币，以分析货币政策对宏观经济的影响，这方面的开创性工作由库雷和汉森[①]（Cooley and Hansen，1989）完成。他们在一个一般均衡的货币模型中，通过引入货币冲击和产出冲击，分析了货币增长率和增长率波动对经济的影响，以及铸币税收入和稳态下通货膨胀的福利问题。但在他们的模型中，由于假定了弹性价格和弹性工资，因此，从现代商业周期模型出发，非预期的货币冲击一般不会影响产出等实际变量，只有预期到的货币冲击通过财富效应等途径对产出、消费、资本存量等实际变量产生影响，且幅度非常小，与真实经济中货币政策的影响幅度并不吻合，为此，经济学家们采用凯恩斯的传统，假定价格或工资具有黏性。

通过假定工资契约的预先设定，或者价格调整是缓慢的，存在黏性，在一个一般均衡的跨期模型中，可以研究货币增长、通货膨胀对实际变量的影响。经济学家们发现，非预期的货币冲击可以造成与真实经济相吻合的大的影响，相比较而言，预期的货币冲击对产出等实际变量的影响可以忽略不计，仅需考虑它们对物价的影响。这样一来，又回到了卢卡斯（1972，1973）的结论，尽管过程完全不同。由于假定了名义黏性，通常这类模型被称为新凯恩斯宏观经济模型。

上述模型可以进一步简化成与菲利普斯曲线和 IS－LM 模型相类似的结构，用来分析货币政策的效应，参见克拉里多、盖里和哥特尔[②]（Clarida，Gali and Gertler，1999）等。由于在评判货币政策的好坏时，需要分析政策所带来的福利损失，而后者涉及个体效用，因此，经济学家们对具有微观基础的货币分析框架有强烈的偏爱。如何从具有微观基础的一般均衡模型中推导货币政策分析框架，已经成为当前货币政策研究的热点。

第三节　价格水平决定

经济中的价格水平是由哪些因素决定的？这些因素又是怎样决定价格水平的？本节从理论和实证两个方面来介绍。

一、价格水平决定的理论结果

（一）古典货币数量理论

古典货币数量理论认为，价格水平完全由货币发行量决定。该理论可以用一个简单方程式（通常称为剑桥方程式）来描述：

$$p \cdot Y = M \cdot v \tag{16-6}$$

---

① Cooley，T. F. and G. D. Hansen. The Inflation Tax in a Real Business Cycle Model. *American Economic Review*，1989，79(4)：733－748.

② Clarida，Richard，Jordi Gali，and Mark Gertler. The Science of Monetary Policy：A New Keynesian Perspective. *Journal of Economic Literature*，1999(37)：1661－1707.｛NBER working paper 7147｝

式中，p 是价格水平，Y 是总产出或经济中总的交易量，M 是流通中的名义货币存量，v 是流通速度。该方程式是式 13-7 的变化版本。古典货币数量理论认为，货币流通速度基本不变，货币供给对产出没有影响，因此，价格水平和货币存量之间存在刚性关系，价格水平和货币存量是同比增加的，通货膨胀率完全是一个货币现象。

（二）传统凯恩斯主义理论

20 世纪 30 年代世界范围的大萧条使得人们逐渐认识到货币流通速度是易变的、不可靠的。随后传统凯恩斯主义理论占据了统治地位。该理论认为，因为总供给曲线是一条向上倾斜的曲线，总需求曲线的变化会导致产出和价格水平的变化，因此，政府开支、税收和货币供应量的变化都可以造成价格水平的变化。价格水平既是一种货币现象，也是一种财政现象，货币政策和财政政策都可以影响价格水平。

（三）弗里德曼的货币数量理论

弗里德曼①(1956)对货币数量理论进行了重新阐述，使得这一古老理论恢复了其学术地位。以弗里德曼为首的货币主义者强调了货币在经济中的重要性。在价格水平决定方面，货币主义者通常认为，均衡的价格水平序列主要由货币当局的货币政策决定。弗里德曼曾经说过，"通货膨胀总是，而且永远是一个货币现象"。

（四）价格水平决定的财政理论

价格水平决定的财政理论由 Leeper(1991)②、Sims(1994)③、Woodford(1994，1995)④、Cochrane(2001)⑤等提出。这些价格水平决定的财政主义者认为，价格水平由财政当局的名义债券发行决定，政府的跨时预算约束方程并不是一个恒等式，而是一个均衡的估值方程，经济中的均衡价格由该跨时预算约束方程得到。表达式 16-7 代表了政府的跨时预算约束方程或偿付能力约束(Solvency Constraint)，即政府的现期负债等于未来盈余流的贴现和。

$$\frac{\boldsymbol{B}_{t-1}}{\boldsymbol{p}_t}=\sum_{j=0}^{\infty}\Big(\prod_{s=1}^{j}\boldsymbol{R}_{t+j}\Big)^{-1}\boldsymbol{s}_{t+j} \tag{16-7}$$

式中，B_t 是政府在 t 期发行的债券面值，p_t 和 R_t 分别表示 t 期价格水平和总实际利率，s_t 是 t 期的政府盈余(等于政府的税收收入＋铸币税收入－政府支出)。从中可以看出，t 期价格等于该期经济中未清偿的名义债券量与政府未来盈余的贴现和之比。因此，政府可以通过名义债券发行、税收变化、政府开支和铸币收入来决定价格水平，其中，前三者属于财政政策，而铸币收入在很多国家中要比税收收入和财政开支小得多，因此，通货膨胀本质上

① Friedman，M.. The Quantity Theory of Money：A Restatement，in：M. Friedman，ed.. *Studies in the Quantity Theory of Money*. Chicago University Press，1956.

② Leeper，Eric. Equilibria Under 'Active' and 'Passive' Monetary Policies. *Journals of Monetary Economics*，1991(27)：129-147.

③ Sims，Christopher A.. A Simple Model for the Determination of the Price Level and the Interaction of Monetary and Fiscal Policy. *Economic Theory*，1994(4)：381-399.

④ Woodford，M.. Monetary Policy and Price-level Determinacy in a Cash-in-advance Economy. *Economic Theory*，1994(4)：345-380；Woodford，M.. Price-Level Determinacy without Control of a Monetary Aggregate. *Carnegie-rochester Conference Series on Public Policy*，1995(43)：1-46.

⑤ Cochrane，John H.. Long-term Debt and Optimal Police in the Fiscal Theory of the Price Level. *Econometrica*，2001，69(1)：69-116.

是一种财政现象。

价格水平的货币主义理论和财政主义理论最大的分歧在于式 16－7 是一个恒等式还是一个定价方程。前者代表政府不能随意发行债券和改变政府开支，财政当局必须服从式 16－7，则称政府的财政制度是李嘉图型的；后者则称为非李嘉图型的。试图从经验数据中区分李嘉图型和非李嘉图型的财政法则是相当困难的，因为这两种财政法则都用同一个方程式 16－7 来表示。Canzoneri、Cumby 和 Diba(1998)[①]通过分析基础盈余与政府负债之间的脉冲响应后得出，美国第二次世界大战后的时间序列数据表明，其财政法则应该是李嘉图型的。

二、货币供给与物价水平(通货膨胀率)关系的实证研究

卢卡斯(1980)[②]和 Geweke(1986)[③]等的研究发现，通货膨胀率与货币供给增长率的相关系数几乎等于 1，根据不同的货币供给统计口径，该系数为 0.92～0.96。这些研究基于国家和不同时间段的小样本数据。这一相关性通常被用来证明货币数量理论的一项基本信条，即货币增长率的变化将引起通货膨胀率的同等变化。

但这一高度相关性并不蕴含因果性，如果样本中的国家都遵循货币增长率外生确定的货币政策，则从该相关性可以推出货币供给增长导致通货膨胀率上升，且两者之间几乎是一一对应的结果；但该高度相关性也可能由另一种情况引起，即其他因素导致了通货膨胀，而中央银行允许货币增长率做相应调整。如图 16－11 所示，我国 2006—2008 年物价先上升，2009—2010 年货币供给才开始增加，因此，物价与货币供给的高度相关性并不一定蕴含两者之间的因果关系。

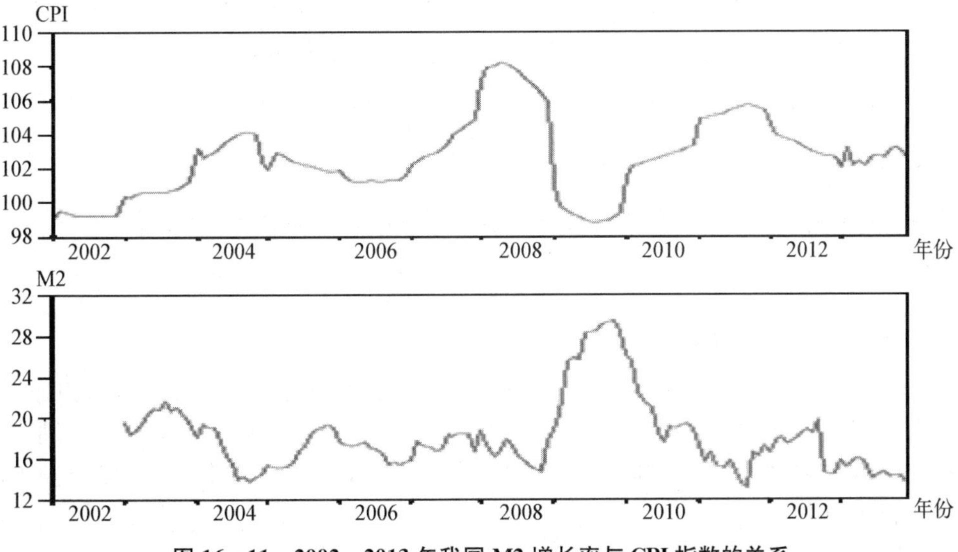

图 16－11　2002—2013 年我国 M2 增长率与 CPI 指数的关系

① Canzoneri, Matthew B., Robert E. Cumby and Behzad Diba. Is the Price Determined by the Needs of Fiscal Solvency? *American Economic Review*, 1998, 91(5): 1221－1238.

② Lucas, Robert E. Jr.. Two Illustrations of the Quantity Theory of Money. *American Economic Review*, 1980, 70(5): 1005－1014.

③ Geweke, J.. The Superneutrality of Money in the United States: an Interpretation of the Evidence. *Econometrica*, 1986, 54 (1): 1－22.

另外,无论从检验因果关系的角度还是检验长期关系的角度来看,对通货膨胀-货币供给之间相关性的准确解释还取决于有关数据的统计性质。除非货币增长真的出现永久性变化,否则我们无法知道货币增长率的永久性变化到底如何影响通货膨胀。与此类似,在货币经济中基于回归试验所得出的长期关系可能由于预期转入而误导。

需要说明的是,Haldane(1997)①发现,在低通货膨胀国家,货币供应增长率与通货膨胀率之间的相关性远低于 1。

第四节 通货膨胀的福利成本

在真实经济中,当失业率太高时,政府会受到批评;但当政府不断增加货币发行,通过提高通货膨胀率来降低失业率时,公众又会反过来要求政府控制物价。公众既讨厌高失业率,又讨厌高通货膨胀率,使得政府处于一种两难境地。问题是:公众为什么会厌恶高通货膨胀?通货膨胀到底会导致哪些福利损失?损失有多大?

一、通货膨胀福利成本的定性分析

在定性分析通货膨胀福利成本时,我们通常分两种情形来讨论:

(一) 平稳通货膨胀的福利成本

1. 鞋底成本(Shoe-leather Cost)

货币是一种不生息资产,持有货币的机会成本等于名义利率。为了降低持有现金的损失,理性个体必须在货币持有量与花费在取钱的时间之间进行选择。当名义利率大于零时,个体将尽可能少地持有现金,增加去银行的次数和时间,甚至成千上万的专门金融人才被雇用来从事这类理财业务。这样一来,许多人力就被浪费了。

2. 菜单成本(Menu Cost)

当通货膨胀率不等于零时,名义价格和名义工资必须不断调整,甚至采用指数化方案,这就会浪费许多人力和物力。不考虑相对价格的变化,只有当零通货膨胀率时价格调整频率才达到最小。

3. 基于税收系统的扭曲

在大多数国家,从资本收益和利息上获得的收入以及对利息支出与折旧的扣除是以名义项计算的,所以通货膨胀可以对投资和储蓄产生较大影响。例如在美国,通货膨胀通过各种渠道的净效应大体上提高了对资本收入的有效税率;另外,通货膨胀还可以改变不同种类投资的相对吸引力。

4. 源于工资和价格的黏性

工资和价格的调整并不是连续的,平稳通货膨胀导致了相对价格的变化,扭曲了配置。

5. 源于记账困难

每年 10%的通货膨胀率经 40 年后可以使价格水平上升 45 倍,如果个体或企业做金融

① Haldane, A. G.. Designing Inflation Targets, In P. Lowe (ed.), *Monetary Policy and Inflation Targeting*, *Reserve Bank of Australia*, 1997 (July): 76-112.

决策时是按名义项计算的，那么通货膨胀可导致系统错误。

6. 心理厌恶

最后一种成本可能并非源于任何实际效应，而是因为个体内心对通货膨胀的厌恶。通常，人们是通过名义值与经济环境相联系的，通货膨胀使得价格和工资的名义值不断改变，这类似于奥肯(1975)打过的一个比方，如果政府规定每英里的实际长度以一个固定比例缩减，尽管这种缩减并不产生任何实际影响，但个体会感到非常不习惯。

(二) 通货膨胀波动的福利成本

经验中通货膨胀率越高，通货膨胀率波动越大，就越难预测。通货膨胀率的波动增加了个体收入的不确定性，降低了社会福利。考虑到许多资产是以名义项标价的，非预期的通货膨胀使得财富发生了再分配；另外，债券大多是以名义项标价的，通货膨胀不确定性的增加减少了厂商和个体的投资热情，特别是长期投资热情；再者，当通货膨胀率波动很大时，个体和厂商可能会认为这是政府运转状况糟糕的信号，同样会降低他们的长期投资热情。

二、通货膨胀福利成本的定量估计

对通货膨胀福利成本的计算最早可以追溯到贝利[①](Bailey, 1956)。贝利的讨论建立在一个双重假定的基础上，即持有货币不产生利息收益，且持有货币可以因交易便利而产生效用，因此，关于实际余额的需求曲线可以被理解为货币的边际效用曲线，从而通货膨胀的福利成本可以定义为名义利率从 i 减少到 0 时的消费者剩余。利用贝利的方法，假定货币需求函数取对数-对数(log - log)形式，那么，6%名义利率的福利成本大致等于国民收入的1%。卡甘[②](1956)利用这种方法计算了通货膨胀趋于无穷时的福利成本，估计结果表明，福利损失相当于国民收入的30%～50%。

卢卡斯[③④](1993，2000)在一个无穷期、一般均衡斯德劳斯基模型中研究了通货膨胀的福利成本问题，为贝利(1956)的通货膨胀成本计算公式提供了理论解释；同时，卢卡斯在斯德劳斯基模型中讨论了财政政策对福利成本的影响。通常，利率政策必须通过特殊的货币供给政策来实现，该货币政策又必须通过财政转移政策或公开市场操作来完成。在美国这样一个真实经济中，实际余额相当小，相当大的通货膨胀率变化仅产生很小的财政冲击。卢卡斯发现，扭曲税的效应仅发生在名义利率非常低的情形。另外，卢卡斯还采用了麦卡伦和古德弗伦德[⑤](1987)的模型框架，在一类特定交易技术下分析了通货膨胀的福利成本，得出了与斯德劳斯基模型类似的结果。在卢卡斯的讨论中，与6%的名义利率相对应的通货膨胀福利成本大约相当于1.2%的国民收入，与15%的名义利率相对应的通货膨胀福利成本相当

---

① Bailey, M.. The Welfare Cost of Inflationary Finance. *Journal of Political Economy*, 1956(64): 93 - 110.

② Cagan, Phillip. The Monetary Dynamics of Hyperinflation. In: Milton Friedman(ed.). *Studies in the Quantity Theory of Money*. University of Chicago Press, 1956.

③ Lucas, Robert E. Jr.. *The Welfare Costs of Inflation*. University of Chicago Working Paper, 1993.

④ Lucas, Robert E. Jr.. Inflation and Welfare. *Econometrica*, 2000(68): 247 - 274.

⑤ McCallum, Bennett T. and Marvin S. Goodfriend. Demand for Money: Theoretical Studies. in *The New Palgrave: A Dictionary of Economics*, ed. By John Eatwell, Murray Milgate, and Peter Newman. London: Macmillan; New York: Stockton Press, 1987: 775 - 781.

于3%的国民收入。

从上面的定量计算可以看出,通货膨胀的福利成本应该是非常小的,这与公众强烈的反通货膨胀呼声并不一致。忒拉、麦卡劳曲和奥斯瓦尔特①(Tella、MacCulloch and Oswald,2001)通过社会调查和计算发现,对于公众来说,1%的失业率与1.7%的通货膨胀率大致相当,因此,通货膨胀的福利成本应该比现有理论计算所得到的结果高得多。如何给出一个合理的通货膨胀福利成本计算公式仍然是货币经济学家所面临的一大挑战。

第五节 货币政策的动态时间不一致性与通货膨胀偏差

前面的讨论告诉我们,货币政策对产出增长、失业率等实际变量只有短期影响而没有长期影响,其中,只有非预期的通货膨胀可以带来短期产出增长,预期通货膨胀率的变化没有实际效应,因此,中央银行不可能仅通过提高通货膨胀率来达到长期产出增长的目的。另外,通货膨胀率的提高会带来福利的损失,因此,中央银行既要降低失业率,追求较高的产出,又要降低通货膨胀率,稳定物价水平。中央银行的损失函数可以简单地刻画为:

$$E\left[\frac{1}{2}\lambda\,(y-y^{*})^{2}+\frac{1}{2}\,(\pi-\pi^{*})^{2}\right] \tag{16-8}$$

式中,E 是无条件期望,y 为产出增长率,π 为通货膨胀率,$y^{*}>y_{n}$ 为目标产出值,y_{n} 为潜在经济增长率,π^{*} 和 y^{*} 为目标通货膨胀率和目标产出增长率,λ 表示中央银行在稳定产出与稳定通货膨胀上的相对权重。该目标函数表明,中央银行希望将产出稳定在一个较高的目标水平 y^{*} 上,同时使通货膨胀率稳定在一个较低的目标水平 π^{*} 上。考虑到产出与通货膨胀之间存在着替代关系,经济中还存在着各种各样的冲击,实际产出和通货膨胀会偏离其目标水平,因此,中央银行选择货币政策工具,以使上述损失函数达到最小。

一、货币政策的动态时间不一致性

一般来说,中央银行的货币政策可以分为两类:相机抉择型(Discretion)和固定规则型(Rules)。前者表示政府可以根据具体情况随时调整货币政策,政府在任何时间都可以做最优决策;后者则按照一个固定的规则自动调整其货币政策,政府只在开始时选择一个最优决策规则。两种货币政策操作方式的优劣之争已经历了一个半世纪。早年人们认为相机抉择要好于固定规则,因为任何一个好的货币规则都可以为相机抉择的货币当局所采纳,这一点曾经令自由主义经济学家伤透了脑筋。西蒙斯②(Simons,1948)曾指出:"当前突出的货币问题对自由主义信条来说是一个巨大的智力挑战……自由主义教条要求个体能够在一些明确的规则下参与游戏,并由此形成经济结构……这些明确的、稳定的和具有法律约束的游戏规则(包括在货币上的)对基于自由事业的经济系统的存在而言其重要性是至高无上的。"

---

① Tella, R. D., MacCulloch R. J. and Oswald A. J.. Preference over Inflation and Unemployment Evidence from Surveys of Happiness. *American Economic Review*, 2001(91): 335-341.

② Simons, H. C.. *Economic Policy for a Free Society*. Chicago: University of Chicago Press, 1948.

基德兰德和普雷斯科特①(1977)、卡尔弗②(Calvo，1978)与巴罗和高登③(Barro and Gordon，1983)所提出的动态时间不一致性概念,使货币政策的固定规则与相机抉择之争发生了翻天覆地的变化。

基德兰德和普雷斯科特(1977)、巴罗和高登(1983)等讨论了中央银行的货币政策可信性问题。他们发现,固定规则货币政策是激励不相容的,中央银行会偏离固定规则,采取相机抉择的货币政策;在相机抉择下,由于货币政策存在时间不一致性问题,因此会产生通货膨胀偏差。他们的分析可以用例子说明如下:

不考虑不确定性,假定中央银行的损失函数为 $E\left[\frac{1}{2}(y-4\%)^2+\frac{1}{2}(\pi-2\%)^2\right]$，总供给方程为 $y-2\%=\pi-\pi^e$，其中，π^e 为公众的通货膨胀预期。假定中央银行可以直接决定通货膨胀率。假定中央银行影响经济的时间事件顺序描述如下：首先中央银行承诺将采用通货膨胀率为 $\tilde{\pi}$ 的货币政策,接着公众形成预期 π^e，随后中央银行决定通货膨胀率 π，并进行货币政策操作,最后产出、通货膨胀率展示如图 16-12 所示。

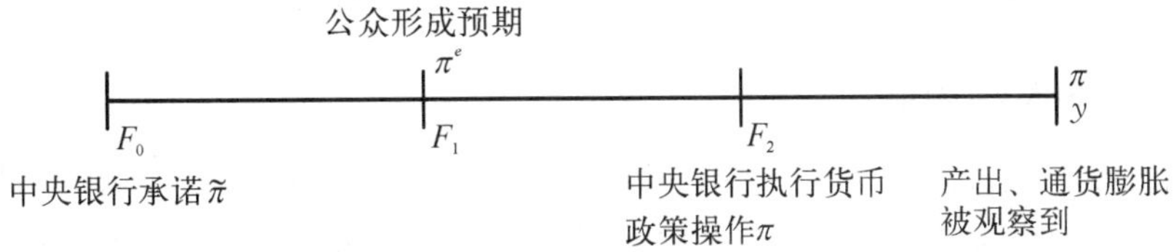

图 16-12　货币政策操作的时间事件顺序

在固定规则货币制度下,中央银行基于信息集合 F_0 做出最优决策,并承诺通货膨胀率为 $\tilde{\pi}$；在该承诺下,公众形成预期 $\pi^e=\tilde{\pi}$；接着,中央银行执行货币政策操作 $\pi=\tilde{\pi}$。在固定规则下,因为 $\pi^e=\tilde{\pi}$，所以 $y=2\%$。中央银行在 F_0 下的最优化问题可以表示为:

$$\min_{\tilde{\pi}} E\left[\frac{1}{2}(y-4\%)^2+\frac{1}{2}(\pi-2\%)^2 \mid F_0\right] \tag{16-9}$$

约束条件为：$\pi=\tilde{\pi}, y=2\%$。

该最优解为 $y=2\%, \pi=\pi^e=\tilde{\pi}=2\%$。损失函数值为 $L^r=2\times10^{-4}$。

在相机抉择货币制度下,当中央银行给出承诺、公众预期形成后,中央银行在信息集合 F_2 下可以再次决策,并违背其初始承诺。中央银行在 F_2 时的决策可以表示为:

$$\min_{\pi} E\left[\frac{1}{2}(y-4\%)^2+\frac{1}{2}(\pi-2\%)^2 \mid F_2\right] \tag{16-10}$$

约束条件为：$y-2\%=\pi-\pi^e$。

该最优化问题的解满足：$\pi=\frac{1}{2}\pi^e+2\%$。

---

① Kydland，F. E. and E. C. Prescott. Rules Rather Than Discretion：the Inconsistency of Optimal Plans. *Journal of Political Economy*，1977，85(6)：1345-1370.

② Calvo，G.. on the Time Consistency of Optimal Policy in a Monetary Economy. *Econometrica*，1978(46)：1411-1428.

③ Barro，R. and D. B. Gordon. Rules，Discretion and Reputation in a Model of Monetary Policy. *Journal of Monetary Economics*，1983，12(1)：101-121.

当中央银行开始承诺采用 $\tilde{\pi}=2\%$ 的货币政策时，如果公众相信该承诺，则 $\pi^e=2\%$，从而中央银行在 F_2 下的最优决策 $\pi=3\%>2\%$，此时，产出 $y=3\%$，高于潜在产出，中央银行的损失函数值为 $L^{d1}=1\times10^{-4}<L^r$。

通常，公众会理性地预测到中央银行会违背其承诺，因此，公众的预期将考虑到中央银行未来的偏离。在理性预期下，中央银行的公众预期服从：

$$\pi^e=E[\pi\mid F_1]=\frac{1}{2}\times\pi^e+2\% \tag{16-11}$$

因此，理性预期下公众预期为 $\pi^e=4\%$，从而 $\pi=\frac{1}{2}\pi^e+2\%=4\%$、$y=2\%$，损失函数值为 $L^{d2}=4\times10^{-4}>L^r$。与固定规则下的情形相比，产出相同，但通货膨胀率却上升了 2%，此即通货膨胀偏差。

从上面的讨论可以看到，如果公众相信中央银行的承诺，则中央银行开始时所承诺的最优货币政策在公众形成预期后就不再是最优的了，此即货币政策的时间不一致性。公众自然会意识到这一点，从而提高通货膨胀预期，导致通货膨胀偏差的出现。

二、通货膨胀偏差的消除

由上面的分析可知，中央银行的相机抉择行为将导致通货膨胀偏差的出现，即无产出收益的通货膨胀率的提高。如何减轻或消除因时间不一致性而导致的通货膨胀偏差便成为货币经济学家需要面对的一个重要问题。考虑到中央银行的决策问题是一个最优化问题，最优时通货膨胀的边际收益等于边际成本，所以，通货膨胀偏差的消除可以通过设法提高通货膨胀的边际成本来实现。这些方法主要包括：

(一) 引入中央银行的信誉

该方法最早由巴罗和高登(1983)引入。在一个多期决策中，如果中央银行当前屈服于引诱而提高了通货膨胀率，则其长期低通货膨胀的信誉将会被摧毁，公众随之调高通货膨胀预期，使得中央银行提高通货膨胀率的收益下降、成本上升。通过惩罚中央银行，信誉的引入提高了通货膨胀的边际成本，使得中央银行采用固定规则的货币政策，消除了通货膨胀偏差。

(二) 允许中央银行的偏好不同于公众偏好

(1) 任命一个具有较高通货膨胀权重的个体作为政策制定者，并给予该个体行使政策的独立性；(2) 将政策制定者看作一个行政官员，通过某种依赖于稳定物价的收入契约来提高通货膨胀边际成本；(3) 如果通货膨胀偏差源于对中央银行的政治压力，则设计一种体制来减少政府对货币当局的干预不失为可行的办法。

(三) 对中央银行政策的灵活性强加限制

最普遍采用的限制方法是目标法则，该法则需要中央银行达到一个预先设定的目标，或者向中央银行强加一个对该目标偏离的机会成本。目标法则主要包括通货膨胀目标制和汇率目标制。前者为中央银行设定了一个通货膨胀率目标，要求中央银行将通货膨胀率稳定在目标附近，该制度已经在加拿大、瑞典、芬兰等许多国家被采用；后者要求中央银行盯住与某个低通货膨胀国家货币的汇率。

第六节　目标法则与工具法则

近年来，在货币政策的理论研究和实际操作中，有两类货币政策法则正越来越受到人们的重视：一类是目标法则（Targeting Rule），另一类是工具法则（Instrument Rule）。目标法则包括通货膨胀目标制（Inflation Targeting）、汇率目标制和名义 GDP 目标制等。工具法则是指中央银行的政策工具（短期利率或基础货币）可以表示为中央银行可利用信息的函数，如泰勒（Taylor）法则和麦卡勒姆（McCallum）法则。

一、泰勒法则

泰勒[①]（Taylor，1993）在研究了 1987—1992 年美国联邦基金利率的变化后发现，美联储的货币政策可以用一个简单的利率反馈法则来表示：

$$i_t = 0.04 + 1.5(\pi_t - 0.02) + 0.5(y_t - \bar{y}_t) \tag{16-12}$$

式中，i_t 为联邦基金利率，π_t 为通货膨胀率（以 GDP 缩减因子刻画），y_t 为实际 GDP 的对数值，$\bar{y}_t$ 为潜在产出的对数值（经验上用产出的线性趋势来刻画）。上述利率反馈法则是一种简单工具法则，通常被称为泰勒法则，其一般形式可以表示为：

$$i_t = \bar{f} + f_\pi(\pi_t - \pi^*) + f_y(y_t - \bar{y}_t) \tag{16-13}$$

式中，π^* 为目标通货膨胀率。式 16－13 表明，美联储通过改变准备金供给，在货币市场上进行操作，使得联邦基金利率对当前通货膨胀率和产出缺口做出响应；当通货膨胀率高于目标通货膨胀率时，美联储提高利率；当产出缺口大于零时，美联储也提高利率。

泰勒法则的成功不在于它用一个计量公式来刻画短期名义利率与通货膨胀率、产出缺口之间的关系，而在于该公式可以很好地描述和预测货币政策的操作。Judd 和 Trehan（1995）[②]发现，上述规则不仅对 1987—1992 年美联储的货币政策操作适用，而且与 1993—1994 年美联储的货币政策操作过程相当吻合（如图 16－13 所示）。

从图 16－13 可以看出，1965—1979 年美联储货币政策操作的实际值与模拟值之间吻合得不好，与此同时，这段时间通货膨胀率比较高，失业率也较高，货币政策操作不太令人满意。因此，泰勒法则似乎是一个非常不错的货币政策操作规则，只要按照该规则行事，货币政策操作就可以比较成功。

经济学家发现，该法则可以从一个一般均衡货币模型中推导出来。事实上，给定中央银行的损失函数，在总供给方程和 IS 方程给定的条件下，我们可以求解最优货币政策，该最优货币政策是各种冲击的函数，即最优货币政策必须对各种冲击做出响应。特别是，如果中央银行将利率作为控制变量，则最优利率应该是需求冲击和供给冲击的函数。假定冲击存在

---

① Taylor，John B.. Discretion versus Policy Rules in Practice. *Carnegie-Rochester Conference Series on Public Policy*，1993(39)：195－214.

② Judd，J. P. and Rudebusch，G. D.. Taylor's Rule and the Fed：1970—1997，*Federal Reserve Bank of San Francisco Economic Review*，1998(3)：3－16.

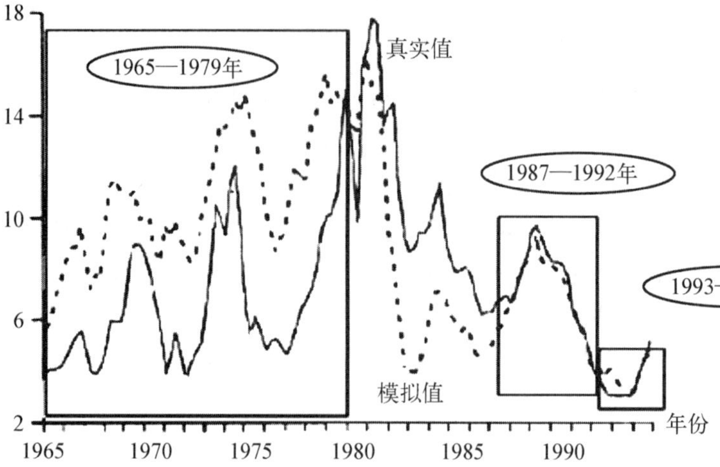

资料来源：John B.Taylor(2007)。

图 16-13　1965—1994 年美联储货币政策操作的实际值和模拟值

持续性，则这些冲击可能是现期的，也可能是以前的。如果当前产出缺口和通货膨胀率可以反映当前的冲击和以前的冲击，则最优利率规则应该对当前产出缺口和通货膨胀率做出响应，此即经典的泰勒法则；如果冲击存在持续性，当前产出缺口和通货膨胀率无法将当前的冲击和以前的冲击表达出来，则最优利率规则可能还需要对以前的冲击或其他宏观经济变量做出响应。

泰勒法则在其他国家的中央银行是否成立？Broadbent(1996)①、Nelson(2000)②分别分析了 1981—1995 年、1961—1994 年和 1972—1997 年英国的情形，发现英格兰银行在货币政策操作中存在类似的规则；Clarida、Gali 和 Gertler(2000)③分析了英国、日本、法国、意大利和德国的货币政策规则，发现这些国家存在类似的泰勒法则；泰勒(1998)④、Gerlach 和 Schnabel(2000)⑤等研究了欧洲中央银行货币政策的操作，发现欧洲中央银行中也存在泰勒法则。

近年来，对泰勒法则的理论研究主要从两个方面展开：一是描述性的研究，即泰勒型简单工具法则在多大程度上精确描述了中央银行的货币政策；二是指示性研究，即如何在不同的宏观经济模型中推导出这种简单利率法则，以及这些利率法则在各宏观经济模型中是如何执行的。这些研究已经取得了许多重要成果：(1) 为稳定通货膨胀，工具利率对通货膨胀的响应程度必须大于 1(泰勒原理)；(2) 工具利率对决定目标变量的宏观经济变量做出响应

① Broadbent，B.. Taylor Rules and Optimal Rules，Mimeo，HMT，Academic Panel，1996.

② Nelson，Edward. UK Monetary Policy 1972. 1997：a Guide Using Taylor Rules. *Bank of England Working Paper*，2000(120).

③ Clarida，R.，Gali，J. and Gertler，M.. Monetary Policy Rules and Macroeconomic Stability：Evidence and Some Theory. *Quarterly Journal of Economics*，2000，Vol 115(1)：147-180.

④ Taylor，John. Guidelines for the European Central Bank. *International Economy*，1998 (September/October)：24-25.

⑤ Gerlach，Stefan and Gert Schnabel. The Taylor Rule and Interest Rates in the EMU Area. *Economics Letters*，2000，67(2)：165-171.

要优越于直接对目标变量做出响应；(3) 工具法则是相当稳健的，即给定工具法则，在不同的宏观经济模型中，这类法则都可以执行得相当好，且不受模型的微小扰动影响。

那么，美联储近年来的成功是否得益于这样一个简单工具法则？在执行货币政策时是否会机械地服从该简单规则？格林斯潘是一个天才，还是一个平庸的经济学家？如果中央银行在制定和执行货币政策时只需机械地服从该简单利率法则，那么中央银行的决策过程便变得非常简单，货币政策决策完全可以由一个掌握了该简单公式的手持计算器的本科生来制定。人们进一步的研究表明[见斯文森①(Svensson, 2002)]，泰勒型简单利率法则虽然与经验事实吻合得较好，但也存在几个明显的缺点：(1) 如果经济中存在通货膨胀率与产出缺口之外的其他重要状态变量，则该法则便不再是最优的了。对于美国这样的大国，通货膨胀率和产出缺口可能是最重要的状态变量，不对其他变量做出响应的效率丢失可能不太显著；但在许多较小的开放经济中，实际汇率、贸易项、外国的产出和利率都应该考虑。(2) 对简单利率法则的承诺忽略了中央银行的判断调整和对模型所无法包含的信息的响应。当股票市场崩溃、亚洲金融危机等特殊事件发生时，中央银行必须使用他们的判断而不是模型来评估对未来产出和通货膨胀的影响。(3) 当货币政策传导机制、冲击或冲击源的变化等新信息到来时，必须对简单利率法则进行修改，修改完后便必须机械遵守，因此，中央银行的决策过程在时间跨度上表现得非常不均匀。(4) 没有一个中央银行已经承诺会按照这样一种简单利率法则来制定和实施其货币政策。

泰勒自己也认为，泰勒法则应该被看作货币政策的准线，可以被广义地理解为重点将系统操作目标设定为价格稳定和产出稳定，并利用所有可收集到的信息做出判断以调整利率来抹平经济波动。

我国中央银行是否也存在泰勒法则？谢平和罗雄(2002)②、陆军和钟丹(2003)③等做过一些研究。下面我们使用 2004 年第一季度到 2009 年第四季度的产出缺口数据、CPI 指数及同业拆借利率的数据，将短期拆借利率对产出缺口和 CPI 进行回归，可以得到如下方程：

$$i_t = 1.664\,0 + 0.205\,7\pi_t + 0.064\,0(y_t - \bar{y}) \tag{16-14}$$

将该方程的模拟值与实际值进行比较，特别是对 2010 年的数据进行预测，并与实际值比较，可以得到图 16－14。

从图 16－14 中可以看出，模拟值(及预测值)与实际值还是比较吻合的。所得到的泰勒规则中名义利率对通货膨胀率的响应系数近似为 0.21，实际利率对通货膨胀率的响应系数为负，这表明货币政策是顺周期的，即在经济萧条时期采用紧缩政策，在繁荣时期采用扩张政策。这种不合理结论出现的原因是同业拆借利率不是中央银行货币政策的操作目标，故即使中央银行货币政策是反周期的，但利率的波动还受到货币政策之外其他因素的影响，导致利率对通胀、产出的响应程度与货币政策对通胀、产出的响应程度不一致。因此，尽管对泰勒规则的研究有助于加深我们对中央银行货币政策的了解，但我们不能将泰勒规则作为评估中央银行货币政策决策的依据。

---

① Svensson, Lars E.O. What is Wrong with Taylor Rules? Using Judgment in Monetary Policy Through Targeting Rules. *NBER Working Paper*, 2002: 9421.

② 谢平、罗雄：《泰勒规则及其在中国货币政策中的检验》，《经济研究》2002 年第 3 期。

③ 陆军、钟丹：《泰勒规则在中国的协整检验》，《经济研究》2003 年第 8 期。

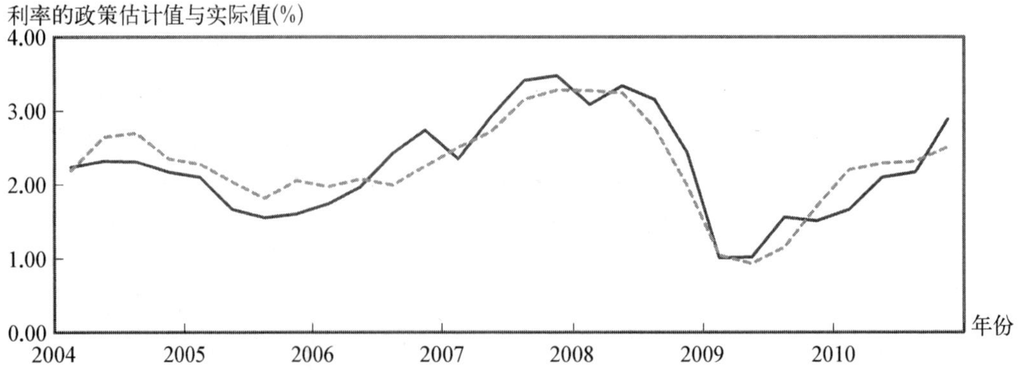

注：2010 年前为样本估计值，2010 年为模型预测值；模拟值为虚线，实际值为实线。

图 16－14　我国 2004 年第一季度至 2010 年第四季度利率模拟值与实际值比较

二、通货膨胀目标制

不同于泰勒型和麦卡勒姆型的简单工具法则，斯文森、米什金等非常推崇另外一类广义目标法则——通货膨胀目标制。

在通货膨胀目标制中，中央银行明确提出一个通货膨胀目标(或目标区)，并以此制定货币政策制度。通货膨胀目标制可以分为严格通货膨胀目标制和弹性通货膨胀目标制。在严格通货膨胀目标制中，中央银行仅关心稳定通货膨胀，期望利用货币政策工具将通货膨胀稳定在目标值(或目标区)内；在弹性通货膨胀目标制中，中央银行除了关心稳定通货膨胀外，还关心稳定产出。

在通货膨胀目标制中，中央银行独立或与政府共同确定通货膨胀目标或目标区，中央银行可以将通货膨胀预测值作为中介目标。如果通货膨胀预测值高于目标或目标区上限，则采取紧缩性的货币政策；如果通货膨胀预测值低于目标或目标区下限，则采取扩张性货币政策；如果通货膨胀预测值在目标区范围内或非常接近目标，货币政策就可以保持不变。这样，即使中央银行采取的是相机抉择的货币政策，由于中央银行的灵活性受到了限制，从理论上讲，通过采用通货膨胀目标制，可以无成本地部分或完全消除通货膨胀偏差，这相当于一种“免费午餐”，因此，该目标法则正越来越受到理论界和中央银行的重视，越来越多国家的中央银行开始采用通货膨胀目标制，如新西兰、加拿大、英国、瑞典等。

麦卡勒姆等对通货膨胀目标制的经验检验告诉我们，采用通货膨胀目标制的国家确实在没有降低平均产出的前提下降低了平均通货膨胀率。但鲍尔和鲜力丹①(Ball and Sheridan, 2003)发现，在这些实行通货膨胀目标制国家的平均通货膨胀率下降的同时，世界上其他没有采用通货膨胀目标制的国家的平均通货膨胀率也下降了，因此，很难说是通货膨胀目标制的采用降低了这些国家的平均通货膨胀率。在真实经济中，通货膨胀目标制是否真的能够在不降低平均产出的同时降低平均通货膨胀率，还有待实践的进一步检验。

---

① Ball, L. and N. Sheridan.Does Inflation Targeting Matter? *NBER Working Paper*, 2003.

本章小结

本章第一节介绍当前货币供给与长期经济增长关系的已有理论；第二节介绍货币与短期经济波动的相关理论；第三节介绍经济中的价格水平是由哪些因素决定的，以及是怎样决定的。第四节介绍通货膨胀的福利成本问题；第五节介绍货币政策制度的设计问题，包括货币政策的动态时间不一致性及通货膨胀偏差；第六节介绍两种当前讨论较多的货币政策法则：泰勒法则和通货膨胀目标制。

参考书目

1. 坎普和弗里曼著，刘阳、宋海燕等译：《构建货币经济学模型》，中国金融出版社 2004 年版。

2. 陈利平：《货币理论》，北京大学出版社 2003 年版。

3. Kareken，J. H. and N. Wallace. *Models of Monetary Economics*. Minneapolis：Federal Reserve Bank of Minneapolis，1980.

4. Walsh，C.E.. *Monetary Theory and Policy*. MIT Press，1999.

5. Friedman，B. M. and F. H. Hahn. *Handbook of Monetary Economics*. Elsevier Science Publishers B.V.：North-Holland；Amsterdam，New York，Oxford，Tokyo，1990.

6. Taylor，J. B. and M. Woodford. *Handbook of Macroeconomics*. Elsevier Science Publishers B.V.：North-Holland；Amsterdam，New York，Oxford，Tokyo，1999.

思考题

1. 当前货币经济学家在货币与长期经济增长关系上有哪些分歧与共识？

2. 为什么古典理论中不存在非自愿失业，货币政策会对产出无效？

3. 凯恩斯理论中工资刚性假定的引入是如何解释非自愿失业的存在的？这种假定有什么缺陷？

4. 自然率假设是如何解释"滞胀"现象的？

5. 人们为什么要抛弃适应性预期而引入理性预期？

6. 简述通货膨胀有哪些福利成本。

7. 解决通货膨胀偏差有哪些手段？

8. 泰勒法则是否蕴含中央银行可以机械地按照该法则行事？

17 第十七章 货币政策的目标与工具

全章提要

教学目的和要求

- 掌握货币政策的最终目标及其含义。
- 了解货币政策各目标之间的矛盾及其协调的方法。
- 深刻理解货币政策的主要工具，尤其是一般性的货币政策工具及其运用。
- 明确货币政策的操作目标与中介目标的概念和选择的标准。
- 了解我国货币政策的目标和工具。

货币政策是指一国货币当局（主要是中央银行）为实现其预定的宏观经济目标而对货币供给、银行信用及市场利率实施调节和控制的具体措施。在现代市场经济中，中央银行的货币政策是对整个经济运行实施宏观调控的最重要的手段之一。

货币政策理论所要研究的问题有很多，内容很丰富，而且在很多问题上，经济学家们之间有着较大的分歧。就基本原理而言，货币政策理论所要研究的主要问题有：一是货币政策的最终目标，二是货币政策的主要工具，三是货币政策的操作目标与中介目标，四是货币政策的传导机制，五是货币政策的操作方法，六是货币政策的有效性。自20世纪70年代以来，货币政策理论有了许多新的发展。例如，在货币政策传导机制问题上，根据经济、金融环境的新变化和理论研究的进一步深入，经济学界相继提出了货币政策传导的信用渠道理论、成本渠道理论及银行风险承担渠道理论等。又如，在货币政策的操作问题上，货币政策究竟应该相机抉择还是遵循一定的规则，成为人们讨论得较多的一个问题。在这种讨论中，经济学家们在弗里德曼所提出的“单一规则”之外，又提出了其他货币政策规则，其中较典型的是泰勒法则和麦卡勒姆法则。再如，在货币政策的有效性问题上，随着理性预期理论和真实经济周期理论的相继提出，关于货币是否中性、货币政策是否有效也成为经济学界争论的热点问题。

在本章中，我们将说明货币政策的目标（包括最终目标、操作目标和中介目标）与货币政策的工具这两个最基本的问题。在下一章中，我们将进一步分析货币政策的传导机制及其他相关问题。在所有这些问题中，我们将尽量以有关的基本原理或相对成熟的基本理论作为分析的重点，至于国内外经济学界关于货币政策问题的争论，我们将根据分析的需要对其中较重要和较有影响的一些观点做简要评价。

第一节 货币政策的最终目标

货币政策理论所要研究的首要问题是货币政策的目标及其确定。货币政策的目标可分为三种：一是最终目标，二是操作目标，三是中介目标。① 所谓"货币政策的最终目标"，是指中央银行制定和实施某项货币政策所要达到的特定的经济目的，如稳定物价、增加就业、促进经济增长、实现国际收支平衡等。为了实现这些最终目标，中央银行必须运用各种货币政策工具。但是，任何一种货币政策工具都不能直接地作用于实际的经济活动，从而不能直接地实现货币政策的最终目标。因此，中央银行一般在确定最终目标后，还要选择某些中间变量作为操作和跟踪的对象，并通过这些中间变量的变动间接地影响实际的经济活动，从而间接地实现货币政策的最终目标。根据这些中间变量被中央银行控制的程度以及与最终目标的关联程度，可分为操作目标与中介目标。其中，操作目标一般可被中央银行直接控制，但与最终目标的关联程度不高。中介目标虽然不能被中央银行直接控制，但与最终目标却有着密切的联系。因此，货币政策的作用过程大致如下：中央银行通过运用一定的货币政策工具来控制所选定的操作目标，操作目标的变动影响所选择的中介目标，中介目标的变动影响实际的经济活动，从而实现货币政策的最终目标。

尽管货币政策的目标有最终目标、操作目标与中介目标之分，但一般所谓的货币政策目标，尤其是在经济学界关于货币政策目标问题的争论中所称的"货币政策目标"，主要是指货币政策的最终目标。因此，在本章第一节中，我们所分析的货币政策目标，实际上也只是其中的最终目标。至于操作目标和中介目标，则由于它们介于最终目标与政策工具之间，因此，我们将在本章第三节中另做说明。

一、货币政策的主要目标

货币政策是宏观经济政策体系的一部分。货币政策的目标与宏观经济政策的目标基本一致。如何确定货币政策的目标关系到货币政策的具体实施和实际效果。西方发达国家先后提出了四个货币政策的主要目标，即稳定物价、充分就业、经济增长及国际收支平衡。这四大目标是随着经济形势的变迁和货币政策理论的发展而被相继提出的。因此，从表面上看，货币政策的各个目标都是由货币当局或中央银行所确立的，但是，从实质来看，任何货币政策的目标都反映了现实的经济金融形势对货币政策所提出的客观要求。

(一) 稳定物价

在20世纪30年代前，西方各国的货币政策只有一个目标，即维持货币价值的稳定。这主要是由当时的货币制度及与此相关的货币理论所决定的。首先，20世纪30年代前，西方各国普遍实行各种形式的金本位制度。在金本位制度下，几乎所有的经济学家都相信，货币流通的数量将受制于黄金的自动调节机制。因此，保持货币价值的稳定是货币政策的唯一目标。其次，20世纪30年代前，占统治地位的经济学家都认为货币对经济是中性的，认为货币数量的增减只影响一般物价水平，而不影响实际的经济活动。因此，在那时，货币政策的唯一目标就是保持货币价值的稳定。

20世纪30年代后，西方各国相继放弃金本位制。金属货币的流通为不兑现的纸币流通和信用货币流通所取代。在纸币流通或信用货币流通的条件下，货币流通的数量不再会自

① 中介目标有时被分为近期中介目标和远期中介目标。其中，所谓"近期中介目标"，实际上就是一般所称的"操作目标"。在本章中，为求明确，同时也为与大多数同类著述保持一致，我们将"近期中介目标"称为"操作目标"；至于中介目标，则只是指其中的"远期中介目标"。

动调节，任何数量的货币一旦投入流通就不会自动退出流通。因此，货币流通量的多少将直接决定货币的价值。在纸币流通或信用货币流通的条件下，币值的稳定与否是以单位货币的购买力来衡量的，而单位货币的购买力通常是以综合物价指数来表示。所以，稳定物价就成为货币政策的一个最终目标。

所谓"稳定物价的货币政策目标"，一般是指通过实行适当的货币政策，保持一般物价水平的相对稳定，以避免出现通货膨胀或通货紧缩。所以，在货币政策的实践中，中央银行将在通货膨胀时期实行相对紧缩的货币政策，以减少货币流通量，从而遏止通货膨胀；而在通货紧缩时期实行相对宽松的货币政策，以适当增加货币流通量，从而抑制通货紧缩。自 20 世纪 50 年代后期开始，西方各国普遍出现了持续且日益严重的通货膨胀，因而这些国家的中央银行纷纷将稳定物价作为货币政策的主要目标。

（二）充分就业

1929 年，美国股市的狂跌引发了历史上空前严重的世界经济大危机。1929—1933 年，美国物价水平下跌 22%，实际国民生产总值减少 31%，失业率高达 25%。为提升国内就业水平，美国通过对外贸易把国内失业和经济萧条转嫁给其他国家。各国政府和经济学家开始对黄金自动调节机制产生怀疑，相继放弃金本位制，实行不兑现的纸币流通制度，并通过货币的竞相贬值极力扩大输出，以增进国内就业。1936 年，凯恩斯出版了《就业、利息和货币通论》一书，提出货币对一国经济，尤其是对就业的重要影响。1944 年和 1946 年，英国和美国先后颁布就业法案，将充分就业正式列为货币政策的最终目标。

在西方经济学中，所谓"充分就业"，一般是指消除一国经济中的非自愿失业。所谓"非自愿失业"，是指愿意接受现行的工资水平和工作条件但仍然找不到工作从而造成的失业。在现实生活中，除了非自愿失业外，还有两种失业实际上是不可避免的：一种是自愿失业，另一种是摩擦性失业。自愿失业是指由于工人不愿接受现行的工资水平或工作条件而造成的失业。摩擦性失业则是由于生产技术的革新和工作岗位的转换导致短期内劳动力供求的暂时失衡而造成的失业。充分就业与这两种失业的存在并不矛盾。因此，作为货币政策的最终目标，充分就业意味着通过实行适当的货币政策以减少或消除经济中存在的非自愿失业，而并不意味着将失业率降低为零。

（三）经济增长

西方国家货币政策的第三个最终目标是促进经济增长。这一目标的确立有着理论和实践两个方面的原因。从理论上看，20 世纪 30 年代末 40 年代初，英国经济学家哈罗德（R. F. Harrod）和美国经济学家多马（E. D. Domar）相继提出经济增长理论，企图对凯恩斯经济学进行长期化和动态化的发展。20 世纪 50 年代中期，美国经济学家索罗（R. M. Solow）等人在哈罗德-多马模型的基础上发展出新古典经济增长理论。随后，托宾等人又在新古典实物增长理论中引入货币因素，从而提出货币增长理论。货币增长理论主要研究货币与经济增长的内在联系及货币政策对经济增长的重要影响。从实践来看，第二次世界大战后，西欧各国纷纷致力于经济复兴，经济增长率普遍较高。20 世纪 50 年代初，美国参加朝鲜战争。为筹措巨额战费，美国大量增发货币，造成了严重的通货膨胀。战争结束后，为制止通货膨胀而采取的一系列紧缩性的措施又导致了经济的衰退，使美国的经济增长率低于其他西方发达国家，甚至低于大多数社会主义国家。为了维护自身的经济实力和国际地位，美国联邦储备体系就将追求较高的经济增长率确定为货币政策的又一个最终目标。

如何准确地衡量一国的经济增长状况,特别是以何种指标来衡量一国经济的增长速度,是一个较有争议的问题。目前世界上大多数国家以人均实际国民生产总值或人均实际国民收入的增长率作为衡量经济增长速度的指标。

(四)国际收支平衡

西方国家货币政策的第四个最终目标是国际收支平衡。这一目标原是在西方主要国家国际收支日益恶化的背景下被提出的。第二次世界大战期间,西欧各国的经济遭受了严重的破坏,战争结束后,它们为了迅速实现经济复兴,纷纷从美国进口大量商品,因而发生了巨额的贸易逆差。20世纪50年代后期,西欧各国的经济得到复兴,而美国则由于受长期通货膨胀的影响,贸易收支出现了持续的逆差。1958年以后,美国的出口大量减少,进口却大量增加,从而引起了美元和黄金的大量外流。世界各国纷纷对美元的稳定性丧失信心。1973年,维持了数十年之久的布雷顿森林体系彻底崩溃,此后,美元在国际市场上的汇率剧烈下跌,国际货币危机日益严重。为了遏止美元外流,维持美元的国际地位,必须改善国际收支状况。于是,美国联邦储备体系就将国际收支平衡列为货币政策的一个最终目标。随着国际交往的日益密切,尤其是国际经济交往的日益频繁,国际收支的平衡与否也日益成为每一个经济开放国家所必须关注的一个重大问题。一般来说,无论是国际收支出现较大的顺差还是逆差,都将不利于一国经济的稳定与发展。所以,通过实行适当的货币政策来实现国际收支平衡就成为各国货币当局所确定的一个重要目标。

作为货币政策的一个最终目标,国际收支平衡是指一个国家对其他国家的全部货币收入与全部货币支出保持基本平衡,略有顺差或略有逆差也可看作实现了国际收支平衡。国际收支平衡有静态的平衡和动态的平衡两个概念。所谓“静态的国际收支平衡”,是指一个国家在一年内的国际收支总额保持基本相抵,通常以年末国际收支总额平衡与否作为判别的标准;而所谓“动态的国际收支平衡”,是指一个国家在一段时期(如3年或5年)内的国际收支平衡。从动态的角度看,若一年的逆差能被另一年的顺差所抵消,则也可看作实现了国际收支平衡。在货币政策的实践中,大多数国家以静态的国际收支平衡作为货币政策的最终目标。

以上所述的是西方发达国家货币政策的主要目标。从以上分析可以看出,货币政策的各个目标都是顺应着经济、金融形势的发展和变化而被相继提出的。因此,在分析了以上四大目标之后,必须指出以下两点:第一,由于各个国家的经济环境、历史背景以及金融体系不同,因此,各个国家所确定的货币政策的具体目标也会不同。以上所述的四大目标只是就整个西方发达国家而言的,如就其中的某一个国家而言,则它们可能只将其中的某一个或某几个目标作为其货币政策的最终目标;同时,不同国家对各个目标的具体含义和相对重要性也会做出不同的规定。第二,随着经济、金融形势的变化,货币政策的目标也会增加或更新。例如,金融市场的发展和金融创新的开展对国民经济的稳定,尤其是对金融体系的稳定产生越来越显著的影响,因此,目前已有不少国家将金融市场的稳定正式列为货币政策的最终目标。

二、货币政策目标之间的矛盾及协调

(一)货币政策目标之间的矛盾

西方发达国家所确定的货币政策目标是多元化的,这些目标之间充满了矛盾。下面就选择其中较明显的几个矛盾做简述。

1. 稳定物价与充分就业之间的矛盾

这一矛盾可用著名的菲利普斯曲线来说明。菲利普斯曲线是用于反映通货膨胀率与失业率之间此增彼减交替关系的一种曲线。根据这一曲线，在物价稳定(通货膨胀率较低)时，失业率较高；而当失业率较低时，通货膨胀率较高。于是，在通货膨胀时，中央银行为达到稳定物价的目标，必须实行紧缩性的货币政策以降低通货膨胀率。但是，这一紧缩性货币政策的实行使失业率提高，从而不利于达到充分就业这一货币政策目标。反之，在失业率较高的时期，中央银行为达到充分就业的目标，必须实行扩张性的货币政策以降低失业率。但是，这一扩张性货币政策的实行往往使通货膨胀率相应提高。

2. 稳定物价与经济增长之间的矛盾

一般来说，当经济主体的投资热情高涨，从而经济增长率较高时，往往伴随着一般物价水平的上涨，从而通货膨胀率也往往较高。在这种情况下，中央银行为达到稳定物价的目标而实行紧缩性的货币政策。结果，在通货膨胀率下降的同时，经济增长率通常也随之下降。正因为稳定物价与经济增长之间存在着这样的关系，所以，在理论界就有人主张通过适度的通货膨胀来刺激经济增长。当然，对稳定物价与经济增长是否存在这样的矛盾，也有人提出不同意见。在他们看来，只有物价稳定才能使经济正常运行，从而维持经济的长期增长。

3. 经济增长与国际收支平衡之间的矛盾

当国内经济衰退与对外收支逆差并存时，中央银行就将陷于这样一种顾此失彼的困境：若提高利率，虽有利于吸引国外资本流入从而改善对外收支状况，但利率的提高将进一步抑制投资，从而使本已衰退的经济雪上加霜；反之，若降低利率，则虽有利于刺激投资从而促进经济增长，但通常会引起国内资本的流出，从而使对外收支逆差更为严重。

（二）协调货币政策目标之间矛盾的主要方法

由于货币政策的目标之间充满着矛盾和冲突，因此，任何一项货币政策实际上都不能同时达到以上所述的这些目标，或者不能全面地顾及各种目标。在这种情况下，中央银行在制定和执行货币政策时往往陷于左右为难的困境。因此，选择适当的货币政策或通过其他途径来协调货币政策目标之间的矛盾是中央银行不可回避的一项任务。在货币政策的实践中，协调不同目标之间矛盾的方法有很多，其中最主要的有如下几种：

1. 统筹兼顾

在两个目标存在矛盾的情况下，中央银行实行任何一种货币政策都只能达到其中的一个目标，而且在达到这一目标的同时还将在一定程度上牺牲另一个目标。但是，如果中央银行对这两个目标同时加以考虑，通过适当的操作以使这两个目标都能控制在相对合理的、能被人们所接受的水平，则可在一定程度上缓解这两个目标之间的矛盾。例如，中央银行不能在同一时间通过实行某一种货币政策同时达到稳定物价和充分就业这两个目标，但是，在制定货币政策时，中央银行可确定一个相对较低的通货膨胀率和一个相对较低的失业率作为货币政策的最终目标，并通过适当的操作将这两个目标控制在预定的目标值内。

2. 相机抉择

相机抉择是凯恩斯学派经济学家提出的关于货币政策操作的主张。所谓“相机抉择”，是指货币当局或中央银行在不同时期应根据不同的经济形势，灵活地选择不同的货币政策以达到当时最需达到的政策目标。具体而言，在通货膨胀时期，中央银行应实行紧缩性的货币政策以抑制通货膨胀;而在经济萧条时期,中央银行应实行扩张性的货币政策以刺激投资,促进经济复苏。可见,通过实行相机抉择的货币政策,中央银行可根据轻重缓急,优先解决当时的主要问题,以达到当时最需达到的政策目标。这也可在一定程度上缓和货币政策目标之间的矛盾。

3. 政策搭配

当政策目标之间存在矛盾,因而任何一种货币政策都无法同时达到多种目标时,货币政策与财政政策的适当搭配可以说是一种值得选择的解决矛盾的途径。根据罗伯特·蒙代尔的政策配合说,财政政策与货币政策可分别解决国内经济问题和国际经济问题。也就是说,财政政策主要解决国内经济问题,而货币政策主要解决国际经济问题。例如,当国内经济衰退与国际收支逆差并存时,政府当局可实行扩张性的财政政策以促进经济增长,而中央银行则实行紧缩性的货币政策,提高短期利率以吸引资本流入,从而平衡国际收支。

4. 单一目标制

上述货币政策的四大目标是西方发达国家在各个时期相继提出的。但是,货币政策的实践证明,多重目标是任何货币政策都不能同时达到的。所以,自 20 世纪 80 年代后,不少国家放弃了多重目标,而将物价稳定或低通货膨胀率作为货币政策的唯一目标。这种由多重目标向单一目标的回归主要有如下两个原因:一是受货币主义和理性预期理论的影响。根据这些理论,货币政策所能做到的只是控制货币供应量以保持物价稳定,而至于其他目标,尤其是充分就业和经济增长,是货币政策所不能做到的。二是许多国家货币政策的实践证明,多重目标实际上难以达到。有人指出,物价稳定本身实际上并不是货币政策的最终目标,但物价稳定有利于经济保持长期而稳定的增长。同时,只有物价稳定才是货币政策所能实现的目标。现在许多国家实行通货膨胀目标制,将低而稳定的通货膨胀率作为控制的目标,这实际上就是将物价稳定作为货币政策的唯一目标。

第二节 货币政策工具

货币政策的执行必须通过各种货币政策工具的运用来完成。所谓“货币政策工具”,是指中央银行在实施某种货币政策时所采取的具体措施或操作方式。根据各种货币政策工具的基本性质以及它们在货币政策实践中的运用情况,货币政策工具大致可分为如下三大类:

一、一般性的货币政策工具

一般性的货币政策工具,是指各国中央银行普遍运用或经常运用的货币政策工具。这类货币政策工具包括存款准备金政策、再贴现政策和公开市场业务。

(一) 存款准备金政策

所谓“存款准备金政策”,是指中央银行通过调整法定存款准备金比率来影响商业银行的信贷规模,从而影响货币供应量的一种政策措施。

商业银行通过贷款或投资可创造出成倍的派生存款。在其他情况一定时,存款创造的倍数(存款乘数)将决定于法定存款准备金比率。若中央银行降低法定存款准备金比率,则商业银行就会有较多的剩余准备金可用于贷款或投资,并通过整个银行体系的连锁反应创造出较多的派生存款;反之,若中央银行提高法定存款准备金比率,则商业银行的剩余准备金就会减少，甚至发生法定存款准备金的短缺，从而必须减少贷款或投资，在必要时还必须收回贷款或出售证券，以补足法定存款准备金。在这种情况下，商业银行只能创造较少的存款，甚至引起存款货币的成倍紧缩。由此可见，中央银行调低法定存款准备金比率就是实行扩张性的货币政策，而中央银行调高法定存款准备金比率就是实行紧缩性的货币政策。究竟是实行扩张性的货币政策还是紧缩性的货币政策将决定于具体的经济形势及货币政策的最终目标。一般来说，当一国经济出现比较严重的通货膨胀时，中央银行将实行紧缩性的货币政策。此时，若采用存款准备金政策，就必须提高法定存款准备金比率。反之，当一国经济发生比较严重的衰退或出现通货紧缩时，中央银行将实行扩张性的货币政策。此时，若采用存款准备金政策，就必须降低法定存款准备金比率。

存款准备金政策是一种威力强大，但不宜常用的货币政策工具。就这一政策工具的实际效果而言，它往往能迅速地达到预期的中介目标，甚至能迅速地达到预期的最终目标。例如，在一国经济出现比较严重的通货膨胀时，中央银行提高法定存款准备金比率，商业银行就必须缩减信贷规模，甚至将收回原来发放的贷款以弥补法定存款准备金的不足。于是，货币供应量就将减少，通货膨胀就将得到遏止。

同时，存款准备金政策一般能平等地作用于各家商业银行，因此，若中央银行调整法定存款准备金比率，则所有商业银行都将受到同样的影响。

但是，存款准备金政策也有不少缺点。首先，中央银行调整法定存款准备金比率，尤其是提高法定存款准备金比率，将对实际的经济活动产生强有力的影响，这种影响往往引起经济的剧烈动荡。其次，法定存款准备金比率是决定货币乘数的重要因素。因此，在基础货币一定时，只要法定存款准备金比率做出调整（即使是较小的调整），就会使货币供应量产生较大的增加或减少。而在货币政策的实践中，中央银行实际上很难对法定存款准备金比率做出“微调”。例如，在一次调整中，中央银行至少要调高或调低 0.5 个百分点，而无法只调高或调低 0.01 个百分点。最后，中央银行频繁地调整法定存款准备金比率将使商业银行很难进行适当的流动性管理。具体而言，若商业银行持有较多的超额准备金，则因机会成本过高而削弱其盈利能力；反之，若商业银行持有较少的超额准备金，则一旦中央银行上调法定准备金比率，这些商业银行就会产生流动性风险。可见，作为一种货币政策工具，存款准备金政策的运用往往产生较大的副作用。所以，它一般只适用于某些非常时期。从国外货币政策的实践中可以看到，法定存款准备金比率事实上是比较稳定的，说明中央银行实际上不会轻易地运用存款准备金政策这一威力强大的工具。

（二）再贴现政策

中央银行是银行的银行，当商业银行发生资金短缺，或因扩大信贷规模而需要补充资金时，商业银行可凭其贴现业务中取得的未到期的商业票据向中央银行再贴现。其再贴现率由中央银行根据当时的经济形势和货币政策的最终目标决定。

所谓“再贴现政策”，就是中央银行通过提高或降低再贴现率来影响商业银行的信贷规模和市场利率，以实现货币政策预期目标的一种政策工具。这种货币政策工具的运用对一国的信贷规模、货币供给和市场利率都将产生一定的影响。首先，再贴现率的调整将影响商业银行的信贷规模，从而影响一国的货币供给。如果中央银行降低再贴现率，就意味着中央银行鼓励商业银行通过再贴现来扩张信贷规模，从而增加货币供给量；反之，如果中央银行提高再贴现率，就意味着中央银行限制商业银行通过再贴现来扩张信贷规模，从而控制货币供给量的增加。其次,中央银行再贴现率的变动将对市场利率产生直接的影响。在利率市场化的条件下,中央银行的再贴现率通常被作为一个国家的基准利率,市场利率将围绕这一基准利率上下波动。最后,再贴现政策的运用还具有一定的"告示效果",也就是说,中央银行调整再贴现率,实际上是为整个经济社会提供一种有关货币政策的信息。例如,如果中央银行降低再贴现率,就意味着中央银行实行的是一种扩张性的货币政策;如果中央银行提高再贴现率,就意味着中央银行实行的是一种紧缩性的货币政策。由于这种政策信号的"提前提供性",因此人们可以事先做出相应的反应或做好必要的准备。

作为一种一般性的货币政策工具,再贴现政策对一国经济的影响是比较缓和的,有利于一国经济的相对稳定;同时,再贴现政策也可使中央银行发挥最后贷款人的作用。但是,在利用这一工具时,中央银行处于被动的地位,也就是说,中央银行虽然能够自主地、灵活地做出提高或降低再贴现率的决定,但是,中央银行做出这种决定后能否取得预期的效果将决定于商业银行或其他金融机构对该决定的反应。例如,中央银行降低再贴现率,希望商业银行通过再贴现来扩大信贷规模;但是,商业银行是否通过再贴现从中央银行融资并扩大信贷规模,将完全由商业银行自主决定。

(三) 公开市场业务

公开市场业务(Open Market Operation)也称公开市场操作,是指中央银行通过在公开市场上买进或卖出有价证券(特别是政府短期债券)来投放或回笼基础货币,以控制货币供应量,并影响市场利率的一种政策行为。

在一般性货币政策工具中,公开市场业务是西方发达国家采用最多的一种货币政策工具。货币学派领袖米尔顿·弗里德曼甚至主张把公开市场业务作为唯一的货币政策工具。在他看来,其他货币政策工具所能做到的,公开市场业务也能做到。

中央银行要在公开市场上买进证券,一般可向商业银行或社会公众买进。这两种买进都将引起基础货币的投放,从而扩大商业银行的信贷规模,并通过乘数作用而使货币供给量成倍扩张。例如,中央银行向商业银行买进政府短期证券,总额为 5 000 万元,则在其他情况一定时,中央银行和商业银行的资产负债表的变化分别如表 17-1 和表 17-2 所示。

表 17-1 中央银行的资产负债表

资产		负债	
政府证券	+5 000 万元	商业银行存款	+5 000 万元

表 17-2 商业银行的资产负债表

资产		负债
政府证券	−5 000 万元	
在中央银行存款	+5 000 万元	

由以上资产负债表可以看出,中央银行向商业银行买进 5 000 万元政府证券,使商业银行的资产结构发生了调整。这种调整表现为商业银行原来持有的政府证券减少 5 000 万元,

与此同时，它在中央银行的存款增加 5 000 万元。这种资产结构的调整使商业银行增加了 5 000 万元准备金。在一般情况下，商业银行持有的政府证券不能作为准备金，但它在中央银行的存款却可以作为准备金。如果该商业银行原来持有的准备金已经足以支持其持有的存款总额，则它通过出售政府证券所得的 5 000 万元准备金全是超额准备金。如果商业银行不留超额准备金，则当它增加 5 000 万元准备金后，即可贷款 5 000 万元，通过整个银行体系的连锁反应，货币供给量将会成倍地增加。所以，中央银行买进有价证券，将使基础货币（在此例中是商业银行准备金）等额增加，从而使货币供给量成倍扩张。

实际上，中央银行买进有价证券，不仅会使货币供给量增加，而且会使市场利率下降。一方面，在货币需求一定时，货币供给的增加将引起市场利率的下降；另一方面，中央银行买进有价证券将引起有价证券需求的增加，从而在有价证券供给一定的条件下，将使有价证券价格上升。由于有价证券的价格一般与市场利率呈反向的变动关系，因此，有价证券价格的上升也将引起市场利率的下降。

与上述买进有价证券相反，中央银行要在公开市场上卖出有价证券，一般可卖给商业银行或社会公众。这两种卖出都将引起基础货币的回笼，从而缩减商业银行的信贷规模，并通过乘数作用使货币供给量成倍紧缩。由于中央银行卖出有价证券只是其买进有价证券的反向操作，因此，它对商业银行的信贷规模，从而对货币供给量和市场利率的影响过程也与上述买进有价证券所产生的影响过程正好相反。

由此可见，中央银行买进有价证券是一种扩张性的货币政策。通过买进有价证券，中央银行不仅可投放一定量的基础货币，使货币供给量成倍增加，而且将使市场利率下降。反之，中央银行卖出有价证券是一种紧缩性的货币政策。通过卖出有价证券，中央银行将回笼一定量的基础货币，使货币供给量成倍缩减，并使市场利率上升。

作为一种一般性的货币政策工具，公开市场业务具有如下几个重要的优点：首先，在公开市场业务中，中央银行处于主动的地位，它买进或卖出有价证券的规模完全由它自主决定。这显然是再贴现政策所不能做到的。其次，公开市场业务具有很大的灵活性。中央银行既可通过大量地买进或卖出有价证券对基础货币实行较大规模的调节，也可以通过少量地买进或卖出有价证券对基础货币实行"微调"。再次，公开市场业务可根据经济形势的变化和政策目标的调整而随时做出逆向的操作。例如，当中央银行发现由于过多地买进有价证券而引起货币供应量的过快增长时，即可通过反向操作（卖出相应的有价证券）加以矫正。最后，公开市场业务对基础货币的调节不仅迅速、灵活，而且其所调节和控制的是整个银行系统的基础货币总量，这就使这种政策工具的运用符合政策目标的需要。

根据以上分析，一般性的货币政策工具及其基本的运用策略可用表 17－3 来直观地表示。

表 17－3　一般性的货币政策工具及其基本操作

货币政策工具 \ 宏观经济形势	通货膨胀（总需求＞总供给）	经济萧条（总需求＜总供给）
存款准备金政策	提高法定存款准备金比率	降低法定存款准备金比率
再贴现政策	提高再贴现率	降低再贴现率
公开市场业务	卖出证券，回笼基础货币	买进证券，投放基础货币

二、选择性的货币政策工具

选择性的货币政策工具是指中央银行针对个别部门、个别企业或某些特定用途的信贷所采用的货币政策工具。与一般性的货币政策工具不同,选择性的货币政策工具通常可在不影响货币供应总量的条件下影响银行体系的资金投向和不同贷款的利率。在这类货币政策工具中,较常用的主要有证券市场信用控制、不动产信用控制及消费者信用控制。

(一) 证券市场信用控制

在证券交易的方式中,有一种被称为信用交易(也称押款交易、垫头交易或保证金交易)的方式。在采用该方式时,投资者不必缴纳购买证券所需的全部价款,而只要按照一定的比率缴纳保证金,经纪人则可通过向商业银行借款为其客户垫付一部分价款以增加成交量。中央银行通常将该种交易中的保证金比率作为限制信用的手段。例如,中央银行将保证金比率从50%提高到80%,则经纪人为客户垫付的款项将由原来的50%减少到20%。这就相应地减少了商业银行对经纪人的放款,从而达到收缩信用的目的。

与一般性的货币政策工具相比,中央银行通过提高保证金比率来控制商业银行的信用具有其特有的优点,它可在限制商业银行对证券市场放款的同时不紧缩对其他经济部门的信用,从而可避免因全面的信用紧缩而导致的经济衰退。

(二) 不动产信用控制

不动产信用控制是指中央银行对商业银行或其他金融机构的房地产贷款所规定的各种限制性措施,以抑制房地产交易中的过度投机,主要包括规定商业银行或其他金融机构房地产贷款的最高限额、最长期限以及首次付款和分期还款的最低金额等。

(三) 消费者信用控制

消费者信用控制是指中央银行对消费者购买房地产以外的耐用消费品所发生的信用规模和期限等的限制性措施,包括规定分期付款中首次付款的最低金额、分期付款的最长期限以及适用于分期付款的耐用消费品的种类等。

三、其他货币政策工具

在货币政策的具体实践中,除了以上所述的一般性货币政策工具和选择性货币政策工具外,中央银行还可根据本国的具体情况和不同时期的具体需要运用一些其他的货币政策工具。这类货币政策工具很多,既有直接信用控制,也有间接信用控制。在这里,我们选择其中较重要的几种做简介。

(一) 直接信用控制

1. 信贷配给

信贷配给是指中央银行根据金融市场的资金供求状况及客观经济形势的需要,权衡轻重缓急,对商业银行系统的信贷资金加以合理的分配和必要的限制。在大多数发展中国家,由于其资金严重供不应求,因而信贷配给是一种较为常用的直接信用控制手段。

2. 流动性比率

流动性比率是指商业银行持有的流动性资产在其全部资产中所占的比率。中央银行对这一比率进行规定,并要求商业银行保持这一规定的比率,主要是为了限制商业银行的信用能力，保障商业银行的稳健经营，并限制信用的过度扩张。在一般情况下，资产的流动性越强，其收益率越低。所以，商业银行要保持中央银行所规定的流动性比率，就不能任意地将流动性资金过多地用于长期性的贷款或投资。在必要时，商业银行必须缩减长期贷款所占的比重而相应地扩大短期贷款所占的比重，以提高其资产的流动性比率。

3. 利率上限

所谓“利率上限”，一般是指以法律的形式规定商业银行和其他金融机构存贷款利率的最高水平。这是最常用的直接信用管制工具。美国在 1980 年前曾长期实行的 Q 项条例可以说是这种管制工具的典型。该条例规定，商业银行对活期存款不支付利息，对定期存款和储蓄存款支付的利率则不得高于规定的最高利率水平。当时实行 Q 项条例的主要目的是防止商业银行之间通过提高利率来竞相争夺存款并进行高风险贷款。20 世纪 60 年代，一些发展中国家不顾本国国情，盲目效仿西方国家的廉价货币政策，通过设定利率上限来人为地压低利率水平，导致了金融抑制。现在，随着各国相继实行利率市场化改革，这种货币政策工具已很少被采用。

（二）间接信用控制

1. 窗口指导

窗口指导是 20 世纪 50 年代后日本银行采用的一种主要的货币政策工具。日本银行是日本的中央银行。它利用自己在金融体系中的威信以及民间金融机构对它的高度依赖性，通过与民间金融机构的频繁接触来指导它们自觉地遵守日本银行提出的要求，从而达到控制信贷和调节货币供应量的目的。窗口指导的主要内容是：日本银行根据产业政策、物价走势、金融市场的动向、货币政策的要求及前一年度同期贷款的情况，规定各民间城市金融机构每季度贷款的增减额，并以指导的方式要求其遵照执行。例如，民间金融机构不按规定的增减额对产业部门贷款，则日本银行可削减对该金融机构的贷款额度，甚至采取停止提供信用等制裁措施。

2. 道义劝告

道义劝告是指中央银行凭借自己在金融体系中的特殊地位，通过对商业银行和其他金融机构发布通告或与这些金融机构的负责人进行面谈等方式影响其放款的数量和投资的方向，从而达到控制信用的目的。例如，当国际收支出现逆差时，中央银行可劝告各金融机构缩减国外贷款。又如，在证券市场或房地产市场投机盛行时，中央银行可要求商业银行减少对这些市场的贷款。尽管道义劝告对商业银行和其他金融机构没有法律上的约束力，但是，由于中央银行的特殊地位和特殊影响，这种劝告往往是有效的。

以上所述的是中央银行货币政策的主要工具。这些政策工具在各国货币政策实践中的具体运用是大不相同的。我们对各种货币政策工具优、缺点的分析有助于各国中央银行根据本国的具体情况做出比较适当的选择。就某一国家而言，货币政策工具的选择和运用还必须随着经济、金融环境的变化而变化。尤其值得注意的是，自 20 世纪 60 年代后，大量形形色色的金融创新已经对各种货币政策工具的相对有效性产生了十分显著而又重要的影响。针对这种影响，经济学界就如何选择适当的货币政策工具、如何正确地运用所选择的货币政策工具、如何改进这些货币政策工具以使它们变得更有效、更可靠，进行了广泛而深入的研究。在货币政策的实践中，已有不少国家放弃了一些传统的货币政策工具，并根据新的经济、金融环境，设计、运用了一些新的货币政策工具。在分析我国货币政策工具的设计和选择时,这些理论上和实践上的新变化是很值得我们重视的。

第三节 货币政策的中介目标与操作目标

要实现货币政策的最终目标,中央银行必须选择适当的货币政策工具并加以适当运用。然而,如何选择适当的货币政策工具并加以适当运用呢?要回答这一问题,必须明确以下两点:第一,货币政策的作用是间接的而不是直接的。任何货币政策工具的运用都不能直接地作用于实际的经济活动,从而直接地实现预定的货币政策最终目标,它只能通过对某些中间变量的影响来传导到实际的经济活动中,从而间接地达到货币政策的最终目标。第二,当中央银行运用一定的货币政策工具并执行一定的货币政策(如在公开市场上买入有价证券)后,将经过一段较长的时间(通常为1年以上)才能间接地影响实际的经济活动。但是,届时实际产生的这种影响很可能与当时确定的政策目标有较大的偏离。如果中央银行在货币政策业已对实际的经济活动产生实质性的影响后才发现这种偏离,并企图调整货币政策的操作,则往往为时已晚。为解决这一问题,中央银行必须在政策工具与最终目标之间插入某些中间变量,作为操作和跟踪的对象。这些中间变量可分为如下两种:一种是中介目标,另一种是操作目标。

一、中介目标与操作目标的基本概念

在说明货币政策的中介目标和操作目标时,美国经济学家米什金做了如下描述:“联储在其政策工具和所要达到的目的(指货币政策的最终目标——引者注)之间选定一些变量作为目标。联储的战略如下:在确定就业和物价水平的政策目的以后,联储选择一套被称为中介目标的变量,诸如货币供应量(M1、M2或M3)或利率(短期或长期)来进行‘跟踪’,这些变量对就业和物价水平都有直接影响。可是,这些中介目标也不是联储政策工具所能直接影响的。所以,它又选择另一套被称为操作目标的变量,诸如储备总量(储备、非借入储备、基础货币或非借入的基础货币)或利率(联邦基金利率或国库券利率)来进行‘跟踪’,这些变量对联储政策工具的反应较为灵敏。”①

由米什金的描述可知,货币政策的中介目标与操作目标都是相对于货币政策的最终目标而言的。它们都是介于货币政策工具与最终目标之间的中间变量。中央银行在实施某种货币政策前,固然要确定其预期达到的最终目标,但事实上,货币政策的最终目标只是制定和实施货币政策的基本指导思想。货币政策对实际经济活动的作用是间接的而不是直接的。从货币政策工具的运用到最终目标的达到,必须经过许多中间环节。货币政策正是通过这些中间环节的传导而间接地对实际经济活动产生影响。在现实经济生活中,许多货币政策以外的因素也将影响实际的经济活动。所以,中央银行实际上不可能通过货币政策的实施直接地达到其最终目标,而只能通过观测和控制它所能控制的一些具体的指标来影响实际的经济活动,从而间接地达到其预期的最终目标。这些能为中央银行所控制和观测的指标就是我们通常所说的货币政策的中介目标与操作目标。

---

① 弗雷德里克·S. 米什金:《货币金融学》(第十二版),王芳译,中国人民大学出版社2021年版。

货币政策的中介目标、操作目标与货币政策的传导机制密切相关。对货币政策传导机制的解释不同，对货币政策中介目标和操作目标的选择也将不同。在本书第十八章的第一节中，我们将说明货币政策传导机制的基本原理。由图 18－1 可以看到，货币政策的作用过程大致可分为以下三个步骤：第一步，货币政策工具的运用直接地作用于货币政策的操作目标；第二步，货币政策操作目标的变动影响货币政策的中介目标；第三步，货币政策中介目标的变动影响实际的经济活动，从而达到货币政策的最终目标。由此可见，所谓货币政策的“操作目标”，是指那些可被货币政策工具直接控制或影响的变量。这些变量对货币政策的反应比较灵敏，但与货币政策最终目标的相关性却不高。所谓货币政策的“中介目标”，则是指那些介于货币政策操作目标与最终目标之间的变量。这些变量与最终目标具有较高的相关性，但它们不能被中央银行直接控制。货币政策工具的运用正是通过操作目标和中介目标的传导而间接地实现其预期的最终目标的。

在货币政策的具体实践中，通常被作为货币政策中介目标的变量主要有货币供应量和长期利率，通常被作为操作目标的变量则主要有基础货币和短期利率。不过，短期利率有时也可直接作为货币政策的中介目标，以达到某种特定的最终目标。另外，中央银行在确定货币政策的中介目标和操作目标时，还必须具体地确定货币供应量的层次和市场利率的种类。在货币供应量中，中央银行必须确定以哪一个层次的货币供应量作为货币政策的中介目标；在市场利率中，中央银行又必须确定以哪一种利率作为货币政策的中介目标或操作目标。可见，在中央银行制定和执行货币政策的过程中，中介目标与操作目标的选择是一个既重要又复杂的问题。

二、中介目标与操作目标的选择

中央银行选择什么变量作为货币政策的中介目标和操作目标是决定这种政策能否达到最终目标的关键性环节。一般来说，中央银行选择货币政策中介目标的主要标准有三个：一是可测性，二是可控性，三是相关性。所谓“可测性”，是指中央银行能够对这些被作为货币政策中介目标的变量加以比较精确的统计。中央银行在选择以何种变量作为货币政策的中介目标时，必须遵循两个基本原则：一是这种变量必须具有比较明确的定义，以便于中央银行观察、分析和监测；二是中央银行能够迅速地获取这种变量的准确数据。所谓“可控性”，是指中央银行可以较有把握地将选定的中介目标控制在确定的或预期的范围内。所以，中央银行所选择的货币政策中介目标必须与它所运用的货币政策工具具有密切的、稳定的联系。所谓“相关性”，则是指被作为货币政策中介目标的变量与货币政策的最终目标有着紧密的关联性。于是，中央银行在执行货币政策时，只要能将其选择的中介目标控制在适当的范围内，即可达到或基本达到其预先确定的最终目标。

选择操作目标的标准与选择中介目标的标准是比较一致的，这是因为，在选择中介目标时，最终目标是中介目标的政策目标；而在选择操作目标时，中介目标可作为操作目标的政策目标。

由以上对货币政策中介目标与操作目标的定义可知，操作目标主要包括基础货币(银行准备金和通货)和短期利率等指标，中介目标则主要包括货币供应量和长期利率等指标。从货币政策的传导机制来看，操作目标与货币政策工具比较接近，因而中央银行对这类变量可加以直接而有效的控制。这就说明，操作目标的可控性较强。但是，这类变量与货币政策的最终目标较远,从而其相关性较弱。相反,货币政策的中介目标与货币政策工具较远,中央银行对这类变量的控制较为不易,故其可控性较弱。但是,中介目标与最终目标较为接近,故其相关性较强。所以,在货币政策中介目标和操作目标的选择上,除了必须遵循以上三个基本原则外,还必须注意操作目标与中介目标的相互衔接。实际上,货币政策工具的运用将有效地控制操作目标,而货币政策的中介目标又与最终目标有着高度的相关性,因此,操作目标与中介目标是否紧密地衔接将在很大程度上决定货币政策的有效性。

以上所述是中央银行选择货币政策中介目标与操作目标的主要标准和基本原则。然而,由于各国的经济环境不同,市场经济的发展水平不同,尤其是货币金融领域的特点不同,因此,货币政策中介目标与操作目标的选择也不能一概而论,必须根据本国的具体国情做出适当的选择。即使在同一国家,也应根据经济、金融环境的变化进行必要的调整。例如,西方发达国家在最近数十年间就曾交替地以利率和货币供应量作为其货币政策的中介目标。从最近十多年有关货币政策问题的理论研究来看,我国经济学界也一直有着不同观点的争鸣。而从货币政策的具体实践来看,我国在计划经济时期实际上主要以现金和信贷规模作为货币政策的中介目标,目前则主要以各个层次的货币供应量作为货币政策的中介目标。随着经济、金融体制改革的深化和对外开放的扩大,我国货币政策中介目标的进一步调整也是完全有可能和有必要的。

三、中介目标与操作目标的作用

从货币政策的作用过程来看,货币政策是从政策工具的运用开始,通过操作目标和中介目标的传导,最终实现预定的政策目标。但是,在货币政策的实践中,从政策工具到最终目标的顺序正好与此作用过程相反。在制定和执行货币政策时,中央银行将首先确定货币政策的最终目标。然后根据最终目标的需要,确定所选定的中介目标和操作目标的具体数值。最后运用某种货币政策工具对操作目标实施控制,并根据对操作目标与中介目标的观测进行必要的调整。

例如,在保持物价水平基本稳定和失业率相对较低的基础上,中央银行希望通过货币政策的操作使名义GDP的增长率保持在6%的水平(最终目标)。假如根据经验,要实现6%的名义GDP增长率,货币供应量(M2)的增长率必须为5%(中介目标)。而要使M2的增长率达到5%,则基础货币就必须增加4%(操作目标)。于是,中央银行通过公开市场操作,买入一定数量的有价证券(政策工具),以使基础货币增加4%。但是,由于受各种因素的影响,中央银行在进行了这样的操作后,未必能如愿以偿地实现其预期的最终目标。首先,中央银行在公开市场买入有价证券后,基础货币的增长率可能高于4%,也可能低于4%。其次,当基础货币增长率为4%时,M2的增长率可能高于5%,也可能低于5%。最后,当基础货币的增长率为4%、M2的增长率为5%时,名义GDP的增长率可能高于6%,也可能低于6%。在这些情况下,如果中央银行能及时地通过观测以发现这些偏离,就可以通过对政策工具运用的调整进行矫正,从而确保最终目标的实现。在我们所举的例子中,中央银行为使基础货币增长率达到4%,在公开市场上买入了一定数量的有价证券,但在几天后,中央银行发现基础货币的增长率并没有达到4%,而是3%,则它必须继续买入以使基础货币的增长率达到4%。经过一段时间,中央银行发现,在基础货币增长率达到4%后,M2的增长率将达到7%。在这种情况下,它必须通过公开市场进行反向操作,即卖出一定数量的有价证券,以使M2的增长率下降到 5%的水平。当 M2 的增长率达到 5%时，预计名义 GDP 的增长率将高于 6%，如达到 8%，从而将引发通货膨胀。在这种情况下，中央银行必须通过公开市场操作，对基础货币和货币供应量进行必要的调节，以使名义 GDP 的增长率回归到预定的 6%的水平。

由以上分析可知，操作目标与中介目标是连接政策工具与最终目标的"桥梁"。中央银行在执行一定的货币政策时，实际上并不是直接地将预定的最终目标作为观测对象，而是将操作目标和中介目标作为观测对象。之所以如此，主要有以下三个原因：一是中央银行很难获得货币政策影响收入增长率等最终目标的数据，但能较容易地获得货币存量及其增长率的数据，从而便于中央银行对其进行观测和监控；二是由于货币政策的作用是间接的而不是直接的，因此，中央银行在运用某种货币政策工具进行操作时，实际上很难对最终目标加以控制，但它对操作目标和中介目标的控制和调节却较为容易；三是中央银行将操作目标和中介目标作为监控对象，可以及时地发现问题，从而可以在货币政策对最终目标产生影响前加以"中间调节"，如果直接地将名义收入等最终目标作为监控对象，中央银行就无法进行这种"中间调节"。[①]

第四节　现代货币理论与货币政策

现代货币理论（Modern Money Theory，MMT）发端于 20 世纪 90 年代，是继承了明斯基对于凯恩斯经济学解读的后凯恩斯主义学者对货币金融理论做出的新贡献。该理论主张打破货币政策与财政政策的界限，支持政府通过货币发行缓解财政赤字、促进就业。这样的理论在 20 世纪末只会让主流的宏观经济学者一笑置之，但在全球经济增速放缓、传统刺激政策失效的今天，现代货币理论无疑是充满诱惑力的。虽然现代货币理论本身充满争议，但它作为一种指导现实宏观政策的重要经济理论，无疑引发了我国学者和业内人士的关注与讨论。

一、现代货币理论的起源

现代货币理论中的"现代"用于修饰"货币"，而非修饰"货币理论"。现代货币理论本质上是关于"现代货币"的理论。根据凯恩斯的观点，当一个国家政权具有征税以及指定征税货币这两项权利时，便可认为是现代国家。[②] 信奉后凯恩斯主义的经济学家借鉴了凯恩斯"现代国家"的描述，将现代国家发行的货币定义为"现代货币"，并在此基础上形成了"现代货币理论"。

现代货币理论的基础是德国历史学派经济学家克纳普提出的国定货币学说，因此也被称为"新国定货币学说"（Neo-chartalism）。货币国定论强调货币作为价值尺度和支付手段的职能，认为货币的起源要早于市场交换的出现，货币最初的职能在于债务清偿和充当计价单位。当一个国家对相应的记账货币做出了具体规定时，国定货币便产生了。凯恩斯认为："当国家要求有权宣布什么东西可以作为符合现行计算货币的货币时，当它不只要求有权强

① 托马斯・梅耶、詹姆斯・S. 杜森贝里、罗伯特・Z. 阿利伯：《货币、银行与经济》（第六版），林宝清、洪锡熙等译，上海三联书店、上海人民出版社 2007 年版。

② 凯恩斯：《货币论》（上卷），何瑞英译，商务印书馆 1986 年版。

制执行品类规定,而且要求有权拟定品类规定时,就达到了国家货币或国定货币时代。"①此外,现代货币理论认为税收是驱动货币的主要因素,这一观点可以在亚当·斯密那里得到支持。斯密认为:"一国君主,如果规定赋税中有一定部分必须用纸币缴纳,那么,即使纸币什么时候兑现,全视国王的意志,亦定能多少提高纸币的价格。"②

二、现代货币理论的三大支柱

现代货币理论认为:在经济未处在充分就业的情况下,政府有通过扩张财政,必要时甚至可以通过赤字货币化的手段的能力和义务来调动社会资源,促进充分就业。由于货币本身是国定的,因此财政扩张不受限制,在为充分就业的情况下,扩张也不会引发强烈的通货膨胀。在这套理论框架中,货币国定论是构成该理论的基础,赤字货币化是手段,最后雇佣者计划是目标,三者共同构成了现代货币理论的支柱。

(一) 货币国定论

明斯基(Minsky,1986)认为,货币来自社会债权债务关系,但并非所有的债权债务关系都具备形成货币的基础,所有人都可以创造债务,只有被大多数人普遍接受的借据才可被视为货币。因此,现实的社会债权债务关系构成了一种金字塔式的结构(见图 17-1)。从金字塔的顶端向下,信用风险逐渐增大,利率逐渐上升,贷款规模也随之扩大。金字塔底层的信用创造全部根植于顶层的借贷关系,处于顶层的政府借据可谓是社会内生信用创造行为的根源,对于宏观经济的运行具有举足轻重的影响。

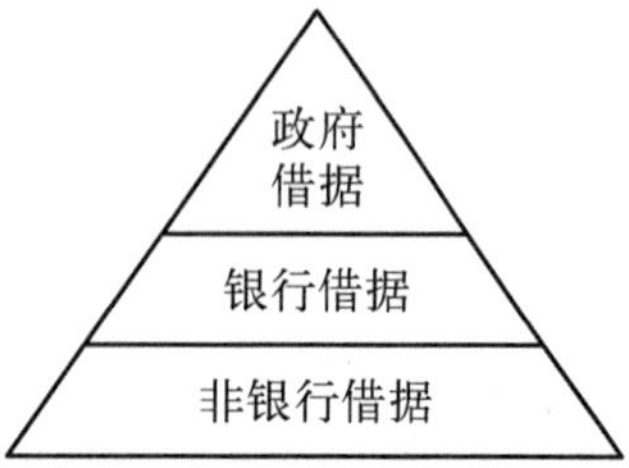

图 17-1 信用借据的金字塔结构

处于顶端的政府借据即是货币,其普遍接受性源自政府的税收权,并规定在税收中只接受法币支付。政府法币作为最高层级的债务,可以用来清偿任何低层级债务。银行借据是第二层级的债权债务关系,其在现实中的反映形式为银行存款,银行之间的债务清偿无法通过银行存款本身来抵消,只有更高层级的政府借据才能进行清偿。银行存款可用于清偿更低层次的借据形式,该类借据主要为民间借贷,包括居民、非金融企业、非银行金融机构等之间经济活动所形成的借据。这类借据之间不能进行互相清偿,只能用更高层级的借据进行清算。举例来说,A 公司无法运用其对 B 公司的债权来偿还对 C 公司的债务,但可以运用其在 D 银行的存款对该部分债务进行清偿。

(二) 赤字货币化

在经济发展的早期,金融与财政并无区别,但随着资本主义国家的崛起和现代中央银行制度的确立,金融与财政的职能出现了分化,货币政策与财政政策具有了不同的属性与功能。现代货币理论则否认了中央银行的独立性,对量入为出的古典财政理论提出了反对意见,认为财政赤字可以通过货币化的方式解决。

现代货币理论是功能性财政主张(Functional Finance)的支持者,认为政府的财政支出与税收应该同时服务于币值稳定和充分就业的政策目标。为了达到这一目标,政府需要同

① 凯恩斯:《货币论》(上卷),何瑞英译,商务印书馆 1986 年版。
② 亚当·斯密:《国民财富的性质和原因的研究》(上卷),郭大力、王亚南译,商务印书馆 1983 年版。

时调节自身的收入与支出，使其恰好满足于充分就业的均衡状态；同时，政府一定要通过债务和货币进行融资，而不能仅依靠税收。为了实现财政赤字的货币化，政府本身必须具有发行货币的能力，因此中央银行的行为必须从属于政府，这与主流经济学推崇的中央银行独立性相互冲突。当货币政策独立于政府时，财政当局的融资形式便局限在私人部门，无法与中央银行直接进行对接，这会使得财政当局面临极强的融资约束，政府将不得不寻求预算平衡。因此，现代货币理论主张推动财政当局与货币当局的融合，并声称合理的制度设计可以保证合并后的运行效果。

现代货币理论不仅从理论层面否定了中央银行的独立性，还在现实中找到了大量的证据。以税收过程举例，征税使得私人部门的银行存款转换为财政当局的在中央银行的存款，其本质是商业银行的超额准备金转换为政府存款的过程，超额准备金规模的下降势必使银行间市场利率面临上行压力。中央银行出于维持利率稳定的目的，会在公开市场上买入国债，释放流动性。通过以上过程，中央银行资产负债表的资产端增加了一定数目的国债，负债端增加了同样数目的政府性存款，政府债务便间接实现了货币化。因此，只要中央银行以维持币值与利率为己任，货币政策便只能从属于财政政策。

（三）最后雇佣者计划

明斯基(Minsky，1986)基于功能性财政政策主张及大政府的制度设计，提出了最后雇佣者计划(Employer of the Last Resort，ELS)，以实现充分就业和币值稳定的政策目标。

与中央银行最后贷款人的职责相类似，最后雇佣者计划是指在经济系统中存在非自愿性失业的情况下，政府作为唯一可以不考虑利益而雇佣劳动者的机构，应该通过债务融资的方式来雇佣劳动者，从而实现充分就业的目标。由于现代货币理论主张政府不受融资约束，因此，可以提供无穷弹性的劳动需求。在经济处于充分就业的情况下，政府也应该制定货币的价格基准，即最后雇佣者计划中劳动者单位劳动时间的报酬，并以此建立全部商品的相对价格，只要最后雇佣者的工资是固定的，货币的币值便可以得到保证。此外，由于充分就业是主要的政策目标，该机制具有逆周期调节的效果，也可以对政府支出起到缓冲的作用。

总之，最后雇佣者计划强调，充分就业和币值稳定并非货币当局的职责，而是财政部门的职责，健全的财政政策不能以平衡收支作为目标，而是要服务于充分就业和币值稳定。

三、对现代货币理论的批评

现代货币理论的提出源于现实的需要，并非在一般均衡的框架下进行分析。毋庸置疑，现代货币理论的成就是辉煌的，提出了许多富有创见的政策主张并产生了一定的现实影响力，但由于其分析框架的不完备性，其理论逻辑与政策主张难免出现顾此失彼的现象，这一点经常为主流经济学家所诟病。

现代货币理论最具诱惑力的地方在于政府不存在融资约束，财政赤字可以通过货币化的形式得到完美的解决。但现实中，政府债务是存在边界的，通货膨胀、竞争性货币、金融风险都对政府债务存在约束作用。现代货币理论认为，政府扩张在经济系统为充分就业的情况下不会造成通货膨胀。但现实情况下，自然失业率的水平是难以判定的，政策扩张的通胀压力几乎是无法避免的，当总需求超过经济的供给能力，私人部门就会遭遇挤出。同时，作为现代货币理论支柱之一的货币国定论，其成立具有一定的先决条件，即货币当局能完全掌握主权货币的发行规模与相对价格。这要求经济体系中不能存在竞争性货币。而在现实中,各国央行出于对本国金融稳定性的考虑,或多或少都会进行外汇干预,不存在实行完全浮动汇率制的国家。即使是美国,也依然存在黄金这样的替代货币。竞争性货币的存在使得本币增发面临巨大的贬值压力,从而形成天然的外部约束。赤字货币化的过程本质是政府部门增加杠杆的过程,过高的杠杆率会加剧金融风险,诱发金融危机,金融风险约束在现代货币理论中往往被忽视了。

第五节 我国货币政策的目标与工具

各国在货币政策的制定和执行过程中既有相同之处,也有不同之处。就基本原理而言,我国的货币政策与其他国家,尤其是英国和美国等国的货币政策是基本一致的。但是,由于我国的具体国情完全不同于其他国家,因此,无论是货币政策的目标和工具,还是货币政策的具体操作,我国的货币政策都有着明显的特殊性。这种特殊性是在我国货币政策的长期实践中,为顺应我国特定的经济、金融环境而逐渐形成的。

一、我国货币政策的目标

(一)我国货币政策的最终目标

我国关于货币政策目标问题的讨论发生于中国人民银行专门行使中央银行职能之后,到 20 世纪 80 年代末、90 年代初,理论界对此问题的讨论进入高潮。当时,国家管理企业的主要方式正逐渐地由原来的直接控制向间接调控转化。根据我国的具体国情,我国货币政策的目标究竟应该是什么?理论界众说纷纭,但归结起来,大致可分为以下三种不同的观点:

第一种观点认为,我国货币政策的目标只有一个,这种观点可称为“单一目标论”。在“单一目标论”中又可分成两个支派:一派主张以稳定货币从而稳定物价作为我国货币政策的唯一目标,这一支派的理论可称为“单一稳定目标论”;另一派主张以经济增长作为我国货币政策的唯一目标,这一支派的理论可称为“单一增长目标论”。

第二种观点认为,我国货币政策的目标应有两个:一个是稳定物价,另一个是发展经济。这种观点可称为“双重目标论”。在双重目标论者之间,对稳定物价与发展经济这两个目标孰先孰后,即以哪个目标作为首要目标,也有着不同观点的争议。

随着这一问题讨论的深入,理论界还提出了第三种观点,认为我国货币政策的目标应该与西方发达国家一样,是多重目标,这种观点可称为“多重目标论”。

由此可见,在 20 世纪 90 年代初,我国金融理论界对于货币政策的最终目标这一问题有着较为激烈的争论。这种争论对于正确确定我国货币政策的最终目标无疑是有益的。通过争论,人们逐渐认识到,作为货币政策的最终目标,币值的稳定与经济的增长实际上是相辅相成、缺一不可的。1995 年 3 月 18 日,第八届全国人民代表大会第三次会议通过了《中国人民银行法》,以法律的形式将我国中央银行货币政策的最终目标确定为“保持货币币值的稳定,并以此促进经济增长”①。这就说明,我国中央银行货币政策的直接目标是保持币值的稳定,而最终目标是促进经济的增长。也就是说,中央银行通过货币政策的制定和执行,使币

① 《中华人民共和国中国人民银行法》第一章第三条。

值保持稳定，而币值的稳定是经济增长的必要条件。所以，货币政策的制定和执行不能直接地促进经济增长，而只能实现币值的稳定，为经济增长提供稳定的货币环境，从而促进经济的增长。

（二）我国货币政策的中间目标

在我国，货币政策的操作目标和中介目标一般被统称为中间目标，有时也被称为货币政策指标，泛指各种介于货币政策工具与最终目标之间的中间变量。在改革开放之前和之后的一段较长时期，我国货币政策的中间目标是信贷规模限额和现金投放计划。1996 年，中国人民银行正式引入货币供应量指标，与信贷规模限额一起作为我国货币政策的中间目标。自 1998 年 1 月 1 日起，中国人民银行取消了对商业银行信贷规模的直接控制，转而实行资产负债比例管理，并以货币供应量作为货币政策的中间目标。这标志着我国货币政策的调控由直接调控向间接调控转变。

对货币供应量作为我国货币政策的中间目标及其有效性问题，国内经济学界曾做过大量的研究，提出了不同的观点。有人认为，随着经济、金融环境的变化，货币供应量已不宜作为我国货币政策的中间目标。但也有人通过实证研究证实，至少到目前为止，M2 与货币政策的最终目标仍然存在相对稳定的联系。但是，金融技术的发展和金融产品的创新已在一定程度上削弱了这种联系。所以，我国货币政策的调控模式必须随着这些变化做出相应的调整和改革，而在这种调整和改革中，以利率作为货币政策的中间目标将是未来的必然选择。但是，以利率作为我国货币政策的中间目标必须具备很多基础性条件，而我国目前还不具备这些基础性条件，如货币政策的独立性、利率市场化调控机制的形成、商业银行完善的公司治理结构、良好的风险定价和风险管理能力，以及经济实体的财务硬约束等。创造这些基础性条件将有一个长期的过程，所以，至少在目前和未来一段较长的时期，货币供应量仍将是我国货币政策的中间目标。同时，即使上述各项基础性条件完全具备，利率也未必能完全取代货币供应量而成为我国货币政策唯一的中间目标，货币供应量仍将是我国中央银行宏观调控的有效手段之一。

二、我国货币政策的工具

总体而言，中国人民银行在货币政策执行过程中主要运用一般性的货币政策工具，即存款准备金政策、再贴现政策和再贷款政策、公开市场操作。但在具体实践中，我国货币政策工具的运用有着明显的中国特色。①

（一）存款准备金政策

我国的法定存款准备金制度始于 1984 年。当时，中国人民银行建立存款准备金制度的主要目的是筹集资金，用于支持信贷结构调整以及为大型建设项目融资，所以，存款准备金率定得很高，其中，储蓄存款的法定准备金率高达 40％。过高的法定存款准备金率使当时的专业银行资金严重不足，中央银行不得不通过再贷款的形式将资金返还给专业银行。为了克服过高的法定存款准备金率带来的不利影响，促进各专业银行资金的供求平衡，中国人民银行于 1985 年将法定存款准备金率统一调整为 10％。

① 本小节的大部分内容参考了盛松成、翟春：《中央银行与货币供给》，中国金融出版社 2015 年版。

1987年和1988年,中国人民银行为了适当集中资金,以满足国家重点产业和项目的资金需求,同时也为了紧缩银根、抑制通货膨胀,先后两次上调了法定存款准备金率。1987年上调到12%,1988年上调到13%。这一法定存款准备金率一直持续到1998年3月20日。按照当时的规定,各专业银行在中央银行的法定准备金存款不能用于支付和清算,因此,各金融机构除了在中央银行建立法定准备金存款账户外,还必须建立备付金存款账户,用于资金收付。各专业银行的备付金率不尽相同,一般为5%~7%。

1998年3月21日,中国人民银行对金融机构的存款准备金制度进行了重大改革,将各金融机构在中央银行的“准备金存款”和“备付金存款”两个账户合并,统称为“准备金存款”账户。当年,我国经济出现了比较严重的通货紧缩,因此,法定存款准备金率由13%下调到8%,后又进一步下调到6%。2003年后,为控制通货膨胀,中国人民银行持续26次上调法定存款准备金率,直到2008年9月才开始下调。以后,中国人民银行就根据经济形势做出相应的调整,且调整较频繁。2015年9月,金融机构存款准备金考核由每日达标改为维持期内日均达标。2016年7月起,存款准备金考核制度进一步完善,对金融机构存款准备金的交存基数实施平均考核,实现了存款准备金交存基数计算和维持期考核的“双平均”。实施“双平均”考核存款准备金,有助于提高金融机构流动性管理的灵活性,增强货币市场运行的稳健性,也有利于改善货币政策传导机制,为货币政策调控框架转型创造条件。

在国外发达国家,存款准备金政策通常被认为是一种威力强大而不宜常用的货币政策工具。之所以不宜常用,是因为该政策工具的运用,尤其是上调法定存款准备金比率,往往对实体经济产生较大的冲击,有着明显的副作用。因此,大多数国家的中央银行不会轻易地调整法定存款准备金比率,有些国家甚至早已取消了法定存款准备金制度。但是,我国对法定存款准备金比率这一工具的运用却异常频繁,一年内往往要调整很多次。例如,2007年,存款准备金率竟单边上调10次,这与其他国家的货币政策实践有着明显的区别。定向降准制度是我国存款准备金制度的一项特色化安排,其主要目的是为了重点支持国民经济运行的薄弱环节。2017年9月,中国人民银行宣布将原有对小微企业和“三农”领域实施的定向降准政策拓展并延伸至脱贫攻坚和“双创”等其他普惠金融领域。同时,优化原有定向降准政策标准,聚焦真小微、真普惠。2018年,普惠金融定向降准制度进一步完善,对普惠金融领域贷款达到一定标准的金融机构执行较低的存款准备金比率。

我国存款准备金政策的又一特色是实行差别准备金制度。这种差别准备金制度实际上有两种:一种是根据金融机构资本充足率的高低规定不同的法定存款准备金要求。具体而言,中央银行对资本充足率较高的金融机构规定较低的法定存款准备金比率,而对资本充足率较低的金融机构规定较高的法定存款准备金比率。这种差别准备金制度开始于2004年。另一种差别准备金制度于2008年9月起实行,中央银行对大型金融机构和中小型金融机构分别规定不同的法定存款准备金比率。具体地说,大型金融机构的法定存款准备金比率通常要比中小型金融机构高1~2个百分点,在做出调整时也未必做出同比率的上调或下调。2019年,我国的存款准备金制度根据机构规模与支持实体经济的特点和成效,形成了更加清晰、简明的“三档两优”基本框架,即存款准备金率基准档大体分为三档,并在此之上还有两项存款准备金率优惠政策。

(二)再贴现政策和再贷款政策

中央银行是银行的银行,其重要表现之一是中央银行可充当最终贷款人。在我国,中国人民银行主要通过再贴现和再贷款两种方式发挥其最终贷款人的作用。

1. 我国的再贴现政策

我国的再贴现业务开始于1986年。当时，为解决企业之间严重的货款拖欠问题，中央银行下发了《中国人民银行再贴现试行办法》，决定在北京、上海等10个城市对专业银行试办再贴现业务。其后，我国的再贴现业务几经调整，不断规范，并扩大再贴现的对象和范围，延长再贴现的期限。在具体操作中，我国的再贴现业务有着显著的中国特色，主要表现是通过再贴现业务调整产业结构，对不同行业、不同企业、不同产品规定不同的再贴现条件。

再贴现政策原是一种一般性的货币政策工具，而在我国，再贴现政策却似乎成为一种选择性的货币政策工具。1994年下半年，为解决一些重点行业的企业货款拖欠、资金周转困难及部分农副产品调销不畅等问题，中国人民银行对“五行业(煤炭、电力、冶金、化工、铁道)、四品种(棉花、生猪、食糖、烟叶)”领域专门安排100亿元再贴现限额，推动上述领域商业汇票业务的发展，以支持国家重点行业和农业生产的发展。1995年末，中国人民银行初步建立了较为完整的再贴现操作体系，并根据金融宏观调控和结构调整的需要，不定期公布再贴现优先支持的行业、企业和产品目录。自2008年以来，为有效发挥再贴现业务促进结构调整、引导资金流向的作用，中国人民银行进一步完善再贴现管理，扩大再贴现的对象和机构范围，并通过票据选择明确再贴现支持的重点，如对涉农票据、县城企业和金融机构及中小金融机构签发、承兑、持有的票据优先办理再贴现。

2. 我国的再贷款政策

所谓“再贷款”，是指中央银行直接向商业银行或其他金融机构提供贷款。自1984年以来，再贷款一直是我国中央银行重要的货币政策工具之一。

自1984年1月1日起，中国人民银行专门行使中央银行职能。中央银行的主要职能是制定和执行货币政策。但是，从当时的实际情况来看，我国既没有再贴现政策，也没有公开市场业务，法定存款准备金制度虽已建立，但基本上是一种融资工具，而不是货币政策工具。所以，再贷款几乎是我国当时唯一的货币政策工具。正因如此，在关于我国货币政策目标问题的讨论中，当时较多人提出了单一目标论，据说其理论依据是所谓的丁伯根法则，即要实现n个目标，必须有n种工具。所以，货币政策工具的单一性就决定了货币政策目标的单一性。

从1984年到现在，我国的再贷款政策大致经历了以下阶段，不同的阶段有着不同的作用：

1984年以前，我国尚未形成中央银行体制，也没有基础货币的概念，根据当时“分级管理、差额包干”的信贷资金管理体制，中国人民银行对存、借差计划的控制只是运用再贷款手段调控基础货币的萌芽。1985年1月，我国实行“实贷实存”的信贷资金管理体制，再贷款政策逐渐成为我国基础货币调控的重要渠道，甚至是主要渠道。

1994年开始，随着外汇占款在基础货币投放中的作用逐渐加大，再贷款投放基础货币的主渠道作用逐渐减弱；同时，为了将政策性金融与商业性金融分离，我国于1994年相继成立了国家开发银行、中国进出口银行和中国农业发展银行这三家政策性银行。再贷款成为这三家政策性银行主要的资金来源之一。这说明，自1994年起，再贷款主要履行了政策性金融的职能。

1998年，中国人民银行取消了对商业银行信贷规模限额的直接控制，我国金融宏观调控的方式由直接管制向间接调控转变。于是，再贷款开始成为间接调控的工具。但是，在

1997年亚洲金融危机后,再贷款的作用实际上主要是化解金融风险,并支持金融体制改革。为充分发挥这些作用,我国中央银行投放了大量再贷款。

2013年,中国人民银行调整了再贷款的分类。目前,我国的再贷款被分为四类,即流动性再贷款、信贷政策支持再贷款、金融稳定再贷款和专项政策性再贷款。其中,信贷政策支持再贷款是2013年的调整中被专门列出的。这种再贷款又可分为"支农再贷款"和"支小再贷款"。现在,"支小再贷款"的发放对象是小型城市商业银行、农村商业银行、农村合作银行和村镇银行这四类金融机构,用途是支持这些金融机构发放小微企业贷款。所以,单独设立信贷政策支持再贷款有利于中央银行更好地引导信贷资金流向,促进信贷结构调整,并进一步强化"支农支小"的信贷导向作用。2016年,"支小再贷款"的范围进一步拓展,民营银行纳入发放对象范围。同年,"扶贫再贷款"业务正式开展,优先和主要支持带动贫困人口就业发展的企业和建档立卡贫困户,积极推动贫困地区发展特色产业和贫困人口创业就业,促进贫困人口脱贫致富。2020年1月,面对"新冠"肺炎疫情的威胁,为支持打赢"新冠"肺炎疫情防控阻击战,中国人民银行发放专项再贷款定向支持疫情防控重点领域和重点企业,向主要全国性银行和湖北等10个重点省(市)的部分地方法人银行提供总计3 000亿元低成本专项再贷款资金。为了进一步应对"新冠"疫情的冲击,加大货币信贷支持力度,中国人民银行实施了普惠小微企业贷款延期还本付息政策和普惠小微企业信用贷款支持政策,减轻了小微企业阶段性还本付息压力。

再贴现和再贷款曾经是我国基础货币投放的主渠道。1993年,再贴现和再贷款占同期基础货币的比率高达86.8%。自1994年汇率管理体制改革以来,尤其是进入21世纪以来,随着我国国际收支的持续顺差,外汇占款逐渐取代再贴现和再贷款而成为基础货币投放的主渠道。目前,再贴现和再贷款作为基础货币投放渠道的作用已经很小(不足10%),它们现在的作用主要在于引导资金投向,调整信贷结构,支持国家产业结构的调整。但在金融危机后,再贷款对稳定金融市场、应对金融危机具有重要作用。

(三) 公开市场操作

我国的公开市场操作分为外汇公开市场操作与人民币公开市场操作两个部分。外汇公开市场操作启动于1994年3月,人民币公开市场操作始于1996年,但当年只做了几笔交易,交易量只有二十多亿元,1997年实际上已停止公开市场操作。亚洲金融危机暴发后,我国经济发展面临着外需不足的困难;同时,国内产生了较为严重的通货紧缩。为拉动内需,中国人民银行曾先后4次降息,两次大幅下调存款准备金比率,并于1998年恢复了公开市场操作。自1999年以来,公开市场操作得到快速发展,现已成为我国货币政策日常操作的主要工具之一。2016年2月,中国人民银行发布公告,正式建立公开市场每日操作常态化机制,根据货币政策调控需要,原则上每个工作日均开展公开市场操作。2020年,中国人民银行进一步改进了公开市场交易机制,通过在《公开市场业务交易公告》中提前公布操作计划等多种方式进一步加强市场沟通,提高了货币政策透明度,有效稳定市场预期。

自1998年开始,中国人民银行建立了一级交易商制度,选择了一批能够承担大额债券交易的商业银行作为公开市场业务的交易对象。近年来,公开市场业务的一级交易商制度不断完善,一级交易商的机构类别从商业银行扩展到证券公司等其他金融机构。

目前,在中国人民银行的公开市场操作中,债券交易的品种主要包括回购交易、现券交易和发行中央银行票据。

1. 回购交易

回购交易分为正回购和逆回购两种。正回购,是指中国人民银行向一级交易商卖出有价证券,并约定于未来特定日期买回有价证券的交易行为。通过正回购,中央银行从市场收回流动性,而在正回购到期时,中央银行又向市场投放流动性。逆回购,是指中国人民银行向一级交易商买入有价证券,并约定于未来特定日期将有价证券卖给一级交易商的交易行为。通过逆回购,中央银行向市场投放流动性,而当逆回购到期时,中央银行又从市场收回流动性。2016 年 9 月,综合考虑经济运行、流动性形势以及市场"以短搏长"现象较为普遍等情况,中国人民银行在公开市场操作中先后增加了 14 天期和 28 天期逆回购品种,适当延长央行资金投放期限,引导金融机构提高负债稳定性。

2. 现券交易

现券交易分为现券买断与现券卖断两种。现券买断,是指中央银行直接从二级市场买入债券,一次性投放基础货币。现券卖断,是指中央银行直接卖出其持有的债券,一次性回笼基础货币。

3. 中央银行票据

中央银行票据(简称"央票")是中央银行为调节商业银行的超额准备金而向商业银行发行的短期债务凭证。央票实质上是中央银行发行的债券,之所以被称为"票据",主要是为了突出其短期性的特点。从已发行的央票来看,期限最短的是 3 个月,最长的也只有 3 年。从实际操作来看,央票的期限大多在 1 年以内。中央银行通过发行央票可回笼基础货币,央票到期则又向市场释放基础货币。2020 年,中国人民银行实现了央行票据在香港地区的常态化发行,丰富了香港市场人民币投资产品和流动性管理工具,带动了境内外市场主体在离岸市场发行人民币债券及开展人民币业务,对促进离岸人民币市场持续健康发展发挥了积极作用。

(四) 我国货币政策工具的创新

以上所述的是我国传统的货币政策工具。在具体操作中,这些工具的运用有着明显的中国特色,符合中国国情,因而是行之有效的。但是,随着国内外经济、金融环境的变化,特别是流动性波动幅度的加大,货币政策工具必须做出必要的创新。近年来,我国中央银行在借鉴国际经验的基础上,结合我国实际,创设了一系列货币政策新工具,简述如下:

1. 短期流动性调节工具

2013 年 1 月,立足于现有货币政策操作框架并借鉴国际经验,中国人民银行创设了"短期流动性调节工具",作为公开市场常规操作的必要补充,在银行体系流动性出现临时性波动时相机使用。从实际操作来看,短期流动性调节工具以 7 天期内短期回购为主,遇节假日可适当延长操作期限。从操作方式来看,短期流动性调节工具采用市场化利率招标的方式。中国人民银行根据货币调控的需要,综合考虑银行体系流动性供求状况、货币市场利率水平等因素,灵活决定该工具的操作时机、操作规模及期限。短期流动性调节工具的操作对象为公开市场业务一级交易商中具有系统重要性影响、资产状况良好、政策传导能力强的部分金融机构。2016 年后,央行未再次使用过该类工具。

中央银行虽然根据市场流动性状况灵活运用短期流动性调节工具调节短期内的市场流动性,但总体而言,短期流动性调节工具实际上主要是一种超短期的逆回购操作。通过这种操作,中央银行为市场提供短期的流动性供给。所以,短期流动性调节工具的创设不仅有利于中央银行有效地调节市场短期资金供给,熨平突发性、临时性因素导致的市场资金供求大幅波动,促进金融市场平稳运行,而且有利于稳定市场预期,并有效地防范金融风险。

2. 常备借贷便利

常备借贷便利是中国人民银行于2013年初创设的货币政策工具。从基本性质来看,它是中国人民银行正常的流动性供给渠道,主要功能是满足金融机构大额流动性需求,期限为1～3个月。常备借贷便利创设之初的对象主要为政策性银行和全国性商业银行,2015年后扩大到某些中小商业银行,利率水平根据货币政策调控和引导市场利率的需要等综合确定。从操作上看,常备借贷便利以抵押方式发放,合格抵押品包括高信用评级的债券类资产及优质信贷资产等。2016年,央行新增加常备借贷便利1个月期限品种,满足金融机构春节期间流动性需求,要求分支机构对地方法人金融机构按需提供流动性,促进货币市场平稳运行。

3. 中期借贷便利

中期借贷便利是中国人民银行于2014年9月创设的货币政策新工具,是中央银行提供中期基础货币的货币政策工具。与常备借贷便利相比,中期借贷便利的期限较长,一般为3～6个月,但在实际操作中通常以6个月期为主,到期后可申请展期。中期借贷便利的对象为符合宏观审慎管理要求的商业银行和政策性银行,通过招标方式开展,采取质押方式发放。合格质押品为金融机构提供的国债、中央银行票据、政策性金融债、高等级信用债等优质债券。2016年,中央银行建立起中期流动性常态化操作机制,每月适时开展中期借贷便利操作;同时,丰富了中期借贷便利的期限品种,操作期限由6个月扩展为3个月、6个月、1年期。

总体而言,在外汇占款投放基础货币渠道出现阶段性放缓的情况下,中期借贷便利起到了主动补充流动性的作用,有利于保持中性适度的流动性水平。中国人民银行通过提供中期借贷便利,可以引导金融机构加大对小微企业和“三农”等国民经济重点领域与薄弱环节的支持力度;同时,中期借贷便利也可引导金融机构降低贷款利率,以支持实体经济的发展。

4. 抵押补充贷款

抵押补充贷款创设于2014年4月,是中央银行投放长期基础货币的工具,期限通常长达数年。当时创设抵押补充贷款的目的是为开发性金融机构(国家开发银行)支持棚户区改造重点项目提供长期、稳定、成本适当的资金来源。后来,中央银行还对其他若干家股份制商业银行和大型城市商业银行投放抵押补充贷款,以支持国民经济重点领域、薄弱环节和社会事业的发展。2016年1月,中央银行进一步完善了抵押补充贷款的制度建设,扩大了抵押补充贷款的适用范围。明确抵押补充贷款管理办法和监测评估操作规程,要求国家开发银行、中国农业发展银行和中国进出口银行按照“特定用途,专款专用,保本微利,确保安全”的原则发放抵押补充贷款。

5. 信贷资产质押再贷款

信贷资产质押再贷款是指商业银行用自己已有的信贷资产(已经放出去的贷款)到中央银行质押,以获得中央银行的再贷款。该工具首先于2014年在山东和广东两省试点。2015年10月10日,中央银行将信贷资产质押再贷款的试点范围扩大到上海、天津等9个省市。

由此可见,常备借贷便利、中期借贷便利、抵押补充贷款和信贷资产质押再贷款实际上都是新型的再贷款形式。与传统的纯信用再贷款不同,这些新型的再贷款都要求申请借款的金融机构提供合格的抵押品或质押品,从而可在一定程度上降低再贷款的风险,也可降低再贷款的利率。

6. 临时准备金动用安排

为满足 2018 年春节前商业银行因现金大量投放而产生的临时流动性需求，支持商业银行做好春节前后的各项金融服务，中国人民银行于 2017 年 12 月 29 日建立临时准备金动用安排。春节前后，凡符合宏观审慎经营要求、在现金投放中占比较高的全国性商业银行，若存在临时流动性缺口，可使用不超过 2 个百分点的法定存款准备金，使用期限为 30 天。临时准备金动用安排的建立，促进了银行体系的流动性和货币市场的稳健运行。

7. 定向中期借贷便利

2018 年 12 月，中国人民银行创设了定向中期借贷便利，为金融机构提供长期稳定资金来源，定向支持其扩大对小微企业、民营企业信贷投放。中国人民银行于 2019 年 1 月 23 日开展了第一季度定向中期借贷便利操作，操作利率比中期借贷便利低 15 个基点，与金融机构支持小微、民营企业的力度挂钩，有利于撬动银行信贷支持实体经济薄弱环节。

8. 票据互换工具

2019 年 1 月，中国人民银行创设了央行票据互换工具，公开市场业务一级交易商可以使用持有的合格银行发行的永续债从中国人民银行换入央行票据。央行票据互换操作可以增加持有银行永续债的金融机构的优质抵押品，提高银行永续债的市场流动性，增强市场认购银行永续债的意愿，从而支持银行发行永续债补充资本，为加大金融对实体经济的支持力度创造有利条件，也有利于完善货币政策传导机制，防范和化解金融风险，缓解小微企业、民营企业“融资难”问题。由于央行票据互换操作为“以券换券”，不涉及基础货币吞吐，因此对银行体系流动性的影响是中性的，不是量化宽松。

本章小结

西方国家货币政策的最终目标有四个，即稳定物价、充分就业、经济增长及国际收支平衡。但这四个目标之间存在矛盾，因而使中央银行无法通过实行同一货币政策以同时达到多个不同的目标。

根据 1995 年颁布的《中国人民银行法》的规定，我国货币政策的最终目标是“保持货币币值的稳定，并以此促进经济增长”。

中央银行货币政策的工具可分为一般性的货币政策工具、选择性的货币政策工具及其他货币政策工具。其中，一般性的货币政策工具有三种，即存款准备金政策、再贴现政策和公开市场业务。选择性的货币政策工具和其他货币政策工具则种类很多，各国中央银行可根据本国实际和货币政策的目标进行选择和运用。

货币政策工具不能直接地影响实际的经济活动，从而直接地达到其预期的最终目标。因此，在货币政策工具与最终目标之间，必须插入某些中间变量作为操作和“跟踪”的对象。这些中间变量可分为中介目标和操作目标。

选择中介目标和操作目标的基本标准是可控性、可测性和相关性。操作目标的可控性较强，但相关性较弱；中介目标的相关性较强，但可控性较弱。

中央银行在执行货币政策时将以操作目标与中介目标作为观测和监控的对象，以便在货币政策影响实际经济活动之前及时地发现问题，并予以矫正。

我国的货币政策工具主要是一般性的货币政策工具,但在具体运用时,其操作方法有着明显的中国特色。近年来,中国人民银行对货币政策工具有多种创新,主要包括短期流动性调节工具、常备借贷便利、中期借贷便利、抵押补充贷款和信贷资产质押再贷款等。

参考书目

1. 盛松成、翟春:《中央银行与货币供给》,中国金融出版社 2015 年版。

2. 卡尔·E.瓦什:《货币理论与政策》,陈雨露主译,中国人民大学出版社 2001 年版。

3. 弗雷德里克·S. 米什金:《货币金融学》(第十二版),王芳译,中国人民大学出版社 2021 年版。

4. 托马斯·梅耶、詹姆斯·S. 杜森贝里、罗伯特·Z. 阿利伯:《货币、银行与经济》(第六版),林宝清、洪锡熙等译,上海三联书店、上海人民出版社 2007 年版。

5. 小劳埃德·B.托马斯:《货币、银行与经济活动》,孔繁敏等译,中国财政经济出版社 1992 年版。

6. 盛松成、施兵超、陈建安:《现代货币经济学》(第二版),中国金融出版社 2012 年版。

7. 杰格迪什·汉达:《货币经济学》,郭庆旺等译,中国人民大学出版社 2005 年版。

8. 凯恩斯:《货币论》(上卷),何瑞英译,商务印书馆 1986 年版。

9. 亚当·斯密:《国民财富的性质和原因的研究》(上卷),郭大力、王亚南译,商务印书馆 1983 年版。

10. 黄有光:《经济学何去何从?———兼与金碚商榷》,《管理世界》2019 年第 4 期。

11. 金碚:《经济学:睁开眼睛,把脉现实!———敬答黄有光教授》,《管理世界》2019 第 5 期。

12. 李扬:《货币政策与财政政策的配合:理论与实践》,《财贸经济》1999 年第 11 期。

13. 彭文生:《从"现代货币理论"看逆周期调节》,中国金融四十人论坛年会演讲 2019 年。

14. 王传纶:《关于宏观经济管理中财政-银行关系的几点考虑》,《财贸经济》1992 年第 11 期。

15. 王柯敬、于光耀:《我国财政与银行关系的演进与定位》,《中央财经大学学报》2011 年第 1 期。

16. 张晓晶:《主流宏观经济学的危机与未来》,《经济学动态》2009 年第 12 期。

17. 张晓晶、刘磊:《现代货币理论及批评》,《经济学动态》2019 年第 7 期。

18. Bayoumi, M. T.. Monetary Policy in the New Normal. *IMF Staff Discussion Note*, 2014(14)。

19. Blanchard, O.. Rethinking Macroeconomic Policy. *Journal of Money, Credit and Banking*, 2010(42).

20. Kyeynes, J. M.. Alternative Theories of the Rate of Interest. *Economic Journal*, 1937(47).

21. Minsky, H. P.. The Financial Instability Hypothesis: An Interpretation of Keynes and An Alternative to Standard Theory. *Challenge*, 1977(20).

21. Minsky, H. P.. *Stabilizing an Unstable Economy*. Yale University Press, 1986。

22. Wray, L. R.. Modern Money Theory: A Primer on Macroeconomics for Sovereign Monetary System. *Springer*, 2015.

思考题

1. 西方国家货币政策的最终目标有哪几个？中央银行在同一时间实现同一种货币政策能否同时达到这些最终目标？

2. 联系实际，谈谈你对我国货币政策目标的认识。

3. 中央银行的一般性货币政策工具有哪几种？它们分别是怎样调控货币供给量的？

4. 试分别评价一般性货币政策工具的优缺点。

5. 在货币政策工具与最终目标之间为什么要插入操作目标和中介目标？

6. 选择中介目标和操作目标的基本标准有哪些？

7. 阐述现代货币理论的理论基础和现实意义，并评价该理论的优缺点。

8. 在货币政策实践中，通常被作为操作目标和中介目标的变量分别有哪些？

9. 你认为我国现阶段的货币政策应以什么作为中介目标？

10. 我国存款准备金政策的特色何在？

11. 我国再贷款政策的定位是什么？

12. 我国公开市场操作的特色何在？

18 第十八章 货币政策的传导机制

全章提要

教学目的和要求

- 认识货币政策传导机制的基本原理。
- 了解传统的货币政策传导机制理论。
- 理解货币政策通过信用渠道传导的机制。
- 了解货币政策传导的成本渠道理论。
- 分析和探讨我国货币政策的传导机制。

有关货币政策的传导机制问题，国外经济学界已经进行了长期的研究，并形成了形形色色的传导机制理论。尤其是自 20 世纪 80 年代末以来，货币政策传导的信用渠道成为经济学界热烈讨论的重要问题，从而形成了相对成熟的货币政策传导的信用渠道理论。

第一节 货币政策传导机制的基本原理

所谓"货币政策的传导机制"，是指货币当局从运用一定的货币政策工具达到预期的最终目标所经过的途径或具体的过程。一般来说，中央银行通过各种货币政策工具的运用，将对商业银行的存款准备金和短期利率等经济变量(操作目标)产生比较直接的影响，这些经济变量的变动将影响货币供应量和长期利率(中介目标)，货币供应量和长期利率将对实际的经济活动产生比较直接的影响。因此，如果货币政策操作得当，则其最终结果将是达到其预定的货币政策的最终目标。这一过程大致可用图 18－1 表示。

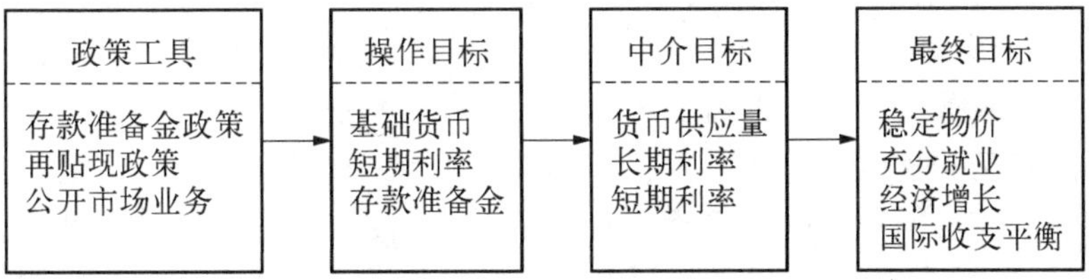

图 18－1　货币政策的传导过程

例如，中央银行在公开市场上向商业银行买进一定数量的有价证券，则商业银行的准备金增加。由于商业银行的准备金是基础货币的重要组成部分，因此，在货币乘数一定的条件下，商业银行准备金增加将使货币供应量成倍增加。从其具体的过程来看，当商业银行通过向中央银行出售有价证券而获得准备金后，即可通过发放贷款或从事投资而引起存款货币的成倍扩张。另外，中央银行在公开市场上买进有价证券将不仅导致货币供应量增加，而且将导致利率下降。无论是货币供应量增加，还是利率下降，都将引起总需求的增加，尤其是引起投资规模的扩大,其最终结果通常是物价上涨、就业增加和经济增长。这就说明,中央银行通过这一货币政策的执行,在一定程度上达到了充分就业和经济增长这两个最终目标,但未能达到稳定物价这一最终目标,这是由货币政策最终目标之间的矛盾所决定的。

但是,货币政策的传导机制并非如此简单。首先,货币政策的工具很多,操作目标也很多,各种政策工具对各种操作目标有着不同的影响;其次,操作目标对中介目标的影响比较复杂;最后,在货币政策的执行过程中,货币政策工具对操作目标的影响,操作目标对中介目标的影响,以及中介目标对最终目标的影响,都有可能达不到预期的结果,甚至有可能偏离预期的方向,从而必须通过对操作目标和中介目标的观测,对货币政策工具的运用做出必要的调整。只有对这些比较复杂的问题做进一步具体的分析,才能理解货币政策的传导机制。一般来说,各种货币政策工具对各种操作目标的影响、各种操作目标对中介目标的影响,以及各种中介目标对最终目标的影响,大致可用图 18－2 表示。

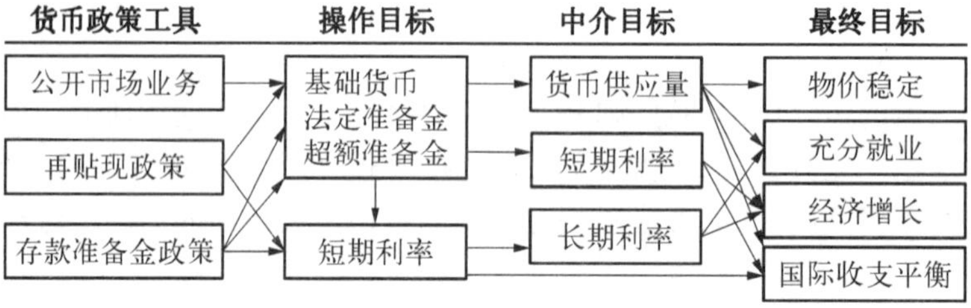

图 18－2　货币政策的传导机制

从图 18－2 可以看出,短期利率既是一个操作目标,又是一个中介目标。作为操作目标,短期利率的可控性较强,且与长期利率有着高度的相关性。一般来说,如果中央银行通过某种政策工具的运用而使短期利率上升,则长期利率也会上升。之所以如此,是因为当短期利率上升而长期利率不变时,无论是投资者还是筹资者都将调整他们的投资决策或筹资决策。这种调整通常令长期债券需求减少而供给增加,从而使长期债券价格下降、利率上升。至于短期利率作为中介目标,是因为有些投资是由短期利率所决定的;同时,在开放经济中,短期利率的变动将引起国际资本流动,从而直接影响国际收支这一最终目标。

作为一种一般性的货币政策工具,存款准备金政策对基础货币的影响是有条件的,即商业银行不存在超额准备金或只有很少的超额准备金。如果商业银行有较充裕的超额准备金,则存款准备金政策实际上只影响法定准备金与超额准备金的相对比例,并不影响准备金总额,从而不影响基础货币。这是因为,作为基础货币的一部分的准备金乃法定准备金与超额准备金之和。当然,如果存款准备金政策能在一定程度上影响货币乘数,则它对货币供应量仍将具有较大的影响,因为货币供应量乃基础货币与货币乘数之积。但问题是,当商业银行持有很多超额准备金时,存款准备金政策实际上往往不影响货币乘数。所以,除非商业银行并不持有超额准备金,或只持有很少的超额准备金,否则,存款准备金政策对货币供给的影响实际上是很有限的。

货币政策的最终目标一般包括物价稳定、充分就业、经济增长和国际收支平衡。然而,各种货币政策的传导机制理论几乎只是将产出或收入作为货币政策的最终目标;同时,各种理论几乎都认为,货币政策影响产出或收入是通过影响投资和消费等总需求来实现的。于是,我们在本节所述的只是货币政策传导机制的基本原理而不是具体过程。至于对货币政策传导机制具体过程的分析，经济学界众说纷纭，形成了形形色色的货币政策传导机制理论。

第二节　货币政策传导的传统理论

货币政策的作用不是直接的，而是间接的。也就是说，从货币政策工具的运用到最终目标的达到有一个过程。在这一过程中，货币政策工具的运用将首先对操作目标和中介目标产生一定的影响，然后通过操作目标和中介目标来影响实际的经济活动，从而达到货币政策的最终目标。但是，货币政策的这一具体作用过程究竟是怎样发生的？也就是说，货币政策工具的运用怎样影响货币政策的操作目标？操作目标如何影响中介目标？中介目标又如何影响实际的经济活动，从而达到货币政策的最终目标？这就是货币政策的传导机制问题。在这一问题上，西方经济学界已提出了很多不同的理论。在这些理论中，凯恩斯学派的理论与货币学派的理论是最有代表性的，两者存在严重的分歧。

一、凯恩斯学派的货币政策传导理论

凯恩斯学派的货币政策传导理论主要来源于凯恩斯于 1936 年出版的《就业、利息和货币通论》一书。根据凯恩斯的分析，货币供应量的增加或减少将引起利率的下降或上升。在资本边际效率一定的条件下，利率的下降将引起投资的增加，利率的上升将引起投资的减少。投资的增加或减少又将通过乘数作用引起支出和收入的同方向变动。所以，若以 M 表示货币供应量，i 表示利率，I 表示投资，Y 表示收入，在中央银行实行扩张性货币政策时，凯恩斯学派的货币政策传导机制理论就可表示如图 18 - 3 所示。

$$M\uparrow \Rightarrow i\downarrow \Rightarrow I\uparrow \Rightarrow Y\uparrow$$

图 18 - 3　凯恩斯学派的货币政策传导理论

凯恩斯认为，若货币供应量增加，则利率下降，从而刺激投资，最终将通过乘数作用而使收入成倍增加。凯恩斯的这一货币政策传导理论实际上暗含着两个重要的条件：一是货币供应量的变动必须有效地影响长期实际利率，二是投资对利率必须具有高度的敏感性。根据凯恩斯的理论，利率是由货币的供求关系所决定的，这种利率是名义利率，而且是短期利率。然而，决定投资的是长期的实际利率。所以，货币政策能否通过利率来对投资产生刺激作用，关键在于货币政策能否影响长期的实际利率。凯恩斯认为，在价格黏性或刚性的条件下，短期名义利率与长期实际利率的变动方向是一致或基本一致的。但是，后来的一些实证分析却表明，凯恩斯理论中所暗含的这两个条件实际上并不存在。因此，在凯恩斯之后，凯恩斯学派经济学家对凯恩斯的这一理论进行了全面的发挥，增加了许多新的内容。根据对货币政策传导机制的分析，凯恩斯学派提出以下几个基本观点：

首先，货币政策必须通过利率来传导，因此，货币政策的中介目标应是利率。西方国家在货币政策的长期实践中正是以利率作为中央银行控制对象的。

其次，从货币政策传导机制来看，货币政策的作用是间接的，它必须经过两个中间环节，如果这两个中间环节或其中的一个中间环节出现问题，则货币政策将无效。例如，当一国经济出现流动性陷阱时，货币供应量的增加就不能使利率下降，于是，货币政策将无效；又如，

在利率下降后,投资者对利率的下降并不敏感,即投资缺乏利率弹性,则货币政策也将无效。所以,凯恩斯学派强调财政政策的有效性,认为货币政策是不可靠的。

最后,凯恩斯在《就业、利息和货币通论》一书中所提出的那一套货币政策传导理论只强调了货币和利率等金融因素的变动对实际经济活动的影响,而没有考虑到实际经济活动的变动,如产量、收入等实物变量的变动也将对货币和利率产生相应的反作用。例如,货币供应量的增加将导致利率的下降,利率的下降将刺激投资的增加,投资的增加又将引起收入的成倍增加。凯恩斯的分析就到此为止。但实际上,收入的增加必将引起货币需求的增加。于是,在货币供给不再继续增加时,利率必将回升,从而使原已增加了的投资减少,收入也将成倍地减少。所以,货币政策对实际经济活动的传导机制实际上并不是一个单向的作用过程,而是货币市场与实物市场之间循环往复的作用与反作用的过程。凯恩斯学派经济学家后来之所以用 IS－LM 模型来分析,实际上正是因为他们考虑了这一过程以及其内在不稳定性。而货币学派领袖米尔顿·弗里德曼提出的三效应利率理论实际上也是对凯恩斯利率理论的修正和发展。

二、货币学派的货币政策传导理论

货币学派的货币政策传导理论是在批评凯恩斯学派理论的过程中提出的,因此,它与凯恩斯学派的上述理论有着重大分歧。首先,货币学派指出,凯恩斯学派认为货币供应量的变动只影响投资的观点将低估货币政策影响实际经济活动的重要性。在货币学派看来,货币供应量的变动不仅会影响投资,而且会影响消费。其次,货币学派认为,货币政策只能控制货币供应量而不能控制利率。最后,货币学派认为,货币市场与产品市场是直接连通的,因此,货币政策实际上无须通过利率来加以传导。于是,在货币学派看来,货币供应量的变动可直接引起名义收入的变动。

若以扩张性货币政策为例,货币学派的货币政策传导理论可表示如图 18－4 所示。

$$M\uparrow \Rightarrow Y\uparrow$$

图 18－4　货币学派的货币政策传导理论

货币学派的货币政策传导理论以弗里德曼的分析最为典型。弗里德曼认为,中央银行通过货币政策的操作只能控制货币供应量而不能控制利率。货币供应量的变动将直接导致名义收入的变动。对于弗里德曼的这一货币政策传导理论,许多人提出了批评。其中较多人认为,弗里德曼的这一货币政策传导机制中似乎存在一个“黑匣子”(也称“魔术箱”),即货币供应量的增加将通过这一“黑匣子”而使名义收入增加,这里似乎缺少了一个中间环节。换言之,弗里德曼对货币供应量增加如何引起名义收入增加这一具体的过程似乎未做说明。实际上,这是对弗里德曼理论的一种误解。按照弗里德曼的分析,人们的货币需求是相对稳定的。当货币供应量增加时,其实际持有的货币余额将多于其意愿持有的货币余额。于是,人们将通过增加支出而消除这一过多持有的货币余额。但是,从整个经济来看,一个人的支出必然形成其他人的收入,而其他人的收入增加后也会增加支出。因此,随着人们纷纷增加支出,经济的名义收入就随之增加。名义收入乃实际产出与物价水平之积。因此,名义收入的增加既可能是实际产出增加的结果,也可能是物价水平上涨的结果,还可能是实际产出增加和物价水平上涨同时发生的结果。根据弗里德曼的分析,在短期内,货币供应量增加将引起实际产出的增加和物价水平的上涨，而在长期中，货币供应量增加只能引起物价水平的上涨。在短期内，货币供应量增加之所以能引起实际产出的增加是因为在短期内人们还来不及调整其通货膨胀预期，从而预期通货膨胀率低于实际发生的通货膨胀率；也就是说，在短期内，人们还存在着未预期到的通货膨胀。弗里德曼认为，正是这一未预期到的通货膨胀才可能引起实际产出的暂时增加。但是，从长期来看，随着人们通货膨胀预期的调整，这一在短期内未预期到的通货膨胀也总是要被人们所预期到的；也就是说，在长期中，人们不存在货币幻觉。所以，货币供应量的增加也就不会引起实际产出的增加，而只能导致物价水平的上涨。

三、资产价格渠道理论

资产价格渠道理论认为，货币政策将通过影响各种金融资产的价格，尤其是股票的价格传导至实体经济，从而达到货币政策的最终目标。这类理论大致有三种：一是托宾的 q 理论，二是莫迪利安尼的财富效应理论，三是汇率渠道理论。实际上，资产价格渠道理论是对凯恩斯学派利率渠道理论的一种扩展，因为利率本身就是一种资产的价格，一种特殊的金融资产——货币——的价格。

（一）托宾的 q 理论

詹姆斯·托宾是美国凯恩斯学派——新古典综合派——的主要代表人物之一。在货币政策传导机制问题上，托宾的 q 理论可谓独树一帜。托宾认为，货币政策将通过对股票价格的影响而作用于实际的经济活动，从而达到预期的最终目标。该理论有以下两个假设条件：第一，整个经济中各个经济主体都将根据一定的经济原则自主而又灵敏地调整其资产结构。第二，金融市场是完善的，在该市场上有着种类繁多的金融产品可供各类投资者选择，人们资产选择的范围包括货币和其他各种金融资产。在这两个假设条件下，托宾将 q 定义为公司的市值与公司资本的重置成本之比，即：

$$q=\frac{\text{公司市值}}{\text{重置成本}} \tag{18-1}$$

若 $q=1$，则说明公司的资本以经济的自然增长速度重置和扩张；若 $q>1$，则说明公司的市值高于重置成本，公司只要发行较少的股票即可筹得较多的资本，并购买较多的、相对便宜的新投资品。从整体经济来看，这一行为将使投资支出增加。若 $q<1$，则说明公司的市值低于重置成本。在这种情况下，公司收购其他企业已有的投资品比购买新投资品更有利，于是，投资支出并不增加，甚至还会减少。所以，如果货币供应量增加，则利率下降，股票价格上升，q 也上升，投资和产出将因此而增加。从传导的过程来看，q 是连接货币政策与实体经济的纽带。若以扩张性货币政策为例，其传导机制可表示为图 18－5。

$$M\uparrow \Rightarrow P_s\uparrow \Rightarrow q\uparrow \Rightarrow I\uparrow \Rightarrow Y\uparrow$$

图 18－5　托宾的 q 理论

可见，货币政策并非直接地影响 q，而是通过股票价格的变动引起人们资产结构的调整，从而间接地引起 q 的变动；同时，货币政策又并不是导致股票价格变动从而导致 q 变动的唯一因素。除了货币政策外，还有很多其他因素也将影响股票价格，从而影响 q。这就说明，货币政策与 q 之间实际上未必存在必然的因果关系。

(二) 莫迪利安尼的财富效应理论

莫迪利安尼是新古典综合派又一位重要的代表人物。在西方经济学界，他以储蓄的生命周期理论著称。根据莫迪利安尼的理论，消费者的消费支出取决于其一生的财富，而他所谓的财富包括人力资本、真实资本和金融财富。其中，金融财富的主要形式是普通股票。如果中央银行的货币政策影响股票的价格，就会导致经济主体财富的增加或减少。于是，他们将增加或减少意愿的支出，从而引起国民收入的变动。若以扩张性货币政策为例，则其传导过程为：货币供应量增加→股票价格上升→金融财富增加→毕生资财增加→消费支出增加→国民收入增加，可用图 18-6 表示。

$$M\uparrow \Rightarrow P_s\uparrow \Rightarrow W\uparrow \Rightarrow C\uparrow \Rightarrow Y\uparrow$$

图 18-6 莫迪利安尼的财富效应理论

(三) 汇率渠道理论

外汇也是一种资产，汇率就是这种资产的价格。如果中央银行的货币政策引起汇率的变动，则会影响一国的净出口，从而影响国内的产出水平。

根据西方经济学家的分析，汇率的变动通常与利率的变动相互影响。在开放经济条件下，如果资本可以在各国间自由流动，则资本总是从利率相对较低的国家或地区流向利率相对较高的国家或地区。因此，如果一个国家通过实行一定的货币政策而使利率发生变动，则对这个国家而言，将发生资本的流入或流出。资本的流动会改变本币与外币的供求关系，从而使汇率发生相应的变动。汇率的变动将引起商品进出口的变动，进而引起一国净出口的增加或减少。若以扩张性的货币政策为例，货币政策通过汇率渠道传导的过程大致如下：货币供应量增加→国内实际利率下降→相对于储蓄外币而言，储蓄本币的收益减少→因本币需求减少而使本币贬值→本币的贬值引起出口增加和进口减少→净出口增加→产出增加。

第三节 货币政策传导的信用渠道理论

一、信用渠道理论的提出

传统的货币政策传导理论都强调货币渠道或利率渠道的传导，认为货币政策主要是通过货币供应量的变动或利率的变动来影响实体经济。货币学派认为，货币供应量的变动可直接引起名义收入的变动，尤其是在短期内，货币供应量的增加可使实际产出增加。凯恩斯学派认为，货币政策是通过利率渠道传导的。但是，他们认为，利率决定于货币的供求关系。根据他们的分析，货币供应量增加可降低利率、刺激投资，通过乘数作用而使收入成倍增加。因此，就本质而言，他们事实上也强调货币渠道的传导。至于各种资产价格渠道理论，也无不强调货币政策必须通过货币渠道来传导。因此，以上所述的各种传统的货币政策传导理论，我们可以统称为货币政策传导的“货币渠道理论”。其中，凯恩斯学派的理论及其衍生出来的各种资产价格渠道理论，又可称为“利率渠道理论”。

传统的货币渠道理论或利率渠道理论有三个重要的假设：第一，金融市场是一个完善的、完全竞争的市场；第二，信息是完全的、对称的；第三，货币与其他各种金融资产之间，个人与企业的各种资金来源之间是完全替代的。但是，这些假设并不合理，也并不符合现实的经济、金融环境。因此，传统的货币渠道理论或利率传导理论存在不少内在的缺陷。

首先，传统的利率渠道理论认为，货币政策的实施将影响短期名义利率。在价格黏性和经济主体做出理性预期的前提下，长期实际利率将发生同方向的变化，进而影响投资者的资金成本，而资金成本的高低将影响投资决策，从而使实际产出增加或减少。但是，至少在短期内，短期名义利率的变动未必引起长期实际利率的变动。所以，这种理论无法说明当短期名义利率变动而长期实际利率不变时，对长期实际利率敏感性最强的耐用消费品的支出仍会显著地受到货币政策的影响。

其次，传统的利率渠道理论认为，货币政策对短期利率的影响较大，而对长期利率的影响较小。但是，实证研究的结果表明，房地产的支出明显地受到货币政策的影响。房地产的支出主要取决于长期利率而不是短期利率。

再次，在货币当局实施非预期的货币紧缩政策后，存货和新增投资对利率上升的反应有着显著的时滞。这反映了利率与各种支出变量之间对货币政策变化的反应在时间上并不一致，而传统的利率渠道理论却未考虑到这一时滞的存在。

最后，大多数国家或地区的金融市场并不是完全竞争的市场，具体表现在以下三个方面：第一，银行业具有垄断性，市场利率往往由银行决定，因此，市场利率未必能代表融资成本；第二，信息不对称导致逆向选择，在贷款的运用方面，借款人比银行有着更多的信息，于是，愿意支付较高利率的借款人还款的可能性往往较小；第三，道德风险的存在使银行监督借款人资金运用状况的成本较高。

20 世纪 80 年代末、90 年代初，随着国际金融环境的变化，尤其是金融创新的蓬勃开展和资本市场的大力发展，不少经济学家纷纷提出，在新的金融背景下，货币政策将更多地通过信用渠道来传导。而所谓"货币政策传导的信用渠道"主要包括两个：一是银行贷款渠道，二是资产负债表渠道。

二、银行贷款渠道理论

（一）罗萨的信用可得性理论

作为一种新的货币政策传导理论，银行贷款渠道理论产生于 20 世纪 80 年代末、90 年代初。该理论一经提出即引起了经济学界的热烈讨论，而且这种讨论至今还在继续。但是，从该理论的思想渊源来看，强调银行贷款对实体经济产生重大影响的理论至少可以追溯到 20 世纪 50 年代初由罗萨(Robert Roosa)提出的信用可得性理论。

传统的利率渠道理论强调利率对投资的影响，其实质是强调利率对借款人的刺激效应。但是，20 世纪 30 年代末，英国、美国、法国等国的一些研究机构通过对大量企业的调查研究得出了利率变动对企业投资影响甚微的结论。于是，当时多数人以投资缺乏利率弹性为依据，否定货币政策的有效性。1951 年，罗萨发表《利率与中央银行》一文，通过对贷款人的利率敏感性分析，从另一个角度重新确立了货币政策有效性的思想。

罗萨指出，过去的利率理论只注意到借款人的利率敏感性而忽视了贷款人的利率敏感性，在发现借款人利率敏感性很小时，就断言货币政策无效。罗萨认为，这种理论是片面的、错误的。其强调从贷款人对利率变动的感应性及由此而做出的贷款决策来分析货币政策的有效性。

罗萨认为,贷款人之所以对利率的变动具有如此强烈的敏感度,是因为他们必须保持足够的流动性,而利率的变动将改变他们的流动性状态。所以,当利率变动时,他们将根据流动性状态的相应变化进行资产结构的调整。这种资产结构的调整将影响他们贷款的数量,从而影响借款人的信用可得性,即影响借款人的资金来源。可见,与传统的利率刺激效应理论不同,信用可得性理论"不强调利率变化对投资的直接影响,而强调利率变化对信用供给可能量的影响"①。而利率变化之所以影响信用供给的可能量,是因为利率的变化将引起银行或其他贷款人资产价格的变化,并因此影响流动性。在权衡收益性和流动性的相对重要性后,他们将做出增加或减少贷款量的决策。

若以 R 表示银行准备金,r 表示利率,L 表示流动性,K 表示信用量,Y 表示收入,则信用可得性理论所表达的货币政策传导机制如图 18-7 所示。

$$R \Rightarrow r \Rightarrow L \Rightarrow K \Rightarrow Y$$

图 18-7 罗萨的信用可得性理论与货币政策的信用传导

这一货币政策传导机制说明,"当中央银行调整货币政策时,在影响银行准备金数量之外,因利率变动引起银行资产价格变动,进而改变银行的流动性,此种流动性变化将影响银行决策者对信用供给量的决议。经由信用量多寡的变化,遂影响经济活动的运作"。②

第二次世界大战后,随着政府债券的巨额积累,大部分政府债券被金融机构所持有。对金融机构而言,这些政府债券是其所有资产中流动性最高的资产。因此,如果中央银行在公开市场上卖出政府债券以抑制通货膨胀,银行准备金就将减少,利率就会提高,银行所持有的政府债券的价格则相应下跌,因而金融机构的流动性就会降低。为了补足流动性,金融机构就必须进行资产结构的调整。他们或者减少信用贷款的发放,或者出售收益率较高但流动性较低的私营企业债券而买入收益率较低但流动性较高的政府债券。这种资产结构的调整无疑将减少私营企业的信用可得量。反之,如果中央银行在公开市场上买入政府债券以刺激经济,则金融机构将因利率下降和政府债券价格上涨而提高流动性。此时,他们将出于收益性的考虑而进行与上述相反的资产结构的调整,即增加信用贷款的发放或出售政府债券而买进私营企业债券。这种资产结构的调整显然增加了私营企业的信用可得量。所以,这种理论强调的是贷款人的利率敏感性,而贷款人之所以对利率变动如此敏感,是因为利率变动影响了贷款人的流动性。对于贷款人而言,他们必须实现收益性与流动性的统一。所以,在利率变动从而流动性变动时,贷款人必须通过资产结构的调整以提高或降低流动性。但这种资产结构调整的结果是减少或增加了贷款人的信用供给量或借款人的信用可得量,从而通过资金来源的增减而影响投资和收入。

罗萨所提出的这一流动性效应不仅受到了理论界的重视,而且被某些研究所证实。1957 年,在英国财政部的领导下,成立了以拉德克利夫勋爵为首的"货币系统运行委员会",以调查英国货币与信用系统的运行情况,并据以提出改进建议。经过两年的广泛调查和深入研究,该委员会于 1959 年提呈了一份篇幅宏大的报告,史称《拉德克利夫报告》。该报告

① 林钟雄:《当代货币理论与政策》,中国台湾三民书局 1978 年版。

② 同上。

认为，利率的效应可分为两个：一是利率刺激效应，二是一般流动性效应。前者是利率对借款人产生影响的效应，这一效应尚无确实的证据；后者是利率影响贷款人态度的效应，这一效应已得到确实的证据。因此，该报告认为，利率的变动将对各种金融机构的信用供给可能性产生强烈的影响。[①]

从当时来说，罗萨这一研究的主要目的是论证货币政策的有效性。但这一研究也表明，由于贷款人（指银行和各种非银行金融机构）对利率变动具有较强的敏感性，因此，货币政策实际上也可通过银行贷款这一渠道来传导。

（二）伯南克等人的理论

1992 年，伯南克（Bernankr）和布林德（Blinder）提出，在信息不对称的条件下，作为金融中介机构的银行具有特殊的地位。银行在评估、筛选借款申请者和监督贷款运用等方面具有专业技术和专业知识，可以向那些难以在公开市场上取得资金的借款人提供贷款服务。如果中央银行实行紧缩性的货币政策，商业银行就会因准备金减少而减少贷款，而那些依赖于银行贷款支持的企业和个人就将因资金来源减少和资金成本上升而减少支出，从而导致总需求减少。

1993 年，卡夏普（Kashyap）、斯泰因（Stein）及维尔考克斯（Wilcox）考察了银行贷款与商业票据的相对变动，证实了银行贷款渠道的存在。他们发现，当货币当局实施紧缩性的货币政策时，银行贷款减少，商业票据的发行量增加。但他们也发现，通过发行商业票据等形式取得的资金来源并不能完全替代银行贷款。特别是有些企业是一种“银行依赖型企业”，它们实际上只能依靠银行贷款支持。一旦紧缩性的货币政策导致银行贷款减少，它们就只能减少投资从而导致总需求和实际产出的减少。卡夏普等人还指出，银行贷款渠道作用的发挥有赖于如下两个条件：第一，在银行资产负债表的资产方，银行贷款和证券不能完全替代；第二，在企业资产负债表的负债方，银行贷款和非银行资金来源不能完全替代。可见，在大多数国家，这两个条件是具备的。

1995 年，伯南克和盖特勒（Gertler）进一步分析了银行贷款渠道的传导作用。他们认为，中央银行的紧缩性货币政策将减少商业银行的贷款供给，而那些主要依靠银行贷款支持的企业不得不通过其他途径获得资金，但获得这种资金的成本必将上升。这就是所谓的“外部融资升水”。这种升水也将导致企业减少投资，从而使总产出减少。

银行贷款渠道理论强调货币政策对银行贷款的影响，银行贷款的变动又将对企业资金来源和资金成本产生影响，从而影响企业的投资，进而影响产出。所以，如果中央银行实行紧缩性的货币政策，则其传导过程大致如图 18－8 所示。

货币供应量↓ ⇨银行存款↓ ⇨银行贷款↓ ⇨投资↓ ⇨产出↓

图 18－8　货币政策传导的银行贷款渠道

银行贷款渠道理论强调银行贷款的供给对企业投资支出的影响。银行贷款的供给对不同企业有着不同的影响。一般来说，中小企业的资金来源主要依赖于银行贷款，所以，通过银行贷款渠道传导的货币政策对中小企业的投资支出有较大影响。而这种政策对大型企业的投资支出可能只有较小影响，因为大型企业可以通过发行股票、债券或商业票据来取得资

① 刘絜敖：《国外货币金融学说》，中国展望出版社 1983 年版。

金,从而受银行贷款供给的影响可能不大。当然,大型企业能否通过发行股票、债券或商业票据筹得足够的资金还取决于这些企业所处的金融环境,如这些企业所在国家的资本市场和货币市场的发达与完善程度。

三、资产负债表渠道理论

所谓"货币政策传导的资产负债表渠道",是指货币政策将影响股票等金融资产的价格,而金融资产价格的变动将导致企业净值、现金流量及个人金融财富的变动,从而在存在逆向选择和道德风险的情况下,银行贷款、投资规模及收入水平都受到相应的影响。现以紧缩性货币政策为例,从三个方面说明货币政策通过资产负债表渠道传导的过程。

第一,对于企业来说,紧缩性的货币政策将使短期利率提高,股票价格降低,从而导致企业资本净值减少,逆向选择和道德风险增大,银行出于安全性的考虑而减少贷款。于是,企业因资金来源减少而减少投资,从而减少产出。这一传导机制可表示如图 18－9 所示。

货币供应量↓ ⇨资产价格↓ ⇨企业净值↓ ⇨逆向选择和道德风险↑ ⇨资金来源↓ ⇨投资↓ ⇨产出↓

图 18－9　货币政策传导的资产负债表渠道(一)

在上述货币政策传导过程中,货币供应量的减少引起了资产价格的下降,这里的"资产价格"主要是指股票的价格。一般认为,人们的货币需求具有相对的稳定性。当货币供应量减少时,他们实际持有的货币余额将少于他们希望持有的货币余额。于是,他们将售出所持有的股票而增加货币的持有量。这种售出股票的行为将使股票价格下降。而对于发行股票的企业来说,股票价格的下降意味着该企业的资本净值减少,也意味着它们在向银行借款时提供的担保品的价值减少。在信息不完全且不对称的条件下,企业资本净值的减少往往引起逆向选择和道德风险,于是,银行为了避免损失就减少贷款,而企业则因资金来源减少而不得不减少投资,从而使总产出减少。

第二,紧缩性的货币政策使名义利率上升,这将使企业的利息负担加重,从而减少现金流量。于是,同样因逆向选择和道德风险的加大,导致企业因资金来源减少而减少投资,最终结果同样是减少产出。其传导过程大致如图 18－10 所示。

货币供应量↓ ⇨名义利率↑ ⇨现金流量↓ ⇨逆向选择和道德风险↑ ⇨资金来源↓ ⇨投资↓ ⇨产出↓

图 18－10　货币政策传导的资产负债表渠道(二)

该理论强调紧缩性的货币政策将引起名义利率上升,从而使企业的现金流量减少,逆向选择和道德风险加大,资金来源减少,导致投资和产出减少。从最终结果来看,即从紧缩性货币政策使投资减少和产出减少来看,该理论与前述凯恩斯学派的理论可谓殊途同归。但从具体过程来看,该理论所强调的是名义利率上升引起现金流量减少、资产负债表恶化等问题,从而间接地引起投资减少,而凯恩斯学派所强调的则是实际利率上升直接地使投资减少。

第三,紧缩性货币政策不仅使投资支出减少,而且使消费支出减少。这种影响可以从两个方面来分析:一方面,紧缩性的货币政策将引起利率上升,从而使利率敏感性较强的耐用消费品的支出减少;另一方面,紧缩性的货币政策引起金融资产价格的下降,使居民的金融财富减少,并使财务困难的可能性加大。这将使他们减少对住宅和耐用消费品的购买,从而促使这些产品及与这些产品相关的其他产品因需求减少而减少产出。其传导过程大致如图 18－11 所示。

货币供应量↓ ⇒股票价格↓ ⇒金融财富↓ ⇒财务困难的可能性↑ ⇒耐用消费品支出↓ ⇒产出↓

图 18－11　货币政策传导的资产负债表渠道(三)

货币政策通过股票价格的变动对消费支出产生影响是既明显又复杂的，综合各种理论分析可以清楚地看到，货币政策通过股票价格的变动而影响消费支出，大致表现在以下三个方面：一是利率效应，二是财富效应，三是流动性效应。其中，财富效应主要由莫迪利安尼提出。对这一效应，我们已在本章第二节做过简要介绍，在此对利率效应论和流动性效应论做进一步的分析。

利率效应论主要由早期凯恩斯学派经济学家提出。该理论认为，利率的高低决定了资金成本的高低。扩张性的货币政策使利率下降、资金成本降低，从而使消费支出(尤其是耐用消费品支出)增加，产出也增加。而紧缩性的货币政策将使利率上升、资金成本提高，从而使消费支出(尤其是耐用消费品支出)减少。从演绎推理来说，这种分析是比较合理的。但是，后来的一些实证分析发现，货币政策对消费支出的利率效应似乎并不明显。所以，在分析货币政策对消费支出的影响时，流动性效应论得到较多的支持。

流动性效应论认为，货币政策将对股票等金融资产的价格产生影响，而这种影响将通过流动性效应而影响耐用消费品和住宅的需求。这种理论的主要依据在于，相对于股票等金融资产而言，耐用消费品和住宅的流动性是很低的。如果货币政策对股票等金融资产的价格产生影响，则人们对自己发生财务困难的可能性估计也会产生影响。例如，紧缩性的货币政策将使股票等金融资产的价格下降，从而使消费者的金融财富减少。于是，他们的财务状况恶化，发生财务困难的可能性增大。在这种情况下，他们将减少耐用消费品和住宅的购买。相反，扩张性的货币政策将使股票等金融资产的价格上升，从而使消费者的金融财富增多，财务状况得到改善，发生财务困难的可能性减小。在这种情况下，他们将增加对耐用消费品和住宅的购买。

第四节　货币政策传导的成本渠道理论

货币政策的传导机制是一个长期讨论并将继续讨论的重大问题。随着经济、金融环境的变化和货币政策理论研究的深入，货币政策传导理论也有着新的发展。随着各种新理论的提出，货币政策传导的渠道逐渐增多，除了以上所述的货币渠道和信用渠道外，有些经济学家还提出了成本渠道理论、资本金渠道理论和银行风险承担渠道理论等。本节将对其中的成本渠道理论做简要评价。

传统的货币政策理论一般从需求管理的角度解释货币政策的传导机制。根据这种理论，当经济过热并发生通货膨胀时，中央银行就应实行紧缩性的货币政策，提高利率就是紧缩性货币政策的重大举措之一。根据传统货币经济理论的解释，提高利率可抑制消费和投资，减少总需求，从而遏止通货膨胀。但是，自 20 世纪 90 年代以来，大量实证研究证实，提高利率非但未能使物价下降，而且往往使物价进一步上涨，这种现象被称为“价格之谜”

(Price Puzzle)。为了解释这一"价格之谜",有些经济学家对货币政策传导机制做出了新的解释,从而形成货币政策传导的成本渠道理论。

2001年,巴斯和雷米发表开创性的论文,正式提出成本渠道理论。他们认为,传统的货币政策传导机制理论(实际上也包括信用渠道理论)只考虑了货币政策冲击对总需求的影响,而没有考虑货币政策冲击对总供给的影响。成本渠道理论则弥补了这一缺陷。

他们提出,企业在日常经营中必须持有一定的运营资本(Working Capital),以用于支付生产要素的报酬。然而,在经营过程中,企业往往在出售其产品并实现利润之前先支付生产要素的报酬。为此,他们必须向金融中介机构借入所需资本。因此,利率提高必将使企业所借入的运营资本的成本提高。而企业在为其产品定价时,必将考虑这一借入成本提高的因素。于是,产品价格将随着借入成本的变动而水涨船高。但是,从另一方面来看,融资成本的提高使企业的生产成本提高,在价格刚性或黏性的条件下,企业实际上无法通过提高其产品的价格而将增加的生产成本全部转嫁。这样,由利率提高而引起的生产成本提高将使企业利润减少。于是,他们将减少产出。所以,货币政策将通过成本渠道而影响总供给。这就是所谓货币政策的"供给面效果"(Supply-side Effect)。

巴斯和雷米指出,他们提出货币政策传导的成本渠道理论并不意味着他们否定信用渠道理论,也并不试图以成本渠道理论来代替信用渠道理论。他们认为,这两个渠道实际上是同时存在的。所以,中央银行在选择最优货币政策时应同时考虑这两个渠道对实体经济和通货膨胀的影响。也就是说,中央银行必须同时考虑他们所实行的货币政策所产生的供给面效果和需求面效果。

自巴斯和雷米提出货币政策传导的成本渠道理论以来,不少经济学家对该理论做了进一步的研究和发展,其中既有更深入的理论分析,也有较充分的实证研究。这些理论分析和实证研究使该理论日臻完善。

以上所述是国外经济学界有关货币政策传导机制问题的主要理论。这一领域的研究还在进行,并不断提出新的理论。

第五节 我国货币政策传导机制

有关我国货币政策传导机制问题的讨论是在中国人民银行专门行使中央银行职能以后逐渐展开的。在由传统的计划经济向社会主义市场经济转轨的过程中,分析我国货币政策的传导机制问题可能是比较复杂的,既要认识到我国社会主义市场经济与西方发达国家市场经济的相同性或相似性,又要清楚地认识到我国经济、金融环境的特殊性,只有这样,才能比较正确地认识我国现阶段货币政策的传导机制。

一、我国货币政策传导机制的现状

(一)我国货币政策通过利率渠道传导缺乏必要的条件

利率渠道发挥作用必须具备以下几个条件:第一,必须有一个比较发达和完善的金融市场,能为经济主体提供多样化的金融工具;第二,利率必须是由市场决定的,即利率水平是由货币资金的供求关系所决定的;第三,信息必须是完全的,并且是对称的;第四,投资和消费必须具有较大的利率弹性；第五，金融市场必须是完全竞争的，货币与各种非货币金融资产之间、银行贷款与其他各种资金来源之间必须具有完全的替代性。

上述条件即使在市场经济发达国家也未必完全具备，在我国就更是如此了。首先，我国的利率市场化改革尚未完成，占比最大的人民币存贷款利率依然在一定程度上受到中央银行的管制，利率的变动并不能真实地反映货币资金的供求关系；其次，现阶段我国商业银行尤其是四大国有商业银行贷款的主要对象是国有大中型企业，而这些企业的投资对利率基本上无弹性；最后，我国的金融市场还不够发达和完善，资本市场的规模不大，金融产品比较单一。因此，对资金盈余者而言，资产选择的余地有限；对资金短缺者而言，银行贷款依然是主要的，甚至是不可替代的资金来源。

（二）我国货币政策通过股票价格传导的作用不理想

根据托宾的 q 理论，扩张性的货币政策将提高股票价格，从而使 q 上升。当 q 大于 1 时，企业将发行股票，并用所筹得的资金购买新投资品，从而使一国的投资和产出增加。但是，在我国目前资本市场规模较小的条件下，即使股票价格上升，从而 q 大于 1，企业实际上也未必能通过发行股票来扩大投资，尤其是对于为数众多的尚未上市的中小企业而言更是如此。

根据莫迪利安尼的财富效应理论和流动性效应理论，货币政策可通过影响股票的价格来影响人们资财的流动性，从而影响他们的消费支出。但是，从我国的现实来看，真正从事股票投资，股票的价格影响其资财的流动性，从而影响其消费支出的可能只是少数人。因此，货币政策即使能有效地影响股票价格，也未必能有效地影响社会大众的整体消费水平。这就说明，无论是托宾的 q 理论、莫迪利安尼的财富效应理论，还是流动性效应理论，似乎都不能充分地解释我国现阶段货币政策的传导机制。

（三）我国货币政策传导的汇率渠道不够畅通

一般来说，货币政策之所以能通过汇率渠道来传导，是因为货币政策将通过影响利率而引起资本的国际流动，从而影响汇率，而汇率的变动又将影响一国商品的进出口，从而影响一国的净出口和国内产出。

汇率渠道发挥作用至少应具备以下三个条件：第一，利率和汇率都完全由市场决定，因此，利率与汇率有着必然的联动性；第二，资本可以在各国间自由流动；第三，货币可以自由兑换。然而，至少就目前而言，我国人民币尚未实现资本项目的自由兑换，而人民币汇率也并非自由浮动。因此，在我国货币政策的传导中，汇率渠道显然不够畅通。

同时，我国进一步推进汇率市场化改革，完善以市场供求为基础、参考一篮子货币进行调节、有管理的浮动汇率制度，保持人民币汇率弹性，发挥汇率调节宏观经济和国际收支的自动稳定器功能。注重预期引导，保持人民币汇率在合理均衡水平上的基本稳定。

（四）深化利率市场化改革，疏通市场化利率传导渠道

第一，稳妥推进利率“两轨合一轨”，完善市场化的利率形成、调控和传导机制。强化央行政策利率体系的引导功能，完善利率走廊机制，重点是进一步疏通央行政策利率向市场利率和信贷利率的传导，提升金融机构贷款定价能力，培育市场基准利率和完善国债收益率曲线，健全市场化的利率形成机制。

第二，改革完善贷款市场报价利率（LPR）形成机制，疏通货币政策传导。2019 年 8 月 17 日中国人民银行宣布完善 LPR 形成机制，推出新的 LPR 报价原则、形成方式、期限品种、

报价银行、报价频率和运用要求。提高银行贷款定价的自主权,推动银行改进经营行为,坚决打破贷款利率隐性下限,疏通市场化利率传导渠道。

第三,用改革的办法畅通货币政策传导,持续推进 LPR 改革。一是进一步推动 LPR 运用。自 2020 年 1 月 1 日起新发放贷款不再参考贷款基准利率定价。促进银行将 LPR 嵌入内部转移定价(FTP)体系,切实打破贷款利率隐性下限,引导金融资源更多配置至小微、民营企业,降低贷款实际利率水平。二是推进信用卡透支利率市场化。从 2021 年 1 月 1 日起,取消信用卡透支利率上限和下限管理。三是强化利率行业自律,推动明示贷款年化利率。设立特殊成员,将小贷公司等机构纳入利率自律范围,健全利率定价自律机制。

第四,落实优化存款利率监管措施,优化存款利率自律上限。长期以来,我国存款市场竞争较为激烈,存在"坏银行定价"问题。这阻碍了市场利率向存款利率的传导,一定程度影响了 LPR 改革推动存款利率市场化的效果。2013 年中央银行指导建立了利率自律机制,对金融机构利率定价行为进行自律管理。2015 年放开存款利率管制后,利率自律机制通过行业自律协商约定存款利率上限,约束个别银行的高息揽存行为,抑制存款市场非理性竞争。2021 年 6 月 21 日,中央银行指导市场利率定价自律机制,将存款利率自律上限由存款基准利率浮动倍数改为加点确定。实施一段时间以来,优化存款利率自律上限成效显著,存款市场竞争更加有序,长期存款利率明显下行,定期存款期限结构有所优化,存款在银行之间的分布保持基本稳定,既保障了银行自主定价空间,又能有效约束个别银行的非理性竞争行为。

下阶段,中央银行将继续深化利率市场化改革,持续释放 LPR 改革潜力,畅通贷款利率传导渠道,优化金融资源配置结构,巩固好前期贷款利率下行成果,同时优化存款利率监管,推动金融机构将政策红利传导至实体经济。

(五) 完善宏观审慎政策框架,保障货币政策传导畅通

发挥好宏观审慎评估(MPA)在优化信贷结构和促进金融供给侧结构性改革中的作用。宏观审慎政策可以作为货币政策的有效补充,减轻货币政策负担,强化调控效果。传统货币政策对于资产价格泡沫的应对方式一般是"事后清理"。宏观审慎政策的引入有助于减轻货币政策负担,通过宏观审慎工具的创新来提前应对资产价格泡沫,在防范危机暴发的同时尽量减少对其他市场和实体经济的外溢效应。这使宏观审慎政策与货币政策的分工更加明确,促进货币政策传导效率。

同时,中国人民银行在 MPA 考核中增设民营企业融资、小微企业融资、制造业中长期贷款和信用贷款专项指标,加大 MPA 对小微、民营企业等领域的鼓励引导。并且将 LPR 运用情况及贷款利率竞争行为纳入 MPA 的定价行为项目考核,推动银行更多运用 LPR,坚持用改革的办法降低实体经济融资成本。

二、我国货币政策传导的信用渠道

货币政策的传导机制与货币政策中介目标的选择密切相关。如果货币政策主要通过利率渠道来传导,利率就可作为货币政策的中介目标。而如果货币政策主要通过信用渠道来传导,则信贷规模、股票价格等可以作为货币政策的中介目标。从我国货币政策的实践来看,信贷规模管理曾经是我国长期运用的一个货币政策指标。这与当时我国货币政策的环境是相适应的。自 1998 年起,延续了数十年之久的信贷规模管理被取消,取而代之的是以

货币供应量作为中央银行宏观调控的对象，即将货币供应量作为我国货币政策的中介目标。目前，货币供应量作为货币政策的中介目标已受到越来越多的质疑，而利率作为我国货币政策的中介目标又似乎缺乏应有的条件。其中，尚未完成的利率市场化改革制约了利率指标的适用性。

从货币政策的信用传导来看，目前我国金融市场的规模不大，货币政策要通过资产负债表渠道来传导恐怕难以取得预期的效果。相比之下，银行贷款渠道可能是我国现阶段货币政策传导的主渠道。

首先，我国现阶段资金融通的主要方式仍然是间接融资，直接融资的比重相对有限。而在间接融资中，充当金融中介机构的依然主要是商业银行，尤其是四大国有商业银行。目前，企业资金的80%以上来自银行贷款。若从企业对资金的实际需求来看，银行贷款实际上远不能满足各类企业尤其是中小企业的借款需求。同时，自改革开放以来，我国的个人消费信贷取得了迅速的发展，住房贷款、汽车贷款、助学贷款纷纷成为各大银行竞争的对象。这就说明，银行贷款是我国各类经济主体投资和消费的主要资金来源。从目前和今后一段较长的时间来看，这种资金来源可能具有不可替代性。

其次，在金融市场不够完善、金融产品比较单一的情况下，我国居民储蓄仍以银行存款作为主要的选择。而对于银行来说，包括居民储蓄存款在内的各类存款在银行负债中占有80%以上的比重。在以间接融资为主导的情况下，银行贷款的能力与意愿无疑将对经济主体的行为产生重要影响。在这种情况下，中央银行通过运用各种货币政策工具以影响商业银行的存款准备金，就有可能影响商业银行的贷款能力，从而达到其宏观调控的目的。2018年四次下调金融机构存款准备金率，增加银行体系资金稳定性，优化流动性结构，增加金融机构支持小微企业、民营企业和市场化法治化“债转股”等重点领域和薄弱环节的资金来源，推动实体经济健康发展。2019年三次下调金融机构存款准备金率，定向降准共释放流动性约4 000亿元，全部用于发放小微、民营企业贷款，旨在鼓励中小金融机构服务当地，支持实体经济健康发展。同时，我国的存款准备金制度根据机构规模和支持实体经济的特点和成效，形成了更加清晰、简明的“三档两优”基本框架，即存款准备金率基准档大体分为三档，在此之上还有两项存款准备金率优惠政策。2020年三次下调金融机构存款准备金率，并下调超额存款准备金利率，增加了金融机构长期稳定资金来源，推动金融机构提高资金使用效率，加大对中小微企业和受“新冠”疫情影响较严重行业企业的信贷支持力度。自2021年7月15日起，全面下调金融机构人民币存款准备金率0.5个百分点，释放长期资金约1万亿元，本次下调后金融机构加权平均存款准备金率为8.9%。此次降准是货币政策力度回归常态后的常规操作，目的是优化金融机构的资金结构，增强金融机构资金配置能力。一是保持流动性合理充裕，为高质量发展和供给侧结构性改革营造适宜的货币金融环境。二是优化金融机构的融资结构，有效增加金融机构支持实体经济的长期稳定资金来源，引导金融机构积极运用降准资金加大对小微企业的支持力度。三是降低金融机构资金成本每年约130亿元，通过金融机构传导可促进降低社会综合融资成本。

最后，从信贷市场的结构来看，我国目前的信贷市场具有显著的国家所有制的垄断性。尽管我国商业银行的所有制形式具有国有独资形式和股份制形式等多种形式，但如果将国家直接控股的股份制商业银行计算在内，则80%以上的股权归国家所有，90%以上的银行市场被四大国有商业银行和其他由国家直接控股的商业银行所占据。信贷市场的这种高度垄断性进一步加大了银行贷款渠道作为我国货币政策传导的主渠道的有效性。

综上所述,至少在目前及将来一段时间内,我国货币政策通过银行贷款渠道来传导是比较现实的。当然,我们强调货币政策通过信用渠道传导并不意味着利率渠道、汇率渠道等传统的渠道不再发挥应有的作用;相反,货币政策通过信用渠道传导还在一定程度上有赖于这些传统渠道的配合和协调,尤其是信用传导必须以利率渠道的畅通为条件。所以,利率市场化改革仍然是提高我国货币政策效果的重要途径。

本章小结

货币政策的传导机制是指从货币政策工具的运用到最终目标的达到所经过的各个环节和具体过程。

在货币政策传导机制问题上,凯恩斯学派和货币学派存在重大分歧。这种分歧决定了他们在货币政策中介目标的选择上有着重大分歧。

资产价格渠道理论是凯恩斯学派利率渠道理论的扩展,主要有托宾的 q 理论、莫迪利安尼的财富效应理论和汇率渠道理论。

货币政策传导的信用渠道包括银行贷款渠道和资产负债表渠道。银行贷款渠道理论强调货币政策对银行贷款的影响,而银行贷款的变动又将对企业资金来源产生影响,从而影响企业的投资,进而影响产出。所谓"货币政策传导的资产负债表渠道",是指货币政策将影响股票等金融资产的价格,而金融资产价格的变动将导致企业净值、现金流量及个人金融财富的变动,从而在存在逆向选择和道德风险的情况下,银行贷款、投资规模及收入水平都受到相应的影响。

从我国目前的经济、金融环境来看,货币政策通过利率传导还缺乏必要的条件,通过股票价格传导的作用不够理想,汇率渠道不够畅通,因此,在目前和今后一段较长的时间内,我国货币政策将主要通过银行贷款渠道来传导。

参考书目

1. 中国人民银行广州分行货币政策传导课题组:《中国货币政策传导——理论与实证》,中国金融出版社 2004 年版。

2. 托马斯·梅耶、詹姆斯·S. 杜森贝里、罗伯特·Z. 阿利伯:《货币、银行与经济》(第六版),林宝清、洪锡熙等译,上海三联书店、上海人民出版社 2007 年版。

3. 小劳埃德·B.托马斯:《货币、银行与经济活动》,孔繁敏等译,中国财政经济出版社 1992 年版。

4. 刘絜敖:《国外货币金融学说》,中国展望出版社 1983 年版。

5. 盛松成、施兵超、陈建安:《现代货币经济学》,中国金融出版社 2012 年版。

6. 卡尔·E.瓦什:《货币理论与政策》,陈雨露主译,中国人民大学出版社 2001 年版。

7. 杰格迪什·汉达:《货币经济学》,郭庆旺等译,中国人民大学出版社 2005 年版。

8. 崔建军:《中国货币政策有效性问题研究》,中国金融出版社 2006 年版。

9. 裴平、熊鹏:《中国货币政策传导研究》,中国金融出版社 2009 年版。

10. 闫素仙:《发展中国家利率市场化深层次思考与对策》,《管理世界》2009 年第 6 期。

11. 陈胜蓝、马慧:《贷款可获得性与公司商业信用——中国利率市场化改革的准自然实验证据》,《管理世界》2018 年第 11 期。

12. 刘明、康黄嘉、陆军:《银行利率决定与内部资金转移定价——来自中国利率市场化改革的经验》,《经济研究》2018 年第 6 期。

13. 陆军、黄嘉:《利率市场化改革与货币政策银行利率传导》,《金融研究》2021 年第 4 期。

14. 郑联盛:《货币政策与宏观审慎政策双支柱调控框架：权衡与融合》,《金融评论》2021 年第 4 期。

15. 金成晓、姜旭:《货币政策与宏观审慎政策双支柱调控模式下政策协调及其适用性研究》,《财经论丛》2020 年第 5 期。

思考题

1. 简述货币政策传导机制的基本原理。
2. 在货币政策的传导机制问题上,凯恩斯学派与货币学派分别有怎样的解释?
3. 哪几种理论用于说明货币政策对消费支出的影响? 你同意这些理论吗?
4. 试述托宾的 q 理论,并做简要评论。
5. 传统的货币政策传导理论有哪些局限性?
6. 在货币政策的传导中,银行贷款渠道与利率渠道有何不同?
7. 货币政策传导的资产负债表渠道主要可从哪几个方面来说明?
8. 我国现阶段的货币政策主要通过什么渠道来传导? 为什么?
9. 为什么利率市场化有利于疏通货币政策传导?
10. 试述 LPR 在货币传导中起到的作用,并做简要评论。

第五篇
国际金融与经济均衡

19

第十九章 国际收支

全章提要

教学目的和要求

- 完整、精确把握国际收支的概念，了解国际收支与国际借贷、贸易收支和外汇收支的区别。
- 详尽了解国际收支平衡表的编制原理及其内容，明确国际收支平衡表中各项目的含义及相互关系。
- 了解国际收支平衡的性质及其成因。
- 掌握针对国际收支不平衡的基本对策。
- 明确各种因素影响国际收支的作用机理。

国际收支是开放经济的一个最基本的重要现象，国际金融学科的其他许多方面，如外汇、汇率、国际货币体系、国际金融市场和国际储备等组成部分都与国际收支有着非因即果的关系。因此，深入了解和正确把握国际收支的含义及相关原理，是学习开放经济条件下金融学科的必要组成部分。

第一节 国际收支的基本含义

一、国际借贷和国际收支

国际收支是一个与国际经济交易密切相关的概念。由国际经济发展史可知，国际经济交易的起源或最初形式是国际贸易。然而，随着社会生产力的发展和国际交通及电信的日臻发达，各国政策愈益开放，国际经济关系也日趋密切。结果，除了货物贸易以外，服务贸易、各国间的资本流动和直接投资、政府间的转移支付(援助、捐赠等)等都得到了迅速的发展。

各种不同类型的国际经济交易一旦发生，就会引起各种债权债务关系以及与之相联系的货币支付。例如，一国居民出口一批商品，由此就获得了一笔对外债权；而进口一批商品，则会发生一笔对外债务。我们对这种国际间的债权债务关系用国际借贷(Balance of International Indebtedness)这一术语予以表示。所谓“国际借贷”，是指一国在一定日期(例如，某年某月某日，一般为期末)对外债权债务的综合情况。

我国国家外汇管理局(简称外管局)会按季度发布中国国际投资头寸表(见表 19 - 1)，该表主要体现了我国对外金融活动形成的债权债务关系，没有包含货物和服务往来形成的债权债务关系。鉴于货物和服务往来形成的债权债务关系通常会在短期内了结，而且部分会通过金融性的贸易融资得到反映，因此，国际投资头寸表的内容可以大致说明我国的国际借贷状况。根据表 19-1 可知，截至 2020 年末我国的对外资产大于对外负债，净资产约 2.1 万亿美元，是全球最大的债权国之一。

表 19-1　2016—2020 年中国国际投资头寸表　　单位：亿美元

项　　目	2016 年末	2018 年末	2020 年末
净头寸	19 504	21 301	21 530
资产	65 070	73 242	87 039
1 直接投资	13 574	18 990	24 134
1.1 股权	11 274	16 316	20 844
1.2 关联企业债务	2 300	2 674	3 290
1.a 金融部门	/	2 518	3 077
1.1.a 股权	/	2 416	2 990
1.2.a 关联企业债务	/	102	87
1.b 非金融部门	/	16 472	21 057
1.1.b 股权	/	13 900	17 854
1.2.b 关联企业债务	/	2 572	3 203
2 证券投资	3 670	4 980	8 999
2.1 股权	2 152	2 700	6 043
2.2 债券	1 518	2 279	2 955
3 金融衍生工具	52	62	191
4 其他投资	16 797	17 530	20 149
4.1 其他股权	1	54	89
4.2 货币和存款	3 653	3 937	4 865
4.3 贷款	5 768	7 097	8 389
4.4 保险和养老金	123	106	166
4.5 贸易信贷	6 145	5 972	5 972
4.6 其他	1 107	364	668
5 储备资产	30 978	31 680	33 565
5.1 货币黄金	679	763	1 182
5.2 特别提款权	97	107	115

续 表

项　　目	2016 年末	2018 年末	2020 年末
5.3 在国际货币基金组织的储备头寸	96	85	108
5.4 外汇储备	30 105	30 727	32 165
5.5 其他储备资产	2	−2	−5
负债	45 567	51 941	65 536
1 直接投资	27 551	27 623	31 793
1.1 股权	25 370	25 386	28 814
1.2 关联企业债务	2 181	2 237	2 979
1.a 金融部门	/	1 422	1 826
1.1.a 股权	/	1 277	1 627
1.2.a 关联企业债务	/	145	199
1.b 非金融部门	/	26 201	29 967
1.1.b 股权	/	24 109	27 187
1.2.b 关联企业债务	/	2 092	2 780
2 证券投资	8 111	10 964	19 545
2.1 股权	5 795	6 842	12 543
2.2 债券	2 316	4 122	7 002
3 金融衍生工具	60	60	122
4 其他投资	9 844	13 294	14 076
4.1 其他股权	0	0	0
4.2 货币和存款	3 166	4 833	5 266
4.3 贷款	3 205	4 169	4 555
4.4 保险和养老金	88	109	167
4.5 贸易信贷	2 883	3 931	3 719
4.6 其他	408	154	267
4.7 特别提款权	94	97	101

注：(1) 本表计数采用四舍五入原则；(2) “净头寸”是指资产减负债，“+”表示净资产，“−”表示净负债；(3) 本表按照国际货币基金组织《国际收支和国际投资头寸手册(第六版)》标准进行编制和列示；(4) 2017 年末以来贸易信贷数据根据最新调查结果修订，未追溯调整之前数据。

数据来源：国家外汇管理局。

国际间的债权债务关系必须在一定时期内清算、结算。债权国应收入货币，了结其对外债权；债务国应支付货币，清偿其对外债务。这种清算、结算或支付，就形成了国际收支(International Balance of Payments)。所以，国际收支在某种程度上反映了一国在一定时期内的对外收入和支付的情况。[①] 因此，国际借贷是产生国际收支的原因，国际借贷的发生，必然形成国际收支。由此可见，国际借贷和国际收支虽然是两个密切相关的概念，都反映一国的对外经济状况，但其含义却有很大的差异。除了这种因果差异以外，国际借贷和国际收支的第二个差异是，从时间序列的角度看，前者表示的是在一定时点(A Point of Time)，一国对外债权债务的余额，即最终结果，是一种“存量”(Stock)；后者表示的是在一定时段(A Period of Time)，一国对外收付的累计结果，是一种“流量”(Flow)。此外，这两个概念包括的范围也不同。除了国际借贷以外，侨民赡家汇款、馈赠等单边转移行为也会导致国际收支(支付)现象，但并未发生债权债务关系，因而不包括在国际借贷范围之内。所以，国际收支的范围要比国际借贷的范围更加宽泛。

国际收支是一个历史的概念，最初起源于17世纪初期，但其外延随着国际经济交易的发展而不断丰富。最初国际经济往来的基本形式是货物贸易，位居经济学主流的重商学派(Mercantilist)把国际收支简单地解释为一个国家的对外贸易差额，即贸易收支(Balance of Trade)。这反映了资本主义形成时期货物交易在国际经济往来中占统治地位的状况。在这以后很长一段时期内，国际金融界一直通行这一概念。即使在现代经济条件下，由于货物贸易仍然在国际经济往来中占有重要地位，且是对外实体经济活动的主要组成部分，因此，人们有时还会以贸易收支指代国际收支。所以，狭义的国际收支仅指这种贸易收支。

第一次世界大战以后，由大规模移民形成的侨汇和战争赔款构成的单边转移、国际投资导致的资本流动日益增多，使国际经济交易的形式已经不限于贸易。此外，金本位制度开始解体，黄金逐步退出流通领域，纸币流通日益盛行，外汇已成为国际贸易、国际结算和国际投资的主要支付手段。这使得外汇收支的重要性与日俱增，这时，各国通行的国际收支概念就由贸易收支推广到了外汇收支，即把所有涉及外汇收付的内容都包括在内。

第二次世界大战之后，国际收支概念又有了新的发展。由于国与国之间政治、经济和文化等方面的往来更加频繁和广泛，贸易方式更加灵活，各种形式的对销贸易迅速发展，[②]而这些贸易方式并不涉及外汇收支，于是，为了完整考察一国的对外经济活动，就必须把不发生外汇收支的交易也纳入国际收支的范畴，由此形成了以所有国际经济往来为外延的广义的国际收支概念。

按照国际货币基金组织(International Monetary Fund, IMF)的定义，[③]国际收支是在一定时期内，一个经济实体(Economic Entity)的居民(Resident)同非居民(Non-resident)之

① 外管局目前按季度、半年度和年度发布我国的国际收支相关数据。

② 对销贸易(Counter Trade)，又译“反向贸易”“对等贸易”“互抵贸易”，是出口和进口互为条件的各种贸易方式的总称。其基本内容是，出口方承诺从进口方购买等值或一定金额的货物或服务，贸易双方的进出口货款全部或部分抵消的贸易方式。对销贸易的基本形式有易货贸易(Barter Trade)、互购贸易(Counter Purchase)、回购贸易(Buyback)、补偿贸易(Compensation Trade)和记账贸易等。

③ 国际货币基金组织是1944年创立的国际金融机构，其主要职责是为成员国提供短期性的资金融通，以帮助其弥补临时性的国际收支逆差，并对成员国的对外货币金融活动进行有限度的监管。

间所发生的全部经济往来的系统记录。

在这里,“经济实体”是指作为单独财政结算单位的国家或地区;[①]“居民”是指在这个经济实体的境内居住、生活、工作或从事各种经济活动达1年以上的政府机构、个人、企业和社会组织,否则即为非居民。但是,一个国家的外交使节、驻外军事人员,尽管在另一个国家居住1年以上,仍是派出国的居民,是居住国的非居民,因为其收入来源主要是派出国而不是居住国。一家企业的国外子公司是其所在国的居民,是其母公司所在国的非居民。例如,美国通用电气公司在新加坡的子公司是新加坡的居民、美国的非居民。该子公司与母公司的业务往来是新加坡和美国之间的国际经济交易,因而须纳入国际收支范畴。国际性机构如世界银行、国际货币基金组织等不属于任何国家的居民,而是所有国家的非居民。居民与非居民身份的划分以1年作为期限并无严格的理论依据,是人为的设定。其出发点是,在一个经济实体长期存在的个人和法人,其主要的经济活动,如收入和支出都发生在该实体之内,已融入该实体,因而不能视为国际经济交易。

二、国际收支的重要性

国际收支概念从仅指简单的贸易收支发展到把全部国际经济交易都包括在内,充分说明了国际收支的重要性与日俱增。

早期的重商学派认为一国的出口若大于进口,由此产生的贸易顺差可导致对外净收入,作为货币的金银就会流入,货币供应量相应增加,利率随之下跌,这有助于促进投资和经济增长。在这一理论的指导下,各国政府都比较重视国际收支,并以争取国际收支顺差作为制定贸易政策的出发点。后来,古典学派强调在金本位制度下,黄金的流入和流出可对国际收支起自动调节作用,政府无须对国际收支进行调节。而且这一时期盛行自由贸易,一些西方国家通过对殖民地及附属国的出口使其国际收支始终处于顺差,因而对国际收支问题不予重视。第一次世界大战后,国际收支问题再度引起人们的关注,因为大规模短期资金流动与巨额战争赔款造成的国际收支严重失衡,对一些国家的经济产生了十分不利的影响。此外,1929—1933年世界性的经济大萧条(Great Depression),迫使各国相继放弃金本位制度,国际经济关系陷入了极度混乱之中。各国为了维护本国利益,竞相实行贸易管制、复汇率制度、货币贬值等措施,[②]以实现国际收支平衡。国际收支的重要性再次受到各国的普遍关注。

第二次世界大战以后,由于国际经济一体化趋势日趋增强,各国之间的经济关系日益密切,国内经济对国际经济的依赖也更为突出,国际收支状况对国内经济的影响愈益显现。同时,随着凯恩斯主义的流行,西方国家加强了政府对宏观经济的管理,国际收支成为宏观经济管理的主要目标之一。20世纪60年代后,美元与英镑不断发生危机,国际间投机性短期资金流动频繁,再加上70年代的两次石油危机,导致西方国家不断出现国际收支危机。所有这一切使得当今各国对国际收支重要性的认识达到了前所未有的高度。

---

① 为了便于直观理解,本书后文均以国家、本国和外国而不是经济体予以表述。

② 由于这些政策措施对本国有利而对他国不利,故常常被称为“以邻为壑”(Beggar the Neighbor)政策。

第二节　国际收支平衡表及其主要内容

一、国际收支平衡表

一个国家的国际收支情况只有通过具体的统计数据才能得到切实的体现，这就涉及国际收支平衡表(Balance of Payments Statement)。国际收支平衡表是反映一个经济实体在一定时期内(年度、半年度或季度)以货币单位表示的全部对外经济往来的一种统计表。所以，国际收支平衡表实际上是国际收支的外在表现形式。

国际收支平衡表是按照复式记账的原理编制的。按照这种记账原理，一切收入项目或负债增加、资产减少的项目都列为贷方(Credit)，或称正号项目(Plus Item)，以"＋"号表示；一切支出项目或资产增加、负债减少的项目都列为借方(Debit)，或称负号项目(Minus Item)，以"－"号表示。每一笔交易都须同时记录相应的借方和贷方，金额相等。具体而言：

(1) 货物出口属于收入项目，记贷方；货物进口属于支出项目，记借方。

(2) 本国居民为外国居民提供服务(运输、保险、旅游等)或从外国取得投资及其他收入，属于贷方项目；外国居民为本国居民提供服务或从本国取得收入，属于借方项目。

(3) 本国居民收到国外的单边转移，属于贷方项目；本国居民对外国居民的单边转移，属于借方项目。

(4) 本国居民获得外国资产(包括财产和对外国居民的债权)，属于借方项目；相反，外国居民获得本国资产或对本国投资，属于贷方项目。

(5) 外国居民偿还债务，属于贷方项目；本国居民偿还外国居民债务，属于借方项目。

(6) 官方储备减少，属于贷方项目；官方储备增加，属于借方项目。

由此可见，原则上，国际收支平衡表全部项目的借方总额与贷方总额总是相等的，其净差额为零。但实际上，国际收支平衡表每一具体项目的借方和贷方(收入和支出)却是经常不平衡的，收支相抵总会出现一定的差额。当收入大于支出，即贷方数额大于借方数额时，差额为正数(＋)，称为顺差(Surplus)；反之，当支出大于收入，即贷方数额小于借方数额时，差额为负数(－)，称为逆差(Deficit)。各项目收支差额的总和，便是国际收支总差额。①

国际经济交易是一个连续的过程，如签订买卖合同、货物装运、结算、交货和付款等，一般是在不同日期进行的，那么，国际收支平衡表中究竟应根据什么日期来记录有关的经济交易呢？国际货币基金组织对经济交易的记录日期做了明确规定。其基本原则是，记录日期以所有权变更日期为准。一笔经济交易如在国际收支平衡表编制时期内完全结清，则理所当然可以如实记录。但如果一笔经济交易涉及贸易信用，如预付货款或延期付款等，那么按照"所有权变更"原则，这类经济交易发生时，所有权已发生变更，因而应在交易发生日期进行记录。再如，在编表时期内已到期应予支付的利息，实际上却并未支付，则也应在其到期

① 许多中文文献把英文 Surplus 和 Deficit 翻译为盈余和赤字。我们认为，盈余和赤字在中文中分别含有褒义和贬义，容易使人们以"顺差"而不是"平衡"作为追求的目标。实际上，在国际金融学中，持续巨额的 Surplus 和 Deficit 都是国际收支失衡的表现。而且，国际收支中的逆差数字并不以红色表示。此外，"顺差"和"逆差"能够更明确地体现"差额"的含义。

日记录,未付的利息作为新的负债记录。又如,某种服务虽已提供,但在编表时期内尚未获得收入,则也应按服务提供日期记录,未获得的收入作为债权记录。

二、国际收支平衡表的主要内容

国际收支平衡表包括的内容按经济性质分为经常项目、资本项目和平衡项目三大类,每一大类项目可再分为一些分支项目(Sub-account)。

(一) 经常项目

经常项目(Current Account)是国际收支平衡表中最基本和最重要的项目,因为该项目反映了一国实体经济(Real Economy)的对外状况。该项目主要记载表现为货物和服务的国际交易。该项目又可细分为贸易收支、收益和经常转移三个项目。①

1. 贸易收支

贸易收支主要由货物贸易和服务贸易两部分组成。货物贸易(Merchandise Trade)又称为有形贸易收支(Visible Trade),指货物(Goods)的进出口。这是国际收支中一个最重要的项目。按国际收支的记账原理,出口记入贷方,进口记入借方。

国际货币基金组织规定,货物的进出口以各国的海关统计为准,而且都应按离岸价(Free on Board, FOB)计算。有些国家的出口货物以离岸价计算,进口货物以到岸价(Cost, Insurance and Freight, CIF)计算(离岸价加上保险费和运费)。国际货币基金组织要求这些国家在编制国际收支平衡表时,应将进口货物部分的运费和保险费从进口支出中剔除,将其列入服务收支项目。②

服务贸易(Service Transaction)又称无形贸易收支(Invisible Trade),主要包括以下几个项目:

(1) 加工服务(包括来料加工和出料加工)。

(2) 运输,即货运、客运、港口、仓储、邮电等费用的收入和支出,统称贸易从属费用。

(3) 旅游,指旅游者和其他访问者在外国旅游时所支付的费用,如食宿、交通运输和娱乐费用。

(4) 银行和保险业务收支,指银行及保险业从外国得到的收入和对外国的支出。在银行业务中计列利息和手续费的收入和支出,在保险业务中计列货物保险、人寿保险等各种保险的保险费、保险额的收入和支出。

(5) 军事支出,指在国外的军队开支,包括食品、电力、运输及在国外需要的供应品,其中并不包括运往外国的供应品和设备。

(6) 政府往来,如使领馆经费支出、外交人员个人支出等。

---

① Current Account 有两层含意:在国际收支中是指国际经济交易的一个类别,而在商业银行中是指往来账户或支票账户。我国以前发布的国际收支平衡表都把 Account 表述为"项目"而不是"账户",但自 2015 年起则用"账户"予以表述。

② 在统计货物贸易时,国际收支口径与海关口径的主要差异在于:(1) 国际收支中的货物只记录所有权发生了转移的货物(如一般贸易、进料加工贸易等贸易方式的货物),所有权未发生转移的货物(如来料加工或出料加工贸易)不纳入货物统计,而纳入服务贸易统计。(2) 计价方面,国际收支统计要求进出口货值均按离岸价格记录,海关出口货值为离岸价格,但进口货值为到岸价格,因此,国际收支统计从海关进口货值中调出国际运保费支出,并纳入服务贸易统计。(3) 补充了部分进出口退运等数据。(4) 补充了海关未统计的转手买卖下的货物净出口数据。

(7) 其他服务收支，如办公费、专利使用费、广告宣传费、签证费及其他租赁费等。

2. 收益

收益(初次收入)包括雇员报酬和投资收益。投资收益由两个部分组成：一是国际直接投资产生的收益，如股息、红利及利润的收支；二是国际间接投资，如延期付款、信用贷款、证券投资、外债等的利息收支。本国从国外获得收益记贷方，外国从本国获得收益记借方。

3. 经常转移

经常转移(Current Transfer)即转移收支(Transfer Payment)(二次收入)，是指不发生偿还或收益报酬的单边支付，是无对等的交易，又称单边转移(Unilateral Transfer)或不偿还的转移(Unrequited Transfer)，如货物、服务、现金等的单方面转移。在民间方面，有侨民汇款、养老金及宗教团体、教育机构、财团法人捐赠钱款物资，各种奖金及奖学金等；在政府方面，有对外经济和军事援助、战争赔款、没收走私货物、政府间的馈赠、捐款及税款等。

上述三个项目差额的总和，就是经常项目差额。2001—2020 年中国的国际收支经常项目状况如图 19－1 所示。

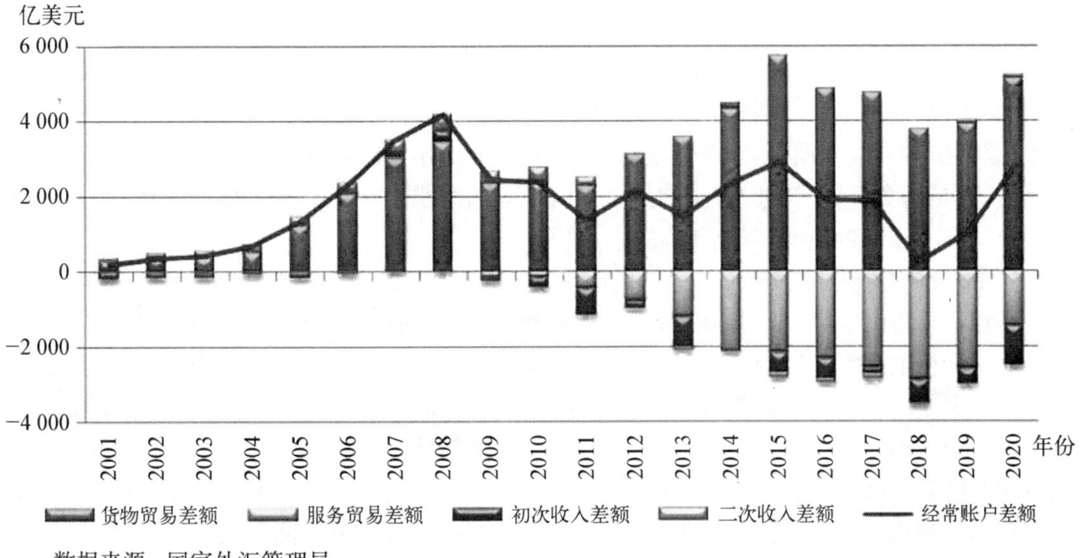

数据来源：国家外汇管理局。

图 19－1　2001—2020 年中国的国际收支经常项目状况

(二) 资本和金融项目

资本和金融项目(Capital Account)简称资本项目，主要记录表现为资金形态的资本流出和流入情况，可分为长期资本和短期资本两大类。

1. 长期资本

长期资本(Long-term Capital)是指期限在 1 年以上或未规定期限(如股票)的资本，又可分为政府长期资本和私人长期资本。

政府长期资本流动主要包括：(1) 政府间贷款，如发达国家对发展中国家的官方开发援助(Official Development Aid, ODA)贷款；(2) 政府投资，如购买外国政府发行的债券等；(3) 其他，如向国际金融机构的借款等。需要注意的是，国际货币基金组织与各成员国之间相互的贷款不属于资本项目,而被列入官方储备项目。

私人长期资本流动主要包括:(1) 国际直接投资(Foreign Direct Investment, FDI),如私人企业(包括跨国公司)在外国(东道国)采矿、开厂、办企业;外资企业在东道国(Host Country)获得的利润在当地的再投资(Reinvestment);购买某外国公司的股票超过一定比例。[①] (2) 国际证券投资(International Portfolio Investment),又称国际间接投资,主要指购买外国政府债券、外国公司的股票和债券等。这里应指出的是,就购买股票的行为而言,直接投资和证券投资的区别在于拥有外国企业的股权是否超过一定的比例。对这一比例,各国有不同的规定,有的国家规定10%以上,有的国家规定25%以上。如美国政府规定,外国公司购买一家美国企业的股票超过10%,便属直接投资。我国法规规定,中外合资企业的外商投资额最少应占总投资额的25%以上;境外投资者购买一家公司的人民币特种股票(B股)超过股本总额的25%便从证券投资转为直接投资,该公司就成为中外合资股份有限公司。这一规定的依据是,一旦一国居民拥有另一国公司的股票达到足够的数量,就会对该公司取得控股权,进而享有决策权,影响其经营管理活动,因而具有直接投资的性质。(3) 国际信贷(International Credit),如中长期出口信贷、银团贷款等。

2. 短期资本

短期资本(Short-term Capital)是指期限为1年或1年以下的资本,也可分为政府短期资本和私人短期资本。短期资本流动主要包括进出口信贷、套汇套利交易、跨国公司的资金调拨、金融机构的头寸调整,以及资本外逃(Capital Flight)和投机性资金流动等。短期资本流动,尤其是游资(Hot Money,又称热钱),其流动性很强,经常在国际间频繁转移,是造成国际金融局势动荡的重要因素。

资本外逃的主要原因是:(1) 一国的政局动荡,局势不稳,资金因安全原因而流出;(2) 一国的经济状况恶化,国际收支巨额逆差,货币可能大幅度贬值,资金为免受损失而流出;(3) 一国将实施严格的外汇管制或政策法令的限制,资金为自由运作或免受损失而流出。可见,资本外逃主要是出于安全考虑的资本流出,是为了避免风险,不是出于商业性的获利动机。

在投资方面,资本项目记录的是本金在国际间的转移,至于投资收益,则因其不断形成,具有相对的稳定性和经常性,故而列入经常项目(收益,初次收入),并不反映在资本项目中。

资本项目记录的经济活动既可能是实际发生的资金收付,也可能不发生资金收付,仅仅是债权债务关系发生了变化,如外资企业的利润再投资。此外,资金的收付既可能是源于经常项目的经济活动,如出口收入和进口支出,也可能与经常项目无关。

从国际收支统计的角度看,资本流入(Capital Inflow)是指资本从国外流入国内,这意味着本国对外国的负债增加,或外国对本国的资产增加,或本国在外国的资产减少,或外国对本国的负债减少。相反,资本流出(Capital Outflow)是指资本从国内流向国外,这说明本国在国外的资产增产,或本国对外国的负债减少,或外国在本国的资产减少,外国在本国的负债增加。

2020年我国资本流动状况如图19-2所示。

---

① 许多中文文献把Foreign Direct Investment翻译为"外国直接投资"或"对外直接投资"。我们认为,这些中文表述仅刻画了国际直接投资的单向行为特征。其实,国际直接投资是一种双向的行为,既包括"外来直接投资"(Inward Direct Investment),也包括"对外直接投资"(Outward Direct Investment,或Overseas Direct Investment, ODI)。在统计直接投资时国际收支口径与商务部公布的数据主要差异在于,国际收支统计中还包括了外商投资企业的未分配利润、已分配未汇出利润、盈余公积、股东贷款、金融机构吸收外资、非居民购买不动产等内容。

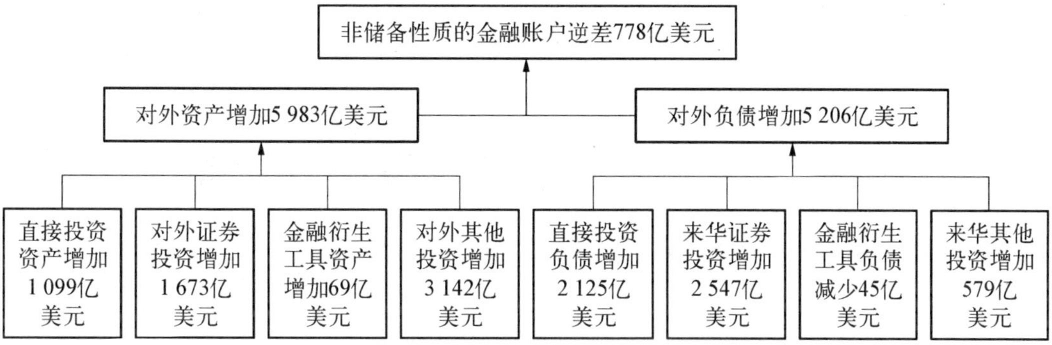

数据来源：国家外汇管理局。

图 19－2　2020 年我国资本流动状况

（三）平衡或结算项目

平衡或结算项目(Balancing or Settlement Account)包括储备资产和净误差与遗漏。

1. 储备资产

储备资产(Reserve Asset)又称官方储备(Official Reserve)，是一个国家的货币当局(Monetary Authorities)，即专门负责货币金融事务的政府部门，包括财政部、中央银行、外汇管理部门等持有的可用于对外支付的资产及其对外债权。① 一国的官方储备主要包括四个组成部分，即黄金、外汇、特别提款权(Special Drawing Right，SDR)和在货币基金组织的储备头寸(Reserve Position)。

一个国家的国际收支出现顺差时，其对外收入大于支出，这部分差额就会转化为官方的储备资产；而在逆差时，由于收入小于支出，政府就必须动用相应数量的官方储备对外支付，导致储备资产的减少。可见，储备资产的一个重要功能就是平衡国际收支。储备资产的增减是国际收支数量变化的结果。从图 19－3 可以发现，我国的外汇储备增减额与经常项目和资本项目的合计差额存在明显的对应关系。

按国际收支平衡表的编制原理，官方储备属于资产项目，因而其增加用负号(－)表示，减少则以正号(＋)表示。

2. 净误差与遗漏

净误差与遗漏(Errors and Omissions)是一个人为设立的平衡项目，用于轧平国际收支平衡表中借贷两方的总额。② 国际收支平衡表中的统计数字出现错漏是不可避免的，这是因为：(1) 资料来源不一。由于商务部、财政部、海关、税务和银行等各部门的统计口径不一，因而导致汇总数字不符。例如，我国的进出口数据来自海关，直接投资(非金融领域)数据来自商务部，境外上市融资数据来自证监会，境外投资收益数据来自外管局。(2) 资料不全。有些国际经济活动未经过对应的部门办理，如走私及私自携带现钞出入国境等，因而无法获得相应的统计数据。(3) 资料本身错漏。有关部门提供的统计数字也不能保证绝对准确无误，有的仅仅是估算数字，也有可能在抄录时发生错漏。由于上述原因，国际收支平衡表的

① 虽然货币当局是一个比中央银行含义更广的概念，但在国际学术文献中，这两个术语经常混用。

② 有些中文文献将英文 Errors and Omissions 翻译成“错误与遗漏”，实际上，这种情况主要并非主观、故意或人为的结果，而是客观因素造成的，因此翻译成“误差与遗漏”似乎更确切一些，而且与我国发布的国际收支平衡表也能保持一致。

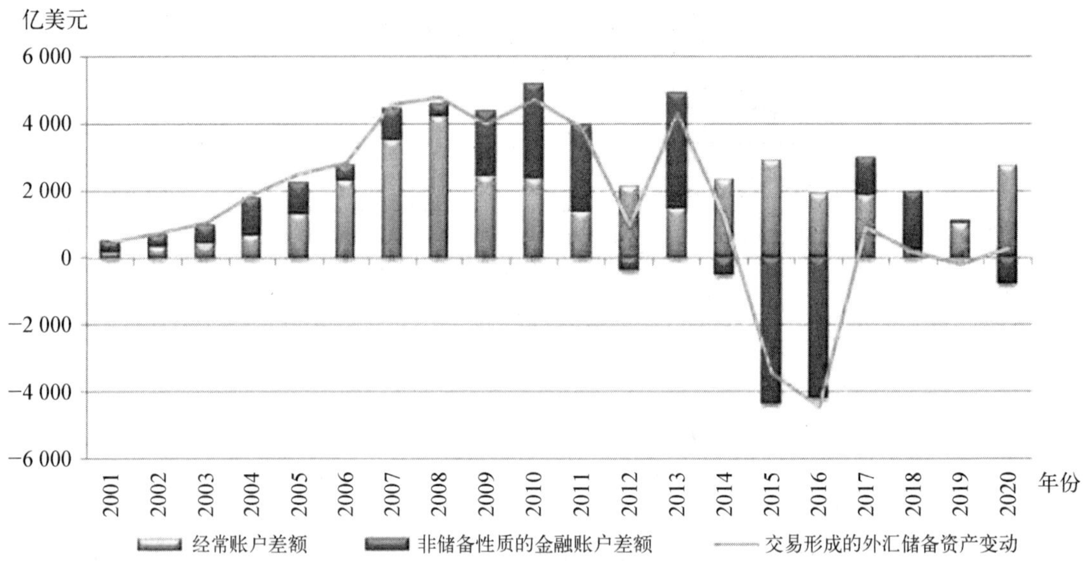

数据来源：国家外汇管理局。

图 19－3　2001—2020 年我国国际收支状况

借贷方总额总会出现差额。设立这一项目后就可以将无法平衡的差额记入其中,用于轧平总的差额。此外,该项目并不反映各个统计环节中具体的错漏,而是一个总数,因此称为净误差与遗漏。

由于短期资本流动的统计数字最易发生错漏,因此,通常的编制方法是把这一项目设于短期资本流动之后,以便账务处理。但近年来各国均根据国际货币基金组织的要求把该项目列在了国际收支平衡表的最后。

按照复式记账原理,一笔经济交易往往会同时涉及两个项目,需要分别在不同项目得到反映。以补偿贸易为例,其进口设备金额反映在贸易收支项目的货物进口上,由于此时并未支付进口货款,因此,还要在资本项目中,以对外负债的增加做相应的反映。以后用出口货物偿还时,其金额当然也反映在贸易收支项目的货物出口上,但由于这时并未获得出口货款,因此,也要在资本项目中以对外负债的减少做相应的反映。所以,每个项目并不是独立的,相互之间有密切的联系。这种联系还表现在各个项目差额可以相互抵补,如服务收支顺差可以抵补贸易收支逆差、资本项目顺差可以抵补经常项目逆差等。

以上讨论的是编制国际收支平衡表的基本原理。实际上,各国往往根据本国的特定情况和习惯按自己的分类编制国际收支平衡表。

国际货币基金组织为了比较各成员国的国际收支状况,于 1948 年首次发布了《国际收支手册(第一版)》(*Balance of Payments Manual*),要求成员国按统一的统计口径和格式报送国际收支平衡表,并分别于 1950 年(第二版)、1961 年(第三版)、1977 年(第四版)、1993 年(第五版)和 2008 年(第六版)修订再版。国际货币基金组织要求各成员国自 2015 年起按 2008 年版执行,该手册的名称也改为《国际收支和国际投资头寸手册(第六版)》(*Balance of Payments and International Investment Position Manual*, BPM6),并对国际投资头寸表的编制做了相应规定。

从 2015 年起，我国国家外汇管理局开始按照《国际收支和国际投资头寸手册(第六版)》即 2008 年版，编制和发布国际收支平衡表(参见国家外汇管理局官网)。与之前相比，主要变化是：(1) 将储备资产纳入金融账户统计，并在金融账户下增设“非储备性质的金融账户”，与原金融项目包含的内容基本一致；(2) 项目归属发生变化，如将经常项目下的转手买卖从原服务贸易调整至货物贸易统计，将加工服务(包括来料加工和出料加工)从原货物贸易调整至服务贸易等；(3) 项目名称和细项分类有所调整，如将经常项目、资本项目和金融项目等重新命名为经常账户、资本账户和金融账户，将收益和经常转移重新分别命名为初次收入和二次收入等；(4) 金融项目用资产和负债而不是借方和贷方表示；(5) 借方项目和资产项目用负值表示。2016—2020 年我国国际收支平衡表如表 19－2 所示。

表 19－2　2016—2020 年我国国际收支平衡表　　单位：亿美元

项　　目	2016 年	2018 年	2020 年
1. 经常账户	**1 913**	**241**	**2 740**
贷方	24 555	29 473	30 117
借方	－22 641	－29 231	－27 377
1.A 货物和服务	**2 557**	**879**	**3 697**
贷方	21 979	26 510	27 324
借方	－19 422	－25 631	－23 627
1.A.a 货物	**4 889**	**3 801**	**5 150**
贷方	19 895	24 174	24 972
借方	－15 006	－20 374	－19 822
1.A.b 服务	**－2 331**	**－2 922**	**－1 453**
贷方	2 084	2 336	2 352
借方	－4 415	－5 257	－3 805
1.A.b.1 加工服务	184	172	127
贷方	185	174	132
借方	－2	－3	－5
1.A.b.2 维护和维修服务	32	46	43
贷方	52	72	77
借方	－20	－25	－34
1.A.b.3 运输	－468	－669	－381

续 表

项　目	2016 年	2018 年	2020 年
贷方	338	423	566
借方	−806	−1 092	−947
1.A.b.4 旅行	−2 057	−2 369	−1 163
贷方	444	404	142
借方	−2 501	−2 773	−1 305
1.A.b.5 建设	42	49	46
贷方	127	136	126
借方	−85	−86	−81
1.A.b.6 保险和养老金服务	−88	−66	−70
贷方	41	49	54
借方	−129	−116	−123
1.A.b.7 金融服务	11	12	10
贷方	32	33	43
借方	−20	−21	−33
1.A.b.8 知识产权使用费	−228	−302	−292
贷方	12	56	86
借方	−240	−358	−378
1.A.b.9 电信、计算机和信息服务	127	65	59
贷方	254	300	389
借方	−127	−235	−330
1.A.b.10 其他商业服务	147	191	198
贷方	580	662	702
借方	−432	−470	−504
1.A.b.11 个人、文化和娱乐服务	−14	−24	−20
贷方	7	10	10
借方	−21	−34	−30
1.A.b.12 别处未提及的政府服务	−20	−27	−11

续 表

项　　目	2016 年	2018 年	2020 年
贷方	12	18	25
借方	−32	−45	−36
1.B 初次收入	**−549**	**−614**	**−1 052**
贷方	2 267	2 685	2 417
借方	−2 815	−3 299	−3 469
1.B.1 雇员报酬	207	82	4
贷方	269	181	147
借方	−62	−99	−144
1.B.2 投资收益	−759	−713	−1 071
贷方	1 992	2 483	2 244
借方	−2 751	−3 196	−3 315
1.B.3 其他初次收入	3	18	16
贷方	6	21	26
借方	−2	−3	−10
1.C 二次收入	**−95**	**−24**	**95**
贷方	309	278	376
借方	−404	−302	−281
1.C.1 个人转移	/	−4	4
贷方	/	62	42
借方	/	−66	−38
1.C.2 其他二次收入	/	−20	91
贷方	/	216	334
借方	/	−236	−244
2. 资本和金融账户	**272**	**1 532**	**−1 058**
2.1 资本账户	**−3**	**−6**	**−1**
贷方	3	3	2
借方	−7	−9	−2

续 表

项　目	2016年	2018年	2020年
2.2 金融账户	**276**	**1 538**	**−1 058**
资产	−2 320	−3 620	−6 263
负债	2 596	5 158	5 206
2.2.1 非储备性质的金融账户	−4 161	1 727	−778
资产	−6 756	−3 432	−5 983
负债	2 596	5 158	5 206
2.2.1.1 直接投资	−417	923	1 026
2.2.1.1.1 资产	−2 164	−1 430	−1 099
2.2.1.1.1.1 股权	−1 470	−1 129	−836
2.2.1.1.1.2 关联企业债务	−694	−301	−263
2.2.1.1.1.a 金融部门	/	−208	−200
2.2.1.1.1.1.a 股权	/	−200	−215
2.2.1.1.1.2.a 关联企业债务	/	−8	14
2.2.1.1.1.b 非金融部门	/	−1 223	−899
2.2.1.1.1.1.b 股权	/	−930	−622
2.2.1.1.1.2.b 关联企业债务	/	−293	−277
2.2.1.1.2 负债	1 747	2 354	2 125
2.2.1.1.2.1 股权	1 649	1 859	1 700
2.2.1.1.2.2 关联企业债务	98	495	425
2.2.1.1.2.a 金融部门	/	176	200
2.2.1.1.2.1.a 股权	/	149	123
2.2.1.1.2.2.a 关联企业债务	/	26	76
2.2.1.1.2.b 非金融部门	/	2 178	1 925
2.2.1.1.2.1.b 股权	/	1 710	1 577
2.2.1.1.2.2.b 关联企业债务	/	468	348
2.2.1.2 证券投资	−523	1 069	873
2.2.1.2.1 资产	−1 028	−535	−1 673

续　表

项　　目	2016年	2018年	2020年
2.2.1.2.1.1 股权	−382	−177	−1 310
2.2.1.2.1.2 债券	−645	−358	−363
2.2.1.2.2 负债	505	1 604	2 547
2.2.1.2.2.1 股权	234	607	641
2.2.1.2.2.2 债券	271	997	1 905
2.2.1.3 金融衍生工具	−54	−62	−114
2.2.1.3.1 资产	−65	−48	−69
2.2.1.3.2 负债	12	−13	−45
2.2.1.4 其他投资	−3 167	−204	−2 562
2.2.1.4.1 资产	−3 499	−1 418	−3 142
2.2.1.4.1.1 其他股权	0	−15	−5
2.2.1.4.1.2 货币和存款	−643	−150	−1 304
2.2.1.4.1.3 贷款	−1 103	−818	−1 282
2.2.1.4.1.4 保险和养老金	−3	−6	−33
2.2.1.4.1.5 贸易信贷	−1 008	−653	−369
2.2.1.4.1.6 其他	−743	224	−149
2.2.1.4.2 负债	332	1 214	579
2.2.1.4.2.1 其他股权	0	0	0
2.2.1.4.2.2 货币和存款	91	514	774
2.2.1.4.2.3 贷款	−174	321	−354
2.2.1.4.2.4 保险和养老金	−7	2	33
2.2.1.4.2.5 贸易信贷	162	408	76
2.2.1.4.2.6 其他	259	−31	51
2.2.1.4.2.7 特别提款权	0	0	0
2.2.2 储备资产	4 437	−189	−280
2.2.2.1 货币黄金	0	0	0
2.2.2.2 特别提款权	3	0	1

续 表

项　　目	2016 年	2018 年	2020 年
2.2.2.3 在国际货币基金组织的储备头寸	−53	−7	−19
2.2.2.4 外汇储备	4 487	−182	−262
2.2.2.5 其他储备资产	0	0	0
3. 净误差与遗漏	**−2 186**	**−1 774**	**−1 681**

数据来源：国家外汇管理局。

国际货币基金组织自《国际收支手册(第五版)》开始取消了长期资本和短期资本的分类，这是因为随着各种金融衍生产品的出现，长期资本和短期资本的界限日益趋于模糊，在二级市场，许多期限在 1 年以上的资本也可以在短时间内流入流出某个国家或地区。第五版还把资本项目改为资本与金融项目，主要包括：(1) 资本项目(资本转移和非生产性、非金融性资产收买和放弃)；(2) 金融项目(直接投资、证券投资、金融衍生品、其他投资和储备资产)。

国际货币基金组织新的分类方法把官方的储备资产与非官方的直接投资和证券投资等经济交易合在一起，统称资本与金融项目，这种分类不利于区别和分析这两种不同性质的经济往来。因此，国际学术界在对国际收支进行分析和研究时，往往把储备资产从资本与金融项目中剔除，形成狭义的资本与金融项目，而且有时仍然简称资本项目。本书后文所谓的资本项目，就是指剔除了储备资产后的资本与金融项目，大致相当于非储备性质的金融账户。

国际货币基金组织为了比较不同国家对外金融的债权和债务状况，还要求成员国按统一的格式编制和报送国际投资头寸表。国际投资头寸表是反映特定时点上一个国家或地区对其他国家或地区金融资产和负债存量的统计报表。国际投资头寸的变动是由特定时期内交易、价格变化、汇率变化和其他调整引起的。国际投资头寸表在计价、记账单位和折算等核算原则上均与国际收支平衡表保持一致，并与国际收支平衡表共同构成一个国家或地区完整的国际账户体系(见图 19－4)。目前，我国外管局已按照《国际收支和国际投资头寸手册(第六版)》即 2008 年版的要求按季度发布我国的国际投资头寸表。

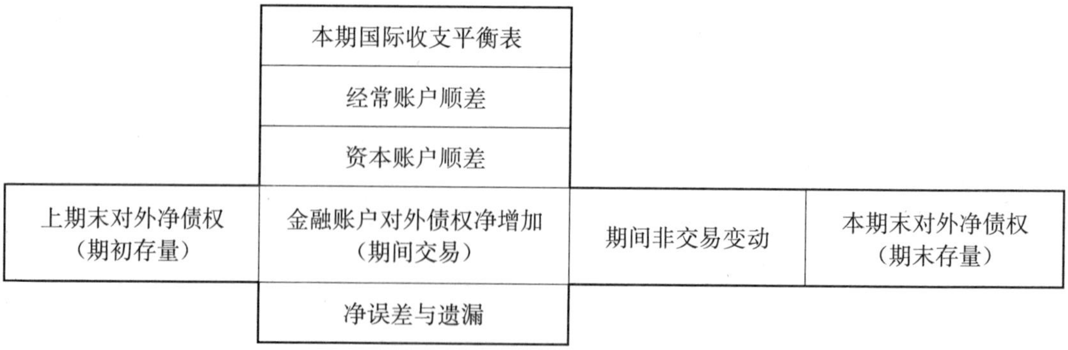

注：根据国际货币基金组织《国际收支和国际投资头寸手册》，国际收支平衡表与国际投资头寸表的关联是：期初对外净债权＋期间净债权交易(BOP 金融账户差额)＋期间对外净债权的非交易变动＝期末对外净债权。

图 19－4　国际收支平衡表与国际投资头寸表的关联

专栏 19－1

外来直接投资对东道国国际收支的影响

一般认为，引进外资对一国的国际收支总是有利的，其实有时也可能有不利的一面。

外来直接投资对东道国的国际收支具有三方面的积极作用：第一，外来直接投资意味着资本的流入，因此，其资本项目有望改善。第二，如果东道国通过外来直接投资取代货物和服务的进口，就有助于改善其贸易收支。例如，美国和英国引进了日本的汽车公司，以此替代从日本的汽车进口，因此，贸易收支在一定程度上得到了改善，尤其重要的是日本汽车公司还大量使用了当地的生产要素而不是日本的生产要素。第三，如果外资企业的产品用于出口而不是全部在当地销售，也会提升东道国的出口能力。

然而，外来直接投资也可能对东道国的国际收支产生不利的影响：其一，随着外商投资利润向母国(Home Country)的返还，资本就会相应流出，这会导致东道国的经常项目中投资收益的逆差。如果这种利润的返还年复一年地发生，则从长期看，外来直接投资对一国的国际收支可能是不利的。其二，若外资企业从国外进口大量用于投入的产品，这样，东道国的贸易收支就会受到不利影响。因此，许多东道国对外资企业的产品有国产化的要求。

第三节　国际收支不平衡

一、国际收支不平衡的概念

国际收支平衡表从其编制原理来看，在某种程度上总是平衡的，其平衡的表现有两个方面：(1) 由于采取复式记账原理，因此，国际收支平衡表的借方总额和贷方总额总是相等的。(2) 由于设立了平衡项目，因此，经常项目和资本项目的合计差额最终总是可以通过官方储备的增减和净误差与遗漏项目得到平衡，以致最终的账面差额即总差额(Overall Balance)必然为零。

从另一方面看，国际收支又常常是不平衡的，其不平衡的表现也有两个方面：(1) 国际收支平衡表中的各个项目，如货物的进口和出口，一般是不相等、不平衡的，总会出现一定的差额，这就是所谓的局部差额(Partial Balance)。(2) 撇开国际收支账面上的表象平衡，一国的国际收支在性质上仍然可能是不平衡的。为了把握国际收支在性质上是否平衡，首先要把国际经济交易划分成自主性交易和调节性交易。①

自主性交易(Autonomous Transaction)又称事前交易(Ex-ante Transaction)，是指事前纯粹为达到一定的经济目的，如降低成本、增加收益而主动进行的交易。调节性交易(Accommodating or Compensatory Transaction)又称事后交易(Ex-post Transaction)，是有

① 詹姆斯·米德(James Meade)在1951年出版的《国际收支》一书中，提出了这一考察国际收支在性质上是否平衡的观点。

关国家的政府为了改变自主性交易各项目所发生的不平衡状况而直接进行或通过各种政策措施致使经济主体,如企业和个人所进行的交易。

将所有国际经济交易划分为自主性交易和调节性交易,可作为判断国际收支在性质上是否平衡的依据。一国国际收支中的自主性交易如果达到平衡,不需要做事后调节,则我们可认为该国的国际收支在性质上是平衡的。如果一国的自主性交易出现不平衡,只是在采取了调节性交易后才实现了平衡,那么,由于这种账面上的、形式上的平衡是虚假的、暂时的,缺乏牢固的基础,不能长久维持,因此,其国际收支在性质上仍然是不平衡的。

按交易性质判断国际收支在性质上是否平衡固然具有理论上的精确性,但实际上有时却很难区分不同的交易。这是因为任何一个国家每天都在发生成千上万笔的对外交易,要对所有的交易进行性质上的认定所需耗费的代价是不可承受的。此外,国际收支逆差国政府常常会对顺差国政府施加一定的压力,要求其采取有效措施促使其本国企业增加从该逆差国的进口。在这种情况下,人们往往无法确认究竟哪一笔进口是由于政府行为所造成的调节性交易。

在实际应用中通常采取的一种粗略的方法,是把不同类别的国际经济交易按自主性程度由高到低排列,并在中间划一道横线,将线上项目(Items above the Line)近似地看作自主性交易,线下项目(Items below the Line)则近似地看作调节性交易。由此可得出考察国际收支在性质上是否平衡的如下四个口径:

(一) 贸易差额

一些对自主性交易性质的尺度把握十分严格的学者认为,判断交易性质的横线应该划在贸易收支下方,因为贸易往来通常是出于自然的经济原因,其中的调节性交易所占比重最小,所以,只有贸易收支才能在总体上反映一国的自主性交易状况。如果一国的贸易收支出现严重的不平衡现象,那么,不管其他项目的收支是否平衡,其国际收支在性质上可以说是不平衡的。

此外,从贸易收支另一方面的重要性来看,虽然其仅是整个国际收支的一个组成部分,不能完全代表国际收支整体,但是对许多国家来说,贸易收支在全部国际收支中所占的比重相当大。因此,为了简便起见,可将贸易收支作为国际收支的近似代表。此外,贸易收支往往能综合地反映一国的产业结构、产品质量和劳动生产率状况,是一国实体经济对外状况的重要表现。所以,尽管一些西方发达国家的资本项目的交易量所占比重很大,但仍然十分重视贸易差额(Trade Balance)。许多国际收支理论也以贸易收支指代国际收支。

(二) 经常项目差额

不少对自主性交易性质的认定持宽松态度的学者则把界限划在经常项目下方,其依据是,除了贸易以外,国际间的服务往来和各种收益一般也是出于自然的经济原因。而且,随着服务贸易的迅速发展,其在整个国际收支中的地位呈上升趋势,有些国家的对外经济甚至在很大程度上依赖于服务贸易和投资收益。因此,以经常项目差额(Current Account Balance)来考察一国的国际收支是否达到性质上的平衡更为全面。

(三) 基本差额

有学者认为,长期资本相对于短期资本来说是一种比较稳定的非投机性资本流动。它以市场、利润及获取资源等为目的,因而在很大程度上属于自主性交易,并反映了一国在国际经济往来中的地位和实力。因此,他们主张把判断交易性质的横线划在长期资本下方,将经常项目差额和长期资本项目差额合在一起，称为基本差额(Basic Balance)。基本差额能反映一国国际收支的基本状况，所以成为许多国家特别是那些长期资本流动规模较大的国家判断和观察其国际收支状况的重要指标。

(四) 官方结算差额

对自主性交易的尺度持最宽松态度的学者更进一步把横线挪到了私人短期资本下方。他们认为，私人的短期资本往来，包括投机资金的国际转移，无非是出于避险获利的目的，其决定因素仍然是国际经济的基本结构和其他状况，因而同样可看作自主性交易。由此形成的基本差额再加上私人短期资本差额，就构成了官方结算差额(Official Settlement Balance)，因为这一差额必须通过官方的行为如官方短期借贷或官方储备的相应变动才能得到平衡。

综上所述，尽管一国的国际收支最终在账面上始终是平衡的，但其各个项目却总是不平衡的，尤其是从性质上来看，按不同的口径进行考察，国际收支的不平衡是经常现象，国际收支的平衡只能是偶然现象。

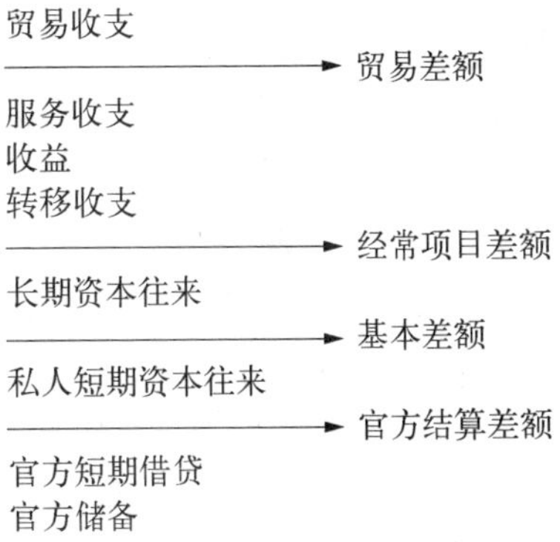

图 19-5　国际收支平衡的考察口径

二、国际收支不平衡的成因

一国国际收支无论是出现持续性的巨额顺差还是逆差，都对本国经济不利。持续性的逆差会导致官方储备不断流失，使国内经济活动受到紧缩压力，抑制经济增长；反之，持续性的巨额顺差，又会导致本国货币汇率上升，削弱出口竞争力，或者会引起官方储备的过多积累，这意味着放弃实际资源的使用权，引发通货膨胀，有时还会产生并加深与其他国家之间的矛盾和冲突，形成贸易争端。但相比较而言，逆差国由于直接面临官方储备减少的局面，因而较顺差国承受了更直接、更紧迫的调节压力，否则，其官方储备就可能彻底耗竭。因此，本书所谓的“国际收支不平衡”，主要是指持续、巨额的逆差现象。

如前所述，按不同的口径来看，一国的国际收支在性质上经常是不平衡的。造成国际收支的这种性质上不平衡的原因固然十分繁多，但主要原因有以下四个方面：

(一) 经济周期

在市场经济条件下，由于经济周期的影响，一国经济会周而复始地出现繁荣、衰退、萧条、复苏四个阶段。周期的不同阶段会对国际收支产生不同的影响。在繁荣时期，由于国内需求旺盛，进口相应增加，出口反而减少，国际收支可能出现逆差；而在萧条时期，由于需求不足，进口就会下降，出口反倒上升，就会出现顺差。随着周期的阶段性演变，这种不平衡现象也交替发生。这种因经济周期引起的国际收支不平衡，称为周期性不平衡(Cyclical Disequilibrium)。

(二) 国民收入

随着一国经济增长率的高低变化，其国民收入也会相应增加或减少。有关的研究结果表明，一国的进口与国民收入之比，即进口倾向(Propensity to Import)，存在稳定的比率关系。因此，国民收入的增加引起的购买能力的上升会导致进口的增加。另外，服务、捐赠、旅游及投资等方面的对外支出也会随着收入的增加而上升。假定其他条件不变,其国际收支就可能出现逆差。这种由国民收入的变化而产生的国际收支不平衡,称为收入性不平衡(Income Disequilibrium)。

(三) 货币价值

一国货币在国内的实际购买力的变动,也会影响其国际收支。当一国出现较严重的、高于世界平均水平的通货膨胀时,国内的价格水平就会过度上升,致使其货币购买力明显下降。这就导致其货物和服务的出口竞争力减弱,出口必然减少。与此同时,国外的货物和服务的价格则显得相对低廉,进口由此受到鼓励,致使国际收支出现逆差。这种由货币价值变化引起的国际收支不平衡,称为货币性不平衡(Monetary Disequilibrium),又称价格性不平衡(Price Disequilibrium)。

(四) 经济结构

1. 产业结构

当一国的产业结构与整个世界的产业结构不相一致或不相协调时,其货物和服务的出口就会发生困难,以致国际收支出现逆差。

发展中国家由于历史和地理环境、自然资源、劳动力数量和质量、技术水平等方面的原因,主要生产农产品、矿产品、畜产品等初级产品,即使是制成品的生产方面也仅限于附加值和技术含量很低的产品。第二次世界大战以后,世界经济结构性变化的一个主要特征是对初级产品的需求相对下降,而对制成品的需求急剧上升。由此造成国际市场上初级产品的价格上升速度极为缓慢,制成品的价格上升速度很快。[①] 许多发展中国家由于种种原因,未能及时将生产初级产品为主的经济结构转向制成品为主的经济结构。面对日益恶化的贸易条件(Terms of Trade),这些发展中国家的初级产品的出口收入增加不多,而为了维持经济增长所必需的原材料、能源、机械设备等进口制成品价格的大幅度上扬,使其进口支出猛增,国际收支因而出现持续的逆差。

这里的"贸易条件",是指一定数量的出口商品能够换取的进口商品的数量,若以同一种货币计值,其数学表达式为:

$$\boldsymbol{T = \frac{P_X}{P_M}}$$

式中,T 表示贸易条件,P_X表示出口商品的价格,P_M表示进口商品的价格。出口商品的价格变动率与进口商品的价格变动率之差可用来表示贸易条件的变动情况。

2. 宏观结构

一国的内部经济失衡,如投资大于储蓄,造成国内需求过度,国内产出相对不足,只能通过进口得到满足,这也会导致国际收支不平衡。

上述由于国内经济结构与世界经济结构发生错位或内部经济失衡而形成的国际收支不平衡,称为结构性不平衡(Structural Disequilibrium)。

三、纠正国际收支不平衡的对策

一国的国际收支如果发生暂时性的不平衡,即短期的、由非确定或偶然因素引起的不平

---

① 根据恩格尔法则(Engle's Law)可以推断,从总体上看,人们对初级产品的需求随收入的增加而相对减少。

衡，那么这种不平衡一般程度较轻，持续时间不长，带有可逆性，因而不需要采取政策调节，不久便可自行得到纠正。但是，如果一国的国际收支不平衡属于持续性不平衡，是由一些根深蒂固的原因造成的，且属巨额顺差或逆差，那么这种不平衡没有可逆性，属于基本性不平衡(Fundamental Disequilibrium)，就必须采取相应的对策加以纠正。

(一) 国际收支的自动调节

古典学派的研究表明，市场经济可通过一系列经济变量，在所谓的“看不见的手”的作用下自动地由失衡转向均衡。英国学者大卫·休谟(David Hume, 1711—1776)在其1752年出版的《贸易收支》(*The Balance of Trade*)一书中，对金本位条件下贸易收支即狭义的国际收支的自动调节过程——“价格-金币流动机制”(Price-Specie Flow Mechanism)，做了完整的描述。

在国际金本位制度下，一国的国际收支(贸易收支)如发生逆差，则迫使该国货币汇率下跌至黄金输出点而使黄金外流。黄金外流导致银行准备金降低，从而使货币发行量减少，由此引起价格下跌，进而增强其商品在国际市场上的竞争能力，因而促进出口，同时，国外价格水平的相对上升也抑制了进口。这样，外来收入增加而对外支出减少，逐步消除逆差，使国际收支恢复平衡(见图19-6)。

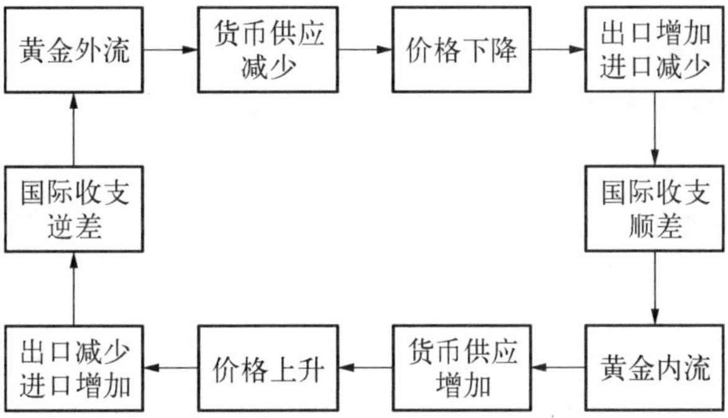

图19-6 价格-金币流动机制

在纸币流通条件下，一国的国际收支已无法借助黄金的输出入而自动调节，但在市场机制得到充分发挥的情况下，经济的“内在稳定器”(Internal Stabilizer)仍有一定的功效。例如，国际收支的逆差会引起外汇的供不应求，促使本国货币汇率下跌，进口价格相对上升，出口价格相对下降，导致出口增加，进口减少，国际收支由此改善。但在现代的不兑现纸币本位制度中，金融资产的品种不断增多，功能日益丰富，以致金融体系的复杂性愈益强化，更何况政府在宏观经济管理方面的作用也明显加强，这使得国际收支自动调节的效果受到了极大的削弱。

(二) 国际收支的调节政策

国际收支的调节(Adjustment)是指一国政府尤其是货币当局通过一定的政策措施使原有的国际收支变化趋势得以遏制甚至逆转，进而恢复平衡。

调节国际收支的政策措施从支出的角度来看，可划分成以下两大类：

1. 支出转换政策

支出转换政策(Expenditure-switching Policy)主要是通过改变支出的流向，鼓励用于购买货物和服务的支出由国外转向国内,最终改善国际收支。具体而言,这类政策包括:(1)调低本国货币汇率,使得经汇率折算以后,外国货物和服务的价格相对上升,本国货物和服务的价格相对下降;(2)采取复汇率制度(Multiple Exchange Rate System),即对不同的交易实行不同的汇率,从而刺激某些商品的出口,限制某些商品的进口;(3)提高进口关税,增加进口成本;(4)实行进口配额,限制进口数量,提供出口补贴等。这类政策主要通过改变进出口商品的相对比价或进出口数量,借以提高出口商品的国际竞争能力,结果,出口收入增加,进口支出减少,国际收支由此得到改善。

2. 支出调整政策

支出调整政策(Expenditure-changing Policy)是通过增加或减少国民收入,以改变可用于购买货物和服务的支出数量。支出调整政策又可分成两种,即支出增加政策(Expenditure-increasing Policy),如扩张性的财政货币政策,以及支出减少政策(Expenditure-reducing Policy),如紧缩性的财政货币政策等。在国际收支逆差时,可采取支出减少政策,实行紧缩性的财政政策——减少政府支出,增加税收;紧缩性的货币政策——减少货币供应量,提高利率。支出减少政策的核心是减少国民收入,迫使本国支出下降,用于进口的支出也相应下降。此外,随着经济紧缩,国内的价格水平也会降低,有助于刺激出口。最后,较高的利率水平还可以吸引外国资本的流入,以获取利息收益,使资本项目得到改善。

(三) 国际收支的融资手段

采取一定的调节措施虽然能使国际收支得到平衡,但由此可能产生经济增长减慢、经济衰退、失业增加、通货膨胀、贸易条件恶化等副作用。因此,在有些情况下,尤其是国际收支逆差不很严重时,就可采取融资措施。融资措施(Finance)是指以筹措资金的方式来填补国际收支不平衡的缺口。这包括两个方面:一个是内部融资(Internal Finance),即当一国持有充足的官方储备时,可直接用官方储备,或动员和集中国内居民持有的外汇来满足对外支付的需要;另一个是外部融资(External Finance),即通过从外国政府、国际金融机构或国际金融市场融通资金,以弥补国际收支逆差。融资措施虽然能暂时应付国际收支逆差,但由于其没有消除国际收支逆差的成因,不能改变国际收支逆差的趋势,因此,不能从根本上解决国际收支逆差问题,尤其是持续的巨额逆差。

(四) 直接管制

直接管制(Direct Control)是政府通过强制性的行政手段,如法规和条例,对进出口和外汇买卖予以规定的做法。直接管制的出发点是限制涉及对外支付的交易,如进口和购买外汇;鼓励涉及外来收入的交易,如出口和卖出外汇,从而达到改善国际收支的目的。对进出口的直接管制通常称作贸易管制,对外汇买卖、收支、存兑的直接管制则称作外汇管制。

在改善国际收支方面,直接管制由于不受时滞的影响,因而效果比较迅速和显著。此外,直接管制措施的选择性较好,可以根据不同的交易有针对性地予以限制或鼓励,而不会累及其他交易。因此,对于因局部因素造成的国际收支逆差,直接管制措施具有很大的优越性。直接管制的缺陷在于其常常会扭曲市场机制,损害市场效率,不利于资源的有效配置。而且,直接管制措施并未从根本上消除导致国际收支逆差的原因,由此形成的国际收支平衡只是表面上的平衡,"内隐逆差"依然存在,一旦取消管制,这种内隐逆差即刻就会转换成"外显逆差"。最后,直接管制是改变国际竞争力量对比的不公正手段,因而在限制进口的同时会使有关国家的出口受到不利影响，这些国家也会采取报复措施，相应限制进口，使直接管制的效能大打折扣。

专栏 19－2

我国的国际收支与国际热钱流动规模及途径

国际热钱又称国际游资，前者是英语“hot money”的直译，后者是对国际热钱特征的描述。学术界对热钱尚无确切的定义，但一般认为热钱基本反映了以下主要特点：(1) 热钱是在国家间专门从事牟利活动的短期资金，其主要特点是流动频繁，集中活动于投机性产业，如证券市场、房地产市场等。(2) 驱动热钱流动的主要因素是各国间的利差、各国间的货币汇率变动以及投机行业的盈利空间。因此，当一国利率上升、本币汇率看涨或投机行业迅速发展时，热钱将大规模入境进行套利；相反，在以上变量看跌的情况下，热钱将全面、迅速撤出，极可能引起该国金融波动甚至金融或经济危机。

一、热钱流动规模的估算

由于热钱的流动往往与正常的短期资金流动混淆在一起，很难在技术上予以确认，因此，国际学术界的许多研究主要体现在对短期跨境资本流动的考察上(见表 19－3)。

表 19－3　国外学者对短期跨境资本流动的估算方法

估算方法	估算公式
卡丁顿(1986)	短期跨境资本流动规模＝误差与遗漏＋私人短期资本流出
凯特(1986)	短期跨境资本流动规模＝误差与遗漏＋其他部门其他短期资本项目中的其他资产项目＋债券＋公司股权投资
世界银行(1985)	短期跨境资本流动规模＝外商直接投资增加＋外债增加＋经常项目顺差－外汇储备增加
摩根(1986)	短期跨境资本流动规模＝外商直接投资增加＋外债增加＋经常项目顺差－外汇储备增加－银行与货币当局拥有的短期外币资产增加
克莱因(1987)	短期跨境资本流动规模＝外商直接投资增加＋外债增加＋经常项目顺差－外汇储备增加－银行与货币当局拥有的短期外币资产增加－旅游收入－留存国外的再投资收益
杜利(1986)	资本外逃额＝可识别的资本外流加总－正常的对外债权存量变动数

资料来源：谢春凌(2009)。

由于我国对资金的跨境转移实行比较严格的管制，因此，热钱难以通过正式的合法途径流入，只能假借各种合法的名义或隐蔽的方式进入我国。这就导致热钱数量无法精确识别和确认，只能进行估算。不同的方法又形成了估算结果的巨大差异。

具体而言，我国学者主要使用以下方法估算热钱的规模：

(一) 净误差与遗漏

国际收支平衡表中的“净误差与遗漏”项目反映了没有被官方记录的资本流动状况,一些学者认为“净误差与遗漏”项目的大部分应该视为热钱的流动。按照这种估算方法,“净误差与遗漏”项目为正,则意味着存在官方统计之外的热钱的流入,为负,则意味着热钱的外流(见图 19-7)。

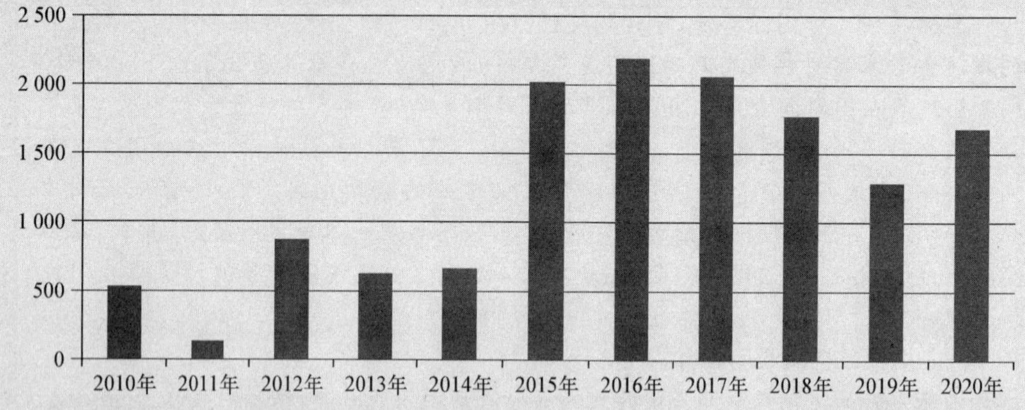

数据来源:国家外汇管理局。

图 19-7　2010—2020 年我国国际收支的净误差与遗漏(单位:亿美元)

用“净误差与遗漏”项目估算热钱的方法虽然简单明了,但不够精确,因为“净误差与遗漏”项目数额的形成除了没有被官方记录的资金流动以外,还有可能是统计技术上的原因造成的。因此,利用“净误差与遗漏”项目估算热钱的规模只能显示资金的整体流动趋势。此外,此种方法忽略了假借贸易项目(虚报进出口价格)和资本项目中的外商直接投资形成的资金流动,通常会低估热钱的流动规模。

(二) 残差法

这种估算方法是用外汇储备增长额减去贸易差额和直接投资差额来计算热钱流动规模(见表 19-4)。其依据是外汇储备的增量一般由贸易差额、直接投资差额和热钱流动构成,因此,估算热钱流入的规模可用下式表示:

热钱流入量 = 外汇储备增量 - 贸易差额 - 直接投资差额

表 19-4　以残差法估算的 2000—2018 年热钱规模　　单位:亿美元

年　度	新增外汇储备	贸易差额	直接投资差额	热　钱
2010	4 481	2 230	1 857	394
2011	3 338	1 819	2 317	−798
2012	1 305	2 318	1 763	−2 776
2013	5 097	2 354	2 180	563

续 表

年 度	新增外汇储备	贸易差额	直接投资差额	热 钱
2014	217	2 213	1 450	−3 446
2015	−5 127	3 579	681	−9 387
2016	−3 198	2 557	−417	−5 338
2017	1 294	2 170	278	−1 154
2018	−672	1 029	1 070	−2 771
2019	193	1 318	503	−1 628
2020	−280	3 697	1 026	−5 003

数据来源：国家外汇管理局。

按照残差法计算，我国近年来同样出现了热钱流出现象。

残差法并非完美无缺，据此计算得出的热钱中事实上包括了经常项目下的收益与经常转移，以及通过QFII(Qualified Foreign Institutional Investor)流入的资金以及其他投资(包括贸易信贷与外债等)，因而也不够精确；此外，外汇储备的变动可能是由于不同外汇资产之间的汇率变动或外汇储备资产的投资损益所导致，而非资本流入流出造成；最后，如前所述，贸易顺差与外商直接投资净流入中也可能包含隐蔽的热钱流入，残差法却将其剔除在外。尽管如此，残差法由于含义明确、使用简便，因而被广泛运用。

(三) 调整后的残差法

国家外汇管理局(2012)认为，残差法计算的热钱数额中还应该扣除境外投资收益和境外上市融资的数额，并运用这种方法计算了热钱的流入规模(见表19－5)。这种估算方法剔除了假借境外投资收益流入我国的热钱，因此也可能存在低估。

国家外汇管理局(2013)在其发布的《2012年中国跨境资金流动监测报告》中回避了“热钱”一词，代之以“跨境资金流动净额”，而且在此后的《中国跨境资金流动监测报告》中不再用这种方法测算“跨境资金流动净额”。

表19－5 以调整后残差法估算的2000—2012年热钱规模 单位：亿美元

年份	外贸顺差①	直接投资净流入②	境外投资收益③	境外上市融资④	前四项合计⑤=①+②+③+④	外汇储备增量⑥	“热钱”规模⑦=⑥−⑤
2001	225	398	91	9	723	466	−257
2002	304	500	77	23	905	742	−163
2003	255	507	148	65	974	1 377	403

续 表

年份	外贸顺差①	直接投资净流入②	境外投资收益③	境外上市融资④	前四项合计⑤=①+②+③+④	外汇储备增量⑥	"热钱"规模⑦=⑥-⑤
2004	321	551	185	78	1 136	1 904	768
2005	1 021	481	356	206	2 063	2 526	463
2006	1 775	454	503	394	3 126	2 853	−273
2007	2 643	499	762	127	4 032	4 609	577
2008	2 981	505	925	46	4 457	4 783	326
2009	1 957	422	994	157	3 530	3 821	291
2010	1 831	467	1 289	354	3 941	4 696	755
2011	1 551	559	1 258	113	3 482	3 848	366
2012	2 311	345	1 438	160	4 254	987	−3 267
合计	17 158	5 688	8 151	1 732	32 730	32 611	−119

数据来源：外贸顺差数据来自海关，直接投资(非金融领域)数据来自商务部，境外上市融资数据来自证监会，外汇储备增量和境外投资收益数据来自国家外汇管理局(2012年为初步数)。

(四) 全口径方法

张明、徐以升(2008)从热钱的定义入手，在详细考察热钱进入我国的途径之后，通过全面调整外汇储备增量，并考虑贸易顺差和外商直接投资中隐藏的热钱，建立了估算热钱流入规模的计算式：

$$热钱流入量 = 调整后的外汇储备增加额 - 贸易顺差 - 外商直接投资 + 贸易顺差中隐藏的热钱 + 外商直接投资中隐藏的热钱$$

具体估算步骤如下：

首先，对外汇储备增加额进行多方面调整：(1) 汇率变动收益调整。假定我国外汇储备的币种结构为美元、欧元和日元资产分别占70%、20%和10%，计算得出汇率变动的总收益，将此部分从外汇储备增加额中剔除。(2) 投资收益调整。假定我国的外汇储备全部投资于美国10年期国债得到的外汇储备投资收益，将此部分从外汇储备增加额中剔除。(3) 考虑中国人民银行对中投公司的外汇储备转账因素(合计2 079亿美元)，中投公司以670亿美元从中国人民银行手中收购中央汇金公司，因此中投公司从中国人民银行获得的外汇储备净值为1 409亿美元，据此2007年的外汇储备增加额应调增至1 409亿美元。(4) 考虑到中国人民银行在2003—2007年对国有银行及券商合计注资654亿美元，应将其计入2003—2007年的外汇储备增加额。(5) 考虑商业银行用美元缴纳本币法定存款准备金，应将2007年的外汇储备增加额调增1 084亿美元。

其次，考虑到人民币升值造成的贸易条件改善、出口行业劳动生产率提高、外需增强等因素，假定2005—2008年真实贸易顺差同比增长率分别为30%、35%、40%和45%。

再次，将中国人民银行未汇出利润及折旧视为热钱（长期投机性资金），调整中国人民银行中隐含的热钱数额，最终得出的流入我国的热钱规模如表19-6所示。

表19-6　全口径法估算的热钱规模　　单位：亿美元

2003年	2004年	2005年	2006年	2007年	2008年第一季度
956	1 398	1 915	1 389	5 410	964

数据来源：张明、徐以升，《全口径估算我国当前的热钱规模》，《当代亚太》2008年第4期。

张明、徐以升最后得出的结论是：2003—2008年第一季度，累计流入我国的热钱为12 032亿美元，热钱在我国的累计收益为5 510亿美元，二者之和为17 542亿美元，约为同期外汇储备增加额的104%。根据这种估算方法，我国热钱流入的规模是十分惊人的，我国的外汇储备几乎完全是由热钱流入形成的。

此方法的优点在于对外汇储备增加额进行了调整，比较全面地考虑了各种情况，包括汇率变动、投资收益、中国人民银行对中投公司的转账和对国有银行的注资，以及中国人民银行要求商业银行以美元缴纳的准备金等，而且还将热钱在国内的投资收益也考虑在内。不足在于没有全面分析国际收支平衡表的各个项目，几乎将除"外贸顺差"和"外商投资"（"直接投资"）之外的68项正"差额"都估算为热钱的流入，由此使得他们估算的热钱流入量远远大于"外汇储备增加额—（外贸顺差额＋外商投资额）"。此外，对于国家外汇储备的币种结构和贸易顺差的调整估计是否准确也值得商榷。

二、热钱流入我国的途径

沈庆、林文浩（2009）对热钱流入我国的可能途径进行了考察，认为主要途径如下：

（一）资本项目

在我国逐步放松对资本项目的管制后，资本项目成为国际投机资本进入我国的一个重要渠道。热钱通过资本项目流入的方式主要有：（1）利用国内某些地方政府实施的招商引资政策进行虚假投资，然后利用各种关联交易将无实体产业投资需求的资本转移到投机利润较高的房地产、有价证券等领域。（2）国内投资者通过在国外成立专设公司，在境外通过银行借款、出让公司股份、发行可转换债券等方式募集资金，通过返程投资进入国内。（3）一些国际金融机构、大型跨国公司通过从内部调拨资金或短期国际借贷的方式，将国外转入的资金投入到高利润行业。这些转移手法的共同特点在于利用我国外汇管理机构的监管疏漏和企业的境内外网络优势，变换资本的实际用途。

（二）贸易收支

在进出口贸易中，通过低报进口价格或高报出口价格可以将利润向国内输送，实现资本的流入；而通过高报进口价格或低报出口价格可以将利润向海外输送，实现资本的流出。通过价格虚报途径实现的资本流动将反映在国际收支平衡表的贸易项目中，但是很难将其与正常的进出口贸易导致的资本流动区分开来。通过这种途径实现资本转移，一方面有时须支付高额的税收，成本很高；另一方面，这种资本转移需要依附于进出口贸易，本身没有贸易需求的经济主体很难利用这种方式。

近年来我国香港的人民币贷款利率水平持续低于我国境内利率水平。这就催生了两地最流行的“内保外贷”套利方法,即企业A在内地存一笔人民币“存款”,要求银行开具信用证并交送香港的关联企业B;企业B在香港的银行用信用证获得人民币贷款,然后通过高报价格向企业A进口并支付进口款项。结果,企业A按内地利率获得较高的“存款”利息,企业B在香港则支付较低的利率,实现息差套利。与此同时,相应数量的资金从香港转移到了我国内地。

(三) 提前或延期付款

提前或延期付款是贸易融资的主要方式,属于短期融资。出口企业通过接受海外预付款,进口企业通过延期付款,都可以实现短期跨境资本的流入。从进出口企业凭合同到银行换汇到实际进出口活动发生,这笔资本流动将被记录在国际收支平衡表资本项目中的贸易信贷项目。

自2008年以来,国家外汇管理局加强了对这方面短期资本流动的监管,如果所涉企业被列为关注型企业,则必须凭海关报关单而非进出口合同去银行换汇,实际上禁止了提前或延期付款途径。对于非关注型企业,国家外汇管理局也规定了提前或延期付款的最高额度,高出额度的部分须报国家外汇管理局批准,降低了通过该途径实现大规模资本跨境流动的可能性。

(四) 个人交易

居民个人有3种渠道可以实现资本的流入和流出。一是通过个人贸易项目进行资金转入。个人贸易活动分散、收汇金额小,其国际收支申报的真实性难以鉴别,因而成为热钱流动的又一便利途径。二是通过个人贸易佣金形式流入。贸易佣金是个人通过贸易中介获得的合法收入。个人可以与有关单位或个人先签订虚假佣金合同,然后通过境外账户向国内个人账户汇款的方式,巧妙规避外汇监管。三是通过职工报酬、赡家费用等名目汇款回国。

此类资金转移虽然总额相对较小,但若以分散、高频率的方式进行,也可形成较大数额的热钱流动。通过个人项目流入的资金的主要特点是数量繁多,资金的来源及真实性调查难度大、成本高,且缺少相关法律法规的制约。

(五) 地下金融途径

通过地下金融途径实现短期跨境资本流动的代表性手段是资本流入方与资本流出方将人民币与外币直接交换。该途径实现的资本流动不受政府控制,不被官方记录,既不显示在国际收支平衡表的线上项目中,也可能不显示在净误差与遗漏项目中。通过地下途径实现短期跨境资本流动,需要经济中同时存在大量的资本流入方与资本流出方。我国长期以来处于资本外逃与热钱流入并存状态,这一条件可以得到满足。但是,通过地下途径实现短期跨境资本流动一般需要借助相应的非法金融中介(地下钱庄),成本比较高;该途径完全是一种违规行为,存在较大的法律风险。

本章小结

国际借贷是一国在一定日期对外债权债务的综合情况。国际收支是在一定时期内,一个经济实体的居民同非居民之间进行的全部经济往来的系统记录。国际收支平衡表是反映一国国际收支状况的统计报表。国际收支平衡表上各项目的收入(+)大于支出(—),即贷方数额大于借方数额时,称为顺差;反之则称为逆差。各项目收支差额的总和,便是国际收支总差额。国际收支平衡表主要分为经常项目、资本项目和平衡项目三大类。

一国的自主性交易若不能达到平衡,该国的国际收支在性质上是不平衡的。在这种情况下,该国政府尤其是货币当局会通过一定的政策措施进行调节。这种措施可划分成两大类型:一类是支出转换政策,使支出由国外转向国内,最终改善国际收支;另一类是支出减少政策,即通过减少国民收入,如紧缩性的财政政策、货币政策等,使用于进口的支出下降。政府也可以通过融资政策,即在国内外融通资金弥补差额,或者通过直接管制,即强制性的行政手段,如法规和条例,对进出口和外汇交易予以规定,以改善国际收支。

参考书目

1. 保罗·R. 克鲁格曼、茅瑞斯·奥伯斯法尔德、马丁·J.梅里兹:《国际金融》(第十一版),丁凯等译,中国人民大学出版社 2021 年版。

2. 国家外汇管理局:各年度《中国跨境资金流动监测报告》。

3. 国家外汇管理局:各期《中国国际收支报告》。

4. 纪筱琪:《我国的资本外逃与人民币汇率失衡》,《新金融》2007 年第 10 期。

5. 姜波克:《国际金融新编》(第六版),复旦大学出版社 2018 年版。

6. 沈国兵:《国际金融》,北京大学出版社 2018 年版。

7. 沈庆、林文浩:《我国短期跨境资本流动研究综述——途径、规模和影响因素》,《世界经济与政治论坛》2009 年第 1 期。

8. 谢春凌:《浅析流入我国境内国际热钱规模的估算方法》,《宏观经济》2009 年第 10 期。

9. 杨长江、姜波克:《国际金融学》,高等教育出版社 2019 年版。

10. 张明、徐以升:《全口径估算我国当前的热钱规模》,《当代亚太》2008 年第 4 期。

思考题

1. 什么是国际借贷?什么是国际收支?这两者有何异同?
2. 国际收支与外汇收支有何区别及联系?
3. 什么是“居民”?什么是“非居民”?
4. 经常项目包括哪些内容?资本项目包括哪些内容?
5. 什么是自主性交易?什么是调节性交易?
6. 造成国际收支不平衡的主要因素有哪些?这些因素为什么会导致国际收支不平衡?
7. “价格-金币流动机制”的原理是什么?
8. 针对国际收支不平衡的措施有哪些?这些措施为什么能改善国际收支?

20 第二十章 外汇与汇率制度

全章提要

教学目的和要求

- 掌握外汇的基本含义及特征。
- 了解货币可兑性的含义。
- 明确汇率的不同标价及其本质区别。
- 把握各种因素影响汇率的内在机理。
- 了解不同汇率制度的差异及优劣。

在开放经济条件下，外汇是使一国的对外经济能够正常进行的不可或缺的支付手段，汇率则因此成为一国的重要经济变量。汇率的高低变化会对一国的宏观经济状况产生举足轻重的影响。所以，深入了解汇率与其他因素的相互关系，如何根据一国自身的特点选择合适的汇率制度，稳定汇率水平，这已成为金融学的重要课题。

第一节　外汇与汇率

一、外汇的概念

通常情况下，一国的货币只能在该国境内流通。因此，发生国际经济交易的 A、B 双方在使用收付的货币时最多有 3 种选择：一是使用 A 国货币，二是使用 B 国货币，三是使用第三国货币。所以，在国际经济交易中，无论上述哪种情况，至少有一方需要使用以外国货币表示的支付手段，由此就形成了外汇(Foreign Exchange, Forex)的概念。从完整的角度来看，外汇具有动态(Dynamic)和静态(Satic)两方面的含义。外汇的动态含义是指把一国货币兑换成另一国货币的国际汇兑行为和过程，即借以清偿国家间债权债务关系的一种专门性经营活动。可见，外汇的动态含义所强调的是外汇交易的主体，即外汇交易的参与者及其行为。外汇的静态含义则是指以外币表示的可用于对外支付的金融资产。[①] 静态含义所强调的是外汇交易的客体，即用于交易的对象。在人们日常的经济生活中，最广泛使用的是外汇的静态含义。

我国 2008 年 8 月 6 日发布的《中华人民共和国外汇管理条例》第三条对外汇的范围做了规定："本条例所称外汇，是指下列以外币表示的可以用作国际清偿的支付手段和资产：(一) 外币现钞，包括纸币、铸币；(二) 外币支付凭证或者支付工具，包括票据、银行存款凭证、银行卡等；(三) 外币有价证券，包括债券、股票等；(四) 特别提款权；(五) 其他外汇资产。"

① 外币是外国货币的简称。

根据以上有关外汇概念的描述，我们可以发现，外汇是包括外币在内，但比外币的范围更广的概念。

二、外汇的特征

根据外汇的定义，我们可以得出外汇的以下三个基本特征：

1. 外汇是一种金融资产

所谓“资产”，是具有货币价值的财物或权利，或者说是用货币表现的经济资源。资产可以是实物性的，即所谓的实物资产(Physical Asset)，如土地、机器等；也可以是金融性的，亦即金融资产(Financial Asset)，如现金、存款、商业票据、有价证券等。既然外汇只能以货币形态得到表现，因此它必然属于金融资产。所以，实物资产和版权、专利权等无形资产不能构成外汇。

2. 外汇必须以外币表示

少数国家的货币，如美国的美元，由于种种特殊原因而在国际间被普遍接受，因此，美国居民常常可以直接用美元对外支付。但美元对美国居民而言，显然只是本币①，所以，尽管美元有时具有对外支付的功能，美国居民仍然不能由此将其看作外汇。

3. 用作外汇的货币必须具有较充分的可兑性

货币的可兑换性(Convertibility)，简称可兑性，是指一种货币能够不受限制地兑换成其他国家的货币的特性。② 如前所述，人们持有外汇的最基本动机是用于对外支付，但由于各国(或地区)货币制度不同，外汇管制宽严程度不同，以及政府维持货币主权的要求，一国货币一般不能在另一国流通使用。在这种情况下，一种外币(如英国英镑)的持有者(如法国居民)为了清偿由于对外经济交易而产生的国际债权债务关系，或为了在国与国之间进行某种形式的单边转移，就不得不将英镑按一定的比率兑换成另一种货币，如加拿大元，以便对加拿大居民进行支付。显然，如果一种货币不具有可兑性，即不能兑换成其他货币，则其对外支付能力就几近丧失，外国居民就不愿持有该种货币，其结果就是不具有外汇的功能。

货币按其可兑性程度分成以下3类：

(1) 完全的可自由兑换货币。

当一国政府对本币兑换成外币的行为没有严格限制，不采取差别性的复汇率措施时，该国的货币就成为完全的可自由兑换货币。

(2) 有限的或部分的可兑换货币。

当一国政府对本币兑换外币的行为实行某些方面的严格限制时，该国的货币就成为有限的或部分的可兑换货币。这种限制通常表现在两个方面：一是按居民身份实行限制，如外国居民可以自由兑换，本国居民则不能兑换；二是对与经常项目交易有关的货币兑换没有限制，但对涉及资本项目交易的兑换仍施加限制。

(3) 不可兑换货币。

有些国家对贸易收支、服务收支和资本项目收支都实施严格的外汇管制，境内没有外

---

① 本币是本国货币的简称。

② 货币的可兑换性的另一个含义是指在金本位条件下货币能按发行国官方规定的含金量或价格，即黄金官价(Official Price)兑换成黄金的特性。

汇市场，所有本币对外币的兑换行为都须经过政府审批。这些国家的货币就是不可兑换货币。

国际货币基金组织为了促进国际经济交易的发展，在《国际货币基金组织协定》第八条“成员国的一般义务”中规定，各成员国不能对因经常项目交易而发生的货币兑换要求予以限制。货币的完全可自由兑换意味着任何该种货币持有人均可不受限制地在外汇市场上将其转换成其他货币。在这种情况下，一旦由于国际收支严重恶化、本币遭受投机性攻击或资本外逃等原因，一国的外汇市场就会出现大量抛售本币、抢购外币的风潮，以致本币汇率面临冲击，外汇储备急剧流失，甚至酿成货币危机。所以，一国是否有能力实行本币的自由兑换，取决于其是否具有稳定对外经济的强大实力，具体而言，取决于其稳定国际收支和汇率的能力以及是否持有充足的外汇储备。

从目前情况看，实行完全的货币自由兑换的国家主要是西方发达国家和收入相对较高的发展中国家。许多发展中国家由于对外经济实力相对较弱，在世界经济中处于不利地位，因而缺乏实行货币自由兑换的条件。我国自实行改革开放政策以来，对外经济实力得到了很大的提高，在外汇管理方面，市场经济体制也有了一定程度的发育，国际收支状况不断改善，外汇储备迅速增加，因此，1996 年 11 月 27 日，中国人民银行行长戴相龙致函国际货币基金组织，正式宣布从 1996 年 12 月 1 日起接受《国际货币基金组织协定》第八条，基本实现了经常项目交易的人民币自由兑换，成为所谓的“第八条款成员国”。

随着我国国际收支状况的不断改善和外汇储备的增加，人民币自由兑换的限制也在持续放宽。例如，我国对因私出国旅游购买外汇的次数原先规定每年 1 次，自 1999 年起不再受次数限制；自 2003 年起，我国居民用银行卡在国外透支消费，可在回国后用人民币偿还；根据 2007 年 2 月 1 日起生效的《个人外汇管理办法实施细则》，个人每年可购外汇额度由 2 万美元提高到 5 万美元。可以肯定，我国居民在经常项目方面的购汇限制逐步放宽的趋势不会逆转，最终将实现经常项目交易的人民币完全的自由兑换。

我国在资本项目交易的人民币自由兑换方面也在稳步推进。我国于 2006 年取消了国内机构对外直接投资的购汇额度，允许无限量购汇，并建立了“合格境内机构投资者制度”(Qualified Domestic Institutional Investor，QDII)，允许经批准的境内金融机构在获得购汇额度后向个人发售基金，并投资于境外金融市场。截至 2021 年 6 月 2 日，国家外汇管理局批准的 173 家境内机构 QDII 购汇额度已累计达到 1 473.19 亿美元。

与货币的可兑性有密切关系的一种现象是金融市场的对外开放，即允许外国居民进入本国金融市场。由于一国金融市场上交易和结算所使用的通常只能是本币，这就意味着该国同时还必须允许外国居民以外币兑换本币。此外，外国居民一旦撤回投资，还需要允许其以本币兑换成外币。我国于 2002 年试点实行“合格境外机构投资者制度”(Qualified Foreign Institutional Investor，QFII)，允许经批准的境外金融机构在获得额度后用外汇兑换人民币在我国证券市场进行投资。2020 年 5 月，我国取消了额度限制，允许无限量兑换人民币。

2011 年 2 月，我国在 QFII 制度的基础上开始在北京和上海试点合格境外有限合伙人制度(Qualified Foreign Limited Partner，QFLP)，允许境外有限合伙人按批准的投资额度将外币换成人民币投资于国内的未上市股权。

2011 年 12 月 16 日，我国发布了《基金管理公司、证券公司人民币合格境外机构投资者境内证券投资试点办法》，允许符合条件的基金公司、证券公司香港子公司作为试点机构开展 RQFII(RMB Qualified Foreign Institutional Investors)业务。RQFII 是指可从事人民币交易的合格境外机构投资者。该业务初期试点额度约 200 亿元人民币,试点机构投资于股票及股票类基金的资金不超过募集规模的 20%。2020 年 5 月,我国取消了额度限制。

国家外汇管理局于 2012 年 6 月发布了《关于鼓励和引导民间投资健康发展有关外汇管理问题的通知》,允许境内企业使用境内外汇贷款进行境外放款。这意味着我国在放宽资本管制方面又向前迈出了重要的一步。

在 QDII 制度的基础上,我国自 2013 年起分别在上海和深圳试点合格境内有限合伙(Qualified Domestic Limited Partner, QDLP)和合格境内投资企业(Qualified Domestic Investment Enterprise, QDIE)制度试点,允许这些企业在获得的额度内将人民币兑换为外币,投资于境外的股权投资基金项目。

2014 年 11 月和 2016 年 11 月我国相继建立了"沪港通"和"深港通"交易,使得境外投资者可以通过香港利用"沪股通"和"深股通"参与沪、深交易所的交易,境内投资者则可以通过沪、深交易所的"港股通"参与香港证券市场。人民币和外币的兑换范围进一步扩大。

2017 年 5 月 31 日,中国人民银行发布《内地与香港债券市场互联互通合作管理暂行办法》,建立了所谓的债券通,允许境外投资者参与内地银行间债券市场。

需要说明的是,货币的可兑性与金融市场开放虽然紧密相关,但在概念上并不相同。例如,即使一国允许外国居民用外币兑换本币,其金融市场仍然可以限制外国居民的参与。

国际经济交易中大量使用的外汇都是通过银行的结算系统实现收付的,相比之下,外币现钞却并不能通过银行的结算系统实现收付。因此,严格的狭义的外汇并不包括外币现钞(纸币和铸币),而是指能不受限制地存入货币发行国的商业银行的结算账户,从而转换为外币存款,以便进入国际结算过程的外币,即所谓的现汇。

国际银行业将澳元、加拿大元、丹麦克朗、欧元、日元、挪威克朗、英镑、瑞典克朗、瑞士法郎、美元、新加坡元等列为国际结算货币。其中,美元、欧元、英镑、日元是使用频率最高的结算手段。不仅是因为这些货币是可以自由兑换的货币,更主要是因为这些货币在全球贸易中占据一定的支付和结算比重。所谓"国际结算货币",是被多个国家或地区所接受用于国际贸易和投资的计价(Currency of Invoicing)与支付手段的货币。

国际结算货币由可自由兑换的货币组成,但是可自由兑换货币不一定是国际结算货币。全世界可自由兑换的货币在币种上远远超过国际结算货币。一国可以实行本币的自由兑换,但如果这种货币并没有被其他多个国家接受用于相互支付,则其不能成为国际结算货币。

我国自 2008 年起开始推进人民币国际化,逐步允许货物贸易直接使用人民币收付;2011 年起逐步允许跨境直接投资使用人民币收付;2013 年起允许境内非金融机构可开展人民币境外放款结算业务和人民币对外担保业务,进一步放宽了境内银行向境外参加行提供人民币账户融资的期限和限额;境外投资者可使用人民币投资境内金融机构;2014 年起允许跨国企业集团开展跨境人民币资金集中运营业务,允许人民币合格境内机构投资者(RQDII)以人民币开展境外证券投资,明确了"沪港通"有关跨境人民币结算事宜,将资本项目下的人民币跨境结算扩展到直接投资以外的范围。

至此,跨境人民币结算已经形成了以跨境贸易为主、直接投资迅速发展、其他投资为补充的模式。环球银行金融电信协会(SWIFT)发布的数据显示,2021 年 5 月人民币全球支付占比为1.9%，升至全球第五大最活跃货币。

虽然人民币目前还不是完全的自由兑换货币，但由于我国的进出口数量全球第一，国际直接投资规模庞大，因此，我国与伙伴国用人民币进行的双边支付数量庞大。

三、汇率的概念与标价

外汇的动态含义引出了不同货币的折算问题，这就涉及了汇率。汇率(Exchange Rate)是一个国家的货币折算成另一个国家货币的比率，即用一国货币所表示的另一国货币的兑换比率。换言之，汇率就是两种不同货币之间的比价，它反映一国货币的对外价值。由于汇率为外汇买卖确定了标准，因而又称外汇牌价或外汇价格(简称汇价)，亦称外汇行市(Foreign Exchange Quotation)。

为了表示两种不同货币之间的比价，先要确定用哪个国家的货币作为标准，由于确定的标准不同，便产生了两种不同的汇率标价方法。

(一) 直接标价

直接标价(Direct Quotation)又称应付标价(Giving Quotation)，是指一国以整数单位(如1、100、10 000等)的外国货币为标准，折算为若干单位的本币的标价法。在直接标价法下，外币是基准货币(Base Currency)，[①]因而又称外币标价法，外币数额固定不变，汇率涨跌都以相对的本币数额的变化来表示。一定单位的外币折算的本币增多，说明外汇汇率(Foreign Exchange Rate)上升，或本币汇率下降；反之，一定单位外币折算的本国货币减少，说明外汇汇率下跌，或本币汇率上升。由此可见，在直接标价法下，汇率数值的上下起伏波动与相应的外币的价值变动在方向上是一致的，而与本币的价值变动在方向上是相反的。

(二) 间接标价

间接标价(Indirect Quotation)又称应收标价(Receiving Quotation)，是指一国以整数单位(如1、100、10 000等)的本国货币为标准，折算为若干单位的外国货币的标价法。间接标价法的特点正好同直接标价法相反，即本币是基准货币，所以又称本币标价法，本币金额不变，其折合成外币的数额随着两种货币相对价值的变化而变动。如果一定数额的本币能兑换成更多的外币，说明本币汇率上升；反之，如果一定数额的本币兑换的外币数额减少，则说明本币汇率下跌。在间接标价法下，汇率数值的上下起伏波动与相应的外币的价值变动在方向上刚好相反，而与本币的价值变动在方向上却是一致的。目前，除了英国、美国、澳大利亚和欧元区外，国际上绝大多数国家采用直接标价法。从历史上看，英镑曾长期用作国际结算的主要货币，因此，伦敦外汇市场一直采用间接标价法。

美国长期以来对美元汇率采用直接标价法，但在第二次世界大战后，随着美元在国际结算和国际储备方面逐渐取得主导地位以及国际外汇市场的高速发展，为了与各国外汇市场上对美元的标价一致，美国从1978年9月1日起，除了对英镑(以及后来的澳元和欧元)继续采用直接标价法外，对其他货币一律改用间接标价法。我国对人民币兑主要国际货币的汇率也采用直接标价法，但人民币兑某些次要货币，如马来西亚林吉特和俄罗斯卢布的汇率，则采用间接标价法。表20-1为2021年7月2日人民币对外币中间价。

---

① 基准货币指一个“货币对”中作为被计价标的(标准)的货币。

表 20－1　2021 年 7 月 2 日人民币对外币中间价

直接标价		间接标价	
美元/人民币	6.471 2	人民币/马来西亚林吉特	0.642 86
欧元/人民币	7.663 4	人民币/俄罗斯卢布	11.350 5
100 日元/人民币	5.779 1	人民币/南非兰特	2.235 0
港元/人民币	0.833 38	人民币/韩元	175.20
英镑/人民币	8.903 1	人民币/阿联酋迪拉姆	0.567 68
澳元/人民币	4.830 1	人民币/沙特里亚尔	0.579 65
新西兰元/人民币	4.506 6	人民币/匈牙利福林	45.807 7
新加坡元/人民币	4.794 7	人民币/波兰兹罗提	0.589 18
瑞士法郎/人民币	6.986 6	人民币/丹麦克朗	0.970 3
加元/人民币	5.200 4	人民币/瑞典克朗	1.326 1
		人民币/挪威克朗	1.333 5
		人民币/土耳其里拉	1.340 58
		人民币/墨西哥比索	3.091 8
		人民币/泰铢	4.957 5

数据来源：中国外汇交易中心。

直接标价和间接标价之间存在一种倒数关系，即直接标价法下的汇率数值的倒数就是间接标价法下的汇率数值，反之亦然。例如，根据我国中国银行按直接标价法挂牌的 100 美元＝632.45 元人民币，我们可以很方便地推算出 1 元人民币＝100/632.45＝0.158 1 美元，即 100 元人民币＝15.81 美元。又如，根据伦敦外汇市场 1 英镑＝1.613 0 美元，运用倒数关系即可将外汇市场的间接标价换成直接标价，即 1 美元＝1/1.613 0＝0.620 0 英镑。

由于在不同的标价法下，汇率涨跌的含义恰恰相反，因此，我们在谈论某种货币汇率的变动时，必须说明具体的标价方法，否则容易引起歧义。我们也可以在汇率之前加上外汇或本币等限定词，以说明外汇汇率或本币汇率的变动情况，如外汇汇率上升或本币汇率下跌。[①] 因此，本书所谓的人民币汇率或人民币兑其他货币汇率的上升(下跌)，均指人民币对外价值的上升(下跌)，不考虑所用的标价法。按国际金融界的惯例，若对标价法不做特别说明，一般是指采用直接标价法。

第二次世界大战后兴起的欧洲货币市场上由于银行相互间买卖的都是外币，没有本币，因

① 许多中文文献在讨论汇率变动时常常因汇率标价而出现混淆，因此，读者对不同标价法的运用必须极为关注。

此，各种货币的报价都以美元作为基准货币，形成了所谓的美元标价法(Dollar Quotation)，其他货币之间的汇率则按照各自对美元的汇率进行套算得出。

第二节　汇率的决定及影响因素

两种货币之间为什么会按某一汇率水平折算、买卖？决定和影响这一水平的因素究竟是什么？这些问题一直是经济学家十分关切的重大课题。汇率作为一种货币现象，显然与一定的货币制度有密切关系。在不同的货币制度中，汇率的决定基础有很大的差异。

一、国际金本位制度下汇率的决定基础

19世纪初，英国确立了金本位制度，接着，其他西方国家纷纷效尤。由于各国金本位制度之间存在完全的一致性，在这种共同的基础上就形成了所谓的国际金本位制度。在国际金本位制度尤其是金币本位制度下，各国均规定了每一单位货币所包含的黄金重量与成色，即含金量(Gold Content)。这样，两国货币间的价值就可以用共同的尺度，即各自的含金量多寡来进行比较。金本位条件下的两种货币的含金量对比，称为铸币平价(Mint Par)。铸币平价是决定两种货币汇率的基础。例如，在1929年的"大萧条"(Great Depression)之前，英国规定每1英镑含纯金7.322 4克，美国规定每1美元含纯金1.504 656克，这样按含金量对比，英镑与美元的铸币平价为7.322 4÷1.504 656=4.866 5，即1英镑=4.866 5美元。这一铸币平价就构成了英镑与美元汇率的决定基础。

铸币平价虽然是汇率的决定基础，但它只是一个理论概念，不是外汇市场上实际买卖外汇时的汇率。在外汇市场上，由于受外汇供求因素的影响，汇率有时会高于，有时会低于铸币平价。然而，汇率波动并非漫无边际，它是有一定界限的，这个界限就是黄金输送点，简称输金点(Gold Points)。黄金输送点之所以能成为汇率上下波动的界限，是因为在金币本位制下，各国间办理国际结算可以采用两种方法。第一种方法是利用汇票等支付手段，进行非现金结算。但如果由于汇率变动导致使用汇票结算对付款方不利，就可改用第二种方法，即直接运送黄金，如此便使汇率的波动幅度受黄金输送点的限制。

假设运输费用取中间值0.6%。那么，运送价值1英镑黄金的各项费用约为0.03美元。据此，我们讨论以下两种不同情况：

1. 假定美国对英国的国际收支出现逆差

这意味着美国进口商需要向英国出口商支付英镑。假定美国进口商需支付1英镑给英国出口商。该进口商有两种支付手段：(1) 按汇率出售美元，购买英镑汇票，用于支付进口款项；(2) 出售美元，购买黄金，然后直接运送黄金去英国，但是运送黄金需加上相应的运输费用。表20-2列出了美国进口商选择黄金支付时所需要付出的美元费用以及对应的专业术语。为支付1英镑债务，美国进口商需要输出黄金总计7.366 3克，其中包含运输费用0.043 9克(7.322 4×0.6%)。为购买这些黄金，美国进口商总计需要支付4.896 5美元。这意味着，当使用黄金支付英镑债务时，1英镑债务的成本为4.896 5美元。此数值构成美国进口商的黄金输出点，即铸币平价与运输费用之和。

表 20－2　以黄金支付时折算的美元数量

支付 1 英镑债务所需要的黄金	1 美元含金量	对应美元数量	专业术语
1 英镑的含金量＝7.322 4 克 运输黄金的费用＝7.322 4 克×0.6%	1.504 656 克/美元	4.866 5 美元 0.03 美元	铸币平价 运输费用
合计：7.366 3 克		合计：4.896 5 美元	黄金输出点

表 20－3 中的两个案例显示，黄金输出点是英镑市场汇率波动的上限。案例 1 假定市场汇率为 4.8 美元/英镑，即英镑的市场汇率低于黄金输出点。这时，美国进口商会选择购买英镑汇票作为英镑债务的支付手段，因为购买 1 英镑汇票付出的成本为 4.8 美元，而使用黄金支付 1 英镑债务付出的成本为 4.896 5 美元。案例 2 假定市场汇率为 5 美元/英镑。由于英镑的市场汇率高于黄金输出点，美国进口商会选择黄金作为其英镑债务的支付手段，因为直接运送黄金所需要付出的美元费用相对较低。

表 20－3　黄金输出点决定英镑市场汇率的上限

案例 1：市场汇率＜黄金输出点			
市场汇率	支付方式	对应美元数量	是否选择该种支付方式
4. 8 美元/英镑	以英镑汇票支付	4.8 美元	是
	以黄金支付	4.896 5 美元	否
案例 2：市场汇率＞黄金输出点			
市场汇率	支付方式	对应美元数量	是否选择该种支付方式
5 美元/英镑	以英镑汇票支付	5 美元	否
	以黄金支付	4.896 5 美元	是

由此可见，当美国的国际收支处于逆差时，其对英镑的需求会增加，英镑汇率必然上升。但当 1 英镑汇率上升到 4.896 5 美元(黄金输出点)以上时，则美国负有英镑债务的企业就不会购买英镑外汇，而宁愿在美国购买黄金，并将其运送到英国以偿还债务。因此，决定美国黄金是否流出的汇率就是黄金输出点，英镑的市场汇率不可能高于黄金输出点。

2. 假定美国对英国的国际收支出现顺差

这意味着美国出口商从其英国进口商处收入英镑。假定美国出口商从其英国进口商处收入 1 英镑。该出口商有两种方式将英镑收入转回美国：(1) 按市场汇率出售其所拥有的英镑外汇，购买美元；(2) 出售英镑外汇，购买黄金，然后直接运送黄金回美国，但最终黄金收入需减去相应的运输费用。表 20－4 列出了美国出口商选择输入黄金时所最终获得的美元数量以及对应的专业术语。1 英镑收入转换的黄金为 7.278 5 克(英镑含金量减去运输费用)。出售该笔黄金可为美国出口商带来 4.836 5 美元。此数值构成美国的黄金输入点,即铸币平价与运输费用之差。

表 20 - 4　以黄金作为收入时折算的美元数量

1 英镑收入所转换的黄金	1 美元含金量	对应美元数量	专业术语
1 英镑的含金量＝7.322 4 克	1.504 656 克/美元	4.866 5 美元	铸币平价
运输黄金的费用＝7.322 4 克×0.6%		－0.03 美元	运输费用
合计：7.278 5 克		合计：4.836 5 美元	黄金输入点

表 20 - 5 的两个案例显示,黄金输入点是英镑市场汇率波动的下限。案例 3 假定市场汇率为 4.85 美元/英镑,即英镑的市场汇率高于黄金输入点(4.836 5 美元)。这时,美国出口商会选择英镑汇票作为出口收入,因为可以按汇率兑换为 4.85 美元,而使用黄金收回 1 英镑债权带来的收入仅为 4.836 5 美元。案例 4 假定市场汇率为 4.7 美元/英镑。由于英镑的市场汇率低于黄金输入点,美国出口商会选择黄金作为出口收入,因为由此换取的美元收入相对较高。

表 20 - 5　黄金输入点是英镑市场汇率的下限

案例 3：当市场汇率>黄金输入点			
市场汇率	收入方式	对应美元数量	是否选择该种收入方式
4.85 美元/英镑	收取英镑汇票	4.85 美元	是
	收取黄金	4.836 5 美元	否
案例 4：当市场汇率<黄金输入点			
市场汇率	收入方式	对应美元数量	是否选择该种收入方式
4.7 美元/英镑	收取英镑汇票	4.7 美元	否
	收取黄金	4.836 5 美元	是

上述情况表明,当美国对英国的国际收支为顺差时,英镑的供应增加,英镑的汇率必然下跌。如果 1 英镑跌到 4.836 5 美元(铸币平价减去黄金运输费用)以下,则美国持有英镑债权的企业,就不会在外汇市场出售英镑外汇,而宁愿在英国用英镑购买黄金运送回美国。这一引起黄金输入的汇率,就是黄金输入点。显然,英镑汇率的下跌不可能低于黄金输入点。

上述讨论仅从美国居民作为考虑的出发点,其实,在整个交易过程中,英国居民作为交易的当事人也可能面临对美国的收付,也可能需要在收付货币和黄金之间进行选择,但原理是相同的,故在此不做分析。

由此可见,在金币本位制度下,汇率波动的界限是黄金输送点,即最高不超过黄金输出

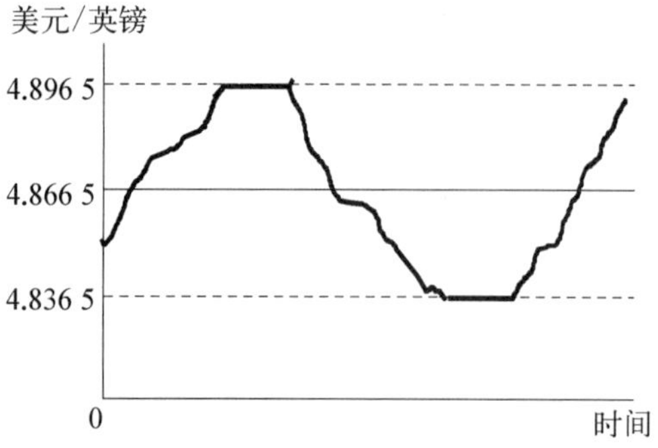

图 20－1　金本位条件下的汇率决定

点(铸币平价加运费);最低不低于黄金输入点,即铸币平价减运费。[①] 所以,汇率的波动幅度是相当有限的,汇率比较稳定(见图 20－1)。

第一次世界大战爆发后,参战各国的金币本位制度陷于崩溃。由于战争期间黄金储备大量流失,战后这些国家只能实行金块本位制或金汇兑本位制。结果,黄金很少直接充当流通手段和支付手段,其自由输出入也受到限制。在金块和金汇兑本位制度下,货币的含金量之比称为法定平价。法定平价也是金平价的一种表现形式。市场汇率因供求关系而围绕法定平价上下波动。但此时,汇率波动的幅度已不再受制于黄金输送点。黄金输送点存在的必要前提是黄金的自由输出入。在金块和金汇兑本位制度下,由于黄金的输出入受到限制,因此,黄金输送点实际上已不复存在。在这两种残缺的金本位制度下,虽说法定汇率的基础依然是金平价,但汇率波动的幅度由政府规定和维护。政府通过设立外汇平准基金来维护汇率的稳定,即在外汇汇率上升时抛售外汇,在外汇汇率下降时买入外汇,以此使汇率的波动局限在允许的幅度之内。很显然,与金币本位制度时的情况相比,金块本位和金汇兑本位下的汇率的稳定程度已大大降低。

二、纸币流通制度下的汇率决定理论

在纸币流通条件下,货币已与黄金脱钩,货币的价值基础已无法通过统一的价值实体得到体现。在这种情况下,汇率是如何决定的?对此,学术界迄今尚无定论,主要有以下几种观点:

(一) 国际借贷(国际收支)论[②]

1. 国际借贷论

英国学者乔治·葛逊(George Joachin Goschen, 1831—1907)[③]于 1861 年在其著作《外汇理论》(*The Theory of Foreign Exchange*)中系统提出了国际借贷论(Theory of International Indebtedness)。他认为,外汇汇率由外汇的供求关系决定,而外汇的供求又是由国际借贷引起的。商品的进出口、债券的买卖、利润与捐赠的收付、旅游支出和资本交易等都会形成国际借贷关系。

在国际借贷关系中,只有已经进入支付阶段的借贷,即流动借贷(Floating Indebtedness),才会影响外汇的供求关系。至于尚未进入支付阶段的借贷,即固定借贷(Consolidated Indebtedness),则不会影响当前的外汇供求,只会影响未来的外汇供求。用现代国际金融术语来讲,反映债权债务存量的国际投资头寸(International Investment Position)并不影响外汇供求,因为这些存量并没有得到清算,没有转化为事实上的外汇供应或需求;而反映债权债务流量的国际借贷状况才影响外汇供求,因为它们确实导致了外汇收入与支出的发生。

① 更确切的说法应该是铸币平价加减运送黄金的机会成本,因为用黄金取代票据进行支付除了运费外,还要支付保险费,还要损失因占用时间较长而造成的利息收入。

② 许多中文文献把各种理论学说称为"说",如国际借贷说、汇兑心理说。我们认为,"说"是旧汉语的用法,用现代的普通话发音略显拗口,故以"论"代之。

③ 乔治·葛逊毕业于牛津大学奥里尔学院,曾任英格兰银行董事,后任英国财政大臣、海军大臣等职。

当一国的流动债权(外汇收入)大于流动债务(外汇支出)时,外汇的供应大于需求,因而外汇汇率下降;当一国的流动债务大于流动债权时,外汇的需求大于供应,因而外汇汇率上升;当一国的流动借贷平衡时,外汇收支相等,于是汇率处于均衡状态,不会发生变动。

该理论实际上只说明了汇率短期变动的原因,并不能解释在外汇供求均衡时汇率为何处于这一点位,更没有揭示长期汇率的决定因素。另外,这一理论只强调国际借贷关系对汇率的影响,忽略了影响汇率变动的许多其他具体因素,尤其是没有说明借贷关系变化的成因,因而不能完整地描述汇率的决定过程。

乔治·葛逊所说的流动债权和流动债务实际上就是国际收支,所以,该理论又被视为早期的国际收支论。但因为乔治·葛逊的理论并没有阐述清楚具体哪些因素影响外汇的供求,后人又在其基础上发展了相对完善的国际收支论。

2. 国际收支论

该理论假定汇率完全自由浮动,汇率通过自身变动使国际收支始终处于平衡状态,即实现经常项目差额(CA)与资本项目差额(KA)之和为零($BP=CA+KA=0$)。故此,该理论认为,为研究汇率的决定因素,首先需要研究哪些因素影响国际收支。

如前所述,经常项目差额主要由货物和服务的进出口决定,影响因素包括:本国和外国国民收入(Y,Y^*);汇率(S);两国的相对价格水平(P,P^*),即 $CA=f(Y,Y^*,S,P,P^*)$。譬如,当本国国民收入增加($Y\uparrow$)时,其对外国货物和服务的需求相应增加,故本国进口增加,本国国际收支逆差。而当本国价格水平上升($P\uparrow$)时,其对本国货物和服务的需求相应下降,则本国出口下降,本国国际收支逆差。

影响资本项目的主要因素包括:本国及外国利率(i,i^*)和预期的未来汇率水平(S^e),即 $KA=g(i,i^*,S^e)$。譬如,当本国利率上升($i\uparrow$)时,资金就会流入,从而使得资本项目顺差。而当投资者预期外国货币未来将会升值($S^e\uparrow$)时,就会增加对外国资产的投资,资本项目因而出现逆差。

以数学等式表示国际收支均衡条件如下:

$$BP=h(Y,Y^*,P,P^*,i,i^*,S,S^e)=0$$

从而均衡汇率为:

$$S=k(Y,Y^*,P,P^*,i,i^*,S^e)$$

表 20-6 列示了各变量对汇率的影响:当本国收入增加($Y\uparrow$)时,则本国进口增加,这意味着本国对外汇的需求上升,故外币汇率上升、本币汇率下降($S\uparrow$)。而当本国价格水平上升($P\uparrow$)时,本国产品的国际竞争力下降,外汇市场上本币需求下降,故外币汇率上升、本币汇率下降($S\uparrow$)。如果本国利率上升,则资本内流,外汇市场上本币的需求上升,本币汇率因此上升而外币汇率下降($S\downarrow$)。而当市场预期外汇汇率上升时,资本外流,市场对外汇的需求增加,以致本币汇率下降而外币汇率上升($S\uparrow$)。

表 20-6　各因素对汇率的影响

影响变量	$Y\uparrow$	$Y^*\uparrow$	$P\uparrow$	$P^*\uparrow$	$i\uparrow$	$i^*\uparrow$	$S^e\uparrow$
汇率变化	$S\uparrow$	$S\downarrow$	$S\uparrow$	$S\downarrow$	$S\downarrow$	$S\uparrow$	$S\uparrow$

国际收支论为现代汇率理论提供了一个新的研究视角,但该理论在研究各变量对汇率的影响时,采用了局部均衡的分析方法,假定其他变量不变。事实上,一个变量的变化可能同时影响其他变量。例如,本国价格水平的上升($P\uparrow$)会使得本国出口减少、进口增加,而价格水平的上升又可能导致市场上的实际货币余额(Real Money Balance)[①]减少($M/P\downarrow$),从而造成利率上升,引起资本内流。前者导致经常项目逆差,后者却引发资本项目顺差,故汇率的最终变化可能是不确定的。

总体而言,国际收支论在国际借贷论基础上进一步考察了影响国际收支(国际借贷)的具体因素,更完整地解释了相关因素对汇率的影响,因而比国际借贷论具有更重要的学术价值。但国际收支论仍然只能解释汇率的短期变动,无法揭示国际收支平衡时汇率为什么会有不同点位。

(二) 汇兑心理论

法国学者阿夫达里昂(Albert Aftalion, 1874—1956)在其1927年出版的《货币、价格与外汇》(*Monnaie, Prix, et Change*)一书中系统提出了汇兑心理论(Psychological Theory of Exchange)。该理论认为,人们之所以需要外国货币,除了需要购买外国商品之外,还有满足支付、投资、外汇投机、资本外逃等需要,这种外国货币所带来的效用构成了其价值基础。因此,外国货币的价值决定于外汇供求双方对外币所做的主观评价,即外币价值的高低是以人们主观评价中边际效用的大小为转移的。

外汇的边际效用递减而购买外汇的边际成本递增,市场上的外汇汇率取决于外汇的边际效用与边际成本之比。在一定的汇率水平上,如果人们认为外汇提供的边际效用大于边际成本,就会大量购买外汇,导致外汇汇率上升,直至边际效用等于边际成本。反之,当人们认为外汇的边际效用小于边际成本时,就会抛售外汇,促使外汇汇率下降。由于人们对外汇的效用和成本所做的主观评价会随各种情况而不断变化,因而汇率也会相应变动。

汇兑心理论揭示了学术界以前所忽视的人们的主观心理活动和预期对汇率的影响作用,因而有其合理性。由该理论演变而来的心理预期论至今还有很大的影响。尤其是在解释外汇投机、资本外逃等因素对汇率的影响方面,该理论有很强的说服力,故而特别适用于国际金融动荡时期。但汇兑心理论也只能说明短期汇率而不是长期汇率的影响因素,且无法据以从数量上确定汇率的实际水平。

(三) 购买力平价论

瑞典学者古斯塔夫·卡塞尔(Gustav Cassel)在其1922年出版的《1914年以后的货币与外汇》(*Money and Foreign Exchange After 1914*)一书中系统地提出了购买力平价论(Theory of Purchasing Power Parity),简称PPP或3P理论。这一理论的要点是:人们之所以需要外国货币,是因为它在外国具有商品的购买力,因此,两种货币的汇率,主要是由这两国货币各自在本国的购买力之比,即购买力平价决定的。假定一组商品,在英国购买时需要1英镑,在美国需要2美元,两国的货币购买力之比为2∶1,那么这两种货币的汇率就应该是1英镑=2美元。由于货币的购买力主要体现在价格水平上,即货币购买力是价格水平的

① 这里的"实际"(Real),是指包含了价格因素的情况,类似于实际利率和实际汇率等。

倒数，因此，购买力平价可用下式表示：

$$\text{购买力平价}=\frac{\text{B国货币购买力}}{\text{A国货币购买力}}=\frac{\dfrac{1}{\text{B国的价格水平}}}{\dfrac{1}{\text{A国的价格水平}}}=\frac{\text{A国的价格水平}}{\text{B国的价格水平}}$$

上述表达式有一个重要缺陷，即一国的价格水平无法用精确的数量来表示。为此，古斯塔夫·卡塞尔又推导出了另一个表达式，并将其称作相对购买力平价，而将上述等式称作绝对购买力平价：

$$\begin{aligned}\text{当期相对购买力平价}&=\text{基期的绝对购买力平价}\times\frac{\text{A国的价格指数}}{\text{B国的价格指数}}\\&\approx\text{基期的汇率}\times\frac{\text{A国的价格指数}}{\text{B国的价格指数}}\end{aligned}$$

上式的含义是，如果能找到一个历史上符合 A、B 两国绝对购买力平价的汇率，并将其作为基期汇率，就可以根据以后一段时期里这两个国家的价格指数变动情况推算出这两国货币当前的购买力平价。

购买力平价论由于抓住了货币内在的特性——货币的购买力，即价格水平这一影响汇率的核心因素，并首次使理论汇率的确定得到了量化的尺度，因而长期以来一直深受学术界的推崇，占据主流地位，至今仍有极大影响。尤其是在严重的通货膨胀时期，购买力平价论的可靠性更为突出。

尽管如此，购买力平价论也存在许多缺陷。

首先，该理论的成立需要具备以下假设条件：(1) 所有的货物和服务都可以进行国际贸易；(2) 国际贸易可自由进行，不受任何限制；(3) 国际贸易的交易成本，如运费和关税为 0。在满足以上条件时，如果外汇交易的汇率明显偏离购买力平价，则经汇率换算以后，一国的相对价格水平就会与另一国出现极大偏差，这就为商品套购(Commodity Arbitrage)提供了机会。例如，假定外汇市场上的汇率是 1 英镑＝1 美元，偏离了上述的购买力平价，人们就会用英镑从英国购买大量的商品，出口到美国，并把获取的美元在外汇市场上抛出，兑换成英镑。结果，英镑的汇率随之上升，而美元的汇率相应下降，直到与购买力平价相一致。这种现象就是所谓的“单价法则”，又称“一价定律”(the Law of One Price，LOOP，或 the Law of Single Price)，即在自由交易条件下，由于存在商品套购，任一商品在不同地方都只能是同样的价格。事实上，上述假设条件并不存在。由于有些物品如旅游资源是非贸易品(Non-tradable)，劳动力在国际间不能自由转移，再加上高昂的交易成本，使得许多物品的套购无法进行，这就导致汇率经常会偏离购买力平价。

其次，相对购买力平价的基期汇率难以确定，无可靠的标准可依。如果选定的基期汇率本身已经偏离绝对购买力平价，则由此算出的相对购买力平价必有很大误差。另外，价格指数的选择亦无严格的标准，究竟应该采用国内生产总值消胀指数(GDP Deflator)、批发价格指数还是消费价格指数，很难从理论上提出科学的依据。还有，购买力平价论把价格与汇率的关系完全视为单向的因果关系(Causal Relation)，其中价格是因，汇率是果，这也有悖现实。实际上，价格与汇率之间互为因果关系(Interrelation)，两者相互影响，汇率的变动反过来也会影响价格水平。例如，外汇汇率上升以后，进口消费品和投资品的价格相应上扬，由此会推动国内价格水平的上升。

最后,购买力平价论受到的最致命的抨击是其完全忽略了资本项目差额对汇率的影响。第二次世界大战以来,随着整个世界货币化程度和经济一体化程度的提高,各国间的资本往来和金融交易的金额不断增长,其增长速度已远远超过经常项目交易额的增长速度。因此,资本项目差额对汇率的影响作用正在日益增强。从发展趋势来看,购买力平价论作为一种传统的汇率理论,其有效性将会不断减弱。

综上所述,按照购买力平价论,在一定条件下,市场汇率会自然地向购买力平价这一理论汇率靠拢,换言之,两种货币的汇率变动趋势会追随这两国价格水平的变动趋势。但现实生活中经常有人本末倒置,试图通过精确计算购买力平价来人为地"发现"并以此确定一个"合理"的汇率水平。然而,由于绝对购买力平价根本无法精确计算,因此,迄今为止世界上没有一个国家能成功地用购买力平价来确定其货币的汇率。

(四) 资产市场论

该理论起源于20世纪50年代,至70年代逐步形成完整体系,是一种现代汇率理论。资产市场论(Asset Market Theory)把外汇看作一种金融资产,而不只是货币,从而使外汇的外延得到了极大的推广,因为人们需要外汇除了出于在国外购买货物和服务以外,还可能是为了从事金融投资,以便在风险相对较小的条件下获得相对较高的收益。资产持有人对外币的数量和币种的需求取决于其资产选择行为。所谓"资产选择",是指资产持有人调整其持有的有价证券和货币资产的种类和数量,从而选择一套最符合其收益和风险偏好的资产组合。因此,资产市场论又称资产选择论(The Theory of Portfolio Selection)。

按照资产市场论,由于利率、国际收支、通货膨胀和经济增长等各种因素的变化,不同金融资产的风险和收益也会随之变化,资产持有人就必须相应调整自己的资产组合,直至各种资产的预期边际收益率相等为止。资产持有人对资产组合的调整意味着其在资产市场继而在外汇市场上抛售某种货币,买进另一种货币,从而导致汇率的变动。例如,当人们预期美国的股价走势将出现持续上扬,就会抛售其他资产,并转换成美元,用于购买美国的股票。因此,预期收益率(包括汇率)或相对风险的变动是引起市场汇率变动的根本原因。当整个市场的资产持有人的调整行为都已完成,资产市场就处于均衡状态,这时的汇率也处于均衡水平,形成均衡汇率。所以,在短期内,资产市场的均衡状况决定着汇率水平。一旦资产的风险和收益由于种种原因出现变化,资产持有人就会重新调整其资产组合,汇率也随之变动。

(五) 货币论

美国的货币学派将其基本分析框架推广到了汇率研究方面,由此形成了货币论(Monetary Approach)。该理论的特点是强调货币市场在汇率决定中的作用,认为汇率是两国货币的相对价格,而不是两国商品的相对价格。按照这种理论,汇率由货币市场的货币存量决定,当货币存量与货币需求相一致时,汇率就达到均衡。如果一国货币存量超过货币需求,价格水平就趋于上升,其汇率必然下跌。如果一国实际国民收入上升,就会出现超额货币需求,若名义货币供应量不变,则价格相对下降,这种货币的汇率就会上升。另外,当两国的货币存量以及货币需求都发生变动时,则须比较其增减速度。例如,当货币需求不变时,货币存量增长速度相对较快的货币的汇率就会下跌,因为该国价格水平的上升速度也会较快。而且,在该国的外汇市场上，由于其货币数量相对过多，外币供应就显得不足，这同样会导致外汇汇率上升。

三、影响汇率变动的主要因素

撇开上述汇率理论，从现实情况出发，影响汇率变动的因素可以说极为纷繁复杂，但其主要因素如下：

（一）利率

通常情况下，一国的利率水平较高，在该国表现为债权的金融资产，如存款、贷款、存单、债券、商业票据等的收益率也相对较高。这就会吸引大量国外资金的流入，以投资于这些金融资产。结果，在外汇市场上，外汇的供应就急剧增加，从而导致本币汇率的上升。反之，一国若降低利率，就会使短期资本流往国外，该国对外国货币的需求增加，造成本币汇率下降。所以，各国利率的变化，尤其是国内外利差，是影响汇率的一个十分重要的因素。由于国际上追求利息收益的短期资本对利率的高低十分敏感，会对利率变动迅速作出反应，因此，利率对汇率的影响可在短期里很快发生作用。从各国的政府行为来看，提高利率往往成为稳定本国货币汇率、防止其大幅度下跌的重要政策手段。

（二）国际收支

国际收支的变化也是影响汇率的重要因素。一国国际收支发生顺差，意味着外汇收入大于支出，这在外汇市场上就表现为需要卖出的外汇数量大于需要买进的外汇数量，即外汇供过于求，外汇汇率就会下跌；若为逆差，则该国对外国货币需求增加，外汇供不应求，外汇汇率随之上升。可见，国际收支差额及其大小对汇率有很大的影响。但是，由于国际收支差额对汇率的影响须通过外汇市场上供求状况的变化才能逐步体现出来，这需要一个时间过程，因此，国际收支对汇率具有中期的影响作用。

（三）价格水平

一国价格水平的上升，势必削弱该国商品在国际市场上的竞争能力，对出口不利，同时却会鼓励进口，这样将造成进口增加、出口减少，使国际收支出现逆差，以致外汇市场出现外汇供不应求的现象，进而导致该国货币汇率下降。

由于价格水平的变动须通过国际收支进而是外汇供求才能对汇率产生影响，况且价格水平的变动本身具有趋势特征，因此，价格水平对汇率具有长期的影响，往往成为影响汇率变动趋势的因素。

（四）中央银行的直接干预

由于汇率变动对一国的进出口贸易和资本流动等有着直接的影响，并转而影响国内的生产、投资和价格等，因此，各国中央银行为了避免汇率波动，尤其是短期内的剧烈起伏波动对国内经济造成不利影响，往往对汇率进行干预，即由中央银行在外汇市场上买卖外汇，当外汇汇率过高时卖出外汇、回笼本币，而在外汇汇率过低时则买进外汇、抛售本币，使汇率变动有利于本国经济。这种干预有三种情况：一是在汇率变动剧烈时使它趋于缓和，二是使汇率稳定在某个水平上，三是使汇率上浮或下浮到某个比较合适的水平。

第三节 汇率制度

一、固定汇率制度

固定汇率制度(Fixed Exchange Rate System)是以某些相对稳定的标准或尺度,如货币的含金量作为依据,以确定汇率水平的一种制度。由于据此确定的汇率水平一般不轻易变动,故称为固定汇率制度。从历史上看,国际性的固定汇率制度即被各国普遍实施的固定汇率制度主要有两种类型:一是金本位制度下的固定汇率制度;二是第二次世界大战后建立的纸币流通制度下的固定汇率制度,即以美元为中心的固定汇率制度。有关金本位制度下的固定汇率制度已在前文有较详尽论述,本节主要讨论第二次世界大战以后建立的以美元为中心的固定汇率制度。

(一) 布雷顿森林体系概述

20 世纪 30 年代期间,西方各国经济受到"大萧条"的冲击,不得不采取竞相贬值(Competitive Devaluation)和外汇倾销的手段,以获取国际竞争优势。但由此造成的结果却是外汇市场极度混乱,国际货币关系陷于瘫痪。为此,1944 年在美国布雷顿森林(Bretton Woods)召开的联合国货币金融会议决意建立一个稳定的国际货币体系,尤其是稳定的汇率制度。鉴于美国当时所具有的无与伦比的政治、经济和军事实力,与会各国只能接受美国提出的方案,同意建立以美元为中心的固定汇率制度,这一制度或体系后来被称作布雷顿森林体系,基本内容如下:

与会各国确认 1934 年 1 月美国规定的 1 美元含纯金 0.888 671 克的含金量,即 35 美元 1 盎司的黄金官价。美国则承诺美元对黄金的可兑性,即参与这一固定汇率制度的国家的中央银行可用美元向美国兑换黄金。各国可为本国货币也规定一个含金量,这一含金量与美元的含金量之比称作黄金平价,用作与美元的汇率的基准。黄金平价与铸币平价不同,因为除了美元以外,其他国家的货币并不能兑换黄金,即使是美元也只有各国官方持有人才能要求兑换黄金。各国也可不规定本国货币的含金量,而只规定与美元的比价,称作中心汇率。这样,各国货币便通过黄金平价或中心汇率与美元建立了固定关系。同时还规定,各国货币对美元的汇率,一般只能在黄金平价或中心汇率上下各 1%的幅度内波动,各国中央银行有义务在外汇市场上进行干预,以便保持外汇行市的稳定,使它不至于偏离规定的波动幅度。若一国的国际收支出现基本性不平衡(Fundamental Disequilibrium),则可在 10%的限度内调整其含金量或兑美元的中心汇率。至于 10%以上的调整幅度,则须报经国际货币基金组织批准。这一汇率制度的波动幅度虽已超过金本位制度下的黄金输送点,但由于规定不能超过平价的 1%,波动幅度不算大,因此仍属固定汇率制度,或称可调整钉住汇率制度(Adjustable Peg Rate System)。

(二) 布雷顿森林体系的终结

布雷顿森林体系的建立为第二次世界大战后的世界经济发展提供了良好的稳定环境,促进了国际贸易和投资的发展以及在此基础上的经济增长。但是,该体系在建立之初就已经具有重大的内在缺陷。美国耶鲁大学教授罗伯特·特里芬(Robert Triffin)早在20世纪50年代就撰文指出了该体系的问题，后来，他在1960年出版的《黄金和美元危机》(*Gold and the Dollar Crisis*)一书中更加完整地提出了这一观点。罗伯特·特里芬指出，由于美元成为各国货币的钉住对象，结果就衍生为具有干预货币、储备货币和结算货币功能的国际货币。因此，为了满足世界经济对国际货币需求量的不断增长，美国就必须通过国际收支逆差源源不断地对外输出美元。但是，美国国际收支的持续逆差会导致美元汇率不稳，会引发整个世界经济的动荡。此外，随着美元的不断外流，美国的黄金储备量无法满足美元的兑付需要。一旦各国发现持有的大量美元不能全部转换成黄金，人们就不愿意接受美元，美元的末日也就来临了。

由此可见，在布雷顿森林体系中，美国若大量对外输出美元，就会导致美元自身的危机；若限制输出美元，国际货币体系就会面临国际货币的数量短缺。布雷顿森林体系的这种内在缺陷后来被人们称作“特里芬难题”(Triffin Dilemma)。局势的发展果然被罗伯特·特里芬不幸言中。自20世纪60年代起，随着美国国际收支极度恶化和美元过度外流，人们对美元的前景日益看淡，纷纷开始以美元从美国兑付黄金，导致美国的黄金储备迅速下降，美国政府被迫于1971年8月15日宣布停止美元对黄金的兑付。在随后的一年多时间里，美国和其他西方国家虽然采取了种种挽救措施，但由于美国国际收支逆差的趋势没有逆转，国际外汇市场上再次出现大规模抛售美元的浪潮，各国货币纷纷与美元脱钩，宣布实现浮动汇率制度，失去黄金支撑的布雷顿森林体系终于解体。

二、浮动汇率制度

浮动汇率制度是一种汇率的变动主要由外汇市场上的外汇供求决定，因而不受任何指标限制的汇率制度。以美元为中心的固定汇率制度崩溃后，西方各国普遍实行了浮动汇率，由此形成了国际性的浮动汇率制度。在完全的浮动汇率制度下，政府不再规定本国货币与外国货币的黄金平价，不规定汇率波动的上下幅度，中央银行也不承担通过外汇干预维持汇率稳定的义务，汇率根据外汇市场供求情况自由波动。

(一) 汇率浮动的方式

1. 自由浮动和管理浮动

这是根据货币当局是否对汇率变动进行干预所做的划分。自由浮动(Free Float)又称不干预浮动(Clean Float)，是指货币当局对汇率上下浮动不采取任何干预措施，完全听任外汇市场供求变化，自由涨落。管理浮动(Managed Float)又称干预浮动(Dirty Float)，①是指货币当局采取各种方式干预外汇市场，使汇率水平与货币当局的目标保持一致。目前各国普遍实行的浮动汇率制度都属于管理浮动，货币当局或多或少都会对汇率的变动施加影响，使之符合本国利益。自由浮动仅仅是一个理论上的概念。

2. 单独浮动、钉住浮动和联合浮动

这是根据一国货币是否与他国货币建立稳定关系进行的划分。

单独浮动(Single Float)是指一国货币的汇率不与其他国家货币发生固定联系，其汇率

---

① 有些中文文献将Clean Float和Dirty Float翻译为“清洁浮动”和“肮脏浮动”，这种直译方法虽然简单省力，但却不符合中文的规范表述，字面上很难理解。

根据外汇市场的供求变化而自动调整。

钉住浮动(Pegged Float)包括以下两种情况:

(1) 钉住某单一货币。由于历史、地理等方面原因,有些国家尤其是发展中国家的对外贸易、金融往来主要集中于某一工业发达国家,或主要使用某一外国货币。为使这种贸易及金融关系得到稳定发展,免受相互之间货币汇率频繁变动的不利影响,这些国家通常使本国货币钉住该工业发达国家的货币,将其作为"货币锚"(Currency Anchor),相互之间保持稳定的汇率,对其他国家货币的汇率则随该"货币锚"浮动。例如,一些美洲国家的货币钉住美元,一些英联邦国家的货币钉住英镑,一些前法国殖民地国家的货币则曾经钉住法国法郎。

(2) 钉住一篮子货币。有的发展中国家为了稳定与一些国家而不是某单一国家的经济往来,就选择若干种同本国经济贸易关系密切的国家的货币和对外支付使用最多的货币,以加权平均的方法组成一个货币篮(Currency Basket),或者直接以特别提款权或欧洲货币单位(现为欧元)作为货币篮,并将本国货币钉住该货币篮,使本国货币与这些外币的汇率保持相对稳定,而对其他国家的货币则随该货币篮浮动。

联合浮动(Joint Float)即某些国家出于相互间发展经济关系的需要,组成某种形式的经济联合体,建立稳定的货币区,对区内各国货币之间的汇率规定一个比值和上下波动幅度,对区外国家货币的汇率则采取联合浮动。欧盟的前身——欧洲经济共同体——曾实行联合浮动,形成所谓的欧洲货币体系。

钉住浮动汇率制度和联合浮动汇率制度虽然在字面上被冠以"浮动"二字,而且实行这种汇率制度的国家的货币的汇率也确实对"货币锚"以外或区外货币上下浮动,但从实质上看,由于这些国家的货币与经济关系最密切的其他国家的货币的汇率保持着稳定的汇率关系,货币当局又频繁地在外汇市场上进行干预,因此,从对国内经济的影响方面看,这种汇率制度在性质上更接近于固定汇率制度而不是浮动汇率制度。

(二) 浮动汇率制度的利弊

1. 浮动汇率制度的有利方面

(1) 有助于发挥汇率对国际收支的自动调节作用。

当一国发生国际收支逆差时,外汇市场上就会出现外汇供不应求,在浮动汇率条件下,汇率会迅速作出反应,通过外汇汇率的上浮,可刺激外汇供应,抑制外汇需求,国际收支趋于平衡。此外,对外经济管理也变得简便易行,灵活主动。可见,浮动汇率制度可避免货币当局不恰当的行政干预或拖延实行调节措施,以及由此形成的汇率高估(Overvaluation)或低估(Undervaluation),以致国际收支迟迟得不到改善。

(2) 防止国际游资的冲击,减少国际储备需求。

在固定汇率制度下,国际游资尤其是投机资金往往通过抛售软货币[又称软通货(Soft Currency)],即可能发生贬值的货币,抢购硬货币[又称硬通货(Hard Currency)],即可能出现升值的货币,以便从中牟利。而且,投机者常常表现出一致的行为,即共同抛售某一种货币,抢购另一种货币,形成所谓"单向投机"(One-way Speculation),杀伤力极大。由此会导致软货币国家出现货币危机,国际储备大量流失,而硬货币国家的货币当局则被迫进行外汇干预,收进外币,投放本币,最终酿成输入型通货膨胀(Imported Inflation)。国际金融市场也会因此而动荡不宁。在浮动汇率条件下,由于软货币的汇率会及时下跌,硬货币的汇率会及时上升,从而可以化解国际游资的冲击。而且,货币当局没有必须进行外汇干预的义务,因而不必保留过多的国际储备。

（3）内外均衡易于协调。

在一国经济出现衰退、国际收支存在逆差时，在固定汇率条件下只能通过紧缩性的财政货币政策来改善国际收支，但这会加剧经济衰退。在浮动汇率制度下，国际收支可由汇率来调节，从而实现对外均衡，国内均衡则可依赖财政货币政策，内外均衡就不致发生冲突。此外，在固定汇率制度下，紧缩政策或扩张政策的效能常常会因外资的流入或流出而受到削弱。在汇率浮动时，外汇汇率的急剧下跌使外汇持有人处于不利的汇兑地位，因而可抑制外汇流入。而在外汇大量流出之际，外汇汇率会相应上升，抑制资金流出。显然，浮动汇率可以避免资本流动对政策效能的不利影响。

2. 浮动汇率制度的弊端

（1）不利于国际贸易和投资的发展。

浮动汇率制度下汇率的经常波动及其水平难以预测，使国际贸易和投资的成本、收益不易准确核算，原先有利可图的交易会因为汇率的变动反而蒙受亏损，因而人们不愿意缔结长期贸易和投资契约。进出口商不仅要考虑进出口货价，而且要注意避免汇率风险。由于要考虑汇率的变动趋势，因此往往报价也不稳定，还容易引起借故延期付款或要求减价、取消合同订货等现象。这种状况显然阻碍了国际贸易和投资的发展。

（2）助长国际金融市场上的投机活动。

在浮动汇率制度下虽然“单向投机”不复存在，但汇率波动的频率和幅度的加大为日常的外汇投机活动提供了机会。随着世界经济的发展和财富的迅速增长，国际投机资金的数额也日趋庞大。这种巨额资金在国际外汇市场上的东奔西突，无疑加剧了国际金融局势的动荡。

（3）可能引发竞相贬值。

在浮动汇率条件下，一国往往可通过调低本币汇率的方法来改善国际收支，但这会使其他国家的国际收支处于不利地位。因此，其他国家也会竞相调低本币汇率，引发周而复始的竞相贬值现象。结果，各国的国际收支状况依然故我，国际经济关系却趋于紧张，国际金融局势也因这种竞相贬值而剧烈动荡。

（4）诱发通货膨胀。

在固定汇率制度下，政府为了维持汇率水平，就不能以可能引发通货膨胀的速度增加货币供应量，以免本币受到贬值压力，这就是所谓的货币纪律约束（Monetary Discipline）。但在浮动汇率制度下，国际收支可完全依赖汇率的自由浮动而得到调节，在缺乏货币纪律约束的情况下，货币当局就会偏好采取扩张性政策来刺激国内的经济增长，而不必顾忌其对国际收支的不利影响。本币汇率的下浮固然有助于改善国际收支，但经汇率折算的进口商品的价格却会上扬，由此又带动国内价格水平上升，而在价格刚性的作用下，货币汇率上浮的国家的价格水平并不下跌。这种种因素都会推动整个世界的通货膨胀。

三、中间汇率制度

中间汇率制度（Intermediate Exchange Rate Regime）是介于完全的固定汇率与完全的浮动汇率之间的汇率制度，如上述的管理浮动以及汇率目标区、爬行钉住、BBC 规则等。

（一）汇率目标区

汇率目标区（Exchange Target Zone）是指政府设定本国货币对其他货币的中心汇率

(Central Rate)并规定汇率的上下浮动幅度的汇率制度,同时,政府对中心汇率按照固定的、预先宣布的比率或对选取的定量指标的变化做定期调整。

汇率目标区并非自由浮动汇率制度,因为中央银行要对外汇市场进行干预,使汇率在期望的范围内波动;它又不同于管理浮动汇率制度,因为中央银行建立了汇率波动的一个目标范围,通过货币政策干预外汇市场,使汇率波动落在目标区内;它也不同于严格的固定汇率制,实行汇率目标区的国家没有通过市场干预以维持汇率稳定的义务,也不需要做出任何形式的市场干预的承诺,并且目标区本身也可以随着经济形势的变化而随时做出调整。

(二) 爬行钉住

爬行钉住(Crawling Peg)是指本币钉住外币,同时政府按预先宣布的固定范围对汇率做较小的定期调整或对选取的定量指标的变化做定期的调整,使汇率逐步趋向于目标水平的汇率制度安排。爬行钉住可分为购买力爬行钉住和任意爬行钉住。所谓"购买力爬行钉住",是以通货膨胀差异为依据对汇率进行调整,有较强的预见性,也有利于维护本国的国际竞争力,但不利于实行严格的货币纪律。具体做法通常是根据选定的数量指标(如对主要贸易伙伴国的以往的通货膨胀率差异,对主要贸易伙伴国的通货膨胀率目标与预期通货膨胀率之间的差异)进行小幅度调整。爬行的幅度可以根据以往通货膨胀变动对汇率变动的要求来设置,也可以根据预期未来可能发生的通货膨胀情况来设置。维持爬行钉住与固定钉住制度对货币政策施加的限制是基本相同的。任意爬行钉住(Crawling Peg at Discretion)一般不设参照物,爬行的基础富有弹性,货币当局可以根据需要对汇率进行微调,能够保持较大的汇率政策的独立性,但其预见性较差,易受投机冲击。我国于 2005 年实行汇率改革后,人民币汇率制度具有明显的任意爬行钉住美元的特征。

(三) 爬行带内浮动

爬行带内浮动是一种规定了汇率波动幅度的爬行钉住制度。这种制度要比钉住平行汇率带或爬行钉住具有更大的汇率灵活性。其优势在于汇率有一定的允许波动的幅度,有助于经济吸收对经济基本面造成冲击的各种干扰因素。其缺陷在于当汇率达到爬行带界限时,可能会引起投机性货币攻击。结果,为防止投机性货币攻击,要求爬行汇率带进一步扩展,演变为管理浮动;而为维持钉住汇率的可信性,则要求爬行汇率带不能进一步扩展,因而爬行带内浮动的汇率安排面临着难以克服的内在矛盾。

(四) BBC 规则

BBC 规则(BBC Rules)是 Basket(篮子)、Band(波幅)和 Crawling(爬行)3 个英文单词的首字母缩写。这种汇率安排是威廉姆森(John Williamson)提出的。他认为,中国单一钉住美元是不合理的,因为中国不是一个小国,其主要的贸易伙伴也不是美国,并且中国也没有明确表示将放弃货币政策的独立性,而这正是固定汇率制的本质特征。威廉姆森认为,中国的汇改方案应遵循"BBC 规则",即"钉住一篮子货币"(A Basket Parity)、"宽幅波动"(A Wide Band)和"汇率爬行"(A crawl of the Exchange Rate)。其具体内容如下:

(1) 钉住一篮子货币,即根据篮子货币来确定本国货币中心汇率,有助于稳定实际汇率,避免受主要国家货币之间的汇率波动对本国贸易、产出和通货膨胀的负面影响。

(2) 波动幅度,即规定较大的汇率波动范围,使之既适应经济基本面的变化,又不致引起影响市场稳定性的汇率变动预期,也为货币政策的独立性提供了空间。

（3）爬行制度，即中心汇率的调整应该是小幅度、经常性的，这有利于抑制投机行为。

第四节　人民币汇率制度的演变

一、汇率水平人为确定，汇率保持基本稳定（1949—1980年）

在这一时期，我国的外汇体制以外汇的统收统支为主要特征，政府通过外汇收支计划和指令性指标以单纯的行政手段管理外汇的收支，所有的外汇收入必须交售给国家，需用外汇由政府按计划分配或批给。由于对企业实行公有制，进出口盈亏只是不同企业之间的转移支付，政府对企业只考核计划指标，不考核成本和利润指标，因此，人民币汇率并无调节作用，完全由政府确定和调整，外汇市场也不存在。从理论上讲，当时的人民币汇率确定在任何水平对我国经济都不会产生影响，因而在1972年之前，人民币汇率基本保持在1美元兑2.46元人民币，在走势图上几乎成一条水平直线（见图20-2）。自1973年起，西方主要国家普遍实行浮动汇率，同时，受石油危机的冲击，西方各国普遍出现严重的通货膨胀，人民币对美元汇率开始上浮。

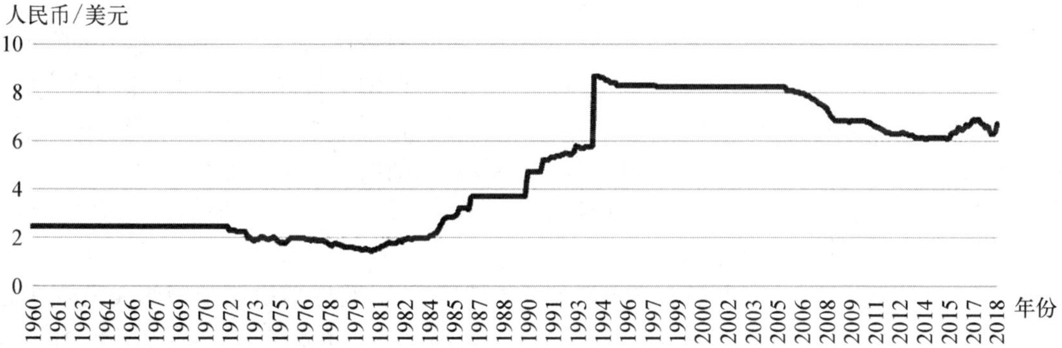

数据来源：国家外汇管理局。

图20-2　1960—2018年人民币兑美元中间汇率

随着我国实行改革开放政策，为了鼓励出口，国务院于1979年8月决定实行贸易和非贸易外汇留成制度，对于创汇的地区、部门和企业，在按政府规定的汇率卖出外汇后，政府按规定比例给予外汇留成额度，各地区、部门和企业需用汇时，可以人民币配以额度，按国家公布的外汇牌价购买现汇，对外支付。这项措施对传统的计划管理模式产生了一定程度的冲击，对弥补企业出口亏损、鼓励创汇，起到了十分重要的积极作用。

二、实施复汇率制度，汇率水平持续下浮（1980年10月—1993年12月）

外汇留成制度实行以后，有些单位外汇额度过剩、另一些急需外汇的单位却得不到外汇的不平衡现象愈显突出。为了满足企业之间外汇余缺调剂的需要，1980年10月，我国发布了《调剂外汇暂行办法》，开始试办外汇调剂业务，准许有留成外汇的国内企业按照国家规定的外汇调剂（价格）汇率互相调剂，由此逐步形成了外汇调剂市场，并在官方汇率之外产生了调剂汇率。这是我国首次出现复汇率现象。

由于当时我国对外汇的官方汇率定值过低,因此造成出口越多、亏损越严重的局面。为此,我国于 1981 年起试行贸易外汇内部结算价,按照平均出口换汇成本再加上 10%的出口利润确定的结算价为 1 美元兑 2.8 元人民币。[①] 远远高于官方汇率(1 美元约兑 1.5 元人民币)的外汇内部结算价对当时我国的出口起到了极大的刺激作用,但这也使我国出现了 3 种汇率。

我国实行外汇调剂办法的初期,行政管理措施依然相当严格,外汇的调剂汇率仍然极度偏低,外汇额度持有者不愿卖出,造成调剂业务很不活跃。1981 年,我国发布了《关于额度外汇调剂工作暂行办法》,允许调剂外汇价格可在贸易外汇内部结算价基础上浮动 10%,1986 年和 1987 年又两次提高外汇调剂价格,使之更适应外汇供求的需要。

1986 年 10 月,根据国务院《关于鼓励外商投资的规定》,我国开始允许外商投资企业之间通过外汇管理部门相互调剂外汇,双方自行定价。后来,为了鼓励个人缴售外汇,我国还开办了个人外汇调剂业务。

1988 年 3 月,为了配合对外贸易承包经营责任制的推行,我国制定了《关于外汇调剂的规定》。于是,在国家外汇管理局的统一领导和管理下,各省、自治区和直辖市都获准建立了外汇调剂中心,当年就建立了约 90 个外汇调剂中心。与原来的调剂业务相比,调剂中心实行竞价买卖,允许价格自由浮动,市场化程度更加突出。

我国经济体制改革的基本特点是采取了渐进式的迂回路径,所以,外汇体制的改革并不以直接触动官方汇率为开端,而是通过"双轨制"的方式,借助于另辟市场、壮大市场的方法,稳步实现市场化的目标。但由此造成的一个副作用是多种汇率的盛行,除了官方汇率外,还有贸易外汇内部结算价、企业外汇调剂汇率、外商外汇调剂汇率和个人外汇调剂汇率。这种状况导致了外汇管理复杂化,降低了管理效率。随着外汇体制改革的不断深入,多种汇率的弊端日益显现,汇率统一自然被提上了议事日程。

自 1984 年起,国际外汇市场上美元汇率开始持续上扬,我国借机逐步调低人民币兑美元的官方外汇牌价。到 1984 年底,外汇牌价(1 美元约兑 2.8 元人民币)同贸易外汇内部结算价基本一致。1985 年 1 月 1 日,我国宣布取消贸易外汇内部结算价,与此有关的外汇交易统一按照官方牌价结算。

内部结算价取消后,各种调剂汇率依然存在,因此,这一时期我国的汇率制度仍然具有复汇率特征,且人民币兑 1 美元汇率由 1.50 元持续不断下跌至 1994 年初的 8.40 元。这种走势与任意爬行钉住美元的汇率制度十分类似(见图 20 - 2)。

三、回归单一汇率,汇率水平再次保持稳定(1994 年 1 月—2005 年 7 月)

1994 年 1 月,我国对外汇管理体制进行了重大改革,主要内容是:(1) 官方汇率和外汇调剂市场汇率实行并轨,建立了以市场供求为基础的、单一的、有管理的浮动汇率制度。(2) 对境内机构外汇买卖实行银行结汇、售汇制度(合称结售汇制度),取消外汇留成和上缴。(3) 建立全国统一的银行间外汇市场,即中国外汇交易中心。各外汇指定银行之间相互进行外汇买

---

① 换汇成本是按人民币计算的出口商品的成本与这些商品的外汇收入之比,其含义是获得 1 美元出口收入需支付的按人民币计算的成本。

卖和结算。汇率通过自主报价形成。(4) 取消外汇收支的指令性计划，政府主要运用经济、法律等间接手段实现对外汇和国际收支的宏观调控。从现实情况看，中国人民银行通过在中国外汇交易中心买卖外汇成为重要的汇率干预方式。统一外汇市场的建立，打破了地区封锁，实现了外汇资源的市场配置。1994 年我国还宣布实现人民币经常项目交易的有条件自由兑换。

1996 年 7 月，我国又将外商投资企业的外汇买卖纳入银行结售汇体系。在上述过程中，我国对外汇交易的限制也不断放宽。1996 年 12 月，我国正式接受《国际货币基金组织协定》第八条款，基本实现了人民币经常项目交易的自由兑换。至此，具有较充分市场化特征的新外汇体制的基本框架得以确立。

这一时期，我国在外汇交易方面的市场化取得了较大的进展，人民币钉住美元的汇率制度特征极为突出：1995 年 7 月 1 日至 2005 年 7 月 1 日人民币兑美元的日汇率走势几乎呈一条水平线(见图 20－2)。

四、人民币升值阶段(2005 年 7 月—2010 年 6 月)

2005 年人民币汇率制度发生了根本性的变革，中国人民银行做出以下决定：(1) 自 2005 年 7 月 21 日起，我国开始实行以市场供求为基础、参考一篮子货币进行调节、有管理的浮动汇率制度，人民币汇率不再钉住单一美元。(2) 中国人民银行于每个工作日闭市后公布当日银行间外汇市场美元等交易货币兑人民币汇率的收盘价，作为下一个工作日该货币对人民币交易的中间价格。(3) 2005 年 7 月 21 日 19 时，美元兑人民币交易价格调整为 1 美元兑 8.11 元人民币，作为次日银行间外汇市场上外汇指定银行之间交易的中间价，外汇指定银行可自此时起调整对客户的挂牌汇价。① (4)银行间外汇市场美元兑人民币的每日交易价仍在中国人民银行公布的美元交易中间价上下 3‰的幅度内浮动，非美元货币对人民币的交易价在中国人民银行公布的该货币交易中间价上下一定幅度内浮动。②

具体而言，这一阶段人民币汇率形成机制的内容是，人民币汇率不再钉住单一美元，而是按照我国对外经济发展的实际情况，选择若干种主要货币，赋予相应的权重，组成一个货币篮子。③ 同时，根据国内外经济金融形势，以市场供求为基础，参考一篮子货币计算人民币多边汇率指数的变化，对人民币汇率进行管理和调节，维护人民币汇率在合理均衡水平上的基本稳定。参考一篮子货币表明外币之间的汇率变化会影响人民币汇率，但参考一篮子货币不等于钉住一篮子货币，它还需要将市场供求关系作为另一个重要依据，据此形成有管理的浮动汇率。

此次人民币汇率形成机制改革实施后，中国人民银行于每个工作日闭市后公布当日银行间外汇市场美元等交易货币对人民币汇率的收盘价，作为下一个工作日该货币对人民币交易的中间价格。中国人民银行通过公布每日中间价对市场价格进行指导，从而达到调节

---

① 与上日 1 美元兑 8.27 元人民币的汇率相比，这意味着人民币升值 2%。

② 自 2007 年 5 月 21 日起，人民币兑美元交易价浮动幅度从 3‰扩大至 5‰。

③ 我国没有披露确定人民币汇率的篮子货币的权重，因而外界无法对人民币汇率的确定进行测算。事实上，人民币兑美元的汇率此后一直呈小幅度上升的态势，至 2007 年 10 月 12 日已上升至 1 美元兑 7.511 4 元水平，但在这两年多的时间里，人民币兑欧元、英镑和加元等货币的汇率并未明显上升，甚至有所下跌。由此是否可以推断：人民币对美元的升值仅仅是美元汇率下跌的结果，而不是人民币本身升值所致？

和管理的作用。

2007年美国"次贷"危机初期,为稳定通货膨胀预期,人民币升值速度加快,人民币对美元整体呈现出单边升值态势,人民币对一篮子货币走势稳中有升。2008年7月到2010年6月,美国"次贷"危机日益恶化,为应对全球金融危机、稳定中国经济,人民币对美元双边汇率基本稳定,波动区间收窄。[①]

五、人民币继续升值,且波动幅度加大(2010年6月19日至2015年8月)

2010年6月19日,中国人民银行宣布进一步推进人民币汇率形成机制改革,事实上结束了两年来人民币钉住美元的制度,重新采取参考一篮子货币进行调节、有管理的浮动汇率制度,继续按照已公布的外汇市场汇率浮动区间,对人民币汇率浮动进行动态管理和调节,保持人民币汇率在合理、均衡水平上的基本稳定。人民币对美元汇率的波动幅度开始扩大。2011年,国际货币基金组织将人民币汇率制度从稳定化安排归为准爬行汇率制度,标志着人民币汇率波动特性增强。自2012年4月16日起,人民币兑美元交易价浮动幅度扩大为1%,外汇指定银行为客户提供当日美元最高现汇卖出价与最低现汇买入价之差不得超过当日汇率中间价的幅度由±1%扩大至±2%。从银行间外汇市场的实际交易情况看,2012年人民币兑美元即期汇率的下跌和上升幅度曾多次达到偏离中间价±1%的限幅。2014年3月17日,中国人民银行进一步将人民币兑美元每日交易价浮动幅度从±1%扩大至±2%。人民币汇率浮动区间扩大,汇率弹性也逐步增强。

六、人民币对美元汇率双向波动常态化(2015年8月起)

2015年8月11日,中国人民银行启动新一轮汇率改革,要求"做市商在每日银行间外汇市场开盘前,参考上日银行间外汇市场收盘汇率,[②]综合考虑外汇供求情况以及国际主要货币汇率变化向中国外汇交易中心提供中间价报价"。此举被认为是人民币汇率市场化进程中的重要一步,使得人民币中间价形成机制更具透明化和市场化。2015年12月11日,中国外汇交易中心发布"CFETS人民币汇率指数",人民币汇率形成机制更加注重参考一篮子货币,保持对一篮子汇率基本稳定。人民币对美元汇率逐渐改变长久以来的单边变动趋势,双向波动呈现常态化。

自2015年起,人民币兑美元汇率出现了持续下跌走势,人民币贬值预期日趋强烈。为了稳定汇率,2017年5月,中国人民银行在原有的人民币中间价报价模型中引入"逆周期因子",主要目的在于对冲市场情绪的顺周期波动,弱化市场的"羊群效应"。在新的定价公式下,中间价=收盘价+一篮子货币汇率变化+逆周期调节因子。中国人民银行没有公布逆周期调节因子的具体计算方法,这意味着其可以根据自己的判断对人民币汇率中间价形成机制进行调控和引导,人民币汇率重回"相对固定"态势。2018年1月,由于人民币兑美元汇率出现持续上升,人民币贬值预期不复存在,中国人民银行一度取消了逆周期调节因子。但自2018年4月起,人民币兑美元汇率再次出现持续下跌,因此,中国外汇交易中心于8月

---

① 实质上人民币汇率重新钉住美元,固定在1美元兑6.81~6.85元人民币。

② 此前是参考上日银行间外汇市场中间价。由于收盘价比中间价更能体现市场要求,因此,该项改革使人民币汇率的定价机制进一步趋于市场化。

24日发布消息称，人民币对美元中间价报价重启逆周期调节因子。2020年10月，影响人民币汇率的因素趋于平稳，逆周期调节因子再次停止使用。

本章小结

外汇的动态含义是指把一国货币兑换成另一国货币的国际汇兑行为和过程。外汇的静态含义是指以外币表示的可用于对外支付的金融资产。用作外汇的货币必须具有较充分的可兑性，即能够不受限制地兑换成其他国家货币的特性。

汇率是一个国家的货币折算成另一个国家货币的比率。汇率的直接标价法是指以整数单位(如1、100、10 000等)的外国货币为标准，折算为若干单位的本国货币的标价法。间接标价法是指以整数单位的本国货币(如1、100、10 000等)为标准，折算为若干单位的外国货币的标价法。

金本位条件下的两种货币的含金量对比，称作铸币平价。铸币平价是决定两种货币汇率的基础。

国际借贷论认为，外汇汇率由外汇的供求关系决定，而外汇的供求又是由国际借贷引起的。国际收支论则用国际收支差额取代流动借贷，认为外汇的供求以及由此引起的汇率变动是由国际收支决定的。汇兑心理论认为，汇率取决于人们主观上对不同货币的边际效用大小的评判，即取决于外汇的边际效用与边际成本之比。购买力平价论认为，两种货币的汇率主要是由这两国货币各自在本国的购买力之比，实际上也就是两国的价格水平之比。资产市场论认为，外汇是一种资产，汇率是由资产市场上人们的资产选择行为决定的。货币论认为，汇率是两国货币的相对价格，汇率由两国货币存量的相对变化状况决定。

固定汇率制度是以某些相对稳定的标准或尺度，如货币的含金量作为依据，以确定汇率水平的一种制度。浮动汇率制度是一种汇率的变动主要由外汇市场上的外汇供求决定，因而不受任何指标限制的制度。中间汇率制度尽管兼有固定汇率制度和浮动汇率制度的优点，但也吸纳了这两者的缺陷。各种汇率制度各有利弊，各国须根据自身的具体情况做出选择。

参考书目

1. 保罗·R. 克鲁格曼、茅瑞斯·奥伯斯法尔德、马丁·J.梅里兹：《国际金融》(第十一版)，丁凯等译，中国人民大学出版社2021年版。

2. 沈国兵：《国际金融》，北京大学出版社2018年版。

3. 奚君羊：《国际金融学》，上海财经大学出版社2019年版。

4. 杨长江、姜波克：《国际金融学》，高等教育出版社2019年版。

思考题

1. 什么是外汇？
2. 什么是货币的可兑换性？
3. 直接标价法和间接标价法有何区别？

4. 决定和影响汇率的因素有哪些?

5. 什么是铸币平价?

6. 试说明国际借贷论、国际收支论、汇兑心理论、购买力平价论、资产市场论、货币论等汇率理论的基本内容。

7. 什么是“特里芬难题”?

8. 试比较浮动汇率制度与固定汇率制度的优劣。

21

第二十一章 国际资本流动与国际金融危机

全章提要

教学目的和要求

- 明确国际直接投资的含义及对不同国家的利弊。
- 了解国际融资的各种途径和方法。
- 了解国际金融危机的表现形式及成因。
- 认识国际资本流动对一国的影响。
- 探索防范国际金融危机的对策。

自20世纪90年代以后，世界经济的一体化趋势明显加快，国际资本流动的数量和频率也急剧上升。大规模的、频繁的国际资本流动虽然促进了各国间的资金融通，但也带来了国际金融局势过于动荡的副作用，以致国际金融危机频频暴发。据此，国际资本流动和国际金融危机的关系也引起了学术界前所未有的关注。

第一节 国际直接投资

一、国际直接投资概述

国际直接投资(Foreign Direct Investment，FDI)是指一个国家的居民直接在另一个国家进行的厂矿企业投资，并获得该厂矿企业的管理控制权。本国在外国的直接投资，称为对外直接投资(Outward Foreign Direct Investment)；外国在本国的直接投资，称为外来直接投资(Inward Foreign Direct Investment)。

国际直接投资的形式主要有以下三种：

第一，开办新企业(包括设立分支机构、附属机构、子公司或与别国资本共同创办合资企业)，或并购现有的外国企业，或加入跨国公司。对新企业，特别是分支机构和合资企业的投资，可以不限于货币资本，机器设备甚至存货等都可以作为投资资本。

第二，收买并拥有外国企业的股权达一定的比例。例如，美国政府规定，外国公司购买一家美国企业的股票超过10%，便属直接投资。我国法规规定，中外合资企业外商投资最少应占总投资额的25%以上；购买一家企业的人民币特种股票(B股)超过25%便从证券投资转为直接投资，成为中外合资股份有限公司。

第三，保留利润额的再投资(Reinvestment)。这是指投资国在其国外企业获得的利润并不汇回本国，而作为保留利润额对该企业进行再投资。虽然这种投资实际上并无资本流出或流入，但由于涉及不同的居民，因此也是一种直接投资。

二、对国际直接投资的不同观点

对国际直接投资的态度存在三种不同的观点：一个极端是对所有的国际直接投资都存有敌意的教条的激进派；另一个极端是信奉自由市场经济学原理的放任态度；在这两个极端之间，有一种态度被称为实用民族主义。

（一）激进观点

这种观点认为，跨国公司从东道国（Host Country）榨取利润并返还母国（Home Country），并没有给予东道国任何有价值的东西作为交换。他们指出，跨国公司牢牢控制着关键技术，其在国外下属子公司的重要职位都是由本国人而不是由东道国的居民担任。正因为如此，根据激进观点，西方发达国家通过跨国公司对外直接投资使得世界上的不发达国家相对落后，并使之对西方发达国家的投资、就业机会和技术具有依赖性。因此，任何国家都不应该允许外国公司在本国从事国际直接投资活动，它们绝不会促进本国的经济发展，只能成为本国经济的主宰。如果一国已经存在跨国公司，就应该迅速地将其国有化。

（二）自由市场观点

这种观点发轫于亚当·斯密（Adam Smith）和大卫·李嘉图（David Ricardo）的古典经济学说和国际贸易理论。自由市场观点认为，根据比较优势（Comparative Advantage）的原理，国际化的生产应该在各国之间进行分工。各个国家应该专门从事生产某种能以最高效率进行生产的产品或服务。在这个框架中，跨国公司是在全球范围内将产品和服务分配到最有效率的生产地点的工具。从这个角度来说，跨国公司的国际直接投资提高了世界经济的整体效率。例如，美国的IBM公司将许多个人计算机的生产线迁移到劳动力成本较低的墨西哥，增加了墨西哥的就业，促进了墨西哥的经济增长和计算机技术的发展，同时降低了计算机的生产成本，释放了美国的资源，使这些资源可以应用到对美国更具有比较优势的活动，如计算机软件设计、微处理器的制造以及基础性的研究开发等。

（三）实用观点

实际上，许多国家对国际直接投资既没有采用激进的政策，也没有采取自由市场的政策，而是一种可以解释为实用民族主义的政策。实用民族主义者认为，国际直接投资利弊兼有。国际直接投资可以带来资金、技能、技术和就业岗位，从而造福于东道国。但是，这些利益的获取需要付出一定的代价。如果某种产品是由外国公司而不是本国公司所制造，那么这项投资的利润将流往境外。许多国家还担心，那些外资工厂会从其母国进口许多零部件，这对于东道国的国际收支有负面影响。

因此，采纳实用主义立场的国家就采取一套旨在使其国家利益达到最大而成本降到最低的政策。根据这一观点，对那些成本大于效益的国际直接投资项目应该予以限制，而在外来直接投资对本国有利的情况下，则倾向于积极地吸引外来直接投资，比如以减税或补贴的形式向外国跨国公司提供优惠。

三、国际直接投资对东道国的利弊

(一) 国际直接投资对东道国的有利影响

1. 资源转移效应

国际直接投资对东道国的经济有积极的贡献,它可以提供东道国所缺乏的资源,如资本、技术和管理经验,从而加快该国的经济增长速度。

(1) 资本。许多跨国公司由于具备巨大的规模和资金实力,因而具有东道国企业无法获得的融资渠道。这些资金来源可能是其国内公司,也可能是跨国公司凭借其良好的信誉,比东道国企业更容易从资本市场筹措资金。因此,国际直接投资是利用外资的重要途径。

(2) 技术。技术进步在经济增长中所起到的关键作用已经被广泛接受。然而,许多国家尤其是发展中国家缺乏开发本国产品和发展生产技术所必需的研究和开发的资源和技能。通过国际直接投资,就能为这些国家引进必需的技术。

(3) 管理。通过国际直接投资获得外国的管理技能对于东道国来说也能带来好处。一个曾经在外国跨国公司的子公司受过训练,曾担任管理、财务或者技术职位的本地人员,如果离开该公司,并帮助建立本地企业,就会产生有益的附加效应(Spin-off Effect)。同样,外国跨国公司先进的管理技术可以刺激当地的供应商、分销商以及竞争者提高其自身管理技术,由此也会形成类似的效应。

但是,如果这种子公司中的大多数管理和高技能的职位都由母国人员担任,那么这种效应就要大打折扣。近年来,大多数跨国公司在这一问题上接受了东道国政府施加的压力,同意让东道国的居民担任大部分管理和高技能职位。

2. 就业效应

国际直接投资能增加东道国的就业岗位。外国跨国公司雇用了一定数量的东道国居民,这就形成了直接效应。而作为这项投资的结果,当地供应商以及跨国公司员工在当地消费所创造的就业岗位则是间接效应。间接效应即使不比直接效应大,也至少与直接效应相当。然而,并不是所有的国际直接投资都能增加就业。例如,有些国际直接投资项目会造成东道国同一竞争行业的萎缩,结果,新增加的就业岗位可能还不足以抵消所丧失的就业岗位。就业岗位增加的净额也因此成为跨国公司与东道国谈判的要点。

3. 国际收支效应

对于大多数东道国来说,国际直接投资对一国国际收支的影响是一个重要的政策课题。国际直接投资对国际收支有 3 种潜在的影响:第一,当跨国公司建立了一家海外子公司时,东道国的资本项目就会从最初的资本流入中受益,对于母国来讲则是资本流出,所以应该记入母国资本项目的借方。然而,这只是一次性的影响。与此相反的是,这种投资的利润向外国母公司的返还会导致资金的流出,这在东道国的经常项目中记入借方。第二,如果国际直接投资成为货物和服务进口的替代品,就可以改善东道国国际收支的经常项目。第三个潜在的好处是指,当跨国公司利用其外国子公司向其他国家出口商品和服务时,东道国的国际收支得到了改善。

4. 竞争效应

经济理论告诉我们,市场的高效运行有赖于生产者之间的充分竞争。国际直接投资通过增加消费者的选择,有助于提高国内市场的竞争水平,从而降低价格,提高消费者的经济福利。竞争的加剧往往能够刺激企业在设备、器材以及研究与开发方面加大资本投资，以求在与对手的竞争中占据优势地位。由此造成的长期结果可包括劳动生产率的提高、产品和生产过程的革新以及更高的经济增长速度。国际直接投资对于国内市场竞争的影响在服务业方面尤为重要，如电子通信业、零售业以及许多金融服务业等一些无法出口的服务性行业，因为这些服务产品的生产不得不在产品的交付地进行。

（二）国际直接投资对东道国的不利影响

1. 竞争的负面效应

如果外国跨国公司子公司的经济实力远远强于东道国的国内企业，且该跨国公司对子公司的成本提供补贴，就会使东道国本国的企业在竞争中被淘汰出局。外国公司一旦在该市场获得垄断地位，就会提高价格，对东道国的经济福利产生不利影响。这种现象对于那些本国大企业较少的国家（一般是较不发达国家）来说更为严重。

此外，如果一国的某个特定的产业是有潜在的比较优势的所谓婴幼产业（Infant Industry），那么，允许国际直接投资进入该产业就意味着剥夺了本国企业的发展机会。但是，有些低效率的本国竞争者经常以上述论点为依据游说政府限制外国跨国公司的直接投资。

2. 国际收支的负面效应

国际直接投资项目如果产生利润，而且子公司又向外国母公司汇出利润，这种利润流出将记入东道国经常项目中收益的借方。一些国家对这种资本流出采取的措施是限制外国子公司流向母国的利润数额。另外，若外国子公司从国外进口大量用于投入的产品，结果就须记入东道国国际收支经常项目中贸易收支的借方。为了避免这种对国际收支的不利影响，一些国家对外来直接投资项目规定了国产化率指标，要求其必须使用一定数量的国产零部件。

3. 对国家主权的负面效应

许多东道国政府担心外来直接投资会使其丧失部分经济独立性。外国母公司作出的重大决策会影响东道国的经济，而东道国政府对此却没有实际的控制能力。以前，一些欧洲国家就曾担心美国跨国公司的国际直接投资会威胁到其国家主权。一些美国学者也认为，如果外国公民拥有了美国资产，他们就能以某种方式“控制美国，勒索赎金”。然而，许多经济学家则认为这种忧虑缺乏根据和理性，因为它无法解释世界经济不断增长的相互依存性。在一个来自发达国家的企业相互在各自市场上不断增加投资的世界里，一个国家不可能控制另一个国家索要“经济赎金”而不损害其自身利益。

四、国际直接投资对母国的利弊

国际直接投资对于母国（投资国）同样是利弊兼存。有人认为，国际直接投资并不总是符合母国的利益，应该加以限制。另一些人则认为由此得到的好处远远大于付出的代价，任何限制都有悖于国家利益。

国际直接投资对母国有三个方面的好处：（1）母国国际收支的经常项目将因对外投资收益的流入得到改善。此外，在国外的子公司对母国的生产设备、中间产品和辅助产品等类似产品的需求，可导致母国出口增加，从而改善母国国际收支的经常项目。（2）母国出口增加会产生有利的就业效应。（3）母国的跨国公司还能从外国市场学到有价值的技能，并将这种技能转移回母国。这就相当于逆向的资源转移效应。通过接触外国市场，跨国公司能够学到更先进的管理技术及产品和流程工艺。这些资源都可能流回母国,有利于母国的经济增长。

国际直接投资对母国最重要的不利影响集中在国际收支和就业效应方面。母国的国际收支可能会从三个方面受到损害。(1) 国际收支的资本项目在最初为国际直接投资提供资金,从而导致资本流出时受到损害。然而,这个效应通常要小于后来对外投资收益流入的数额。(2) 如果对外直接投资的目的是为母国市场寻找一个低成本的生产地点,那么国际收支的经常项目也会因为产品对母国的返销而受到损害。(3) 在对外直接投资替代直接出口的情况下,国际收支的经常项目也会受到损害。

关于就业效应,当对外直接投资成为国内生产的替代品时,就会产生最严重的问题。这种国际直接投资的一个明显的结果是减少了母国的就业机会。如果母国的劳动力已经非常紧俏,几乎没有失业,那么这个问题还不严重。但是,如果母国正承受着高失业率,人们就会对就业机会的外流产生忧虑。例如,美国工会领导人经常提出的一个反对美国、墨西哥和加拿大签订自由贸易区协定的理由就是,美国企业投资于墨西哥利用当地廉价的劳动力生产产品返销美国市场,将造成美国本土丧失数以万计的就业机会。

根据国际贸易理论,母国对离岸生产的负面经济效应的担忧可能是多余的。离岸生产是指满足国内市场需求的对外直接投资。这种国际直接投资不仅不会减少母国的就业,实际上会刺激母国的经济增长(因此还会刺激就业),原因在于母国的资源得到释放,可以集中用于母国具有比较优势的生产活动。除此之外,对外直接投资可造成有关产品的价格下降,母国的消费者会因此而受益。同理,如果一家公司由于就业负面效应的原因被禁止对外投资,而它的国际竞争对手获得了享受低成本生产地点的好处,该国无疑会丧失市场份额。在这种情况下,一国面临的长期负面经济效应将可能超过与离岸生产相关的相对较小的国际收支和就业效应。

五、国际直接投资的政策选择

在国际直接投资方面,母国(投资国)和东道国都有一系列可以使用的政策工具。

(一) 母国的政策

母国可以通过政策的选择来鼓励或限制本国企业的对外直接投资。鼓励对外直接投资的政策包括外国风险保险、资本援助、税收优惠和政治压力。

许多投资国现在有政府支持的保险计划,用于弥补各种主要的对外投资风险。这些计划中可投保的风险类型包括征用(国有化)、战争损失以及无法将利润转移回国。这些计划在鼓励企业从事在政治不稳定的国家投资方面,效果尤为突出。除此之外,一些发达国家还设有专项基金和专门的银行,向愿意在发展中国家投资的企业提供政府贷款。为了进一步鼓励国内企业从事对外直接投资,许多国家已经取消了对国外收入的双重征税(即在东道国和母国对收入都征税)。最后一点,可能也是最重要的一点,有些投资国(尤其是美国)还利用其政治影响力促使东道国对外来直接投资放松限制。例如,自 20 世纪 80 年代起,由于美国直接的压力,日本开始不断放宽许多对外来直接投资方面的限制措施。

另一方面,实际上包括美国在内的所有投资国对于对外直接投资都曾不时实施一定的限制。一种共同的政策是为了国家的国际收支而限制资本的流出。例如,从 20 世纪 60 年代初期到 1979 年,英国曾实行外汇管制,限制企业将资本转出国门的数量。尽管这类政策的主要目的是改善英国的国际收支，但另一个重要的目的就是增加英国企业从事对外直接投资的难度。

另外，政府有时会操纵税收政策以鼓励企业在本国投资。这种政策的目的是为了在本国而不是在其他国家创造就业机会。英国曾经利用公司税法对英国公司在国外的投资收益征税时采用高于对本国的收益征税的税率。这种税收政策促进了英国公司在本国投资。

最后，有些国家出于政治上的原因而限制本国企业投资于某些特定的国家。这种限制可以采取正式的方式，也可以是非正式的。例如，美国通过正式的法律限制美国企业在古巴、利比亚和伊朗等国家投资，因为美国认为这些国家的意识形态和行为与美国的利益相违背。同样，在 20 世纪 80 年代，美国对本国企业施加了非正式的压力，以劝阻其在南非投资。这一举措的目的是向南非施加压力，使其改变种族隔离制度。

（二）东道国的政策

东道国的政策目标是限制或鼓励外来直接投资。在过去，意识形态决定了这些政策的类型和范围。在 20 世纪的最后 10 年里，整个世界正在从一个众多国家坚持某种激进立场和禁止大部分国际直接投资的状况，迅速转向信奉自由市场目标和实用民族主义相互结合的观点的时代。

政府鼓励外国企业在本国投资正成为日益普及的现象。这种鼓励可以采取多种形式，但最常见的还是税收减免、低息贷款以及补贴。这种鼓励的动机是希望从外来直接投资的资源转移和就业效应中得到好处。另一个动机是希望将国际直接投资从其他潜在的东道国那里争夺过来。例如，英国和法国政府曾为吸引丰田公司投资而在提供优惠方面相互竞争。在美国，各州政府经常为吸引外来直接投资相互竞争。例如，肯塔基州向丰田公司提供了价值 1.12 亿美元的一揽子优惠措施，劝说其在该州建立汽车装配厂。这一揽子措施包括税收减免、州政府提供新的基础设施的建设费用以及低息贷款。

东道国政府可以使用很多控制手段从各方面限制外来直接投资。最常见的两种方式是所有权限制和运作限制。所有权限制可以采用多种形式。在一些国家，外国公司被排除在某些特定领域之外。例如，瑞典不允许外国公司进入烟草和采矿业，巴西、芬兰和摩洛哥则限制外国公司参与某些自然资源的开发。在其他行业中，尽管外资可通过子公司介入，但当地投资者必须在该子公司占有较高的持股比例。例如在美国，外国居民在航空公司中的持股比例限制在 25％以内。

所有权限制的理由有两点：第一，出于国家安全和竞争的原因，外国企业经常被排除在某些特定的部门之外。尤其在那些较不发达国家，人们的感觉是，除非对来自外国的竞争征收进口关税和控制外来直接投资，否则，当地企业就不能得到发展。第二，所有权限制的依据是，当地资本的参与有助于使东道国的直接投资所带来的资源转移和就业效应最大化。直到 20 世纪 80 年代初，日本政府仍然对大部分外来直接投资采取限制措施，只是在跨国公司有高新技术的情况下才允许日本企业与其建立合资企业。日本政府显然认为这种安排将加速跨国公司的高新技术在日本经济中的传播。

运作限制也可以采取多种形式。运作限制是对跨国公司在东道国的子公司的行为的控制。最常见的运作限制涉及产品的国产化率、出口量、技术转移以及当地居民参与高层管理等方面。与实行某种所有权限制一样，运作限制背后的逻辑是，这些措施能够帮助东道国实现直接投资收益的最大化和成本的最小化。运作限制在不发达国家要比在发达的工业化国家更为普遍。例如,一项研究发现,美国跨国公司在不发达国家的子公司中有30%受到了运作限制,而在发达国家只有6%受到这种限制。

第二节 国际融资

国际融资是指不同国家居民之间相互融通资金的行为。随着世界经济一体化的日益加深,许多国家的国内金融市场也逐步向非居民开放,这就为国际融资提供了途径。此外,有些国家和地区还允许非居民相互之间融通外币资金,由此而在这些国家和地区形成了"境外货币市场",即所谓的"欧洲货币市场"。这就成为国际融资的又一个重要途径。国际融资的具体方式主要有以下几个方面:

一、发行或买卖有价证券

(一) 股票

在股票市场对非居民开放的情况下,一国的股份公司可通过在国外发行或吸引外国居民在本国股票市场购买股票的方式从国外获得资金来源。这种融资方式的优点在于不构成外债,从而避免了以外汇偿还本金的压力。这种融资方式还可以弥补本国股票市场规模太小所造成的流动性不足的缺陷。因此,对资金需求量极大的融资项目,在国际股票市场上融资是一个重要途径。此外,在一个流动性较差的股票市场上,巨额的股票发行往往只能以降低发行价的方式才能取得发行的成功,这无疑会极大地提高融资成本。公司通过股票在国外的首次公开发行(Initial Public Offering, IPO)和上市,可为以后增发股票筹集更多资金创造条件。另外,作为上市公司,其名称在国外大众媒体上频繁出现也有利于扩大国际影响。股票融资的缺陷在于可能导致股权的外流,甚至被外方收购。从投资的角度看,购买外国股票不仅增加了投资机会,而且为分散投资风险提供了有效的途径,因为不同国家的股票行情通常受不同因素的影响,其变动幅度和方向常常不一致,在某个股票市场的投资损失可能通过另一个股票市场的投资收益得到补偿。

目前,国际上主要的股票市场,如伦敦、纽约、东京和我国香港等股票交易所都对非居民开放,允许外国居民发行和购买股票。尤其是伦敦股票交易所的外国上市公司数量最多,是世界上第一大国际性的股票市场。

(二) 债券

一国居民在国外发行债券或吸引外国居民购买本国债券也是一种重要的国际融资方式。国际债券(International Bond)按定值货币与发行地是否一致,可分为外国债券和欧洲债券。外国债券(Foreign Bond)是一国居民在另一国发行的以发行地货币定值的债券。例如,外国居民在日本发行的日元债券即"武士债券"(Samurai Bond),在美国发行的美元债券即"扬基债券"(Yankee Bond),在英国发行的英镑债券即"牛头狗债券"(Bulldog Bond)以及在我国发行的人民币债券即"熊猫债券",都属于外国债券。发行和买卖这些债券的市场就称作外国债券市场。

欧洲债券(Euro Bond)是一国居民在另一国发行的以第三国货币定值的债券。由于发行和买卖欧洲债券的各方一般均非该市场所在国居民，所使用的货币亦非所在国货币，因此，欧洲债券的交易对所在国的经济影响不大，所在国政府对欧洲债券的发行和交易的限制较少。这种状况使得欧洲债券市场得到了迅速的发展。这里的“欧洲”实际上是境外的意思，即在一国境外发行的以该国货币定值的债券。

国际债券按利率的确定方式则可分为固定利率债券、浮动利率债券和零息债券[又称无息票债券(Zero-coupon Bond)]。浮动利率债券的利率一般是在某一基准利率，如伦敦银行同业拆借利率(London Inter-Bank Offered Rate，LIBOR)上加一定的差幅，即加息率(Spread或Margin)，并每隔一段时间(通常为3个月)就须随基准利率做一次调整。加息率的高低取决于借款人的信用等级(Credit Rating)，信用等级越高，加息率越低。信用等级最高的借款人往往可直接按基准利率筹措资金。由于基准利率是浮动的，因此，这种债券的利率也会隔一定时间随之浮动。零息债券没有票面利息，因而也就没有用作领取利息的凭证的息票，而是以低于面值的价格发行，并以面值兑付，发行价和兑付价之间的差价即债券的利息。所以，零息债券并不是没有利息的债券，而是没有息票的债券。

有些国家的国内债券二级市场也允许非居民参与交易，因此，除了国际债券外，非居民参与这种国内的债券，包括公司债券和政府债券，如美国国库券的交易，也成为国际融资的重要手段。

除了股票和债券外，发行和买卖各种其他有价证券，如商业票据、基金受益凭证、大额可转让存单和商业票据的贴现，也是一种可行的方式。

二、国际贷款

国际贷款包括政府援助贷款、国际机构贷款、出口信贷和银行贷款等。

(一) 政府援助贷款

政府援助贷款(Government Loan)是一国政府出于对外关系的需要而利用财政资金向另一国政府提供的优惠贷款。许多国家都设有专门的机构办理这种贷款。各发达国家政府还对发展中国家提供一定数额的所谓“官方开发援助”(Official Development Aid，ODA)贷款。这种贷款的特点是：数量较少，属援助性质的贷款；期限长，一般为10～30年，其中宽限期5～10年；利率较低，一般年利率为1%～3%，有时甚至无息；附带一定条件，如只能用于采购贷款国的货物，或援助的项目只准在贷款国招标。

(二) 国际机构贷款

全球性的金融机构，如国际货币基金组织、世界银行，以及区域性的金融机构，如亚洲开发银行、非洲开发银行等的职能之一，就是对符合条件的成员国提供有限数量的低利率贷款。国际货币基金组织主要对成员国提供短期贷款，以便其弥补“临时性”的国际收支逆差。世界银行主要对成员国提供有关交通、运输、能源、教育、农业等基础设施的项目贷款。世界银行还通过其下属的国际金融公司和国际开发协会分别为私人企业和低收入国家提供贷款。

(三) 出口信贷

各国政府为支持和扩大本国出口，增强出口商品的竞争能力，往往鼓励本国商业银行对本国出口商或外国进口商(或银行)提供贷款。出口信贷(Export Credit)的主要特点是：(1)贷款指定用途,即只可用于购买出口国的出口商品;(2) 贷款利率低于市场利率,利差由出口国政府补贴;(3) 贷款期限一般较长。这种由出口方银行提供给出口商即卖方的信贷,称为卖方信贷(Seller's Credit);提供给进口商(买方)或进口方银行(买方银行)的信贷,则称为买方信贷(Buyer's Credit)。

(四) 银行贷款

这是一国居民从外国的银行获得的贷款。银行贷款是一种商业性贷款,银行办理贷款业务的目的是从中获取利差收益。这种贷款一般不指定用途,贷款数额限制较少,使用比较灵活,但须按国际金融市场上的利率付息,故融资成本较高。国际银行贷款由于期限较长,数额较大,因而往往采取银团贷款的方式。银团贷款(Consortium Loan)又称辛迪加贷款(Syndicate Loan),是由一家或几家银行牵头,联合数家甚至数十家银行组成一个银团(Bank Consortium),共同向某客户提供贷款的融资方式。

国际银行贷款的一种特殊形式是不同国家的银行相互之间通过短期的资金拆借,以融通自身因业务需要而出现的资金的余缺。由于这种拆借是为了满足临时性的资金头寸的周转,因此期限通常较短,多为一天的日拆(Overnight)或 1 周、1 个月、3 个月、6 个月等,最长不超过 1 年。伦敦是目前交易额最大的国际间银行同业拆借市场。为了反映伦敦银行同业拆借利率的水平及变动情况,英国银行家协会每天计算并公布其选定的几家有代表性的国际大银行上午 11 时的同业拆借利率的算术平均数。该平均数就称为"伦敦银行同业拆借利率"。该利率已成为国际上广泛使用的基准利率。由于银行同业拆借市场是银行重要的资金来源,其交易具有"批发"性质,因而这一市场的利率就构成了银行的筹资成本,并决定了银行的贷款利率。在亚洲地区,新加坡银行同业拆借利率(Singapore Interbank Offered Rate, SIBOR)和香港银行同业拆借利率(Hongkong Interbank Offered Rate, HIBOR)则是体现该地区银根松紧的重要指标。

我国自 2013 年 10 月 25 日起建立了贷款市场报价利率(Loan Prime Rate, LPR)集中报价和发布机制,于每月 20 日(遇节假日顺延)由全国银行间同业拆借中心根据各报价行提交的贷款报价经算术平均计算得出 1 年期和 5 年期以上两个品种 LPR。目前,LPR 正在逐步成为我国的基准利率。

此外,一国银行在本地吸收外国居民的存款在性质上也是国际融资。

三、欧洲货币市场

20 世纪 60 年代期间,许多非美国居民出于安全或便利方面的考虑,开始把存在美国的美元存款提取出来,存放到欧洲国家的一些银行。这种在美国境外的美元,称为"欧洲美元"(Euro-dollar);接受欧洲美元存款并在此基础上提供贷款的银行,称为"欧洲银行"(Euro-bank);办理境外美元交易的市场,称为"欧洲美元市场"(Euro-dollar Market)。由于这种境外金融市场所具有的独特优势,欧洲美元市场得到了迅速的发展。在此带动之下,人们又开始把其他货币如英镑、马克、法郎和日元等货币相应地转存到英国、德国、法国和日本境外的银行,由此形成了"欧洲英镑""欧洲马克""欧洲法郎"和"欧洲日元",统称"欧洲货币"(Euro-Currency),办理这些境外货币业务的市场就是"欧洲货币市场",其中美元的交易量约占 60%~70%,伦敦则成为最大的交易中心。而且,这种境外货币业务还从欧洲蔓延到了亚洲、中东和加勒比地区乃至世界其他地区。因此,这里的"欧洲"一词已经突破了地域的含义，而是“境外”(External)或“离岸”(Off-shore)的代名词。欧洲货币市场的业务主要有三个方面：(1) 短期信贷，包括银行同业拆借和可转让定期存单；(2) 中长期信贷，主要是银团贷款；(3) 欧洲债券。

欧洲货币市场的第一个优势是其交易几乎完全不受官方的限制。对“欧洲货币”的发行国来说，这种境外交易对本国并无直接影响，因而缺乏干预的必要性。由于这种交易远离本土，即使想要干预也是鞭长莫及。至于对欧洲货币市场所在地政府而言，因为欧洲货币的存款人和借款人多为外国居民，其交易具有所谓的“离岸”性质，且又属外币交易，对本国经济的影响更是微不足道，况且这种交易还有利于本国的就业和其他收入，因而不仅不予限制，反而还加以鼓励。这就使得“欧洲银行”不必缴纳存款准备金，不受利率上下限约束，经营成本极为低廉，资金划拨相当自由。

欧洲货币市场的第二个优势是其利率具有竞争性。欧洲货币的交易以银行同业为主，即使是参与交易的非银行企业也多为大型的跨国公司。这就使得欧洲货币的交易具有大进大出的“批发”特性，动辄以千万甚至上亿计数。这种批发业务导致交易的单位成本极低，较低的存款准备金比率又使资金得到了充分的利用，因此，“欧洲银行”就能够以较高的利率吸引存款，以较低的利率提供贷款。结果，欧洲美元的存贷款利差就小于美国国内的利差，欧洲英镑的利差则小于英国国内的利差(参见图 21－1)。

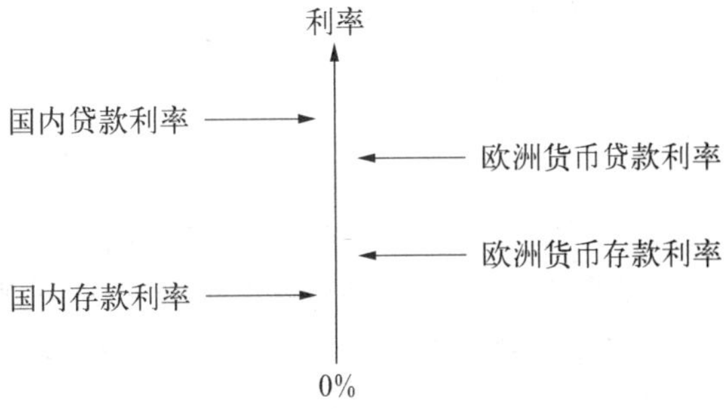

图 21－1　国内市场和欧洲货币市场的利差

第三节　国际游资与国际金融危机

国际金融危机是由国际间经济往来所造成的金融危机。国际金融危机就其波及的范围来看，既可以是世界性的金融危机，如引发并伴随 20 世纪 30 年代“大萧条”的金融危机；也可以是地区性的金融危机，如 1997 年暴发的亚洲金融危机。广义的国际金融危机甚至还包括一国的对外金融危机，如 1994—1995 年发生的墨西哥金融危机。

国际金融危机一般有以下三种表现形式：(1) 当一国货币在外汇市场面临大规模的抛压，从而导致该种货币急剧贬值，或者迫使货币当局花费大量的外汇储备和大幅度提高利率以维护现行汇率，这就是货币危机。(2) 外债危机是指一国不能履约偿还到期对外债务的本金和利息，包括私人部门的债务和政府债务。造成外债危机的原因既可能是借款人的资金周转出现流动性问题或由于资不抵债而丧失偿付能力，但对许多本国货币不能自由兑换的发展中国家而言，缺乏足够的外汇来源同样是引发外债危机的重要因素。(3) 银行危机是指由于对银行体系丧失信心导致个人和公司大量从银行提取存款的挤兑现象。银行危机既可能导源于对外经济因素，也可能完全是国内因素所致。因此，只有在前一种情况下才能看作是国际金融危机。由于金融因素会相互渗透，因此，货币危机、外债危机和银行危机常常会同时暴发。

一、国际金融危机的成因

(一) 经济过热导致生产过剩

经济过热往往是促成国际金融危机的重要因素。例如,20 世纪 90 年代,东南亚国家普遍实行扩张性的财政货币政策,促进了房地产、工业和基础设施的投资繁荣。在此期间,政府也从事许多大型的基础设施建设项目。这些建设项目的资金主要来自国外银行的巨额贷款。投资过旺的结果是生产能力(简称产能)和房地产供应极度过剩,最终导致产品和房地产价格迅速下跌,厂商利润骤减,并转向严重亏损,甚至资不抵债,根本无力偿还贷款,以致银行不能及时收回贷款,无法满足存款人的提款需要,引发银行危机、货币危机和外债危机。

(二) 贸易收支巨额逆差

20 世纪 90 年代中期,东南亚地区的出口增长速度明显放慢,但为了满足国内投资对进口原材料、技术设备、能源的需求,进口出现了更快的增长,贸易收支转向了持续的巨额逆差。财政货币扩张政策导致的价格水平不断上扬更是加剧了贸易收支的逆差。结果,在外汇市场上,外汇供不应求的现象日趋尖锐,本币汇率面临沉重的下浮压力,贬值预期不断加剧,人们纷纷在外汇市场上抛售本币,抢购美元。当时东南亚各国实行的都是钉住美元的汇率制度,面对外汇市场上汹涌的本币抛售压力,这些国家被迫大量卖出美元,收回本币,导致外汇储备迅速枯竭,最终只能放弃钉住汇率制度,听任本币汇率大幅度下跌,酿成货币危机。

(三) 外资的过度流入

外资流入固然有助于缓解国内资金短缺现象,但过多的外资会对经济过热起到推波助澜的作用。在经济过热的情况下,外资会大量流入,以获取较高的投资收益。由于一般的直接投资的周期较长,外资会偏向于投入房地产和股票、债券等金融市场,引起这些资产价格的飙升。因此,在经济过热的情况下,房地产和金融业的投资能获得更高的收益,并进一步吸引国内外资金流向房地产和金融市场。由于这种资金并不是流向生产部门,因而对实际经济发展的积极作用不大,却导致资产价格不断上升,使之与得到实体经济支持的"内在价值"(Intrinsic Value)相脱离,形成了泡沫经济。在泡沫经济情况下,按市场价格计算的资产价值远远高于这些资产的内在价值。一旦由于某种原因,甚至是与经济无关的偶然原因导致资产的持有人集中抛售兑现,以求获利了结或回避风险,资产价格的暴跌也就不可避免了,由此必然引发金融危机。尤其是外资从资产市场的撤离和回流形成的资本外流还意味着这些资金需要换成外币,就会触发货币危机。

外资流入的另一种形式是外债。例如,在 20 世纪 90 年代,东南亚各国的金融机构一直以较低的利率从国际商业银行那里借入美元,然后换成本币以较高的利率向当地的房地产开发商提供贷款。然而,随着后来房地产开发商纷纷破产,这些金融机构的贷款无法回收,偿付能力也极度恶化。而且,随着美元汇率的上升,以本币表示的外债本金和利息也大幅度提高,这就使得这些国家陷入了外债危机。因此,超出自身偿还能力过度借取外债是酿成金融危机的根由。

(四) 缺乏灵活性的汇率制度和不当的汇率水平

货币汇率的高估且无法通过灵活的汇率制度得到调整,是货币危机的必要条件。历史上所有的货币危机都与这一因素紧密相关,因为在一种货币的汇率水平比较合理的情况下,这种货币一般不会受到严重的抛售压力。一种货币只有在其汇率过高时，外汇市场才会对其产生强烈的贬值预期，人们才会集中抛售这种货币，形成“单向投机”。通常情况下，外汇投机一般存在对立的双方：一方预期某种货币的汇率会涨，另一方则判断其汇率将跌。这两股力量的相互抵消，有助于汇率的稳定。单向投机则是一边倒地抛售某种货币的行为，使这种货币承受了巨大的贬值压力。此外，在汇率制度比较灵活时，一种货币一旦受到抛压，其汇率就会迅速下跌，使之及时适应外汇市场上的供求状况，从而缓解进一步的抛售压力。20 世纪 60 年代和 70 年代的美元危机，1992 年的英镑危机，1994—1995 年的墨西哥比索危机以及 1997 年东南亚各国的货币危机，都是由于本币汇率过高造成的，而且都是由于最终放弃钉住汇率制度而使货币危机得到缓解。

(五) 金融开放过早

对发展中国家而言，金融体系的对外开放有助于促进金融体系的竞争和提高效率，提高金融体系的市场化程度和金融深化的进程，并能吸引大量外资，促进经济发展。但是，金融开放的进程必须与本国的金融体系、金融市场的发展相适应，以实现稳步开放。一旦金融开放的步子尤其是货币可兑性的步子迈得太快，而国内的金融监管手段、方法尚未完善，国内的金融体系和金融市场尚未充分形成抵御外来冲击的能力，就容易引发国际金融危机。

二、国际游资在国际金融危机中的作用

(一) 短期资本流动的种类

国际资本流动尤其是短期资本流动对一国的金融稳定有很大影响。短期资本流动可分为以下三个类别：

1. 业务性资本流动

业务性资本流动是金融机构或工商企业在不同国家之间从事各种经营业务所形成的短期资金流动，如短期拆放、头寸调拨和抵补，以及涉及货币兑换的各种业务，如套汇、套利、掉期、互换、期权和期货等。

2. 保值性资本流动

保值性资本流动又称资本外逃，形成这种资本流动的因素主要有：(1) 一国的政局动荡不定，于是资本外逃，谋求安全；(2) 一国的国内经济情况恶化，国际收支持续逆差，其货币很可能贬值，于是资本外逃至货币币值稳定的国家，以求保值；(3) 一国将加紧外汇管制，使资本的运用受到限制，或颁布新税法，加征资本税等，于是资本外逃，以免遭受损失。

3. 投机性资本流动

投机性资本流动是投机者根据行情预测，试图通过低价买进、高价卖出的方法获得差价收益的行为。投机操作的风险极大，一旦预测失误，就会遭受重大损失。因此，投机性资本流动是一种以承受高风险为代价，进而获取高收益的行为。国际性的投机行为需要把资金转移到遍布世界各地的不同的交易场所，由此形成国际资本流动。

(二) 国际游资

另一个与短期资本密切相关的通俗概念是国际游资，这部分资金往往通过在国际间不断转移的方式，以获取较高的短期收益。国际游资作为一种短期资金，其基本特点是没有固定的投资对象，而是根据国际经济局势的变化不断寻求获利机会，并积极参与。国际游资按

其风险性可分成两种类型：一种是追求无风险收益的短期资金，主要通过套利、套汇和对冲性金融交易的方式获得无风险收益；另一种是投机资金，尤其是其中从事外汇投机的资金往往是造成货币危机的元凶。国际游资的来源主要是各种投资基金，如对冲基金、共同基金、养老金基金、保险基金以及商业银行和投资银行等金融机构。其中，对冲基金（Hedge Fund）是最活跃的国际游资。

在国际外汇市场上，随着影响各国货币汇率的因素的不断变化，各种货币的汇率就可能出现高估或低估。一旦一种货币的汇率出现较大幅度的高估，则其汇率下跌的可能性就迅速增大。外汇投机者若发现这种现象，就会大量借入这种货币，并在较高的汇率水平上抛售这种货币，促使其汇率急剧下挫，然后在较低的汇率水平上购回这种货币，通过这种做空行为获取差价收益。外汇投机者只要对货币汇率高估的判断没有失误，则其成功的概率极高。这是因为目前国际金融领域的国际游资的数量极其庞大，外汇投机者很容易通过各种渠道融通巨额资金。而且，一种货币在受到投机冲击时，大量的资金会加入这种投机行列，即使是非投机性资金，甚至本国居民也会为了避免汇率风险而参与资本外逃，形成所谓"羊群效应"（Lamb Effect，Herding Effect），或称"跟风效应"（Bandwagon Effect）。在出现这种将本币大量转换为外币的所谓"货币替代"（Currency Substitution）的情况下，即使发生货币危机的国家在外汇市场上试图通过大量投放外币而回收本币，但往往由于其外汇储备的数量与国际游资相比犹如杯水车薪，最后只能宣布本币贬值或实行自由浮动汇率制度，其结果都是本币汇率的大幅度下跌。

国际游资造成货币危机的另一个途径是资本市场，尤其是股票市场。当一国股票市场对外开放时，大量国际游资就会进入该国市场，致使股票价格猛涨。当股票行情过热，国际游资开始集中撤离，抛售股票，并将资金兑换成外汇转移到国外时，外汇市场也会形成抛售该国货币的压力。况且，股票市场会因大量抛售而出现股价下跌，从而引起其他外国投资者为避免风险而竞相抛售，并将资金转移到国外。这就触发了货币危机，并使外汇市场形成贬值预期，这又进一步使外国投资者为了避免汇率风险而将投资于股票或其他资产的资金撤离该国。由此形成的恶性循环，无疑会加剧货币危机。

哈佛大学教授马丁·菲尔德斯坦(Martin Feldstein)把在各国间流动的短期资本和长期资本分别称作"游资"和"耐心货币"（Patient Money）。他的研究结果表明，由于投资者对外国投资的情况不如对本国情况的了解，因此，耐心货币主要留在国内，而大多数国际资本流动的目标是追求短期收益，一旦情况发生变化，这些资本将迅速流入或流出，致使有关国家的金融局势发生剧烈的起伏波动。根据他的观点，如果投资者能获得有关外国资本的更充分的信息，全球金融市场的运作效率就会提高，不容易受短期的投机性资本流动的影响。例如，1994—1995 年的墨西哥金融危机并不是由于外汇投机造成的，而是由于缺乏长期的耐心资金。他认为墨西哥提供了而且现在仍然在提供许多具有吸引力的长期投资机会。由于缺乏关于墨西哥长期投资机会的信息，1991—1993 年流入这个国家的多为短期的投机资金，这种资金的流动会迅速地逆转方向。如果外国投资者拥有更充分的信息，墨西哥就能够利用资本流入为经常项目逆差融资，因为耐心资本将自然地向具有吸引力的墨西哥投资机会倾斜。①

① Martin Feldstein. Global Capital Flows：Too Little，Not Too Much. *The Economist*，June 24，1995，pp.72 - 73.

国际游资包括国际投机资金固然在引发国际金融危机方面举足轻重，但这毕竟只是外部因素，只起着导火线而不是炸药包的作用，它必须通过内部因素才能产生影响。因此，一国防范国际金融危机的着眼点应该放在消除国内的成因方面，实行稳定的经济政策，确保国内经济和对外经济的均衡，防止过度的外债，采用较有弹性的汇率制度和适度的汇率水平，增强国际竞争能力，这才是关键所在。

本章小结

国际直接投资是指一个国家的居民直接在另一个国家进行的厂矿企业投资，并获得该厂矿企业的管理控制权。本国在外国的直接投资称为对外直接投资，外国在本国的直接投资则称为外来直接投资。国际直接投资无论是对东道国还是母国都是利弊共存，这就需要政府采取适当的政策以达到趋利避害的目的。

国际债券包括外国债券和欧洲债券。外国债券是一国居民在另一国发行的以发行地货币定值的债券。欧洲债券是一国居民在另一国发行的以第三国货币定值的债券。

存放在美国境外的美元称为“欧洲美元”，接受欧洲美元存款并提供欧洲美元贷款的银行称为“欧洲银行”，办理境外美元交易的市场称为“欧洲美元市场”。与此相应的还有“欧洲英镑”和“欧洲日元”等，统称“欧洲货币”，办理这些境外货币业务的市场就是“欧洲货币市场”。这里的“欧洲”一词已经突破了地域的含义，而是“境外”或“离岸”的代名词。

国际金融危机是由国际间经济往来所造成的金融危机。国际金融危机一般有三种表现形式，即货币危机、外债危机和银行危机。国际资本流动尤其是短期资本流动对一国的金融稳定有很大影响。因此，加强对国际资本流动的管理是一项很重要的工作。

参考书目

1. 保罗・R.克鲁格曼、茅瑞斯・奥伯斯法尔德、马丁・J.梅里兹：《国际金融》(第十一版)，丁凯等译，中国人民大学出版社 2021 年版。

2. 沈国兵：《国际金融》，北京大学出版社 2018 年版。

3. 奚君羊：《国际金融学》，上海财经大学出版社 2019 年版。

4. 杨长江、姜波克：《国际金融学》，高等教育出版社 2019 年版。

思考题

1. 什么是国际直接投资？
2. 国际直接投资对东道国和母国分别有哪些利弊？
3. 什么是国际债券？外国债券和欧洲债券有何异同？
4. 欧洲货币市场的“欧洲”是何含义？
5. 国际金融危机有哪些表现形式？
6. 国际金融危机的成因有哪些？
7. 国际游资对国际金融危机有哪些影响？

第二十二章
22 开放经济中的内外均衡与政策选择

全章提要

教学目的和要求

- 理解开放经济条件下，一国经济兼顾对内均衡和对外均衡的政策目标。
- 知悉支出调整政策和支出转换政策的作用与局限。
- 掌握货币政策与财政政策在开放经济下的相对有效性。
- 了解不同汇率制度与资本管制状况对宏观经济政策的影响。
- 根据内外均衡的要求，分析我国宏观经济政策。

第一节 内外均衡理论

内外均衡理论(Theory of Internal and External Balance)研究在开放经济条件下，一国经济如何同时达到对内均衡和对外均衡，且如果政府的经济政策目标是同时实现内外均衡，则针对不同的具体情况，政府应采取何种经济政策。在这一领域中，英国经济学家詹姆斯·米德在其1951年出版的《国际经济政策理论》一书第一卷《国际收支》中，开创性地提出了"两种目标，两种工具"的理论模式，为分析开放经济下的内外均衡奠定了坚实的基础。

一、米德冲突概述

(一) 支出调整政策与支出转换政策

为了讨论实现内外均衡的政策选择，詹姆斯·米德首先区分了支出调整政策(Expenditure-changing Policy)和支出转换政策(Expenditure-switching Policy)。支出调整政策等同于在封闭经济条件下凯恩斯主义的需求管理政策，即财政政策与货币政策。通过实施支出调整政策可达到改变支出水平从而改变收入水平的目的，实质是对总需求水平进行管理。支出转换政策是指通过改变本国贸易商品的国际相对价格，从而影响本国贸易商品的国际竞争力，改变支出构成而使本国收入相对于支出增加的政策，如汇率调整、关税、出口补贴、进口配额限制等。狭义的支出转换政策专指汇率政策。支出转换政策的实质是在总需求内部进行结构性调整，使总需求的构成在国内吸收与净出口之间保持恰当的比例。

(二) 内部均衡与外部均衡

米德认为，在开放经济条件下，一国经济可划分为生产贸易品的贸易部门和生产非贸易品的非贸易部门。内部均衡被定义为国内商品和劳务的需求足以保证非通货膨胀下的充分就业，即非贸易品市场处于供求相等的均衡状态。20世纪60年代，随着米尔顿·弗里德曼提出自然失业率假说,内部均衡指国内失业率水平处于自然失业率水平时的经济状况。一般将充分就业、物价稳定和经济增长归为内部均衡目标。外部均衡一般是指经常项目收支平衡,即贸易商品和服务的供求处于均衡状态。

(三) 支出调整政策的作用与局限

如表 22-1 所示,世界经济状况可以分为以下四个类型:

表 22-1　支出调整政策的组合

顺差国经济	逆差国经济	可能的政策选择			世界经济状况
		为了外部均衡	为了顺差国的内部均衡	为了逆差国的内部均衡	
衰退	衰退	顺差国扩张 逆差国收缩	顺差国扩张 逆差国扩张	顺差国扩张 逆差国扩张	1
衰退	景气	顺差国扩张 逆差国收缩	顺差国扩张 逆差国扩张	顺差国收缩 逆差国收缩	2
景气	衰退	顺差国扩张 逆差国收缩	顺差国收缩 逆差国收缩	顺差国扩张 逆差国扩张	3
景气	景气	顺差国扩张 逆差国收缩	顺差国收缩 逆差国收缩	顺差国收缩 逆差国收缩	4

1. 世界性衰退的情况

这时,国际收支顺差国实行扩张性的支出调整政策,以刺激顺差国对产品的需求。其中,对本国产品的需求有助于恢复本国的内部均衡,对逆差国产品的需求有助于恢复国际收支平衡,同时有利于逆差国国民收入的增长,这也正是恢复逆差国内部均衡所要求的。但此时,逆差国却处于政策冲突之中。为了扩大国内就业,它应该实行国内支出膨胀的政策以增加总需求,但国内膨胀政策会刺激对顺差国产品的需求,加重国际收支的不平衡。对逆差国来说,为了外部均衡,应该收缩国内支出,减少对顺差国产品的需求,但这又将同时造成对本国产品需求的缩减,加重国内的不均衡,即加剧衰退。

2. 顺差国衰退、逆差国景气的情况

这时,顺差国无论是为了内部均衡还是外部均衡,都应该使国内支出膨胀。逆差国无论是为了内部均衡还是外部均衡,都应该收缩国内支出,从而两国在政策选择上不存在任何冲突。

3. 顺差国景气、逆差国衰退的情况

在此种情况下,两国均处于政策冲突之中。

4. 世界性繁荣的情况

这时,无论是国际收支顺差国还是逆差国,其国民收入都过高,同时两国之间存在国际收支的不均衡。逆差国无论是为了内部均衡还是外部均衡,都应该实行收缩国内支出的政策。但顺差国则处于政策冲突中:为了外部均衡,应驱使国内支出膨胀;而为了内部均衡,则应收缩国内支出。

(四) 支出转换政策的作用与局限

以汇率政策为例,顺差国与逆差国的政策组合如表 22－2 所示。

表 22－2　支出转换政策的组合

顺差国经济	逆差国经济	可能的政策选择			世界经济状况
		为了外部均衡	为了顺差国的内部均衡	为了逆差国的内部均衡	
衰退	衰退	顺差国货币升值 逆差国货币贬值	顺差国货币贬值 逆差国货币升值	顺差国货币升值 逆差国货币贬值	1
衰退	景气	顺差国货币升值 逆差国货币贬值	顺差国货币贬值 逆差国货币升值	顺差国货币贬值 逆差国货币升值	2
景气	衰退	顺差国货币升值 逆差国货币贬值	顺差国货币升值 逆差国货币贬值	顺差国货币升值 逆差国货币贬值	3
景气	景气	顺差国货币升值 逆差国货币贬值	顺差国货币升值 逆差国货币贬值	顺差国货币贬值 逆差国货币升值	4

1. 世界性经济衰退的情况

逆差国的货币贬值引起需求从顺差国向逆差国转移(假定两国对进口商品的需求弹性之和大于 1),这既可以使国际收支向有利于逆差国的方向运动,又有利于逆差国恢复对内均衡;但同时,会导致顺差国国民收入的萎缩,使其处于政策冲突之中。

2. 顺差国衰退、逆差国景气的情况

在这种情况下,内部和外部均衡之间的冲突最明显,因为两国都存在政策冲突。

3. 顺差国景气、逆差国衰退的情况

这时,只要两国都愿意实行内部与外部均衡所要求的汇率调整,则两国都不存在政策冲突。

4. 世界性景气的情况

这时,货币升值既有助于顺差国恢复国际收支平衡,又有助于其恢复本国内部均衡。但逆差国却处于矛盾之中:为了外部均衡,它应该实行货币贬值;而为了内部均衡,它却应该使货币升值。

(五) 米德冲突

从以上分析可以看出,一国政策当局进行宏观调控的最终目标在于内部均衡和外部均衡同时实现。然而在许多情况下,单独使用支出调整政策或支出转换政策,而同时追求内外均衡两种目标的实现,将会导致一国内部均衡与外部均衡之间的冲突。这一冲突就是著名的米德冲突。

根据丁伯根法则(Tinbergen's Rule)(Tinbergen, 1952),要实现 n 个经济目标,必须具备至少 n 种政策工具。因此,为了避免米德冲突,政府需要为不同的政策目标采取不同的政策工具。所以,为同时实现国民经济的内外均衡,支出调整政策与支出转换政策两种政策工具必须相互配合。

二、内外均衡的理论模型

(一) 内外均衡的定义

澳大利亚经济学家斯旺(T. Swan)(Swan，1963;该文 1955 年即进入流通)提出了一个简化的经济模型，进一步发展了米德的分析，指出可以搭配使用支出调整政策和支出转换政策实现内外均衡。值得一提的是，斯旺模型不考虑资本跨国流动，即两国处于资本管制中。

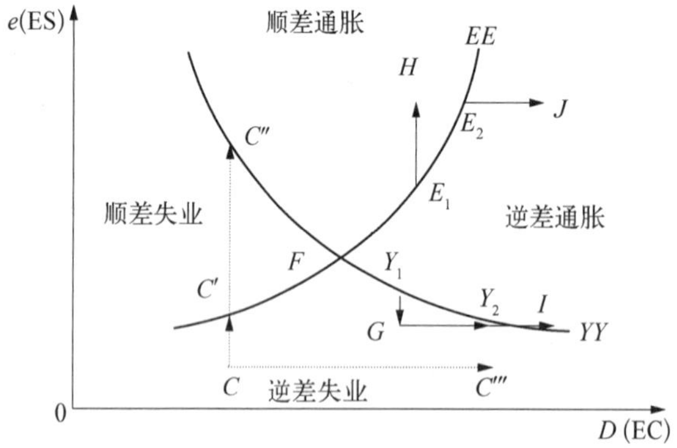

图 22-1 内外均衡的经济模型

斯旺模型可用图 22-1 说明。其中，横轴表示国内总吸收的增减变化，即支出调整政策(EC)，向右表示支出扩张;纵轴表示国外净需求的增减变化，即支出转换政策(ES)，向上表示本币贬值。YY 曲线表示内部均衡的轨迹，其方程为:

$$Y_f = C + I + G + B(e) = A + B(e) \tag{22-1}$$

EE 曲线表示外部均衡轨迹，方程为:

$$X - M = B(e) = 0 \tag{22-2}$$

YY 曲线之所以向右下方倾斜，原因在于：当本币升值(即 $e\downarrow$)时($Y_1 \to G$)，贸易收支恶化($B\downarrow$)，使总需求($A+B$)小于充分就业收入水平，经济中出现失业。要恢复内部均衡，必须采用扩张性的支出调整政策刺激总需求。此过程的轨迹可通过 $Y_1 \to G \to Y_2$ 来体现。当需求扩张过度，超过 Y_2 时，又会使经济陷入通货膨胀。由此可知，*YY* 曲线左边的点表示经济中存在失业，右边的点表示经济处于通货膨胀状态。

同理可说明 *EE* 曲线向右上方倾斜的原因。假设在 E_1 点实行贬值($e\uparrow$)，由于贸易收支改善($B\uparrow$)，使得外部均衡丧失。此时，必须通过扩张性的支出调整政策使总需求上升，从而拉动收入上升，促使进口增加(因为进口是收入的增函数)，而贸易收支恶化($B\downarrow$)，经济又回到外部均衡状态。此过程可通过 $E_1 \to H \to E_2$ 来体现。如果 B 下降过多，越过 E_2 点，则会出现贸易收支逆差。因此，*EE* 曲线也可将平面划分为两个部分。*EE* 曲线左边表示贸易收支顺差，右边表示贸易收支逆差。只有当 *YY* 曲线与 *EE* 曲线交于 F 点时，经济体才达到内外均衡。此为宏观经济的政策目标。

(二) 内外均衡的调整

假设一国经济处于图 22-1 中的 C 点(失业+贸易收支逆差)。如果单纯采用支出转换政策，随着本币贬值($e\uparrow$)，C 移至 C' 点(即达到外部均衡)，或者移至 C'' 点(即达到内部均衡)，但显然不能到达内外均衡点 F 处。如果单纯实施支出调整政策，随着总需求 D 上升，C 移至 C''' 点，这意味着恢复内部均衡的同时可能导致更大幅度的逆差。从图 22-1 中其他任一不均衡区域出发都可得出同样的结论：要实现内部均衡和外部均衡的双重目标，必须同时使用支出调整政策和支出转换政策。这便是米德内外均衡说的基本观点。

三、各国追求内外均衡的实践

米德的分析有效地解释了各国追求内外均衡的政策实践。实际上，许多国家正是以财政政策和货币政策维持内部均衡，并将汇率政策与直接控制结合起来维持外部均衡，理由在于：

第一，财政政策与货币政策相对于支出转换政策更容易达到内部均衡，而汇率政策与直接控制对外部均衡的调节更有效。支出调整政策主要通过影响国内收入和国内总支出，或者通过控制货币供给量、收缩或扩张国内投资和消费总需求来调控国内总供给与总需求，以达到内部均衡目标。若为调节国际收支，财政政策与货币政策仍需通过改变整个宏观经济来间接地影响进出口需求和供给，以达到外部均衡目标。显然，支出调整政策为实现外部均衡所做的努力将会对国内经济形成较大冲击，调整的代价过大。

而汇率政策和直接控制则通过改变相对价格直接作用于进出口和资本流动从而影响国际收支，其效果往往是直接的。当然，一国贬值本币或以行政及关税手段限制进口、促进出口时，也会导致总需求和国内经济的调整，但这种影响与财政政策和货币政策的作用相比小得多。因此，为达到外部均衡，选择汇率政策和直接控制较为合适，且不会对国内经济造成大的冲击。

第二，直接控制与汇率政策的结合能够实现总量与结构调整的统一。在运用汇率政策进行总量调节的同时，可运用关税、出口配额、补贴等直接控制措施，结合国内产业结构政策，对不同类型的贸易进行调整，促进贸易结构优化；通过改变资本项目管理和利用外资策略来控制外资流入的速度和规模，并引导外资投向，调节长期资本与短期资本的比例，从而改善外资结构。

第三，汇率、利率作为经济杠杆调节内外均衡能否实现预期的效果取决于诸多因素。其中，进出口商品的价格弹性、利率市场化程度、资本市场开放程度是比较关键的三个因素。一国货币的升贬值能否改善贸易收支、利率的变动能否引起投资需求的变动以及国际资本的流动，对于上述政策的效力具有决定性作用。在市场不发达、经济中行政性干预较多的国家，上述以市场传导机制为基础的政策搭配的效力将大打折扣。

从现实情况来看，在第二次世界大战后至 1971 年所实行的固定汇率制下，很多国家即使国际收支存在失衡，也不愿实行公开的升值或贬值政策。顺差国希望保留顺差，以加强外汇储备；逆差国则把贬值看作一国经济疲弱的征兆，担心会造成国际资本流动不稳定。因此，各国一般希望通过支出调整政策，来促成内外均衡目标的实现。

四、政策指派理论

(一) 经济的对内与对外均衡

斯旺模型存在两个理论弱点：第一，该模型没有对支出增减政策进一步细分；第二，该模型没有分析国际资本流动对国际收支的影响。1962 年，在国际货币基金组织任职的罗伯特·蒙代尔发表了题为《恰当运用财政货币政策以实现内外稳定》(Mundell，1962)的研究报告。在这份报告中，他提出了以货币政策促进外部均衡、以财政政策促进内部均衡的政策主张。这一主张对货币政策和财政政策在实现内外均衡中的作用进行了重新分配，因而被称为“政策指派理论”。该理论下，一国可以单纯依靠吸收政策(财政政策和货币政策的配合)，同时达到内外均衡的双重目标。

根据凯恩斯主义基本原理,内部均衡可用总需求(AD)与充分就业产量(Y_f)之间的关系加以说明。当 $AD=Y_f$ 时,国内达到均衡状态;当 $AD>Y_f$ 时,存在通货膨胀;当 $AD<Y_f$ 时,需求不足,存在失业。而国际收支的状况可用经常项目余额(B)与资本流出净额(H)之间的关系来说明。当 $B=H$ 时,经济实现外部均衡;当 $B>H$ 时,国际收支表现为顺差;当 $B<H$ 时,国际收支出现逆差。与米德模型相比,罗伯特·蒙代尔的外部均衡概念中已引入了资本流动因素。

罗伯特·蒙代尔假定:(1) 当一国出口既定时,国内支出增加会使进口随之增加,经常收支恶化;若国内支出减少,则进口随之减少,经常收支改善。(2) 资本流动的利率弹性较高。(3) 短期内充分就业的产出一定,国内支出仅受财政政策和货币政策的影响。

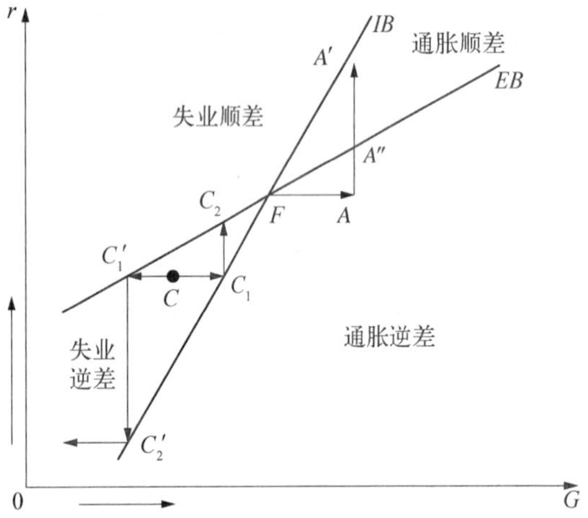

图 22-2　政策指派理论

如果财政政策通过政府预算支出 G 的变化来实现,货币政策用利率 r 的变动来表示,则 G 上升为扩张性财政政策(反之为紧缩性财政政策),r 上升为紧缩性货币政策(反之为扩张性货币政策)。有效的政策分配可用图 22-2 说明。其中,横轴 G 代表财政政策,纵轴 r 代表货币政策。IB 曲线为国内均衡轨迹,EB 曲线为外部均衡轨迹。IB 曲线和 EB 曲线的交叉点 F 表示内外平衡。

IB 曲线之所以向右上方倾斜,是因为要保持内部均衡,扩张性财政政策需得有紧缩性货币政策予以配合。假设从内外均衡点 F 出发,当 G 增加时,总需求大于充分就业条件下的收入,则出现通货膨胀(如 A 点)。要恢复内部均衡,必须使利率上升,抑制投资,从而降低总需求。但若需求下降过多(如超过 A' 点),则又会造成失业。所以,IB 曲线将此平面划分为两个部分,右下方为通货膨胀区域,左上方为失业区域。EB 曲线也向右上方倾斜,同样说明扩张性的财政政策需要紧缩性的货币政策相配合才能维持外部平衡。例如,从 F 点出发,假设 G 上升至 A 点。此时,收入上升,促使出口增加,国际收支恶化。要重新回到外部均衡,必须实施紧缩性的货币政策,调高利率,结果会吸收资本流入,平衡国际收支。但若资本流入过多,则会产生国际收支顺差(如 r 上升超过 A''点)。所以,EB 曲线同样可将该平面分为两个区域,左上方为顺差区域,右下方为逆差区域。EB 曲线比 IB 曲线平缓,是因为根据假定,资本流动的利率弹性大于投资的利率弹性。

(二) 政策指派原理

罗伯特·蒙代尔认为,在财政政策与货币政策的配合上有两种方法:

一种是以财政政策对外,货币政策对内。这样配合的结果会扩大国际收支不平衡。假设经济体处于图 22-2 中的 C 点(失业+逆差)。此时,如果首先以紧缩性财政政策($G\downarrow$)消除逆差,在 C_1' 点达到外部均衡,然后以扩张性货币政策($r\downarrow$)刺激需求,消除失业,在 C_2' 点达到内部均衡。但 C_2' 点却更加偏离外部均衡目标,经济体离 F 点越来越远。可见,这种政策搭配并不恰当。

另一种是以财政政策对内，货币政策对外。同样从 C 点出发。首先实施扩张性的财政政策($G\downarrow$)，C 点移至 C_1点，达到内部均衡；然后实施紧缩性的货币政策($r\uparrow$)，C_1点移至 C_2 点，实现外部均衡目标的同时更加接近内部均衡线。如此下去，经济体最终趋于内外均衡点 F。可见，这种财政政策与货币政策交替使用的方法能够实现良性循环，同时达到内外均衡。

据此，罗伯特・蒙代尔认为，指派给财政政策的任务仅仅是稳定国内经济，指派给货币政策的任务则是稳定国际收支。从表 22－3 可以看出，这一理论会指引这两种政策武器达到充分就业和国际收支平衡，从而免除了政府部门与金融部门的政策制定者之间进行协调的必要，使每一种政策工具更有助于其政策目标的实现。

表 22－3　政策指派原理

国际收支的初始状态	国内经济的初始状态	
	高失业率	高通货膨胀率
顺差	扩张性的财政政策 扩张性的货币政策	紧缩性的财政政策 扩张性的货币政策
逆差	扩张性的财政政策 紧缩性的货币政策	紧缩性的财政政策 紧缩性的货币政策

第二节　开放经济条件下的政策选择

罗伯特・蒙代尔(1963)与弗莱明(1962)进一步扩展了米德对开放经济条件下不同政策效应的分析。他们的研究有效地说明了资本是否自由流动以及不同的汇率制度对一国宏观经济的影响，因而被称为蒙代尔-弗莱明(Mundell-Flemming Model，M－F)模型。这一研究成果不但深化了人们对开放经济的认识，而且在提高各国制定经济政策水平方面居功厥伟。

一、固定汇率条件下的宏观政策效应分析

(一) 资本自由流动条件下的 M－F 模型

在资本完全流动的情形下，罗伯特・蒙代尔与弗莱明扩展了凯恩斯主义的 IS－LM 分析，提出 M－F 模型。模型中的 *CM* 线斜率为无穷大，即 *CM* 线为一条水平直线(如图 22－3 所示)。因为资本完全流动意味着资产所有者认为国内证券与国外证券之间可以完全替代，所以，只要国内利率超过国外利率，就会吸引资本大量流入；或者只要国内利率低于国外利率，就会使资产所有者抛售国内资产，引起大量资本外流。资本完全流动时的 M－F 模型说明，一国国内的利率水平受国际市场利率水平的影响，政策当局的经济政策不但不能改变利率水平，反而要受国际资本流动的影响。罗伯特・蒙代尔与弗莱明的这一命题对除美国等少数几个可以主动影响国际市场利率水平的国家以外的大多数国家来说，显然是成立的。

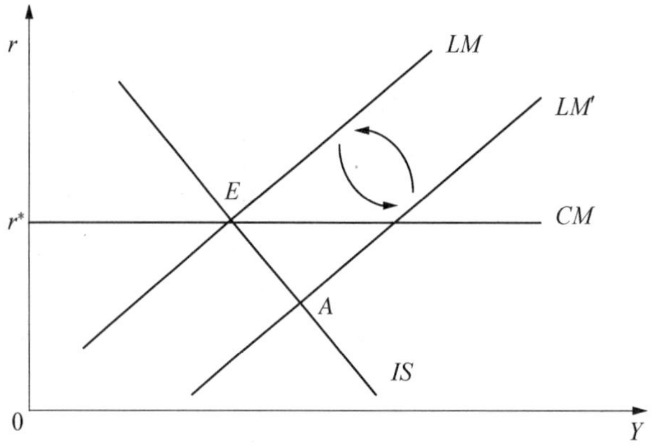

图 22－3　资本自由流动条件下的 M－F 模型(1)

(二) 货币政策无效论

假定中央银行试图通过扩张性货币政策来促进经济增长。货币供给量的增加导致 *LM* 曲线右移到 *LM′*(如图 22－3 所示),利率下降到 *A* 点,在资本自由流动的条件下,国内利率低于国际市场的利率水平,结果必然导致人们抛售本国证券资产,争购外币及外国资产。大量资本外流将引起国际收支逆差,并增加本币贬值的压力。为了维持固定汇率,中央银行不得不通过公开市场业务买入本币、抛出外汇进行干预,从而抵消了原先扩张货币供给的效应,*LM′* 又回移至 *LM* 处,使得货币供应量与收入未变,但国际储备下降。因此,在固定汇率与资本自由流动的情况下,*LM* 线不能自行移动,货币存量完全是内生的,不取决于中央银行的主动行为。

假定由于种种原因(如政府采取扩张性的财政政策来刺激总需求),人们对商品的需求增加了。此时,*IS* 曲线向右移动至 *IS′*(如图 22－4 所示)。由于收入的增长,经济中存在超额货币需求,这会带来国内利率的上升。在资本自由流动的条件下,套利的存在会促使人们抛售外币资产和外币,争购本币和本币资产,引起资本大量流入从而导致国际收支顺差,同时使汇率面临升值压力。为了保持汇率水平不变,中央银行将通过公开市场业务进行干预,

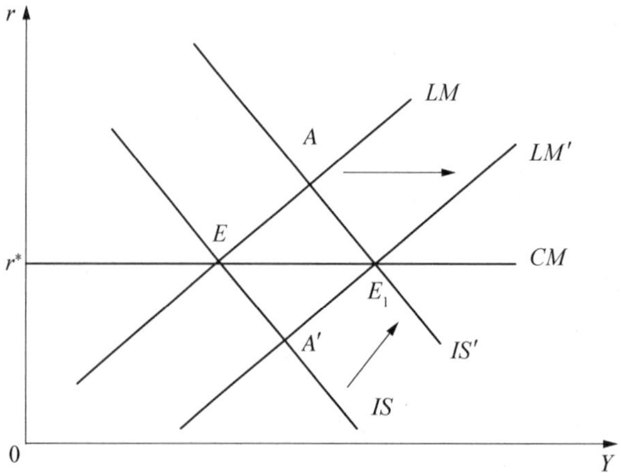

图 22－4　资本自由流动条件下的 M－F 模型(2)

收购外币、放出本币，使货币供给量上升，LM 向右移动到 LM' 处，导致总需求、收入与货币供应量均上升，国际储备增加。

因此，M－F 模型的结论是：在固定汇率制下，资本完全流动的条件使得货币政策无力影响收入水平，只能影响储备水平；而财政政策在影响收入方面则变得更有效力，因为它所造成的资本流入增加了货币供给量，从而避免了利率上升对收入增长的副作用。

（三）资本完全管制下的情形

在固定汇率条件下，如果政府当局实行资本管制，使资本在各国间不能自由流动，则国内利率水平与国际利率水平就可能存在差异。中央银行为了维持固定汇率，只需对经常项目下的外汇供求负责，LM 曲线会随着国际收支的变化而移动。例如，出口增加会使外汇市场供大于求，为了稳定汇率，中央银行将不得不增加本币投放，从而使 LM 曲线向右移动。

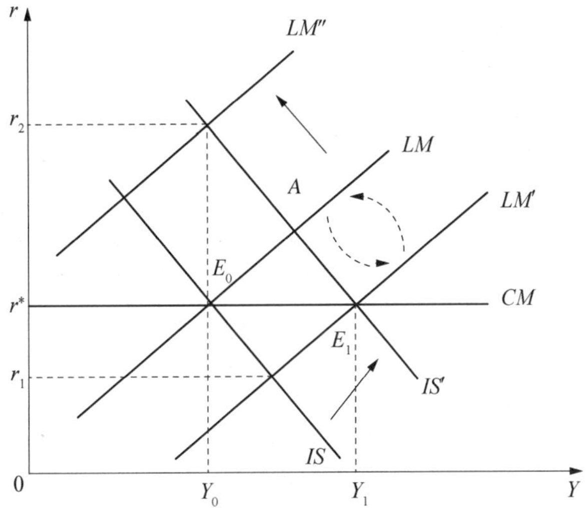

图 22－5　资本管制下的 M－F 模型

假定中央银行主动采取扩张性的货币政策，货币供应量的增加引起 LM 曲线向右移动至 LM'（如图 22－5 所示）。总需求增加的同时利率下降，整个国内经济投资大于储蓄，为了实现经济均衡，进口必须上升，从而使经常项目恶化，汇率面临贬值压力，迫使中央银行抛出外汇以满足进口需求，这又反过来导致货币供应量下降，LM 曲线向左移动，利率开始上升（如图 22－5 中虚线箭头所示）。这一过程将持续进行，直至总需求恢复至原来的水平。此时，LM 曲线与利率均回到初始状态，货币政策对经济没有实质性的影响。

同样，假定政府增加开支以刺激总需求，最初 IS 曲线向右移动至 IS'，随着总需求的增加，进口开始增加，国际收支恶化，中央银行为了维持汇率稳定，抛售外汇，使得 LM 曲线向左移动至 LM''（如图 22－5 中实线箭头所示），最终，总需求与国民收入不变，只有利率水平由 r^* 上升到 r_2。

因此，在固定汇率和资本管制的条件下，扩张性的货币政策只能在短期内使利率下降、总需求扩张，在长期却不能改变总需求水平，只能使外汇储备减少。同样，在长期，扩张性的财政政策对总需求水平没有影响，但会影响总需求的结构，即增加公共部门的需求，减少私人部门的消费和投资需求(由于利率水平的上升)。

二、浮动汇率条件下的宏观政策效应分析

在浮动汇率制下,汇率不再是一个政策变量,而是要根据供求状况即时调整。并且,汇率的变动会引起 *IS* 曲线的移动:汇率贬值,*IS* 曲线右移;汇率升值,*IS* 曲线左移。与在固定汇率条件下不同,浮动汇率使中央银行不再简单地维持汇率,因而能够相对独立地决定货币供应水平。因此,在浮动汇率制度下,宏观经济政策的效应也有很大的不同。

(一) 资本自由流动条件下的货币政策

假定中央银行通过公开市场操作增加货币供应量。这一行动将引起图 22-6 中的 *LM* 曲线向右下方移动到 *LM′*,同时利率下降到 r_1。此时,国内利率低于国际市场上的利率 r^*,由于资本能够自由流动,套利行为使得资本外逃,本币贬值,进而国际收支改善,进口增加,这将使 *IS* 曲线向右上方移动。只要国内利率低于国际水平,汇率贬值的压力就持续存在,*IS* 曲线就将继续向右上方移动,直到 *IS* 曲线移动到 *LM′*线与 *CM* 线的交点 *C*,这一过程才会停止。在新的均衡点,利率等于国际市场的水平,总需求从 Y_0增加到 Y_1。当然,这时总需求的增加来自汇率贬值引起的净出口增加。与固定汇率情况下相比,货币政策的作用大大增强了。但与封闭经济不同,在资本可以自由流动的前提下,货币政策对经济活动的影响是通过汇率而不是通过利率实现的。

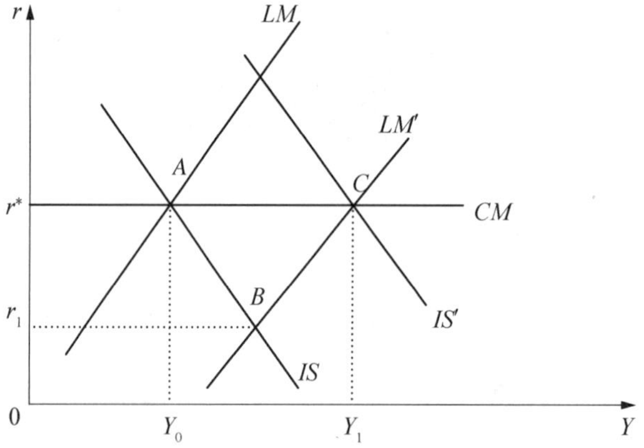

图 22-6　货币扩张的效应

(二) 资本自由流动条件下的财政政策

政府支出的增加首先使 *IS* 线向右上方移动到 *IS′*。在 *IS′*线与 *LM* 线的交点 *B*,国内利率高于世界水平(如图 22-7 所示),这将引起资本流入和本币升值。本币升值,导致经常项目恶化,净出口减少,从而 *IS* 线向左下方移动。只要国内利率高于国际水平,资本将持续流入,汇率将持续升值,*IS* 线也将不断向左移动。只有当 *IS* 线恢复到原来的位置时,最终均衡才能实现,此时,总需求保持不变。在固定汇率下,财政扩张将引起货币供给内生性的增长;但在这里,政府增加支出对总需求的效应被汇率升值所引起的经常项目的变动所抵消,财政政策的扩张效应完全被净出口的减少所"挤出",政府支出的增加在数量上等于净出口的减少。

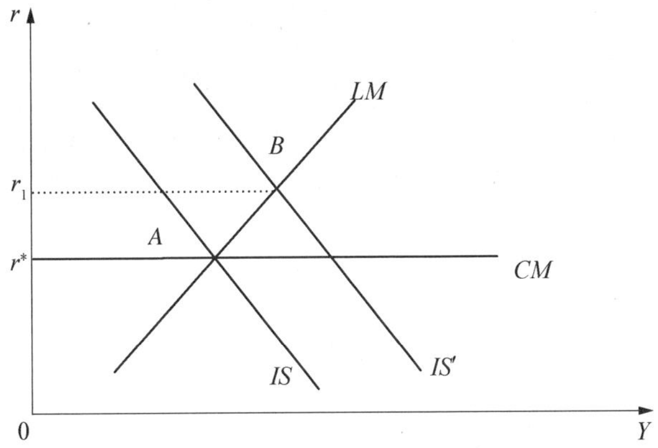

图 22－7　财政扩张的效应

(三) 资本管制条件下的宏观政策效应分析

在浮动汇率制度下,如果资本处于被管制状态,则私人资本的流动就不复存在,中央银行也无须购买或出售外汇储备,汇率不断调整使得经常项目总是处于平衡状态。对财政政策而言,政府支出的扩张增加了产出。但与资本自由流动时相比,汇率将会贬值而不是升值,因为政府支出的增加提高了经济对进口的需求,而且伴随着利率的上升,没有资本的流入以抵消汇率贬值的压力。对货币政策而言,货币供应量的增加也会引起产出增长,同时,汇率也会下降,这与在资本自由流动条件下一样。

需要注意的是,在资本管制的情况下,需求变化的构成会与在资本自由流动条件下有所不同。如果资本是可以自由流动的,政府开支的增加会挤出净出口,而对消费和投资不会产生作用(因为利率保持不变);但在资本管制的情况下,政府开支的增加会引起国内利率上升,从而部分挤出利率敏感性的消费和投资,而对净出口不会有较强的作用。货币政策的作用也有类似的差异,在资本可以自由流动时,货币供给对总需求的增加是通过增加净出口来实现的,因为利率不变,消费与投资也不会发生变化;但在资本管制情况下,如果存在货币扩张,经常项目是不会发生变化的,但由于利率水平的降低,货币扩张仍能通过提高消费与投资发挥作用。

三、不同制度环境下的政策效应比较

以上分析表明,同样的宏观经济政策在不同制度环境下,作用大小与工作机制完全不同。

(一) 不同政策手段在不同汇率制度下的政策效应比较

表 22－4 概括了资本自由流动下,货币扩张、财政扩张及汇率贬值对均衡产出水平、物价水平、国际储备及汇率的影响。可以看出,不同政策手段的经济效应受汇率制度的影响很大。在固定汇率制度下,财政政策对产出和物价的效果十分明显,但在浮动汇率制度下,财政政策对经济不起任何作用;相反,货币政策在浮动汇率制度下十分有效,但在固定汇率制度下却没有任何作用。

(二) 不同情况下不同政策手段对国民收入的影响比较

表 22－5 进一步说明,仅对国民收入的影响而言,在资本自由流动下,货币政策与财政政策的效应取决于不同的汇率制度安排和一国的国际收支状况。

表 22－4　不同政策手段的效应

	货币扩张		财政扩张		汇率贬值
	固定汇率	浮动汇率	固定汇率	浮动汇率	固定汇率
产　出	—	↑	↑	—	↑
物价水平	—	↑	↑	—	↑
国际储备	↓	—	↑	—	↑
汇　率	—	↑	—	↓	↑

表 22－5　货币政策与财政政策对国民收入的单位影响

政策效果		汇率制度与国际收支状况
货币政策	财政政策	
最有效	最无效	浮动汇率
稍有效	稍有效	固定汇率且国际收支不平衡已消除
最无效	最有效	固定汇率且国际收支不平衡未消除

(三) 不同资本控制程度下货币政策与财政政策对总需求结构的影响

资本项目的控制程度对经济政策效果的意义并不主要体现在货币政策与财政政策对总需求水平的影响上,更重要的是表现在它们对总需求结构的影响上,这一作用是通过其能否影响国内利率水平来实现的。如表 22－6 所示,在资本自由流动下,货币政策与财政政策首先影响净出口:扩张性货币政策增加了出口,而扩张性财政政策则减少了净出口。在资本项目完全被政府所控制的情况下,货币政策与财政政策首先作用于国内利率高敏感性的消费与投资:扩张性的货币政策使利率下降,增加消费与投资;扩张性的财政政策提高了利率,“挤出”了私人部门的消费与投资。

表 22－6　货币政策与财政政策对总需求结构的影响

资本控制程度	货币扩张	财政扩张
资本自由流动	利率不变,出口增加	利率不变,“挤出”净出口
资本完全控制	利率下降,消费与投资增加	利率上升,“挤出”消费与投资

(四) 不同制度安排下货币政策与财政政策发挥作用的机理与途径

表 22－7 假定经济最初处于均衡状态,以扩张性的货币政策和财政政策为例,总结了在不同汇率制度和不同资本管制状态下,货币政策与财政政策影响经济活动的机理、途径与后

果，从而进一步说明，政府当局在制定和执行本国的经济政策时，必须区分不同的政策环境，充分考虑开放经济对国内经济的影响，只有这样才有利于经济政策目标的实现。

表 22-7　不同制度安排下的货币政策与财政政策

	货币政策		财政政策	
	固定汇率	浮动汇率	固定汇率	浮动汇率
资本自由流动	货币供应量增加→本币存在贬值压力→对外汇的需求上升→中央银行抛售外汇→货币供应量减少→总需求不变	货币供应量增加→在利率不变时存在超额货币供给→资本流出→本币贬值→净出口增加→总需求上升	财政支出增加→在利率不变时存在超额的货币需求→资本流入→中央银行购进外汇→货币供应量增加→总需求上升	财政支出增加→在利率不变时存在超额货币需求→资本流入→汇率升值→经常项目恶化→总需求不变
资本完全管制	货币供应量增加→利率下降→投资大于储蓄→经常项目恶化→本币存在贬值压力→中央银行抛出外汇→货币供应量减少→总需求不变	货币供应量增加→利率下降→利率敏感性的消费与投资增加→总需求上升	财政支出增加→利率提高→进口增加→本币存在贬值压力→中央银行抛售外汇→货币供应量减少→总需求不变	财政支出增加→利率提高→对利率有敏感性的消费与投资减少→总需求不变
政策效果	无效	有效	在资本自由流动时有效	无效

在资本不完全流动的情况下，财政政策和货币政策的效应大小主要取决于资本流动的程度：资本流动性越强，财政政策的作用越小，货币政策的作用越大；反之，资本流动性越弱，财政政策的作用越大，货币政策的作用越小。

曼昆分析了开放经济大国的财政政策和货币政策效应，得出以下结论：扩张性财政政策在带来国民收入增加的同时，会引起短期利率提高，使得资本净流出减少，资本流入增加，引致汇率升值。因此，从长期看，紧缩的财政政策在消除资本流入引致的需求扩张和真实汇率升值的压力方面更有效，可以为降低高利率提供余地，有助于抵消对未“中和”的资本流入需求的扩张性影响。紧缩财政支出特别是削减公共支出可以减少总需求，降低资本流入的通货膨胀效应，可以替代汇率调整政策充当稳定器。

从国际经验看，巴西、马来西亚、智利、泰国以及捷克等国在 20 世纪 90 年代初期都经历了大量的国外资本流入。为了缓解资本持续大量流入给国内经济扩张、通货膨胀以及汇率升值等造成的负面影响，上述国家采取了诸如加强资本流入管制、中和外汇干预、扩大汇率浮动区间或者重估汇率水平以及加强金融监管等政策措施。尽管上述国家所采取的应对政策和措施各异，但共同之处在于：面对国外资本持续大量的流入，并没有仅仅依赖某一单一的政策工具或政策措施，而是采取了一系列相应的配套政策措施，而且多数国家还采取了合适的宏观经济政策（主要是财政政策）和结构性改革给予支持，如智利、马来西亚、泰国以及捷克等国都采取了紧缩的财政政策，减少公共部门支出，增加税收，降低财政赤字。

四、我国对外开放条件下的政策协调

(一) 以内部均衡为主的经济战略

我国作为全球最大的发展中国家,人口众多,资源有限,同时面临经济转型的艰巨任务,因此,促进对国内产品和劳务的真实需求将是一项长期任务。由于国内消费需求和投资需求的波动容易引起通货膨胀和通货紧缩的风险,因此,宏观经济政策的重心以内部均衡为主。在这种情况下,对外贸易部门并没有过多考虑外部均衡,而更加强调固定汇率下贸易顺差的保持和扩大。因此,自改革开放以来,我国财政政策与货币政策的搭配如下:

1. 1979—1988 年,总体上实行"双松"配合

其间,表现为多次模式转换和由"双松"到"双紧",又由"双紧"到"双松"的螺旋式循环。1979 年、1980 年为"双松"配合,财政政策上采取了一系列改革措施,使这两年财政支出连续大幅度增长,造成了高额财政赤字;货币政策上则是大幅度增加现金和贷款投放,从而使全国零售物价总指数大幅上涨。1981 年为"紧财政、松货币",财政方面,压缩了当年财政基建投资,财政赤字有所降低;银行方面,实行"紧中有松"的政策。1982—1984 年实行"双松"的配合,财政方面实行一系列财税改革,使财政收入占国民收入的比重下降;银行方面实行了"拨改贷"和企业流动资金由银行信贷供应的体制,增发货币和贷款。1985 年又实行"双紧"配合,财政方面采取措施增加收入、控制支出,当年实现盈余;银行方面"紧缩银根",严格控制贷款规模和货币投放。1986—1988 年又实行"双松"配合,财政方面扩大国债发行规模,财政收入占国民收入的比重再次下降;银行方面提出"稳中求松""紧中有活",银行信贷和货币投放再度失控,到 1988 年通货膨胀率达到 18.5%。

2. 1989—1997 年,总体上实行"双紧"配合

其间,同样表现为"双紧"与"双松"的螺旋式循环。1989 年实行的是"双紧"配合,针对 1988 年出现的经济过热和严重的通货膨胀,中央提出了"治理整顿"的方针,减少固定资产投资和现金投放。1990—1993 年实行的是"双紧"基调下的"双松"配合,增加了货币供给,并三次下调存贷款利率;财政方面通过增加基础设施和支农支出,调整经济结构,但由于财政支出的增长速度超过财政收入的增长速度,使财政赤字大幅度增加,通货膨胀率达到 21.7%。1994—1997 年实行的是"双紧"配合,在财政方面,结合分税制改革,强化了增值税、消费税的调控作用,并通过发行国债,引导社会资金流向;在货币政策方面,严格控制信贷规模,大幅提高存贷款利率,要求银行定期收回乱拆借的资金,使宏观经济在"快车道"上稳刹车,并最终顺利实现"软着陆"。

3. 1998—2007 年,实行的是"积极+稳健"配合

亚洲金融危机以后,我国经济出现"低增长、低通胀"态势,这一态势与"适度从紧"的财政货币政策、经济系统面临的生产过剩、危机传染等内部形势和外部冲击有关。针对有效需求不足、通货紧缩等问题,1998 年下半年开始,我国采取了"积极"财政和"稳健"货币的政策组合。前者包括加快"费改税"进度、提高出口退税率、加快出口退税进度、加大政府投资力度等,后者包括取消贷款限额控制、降低法定存款准备金率、下调存贷款利率、扩大对中小企业贷款利率的浮动幅度等。但随着 2003—2004 年经济局部投资过热问题,从 2005 年起,我国财政政策取向由"积极"转向"稳健"偏"从紧",财政部门开始削减赤字,减少对竞争性和经营性领域直接投资。

4. 2008年至今，实行的是“积极＋稳健”配合

2008年金融危机暴发后，为应对国内外冲击，避免经济增速明显下滑趋势，我国财政政策由“稳健”转为“积极”，货币政策表现为“适度积极”。但2010年后，随着通货膨胀压力增加，我国货币政策转向“稳健”，旨在调整经济结构和管理通货膨胀预期。2018年以来，我国财政政策与货币政策的配合方式愈发灵活。在宏观经济“保增长”的基础上注重金融系统“防风险”，一方面财政部门加大力度减税降费，另一方面中央银行坚持逆周期调节，加强货币政策、财政政策与其他经济政策之间的协调配合。2020年“新冠”疫情暴发之后，一方面财政部门上调财政赤字率，通过发行特别国债、专项债、减税降费、增加对地方的转移支付等措施，推行“积极”财政政策；另一方面，中央银行通过适度下调存款准备金率和中期借贷便利(Medium-term Lending Facility, MLF)利率，维持稳健货币政策。

（二）内外失衡对我国经济的影响日益凸显

1. 对外经济失衡对国内经济的影响

我国于2001年加入世界贸易组织后，由于低劳动力成本和政府主导的外向型经济发展战略，出口规模高速增长，成为世界贸易格局的主要受益方，一度是全球贸易失衡中最主要的顺差方，我国对外贸易顺差由2000年的241亿美元飙升至2008年的2 900亿美元。贸易顺差在促进我国经济增长、增加外汇储备、提高宏观经济抗风险能力的同时，对国内总需求扩张和固定资产投资过快、通货膨胀和实际汇率升值压力加大以及货币政策独立性等都带来了影响。尤其是资本的持续大量流入使外汇供大于求的失衡矛盾更加突出，直接影响人民币汇率形成基础和中央银行货币政策的独立性。

1993年以前，中央银行基础货币投放的主渠道是中央财政透支和商业银行的再贷款。1994年外汇体制改革后，国际收支持续“双顺差”，外汇市场供大于求，中央银行被动入市干预以维持汇率稳定，导致外汇储备激增，中央银行外汇占款增加，货币供给量也被动扩张。为使货币供给量的增长保持在预定范围内，中央银行不得不发行央行票据和收回、压缩再贷款等信用放款。这种对冲操作的结果：一是导致货币投放结构的变化，外汇占款的比重急剧上升，而再贷款等货币投放方式的比重不断下降，外汇占款成为投放基础货币的主渠道。1990—1993年，中央银行对商业银行贷款平均占其资产总额的70%左右。但是，自1994年起，对商业银行的贷款逐年下降，从1993年占其资产总额的70.3%下降到2002年的19.5%。然而，外汇资产(主要是外汇储备)占其资产总额的份额则逐年增加，从1993年的10.5%增加到2004年的59.70%。二是中央银行调控货币供应量的主动性下降，货币政策调控机制的有效性降低。因为外汇储备取决于国际收支状况，其很大程度上已成为内生性变量，中央银行对其进行主动调节的余地不大。例如，1994—1995年国内通货膨胀压力较大，而同期外汇占款对基础货币增长的贡献度分别为66.5%和63.5%，加剧了通货膨胀压力，导致紧缩性货币政策的实施效果大大降低。受东南亚金融危机的影响，1998年外汇储备仅增加了50.7亿美元，由此投放的货币量较前几年大大减少，成为我国扩张性货币政策下货币供给量增速减缓、物价疲软的一个不可忽视的原因。显然，中央银行过分依赖外汇占款来投放基础货币使中央银行调控货币供给量的主动性下降，实现货币政策目标的难度加大。

外汇占款成为基础货币投放的主渠道，而再贷款和再贴现以回收资金为主，造成国内货币投放的结构性失衡，给货币政策的调整带来困难，主要表现为：在产业结构上，外向型企业、部门和行业由于出口所创外汇经过结售汇后能得到人民币资金，转化为银行存款，资金

相对充裕;而内向型企业、部门和行业,因中央银行回收再贷款和贴现率较高而得不到充裕的资金支持。在地区结构上,对外开放程度较高的沿海发达地区,资金供应相对充足;而开放程度较低的内陆地区,资金供应相对短缺(尤其西部地区)。由于出口量和外资流入量在不同部门和地区间的分布不均衡,再加上不同部门和地区间的盈利情况也不同,因此,很难保证通过外汇占款投放的资金都流向合理的地区和需要扶持的行业,从而出现外贸企业资金相对宽松、国内工业和交通运输业资金相对紧缺的局面。在市场机制的作用下,原材料和劳动力等向外向型部门过度转移,造成内向型部门原材料和劳动力短缺,这种结构性变化会加大货币政策和产业政策调整的难度,影响其实施效果。

2."次贷"危机加大了我国的内部经济失衡

2008年美国"次贷"危机暴发,掀起全球性金融风暴,我国经济遭受重大冲击,从第三季度起,经济增长出现加速下滑的局面,到11月和12月,全国进出口总值开始表现为负增长。我国经济发展的信心严重受损,预期普遍悲观。为抵御国际经济环境对我国的不利影响,我国政府决定采取积极的财政政策和适度宽松的货币政策,出台更加有力的扩大国内需求的措施,加快民生工程、基础设施、生态环境建设和灾后重建,提高城乡居民特别是低收入群体的收入水平等,促进经济持续较快增长。为此,中央政府安排专项资金,并带动地方和社会投资,规模高达4万亿元,对拉动社会投资和稳定经济起到了重要的作用,但同时加剧了煤炭、钢铁、水泥、有色金属、机械、化工等行业的产能过剩,在信贷刺激的配合下,导致企业杠杆高企,地方政府债务过快增长,扭曲了市场机制的作用,延迟了低效企业的破产倒闭,增加了金融泡沫和风险。为配合"4万亿计划"以及对冲巨额的外汇占款,中国人民银行抛出20万亿人民币,导致当时的流动性过剩。2010年12月份M2的增长率处于19.72%的较高水平,过多的货币供应形成潜在的通货膨胀压力,2011年CPI物价指数上涨至5.4%,是1996年以来的最高值。

"次贷"危机之后,随着欧债危机继续暴发,发达国家的经济增长持续低迷,新兴市场国家的经济发展遭遇重创,我国出口面临十分严峻的局面,再加上人民币汇率升值压力,许多外向型民营企业破产倒闭,大量企业开工不足,民间投资持续走低,社会消费十分疲软,以投资拉动和出口导向为增长特征的中国经济面临前所未有的挑战。

(三)政策协调应注意的问题

1.充分认识财政政策和货币政策协调的重要性

面对持续大量资本流入带来的一系列问题,仅仅依赖对资本流入进行管理或者其他单一的政策工具难以有效解决,必须采取一系列相应的政策措施。例如,适时推进汇率机制的改革,扩大汇率浮动区间;完善公开市场业务,改进和完善中和外汇干预;完善对资本流入的管理,引导资本有序流出;等等。上述政策措施的实施需要得到合适的宏观经济政策尤其是财政政策与货币政策的协调与配合,以及一些必要的结构性改革的支持。因此,采取合适的财政政策和货币政策,以及加强相互之间的协调,避免政策相互掣肘与效果彼此抵消,使得财政政策和货币政策既致力于各自的目标实现,又注重相互之间的协调配合,形成政策合力。这样,不仅可以为上述政策措施的实施创造良好的宏观经济环境,而且对于缓解资本流入带来的经济发展的负面影响也会起到重要的作用。

2.搭配实施合适的财政政策和货币政策

财政政策与货币政策组合产生政策效应的关键之一,就是要根据宏观经济走势及微观经济状态,确定合理的政策取向。具体来说,在财政政策方面,采取有效的措施,切实贯彻实施稳健的财政政策。要健全财政预算约束，严格控制支出增长，适当减少财政赤字，降低国债发行规模，缩减隐性债务；加大财政支出结构和国债资金投向结构调整的力度，提高支出质量；转变主要依靠国债项目投资拉动经济增长的方式，积极推进体制和制度改革创新，建立有利于经济自主增长的长效机制；要明确财政投融资和商业银行投融资的界限，对于国债投资不应再安排银行配套贷款，以避免新的金融风险和货币政策实施受到政策性金融的影响。

在货币政策方面，随着财政政策由"积极"向"稳健"转变，货币政策应相应地从"偏紧"转向"中性"，综合运用多种货币政策工具，包括利率和汇率，进一步提高金融调控的科学性和有效性，保持货币信贷的适度增长；要适度放松对商业银行信贷规模的行政控制，引导商业银行优化信贷结构，合理控制中长期贷款比重，继续增加短期贷款，加大对农业、能源、交通、高新科技、教育以及医疗卫生等领域的信贷支持力度；积极推进利率市场化进程，在继续对存款利率上限实施管理的同时，进一步放松对贷款下限的区间管理，使商业银行更灵活地利用市场利率进行定价，疏通货币政策的传导机制；建立健全本外币政策协调机制，充分运用公开市场业务等货币政策手段来吞吐基础货币，调控货币供应总量，平衡中央银行的外汇吞吐和国内货币投放，完善货币政策操作的目标体系，保持货币供应量的适度增长。

3. 选择适当时机，推进汇率机制改革

在资本持续大量流入的情况下，作为货币政策工具之一的汇率机制是否完善，对于货币政策的有效实施起到至关重要的作用。尽管 1994 年开始实行"有管理的浮动汇率制度"，但从实际运行情况看，由于"管理"的色彩比较浓厚，使得人民币汇率制度的其他特点，如"市场供求决定"和"浮动"并没有得到真正体现，人民币汇率水平的"超稳定性"取代了必要的"灵活性"。选择合适的时机，推进人民币汇率机制改革，使人民币汇率在合理、均衡的水平上保持基本稳定，已经成为共识。人民币汇率机制的调整应采取逐步和有序的方式推进，而且要与宏观经济政策和相关的结构改革配套进行，以避免政策可信度的丧失和经济成本加大。

关于确立均衡汇率水平的模型和理论有很多，但实际上，均衡的汇率水平是很难进行测算和确立的。根据我国的实际情况，可以认为能充分反映外汇市场供求关系，促进国内经济和国外经济均衡发展，以及我国宏观经济持续健康发展的汇率水平，就是一种均衡、合理的汇率水平。上述均衡、合理的汇率水平并不是固定不变的，而应该是动态的。

（四）政策协调的内容

首先，从宏观经济来看财政政策与货币政策的配合，通过两者的协调，既要能有效刺激内需，促进经济增长，又要有利于经济结构的优化，实现国民经济质量的提高。在现实的经济运行中，财政政策和货币政策必须有明确的分工，合理调整两者在宏观经济运行与调控中的配合关系。一般来说，财政政策的宏观调控重点是调整结构性要素，货币政策要在保持币值稳定和总量平衡方面发挥重要作用，这也是两大政策在经济结构调整中合理分工的基础。然而，这并不是说财政政策可以放松总量控制，也不是说货币政策可以放松结构调整，而是两者在处理总量与结构问题中协调配合的优先次序。例如，在当前的经济增长过程中，财政政策与货币政策的配合就很值得研究，尤其是扩张性财政政策逐渐转化为以稳健为主后，货币政策能否刺激投融资与保障公共项目后续资金需求，就是两者配合效果的一个重要例证。

其次，从财政政策与货币政策的结合来看，两者的有效配合与债券市场是密不可分的，具体来看：一是短期国债历来是货币政策公开市场操作的主要对象，作为两大政策工具的主要结合点，短期国债在我国显然数量严重不足，这使得现代货币政策手段流于形式。实际上,所谓加强财政政策与货币政策的有效配合,在此就是要求财政部门在安排国债发行时,不仅考虑预算状况以及成本约束,而且考虑短期国债的货币政策效应。二是国债市场的状况能间接反映财政政策与货币政策的协调程度。例如,2003 年 9 月债券市场不断下跌,某种程度上体现了财政政策与货币政策在短期目标上的冲突。中央银行在通货膨胀预期作用下提高存款准备金率,直接导致了货币市场资金头寸的紧张与利率上升,间接导致了几期国债发行的困难乃至失败。当然,债市的下跌与做空盈利模式的影响、QFII 的冲击、债券收益预期的上升等因素也是相关的。但无论如何,从货币政策的角度看,忽视与财政政策、国债市场的协调,不仅会损害自己的政策操作基础,而且会间接抵消宏观政策效果,并在债券市场尚不完善的情况下积累潜在的金融风险。反之,从财政政策的角度看,充分考虑货币政策的可能走向,采取更加灵活的方式(如在国债发行中不仅考虑成本,而且考虑及时适应市场需求)能够缓解与货币政策短期目标冲突而造成的负面影响。

再次,从开放经济的角度来看,财政政策与货币政策的配合被赋予了更加复杂的内容。目前,国际贸易顺差和资本流入使得我国外汇储备不断增加,这就产生了巨大的货币扩张压力,为了维持货币政策的一致性,中央银行采取发行票据和正回购债券等方法来对冲货币增长,这同样造成债券市场资金紧张与短期利率上升,不利于国债市场改革与政策目标的协调。当然,上述货币政策选择也积累了人民币的升值压力。总之,在开放条件下,由于面临更多外部制约,货币政策难以保持稳定和一致;同样,开放经济环境也对财政政策提出了更多的要求。例如,2005 年我国政府改革出口退税机制的行为在某种程度上反映了政府缓解人民币升值压力的希望,这也是财政政策考虑与金融政策协调而放弃短期利益目标的体现,即短期内会影响部分外贸企业的出口,甚至可能以降低未来相关财政收入增长作为目前财政支出减少的代价。但从财政政策与金融政策的整体配合来看,也许这是合理的政策协调成本,当然也不可否认有短期财政压力与贸易改革要求的作用。

最后,在政府通过政策搭配实现内外均衡的同时,不能忽视经济的自发调节机制。在牙买加体系下,资金流动与汇率变动可以非常迅速地自发对内外均衡进行调整。但对于一个开放性大国而言,在内外均衡的关系上,内部均衡应始终居于首要位置,这也是正确处理市场机制与政策措施之间关系的重要依据。

本章小结

随着世界经济全球化的不断推进,一国的经济政策不但要受国内经济条件的制约,而且要受国际经济形势与其他国家经济活动的影响,因此,在开放经济条件下,政策当局如何制定和执行其经济政策便成为一个十分重要的问题。

米德冲突说明,一国如果要同时实现内部均衡和外部均衡,必须同时使用支出调整政策和支出转换政策,单独强调其中的一种政策将会导致一国内部均衡与外部均衡之间的冲突。

罗伯特·蒙代尔的政策指派理论进一步指出,指派给财政政策的任务应该着眼于稳定国内经济,而指派给货币政策的任务应当是稳定国际收支,只有这样才能实现经济的内外均衡,发挥不同政策手段的比较利益。

在开放经济条件下,货币政策与财政政策的效应在不同的汇率制度安排下有所不同。在固定汇率制度下,财政政策对产出和物价的效果十分明显,而货币政策几乎没有作用;但在浮动汇率制度下，财政政策对经济不起任何作用，而货币政策却十分有效。

资本项目是否开放，影响着经济政策发挥作用的途径。如果资本在各国间可以自由流动，则货币政策与财政政策首先会影响净出口；反之，在资本项目完全被政府所控制的情况下，货币政策与财政政策首先作用于国内利率敏感性的消费与投资。

在开放经济条件下，政策当局在制定和执行本国的经济政策时，必须要区分不同的政策环境，充分考虑开放经济对国内经济的影响，只有这样才有利于经济政策目标的实现。

参考书目

1. 劳伦斯·S.科普兰：《汇率与国际金融》，康以同等译，中国金融出版社 2002 年版。

2. 陈岱孙、厉以宁：《国际金融学说史》，中国金融出版社 1997 年版。

3. 刘金全、张龙：《新中国 70 年财政货币政策协调范式：总结与展望》，《财贸经济》2019 年第 9 期。

3. Fleming, J.M.. Domestic Financial Policies under Fixed And Floating Exchange Rates. *IMF Staff Papers*, 1962(9).

4. Mundell, R.A.. The Appropriate Use of Monetary And Fiscal Policy under Fixed Exchange Rates. *IMF Staff Papers*, 1962(9).

5. Mundell, R. A.. Capital Mobility and Stabilization Policy under Fixed and Fixed and Flexible Exchange Rates. *Canadian Journal of Economics and Political Science*, 29, 475 - 485, 1962(9).

6. Peter H. Lindert, Thomas A. Pugel. *International Economics*. Richard D. Irwin, 1996.

7. Swan, Trevor W.. Longer-Run Problems of the Balance of Payments. In *The Australian Economy*, edited by H. W Arndt and W. Max Corden. Sydney: Cheshire, 1963, 384 - 395. As reprinted in Richard E. Caves and Harry G. Johnson, eds., *Readings in International Economics*. Homewood, IL: Irwin for the American Economic Association, 1968.

8. Tinbergen, J.. *On the Theory of Economic Policy*. New York: North-Holland, 1952.

思考题

1. 什么是米德冲突？
2. 什么是政策指派？
3. 什么是内外均衡？
4. 试述支出调整政策和支出转换政策的作用与局限。
5. 为什么在固定汇率制度下，货币政策的自主性会受到削弱？
6. 资本自由流动对一国货币政策的传导机制有何影响？
7. 对外开放将对我国货币政策产生哪些影响？

参考文献

一、中文部分(按著者汉语拼音字顺排列)

[1] 埃德加·彼德斯:《资本市场的混沌与秩序》,王小东译,经济科学出版社1999年版。
[2] 埃德温·H.尼夫:《金融体系:原理和组织》,曲昭光等译,中国人民大学出版社2005年版。
[3] 艾伦·加特:《管制、放松与重新管制》,陈雨露等译,经济科学出版社1999年版。
[4] 安东尼·桑德斯:《金融市场与机构》,韩国文译,机械工业出版社2018年版。
[5] 保罗·R.克鲁格曼、茅瑞斯·奥伯斯法尔德、马克·J.梅里兹:《国际经济学》(第十一版),丁凯译,中国人民大学出版社2021年版。
[6] 彼得·S.罗斯、米尔顿·H.马奎斯:《金融市场学》(原书第10版),陆军译,机械工业出版社2009年版。
[7] 彼得·S.罗斯、塞尔维亚·C.赫金斯:《商业银行管理》(原书第9版),机械工业出版社2013年版。
[8] 查里斯·R.吉斯特:《金融体系中的投资银行》,郭浩译,经济科学出版社2012年版。
[9] 陈岱孙、厉以宁:《国际金融学说史》,中国金融出版社1997年版。
[10] 陈观烈:《货币、金融、世界经济》,复旦大学出版社2000年版。
[11] 陈利平:《货币理论》,北京大学出版社2003年版。
[12] 陈雨露:《现代金融理论》,中国金融出版社2000年版。
[13] 戴国强等:《货币银行学》,上海财经大学出版社2001年版。
[14] 戴国强:《商业银行经营学》,高等教育出版社2022年版。
[15] 戴国强:《我国商业银行利率风险管理》,上海财经大学出版社2005年版。
[16] 戴维·斯托厄尔:《投资银行、对冲基金和私募股权投资》(原书第3版),马晓军、黄嵩等译,机械工业出版社2019年版。
[17] 弗兰克·J.法博齐、弗朗哥·莫迪利亚尼:《资本市场:机构与工具》(第四版),汪涛、郭宁译,中国人民大学出版社2015年版。
[18] 弗雷德里克·S.米什金:《货币金融学》(第十二版),王芳译,中国人民大学出版社2021年版。
[19] 龚浩成等:《金融是现代经济的核心》,上海人民出版社1997年版。
[20] 郭田勇:《金融监管学》,中国金融出版社2014年版。
[21] 胡修:《国际金融》,武汉大学出版社2014年版。
[22] 黄达、张杰:《金融学》(第5版),中国人民大学出版社2020年版。
[23] 黄宪、江春等:《货币金融学》,武汉大学出版社2002年版。
[24] 黄兴旺、朱楚珠:《行为金融理论述评》,《经济学动态》2000年第8期。
[25] 霍文文:《证券投资学》,高等教育出版社2000年版。
[26] 纪筱琪:《我国的资本外逃与人民币汇率失衡》,《新金融》2007年第10期。
[27] 杰格迪什·汉达:《货币经济学》,郭庆旺等译,中国人民大学出版社2005年版。
[28] 卡尔·E.瓦什:《货币理论与政策》(第四版),彭兴韵等译,格致出版社、上海三联书店、上海人民出

版社 2019 年版。
[29] 凯恩斯:《货币论》,何瑞英译,商务印书馆 1986 年版。
[30] 坎普、弗里曼:《构建货币经济学模型》,刘阳、宋海燕等译,中国金融出版社 2004 年版。
[31] 孔爱国:《现代投资学》,上海人民出版社 2003 年版。
[32] 劳埃德·B.托马斯:《货币、银行与金融市场》,马晓萍等译,机械工业出版社 1999 年版。
[33] 劳伦斯·H.怀特:《货币制度理论》,李扬、周素芳、姚枝仲译,中国人民大学出版社 2004 年版。
[34] 劳伦斯·S.科普兰:《汇率与国际金融》,康以同等译,中国金融出版社 2002 年版。
[35] 李敏:《货币银行学》,复旦大学出版社 2004 年版。
[36] 李树:《行为经济学的发展与经济学的人性化趋向》,《经济问题探索》2001 年第 12 期。
[37] 林辉:《现代金融制度分析》,厦门大学出版社 2003 年版。
[38] 林义相:《金融资产管理》,北京大学出版社 1996 年版。
[39] 刘荻:《证券市场微观结构理论与实践》,复旦大学出版社 2002 年版。
[40] 刘红忠:《金融市场学》,上海财经大学出版社 2015 年版。
[41] 刘絜敖:《国外货币金融学说》,中国展望出版社 1983 年版。
[42] 刘园:《金融市场学》,对外经济贸易大学出版社 2002 年版。
[43] 柳永明:《货币银行学》,上海财经大学出版社 2004 年版。
[44] 柳永明:《通货紧缩理论》,上海财经大学出版社 2002 年版。
[45] 陆世敏、赵晓菊:《现代商业银行经营与管理》,上海财经大学出版社 1998 年版。
[46] 饶余庆:《现代货币银行学》,中国社会科学出版社 1983 年版。
[47] S. 斯科特·麦克唐纳、蒂莫西·科克:《银行管理》,钱宥妮译,北京大学出版社 2009 年版。
[48] 尚华娟:《现代货币银行学》,上海财经大学出版社 1997 年版。
[49] 沈国兵:《国际金融》(第三版),北京大学出版社 2018 年版。
[50] 沈庆、林文浩:《我国短期跨境资本流动研究综述——途径、规模和影响因素》,《世界经济与政治论坛》2009 年第 1 期。
[51] 盛松成等:《现代货币经济学》,中国金融出版社 2003 年版。
[52] 盛松成、阮建弘、张文红:《社会融资规模理论与实践》,中国金融出版社 2016 年版。
[53] 盛松成、施兵超、陈建安:《现代货币经济学》(第二版),中国金融出版社 2012 年版。
[54] 盛松成:《现代货币供给理论与实践》,中国金融出版社 1993 年版。
[55] 盛松成、翟春:《中央银行与货币供给》,中国金融出版社 2015 年版。
[56] 施兵超:《金融期货与期权》,上海三联书店 1996 年版。
[57] 宋逢明:《金融工程原理——无套利均衡分析》,清华大学出版社 1999 年版。
[58] 宋军、吴冲锋:《从有效市场假设到行为金融理论》,《世界经济》2001 年第 10 期。
[59] 孙炤、刘厚俊:《行为经济学:当代西方经济学最新思潮》,《当代财经》2002 年第 1 期。
[60] 童适平:《中央银行学教程》,复旦大学出版社 2003 年版。
[61] 托马斯·梅耶、詹姆斯·S. 杜森贝里、罗伯特·Z. 阿利伯:《货币、银行与经济》(第六版),林宝清、洪锡熙等译,上海三联书店、上海人民出版社 2007 年版。
[62] 汪洋:《中央银行学》,机械工业出版社 2019 年版。
[63] 王广谦:《中央银行学》(第四版),高等教育出版社 2022 年版。
[64] 王晓红、陈红:《外资金融机构在华投资的主要趋势》,《中国社会科学院院报》2005 年第 2 期。
[65] 奚君羊:《国际金融学》(第三版),上海财经大学出版社 2019 年版。
[66] 小劳埃德·B.托马斯:《货币、银行与经济活动》,孔繁敏等译,中国财政经济出版社 1992 年版。
[67] 谢春凌:《浅析流入我国境内国际热钱规模的估算方法》,《宏观经济》2009 年第 10 期。
[68] 杨长江、姜波克:《国际金融学》(第五版),高等教育出版社 2019 年版。
[69] 杨海明、王燕:《投资学》,上海人民出版社 1999 年版。

[70] 易纲、吴有昌:《货币银行学》,格致出版社 2014 年版。
[71] 俞乔、邢晓林、曲和磊:《商业银行管理学》,上海人民出版社 2007 年版。
[72] 约翰·C. 赫尔:《期货与期权市场导论》(第七版),郭宁等译,中国人民大学出版社 2014 年版。
[73] 张杰:《中国金融制度的结构与变迁》,山西经济出版社 1998 年版。
[74] 张荔等:《发达国家金融监管比较研究》,中国金融出版社 2003 年版。
[75] 张明、徐以升:《全口径估算我国当前的热钱规模》,《当代亚太》2008 年第 4 期。
[76] 张亦春、郑振龙、林海:《金融市场学》(第六版),高等教育出版社 2020 年版。
[77] 赵晓菊:《银行风险管理》,上海财经大学出版社 1999 年版。
[78] 郑兰祥:《现代货币银行学》,中国商业出版社 2001 年版。
[79] 中共中央马克思恩格斯列宁斯大林著作编译局:《马克思恩格斯全集》(第 13 卷),人民出版社 1998 年版。
[80] 中国金融网:《"十二五"时期金融改革和发展主要成就回望》,2015 年 10 月 28 日。
[81] 中国人民银行广州分行货币政策传导课题组:《中国货币政策传导——理论与实证》,中国金融出版社 2004 年版。
[82] 周林等:《世界银行业监管》,上海财经大学出版社 1998 年版。
[83] 朱宝宪:《投资学》,清华大学出版社 2002 年版。
[84] 朱青:《养老金制度的经济分析与运作分析》(第二版),中国人民大学出版社 2003 年版。

二、英文部分(按著者英文字顺排列)

[1] Admati, A. and P. Pfeiderer. A Theory of Intraday Patterns: Volume and Price Variability. *Review of Financial Studies 1*, 1988, Spring: 3 - 40.
[2] Albert S. Kyle. Continuous Auction and Insider Trading. *Econometrical*, 1985(53).
[3] Amihud, Y. and H. Mendelson. Dealership Market: Market Making with Inventory. *Journal of Financial Economics*, 1980(8).
[4] Back, K.. Insider Trading in Continuous Time. *Review of Financial Studies*, 1992(5).
[5] Bagehot, W. [pseud]. The Only Game in Town. *Financial Analysts Journal*, 1971(27).
[6] Barberis, N., Shleifer, A. & R. Vishny. A Model of Investor Sentiment. *Journal of Financial Economics*, 1998, 49(3).
[7] Benoit Mandelbrot. Forecasts of Future Prices, Unbiased Markets and Martingale Models. *Journal of Bussiness*, 1966(39).
[8] Bernanke, Ben S.; Blinder, Alan S.. The Federal Funds Rate and the Channels of Monetary Transmission. *American Economic Review*, 1992, 82(4): 901 - 921.
[9] Black, Fisher and Scholes Myron. The Pricing of Option and Corporate Liability. *Journal of Political Economy*, 1973(81).
[10] Blinder, A. Commentary. *Federal Reserve Bank of St Louis Review*, 1997(5/6).
[11] B.M. Friedman and F.H. Hahn(ed.). *Handbook of Monetary Economics*. Elsevier Science Publishers B.V.: North-Holland; Amsterdam, New York, Oxford, Tokyo, 1990.
[12] Daniel, K., D. Hirshleifer and A. Subrahmanyam. Investor Psychology and Security Market under- and Overreaction. *Journal of Finance*, 1998(53).
[13] Daniel, K., Hirshleifer, D. and A. Subrahmanyam. Overconfidence, Arbitrage and Equilibrium Asset Pricing. *Journal of Finance*, 2001(56).
[14] DeBondt, W. F. M. and R. Thaler. Does the Stock Market Overreact? *Journal of Finance*, 1985(40).
[15] De Long, Bradford J., Andrei Shleifer, Lawrence H. Summers and Robert J. Waldmann. Noise

Trader Risk in Financial Markets. *Journal of Political Economy*, 1990(98).

[16] Demsetz, H.. The Cost of Transacting. *Quarterly Journal of Economics*, 1968(82).

[17] Easley D. and M. O'hara. Order Form and Information in Securities Markets. *Journal of Finance*, 1991(46).

[18] Easley D. and M. O'hara. Trade Size and Information in Securities Markets. *Journal of Financial Economics*, 1987(19).

[19] Eckstein, O.. *Core inflation*. Prentice-Hall, 1981.

[20] Edagar E. Peters. *Fractal Market Analysis: Applying Chaos Theory to Investment & Economics*. Willey & Sons, Inc., New York, 1994.

[21] Edwin J. Elton, Martin J. Graber. *Modern Portfolio and Investment Analysis* (fifth edition). John Wiley & Sons, Inc, 1995.

[22] Eugene Fama and Blume Marshell. Fliter Rules and Stock Market Trading. *Journal of Business*, 1966(39).

[23] Eugene Fama. Efficient Capital Markets: A Review of Theory and Empirical Work. *Journal of Finance*, 1970(2).

[24] Eugene Fama. The Behavior of Stock Market Price. *Journal of Business*, 1965(38).

[25] Fleming, J.M.. Domestic Financial Policies under Fixed And Floating Exchange Rates. *IMF Staff Papers*, 1962(9).

[26] Foster, F. D. and S. Viswanathan. A Theory of the Intraday Variations in Volume, Variance and Trading Costs in Securities Markets. *Review of Financial Studies*, 1990(3).

[27] Frederic S. Mishkin, *Economics of Money, Banking and Financial Markets*, 12th edition, 2018.

[28] Frederic S. Mishkin. *The Economics of Money, Banking, and Financial Markets*, tenth edition. Prentice Hall, 2012.

[29] Friedman, B.M. and F.H. Hahn. *Handbook of Monetary Economics*. Elsevier Science Publishers B. V.: North-Holland; Amsterdam, New York, Oxford, Tokyo, 1990.

[30] Friedman, M.. *Inflation Causes and Consequences*. Asia Publishing House, 1963.

[31] Friedman, M.. The Quantity Theory of Money: A Restatement. *Studies in the Quantity Theory of Money*. Chicago University Press, 1956.

[32] Garman, M.. Market Microstructure. *Journal of Financial Economics*. 1976(3).

[33] Harry M. Markowitz. *Portfolio Selection: Efficient Diversification of Investments*. New York: John Wiley, 1959.

[34] Harry M. Markowitz. Portfolio Selection. *Journal of Finance*, 1952(1).

[35] Harry M. Markowitz. The Optimization of A Quadratic Function Subject to Linear Constraints. *Naval Research Logistics Quarterly*, 1956(3).

[36] Hersh, Shefrin and Merir Statman. Behavioral Portfolio Theory. *Journal of Financial and Quantitative Analysis*, 2000(35).

[37] Hicks, J. R.. A Suggestion for Simplifying the Theory of Money. *Economica*, 1935(2).

[38] Hicks, J. R.. Liquidity. *Economic Journal*, 1962(10).

[39] Holbrook. A Random Difference Series for Use in the Analysis of Time Series. *Journal of American Statistical Association*, 1934(29).

[40] Ho, T. and H. Stoll. Optimal Dealer Pricing under Transactions and Return Uncertainty. *Journal of Financial Economics*, 1981(9).

[41] Ho, T. and H. Stoll. The Dynamics of Dealer Markets under Competition. *Journal of Finance*, 1983 (38).

[42] Jan Mossin. Equilibrium in a Capital Asset Market. *Econometrics*, 1966(1).

[43] Kahneman, D. and A. Tversky. Prospect Theory: An Analysis of Decision under Risk. *Econometrics*, 1979(47).

[44] Kareken, J. H. and N. Wallace. *Models of Monetary Economics*. Minneapolis: Federal Reserve Bank of Minneapolis, 1980.

[45] Kendall Maurice. The Analysis of Economic Time Series, Part I: Price. *Journal of the Royal Statistical Society*, 1953(96).

[46] Keynes, John Maynard. *The General Theory of Employment, Interest and Money*. Reprinted Harbinger, Harcourt Brace and World, 1964.

[47] Laidler, D., and M. Parkin. Inflation: a Survey. *The Economic Journal*, 1975(85).

[48] Leaven, D. H.. Diversification of Investment. *Trusts and Estates*, 1945(5).

[49] L. Glosten and P. Milgrom. Bid, Ask and Transaction Prices in a Specialist Market with Hererogeneously Informed Traders. *Journal of Financial Economics*, 1985(13).

[50] Linter John. Security Price, Risk and Maximal Gains from Diversification. *Journal of Finance*, 1965(10).

[51] Linter John. The Valuation of Risk Assets and Selection of Risky Investment in Stock Portfolio and Capital Budgets. *Review of Economics and Statistics*, 1965(1).

[52] Louis. Bachelier. *Theorie de la Speculation*. Gauthier-Villars, Pairs, 1900.

[53] Mark A. Wynne. Core Inflation: A Review of Some Conceptual Issues. *European Central Bank*. Working Paper, 1999.

[54] Marsahcrk, J.. Money and the Theory of Assets. *Econometrica*, 1938(6).

[55] Merton Robert. Theory of Rational Option Pricing. *Bell Journal of Economics and Management Science*, 1973(3).

[56] M. F. M. Osborne. Brownian Motion in the Stock Market. *Operations Research*, 1959(7).

[57] M. F. M. Osborne. Periodic Structure in the Brownian Motion of Stock Prices. *Operation Research*, 1962(10).

[58] Mundell, R.A.. The Appropriate Use of Monetary And Fiscal Policy under Fixed Exchange Rates. *IMF Staff Papers*, 1962(9).

[59] Paul Coonter. *Random Character of Stock Market Price*. Cambridge, Mass.: MIT Press, 1974.

[60] Paul Samuelson. Proof That Properly Anticipated Prices Fluctuate Randomly. *Industrial Management Review*, 1965(6).

[61] Peter H. Lindert, Thomas A. Pugel. *International Economics*. Richard D. Irwin, 1996.

[62] Richard Roll. A Critique of the Asset Pricing Theory's Test. *Journal of Financial Economics*, 1977(4).

[63] Scott Roger. *Core Inflation: Concepts, Uses and Measurement*. Reserve Bank of New Zealand Discussion Paper Series, 1998.

[64] Spiegel, M. and A. Subrahmanyam. Informed Speculation and Hedging in a Noncompetitive Securities Markets. *Review of Financial Studies*, 1992(5).

[65] Stephen A. Ross. The Arbitrage Theory of Capital Assets Pricing. *Journal of Economic Theory*, 1976(13).

[66] Stephen Ross, Randolph Westerfield, Bradford Jordan. *Essentials of Corporate Finance* (10th Edition). Mcgraw Hill, 2020.

[67] Stoll, H.. The Supply of Dealer Services in Securities Markets. *Journal of Finance*, 1978(33).

[68] Taylor, J.B. and M. Woodford. *Handbook of Macroeconomics*. Elsevier Science Publishers B.V.: North-Holland; Amsterdam, New York, Oxford, Tokyo, 1999.

[69] Timothy W. Koch, S. Scott MacDonald. *Bank Management*. The Dryden Press Harcourt College Publishers, 2000.

[70] Walsh, C.E.. *Monetary Theory and Policy*. MIT Press, 1999.

[71] William F. Sharpe. A Simplified Model for Portfolio Analysis. *Management Science*, 1963(2).

[72] William F. Sharpe. Capital Assets Pricing: A Theory of Market Equilibrium under Condition of Risk. *Journal of Finance*, 1964(3).

[73] William F. Sharpe. Factor in New York Stock Exchange Security Returns. *Journal of Portfolio Management*, 1982(4).

[74] William F. Sharpe. Factor Models, CAPMs and the ABT[sic]. *Journal of Portfolio Management*, 1984(1).

[75] William F. Sharpe, Gordon J. Alexander and Jeffery V. Bailey. *Investments* (fifth edition). Prentice Hall International, Inc., 1995.

[76] William L.B.. *Theory of Investment Value*. Cambridge, Mass.: Harvard University Press, 1938.